EYAL WEIZMAN

SPERRZONEN

ISRAELS ARCHITEKTUR DER BESATZUNG

AUS DEM ENGLISCHEN ÜBERSETZT VON SOPHIA DEEG UND TASHY ENDRES

EDITION NAUTILUS

Die Originalausgabe des vorliegenden
Buches erschien 2007 unter dem Titel
*Hollow Land. Israel's Architecture of
Occupation* bei Verso, London/New York.
© Eyal Weizman 2007
Der Text wurde für die deutschsprachige
Ausgabe vom Autor aktualisiert und ergänzt.
Dank an Emily Modick für
die Übersetzung der Fußnoten.

© 2008 für die deutsche Ausgabe:
Edition Nautilus Verlag Lutz Schulenburg
Schützenstraße 49a · D-22761 Hamburg
www.edition-nautilus.de
Alle Rechte vorbehalten
Umschlaggestaltung: Maja Bechert
www.majabechert.de
Titelmotiv: Illustration von Eyal Weizman
Deutsche Erstausgabe
August 2009
Druck und Bindung:
Fuldaer Verlagsanstalt
1. Auflage
ISBN 978-3-89401-605-0

»Cuius est solum, eius est usque ad coelum et ad inferos«

(Wem der Grund gehört, dem gehört er von der Tiefe der Erde bis zum Firmament)

Einleitung: Architektur der Grenzen

»Robinson meinte, wenn er sich die Oberfläche der Stadt nur scharf genug ansähe, könne er sie dazu bringen, ihm die molekulare Basis seiner eigenen kummervollen Erlebnisse zu offenbaren, und auf diese Weise hoffte er, auch in die Zukunft blicken zu können.«[1]
Patrick Keiller (London)

»Die Dualität von Intelligenz und Dummheit war dem zionistischen Projekt von Anbeginn eigen.«[2]
Mourid Barghouti

»Nu'a nu'a sof.«[3] *Yeshayahu Gavish*
(»Los, los, bewegt euch raus.« –
Der Befehl, mit dem der Angriff im 1967er Krieg begann.)

Ein Grenzszenario

In den Jahren nach der Unterzeichnung der ersten Oslo-Vereinbarung (1993), die den Anfang des Endes im Konflikt um Palästina hatte markieren sollen, wurde es für israelische Siedler schwieriger, eine offizielle Erlaubnis für die Gründung neuer Siedlungen im Westjordanland zu bekommen. Daraufhin griffen sie zu immer trickreicheren Methoden der Piraterie, um der Regierung zu helfen, die eigenen Gesetze zu umgehen. Denn diese war inoffiziell erpicht darauf, dass neue Siedlungen entstanden, konnte es sich jedoch nicht erlauben, sichtbar Beihilfe dazu zu leisten.

Im Jahr 1999 beklagten sich mehrere Siedler über den schlechten Empfang auf ihren Mobiltelefonen, sobald sie um eine bestimmte Kurve auf der Überlandstraße Nr. 60 gefahren waren, die von Jerusalem zu den nördlichen Siedlungen der Westbank führt. Der Anbieter Orange erklärte sich daraufhin bereit, dort eine Antenne zu errichten. Die Siedler wiesen auf einen höheren Hügel über der bewussten Kurve hin, den sie für geeignet hielten. Genau dieser Hügel war der Schauplatz früherer – erfolgloser – Versuche gewesen, eine Siedlung zu etablieren: Drei Jahre zuvor hatten Siedler behauptet, unter der Anhöhe würden sich die Reste der biblischen Stadt Migron verbergen. Pilot-Ausgrabungen erbrachten nichts Älteres als Überbleibsel eines kleinen byzantinischen Dorfes, doch die Anhöhe hieß fortan Migron. Zwei junge Siedler besetzten den Hügel und richteten sich in umgebauten Schiffscontainern ein. Doch da sich keine Aussichten abzeichneten, den Ort weiter ausbauen zu können, verließen sie ihn nach kurzer Zeit wieder.

Die Anhöhe, an deren Hängen Feigen- und Olivenbäume standen, gehörte palästinensischen Bauern aus den Dörfern Ein Yabrud und Burka, die dort ihre Schafe hüteten. Doch gemäß den Notstandsbefugnissen der israelischen Armee (Israeli Defence Forces, IDF) stand es in ihrer Macht, eine Mobilfunkantenne zur Sicherheitsangelegenheit zu erklären und zu verfügen, dass sie auch auf privatem Land ohne Zustimmung der Besitzerinnen und Besitzer errichtet werden kann. Die israelische Elektrizitätsgesellschaft verband auf eine entsprechende Anfrage des Anbieters Orange hin den Gipfel mit dem Stromnetz, und die nationale Wasserversorgung schloss ihn an das Leitungssystem an; beides geschah angeblich, um die Bauarbeiten zu ermöglichen.

Weil es beim Bau des Mastes zu Verzögerungen kam, errichteten Siedler im Mai 2001 eine Schein-Antenne und erhielten vom Militär die Genehmigung, einen 24-Stunden-Sicherheitsdienst anzuheuern, der den Mast bewachte. Der Wärter zog in einen Wohnwagen am Fuß des Mastes und baute einen Zaun um den oberen Teil des Hügels; bald darauf kamen seine Frau und die Kinder nach und die Familie sorgte für den Anschluss der Behausung an die bereits dorthin verlegten Wasser- und Stromleitungen. Am 3. März 2002 schlossen sich ihnen fünf weitere Familien an, und der Siedlungsvorposten Migron war geboren. Er wuchs kontinuierlich. Da nun dort schon Familien wohnten, sorgte das israelische Ministerium für das Bau- und Wohnungswesen für einen Kindergarten und ein paar Spenden aus Übersee für eine Synagoge.[4] Derzeit ist Migron der größte von 103 Vorposten, die über die gesamte Westbank verteilt sind. Mitte des Jahres 2006 umfasste er bereits etwa 60 Wohnwagen und Container, in denen über 42 Familien wohnten: an die 150 Menschen, die sich auf einem Hügel um eine Mobilfunkantenne drängen.[5]

Die Antenne wurde zu einem Brennpunkt der territorialen Auseinandersetzungen um diese Landschaft. Die Infrastruktur, die für ihre Errichtung zur Verfügung gestellt wurde, ließ den Vorposten entstehen. Das Energiefeld der Antenne war nicht nur ein elektromagnetisches, sondern auch ein politisches. Sie diente als Mittelpunkt für die Mobilisierung, Kanalisierung, Zusammenführung und Organisierung politischer Kräfte und Prozesse unterschiedlicher Art. Migron ist nicht der einzige Vorposten, der um eine Mobilfunkantenne herum entstanden ist. Die Logik der Mobilfunkkommunikation scheint auf merkwürdige Weise derjenigen der Besetzung der Westbank durch israelische Zivilisten zu entsprechen: Beide breiten sich in Territorien aus, indem sie Netzwerke nach dem Triangulierungsprinzip etablieren. Sie setzen hochgelegene Basisstationen entlang Funk-

Architektur der Grenzen

schneisen und Blickachsen zu einem Netzwerk aus Dreiecken zueinander in Beziehung. Außerdem erfüllt das Mobilfunknetz eine militärische Funktion. Die Armee ist dazu übergegangen, sich dieses Kommunikationsmittels zu bedienen und auf diese Weise ihre sperrigen Funkgeräte durch die handlicheren Mobiltelefone zu ersetzen, mit denen Bildmaterial ebenso wie GPS-Angaben zwischen Soldaten und Einheiten ausgetauscht werden können.

Eine Zunahme neu etablierter Vorposten war bisher immer ein Indiz dafür, dass die Siedler »bevorstehende territoriale Zugeständnisse« vermuteten. Derartige Vorstöße sollen die Aussicht auf einen politischen Fortschritt vereiteln und so viel Land wie möglich für die israelischen Siedler in den Besetzten Gebieten sicherstellen, falls ein Teil-Rückzug anstehen sollte. Als Ariel Scharon – seinerzeit Außenminister – im Oktober 1998 von den Verhandlungen mit der Palästinensischen Autonomiebehörde und der Regierung Clinton in Wye Plantation, Maryland, zurückkehrte, trieb er die Siedler zur Eile, sie sollten »sich in Bewegung setzen und loslegen, um so viele Anhöhen wie möglich zu ergattern (...) weil alles, was wir uns jetzt nehmen, ein für alle Mal uns gehören wird. Alles, was wir uns nicht nehmen, wird ihnen zufallen.«[6] In den letzten Jahren sind viele Vorposten angelegt worden, um den Verlauf der israelischen Trennungsmauer zu beeinflussen, die sich inzwischen längst einen kurvenreichen Pfad durch die Westbank frisst. Die Siedler legen die Vorposten strategisch als »Ankerpunkte« im Terrain an. Sie zielen darauf ab, dass die staatlichen Planern den Verlauf der Mauer so verändern, dass diese Punkte von ihr eingeschlossen und der »israelischen« Seite zugeschlagen werden. Siedlungsvorposten markieren somit einige der umstrittensten Grenzziehungen im israelisch-palästinensischen Konflikt. Es ist die sogenannte »Jugend der Hügel«, viele von ihnen kaum zwanzig, die den vorstädtischen Lebensstil ihrer Eltern ablehnen und sich mit einer Vorstellung vom ungebundenen Leben in der wilden Grenzregion identifizieren. Diese Vorstellung speist sich im gleichen Maße vom Mythos des rauen Westernhelden wie von dem der Pioniere der zionistischen Besiedelung zu Beginn des 20. Jahrhunderts. Die bewaffneten Siedler der Vorposten legen sich häufig mit palästinensischen Bauern der Umgebung an, die sie unter Gewaltanwendung von ihren Feldern vertreiben und denen sie die Ernte stehlen. Bewaffnete palästinensische Kämpfer vergelten dies oft durch Angriffe auf Siedlungsvorposten. Weitere Vorposten werden daraufhin als »Strafmaßnahme« genau da errichtet, wo Siedler getötet wurden.

An den Vorposten machen sich daher immer wieder politische und diplomatische Streitereien fest. Örtliche und internationale Friedensgruppen wenden sich mit den Methoden der direkten Aktion gegen die Ausweitung der Vorposten. So ist es israelischen Friedensaktivisten 2004 gelungen, fünf Wohnwagen aus Migron zu stehlen und sie provokativ vor dem Verteidigungsministerium in Tel Aviv zu postieren, um zu demonstrieren, dass eine Evakuierung der Siedlungen möglich ist, wenn nur der politische Wille dazu besteht.[7] Menschenrechtsanwälte haben den israelischen Obersten Gerichtshof (High Court of Justice, HCJ) mit Anfechtungsklagen gegen die Vorposten traktiert, in denen sie deren Legalität in Zweifel ziehen. Sobald der internationale Druck zunimmt, kündigten die israelischen Regierungen – gewöhnlich mit großem Tam-Tam – ihre Entscheidung an, israelischem Recht zum Durchbruch zu verhelfen und einige Vorposten räumen zu lassen. Gelegentlich kommt es zu Zusammenstößen zwischen der Polizei und den Siedlern: Tausende von Polizisten treten gegen Tausende von Siedlern an, die anlässlich der im Fernsehen übertragenen Kämpfe eigens anreisen. Oft jedoch wird ein Kompromiss ausgehandelt: Die Wohnanhänger werden wieder an Lastwagen gehängt und auf einem anderen palästinensischen Hügel abgesetzt.

Im Gegensatz zur Geografie stabiler, statischer Orte und der Balance, die durch lineare und feststehende Grenzen der Souveränität zwischen den Gebieten auf ihren beiden Seiten herrscht, zeichnen sich Grenzregionen durch räumliche Tiefe aus. Sie sind fragmentierte und elastische Gebiete, die sich verschieben können. Zeitweise geltende Grenzziehungen, die durch provisorische Markierungen sichtbar gemacht werden, sind nicht auf die Umrisse politischer Räume begrenzt, sondern existieren in deren gesamter Tiefe. Unterscheidungen zwischen dem Innen und dem Außen können nicht eindeutig markiert werden. Je gerader, geometrischer und abstrakter die offiziellen kolonialen Grenzziehungen in den »Neuen Welten« ausfielen, umso mehr zeugen sie davon, wie stark die de facto beherrschten Gebiete tatsächlich zerstückelt, in ihren Konturen verschwimmend und daher durch keine konventionelle kartografische Technik erfassbar waren.[8] Man kann die Besetzten Palästinensischen Gebiete als eine solche komplexe Grenzregion verstehen. Verglichen allerdings mit früheren Imperien – die laut verschiedenen Überlieferungen bestenfalls in 40 Tagen zu Pferde zu durchmessen waren – leben die 2,5 Millionen Palästinenser und 500 000 jüdischen Siedler innerhalb der 5655 Quadratkilometer des Westjordanlandes wie auf einem Stecknadelkopf. Auf diesem sind, wie Sharon Rotbard einmal erwähnte, »die explosivsten Ingredienzien unserer Zeit, alle modernen Utopien und alle althergebrachten Glaubensüberzeugungen (versammelt) und brodeln dicht beieinander, gleichzeitig und ohne Sicherheitsvorkehrungen«.[9] Diese Gebiete sind zum Schlachtfeld geworden, auf dem verschiedene Vertreter staatlicher Macht und unabhängige Akteure aufeinander treffen und ihrerseits mit örtlichem und internationalem Widerstand konfrontiert sind. Innerhalb dieses Konfliktfeldes sind wiederum triviale Elemente der Städteplanung und Architektur zu taktischen Instrumenten und zu Mitteln der Enteignung geworden. Unter dem israelischen

Regime einer »unberechenbaren Besatzung« werden das Leben der Palästinenser, ihr Besitz und ihre politischen Rechte regelmäßig verletzt, und das nicht nur durch die häufigen Übergriffe der israelischen Armee, sondern auch durch einen Prozess, der ihre Umgebung in unvorhersehbarer Weise laufend umgestaltet und sie dabei immer enger einschnürt.

Gewöhnlich betonen Darstellungen des Kolonialismus die Rolle der Neuordnung des Raums entlang gewissen rationalen Organisationsprinzipien, Klassifizierungen, Prozeduren und einer geordneten Administration als wesentliches Moment eines Systems von Governance und Kontrolle. Das oben skizzierte Szenario jedoch verdeutlicht, dass in den Besetzten Palästinensischen Gebieten die Neuordnung des geografischen Raums nicht allein Sache der israelischen Regierung ist, sondern vielmehr in den Händen verschiedener, oft auch nichtstaatlicher Akteure liegt. Die Art, wie die Besetzten Gebiete räumlich organisiert werden, spiegelt nicht nur einen geordneten Planungs- und Umsetzungsprozess wider, sondern – und das in zunehmendem Maße – den eines »strukturierten Chaos«, wobei das – häufig beabsichtigte – selektive Ausbleiben von Regierungshandeln einen wildwüchsigen Prozess der gewaltsamen Enteignung fördert. Die Akteure in diesem Grenzgebiet – junge Siedler, das israelische Militär, der Mobilfunkanbieter und andere kapitalistische Firmen, Menschenrechts- und politische Aktivisten, bewaffnete Widerstandskämpfer, Fachleute im humanitären und juristischen Bereich, einzelne Ministerien, ausländische Regierungen, »Unterstützergemeinden« im Ausland, staatliche Planungsinstanzen, die Medien, der israelische Oberste Gerichtshof – spielen bei allen Unterschieden und Widersprüchlichkeiten ihrer Zielsetzungen doch alle ihre Rolle im Rahmen des diffusen und anarchischen und dennoch kollektiven Gestaltungsprozesses dieser Räume. Weil elastische Geografien auf vielfältige und multiple Quellen der Macht reagieren und weniger auf eine einzige, ist die Architektur dieser Räume nicht als materielle Verkörperung eines einzigen politischen Willens oder als Produkt einer einzigen Ideologie zu verstehen. Die Gestalt der Besetzten Gebiete kann man sich eher als eine Art »politischer Plastik« vorstellen oder als Karte der Beziehungen zwischen allen Kräften, die auf sie eingewirkt haben.[10]

Die Architektur der Grenzregion kann nicht einfach als eine »politische« bezeichnet werden; man sollte sie eher eine »in Material gegossene Politik« nennen.

Dieses Buch untersucht die tiefgreifenden Veränderungen der Besetzten Gebiete seit 1967. Es geht ein auf die Art, wie sich verschiedene Formen israelischer Herrschaft in den Raum eingeschrieben haben, indem es die geografischen, territorialen, urbanen und architektonischen Konzepte und miteinander verzahnten Praktiken analysiert, die diese Herrschaft ausmachen und aufrechterhalten.

Somit liefert es ein umfassendes Bild dessen, was die israelische Besatzung essentiell ausmacht, von ihren Ursprüngen, ihrer Entwicklung und ihren unterschiedlichen Funktionsweisen.

Dies versucht die vorliegende Arbeit ebenso wenig durch eine umfassende Analyse der vier Dekaden israelischer Dominanz zu erreichen wie durch eine detaillierte Darstellung der gegenwärtigen räumlichen Gegebenheiten, sondern vielmehr durch ein Ausloten der vielfältigen Strukturen territorialer Besatzung. Die nachfolgenden Kapitel ähneln einer »archivarischen Auslotung«[11], indem sie Geschichte und Modus Operandi der unterschiedlichen räumlich wirkenden Mechanismen untersuchen, die das Besatzungsregime und seine Kontrollpraktiken aufrechterhielten – und weiterhin aufrechterhalten. *Sperrzonen* zeigt auf, in welchem Maße sowohl eindeutig der Kontrolle Dienendes wie auch scheinbar Unverfängliches mit historischer und politischer Bedeutung durchsetzt ist. Details der Fassadenverkleidung oder der Bedachung, Steinbrüche, Konzepte der Straßenbeleuchtung, die zweideutige Architektur von Wohnungsbauten, die Gestalt von Siedlungen, die Errichtung von Befestigungs- und Umschließungsstrukturen, die räumlichen Mechanismen der Kontrolle und der Regelung von Verkehrsflüssen, kartografische Techniken und Überwachungsmethoden, juristische Taktiken zur Annexion von Land, die physische Organisation von Krisen- und Katastrophengebieten, hoch entwickelte Waffentechnologien und komplexe Theorien militärischen Vorgehens – all diese Phänomene werden hier als Indizes politischer Rationalitäten, institutioneller Konflikte und der Reichweite und Art des Fachwissens, das in sie eingeflossen ist, beschrieben.

Architektur wird in diesem Buch auf zweierlei Weise thematisiert. Auf der einen Seite behandelt es die Architektur der Gebäude und der Infrastruktur, die helfen, die Besatzung aufrechtzuerhalten, und die Komplizenschaft der beteiligten Architekten. Es versucht, die »Politik der israelischen Architektur« in der Weise nachzuzeichnen, wie gesellschaftliche, wirtschaftliche, nationale und strategische Kräfte zu Infrastruktur und Siedlungen gerinnen: in ihrer Organisation, ihren Formen – bis hin zum Schmuck von Wohnhäusern. Auf der anderen Seite wird der Begriff der Architektur in einem konzeptionellen Sinn verwand, um das Politische als Sphäre konstruierter Realitäten zu beschreiben. Wie der Untertitel des Buchs, *Israels Architektur der Besatzung,* impliziert, wird die Besatzung als eine begriffen, die architektonische Qualitäten besitzt, die entworfen, verstanden, organisiert und betrieben wird, insofern die von ihr betroffenen Territorien als architektonische »Konstruktion« verstanden werden können. Daher sind die »Architekten«, die in diesem Buch auftreten, Militärs, Kämpfer, Politiker, politische und andere Aktivisten. Auf die letztgenannte Bedeutung werde ich am Ende dieser Einleitung zurückkommen.

Elastische Geografie

Wie das Gründungsnarrativ von Migron deutlich macht, sind die Grenzen der Besetzten Gebiete keineswegs starr oder fixiert; sie sind vielmehr elastisch und in unablässiger Transformation begriffen. Die lineare Grenze, ein kartografisches Bild aus der militärischen und politischen Räumlichkeit des Nationalstaates, ist aufgesplittert in eine Multitude vorübergehender, beweglicher, auf- und abbaubarer Synonyme von »Grenze« – »Trennungsmauern«, »Barrieren«, »Blockaden«, »Abriegelungen«, »Straßensperren«, »Kontrollpunkte«, »Sterile Areale«, »Sicherheitssperrzonen«, »Militärische Sperrzonen« und »Killing Zones« –, die das Territorium nach Belieben zusammenpressen oder ausdehnen. Diese dynamischen Grenzverläufe verschieben sich unablässig, weichen zurück und greifen aus; sie kommen angekrochen und umschließen schleichend palästinensische Dörfer und Straßen. Sie können sich sogar durch Wände fressen und in palästinensische Wohnzimmer einbrechen. Die anarchische Geografie der Grenzen ist ein sich nach und nach herausschälendes Bild der Verwandlungen, das sich mit jeder politischen Entwicklung oder Entscheidung verändert und neue Formen annimmt. Vorposten und Siedlungen mögen geräumt und entfernt werden, doch neue werden gegründet und wachsen. Die Standorte von Kontrollpunkten der Armee ändern sich ständig und blockieren oder kanalisieren den Verkehr der Palästinenser unablässig und auf immer neue Weise. Mobile Militärstützpunkte stellen die Brückenköpfe dar, die die Logistik sich ständig ändernder Einsätze aufrechterhalten. Die israelische Armee dringt in palästinensische Städte und Flüchtlingslager ein, besetzt sie und zieht sich dann wieder zurück. Die Trennungsmauer, lediglich eine von einer Vielzahl von Barrieren, wird laufend umgeleitet, und ihr Verlauf reagiert seismografisch auf politische und juristische Auseinandersetzungen, die sich an ihr festmachen. Wo Gebiete durch israelische Mauern und Zäune hermetisch abgesperrt erscheinen, werden palästinensische Tunnel unter ihnen hindurchgegraben. Die elastischen Territorien sind also keine freundliche Umgebung: hochgradig dehnbarer politischer Raum birgt häufig mehr und sogar tödlichere Gefahren als ein statischer und starrer.

Die dynamische Morphologie der Grenzregion ähnelt einem unendlichen Meer, durchsetzt von Archipelen, die sich vermehren und aus ethno-nationalen Enklaven bestehen. Diese sind nach außen hin abgeschottet, nach innen homogen – das Ganze unter dem Schild der israelischen Luftüberwachung. Innerhalb dieses einmaligen territorialen Ökosystems existieren aneinander angrenzend, in- oder übereinander verschiedene andere Zonen: solche politischer Piraterie, »humanitärer« Krise, barbarischer Gewalt, voll gültiger, »schwacher« oder vollkommen fehlender Staatsbürgerschaft.

Die Elastizität des Grenzbereichs bedeutet nicht, dass israelische Wohncontainer, Häuser, Straßen oder gar die Betonmauer selber weich oder nachgiebig wären, sondern dass die unaufhörliche räumliche Reorganisation der politischen Grenzen, die sie markieren, in Reaktion auf politische und militärische Konflikte geschieht. Die unterschiedlichen Bewohner dieser Grenzregion verhalten sich nicht unbedingt innerhalb der festgelegten räumlichen Enklaven – Räumlichkeit als abstraktes Koordinatensystem, innerhalb dessen sich etwas abspielt, ist nicht der Hintergrund, auf dem sie agieren –, vielmehr ist sie das Medium, das jede ihrer Handlungen auszureizen, zu verändern oder sich anzuverwandeln trachtet. Mehr noch, in diesem Kontext ist die Beziehung zwischen Raum und Handlung nicht als die einer starren Hülle um einen weichen Inhalt zu verstehen. Die politische Aktion geht vollständig auf in der Durchdringung, Umwandlung, Ausmerzung und Untergrabung des Räumlichen. Die Vorstöße Einzelner können, wenn sie durch Medienwirkung entsprechend verstärkt werden, gelegentlich durchschlagender sein als das Handeln der israelischen Regierung.[12] Obwohl es oft so aussieht, als würde die elastische Grenze nur dem Druck der einen Seite nachgeben – dem der kolonialistischen Expansion –, manifestiert sich doch auch die Kraft der Kolonialisierten: wenn sie mit Erfolg standhaft beharren, auch beträchtlichen Widrigkeiten zum Trotz nicht zurückweichen und das nicht nur durch den Einsatz politisch motivierter Gewalt, sondern auch durch gelegentliche kluge diplomatische Schachzüge und die Mobilisierung der internationalen öffentlichen Meinung.

Unterdessen wird jedoch der Umstand, dass die Grenze diffus und unberechenbar erscheint, von der Regierung ausgenutzt. Chaos erweist sich auf seine Art durchaus als vorteilhaft. Es unterstützt eine der beliebtesten Vernebelungsstrategien Israels: die Verbreitung eines Eindrucks von Kompliziertheit – auf geografischer, rechtlicher und linguistischer Ebene. Manchmal wird diese Strategie ganz offen – einer Begriffsprägung von Henry Kissinger folgend – als »konstruktive Verundeutlichung« bezeichnet.[13] Diese Strategie zielt darauf ab, die Tatsachen der Herrschaft gleichzeitig zu verschleiern und als selbstverständlich zu etablieren. In der Grenzregion des Westjordanlandes wird diese Strategie durch die Entfesselung von Prozessen umgesetzt, die dazu führen, dass die Bedingungen schließlich zu komplex und verworren sind, um noch eine territoriale Lösung im Sinne einer Teilung zuzulassen. (Viele Siedlungen wurden tatsächlich in der Absicht gebaut, eine »unentwirrbare Geografie« hervorzubringen.) Zugleich wird so getan, als habe einzig die israelische Regierung die Kompetenz, die komplizierten Verhältnisse aufzulösen, die sie selber kreiert hat.

Eine der wichtigsten Vernebelungsstrategien ist eine terminologische. Der hebräische Wortschatz, besonders reichhaltig, wenn es um das Thema der Siedlungen geht, wurde seit 1967 benutzt, um die Grenzlinie zwischen Israel und den Gebieten, die es besetzt hatte, zu verwischen. Zugleich hatte diese Terminologie die Funktion einer raffinierten Form der Reinwaschung. Der umstrittene hebräische Ausdruck *hitnahlut* – ein Begriff mit biblischen Wurzeln, der sich auf das Siedeln auf »nationalem Erbe« bezieht – wird im Allgemeinen in der israelischen Öffentlichkeit als Bezeichnung für die Siedlungen der national-messianischen Rechten in Gaza und auf den Höhenzügen des Westjordanlandes, nahe den palästinensischen Städten verstanden. In der volkstümlichen Grammatik der Besatzung spricht man von den durch Mitte-Links-Regierungen geschaffenen Siedlungen der Arbeitspartei mit mehr Sympathie und nennt sie *Yeshuvim*, ein moderner hebräischer Ausdruck, mit dem eigentlich landwirtschaftliche Siedlungen (ursprünglich die jüdischen Siedlungen innerhalb Israels) bezeichnet werden, die dem Typus des »Kibbuz« oder »Moschaw« zuzurechnen sind. Oder aber man nennt sie »Vororte« oder »Ortschaften«, und, falls sie innerhalb der Grenzen des ausgedehnten Großjerusalem liegen, spricht man von »Nachbarschaften« oder »Vierteln« (*Shkunot*). Semantisch werden auch »legale« Siedlungen und »illegale« Vorposten unterschieden, obwohl die Letzteren nicht selten den ersten Schritt zur Entwicklung der Erstgenannten im Rahmen eines insgesamt unrechtmäßigen Unterfangens darstellen. In der israelischen Öffentlichkeit ist jeder der erwähnten Begriffe mit einem anderen moralischen Code belegt. Große Vorstadtsiedlungen wie Ariel, Emanuel, Kiriat Arba und Ma'ale Adumim wurden, lange bevor ihre Bevölkerung die Marke von 20 000 erreicht hatte, die innerhalb des israelischen Kernlands dafür festgesetzt ist, mittels eines außerordentlichen Verfahrens offiziell zu Städten (*Arim*) erklärt.[14] Das geschah in der Absicht, diese Siedlungen im israelischen Diskurs »einzubürgern«, ihre Existenz zur Tatsache zu machen, ihre geografische Verortung verschwimmen zu lassen und dafür zu sorgen, dass sie bei Verhandlungen nicht zur Diskussion stünden.[15] Dementsprechend sind tatsächlich für die meisten Israelis die von Juden bewohnten Viertel des besetzten Jerusalem und die großen jüdischen Städte der Westbank keine Siedlungen, sondern »legitime« Wohngebiete. In diesem Buch werden alle jenseits der 1949er Grenzen errichteten Wohngebiete als »Siedlungen« bezeichnet, worunter in diesem Zusammenhang »Kolonien« zu verstehen sind.

Trotz der komplexen rechtlichen, territorialen und gebauten Realitäten der Besatzung und ihrer Aufrechterhaltung ist der Konflikt um Palästina doch ein recht gradliniger Prozess der Kolonialisierung, der Enteignung, des Widerstands dagegen und der Unterdrückung. Der kritische israelische Autor Ilan Pappe sieht es so: »Generationen israelischer und proisraelischer Wissenschaftler haben sich, ganz ähnlich wie die Diplomaten ihres Staates, hinter einem Nebel aus Komplexität versteckt, um jegliche Kritik an einem ganz offensichtlich brutalen Verhalten gegenüber den Palästinensern abzuwehren (…) und damit immer wieder die

Botschaft Israels (verbunden), die da lautet: ›Das ist eine komplizierte Angelegenheit, deren Regelung man lieber den Israelis selber überlässt ...‹.«[16] Die Fragen der Konfliktlösung möglichst in die Hände von Experten zu legen, in deren Tun die Öffentlichkeit keinen Einblick hat, ist immer eine der wichtigsten Methoden der israelischen Propaganda gewesen. Das Anliegen dieses Buches ist es nicht nur, die komplexe Natur der Besatzung und die ausgeklügelte Brutalität ihrer Kontrollmechanismen zu untersuchen, sondern es soll sie auch durchschaubar machen.

Labor

Obwohl sich der zeitliche Rahmen des Buches im Wesentlichen zwischen 1967 und der Gegenwart erstreckt und es sich in seinen Ausführungen auf die Besetzten Gebiete des Westjordanlandes und des Gazastreifens beschränkt, soll das nicht bedeuten, dass die territorialen Ungerechtigkeiten des Konflikts erst mit dem Sechs-Tage-Krieg vom Juni 1967 begannen, und dass sich die gegenwärtigen Ungerechtigkeiten auf die 1967 eroberten Gebiete eingrenzen lassen. Auch liegt es nicht in meiner Absicht, den seit einem Jahrhundert andauernden Prozess der zionistischen Kolonialisierung, Landnahme und Enteignung zu unterschätzen, der jener Eroberung vorausging. Die vorliegende Arbeit folgt jedoch der Annahme, dass jeder angemessene Versuch, die Ungerechtigkeiten und das Leiden zu beenden, die dieser Konflikt verursacht, mit einer Beendigung der israelischen Herrschaft in den Besetzten Gebieten und der Gräuel beginnen muss, die dort täglich in ihrem Namen begangen werden. Die Konzentration auf die Besatzung selber ermöglicht es außerdem, Israels territoriale Strategien in ihren brutalsten und intensivsten Ausprägungen wie in einem »Laboratorium der Extreme« zu untersuchen. Die Kontrolltechnologien, die es Israel möglich machen, die Palästinenser in der Westbank und Gaza einer fortgesetzten Kolonialisierung zu unterwerfen, stehen am Ende einer Abfolge von Techniken der Kolonialisierung, der Besatzung und der Herrschaft, die im Verlauf der Geschichte der zionistischen Besiedelung entwickelt wurden. Im Übrigen ist jede Veränderung der Geografie der Besatzung durch Techniken und Technologien der jeweiligen Zeit und im Austausch mit globalen Entwicklungen bewerkstelligt worden. Die Kolonialisierungswelle, die 1980 über die Westbank hereinbrach, fand gleichzeitig mit der Flucht der amerikanischen Mittelschicht der Reagan-Ära hinter schützende Mauern statt, hinter denen sie sich seither verbarrikadiert. Diese Entwicklung ist, genau wie das entsprechende israelische Phänomen, der Versuch bestimmter gesellschaftlicher Gruppen, sich von der Armut und Gewalt abzusetzen, die sie selbst verursacht haben. Siedlungen, Kontrollpunkte, Mauern und andere Sicherheitsmaßnahmen perfektionieren die Politik der Angst, der Trennung, der Abschließung und visuellen Überwachung. Zugleich sind sie letzter Ausdruck der Verfestigung von Enklaven und von physischer und virtueller Ausbreitung von Grenzen im Zusammenhang mit dem jüngsten globalen »Krieg gegen den Terror«. So kann man die Architektur der israelischen Besatzung durchaus als Beschleuniger und Beschleunigung anderer globaler politischer Entwicklungen sehen, ein Worst-Case-Szenario der kapitalistischen Globalisierung und ihres räumlichen Abfallprodukts. Die erweiterte Bedeutung dieses »Labors« liegt darin, dass die Techniken der Herrschaft genau wie die des Widerstands dagegen sich über die »gegenwärtige koloniale Welt«[17], wie es der kritische Geograf Derek Gregory ausdrückt, ausgebreitet und vervielfältigt haben und weit darüber hinaus bis tief in die Metropolen der globalen Städte vorgedrungen sind.

In der Tat haben die Territorien Israel/Palästina jenseits ihrer physischen Realität die schematische Beschreibung eines Modells geliefert, dessen Gegebenheiten herangezogen wurden, um andere geopolitische Problematiken zu verstehen. Die »Intifada«, die sich im Irak entfaltet, ist Teil einer imaginären Geografie, die Makram Khoury-Machool als die »Palästinisierung des Irak«[18] bezeichnet hat. Wenn aber vom irakischen Widerstand behauptet werden kann, dass er sich »palästinisiert« habe, dann gilt für die US-Truppen, dass sie sich »israelisiert« haben. Darüber hinaus hat sich sowohl die US- als auch die israelische Armee eine Taktik der Aufstandsbekämpfung zu eigen gemacht, die zunehmend den Guerillamethoden ihrer Gegner ähnelt. Wenn die Mauer um die amerikanische grüne Zone von Bagdad so aussieht, als wäre sie aus übrig gebliebenen Teilen der Westbank-Mauer zusammengesetzt worden; wenn ganze irakische Städte und Dörfer »zeitweiligen Abriegelungen« unterzogen werden, verstärkt durch Erdwälle und Stacheldraht; wenn die Häuser von Terrorverdächtigen zerstört werden und »gezielte Tötungen« Teil einer neuen militarisierten Geografie werden, die den ganzen Globus umspannt – dann weil die einzelnen Konflikte, die alle unter dem Oberbegriff »Krieg gegen den Terror« laufen, den Hintergrund für die Herausbildung komplexer »institutioneller Ökologien« bilden. Diese ermöglichen den Austausch von Technologien, Mechanismen, Doktrinen und Raum-Technologien zwischen verschiedenen Armeen und den Organisationen, gegen die sie antreten, sowie zwischen dem zivilen und dem militärischen Bereich.

Die Politik der Trennung

Jede der auf den Raum bezogenen Technologien und Praktiken, denen sich die folgenden Kapitel widmen, ist sowohl ein System kolonialer Kontrolle als auch Mittel der Separation. Die israelische Herrschaft über das Westjordanland und

Gaza hat sich immer zwischen selektiver physischer Anwesenheit und Abwesenheit hin- und herbewegt, wobei es im einen Fall um Israels territoriale, im anderen um seine demografische Strategie geht – darum, Landgewinn möglichst ohne dort lebende Menschen zu erlangen. Diese Strategien wirken durch ein kompliziertes System der Aufteilung und des räumlichen Ausschlusses, das auf allen Ebenen zweigeteilt ist. Die Logik der »Separation« (oder, um den vertrauteren Begriff aus dem Afrikaans zu benutzen, der »Apartheid«), die innerhalb der Besetzten Gebiete zwischen Israelis und Palästinensern herrscht, ist auf die weitere, die nationale Ebene ausgeweitet worden und heißt in diesem Zusammenhang »Teilung«. Gelegentlich hat man die Politik der Separation/Teilung als Formel für eine friedliche Lösung präsentiert, dann wieder als territorial-organisatorisches Prinzip der Verwaltung, und in letzter Zeit dient sie als Mittel einseitig aufgezwungener Herrschaft, Unterdrückung und Fragmentierung des palästinensischen Volkes und seines Landes.

Die Oslo-Verträge der 1990er Jahre überließen der israelischen Armee die Kontrolle über die schmalen Korridore innerhalb eines Archipels von rund 200 getrennten Zonen eingeschränkter palästinensischer Autonomie in der Westbank und Gaza. Das Militär kontrolliert seither das Gebiet, indem es Bewegungen unterschiedlicher Art (von Geld, Abfall, Wasser, Verkehr) zwischen diesen Enklaven reguliert. Im Verlauf der Zweiten, der sogenannten Al-Aqsa-Intifada haben sich die Trennungslinien, die durch Oslo geschaffen worden waren, weiter verhärtet und wurden zu Kontrollmechanismen. Die Kontrollpunkte des Militärs und die Mauer, die sich nahtlos in diese Geografie eingefügt haben, sind nicht nur brutale Instrumente der Trennung, sondern auch aktive Sensoren und integrative Bestandteile des israelischen Überwachungsnetzes; denn sie registrieren jeden Palästinenser, der sie passiert. Der Prozess einer teilweisen Entkolonialisierung, der zuletzt in Form der Evakuierung vom gazauischen Boden stattfand, und der Mauerbau in der Westbank bedeuten nichts anderes als die Ersetzung eines Systems der Herrschaft durch ein anderes. Während das frühere Herrschaftssystem auf der israelischen territorialen Präsenz in den palästinensischen Gebieten und der direkten Verwaltung der besetzten Bevölkerung beruhte, ist das neuere System so angelegt, dass es die Palästinenser von außerhalb ihrer eingemauerten Enklaven unter Kontrolle hält. Dies geschieht, indem die unterschiedlichen Teilgebiete mal geöffnet, mal geschlossen werden, und indem man sich im Übrigen auf die Schlagkraft der israelischen Luftwaffe über den palästinensischen Gebieten verlässt. In diesem territorialen »Arrangement« hat sich auch das Prinzip der Trennung um 90 Grad gedreht und Israelis und Palästinenser vertikal voneinander getrennt, da sie nun unterschiedliche Raum-Niveaus bewohnen. Dieser Prozess der »Distanzierung«, der mit einer Reduktion direkter territorialer israelischer Präsenz im palästinensischen Gebiet und somit auch der ohnehin begrenzten Verantwortung für die palästinensische Bevölkerung verbunden war, führte zu einem signifikanten Anstieg des Gewaltniveaus. Die Zeit seit dem Rückzug aus Gaza erwies sich dabei für die Palästinenser als die destruktivste Periode seit Beginn der Besatzung.[19]

Dieses Verschmelzen von Trennung/Teilung mit Sicherheit, Gewalt und Kontrolle überrascht nicht, wenn wir uns vor Augen führen, dass es überwiegend israelische Offiziere – noch im Dienst oder bereits im Ruhestand – waren, die die israelisch-palästinensischen Friedens-(oder Teilungs-)Verhandlungen führten. Die Logik israelischen »Friedenschließens« wurde im gesamten Verlauf des Konflikts eindeutig von seinen Kriegstreibern monopolisiert. Unter den Händen israelischer Generäle ließ der Teilungsdiskurs den Unterschied zwischen Krieg und Frieden verschwimmen.[20] Teilungspläne wurden zu Friedensplänen verklärt, während zugleich Siedlungsplanungen, die von der Regierung selber in Auftrag gegeben oder ihr vorgelegt wurden, auch Teilungspläne waren (indem die Planer Siedlungen in jenen Teilen der Gebiete vorsahen, die sie von der Regierung annektiert sehen wollten).

Die Politik des Vertikalen

Bis 2006 hatte sich die Trennung zwischen israelischen und palästinensischen Territorien innerhalb der Besetzten Gebiete derart entwickelt, dass sie sich nicht nur auf der Oberfläche des Terrains niederschlug. Die Palästinenser waren in versiegelte Inseln in und um ihre Städte und Dörfer abgedrängt worden, die zusammen einen territorialen Flickenteppich bildeten. Dieser wiederum war eingebettet in einen größeren, von Israel kontrollierten Kontext. Die Gebiete unter palästinensischer Kontrolle bestanden lediglich aus 200 Fragmenten Erdoberfläche, während Israel das gesamte Land um sie herum, die riesigen Grundwasservorkommen unter ihnen sowie den militärisch beherrschten Luftraum über ihnen kontrollierte. Der Horizont scheint dazu bestimmt worden zu sein, als eine der zahlreichen Begrenzungen zu dienen, die der Konflikt geschaffen hat. So fand eine Revision traditioneller geopolitischer Vorstellungen statt, die den Boden unter den Füßen und die Luft über den Köpfen zu etwas von der Oberfläche der Erde Unterschiedenen und Getrennten macht, statt zu etwas organisch im Kontinuum mit ihr verbundenen.

Dementsprechend manifestieren sich die verschiedenen Grenzen, die den Konflikt kennzeichnen, als topografische Höhenlinien. Die Siedlungsplaner waren bestrebt, in der Westbank dadurch territoriale Kontrolle zu erlangen, dass sie die Siedlungen auf den obersten Partien des hügeligen Terrains errichteten. Über diese zersplitterte Geografie hinweg wurden die verschiedenen israelischen Siedlungen durch Infrastrukturen miteinander verwoben, die sich durch den dreidimensionalen Raum ziehen: Straßen, die israelische Siedlungen verbinden, werden auf weit ausgreifenden Brückenkonstruktionen verlegt, die über palästinensischen Straßen und Ländereien schweben, oder aber in Tunnels unter ihnen wegtauchen, während enge palästinensische Unterführungen unter mehrspurigen israelischen Autobahnen liegen.

Palästinensischen Kämpfern ist bald aufgegangen, dass israelische Mauern und Barrieren in drei Dimensionen leicht umgangen werden können. Menschen und Sprengstoff werden regelmäßig durch Tunnel unter den Mauern, die Gaza umgeben, geschmuggelt, und hausgemachte Raketen werden durch den Luftraum über ihnen abgefeuert. Wenn die Mauer im Westjordanland erst vollendet ist, werden sicher Tunnel durch den felsigen Untergrund der dortigen Hügel getrieben werden.

Im Jahr 2002 legte mir Ron Pundak, seines Zeichens »Architekt« von Oslo, dar, dass eine dreidimensionale Matrix aus Straßen und Tunneln die einzige praktikable Möglichkeit darstellt, ein grundsätzlich »unteilbares Territorium« zu zerteilen und anschließend seine fragmentierte Teilung aufrechtzuerhalten.[21] Bei den Verhandlungen im Jahr 2000 in Camp David lag Präsident Clintons Vorstellung von einer Teilung Jerusalems der territorial-demografische Status quo zugrunde. Er erklärte nämlich, dass jeder Stadtteil Jerusalems, der von Juden bewohnt sei, israelisch sein sollte, und jedes Viertel, das von Palästinensern bewohnt sei, Teil des palästinensischen Staates werden sollte. Das Teilungskonzept von Clinton sah 64 Kilometer Mauern vor, die die Stadt gemäß dem Kriterium der Nationalität in zwei Archipele aufgeteilt hätten. 40 Brücken und Tunnels hätten diese Nachbarschaften bzw. Enklaven miteinander verwoben.[22] Clintons Teilungsprinzipien hätten auch bedeutet, dass manche Gebäude innerhalb der Altstadt vertikal auf die beiden Staaten aufgeteilt worden wären: Der Keller und das Parterre sind vom muslimischen Viertel aus zugänglich, werden von palästinensischen Ladenbesitzern genutzt und hätten zum palästinensischen Staat gehört; die oberen Stockwerke, in die man vom jüdischen Viertel her gelangt und die von Juden genutzt werden, hätten zum jüdischen Staat gehört. Clinton nahm auch allen Ernstes an, dass dreidimensionale Grenzen das Problem der Teilung zwischen Tempelberg und Haram al-Scharif lösen würden (was für alle anderen nun einmal ein- und derselbe Ort ist). Dieser Plan sah vor, dass die Palästinenser auf der Oberfläche des Haram al-Scharif mit dem Felsendom und der Al-Aqsa-Moschee die Oberhoheit haben würden, während die israelische Souveränität sich auf den Boden »darunter«, die vermuteten Stätten der Tempel, erstrecken würde. In einem Interview erklärte mir Gilead Scher, der israelische Chefunterhändler in Camp David (und übrigens Scheidungsanwalt), die Sache als schlichte Verhandlungs- und »Überbrückungstechnik«: das Aufblähen des aufzuteilenden »Kuchens« (von einer reinen Oberfläche zu einem Volumen mit Tiefe) würde jeder Seite das Gefühl vermitteln, bei dem Arrangement mehr ergattert zu haben und gut weggekommen zu sein.[23]

Noch früher war in den Oslo-Verträgen vorgesehen gewesen, dass die beiden einander entfremdeten Gebiete, die Westbank und Gaza, durch 47 Kilometer Luftlinie getrennt –, auf ähnliche Weise als politische Einheit miteinander verbunden werden sollten.[24] In einem Interview, das Premierminister Benjamin Netanyahu dem Londoner *Daily Telegraph* gab, erklärte er seinem britischen Gesprächspartner die Problematik, indem er folgende Analogie bemühte: »Sie haben zwei Staaten, die durch Wasser voneinander getrennt sind, mit Hilfe eines Tunnels miteinander verbunden; wir stehen vor dem Problem, zwei Gebilde, die durch Land voneinander getrennt sind, miteinander zu verbinden…«[25] In der Vorstellung der Ingenieure, die sie entwarfen, würde die sogenannte »sichere Passage« eine israelisches Gebiet überspannende palästinensische Brücke unter palästinensischer Oberhoheit sein. Dieser gewaltige Viadukt sollte sechs Autobahnspuren, zwei Eisenbahngleise, elektrische Hochspannungskabel, Wasser- und Ölleitungen schultern. Im Verlauf der zwölf Jahre, die vergangen sind, seit die Angelegenheit im Zusammenhang mit dem Oslo-Prozess erstmals aufkam, hat man dem Thema Tausende Stunden an Gesprächen gewidmet, Dutzende von Fachkommissionen gebildet und gemeinsame Planungssitzungen abgehalten und Hunderte von Plänen, Veröffentlichungen und Erklärungen dazu vorgelegt. Zu den Spekulationen, die in diesem Zusammenhang aufkamen, gehörte eine verwirrende Vielzahl anderer denkbarer Lösungen: tief gelegte Autobahnen, Tunnel und noch hochfliegendere Straßenkonstrukte. Es gab Zeiten, in denen sich die politischen Auseinandersetzungen in der Debatte darüber verstrickten, wer oben sein sollte: Selbstverständlich favorisierte Israel eine Lösung, bei der eine Straße unter palästinensischer Oberhoheit unter seinem Territorium verlaufen sollte, d.h. in einem Tunnel oder einem Graben, während die Palästinenser eher zu der Alternative einer Hochstraße neigten.[26] Im Jahr 2005 gab die Weltbank bekannt, dass sie hinter Plänen stand, die von RAND Corporation vorgelegt wurden, einer Firma, die sich das Modell einer erhöhten palästinensischen Straße zu eigen gemacht hatte, die Israel zwischen dem Westjordanland und Gaza überbrücken würde.[27]

Tatsächlich sind vergleichbare dreidimensionale »Lösungen« Teil eines jeden historischen oder zeitgenössischen Teilungsplans für Palästina gewesen. Sie wurden bereits im Zusammenhang mit einer ganzen Reihe von Teilungsplänen entworfen, die im Verlauf des britischen Mandats (1919–1948) entstanden. Da sich die Kartografien des Sonderausschusses für Palästina der UN von 1947 nicht in der Lage sahen, einen zusammenhängenden jüdischen Staat aus Palästina herauszuschneiden, legten sie die Umrisse zweier Staaten vor, von denen jeder drei lang gezogene Territorien umfasste, die mit den drei Gebieten des anderen verquickt waren und an den Enden zusammentrafen. An diesen Enden – den *kissing points* –, an denen die Grenzen zwischen einem angenommenen Israel und einem angenommenen Palästina von einer eindimensionalen Linie zu einem dimensionslosen Punkt schrumpften, verfielen die Planer darauf, die dritte Dimension ins Spiel zu bringen und die Verbindung zwischen den zersplitterten israelischen und palästinensischen Territorien mittels Tunnels oder Brücken aufrechtzuerhalten.[28]

Diese massiven Infrastruktursysteme, die provisorische Grenzlinien durch souveräne dreidimensionale Räume ziehen, stellen die physische Grundlage einer einmaligen Form des politischen Raums dar; eines Raums, in dem man verzweifelt das Untrennbare durch die Vervielfachung einer einzigen territorialen Realität und die Schaffung zweier insularer nationaler Geografien zu trennen versucht. Die beiden nationalen Geografien, die auf demselben Gebiet Platz haben sollen, »sprengen« jedoch, wie es der israelische Historiker Meron Benvenisti so überzeugend formuliert, »drei Dimensionen in sechs auseinander: in drei israelische und drei palästinensische«.[29] Im Verlauf des gesamten Prozesses zeichnete sich immer deutlicher Palästina als ausgehöhltes Land ab, das als Hologramm erscheint. Es könnte der Fantasie des britischen Astronomen Edmond Halley aus dem 17. Jahrhundert oder den Romanen eines Edgar Allan Poe oder eines Jules Verne aus dem 19. Jahrhundert entsprungen sein, die eine hohle, in Schichten bewohnte Erde vorhergesehen hatten.[30] Damit ging die Herausbildung imaginärer Konflikträume einher, die scheinbar die Form eines Gebäudes, einer komplexen Architektur, etwa der eines Flughafens, angenommen haben, mit seinen separaten Ebenen für ankommende und abreisende Passagiere, Sicherheitsschleusen und einer Vielzahl von Kontrollpunkten. Das hohle Land entsteht als physische Vergegenständlichung der vielfältigen und zahlreichen Versuche, es zu teilen: zerschnitten und umschlossen durch seine zahlreichen Absperrungen, ausgeweidet durch unterirdische Tunnels, überspannt und zusammengefügt durch Hochstraßen und bombardiert aus einem militärisch verfinsterten Himmel.

Das Buch ist entsprechend den unterschiedlichen Schichtungen dieses vertikalen Aufbaus der Besetzten Gebiete gegliedert. Es beginnt in der Tiefe der Grundwasservorkommen unter dem Westjordanland, wendet sich dann den dort begrabenen archäologischen Zeugnissen zu, durchstreift anschließend die Faltungen seiner topografischen Oberfläche, um schließlich zum militarisierten Luftraum zu gelangen, der sie überwölbt. Jedes Kapitel behandelt unterschiedliche auf den Raum bezogene Praktiken und Techniken der Kontrolle und Separation und konzentriert sich dabei jeweils auf einen bestimmten Zeitabschnitt in der Geschichte der Besatzung. Auf diese Weise ist die Folge von Episoden, die einerseits die Entwicklung israelischer Technologien der Kontrolle und Teilung nachzeichnen, andererseits die des palästinensischen Widerstands dagegen, zugleich ein Gradmesser für den tragischen Prozess der sich zu immer radikaleren Formen aufschaukelnden Gewalt.

Mit der Technologie und Infrastruktur, die für die physische Segregation von Israelis und Palästinensern als notwendig erachtet wird, scheint jedoch die vertikale Politik der Trennung und die Logik der Teilung vollständig erschöpft zu sein. Die unhaltbare territoriale Verquickung auf der rechtlichen wie auf der Ebene der nationalen Souveränität, wie sie durch die Politik der Trennung/Teilung geschaffen wurde, weist auf ein grundlegendes Problem hin: Obwohl in Hunderten von Vorlagen wohlmeinender Kartografen von der britischen Mandatszeit bis heute das Bemühen erkennbar ist, eine Grenzziehung zu ermöglichen und ein geografisches Bild zu entwerfen, das eine Trennung Israels von Palästina festlegen würde, hat sich dieser Weg immer wieder als politisch und geografisch nicht gangbar erwiesen. Die beiden politisch-geografischen Konzepte von Israel und Palästina beziehen sich auf ein und denselben Ort und überschneiden sich in ihm. Die überkomplizierten und eindeutig unhaltbaren Praktiken und Technologien, die jede der vorgesehenen territorialen »Lösungen« für eine Trennung unausweichlich fordert, lassen dieses räumliche Paradox aufscheinen und legen die Frage dringend nahe, ob die politische Ausrichtung auf eine Teilung tatsächlich die richtige ist.

Intermezzo – 1967

Der ehemalige General und damalige Knesset-Abgeordnete Yigal Allon war sich der strategischen Einschränkungen wohl bewusst, die mit den israelischen Grenzen von vor 1967 verbunden waren, als er 1959 die Militärstrategie Israels durch ein Oxymoron definierte: »präventiver Gegenangriff«.[1] Zusammen mit dem Oberkommandierenden der Luftwaffe, Ezer Weizman, entwickelte er Mitte der 1960er Jahre einen Plan, nach dem die Luftwaffe »volumetrisch«, d.h. aus der Luft, die offenkundige Unterlegenheit Israels am Boden kompensieren würde.

Im Mai 1967 verlegte der ägyptische Präsident Gamal Abd el-Nasser, dem Militärpakt seines Landes mit Syrien entsprechend, zehn Divisionen an die Grenze zu Israel, nachdem es aufgrund von Auseinandersetzungen um Wasserressourcen mehrfach zu Zusammenstößen zwischen israelischen und syrischen Truppen gekommen war. Außerdem sorgte er dafür, dass die UN-Beobachter den Sinai verließen und schloss die Straße von Tiran für israelische Schiffe. Israel bildete daraufhin eine Regierung der nationalen Einheit, mobilisierte seine Reservisten und ernannte unter dem Druck der Öffentlichkeit den Falken Mosche Dayan zum Verteidigungsminister. In angespannter Erwartung eines bevorstehenden Kriegs wurden Sportplätze gesegnet und zu Notfriedhöfen umgewidmet, und israelische Zeitungen verglichen Nasser explizit mit Hitler. Die israelische Armee unter Generalstabschef Yitzhak Rabin war voller Selbstvertrauen und witterte eine Gelegenheit, die arabischen Armeen zu besiegen. Daher drängte sie – manche behaupten sogar, unter Drohungen – die zögerliche Regierung Eschkol zum Krieg. Im 1967er Krieg wurde die Strategie Allons und Weizmans eins zu eins in die Tat umgesetzt. Am 5. Juni schlug die IDF aus der Luft zu und setzte die ägyptische und die jordanische Luftwaffe außer Gefecht. Das machte den Weg für die israelischen Bodentruppen frei, über den Sinai und den Gazastreifen hinwegzufegen. Am 7. Juni wurde die Altstadt Jerusalems umzingelt und dann besetzt. Bald darauf folgte das gesamte Westjordanland. Am 9. Juni griff Israel syrische Stellungen auf den Golanhöhen an. Am Ende des Junikriegs von 1967 waren israelische Soldaten entlang eindeutig durch Gebirge und Gewässer markierter territorialer Grenzen aufgestellt: Es handelte sich um den Suezkanal zu Ägypten hin, den Jordan an der jordanischen Front und die vulkanischen Hügel rund 40 Kilometer in die syrischen Golanhöhen hinein. Die Gebiete unter israelischer Herrschaft wuchsen um das Dreifache und umfassten nunmehr das gesamte historische Palästina unter britischem Mandat – die 365 Quadratkilometer des Gazastreifens und die 5655 Quadratkilometer der Westbank.[2] Es begann eine Zeit wirtschaftlicher Blüte, nicht zuletzt dank der billigen Arbeitskraft, die man aus den neuerlich besetzten palästinensischen Gebieten holte, wo mehr als eine Million Menschen lebte. Ein Drittel von ihnen waren Flüchtlinge, die im Verlauf des 1948er Kriegs entweder geflohen oder in die Gebiete ausgewiesen worden waren.[3] Im Dezember 1967 beschloss die israelische Regierung, die 1949 international anerkannte Waffenstillstandslinie oder Grüne Linie, die Israel von der Westbank und dem Gazastreifen trennte, aus allen offiziellen Landkarten, von allen Karten und aus allen Schulbüchern zu tilgen. Abgesehen von der Umgebung Jerusalems annektierte Israel jedoch die Gebiete nicht, und nach Internationalem Recht galten sie weiterhin als »besetzte Gebiete«; in ihnen übernahm die israelische Armee die legislative, exekutive und judikative Gewalt.[4]

Die besetzte Region wies spezifische topografische Eigenschaften auf. Die Höhenzüge Palästinas sind durch die Kluft des Großen Afrikanischen Grabenbruchs, jenes 5000 Kilometer langen tektonischen Risses, entstanden, der sich in nordsüdlicher Richtung von den Golanhöhen bis zur afrikanischen Ostküste am Indischen Ozean entlangzieht. Das Westjordanland umfasst den mittleren Teil des Höhenzuges am nördlichsten Ende des Großen Afrikanischen Grabenbruchs. Im Osten wird es durch den Jordan begrenzt, der sich durch das Jordantal schlängelt, wo es heiß, trocken und unwirtlich ist. Die palästinensische Bevölkerung dieser Gegend lebt in dörflichen Siedlungen und halbnomadischen Beduinen-Niederlassungen vor allem um die Stadt Jericho herum, eine Wüstenoase an der Straße von Jerusalem nach Amman. Westlich des Großen Afrikanischen Grabenbruchs erheben sich die Gebirgsrücken abrupt und steil und sind durch trockene Flussbetten, tiefe Canyons und harsche Felsen zerklüftet. Der Höhenzug selber ist durch sich wiederholende Sequenzen von Faltungen und Verschiebungen gewellt, die an den höchsten Punkten 500 bis 1000 Meter über dem Meeresspiegel aufragen. Die Gipfel sind kahl, felsig und dem Wind ausgesetzt, während die Täler dazwischen fruchtbar sind und häufig landwirtschaftlich genutzt werden. Die sechs bevölkerungsreichsten palästinensischen Städte des Westjordanlandes – Djenin, Nablus, Ramallah, Jerusalem, Bethlehem und Hebron – reihen sich von Norden nach Süden an der Wasserscheide des Höhenzuges entlang und werden durch die Bergstraße (heute die Straße Nr. 60), die wichtigste Transportader der Westbank, miteinander verbunden. Wenige Kilometer von der Wasserscheide entfernt beginnen die westlichen Hänge des Westjordanlandes – eine freundliche Landschaft, die sich in sanften Hügeln nach Westen erstreckt, fruchtbare Böden hat und wasserreich ist. Dieses Gebiet grenzt an die Großstädte Israels in der Küstenebene, die man von dort aus überblickt.

Der hydrologische Zyklus des Jordanbassins, an dem Israel/Palästina und die benachbarten Staaten alle teilhaben, besteht aus einem System zyklischen Fließens, das sich um die politischen und Sicherheitsgrenzen nicht schert. Im Winter kondensiert das Wasser, das auf der Oberfläche des Mittelmeeres verdampft, zu Regenwolken, die nach Osten über die israelische Küstenebene hinweg in Richtung der Berge des Westjordanlandes getragen werden. Dort regnen sie sich in heftigen Schauern ab. Das Regenwasser fließt in Bodenrinnen und Bächen nach Westen durch die Hügel der Westbank und durch die israelische Küstenebene wieder zurück ins Meer. Ein Teil des Regenwassers sickert durch den porösen Kalkstein in den Boden. Je nach Durchlässigkeit der felsigen Böden kann es Jahrzehnte dauern, bis das Wasser in die Grundwasser-Speicher tief unter der Erde gesickert ist und sich dort – durch einen »Fußboden« und eine »Decke« aus undurchdringlichem Fels festgehalten – sammelt. An den westlichen Hängen der Westbank-Höhenzüge und auf beiden Seiten der Grünen Linie von 1949 kann man das Wasser des darunter liegenden Aquifers leicht an die Erdoberfläche pumpen.

Diese hydrologischen Bedingungen beeinflussen die Anlage von Wohngebieten auf der Erdoberfläche, so auch palästinensischer Städte und Dörfer, später jüdischer Siedlungen, und schließlich den unsteten Verlauf der Mauer in dieser Gegend.[5] So überrascht es auch nicht, dass durch spezielle Tunnel, die mit Gittern und Wasserrohren ausgestattet sind, die Mauer für das Wasser ebenso durchlässig wie für Menschen undurchlässig sein soll.

Tatsächlich liegt eines der entscheidenden Schlachtfelder des israelisch-palästinensischen Konflikts unter der Erde. Rund 80 Prozent des Grundwasservorrats der Bergregion liegen unter der Westbank. Im Allgemeinen gehen israelische Politiker davon aus, dass Israels Zukunft von diesen Wasservorkommen abhängt, auch wenn daran in letzter Zeit Zweifel aufgekommen sind.[6] Daher waren sie nie gewillt, es palästinensischer Kontrolle zu überlassen, ganz unabhängig davon, wer auf der Oberfläche der Souverän sein mag. Die Erosion palästinensischer Souveränität unter der Erde wird durch einen bürokratischen Prozess bewirkt, der so kompliziert ist, dass er annähernd unmerklich vor sich geht.[7] Obwohl dieses Grundwasservorkommen die einzige Wasserquelle für die Bewohner der Westbank ist, nutzt Israel 83 Prozent dieses Wassers für seine Städte und die Siedlungen, während die Palästinenser im Westjordanland sich mit den verbleibenden 17 Prozent begnügen müssen.[8] So kommt es, dass Hunderttausende Palästinenser in der Westbank nur eingeschränkten und unregelmäßigen Zugang zu Wasser haben.[9] Die israelische »Politik der Vertikalität« zeigt sich auch darin, wie tief Wasserpumpen in den Boden reichen dürfen. Israelische Pumpen dürfen bis in die Grundwasservorräte vordringen, während palästinensische Brunnen gewöhnlich auf eine wesentlich geringere Tiefe eingeschränkt werden. Sie dürfen lediglich bis zu dem Niveau reichen, auf dem sich jahreszeitlich bedingte Wasservorräte in dichten Felsformationen nahe der Oberfläche sammeln, die hydrologisch betrachtet gegen die bedeutenden, tiefer gelegenen Schichten des »alten Wassers« abgeschlossen sind.

Der ehemalige Minister für die Nationale Infrastruktur, Effie Eitam, sprach 2005 von der »Wasser-Intifada«: Die Palästinenser wurden beschuldigt, Wasser zu vergeuden und Abwässer unsachgemäß zu entsorgen, um »Israels Grundwasser zu verunreinigen«.[10] In der Fantasie des Führers der Siedler machten sich die Palästinenser die gebirgige Topografie als Infrastruktur für eine neue Art der »biochemischen Kriegführung« zunutze. Dabei verschwieg er allerdings, dass es die israelischen Behörden während des gesamten Zeitraums der direkten Besatzung versäumt hatten, eine Minimalversorgung mit den erforderlichen Einrichtungen zur Abwasserentsorgung für die Palästinenser bereitzustellen, wozu sie als Besatzungsmacht eigentlich rechtlich verpflichtet gewesen wären.[11] Die sanitären Bedingungen für die Palästinenser der Westbank verschlechterten sich noch weiter durch die israelische Segregationspolitik, die palästinensische Städte und Dörfer hinter Barrieren unterschiedlichster Art isoliert. Diese Politik sorgte dafür, dass in Tälern am Rande von Ortschaften mehr als 300 wilde Mülldeponien entstanden, auf denen ganze Lastwagenladungen Abfall entleert wurden.[12] Paradoxerweise führte die eingeschränkte Beweglichkeit der Menschen über die Grenzen zu einer Zunahme der Grenzüberschreitungen ihres Mülls. Darüber hinaus nutzten in manchen Fällen israelische Unternehmen Plätze in der Westbank, um ihren Abfall loszuwerden. In einem Fall wurden Zehntausende Tonnen Haushaltsmüll aus dem Großraum Tel Aviv in einer nicht mehr genutzten Grube in der Nähe von Nablus abgeladen.[13] Flächendeckend ist es zu einem totalen Zusammenbruch des Abwassersystems gekommen. Die wenigen Abwasserkläranlagen sind überlastet, und offenes Abwasser fließt in den meisten Tälern auf der Bodenoberfläche. In der wilden Grenzregion der Westbank führt die chaotische israelische Planungspolitik dazu, dass Siedlungen und Ortschaften häufig ohne Genehmigung gebaut und bezogen werden, ehe Abflusssysteme installiert und angeschlossen sind, und ohne dass man sich darum überhaupt kümmert. Dieses Abwasser fließt, schlicht der Schwerkraft und den Bedingungen der Topografie folgend, von den Gipfeln in die Täler und unter den oder über die Grenzen hinweg, die man ihm entgegensetzen mag. Die Topografie der Westbank sorgt dafür, dass das gesamte ungeklärte Abwasser aus den Siedlungen der Anhöhen durch die Täler in die nächsten palästinensischen Ortschaften[14] abfließt, sich mit palästinensischen Abwässern vermischt, die sich dort ebenfalls ihren Weg bahnen, um schließlich auf israelischem Territorium zu landen. An Stelle von Frischwasser, für das eigens Rohre unter der Mauer verlegt wurden, nimmt Israel große Mengen ungeklärter Abwässer aus der gesamten Westbank auf. So haben die Absperrungen und Barrieren der jüngsten Intifada genau die Bedingungen geschaffen, die sie abwehren sollten. Der innerhalb der abgeschotteten palästinensischen Gebiete aufgehäufte Schmutz bestätigte die Schmutzphobie des Zionismus. Das Faktische verschwimmt mit dem Metaphorischen, wenn die Schmutzberge und Abwasserschwemmen eine verbreitete Vorstellung zu belegen scheinen. In der nationalen bzw. territorialen Imagination wird die Präsenz der Palästinenser als die einer »verunreinigenden« Substanz in der »israelischen« Landschaft wahrgenommen oder als »matter out of place«, um es mit Mary Douglas' Worten zu sagen, in deren Buch *Purity and Danger* Schmutz in Begriffen der Grenzübertretung definiert wird.[15] Indem Israel die Westbank mit Schmutz und ungeklärtem Abwasser belastete, konnte es weiterhin die Anwendung seiner hygienischen Praxis von Separation und Segregation fordern. Separation und Segregation werden also als direkte Reaktion auf eine Übertretung legitimiert, die allerdings von Israel selbst begangen wurde. So entsteht ein immer weiter sich radikalisierender reaktiver Kreislauf, wobei im Abwasser die beiden Bedeutungsebenen zusammenfließen: eine metaphorische politische Bedeutung, bei der es um die Gesundheit des Staatskörpers geht, und die wörtliche physische Empfindung des Ekels. So hat die Politik der Trennung die Entstehung der Physiognomie einer Landschaft beschleunigt, die zerschnitten und aufgeteilt ist in abgeschlossene Einheiten, deren Konturen sich scharf gegeneinander abzeichnen und die zugleich durch den Fluss des Abwassers auf einer anderen Ebene ineinander verschwimmen. An Stellen, wo die Trennungsmauern derart hoch sind, dass sie die Illusion einer perfekten Undurchlässigkeit erzeugen, bleibt dennoch das dünne Rinnsal schäumenden dunklen Wassers, das unterhalb der Grenzen oder über sie hinwegfließt, das letzte Überbleibsel eines gemeinsamen Ökosystems.

Auch Regierungsstellen nutzen das Abwasser als Mittel zu ihren Zwecken: Der Beduinenstamm Jahalin hatte sein Lager am Fuß des Höhenzuges aufgeschlagen, auf dem sich heutzutage die Siedlerstadt Ma'ale Adumim immer weiter ausbreitet. Im Rahmen der staatlichen Bemühungen, die Beduinen zu vertreiben, durchtrennte die Zivilverwaltung der Armee eines der Abflussrohre der Siedlung. Weite Teile der Beduinen-Niederlassung und ihrer Umgebung wurden mit Strömen und Teichen von Schmutzwasser überflutet, wodurch die Beduinen zur Aufgabe des Ortes gezwungen wurden.[16]

Nur die Hälfte der Bewohner Gazas ist derzeit an das zentrale Abwassersystem angeschlossen. Ungeklärtes Abwasser fließt über der Erde an manchen der dortigen Flüchtlingslager entlang und ergießt sich in die Sanddünen in ihrer

Umgebung oder direkt auf die Strände von Gaza. Wenn das Abwassersystem überfließt und »private Scheiße« von unter der Erde in den öffentlichen Raum vordringt, wird sie einerseits zu einer privaten Gefahr, andererseits aber auch zu einem politischen Druckmittel.[17] An manchen Orten wurden Vorstöße von Organen der UN, bestehende Infrastruktursysteme durch dauerhafte unterirdisch verlegte zu ersetzen, zurückgewiesen. Das ungeklärte Abwasser unterstreicht den Übergangsstatus der Flüchtlingslager und damit die Dringlichkeit der Rückkehrforderung.

Für Israel unterstreicht dasselbe Abwasser ein anderes vorgefasstes Konzept – das des Zusammenhangs zwischen Umweltverschmutzung und Terror. Anfang des Jahres 2005 erklärte Avi Dichter, seinerzeit Chef des GSS (General Security Service), Israels Allgemeinem Geheimdienst (Schin Bet), vor dem Knesset-Ausschuss für Sicherheits- und außenpolitische Fragen: »Aus der Höhe der Satelliten« wirkt das rechtwinklige Straßennetz im gazauischen Flüchtlingslager Djabalia »wie das von Manhattan, und erst wenn man näher herankommt, sieht man, dass der große See in der Mitte nicht der See im Central Park ist, sondern eine riesige Abwasseransammlung.«[18] Und in der Tat sehen bereits Generationen israelischer Sicherheitsverantwortlicher in den Flüchtlingslagern nicht nur einfach Orte des Widerstandes, sondern die notwendige Bedingung für dessen Fortbestehen. Wenn tatsächlich das Abwasser den Keim des Terrorismus ausbrütet, dann müssen diese palästinensischen Räume einer Desinfektion unterzogen werden.

Und so stimmte Finanzminister Benjamin Netanyahu seit dem Ausbruch der Intifada nur in einem Fall der Freigabe palästinensischer Gelder zur Finanzierung öffentlicher Dienstleistungen für die Palästinenser zu, die sonst von Israel gewohnheitsmäßig zurückgehalten werden. Netanyahu hoffte 2003 einen Hygiene-Notstand verhindern zu können, indem das Geld in die Einrichtung einiger Kläranlagen in der Nähe palästinensischer Städte fließen würde. Sein Vorgehen entsprach recht genau dem, was der langjährige Bürgermeister von Jerusalem, Teddy Kollek, einmal gestand: »In den vergangenen 25 Jahren habe ich einiges für das jüdische Jerusalem getan. Aber für Ostjerusalem? Fehlanzeige! (...) Ja, wir haben ihnen ein Abwassersystem gegeben und die Wasserversorgung verbessert. Wissen Sie, warum? Meinen Sie, es sei zu ihrem Wohl geschehen, damit es ihnen besser geht? Das können Sie vergessen. Es waren einzelne Cholera-Fälle aufgetreten, und die Juden hatten Angst, angesteckt zu werden. Deshalb installierten wir eine ordentliche Abwasser- und Wasserversorgung.«[19] Weiter erinnerte er sich: »Als endlich moderne Abwassersysteme eingerichtet waren, verflog auch der unerträgliche Gestank, der bis zum (1967er) Krieg über Ostjerusalem gehangen hatte...«[20]

1. Kapitel
Jerusalem: Die Versteinerung der Heiligen Stadt

>»Ich wandele wie durch Mausoleen –
>Versteint ist unsere heilige Stadt.«
>*Else Lasker-Schüler*

Am 27. Juni 1967, 20 Tage nachdem die israelische Armee die Besetzung des östlichen Teils von Jerusalem abgeschlossen hatte, annektierte die Einheitsregierung von Levi Eschkol nahezu 70 Quadratkilometer Land und schlug ca. 69 000 Palästinenser dem vormals westlichen, israelischen Teil der Stadt Jerusalem zu, dessen Grenzen nunmehr um einiges raumgreifender verliefen.[1] Die neuen Stadtumrisse wurden von einem Ausschuss der Armee festgelegt, dessen Aufgabe darin bestand, die Staatsgrenzen von 1949 neu zu ziehen, ehe womöglich internationale Vereinbarungen Israel zwingen würden, besetztes Gebiet wieder zu räumen. Der Entwurf zielte darauf ab, leere Gebiete für die Stadterweiterung einzubeziehen und dicht von Palästinensern bevölkerte Gebiete möglichst auszuschließen.[2] Die neue Grenzziehung sollte innerhalb eines einzigen Stadtgebiets sowohl die westliche israelische Innenstadt, als auch die Altstadt, die übrigen bis dahin jordanisch verwalteten Stadtviertel, 28 palästinensische Dörfer, ihre Felder, ihre Obstgärten sowie Wüstenflecken zu einer »heiligen«, »ewigen« und »unteilbaren« jüdischen Hauptstadt »vereinigen«. Jahre später sagte der Bürgermeister von Jerusalem, Teddy Kollek (der dieses Amt zwischen 1965 und 1993 für die Arbeitspartei innehatte), über die Unvereinbarkeiten, die diese Grenzen erzwangen: »Sehr wahrscheinlich ist Jerusalem heute die einzige Hauptstadt, die Bauern innerhalb ihrer Stadtgrenzen Dürre-Entschädigungen zahlt…«[3]

Im darauffolgenden Jahr legte ein Masterplan zeichnerisch und in verbalen Richtlinien die grundlegenden Prinzipien für die Entwicklung und die »Vereinigung« desjenigen urbanen Gebildes fest, das heute Jerusalem genannt wird. Das »erste und grundlegende Prinzip (der Planung von 1968) bestand darin, die Vereinigung (Jerusalems) sicherzustellen (…) und die Stadt so zu bauen, dass die Möglichkeit einer neuerlichen Teilung ausgeschlossen wäre«.[4] Auf der Grundlage dieses Masterplans und einer ganzen Reihe nachfolgender Planungsoffensi-

SPERRZONEN · KAPITEL 1

Die jüdische Nachbarschaft Schmuel Hanavi, frühe 70er Jahre. Mit freundlicher Genehmigung des Archivs des Israeli Project (IP), Zvi Efrat und Zvi Elhyani

ven, Anpassungen und Aktualisierungen, die während der 40-jährigen israelischen Besatzung entstanden, wurden zwölf abgelegene, rein jüdische »Nachbarschaften« in den besetzten Gebieten etabliert und der Stadt einverleibt. Sie wurden so angelegt, dass sie die palästinensischen Wohnviertel und Dörfer, die von der Stadt annektiert worden waren, umschlossen und voneinander trennten. Industriegebiete wurden jenseits der neuen Vororte an den Rändern des Stadtgebiets errichtet und hielten die Palästinenser der Westbank von der Stadt fern, die sie zugleich mit billigen und flexiblen Arbeitskräften versorgten (bis mit Beginn der Zweiten Intifada im Herbst 2000 palästinensische Arbeitskraft annähernd vollständig ausgeschlossen wurde). Ein zweiter, äußerer Ring aus Siedlungen – den die israelischen Stadtplaner als »organische« oder »zweite Mauer« bezeichnen, und der aus einer ganzen Reihe von Schlafstädten besteht – wurde außerhalb der verwaltungsrechtlichen Stadtgrenzen errichtet und sorgte dafür, dass die Hauptstadt noch weiter ausgriff. Und um diesen zweiten, organischen Wall schlängelt sich nun die Separationsmauer aus Beton. Ein Netz von Straßen und Infrastrukturverbindungen ist gebaut worden und wird ständig erweitert, um die verstreuten Splitter dieser disparaten urbanen Geografie zu verknüpfen. »Großjerusalem« hat sich so zu einer ausgedehnten Metropole entwickelt, die im Norden bis an die Vororte von Ramallah reicht, im Süden bis an die von Bethlehem und im Osten bis fast nach Jericho und so einen beträchtlichen Teil der Mitte des Westjordanlandes einnimmt. Es schneidet auf diese Weise die Palästinenser der Westbank von ihren kulturellen Zentren in Jerusalem ab und trennt den Norden und den Süden des Westjordanlandes voneinander. Derzeit leben in den »jüdischen Nachbarschaften« innerhalb der Stadtgrenzen rund 200 000 Siedler – etwa so viele wie die Bewohner der anderen Westbank-Siedlungen insgesamt. Zusammen mit den Bewohnern der Schlafstadt-Siedlungen der zweiten Mauer stellt die jüdische Bevölkerung von »Großjerusalem« etwa drei Viertel der auf 1967 besetztem Gebiet wohnenden Israelis. Der israelische Aktivist Jeff Halper übertreibt also nicht, wenn er feststellt: »Die Stadt Jerusalem in ihrer ausgedehnten Form *ist* die Besatzung.«[5]

Dieses Projekt hätte ohne massive Investitionen seitens der Regierung in Infrastrukturmaßnahmen und subventionierten Wohnungsbau für Juden nicht verwirklicht werden können, doch ein weiterer entscheidender Faktor bei der Kolonialisierung war ein kultureller – der Versuch nämlich, die besetzten und annektierten Gebiete zu »domestizieren« – die in den Augen israelischer Juden fremdartigen Gebiete zu etwas Vertrautem zu machen, sie sich anzuverwandeln. Das Problem, das sich den Planern und Architekten stellte, bestand nicht nur darin, möglichst schnell auf dem »politisch-strategisch« bedeutsamen Boden zu bauen, sondern auch darin, die neuen Projekte »einzubürgern«, sie als organische Bestandteile der israelischen Hauptstadt und der Heiligen Stadt erscheinen zu lassen. Architektur – die Gestaltung, die Form und der Stil dieser neuen Viertel, die Art, wie sie in den Medien dargestellt, wie über sie kommuniziert und wie sie verstanden wurden – all das machte eine visuelle Sprache aus, die dazu benutzt wurde, die Tatsachen der Besatzung verschwimmen zu lassen und expansionistische territoriale Ansprüche aufrechtzuerhalten. Das Projekt war somit ein Versuch, eigene nationale Narrative der Zugehörigkeit zu nähren, während es andere kurzerhand umging oder abblockte.

Diese Rolle der Architektur wird bereits im Masterplan von 1968 betont. Obwohl dessen grundlegende Prinzipien weitgehend durch modernistische Vorstellungen von Stadtplanung inspiriert waren, wie sie sich in der Befürwortung massiver Verkehrsnetze und der Aufteilung der Stadt in monofunktionale Zonen niederschlug (Wohnen, Konsum, Dienstleistungen, Industrie), bekannte sich der Masterplan von 1968 auch zur Orientierung an der orientalistischen Ästhetik und anderen Prinzipien der Stadtentwicklung im Sinne des »kolonialen Regionalismus«, wie er besonders für die ersten Jahre der britischen Herrschaft über Palästina (1917–1948) kennzeichnend gewesen war.[6] Diese Bestrebungen, die im gesamten britischen Empire von Anhängern der *Arts-and-Crafts*-Bewegung gefördert wurden, fanden ihren Ausdruck in der Erhaltung traditioneller Bauweisen, Materialien und Handwerkstechniken, und deren Integration in zeitgenössische Bauwerke. Auf der Ebene des Städtebaus schlugen sie sich in der Verschmelzung von Altem mit Neuem, von Archäologie mit »lebendem Gewebe« nieder.

Ein besonderer Abschnitt innerhalb des Masterplans von 1968 befasste sich mit einer Verordnung aus der britischen Mandatszeit, die im Jahr 1918 durch den ersten britischen Militärgouverneur Ronald Storrs erlassen worden war und die für die Außenwände von Gebäuden in der Stadt lediglich die Zulassung jener diversen Sandsteinsorten gestattete, die allgemein unter der Bezeichnung »Jerusalem-Stein« bekannt sind.[7] Während der frühen Jahre des israelischen Staates (1948–1967), die schließlich zur Besatzung führten, blieb diese Verordnung besonders für die westliche Stadtmitte Jerusalems offiziell in Kraft. Doch da sie unter Architekten und Städteplanern zunehmend umstritten war, wurde sie nicht immer – und am wenigsten in den weiter außen gelegenen Stadtbezirken – konsequent umgesetzt. Der Masterplan von 1968 sah eine Verschärfung der Verordnung vor und verfügte die Außenverkleidung aller Gebäude im gesamten annektierten Teil der Stadt mit Jerusalem-Stein. Diese Verordnung war dazu da, Bauten fern des historischen Zentrums Authentizität zu verleihen und so die disparaten städtebaulichen Bruchstücke einheitlich und als organische Teile der Stadt erscheinen zu lassen. »Der Wert des visuellen Eindrucks, der durch den Stein evoziert wird«, so der Masterplan von 1968, besteht darin, dass er Träger »emotionaler Botschaften ist, die wiederum Empfindungen hervorrufen, wie sie in unserer kollektiven Erinnerung eingebettet sind und (im Zusammenhang mit den neuen Bauten) starke Assoziationen mit der alten heiligen Stadt Jerusalem hervorrufen.«[8]

Storrs' »Blick der Medusa«

Am 9. Dezember 1917 ergab sich die Jerusalemer Abteilung der osmanischen Armee, umzingelt und von ihren Versorgungslinien abgeschnitten, den alliierten Streitkräften unter Sir Edmund Allenby in einer Schlacht, die in der britischen Presse als moderner Kreuzzug gefeiert wurde.[9] Drei Wochen später wurde Colonel Ronald Storrs, politischer Attaché bei der britischen Armee, zum Militärgouverneur von Jerusalem ernannt. Für Storrs war die Rückkehr von Juden in ihr Land ein Akt der Erlösung und Wiederherstellung historischer Gerechtigkeit. Später schrieb er, dass das zionistische Projekt »für England ein kleines loyales Ulster in einem Meer von potenziell feindseligem Arabertum« sei.[10] Storrs sah Jerusalem aus dem religiös-orientalistischen Blickwinkel eines Europäers und seine Rolle in Anlehnung an Herodes als die eines Glieds in der langen Kette der

Erbauer der Stadt. Obwohl Jerusalem mit seinen Gebäudekomplexen, die jeweils mit bestimmten Nationen oder Glaubensgemeinschaften verbunden und oft in ihrer Anlage ausgesprochen großzügig und prächtig waren, gegen Ende des osmanischen Reichs eine eher kosmopolitische Stadt war, hatte der Krieg es doch radikal verändert. Lehm-, Holz- und Wellblechbehausungen nahmen in dem Maße zu, wie Kriegsflüchtlinge nach Jerusalem strömten. Für die britische Verwaltung bestand das Hauptproblem der Stadt in ihrer »parasitären Bevölkerung (...) Priestern, Gesinde, Mönchen, Missionaren, frommen Frauen, Büroangestellten, Anwälten, und einem ganzen Haufen fragwürdigen Gesindels«. Das jüdische Viertel wurde als ein Ghetto beschrieben, »hässlich und heruntergekommen und auf eine ähnliche Art uneinheitlich wie die Städte Südosteuropas«.[11] Außerhalb der Stadtmauern war eine künstliche Hügellandschaft aus Müll entstanden, den man dort seit Generationen ablud.

Storrs war entschlossen, mit der »Übervölkerung und Unansehnlichkeit« der Stadt aufzuräumen und bat den britischen Stadtbaureferenten in Alexandria, William H. McLean, einen Stadterneuerungsplan zu entwickeln. McLean traf im März 1918 in Jerusalem ein und brauchte zwei Wochen, um der Militärverwaltung in einem ersten Bericht zu empfehlen, alle neuen Gebäude innerhalb der Altstadt, außerdem die Dächer, die von höher gelegenen Punkten aus sichtbar waren, »aus Stein zu errichten bzw. mit Stein zu verkleiden«.[12] Darüber hinaus empfahl McLean für den Umkreis der Altstadtmauern die Entfernung jeglichen Unrats und aller baufälligen Behausungen, um für einen ringförmigen Park Platz zu schaffen, der mit Tausenden Bäumen begrünt werden sollte. Eingefasst in dieses grüne Parkgelände würde sich die Altstadt wie ein Juwel, ein kostbarer Stein, ausmachen, ein Exponat lebendiger biblischer Archäologie. Am 8. April 1918, eine Woche nach McLeans Abreise, ordnete Storrs einen vorläufigen Baustopp für alles an, was in und um die Altstadt gerade im Bau war. Im nächsten Schritt verbannte er Gips, Lehm, Zelte oder Wellblech als Baumaterialien und verfügte, dass in der Altstadt und ihrem Umkreis nur der lokale Kalkstein für Neubauten, Ausbauten oder Dächer zugelassen sei.[13] Dann lud Storrs Charles Robert Ashbee ein, einen Architekten aus der britischen *Arts-and-Crafts*-Bewegung, der zu den wichtigsten Vertretern des »kolonialen Regionalismus« zählte. Storrs hatte ihn während seines Dienstes in Kairo kennengelernt, und nun sollte er Direktor der neu entstandenen Pro-Jerusalem Society werden, die 1919 gegründet worden war, um den Erhalt und die Wiederherstellung der Stadt nach den Vorgaben des McLean-Plans zu gewährleisten.

Für Storrs verkörperte der Stein die biblische Überlieferung. »Jerusalem ist im wörtlichen Sinne eine auf Felsen gebaute Stadt. Aus diesem Felsen, der sich leicht hauen lässt, ist seit 3000 Jahren der leuchtend weiße Stein geschlagen worden, der mit der Zeit blau-grau oder bernstein-gelb anläuft, und dessen massive

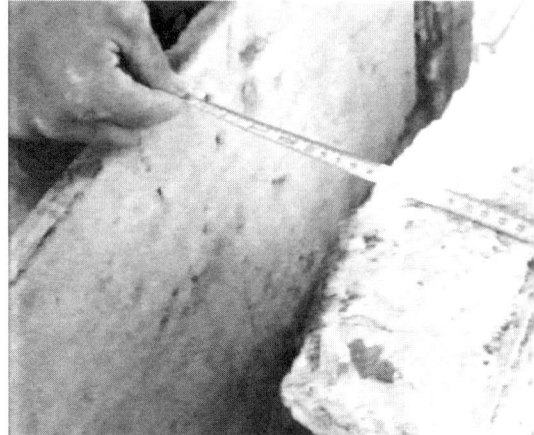

Mauern, Tonnengewölbe und Spitzbögen durch die Jahrhunderte eine heilige und zeitlose Tradition haben entstehen lassen.«[14] Obwohl es bei der Stein-Verordnung darum ging, ein Erscheinungsbild der Stadt im Sinne orientalistischen Lokalkolorits zu unterstreichen, verteuerte sie das Bauen derart, dass es sich nur noch die Wohlhabenden, die britischen Besatzungsbehörden und große Körperschaften aus Übersee leisten konnten, entsprechend der Verordnung zu bauen; indem man also die in Jerusalem ansässige Bevölkerung hinsichtlich der Baukosten überforderte, entzog man paradoxerweise dem Lokalen mit dessen eigenen angestammten Handwerkskünsten und seiner vernakulären Architektur den Boden.

Obwohl der McLean-Plan und die Stein-Verordnung Storrs' darauf abzielten, die Altstadt von ihrer Umgebung abzugrenzen und kenntlich zu machen, wurde diese Verordnung zehn Jahre nach Storrs' Weggang aus Jerusalem in den Richtlinien zur Stadtplanung aus dem Jahr 1936 ausgeweitet, so dass sie nun das gesamte Stadtgebiet einbezog und besonders deutlich in den Neubaugebieten hervortrat, die sich rasch außerhalb der Altstadtmauern ausbreiteten. Diese Ergänzung der ursprünglichen Verordnung im Sinne der gleichen architektonischen Strenge außerhalb wie innerhalb der Stadtmauern ermöglichte es, dass die außerhalb gelegenen Stadtviertel dasselbe für die Stadt kennzeichnende Erscheinungsbild annahmen.[15] Das Wachstum Jerusalems war durch den relativen Wohlstand der 1920er Jahre und durch Verbesserungen der Bautechnik beschleunigt worden. Als sich das Bauen mit Beton technologisch weiterentwickelte und die Betonbauweise billiger, leichter zugänglich und effizienter wurde, geriet die künstlerisch-handwerkliche Tradition mit ihrer Betonung des traditionellen Bauens mit tragenden Steinkonstruktionen, wie sie von Ashbee und Storrs durch die

Bauen in Jerusalem, 1967–72: Film-Stills, Bau- und Wohnungsbau-Ministerium

Pro-Jerusalem Society gefördert worden war, bei Bauherren und Baufirmen zunehmend in Misskredit. Gegen Ende des Zweiten Weltkriegs und des britischen Mandats führten die Anforderungen an die Stadterweiterung zu einem Kompromiss, der sich in einer scheinbar geringfügigen Veränderung im Text der Stein-Verordnung niederschlug. Während die Richtlinie von 1936 noch verlangte, dass »die Außenmauern aller Gebäude aus Stein *gebaut* werden müssen«, schrieb der Masterplan von 1944 nur noch eine Praxis fest, die sich sowieso schon durchgesetzt hatte, und forderte lediglich, dass »die Außenwände und Säulen von Gebäuden und alle Hauswände zur Straße hin mit Naturstein in Quaderform *verkleidet* werden sollen«.[16] (Hervorhebung E.W.) Diese Modifikation reduzierte die Rolle des Steins vom Konstruktionsmaterial auf die eines Verkleidungsmaterials. Der Stein wurde zu einer Art Aufkleber, einem äußerlichen Zeichenelement zur Erzeugung eines einheitlichen Erscheinungsbildes von Neubauten und der Altstadt und bestätigte somit visuell die verwaltungsrechtlichen Stadtgrenzen – alle Gebäude, die scheinbar aus Stein waren, gehörten zur neuen Stadt Jerusalem.

Im Laufe der Jahre wurde die Schicht aus Stein immer dünner. Zu Beginn der Mandatszeit und den Prinzipien der *Arts-and-Crafts*-Bewegung entsprechend wurde Stein in erster Linie als tragendes Material benutzt, und Wände wurden mit großen Steinblöcken hochgezogen. Seit den 1930er Jahren setzte sich dann eine gemischte Stein- und Betonbauweise durch, und eine dünnere Lage aus Stein – von 20 Zentimetern – bildete zusammen mit Stahlbeton die tragenden Elemente. Als reines Verkleidungsmaterial wurde der Stein noch dünner und war nicht mehr Teil der tragenden Struktur. Heute sind nach israelischen Baurichtlinien sogar gesägte Steinverblendungen von nur sechs Zentimetern erlaubt.

Im 1948er Krieg wurde Jerusalem zwischen dem Königreich Jordanien und dem Staat Israel aufgeteilt, wobei Jordanien die Hoheit über die Altstadt und die östlich angrenzenden Viertel innehatte. Innerhalb dieser jordanischen Stadt Jerusalem, deren Ausdehnung man absichtlich begrenzte, damit sie nicht für die jordanische Hauptstadt Amman zur Konkurrenz werden konnte, behielt der Masterplan von 1944 uneingeschränkte Gültigkeit. Der Plan wurde 1964 durch seinen Urheber, Henry Kendall, einen Briten, aktualisiert, der weiterhin den Erlass zur Verblendung mit Stein für die gesamte, allerdings überschaubare, jordanische Stadt Jerusalem durchsetzte. Auf der anderen Seite der Teilungslinien gliederten die Planungsvorgaben für Jerusalem von 1955 den israelischen Teil der Stadt in Ringe, in denen der Einsatz von Stein in unterschiedlichem Maße vorgeschrieben war.[17] In der Stadtmitte war nach wie vor eine umfassende Steinverblendung an allen sichtbaren Flächen eines Gebäudes vorgeschrieben. Innerhalb des zweiten Rings um die Stadtmitte war die Vorschrift bereits lockerer, und andere Materialien konnten in unterschiedlichem Maße eingesetzt werden, während der äußere Ring, der auch Industriegebiete umfasste, ganz von der Steinverordnung befreit wurde. In den Jahren nach 1967 wurde diese Logik de facto umgekehrt. Die Vorgaben, die die Verwendung von Stein in unterschiedlichen Graden vorsahen, wurden durch eine vereinheitlichende Regelung ersetzt, die eine äußerst rigorose Anwendung der Steinverkleidung im gesamten erweiterten Stadtverwaltungsgebiet vorschrieb. Da vor allem an der Peripherie der Stadt Neubaugebiete entstanden, fielen auf einmal entlegene Gipfel der Westbank-Hügel, die nie Teil des historischen Jerusalem gewesen waren und nur als Bauland ins Innere ihrer Verwaltungsgrenzen geschmuggelt worden waren, unter die strengste Reglementierung bezüglich der Verwendung von Stein am Bau.

Dieses Mal stieß die Forderung, die Wohnsiedlungen der neuen jüdischen Viertel mit Stein zu verkleiden, auf den Widerstand der Stadtentwicklungsinstanzen. Zwei entgegengesetzte politische Überlegungen prallten dabei zunächst aufeinander. Das Wohnungsbauministerium, dessen Aufgabe es war, die Regierungspolitik umzusetzen, war bestrebt, möglichst rasch und bis möglichst weit von der Innenstadt entfernt die Neubauten voranzutreiben, um den Anspruch Israels auf das gesamte annektierte Gebiet zu untermauern. Um so schnell wie möglich zu bauen, musste auf billige Verfahren zurückgegriffen werden, und dabei war die strenge Anwendung der Steinverkleidung nur hinderlich. Die politisch-ästhetische Überlegung, die dem gegenüberstand, kam von Bürgermeister Kollek und seinem stellvertretenden Planungschef, dem Historiker Meron Benvenisti, der sich für eine kleinere, dichter bebaute Innenstadt aussprach und für Neubaugebiete, die durch die Steinverbrämung wie organische Teile eines Ganzen wirken würden.[18] Angesichts des massiven Drucks, der durch die Regierung auf die Stadtverwaltung ausgeübt wurde, sah sich diese außerstande, über

Lage und Größe der neuen Siedlungen zu entscheiden. Obwohl darüber hinaus die Jerusalemer Planungsabteilung und sogar Bürgermeister Kollek persönlich darlegten, dass sich die zusätzlichen Ausgaben für die Steinverkleidung in wenig mehr als einem Jahrzehnt auszahlen würden, weil sie Einsparungen bei den Instandhaltungskosten, z.B. von Malerarbeiten, mit sich bringen würde, standen die Entwicklungsgesellschaften unter Druck und mussten ihre unmittelbaren Ausgaben möglichst niedrig halten, weshalb sie auf einer Aufweichung der Verordnung beharrten.[19] Im Rahmen der städtischen Gesetzgebung wurde die Verordnung nicht abgemildert, doch man kam den Entwicklern auf eine bizarre, aber durchaus bezeichnende Weise entgegen: Die Steinverblendung durfte über die Gebäudehülle hinausreichen. Da sie eine »öffentliche Funktion« erfüllte, durfte sie in öffentliche Straßen und Wege hineinragen und einen schmalen Streifen des öffentlichen Raums einnehmen.

Es gab noch andere Gründe, sich gegen die Forderung einer Verkleidung mit Stein zu wenden. Für israelische Architekten, die in einer modernistischen Tradition ausgebildet worden waren, widersprach die Steinverblendung ihrer Überzeugung von der »Ehrlichkeit der Materialien« und der Weisheit, dass Funktion und tragende Struktur die räumliche Organisation und das Erscheinungsbild vorgeben sollten. Diese Architekten sahen in der Steinverblendung eine dekadente Verbrämung. In den Debatten um die Verwendung von Stein zwischen städtischen Planungsinstanzen und Architekten wurde im Übrigen zu unterschiedlichen Zeiten jeweils über andere formale und technische Fragen gestritten: Mal stand das Verhältnis von Steinverkleidung und unverhülltem Beton im Vordergrund, dann wieder die Überlegung, obere Geschosse von Hochhäusern mit Stein zu umhüllen oder aber die Stimmigkeit des Verhältnisses zwischen Stein und Glas bei Bürohäusern. Diese Debatten führten zur Entwicklung unterschiedlicher Konstruktionsmethoden und Detaillösungen der Verkleidung. Manche Verkleidungselemente zielten darauf ab, die Illusion einer soliden Steinbauweise zu erzeugen. Die Verkleidung verrät an den Ecken eines Gebäudes ihre Dicke und somit ihr Wesen, und für einen Architekten genügt gewöhnlich ein Blick auf die Kanten, um festzustellen, ob es sich lediglich um ein umkleidetes oder um ein solide aus Stein errichtetes Haus handelt. So wurde die Architektur der Ecken bald zu einer Obsession in Jerusalem, und mittlerweile kann ein ganz spezielles architektonisches Detail – der Dastor-Stein, ein hohler L-förmiger Stein im 90-Grad-Winkel – an den Gebäudekanten so eingesetzt werden, dass nicht mehr erkennbar ist, ob es sich um eine Verbrämung oder um eine solide Steinbauweise handelt. Während manche Fassadendetails entwickelt wurden, um den Eindruck einer authentischen Steinbauweise zu simulieren, ging es bei anderen gerade darum, dem Betrachter unmissverständlich zu signalisieren, dass der Stein keineswegs eine funktionale Rolle spielt.[20] Der Masterplan von 1968 für Jerusalem geht auf diese architekto-

SPERRZONEN · KAPITEL 1

nischen Details ein und spielt auf die Debatten über die Verkleidung an. Dabei stellt er sich eindeutig auf die Seite derer, die eine weiterhin strikte Anwendung befürworten. »Die Funktion und der Wert der Steinkonstruktion darf nicht nur an einem architektonischen Maßstab gemessen werden, bei dem es darum geht, im Erscheinungsbild die Konstruktionsweise des Gebäudes sichtbar zu machen, sondern auch im Sinne eines kulturellen Werts, bei dem Gebäude als Träger emotionaler Botschaften verstanden werden, die sich auf das Gesamtbild der Stadt beziehen. Gegen diesen kulturellen Wert müssen wir die (zusätzlichen) Baukosten abwägen. (...) Das rechtfertigt es, auch heute noch, an der Kontinuität bei der Fassadengestaltung in Stein als dem Material festzuhalten, das in der Essenz das Erscheinungsbild der Stadt verkörpert.«[21] Dass eine einfache Sandsteinverkleidung mit diesem quasireligiösen Nimbus belegt wird, überrascht kaum in einem Klima, in dem ein Verkaufskatalog einer der ortsansässigen Hersteller Jerusalem-Stein als »eine Preziose« anpreist, »die aus den heiligen Bergen Jerusalems herausgeschält wird (...) ein erlesenes Meisterwerk der Natur«, oder ein israelischer Architekturkritiker ihn als ein Element beschreibt, »in dessen Oberflächenstruktur sich die Signatur des 20. Jahrhunderts noch nicht eingegraben hat und der uns sinnlich gemahnt, dass der Mensch nichts weiter ist als ein winziges Detail in einem umfassenden und zeitlosen Zyklus des Lebens«.[22]

Tatsächlich hat für die Erbauer dieser Stadt, die einander folgten, von Ronald Storrs bis zu den israelischen Städteplanern des Jerusalem, wie es nach 1967 entstand, der Stein nicht nur die irdische Qualität des Ortes verkörpert, sondern darüber hinaus eine Art Spiritualität, wenn nicht sogar Heiligkeit. Durch die verschiedenen religiösen Traditionen, die in dieser Stadt zusammenfließen, wird

Jerusalem: Die Versteinerung der Heiligen Stadt

Bauen in Jerusalem, 1967–72: Film-Stills, Bau- und Wohnungsbau-Ministerium

Jerusalem in der Tat als eine Stadt wahrgenommen, die weit mehr ist als nur der Ort, an dem sich eine Reihe heiliger Stätten befinden oder die der Schauplatz historischer heiliger Begebenheiten wäre; stattdessen sieht man in ihr eine in ihrer Gesamtheit heilige Stadt.[23] Wenn die Stadt selber als heilig wahrgenommen wird und ihre Grenzen flexibel und je nach den sich ständig ändernden politischen Bestrebungen neu gezogen werden, wird die Heiligkeit unweigerlich zum Gegenstand der Stadtplanung. Da die Ausdehnung des Stadtgebiets zugleich die Grenzen der Zone festlegt, die als heilig angesehen wird, breitete sich die Heiligkeit Jerusalems als *sprawl* überall da aus, wo die Steinfassaden hochgezogen wurden. Und Heiligkeit, darauf weist Meron Benvenisti hin, ist eine politisch extrem potente Definition, denn »das gesamte Gebiet innerhalb der Stadtgrenzen wird vom religiösen Establishment (das einen Teil des israelischen Staates ausmacht) als ›Heilige Stadt‹ betrachtet. Und das ist keine triviale Angelegenheit, da jedes Gebiet, das zu einem Teil der Heiligen Stadt erklärt wird, von Stund an unter die religiösen Gesetze Jerusalems fällt, die nur eines gewährleisten sollen: die spirituellen Bindungen zwischen den Juden und ihrer geheiligten Stadt zu stärken«.[24] Storrs' Verordnung hat so den Jerusalemer Stadtplanern dazu gedient, Ähnliches zu bewirken wie der Blick der Medusa, nämlich alles, was in den neuen Vororten gebaut wurde, zu »versteinern«: Einkaufszentren und Kindergärten, Bürgertreffpunkte und Synagogen, Bürohäuser, Elektrizitätswerke und Sporthallen – und vor allem Wohnhäuser. Auf diese Weise wurde Vororten, die weit außerhalb der Grenzen der historischen Stadt erbaut wurden, der Stempel der alles durchdringenden Heiligkeit der Identität Jerusalems aufgedrückt.

Diese optisch-architektonischen Manipulationen waren allerdings nicht immer überzeugend. Azmi Bischara, bekanntes palästinensisches Mitglied des israelischen Parlaments, merkte gelegentlich sarkastisch an, dass »einzig in Jerusalem der natürliche Stein, der in den umgebenden Bergen gewonnen worden ist, in eben diesen Bergen wie ein Fremdkörper wirken konnte«.[25] Hinzu kommt, dass der Stein selber tatsächlich häufig nicht aus Jerusalem stammt. Anders als gewöhnlich angenommen, kam der Jerusalem-Stein vor dem 1967er Krieg auch von weit außerhalb, aus Steinbrüchen in der Nähe palästinensischer Dörfer und Städte in Galiläa, im Norden Israels. Als die Umweltbelastung durch den Steinstaub im israelischen Kernland zu einer Reduzierung des Abbaus führte, schossen in der Westbank die Abbaugebiete wie Pilze aus dem Boden, die den schier unersättlichen Appetit Jerusalems auf Stein befriedigten. Es ist paradox, dass ausgerechnet die Bereitstellung des Materials, das dazu dient, das sich ausdehnende jüdische Jerusalem mit Stein zu umkleiden, zu einem der wichtigsten Zweige der palästinensischen Wirtschaft geworden ist. Dieser Jerusalem-Stein stammt aus den festen Gesteinsvorkommen in der Umgebung von Hebron und Ramallah. Den größten derartigen Steinbruch, der direkt an die nördlichen Ausläufer des Jerusalemer Stadtgebiets angrenzt und eine Staubschicht auf den Kleidern und der Haut aller Vorbeireisenden hinterlässt, nennen die Palästinenser »Tora-Bora«, weil die monochrome Farbgebung seiner artifiziellen Topografie an Bilder der afghanischen Landschaft erinnert.

Architektonische Transformationen

Im Verlauf ihres 90-jährigen Bestehens blieb die Jerusalemer Stein-Verordnung im Kontext unterschiedlicher architektonischer Epochen, Stile und Moden gültig und wurde jeweils unterschiedlich angewandt und verstanden. Stein wurde im »traditionellen« Zusammenhang des Kolonialregionalismus nachgefragt und verwendet, Bauwerke des modernen »internationalen Stils« wurden mit ihm verkleidet und Hotels, Bürohochhäuser, Regierungsgebäude, Theater, Einkaufszentren und Gemeindehäuser umhüllt. Er war zudem ein zentrales Element bei der Herstellung des historizistischen Kontexts postmoderner Architektur, als diese gleichzeitig mit dem Wohnungsbau-Boom in der Nachkriegszeit ab 1967 voll zur Entfaltung kam.

Zwei kritische israelische Architekturhistoriker der jüngeren Generation – Zvi Efrat[26] und Alona Nitzan-Schiftan[27] – haben aufgezeigt, dass 1967 ein Prozess stilistischer Neuausrichtung innerhalb der israelischen Architektur kulminierte. In erster Linie waren es die staatlich geförderten Wohnungsbauprojekte in und um Jerusalem, die dazu beitrugen, die Praxis der israelischen Architektur neu zu definieren. Obwohl der Stil, der sich damals herausbildete, frühere »Orientalisierungs«-Tendenzen israelischer Architekten weiterführte, fiel die Zeit nach 1967 zugleich mit einer Periode des Umbruchs und der Ungewissheit in der Architektur weltweit zusammen. Während sich die 1960er Jahre ihrem Ende zuneigten, wurden die Grundsätze der Moderne infrage gestellt. Die Avantgarde der Planer und Architekten wollte der »einfachen« utilitaristischen Logik der modernen Bewegung entrinnen, die Gestaltung durch eine neu erwachte obsessive Betonung des Historischen der Stadt beleben, und die architektonische Sprache mit symbolischem, kommunikativem und semiotischem Inhalt aufladen. Damals begann die Architektur, von Kategorien wie dem »Ort«, der »Region« und der »historischen Stadt« durchdrungen zu sein, und das mit einer Leidenschaft, die den Begriff des »Zuhauses« gegen den des »Wohnens« in Stellung brachte, und das »Zuhause« oder »Beheimatet-Sein« (*home*) als Heilmittel in einer zunehmend entfremdeten Welt verstand.[28] Weltweit wurden diese neu entwickelten Sensibilitäten unter der allgemeinen Begrifflichkeit der Postmoderne gehandelt. In diesem Zusammenhang verwundert es nicht, dass Jerusalem zu einer internationalen *cause célèbre* wurde.

Um die komplexen Implikationen des Planens und Bauens in Jerusalem bearbeiten zu helfen, rief Bürgermeister Kollek 1968 das alle zwei Jahre tagende Jerusalem-Komitee ins Leben, das die städtischen Pläne zur Restaurierung und Entwicklung prüfend und beratend begleiten sollte. Der Wiener Liberale Kollek, der sich gerne mit Intellektuellen umgab, die ihn dann als aufgeklärten Herrscher priesen, erinnerte sich, dass er, »sobald die Stadt vereint war, 30 oder 40 Persönlichkeiten aus aller Welt eingeladen« habe, »die hervorragendsten Geister der Welt, die uns berieten, was wir tun sollten«.[29] Zu dem Komitee zählten bekannte internationale Architekten, Stadtplaner, Theologen, Historiker und andere Akademiker, darunter die Architekten Louis Kahn, Isamu Noguchi und Christopher Alexander, der Architekturkritiker Bruno Zevi, der Technologie- und Stadthistoriker Lewis Mumford aus den USA und der Philosoph Isaiah Berlin. Der Plan von 1968 wurde dem Jerusalem-Komitee anlässlich seiner zweiten Zusammenkunft im Dezember 1970 vorgelegt. Die leidenschaftliche akademische Debatte des Jerusalem-Komitees stellte jedoch nie die politische Dimension der städtischen Planung oder Israels Recht in Frage, die Stadt unter seiner kolonialen Herrschaft zu »vereinen«, noch meldete sie Zweifel an der Weisheit dieses Vorgehens an oder setzte sich mit der Enteignung der Palästinenser auseinander, die damit einherging. Sie befasste sich vielmehr mit den formalen und architektonischen Dimensionen dieser Kolonialisierung.[30] Die Geschichte der Besatzung ist reich an liberalen »Männern des Friedens«, die tatsächlich für das mit der Besatzung verbundene Unrecht verantwortlich sind oder es zumindest doch beschönigen. Ohne sie wäre die Besatzung nicht möglich geworden.

Obwohl sich manche Mitglieder des Komitees für die bereits im Masterplan

SPERRZONEN · KAPITEL 1

oben: Die jüdische Nachbarschaft French Hill; unten: Die Nachbarschaft Ost Talpiyot, frühe 70er Jahre. Abdruck mit freundlicher Genehmigung von IP

Jerusalem: Die Versteinerung der Heiligen Stadt

Wohnensemble in Gilo, 1972 (Architekt: Salo Hershman).
Abdruck mit freundlicher Genehmigung von IP.

vorgesehene Steinverkleidung aussprachen, waren sie sich einig in ihrer entschiedenen Zurückweisung der modernistischen Grundtendenz des Plans und vor allem der fehlenden Berücksichtigung der historischen Bedeutung der Stadt. Als man ihnen den Masterplan vorstellte, zeigten sich manche Mitglieder empört, andere brachen tatsächlich in Tränen aus angesichts der drohenden »Zerstörung« der Stadt durch einen modernistischen Plan von gestern und forderten stattdessen, die Planer sollten Jerusalems »besondere Qualität in generative Prinzipien übersetzen, die Wege für das zukünftige Wachstum der Stadt weisen würden«.[31] Schließlich überzeugte das Komitee die Stadtverwaltung, auf den Bau eines dichten Netzes von Hochstraßen zu verzichten, die nahe der Altstadt verlaufen wären. Vor allem aber war es um die Altstadt selber besorgt, doch ehe ich auf Empfehlungen des Komitees zur Restaurierung der Altstadt näher eingehe, müssen noch ein paar Worte über ihre Zerstörung durch den Krieg gesagt werden und darüber, was unter den Ruinen zum Vorschein gekommen war.

Zerstörung durch Gestaltung

Am Abend des 10. Juni 1967, als noch kein Waffenstillstand ausgehandelt worden war und sich der Rauch des Kriegs noch nicht verzogen hatte, vollbrachte die israelische Armee ihren ersten tiefen urbanistischen Eingriff in den Besetzten Gebieten – sie walzte das gesamte Maghariba-Viertel (das »nordafrikanische«) am südöstlichen Ende der Altstadt nieder. Die Verwüstung wurde angerichtet, um für einen ausgedehnten Platz zwischen dem Jüdischen Viertel und der Klagemauer Raum zu schaffen. Dieser tiefe Eingriff des Militärs in die Stadt ohne ausdrückliche Ermächtigung durch die Regierung demonstriert mehr als alles andere, dass die Armee nicht vorhatte, sich aus diesem besetzten Gebiet wieder zurückzuziehen. Chaim Hertzog, der aus Irland stammende erste Militärgouverneur der Besetzten Gebiete und später der sechste Präsident Israels, rühmte sich selbst als hauptverantwortlich für die Zerstörung des dicht bevölkerten Viertels, dessen mehrere 1000 Bewohner sich 125 Häuser teilten. »Als wir die Klagemauer besichtigten, stellten wir fest, dass eine Toilette an sie angebaut war (…) wir beschlossen, sie zu entfernen und daraufhin fragten wir uns, warum wir nicht gleich das gesamte Viertel an der Klagemauer evakuieren sollten (…) eine historische Gelegenheit, die sich nie wieder bieten würde (…) Wir wussten, der nächste Samstag, der 14. Juni, war das *Schawuot*-Fest, an dem viele zum Beten kommen würden (…) das Ganze müsste also bis dahin vollendet sein.«[32] Bereits 1917 hatte Chaim Weizmann, der damalige Präsident der Zionistischen Weltorganisation (World Zionist Organization, WZO), versucht, die britische Armee, wenige Monate nachdem sie Jerusalem besetzt hatte, dazu zu bewegen, eben dies zu tun –

allerdings ohne Erfolg. Solange das Maghariba-Viertel bestand, war die Klagemauer nur durch eine schmale, gewundene Gasse hindurch zu erreichen, die zum Kristallisationspunkt vielfältiger Reibereien zwischen Anwohnern und Juden wurde, die zum Gebet an die Mauer strebten.

Nachdem die Armee das Maghariba-Viertel vollständig zerstört hatte, machte sie sich daran, die 3000 palästinensischen Flüchtlinge des 1948er Kriegs zu evakuieren, die sich im Jüdischen Viertel niedergelassen hatten. Dieses grenzte im Westen an das Maghariba-Viertel an, und man konnte nun das Feld der Verwüstung, das sich zwischen dem Jüdischen Viertel und der Klagemauer auftat, überblicken. 1948 war das Jüdische Viertel durch die Jordanische Legion belagert und seine rund 2000 Bewohner waren zur Flucht gezwungen worden. Anschließend wurde das Viertel Zufluchtsort für palästinensische Flüchtlinge, die aus nunmehr israelisch beherrschten Gegenden flohen. Nach dem 1967er Krieg war die Regierung bestrebt, im Jüdischen Viertel wieder jüdisches Leben entstehen zu lassen. Die ersten, die gewaltsam geräumt wurden, waren 80 palästinensische Flüchtlingsfamilien, die in Gebäuden lebten, die früher Synagogen gewesen waren.[33] Die übrigen Bewohner des Viertels – Muslime und Christen, Palästinenser ebenso wie Armenier – wurden einem Urteil des israelischen Obersten Gerichtshofs gemäß nach und nach ausgewiesen. Vor dem 1948er Krieg war das Viertel nicht eindeutig abgegrenzt, und sein genauer Umfang war nicht klar umrissen gewesen. Nach dem 1967er Krieg sorgte die Regierung für die Räumung eines Gebiets von annähernd neun Hektar, einer Fläche, die mehr umfasste als allen Angaben über das Viertel bis dahin zu entnehmen war. Zwei Monate später, am 31. August, wurde die gesamte Altstadt zum antiken Baudenkmal erklärt und jegliche Bautätigkeit hatte bis zum Abschluss der archäologischen Bestandsaufnahme zu warten. Das erweiterte jüdische Viertel, nunmehr brutal allen Lebens entleert, wurde zum Schauplatz intensiver archäologischer Studien. Drei Jahre später, 1971, wurde unter der Ägide des in Deutschland geborenen britischen Architekturhistorikers und -kritikers Nikolaus Pevsner eine Gesellschaft zur Restaurierung und Entwicklung des Jüdischen Viertels ins Leben gerufen.[34]

Die Archäologie lieferte nicht nur einen Vorwand für eine israelische »Rückkehr«, in deren Namen palästinensisches Land besetzt wurde, sondern, wie die palästinensische Autorin Nadia Abu El-Haj feststellt, beförderte auch »Spuren« historischer Authentizität zutage, die durch israelische Architekten aufgegriffen und in gebaute Gestalt überführt werden konnten. An der Bibel orientierte Archäologie diente dazu, die Behauptung zu untermauern, dass vernakuläre palästinensische Architektur in Wahrheit jüdischen Ursprungs sei, und ermöglichte daher, wie Nitzan-Schiftan aufzeigte, eine Selbstdefinition des »Israelischen« als lokal verwurzelte Kultur, die durch die erst später angekommenen Palästinenser verändert worden sei.[35]

Biblische Archäologie

Für die Herausbildung der israelischen Identität war seit der Staatsgründung die Archäologie von entscheidender Bedeutung. Als Israels erster Premierminister David Ben Gurion in seinen Memoiren behauptete, das jüdische Recht auf Palästina »gründet sich darauf, dass (…) wir den Boden mit unseren Händen umgraben«,[36] bezog er sich auf die beiden Weisen, wie der Zionismus sein Recht auf das Land praktisch durchsetzen und augenfällig machen würde: durch die Landwirtschaft und durch die Archäologie. Nachdem sich der Zionismus auf der Oberfläche eines ihm fremden Palästina festgesetzt hatte, führte er seine vertikale Eroberung des Gelobten Landes in dessen tieferen Schichten fort. Das Palästina, das man vorfand, wurde als zeitgenössischer Schleier wahrgenommen, unter dem historische biblische Landschaften, Schlachtfelder, israelitische Siedlungen und heilige Stätten entdeckt werden könnten, sobald man grub. Die nationale Rolle, die man der Archäologie zuschrieb, bestand darin, die Schicht des Sichtbaren zu entfernen, um die ursprüngliche israelitische Landschaft darunter sichtbar zu machen und so den Beweis für den jüdischen Anspruch auf das Land zu erbringen. Die unterirdischen Schichten wurden als Parallelgeografie, gleichsam nationales Monument, aufgefasst. Sie lieferte den Vorwand für weitere Kolonialisierung, von der man behaupten konnte, sie sei die Rückkehr zu heiligem Erbe. Darüber hinaus beeinflusste die Archäologie ihrerseits die Umprägung der territorialen Oberfläche. Im Verlauf der zionistischen Geschichte wurden neue Dörfer, Städte und Siedlungen in der Nähe oder direkt über Orten gegründet, von denen man annahm, dass sie eine hebräische Vergangenheit hätten, und deren biblische Namen für die neuen Ansiedlungen übernommen wurden.[37] In der Tat findet sich nur wenige Meter unter der Oberfläche ein »immer wieder überschriebenes Dokument«, ein Palimpsest aus 5000-jährigem historischem Geröll, eine vertikal aufgehäufte Chronologie von vergangenen Kulturen und Leben, Erzählungen von Krieg und Zerstörung, allesamt zwischen Stein und Erdreich gepresst. Die israelischen biblischen Archäologen interessierten sich besonders für die tieferen Schichten der Bronze- und der Eisenzeit,[38] die weitgehend den biblischen Epochen entsprechen, sowie für die ersten vier Jahrhunderte nach Christus, auf die sich die jüngeren, auslegenden religiösen Schriften der *Mischna* beziehen. Die darüber lagernden Schichten muslimischer und osmanischer Zeit wurden bei Ausgrabungen und in Museen nur marginal berücksichtigt, häufig abgewertet als Zeugnisse einer Periode der allgemeinen Stagnation oder schlicht als »zu jung«, oder aber man überließ diese Zeugnisse einfach dem Verfall.[39] Dies entsprach ganz der Neigung der israelischen Bibelarchäologen, den Weg durch die Geschichte einfach abzukürzen. In dieser Hinsicht war die israelische Archäologie in durchaus ähnlicher Weise politisch gefärbt wie andere Archäologien, die im

*Räumung des Platzes vor der Klagemauer, 1967.
Abdruck mit freundlicher Genehmigung von IP*

Dienste nationaler Bewegungen stehen.[40] Die israelischen bibelorientierten Archäologen übernahmen ihr Vorgehen weitgehend von ihren britischen und amerikanischen Vorgängern, die bereits seit dem 19. Jahrhundert in der Region Ausgrabungen vorgenommen hatten.[41] Die israelischen biblischen Archäologen hatten jedoch, anders als ihre Vorgänger, weniger religiöse als vielmehr nationale Motive. Die Ausgrabungen wurden oft von säkular eingestellten Israelis durchgeführt, die ähnlich wie Ben Gurion in der Bibel einen historischen Text der Nation sahen, der sich eignete, die darin zum Ausdruck gebrachte nationale Identität mit dem dazugehörigen Staat zu verschmelzen.[42] Die Ausgrabungen selber erinnerten an militärische Operationen, die Arbeit wurde von Offizieren im Ruhestand organisiert.[43] Am 27. Juni 1967, eben dem Tag, an dem das arabische Jerusalem mit seiner Umgebung von Israel annektiert wurde, erklärte die israelische Regierung die archäologisch interessanten Plätze im Westjordanland, insbesondere die von jüdischer oder israelitischer kultureller Bedeutung, zum staatlichen »National- und Kultureigentum«.[44] Das lief de facto auf eine Annexion des Bodens unter den Besetzten Gebieten hinaus und bedeutete, dass er die erste zu kolonialisierende Zone werden würde. Im Mittelpunkt des Interesses israelischer Bibelarchäologen standen Jerusalem und seine Umgebung und dort vor allem das Jüdische Viertel der Altstadt. Nach dem Krieg wurde der Zugang zu archäologischen Quellen dadurch erleichtert, dass die am besten geführten archäologischen bzw. altertumswissenschaftlichen Archive – das Rockefeller Museum, die American School of Oriental Research, die französische École

Biblique et Archéologique – in Ostjerusalem beheimatet waren und zusammen mit ihren Sammlungen und Bibliotheken unter israelische Kontrolle kamen. Sie bescherten den israelischen, an der Bibel orientierten Archäologen einen wahren Schatz an Quellen.[45]

Von der Archäologie zur Architektur

In der Altstadt wurden die Ausgrabungsstätten in die städtebauliche Gesamtplanung integriert. Louis Kahn, dessen Stimme bei den frühen Zusammenkünften des Jerusalem-Komitees besonderes Gewicht hatte, entwickelte die Vision eines Wiederaufbaus des evakuierten Viertels als »archäologisch geprägte Grundstruktur, innerhalb derer (neue) architektonische, urbane Gestaltgebungen in Anlehnung an und in einem Spannungsverhältnis zu den Ruinen entstehen«.[46] Einer seiner bezeichnendsten Vorschläge für den Wiederaufbau der Altstadt, den er übrigens privat entwickelte, war der Plan einer neu errichteten *Hurva*-(Ruinen-)Synagoge, eines Gebäudes aus dem 18. Jahrhundert, das bis zu seiner Zerstörung durch die Jordanische Legion nach dem 1948er Krieg an zentraler Stelle im Jüdischen Viertel gestanden hatte. Obwohl dieser Plan nie umgesetzt wurde, hatte er doch einen beträchtlichen Einfluss auf die israelische Architektur im Viertel und darüber hinaus. Ram Karmi, einer der vielversprechenden jungen israelischen Architekten der zweiten Generation im Staatsdienst, war in den 1970er Jahren Kahns vorrangiger Anhänger und Förderer seiner Ideen in Israel. Karmi schrieb damals, dass für ihn Kahns Entwurf für die *Hurva*-Synagoge das Ende des israelischen Modernismus markierte, der kennzeichnend für die Architektur der israelischen Gründergeneration und der seines Vaters Dov Karmi gewesen war. »Der israelischen Architektur (…) gelang es nicht, künstlerisch und angemessen die Wünsche einer Nation zum Ausdruck zu bringen, die zu ihren Wurzeln zurückkehrte (…) Das neue *Hurva*-Gebäude bietet eine Gelegenheit, diese zu erfüllen.«[47] Es wurde die Forderung nach einer Verschmelzung von Archäologie und Architektur erhoben. Und so wirkten tatsächlich bei den Restaurierungsarbeiten im Viertel israelische Archäologen und Architekten eng zusammen und führten, nicht selten gleichzeitig, Ausgrabungen, Restauration und Wiederaufbau durch.[48] Die Archäologie wurde in der Vertikalen erweitert, und es entstand so ein neuer Baustil, den Zvi Efrat als »Archäologismus« bezeichnete.[49] In manchen Fällen bildeten die oberen Stockwerke neuer Wohnhäuser eine direkte Fortführung ihres archäologischen Fußabdrucks, während bei anderen Gebäuden für die unteren Stockwerke ältere und für die oberen neuere Steine benutzt wurden. Wieder andere wurden einfach nur so gebaut, dass sie älter wirkten als sie waren.

Im Jahre 1974 wurde Karmi Chefarchitekt im Ministerium für das Bau- und Wohnungswesen, das damals noch fast den gesamten Wohnungsbau in Israel verantwortete und im Ruf stand, billige Wohnblocks zu fördern, die reihenweise und schnell errichtet wurden. Karmi war der prominenteste einer Gruppe israelischer Architekten, die zum einen den historisierenden Tendenzen des Jerusalem-Komitees zugeneigt und zum anderen durch weltweite Entwicklungen in der Architektur beeinflusst waren. Die meisten dieser Architekten waren jung und kürzlich von Studienaufenthalten an Eliteschulen im Ausland, womöglich der Ideenschmiede für neue architektonische Impulse, der Architectural Association School of Architecture in London, zurückgekehrt, an der Karmi selbst seinen Abschluss gemacht hatte. Wie viele israelische Akademiker standen die meisten von ihnen der Arbeitspartei nahe, die zwischen 1967 und 1977 die exekutive Kraft hinter der Kolonialisierung Jerusalems und der übrigen Besetzten Gebiete war.

Für diese jungen Praktiker war die Architektur der 1950er und 1960er Jahre – deren Inbegriff sie in den staatlich geförderten Wohnblöcken des europäischen Modernismus sahen – steril und seelenlos. Ihnen fehlte vor allem ein wesentliches Moment: »Bedeutung«. Ganz überwiegend waren diese Architekten nicht aus einem nationalistischen Antrieb nach Israel zurückgekehrt, sondern weil sie sich über die Gelegenheit freuten, zu bauen und sich dabei für Belange zu engagieren, die damals im Mittelpunkt der Auseinandersetzungen um die Architektur standen. Möglicherweise waren sie sich der Tatsache bewusst, dass ihre Projekte auf enteignetem palästinensischen Land verwirklicht wurden und persönliche wie nationale Tragödien nach sich zogen, doch solche Gedanken schoben sie beiseite und gaben vor, sich rein professionell mit den jeweiligen Vorhaben zu befassen.

Sobald Karmi seine neue Rolle übernommen hatte, veranlasste er – ganz ähnlich wie seinerzeit Storrs –, dass alle laufenden Projekte in Jerusalem zum Stillstand kamen und stellte ein Expertenteam zusammen, das ein stadtweites Planungsprogramm aufstellen sollte. Laut Karmi »muss die Suche nach einer nationalen Identität durch die Architektur betrieben werden«.[50] In der Einleitung zu *Israel Builds*, der offiziellen Publikation des Wohnungsbauministeriums von 1977, erläuterte er die Verschiebung des Schwerpunkts in der Architektur und ihrer Produktion: »Wegen des Wohnungsmangels stehen wir unter Druck (…) Wir scheuen keine Mühen, so viel zu bauen, wie es unser Budget nur zulässt (…) Dennoch will mir scheinen, dass in all diesen Bemühungen eines zu kurz kommt, die zentrale Idee, um derentwillen Israel entstanden ist: die Errichtung einer ›nationalen Heimstatt‹ (…) Ein solches Zuhause ist mehr als die vier Wände der eigenen Wohnung; es umfasst auch ein Gefühl der Zugehörigkeit zur unmittelbaren Umgebung …«[51] Die Architektur sollte eine Hauptrolle spielen, nicht zuletzt bei der Neudefinition des Territoriums als Heimat.

Doch woher sollte eine solche »Bedeutung« genommen werden? Karmi war der Auffassung, dass sie in der besonderen Beschaffenheit des nationalen Terrains selber zu finden war: »So wie wir die hebräische Sprache nicht ex nihilo geschaffen haben, sondern sie auf der Sprache aufgebaut haben, die vor 2000 Jahren gesprochen wurde (…) so bauen wir jetzt auch nicht auf einer Tabula rasa.«[52] Die Inspiration dazu wurde gesucht und gefunden, und zwar sowohl über wie unter der Erde, wie es Alona Nitzan-Schiftan so anschaulich in Worte fasst: »Während Architekten noch auf der Suche nach Bauplätzen über der Erde waren, machten sich Archäologen auf die Suche nach jüdischer Geschichte unter der Erde.«[53] Die israelischen Architekten urteilten über die landesübliche palästinensische Architektur – wie sie sich in den Dörfern der Hügel und den Stadtvierteln Jerusalems zeigte –, nicht etwa, dass sie durch komplexe historische Entwicklung hervorgebracht worden sei und gesellschaftlich-physische Typologien darstelle, sondern sie sahen in ihr die versteinerten Formen biblischer Überlieferung.[54] Die israelische Baukultur war immer zwischen dem widersprüchlichen Begehren gefangen, entweder stereotype arabische Vernakulärarchitektur zu imitieren oder gar bewohnen zu wollen – oder aber sich in scharfem Gegensatz dazu zu definieren. Die Zionisten sahen in den Palästinensern entweder erst spät ins Land Gekommene, denen die 1000-jährigen Wurzeln fehlten, oder, paradoxerweise, *die* Statthalter der uralten hebräischen Kultur und Sprache des Landes – und all das ohne das geringste Bewusstsein von der Unvereinbarkeit dieser Annahmen.[55]

Für die Anziehung, die die lokale palästinensische Architektur auf israelische Architekten ausübte, lieferte die MoMa-Austellung *Architektur ohne Architekten* von 1964 einen theoretischen Rahmen und bestärkte sie dadurch. Der umfang-

Jerusalem: Die Versteinerung der Heiligen Stadt

Louis Khan, die Hurva-Synagoge (links). Abdruck mit freundlicher Genehmigung von IP.

reiche Ausstellungskatalog plädierte für die Integration von Prinzipien, die man durch die Analyse vernakulärer Gebäude gewann, in den Kontext der internationalen modernen Architektur. Die Ausstellung richtete jedoch das Augenmerk ganz auf die formalen Aspekte der volkstümlichen (Wohn-)Architektur und übersah dabei die politischen und gesellschaftlichen Entwicklungen der Gemeinschaften, die sich in dieser Architektur manifestierten. Man neigte eher dazu, in ihnen zeitlose Verkörperungen des »edlen Wilden« zu sehen.[56] Ähnlich romantisch und orientalistisch war die Faszination israelischer Architekten von der palästinensischen vernakulären Bauweise. Daher waren sie blind für die komplexen sozio-ökonomischen Entwicklungen der palästinensischen Dörfer und Städte, mit denen sie sich befassten und von denen sie annahmen, die dortigen architektonischen Formen hätten sich organisch und planlos herausgebildet. Diese Sichtweise findet sich in einer Äußerung von Thomas Leitersdorf – ebenfalls Absolvent der Architectural Association in London –, der nach einem längeren Arbeitsaufenthalt im Ausland nach Israel zurückgekehrt war, um Ma'ale Adumim, die größte Siedlung der Westbank wenige Kilometer östlich von Jerusalem, zu planen: »Was die Schönheit angeht, sind sie (die Palästinenser) uns weit voraus! ›Architektur ohne Architekten‹ – genau das ist das arabische Dorf, und das ist seine Schönheit (…) Neidvoll betrachte ich die Formensprache des arabischen Dorfes. Die Schönheit des arabischen Dorfes liegt in seinem akkumulativen und irgendwie irrationalen Wesen (…) Das ist immer besser als das Eingreifen eines Architekten, der die Sache nur verdirbt, denn er muss rational vorgehen, sie hingegen nicht…«[57] Die Modernisierung des palästinensischen Dorfes – seine Entwicklung als komplexes sozio-ökonomisches Gebilde, die Veränderung seiner wirtschaftlichen Grundlage von einer ländlichen zu einer halburbanen, die Aufgabe der traditionellen Steinkonstruktion und – ironischerweise – der Einfluss der israelischen Kultur, Ökonomie, Architektur und ihrer Bauverfahren – all das entging Leitersdorf und seinen Zeitgenossen weitgehend. Doch jenseits seiner orientalistischen Perspektive, die das palästinensische Dorf zu ewiger, romantischer Zurückgebliebenheit verurteilte, eine Insel der »Tradition« in einem Ozean des »Fortschritts«,[58] übersah Leitersdorf den Widerspruch innerhalb seines eigenen Schaffens: Ausgerechnet die Bauwerke, die seinen Entwürfen gemäß über den palästinensischen Dörfern gelegen sind, haben diese ein für alle Mal ruiniert.

Als der Wiederaufbau des jüdischen Viertels beendet war, waren nur 20 Prozent der ursprünglichen Gebäude tatsächlich erhalten geblieben. Die übrigen wurden neu »wiederaufgebaut«, wobei man weitere Stockwerke hinzufügte, um den Zielvorgaben der Regierung gerecht zu werden und Raum für mehr Bewohner zu schaffen. Derzeit leben über 4500 Menschen, ein Drittel von ihnen *Jeschiva*-Schüler aus aller Welt, im Jüdischen Viertel. Die meisten Bewohner sind national-religiös eingestellte Juden, viele aus den Vereinigten Staaten, doch auch einige Künstler und Architekten haben sich unter dem Einfluss der Idee einer »Rückkehr ins Stadtzentrum« dort niedergelassen. Beispiele für letztgenannten Siedlertypus sind die Architekten Mosche Safdie und Elinoar Barzacchi, die spätere Chefarchitektin des Jerusalemer Distrikts, die 1977 nach Studien- und Arbeitsaufenthalten in Paris und Rom nach Israel zurückkehrte. Sie hat vor Kurzem ihre Entscheidung, dorthin zu ziehen, folgendermaßen erklärt: »Ich kam aus Europa zurück und fand, der schönste Ort in Jerusalem, um sich dort niederzulassen, wäre die Altstadt. In Rom habe ich in der Altstadt gelebt, in Paris in Montmartre. Hier schien mir das (Jüdische) Viertel das ›jerusalemitischste‹ überhaupt, das authentischste, das denkbar multikulturellste zu sein.«[59]

Das Jüdische Viertel ist jedoch weniger als multikulturelle Stadtmitte zu bezeichnen, denn als artifizielle, ethnisch homogene, abgeriegelte Nachbarschaft, deren Entstehung der Vertreibung ihrer Bewohner zu verdanken ist. Es ist ein »biblischer« Themenpark, der immer weitere Tentakeln in Form jüdischer Wohnenklaven und religiöser Studienzentren in das Muslimische Viertel ausstreckt, mit denen es oberhalb der Gassen durch geschützte und exklusive Verbindungswege über die Dächer verbunden ist. Die Abtrennung dieser Enklave von ihrer Umgebung wird noch dadurch verschärft, dass alle Ein- und Ausgänge durch die Grenzpolizei bewacht werden, die – nach Personen- und Taschenkontrollen – den Zugang ausschließlich jüdischen Anwohnern/Siedlern, Touristen und der israelischen Armee und Polizei gewährt.

Reproduktion der Altstadt

Die Enteignungen von Palästinensern, die die »Rekonstruktion« des Jüdischen Viertels ermöglichte, ging Hand in Hand mit dem Beginn einer Welle von Enteignungen an der Peripherie des städtischen Verwaltungsbezirkes. Über ein Drittel des durch den Staat annektierten Landes wurde palästinensischen Eigentümern unter dem Vorwand genommen, »öffentlichen Erfordernissen« zu dienen, um die Errichtung oder Erweiterung jüdischer Stadtviertel zu ermöglichen. Der Gebrauch des Wortes »öffentlich« offenbart mehr als alles andere die politische Voreingenommenheit der Regierung: Die Öffentlichkeit, der die Enteignungen aufgebürdet wurden, bestand immer aus Palästinensern, die Öffentlichkeit, die die Früchte der Enteignungen genoss, war immer jüdisch.[60]

Trotz des Wiederaufbaus des Jüdischen Viertels wurde das Stadtzentrum Jerusalems durch auseinanderstrebende Kräfte schier zerrissen. Als zehn Jahre nach dem Krieg der rechtsgerichtete Likud 1977 an Stelle der Arbeitspartei die Regierung übernahm, beherbergte das Jüdische Viertel annähernd 4000 Menschen, während beinahe 50 000 jüdische Israelis die neuen jüdischen Vororte bevölkerten, die an den Rändern der Besetzten Gebiete gebaut und an das Jerusalemer Stadtgebiet angegliedert worden waren.[61] Die jüdischen Bewohner der Stadt waren nicht sehr angetan von den dicht bevölkerten, multiethnischen und umstrittenen älteren westlichen Vierteln der Stadt und entschieden sich eher für die ethnische, kulturelle und soziale Homogenität der Vorstädte. Diese Vorortprojekte wurden als »urbane Nachbarschaften« und nicht als Siedlungen bezeichnet, und das nicht etwa, weil diese Bezeichnung ihrem Wesen, ihrer ökonomischen Struktur oder ihrer Entfernung zum Zentrum entsprochen hätte, sondern weil sie sich immer noch innerhalb der beträchtlich ausgeweiteten Grenzen des Stadtgebiets von Jerusalem befanden.

Doch die Bedeutung der »Rekonstruktion« des Viertels lag nicht nur in der Anzahl seiner Bewohner, sondern auch darin, dass es eine Art Stützpunkt innerhalb der Altstadt darstellte und mit ihm ein Labor für eine neu entstehende architektonische Sensibilität geschaffen wurde, die dann später auf den Bau der städtischen Außenbezirke übertragen und dort umgesetzt werden sollte. Gilo, das am südlichsten Ende Jerusalems auf einem Hügel liegt, von dem aus man Bethlehem und die umgebenden Flüchtlingslager überblickt, bietet eines der besten Beispiele für den Versuch, etwas von der Atmosphäre der Altstadt an der Peripherie Jerusalems zu reproduzieren. Da Gilo den südlichen Rand der ausgedehnten Stadt markiert, ist es laut seinem Schöpfer, dem Architekten Avraham Yaski, wie er 1977 schrieb, sowohl »ein Abschnitt der Mauer um die Stadt«, als auch »eine klar umrissene Stadt für sich«. »Obwohl Gilo ein Vorort ist«, wie Yaski zugibt, »hat man sich darum bemüht, ihm den Flair der organischen Zugehörigkeit zu

Jerusalem zu verleihen und nicht den einer Schlafstadt.«[62] Indem Yaski Gilo eine geschlossene und abgeschieden wirkende urbane Gestalt gab, knüpfte er an ein anderes Ideal der Zeit an, das damals gerade aufkam – dem amerikanischen »New Urbanism« (der durch die Schriften von Jane Jacobs und Lewis Mumford inspiriert war). Besonders häufig fand er bei den Stadtentwicklungen an den Rändern amerikanischer Städte Anwendung, indem man versuchte, Stadtkernen ähnelnde, gut zu Fuß begehbare Ortschaften überschaubarer Dimension nachzuempfinden. In Jerusalem bedeutete eine solche Nachbildung urbaner Zentralität, dass man die Altstadt reproduzierte. Eines der besten Beispiele für dieses Phänomen sind die »Wohn-Cluster«, die der Architekt Salo Herschman in Gilo in den frühen 1970er Jahren schuf. Die Wohnhäuser sind in mehreren Ensembles angelegt, von denen jedes einer Stadt mit Stadtmauer ähnelt. Man betritt sie durch weite (Stadt-)Tore, und gelangt so auf Innenhöfe und Plätze, die durch Fußwege, Gassen und Kolonnaden miteinander verbunden sind. Diese werden ihrerseits durch Torbögen überwölbt, und Balkone gewähren Einblick in Gassen und Plätze. Der gesamte aus Beton errichtete Cluster ist mit Jerusalem-Stein verkleidet. Gilo ist tatsächlich das Viertel, das am deutlichsten von allen Neubausiedlungen die grundlegende Veränderung der israelischen Architektur demonstriert. Der modernistische, austauschbare, billige, vorgefertigte Wohnblock, einst Grundtypus staatlichen Wohnungsbaus, wurde laut Zvi Efrat durch andere Typologien ersetzt: »formlose, ausfernde Anhäufungen einer Vielzahl von terrassenförmig angelegten Wohneinheiten, die sich an die vorgegebene Topografie der Jerusalemer Hügel anschmiegten (…) eine ›kontextuelle‹ Architektur, sentimentale Bauten, geprägt durch angebliche ›regionale‹ Bezüge (…), pseudo-historische Kreationen einer orientalischen oder mediterranen Mimikry (…), die Assoziationen an die Antike und nationale Wurzeln verkörpern sollten«.[63] Durch eine eklektische Zusammenführung von Episodischem und musealen Arrangements von Elementen sollte diese Architektur später die Phantasmen liefern, die man für notwendig hielt, um eine neue nationale Identität zu konsolidieren und die ausfernde Stadt zu domestizieren. Zugleich versetzte eine solche Architektur jeden noch so fernen neuen Vorort in »die auf ewig vereinte Hauptstadt des jüdischen Volkes«, und damit, jedenfalls in den Augen der meisten Israelis, weg vom Verhandlungstisch. Was immer als Jerusalem bezeichnet wird, sei es durch die Benennung, durch die Architektur oder durch den verwendeten Stein, mutiert zur Herzensangelegenheit des israelischen Konsens. Und obwohl im Jahr 2000 das israelische Verhandlungsteam in Camp David grundsätzlich dem Vorschlag Clintons zustimmte, dass Israel das Archipel palästinensischer Stadtteile und urbanisierter Dörfer innerhalb Jerusalems zurückgeben sollte, beharrte es darauf, die Souveränität über die in Stein gehüllten, abgelegenen Vororte Jerusalems zu behalten, die in Israel als das »jüdische Jerusalem« bezeichnet werden. Grenzen, die ursprünglich von einem

Ausschuss der Armee definiert worden waren, sind visuell in einem solchen Maße angeglichen und kulturell anverwandelt worden, dass die Rückgabe oder die Räumung staatlich geförderter Wohnungsbauprojekte, die innerhalb dieser Grenzen errichtet wurden, als politisch umstrittenes Unterfangen der »Teilung Jerusalems« erscheinen. Jegliche Dekolonialisierung des Gebiets, das heute als Jerusalem bezeichnet wird, müsste daher mit einem Prozess der Säkularisierung und Rückverwandlung der jüdischen Vororte/Siedlungen von Groß-Jerusalem beginnen.

Demografische Architektur

Wie viele Kolonialstädte, so hat auch Jerusalem seine düsteren, von der Grenzpolizei beherrschten Enklaven für die ursprünglichen Bewohner, die mit plötzlich auftauchenden Checkpoints zwischen ihren Wohngebieten konfrontiert werden. Für die palästinensischen Bewohner Jerusalems wurde, anders als für die jüdischen Anwohner, kaum irgendetwas geplant außer ihrem Verschwinden. Innerhalb der Stadtgrenzen wurden Architekten und Städteplaner nicht nur beauftragt, Wohnungen zu bauen und einen neuen nationalen Stil zu entwickeln, sondern auch, das demografische Gleichgewicht aufrechtzuerhalten, das zum Zeitpunkt der Besetzung 1967 und innerhalb der manipulativ gezogenen Grenzen Jerusalems bei etwa drei jüdischen Einwohnern zu einem palästinensischen lag. Das schnellere Bevölkerungswachstum der palästinensischen Bevölkerung wurde von Israel als »demografische Zeitbombe« aufgefasst. Die Stadtplanerin Elinoar Barzacchi sprach 1993 nur aus, was längst praktizierte staatliche Politik war, als sie ausführte, wie die Stadt mit dem Problem umgehen würde: »Es gibt einen Beschluss der Regierung, innerhalb der Stadt das prozentuale Verhältnis zwischen der arabischen und der jüdischen Bevölkerung bei 28 Prozent zu 72 Prozent zu halten. Der einzige Ansatzpunkt, das zu bewerkstelligen, liegt im Wohnraumpotenzial.«[64]

Diese Politik einer Aufrechterhaltung des »demografischen Gleichgewichts« hat die implizite Logik fast jedes Masterplans bestimmt, der zur Stadtentwicklung Jerusalems entworfen wurde.[65] Indem die Städteplaner und Architekten der Jerusalemer Stadtverwaltung und diejenigen, die für sie arbeiteten, die demografischen und geografischen Leitlinien der politischen Vorgaben zu erfüllen suchten, haben sie sich effektiv an einer nationalen Politik der erzwungenen Migration beteiligt. Diese wird in israelischen Kreisen inoffiziell als »stiller Transfer« bezeichnet und ist gemäß internationalem Recht ein Verbrechen.[66] Der Nachweis dieser Verbrechen ist nicht nur in Protokollen oder den ausdrücklichen Formulierungen politischer Vorhaben zu finden, sondern auch in den Zeichnungen von Architekten und Städteplanern. Man sieht sie förmlich als Linien auf ihren

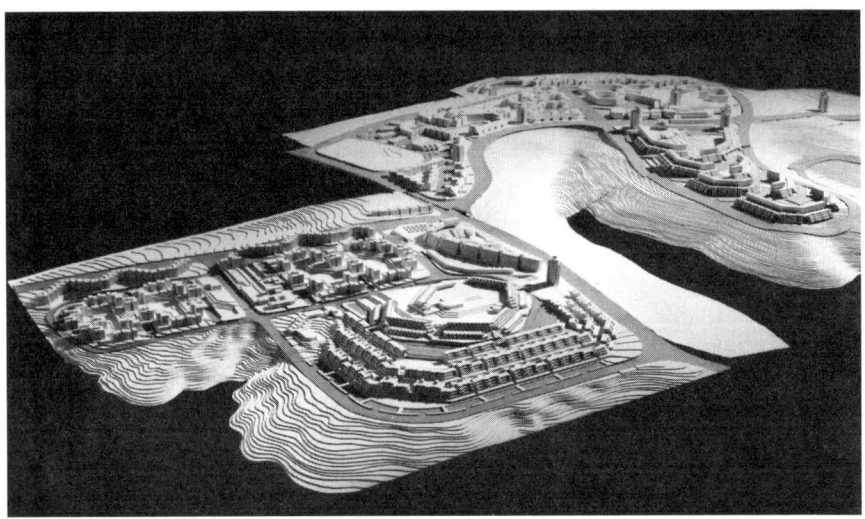

oben: Modell der Nachbarschaft Gilo (Architekten Avraham Yaski, Yaakov Gil, Yosef Sivan); unten: Entwurfsbesprechung für Gilo in den frühen 70er Jahren. In der Mitte, auf das Modell zeigend, steht Projektleiter Avraham Yaski, der später für diesen Entwurf den Israel-Preis erhielt. Ram Karmi (mit Sonnenbrille und Koteletten) sitzt in der Mitte.

Plänen.[67] Dennoch erreicht die israelische Planung bemerkenswerterweise trotz aller Bemühungen ihr selbst gesetztes Ziel, das Verhältnis von 28 Prozent Palästinenser zu 72 Prozent Juden zu halten, nicht. Von den 650 000 registrierten Einwohnern Jerusalems im Jahr 2005 waren rund ein Drittel Palästinenser. Das hat offensichtlich die Frustration verstärkt und dazu geführt, dass Israel seine drakonischen Maßnahmen weiter verschärft.

In politischen Vorgaben, die lediglich den Status von Leitlinien haben, wird demografische Politik explizit formuliert. Dagegen wird sie in städtebaulichen Masterplänen, die Gesetzescharakter annehmen, hinter der Camouflage des technokratischen Planungsjargons verborgen. Da die Leitlinien der Regierung eindeutig sowohl israelisches als auch internationales Recht brechen, hat sich eine wohlweisliche sprachliche Diskrepanz zwischen politischen und architektonischen Dokumenten herausgebildet. Die illegale Politik ist umgesetzt worden, indem man scheinbar belanglose Planungskategorien manipuliert hat. Die Aufrechterhaltung des demografischen Gleichgewichts mittels des Wohnraumpotenzials bedeutete angesichts eines so viel rascheren palästinensischen demografischen Wachstums, dass mindestens eines von zwei Planungsinstrumenten einzusetzen war: zum einen die Förderung des Wohnungsbaus in jüdischen Nachbarschaften, zum anderen die Einschränkung des Ausbaus palästinensischer Viertel. Während die Stadtverwaltung im Jahresdurchschnitt 1500 Baugenehmigungen an jüdische Israelis ausgibt und überall in Ostjerusalem seit 1967 90000 Wohneinheiten für sie errichtet hat, gibt sie jährlich nur durchschnittlich 100 Baugenehmigungen an Palästinenser in der Stadt aus und hat so für eine Wohnungsnot unter den Palästinensern gesorgt. Ihnen fehlen über 25000 Wohnungen.[68] Viele palästinensische Familien, die keine Möglichkeit haben, eine Baugenehmigung zu bekommen, bauen »illegal« und setzen sich so den Willkürakten der städtischen Abrisskolonnen ausgesetzt. Die Häuserabrisse werden überwiegend in den am stärksten benachteiligten palästinensischen Wohngebieten durchgeführt, deren Bewohner sich keinen Rechtsbeistand leisten können.[69]

Darüber hinaus wurden weitere Manipulationen räumlicher Art vorgenommen, um möglichst das »demografische Gleichgewicht« aufrechtzuerhalten. Der Bau neuer jüdischer Nachbarschaften/Siedlungen wurde auch als Mittel gegen palästinensische urbane Entwicklungen verstanden, indem man sie so anlegte, dass sie einen Keil zwischen palästinensische Wohngebiete und Dörfer trieben, wodurch deren mögliche Ausdehnung eingeschränkt und palästinensische urbane Zusammenhänge zersplittert wurden. So legte man die nördlich der Altstadt gelegenen Viertel Ramat Eschkol und French Hill so an, dass sie einen langgezogenen Bogen bildeten und die palästinensische Nachbarschaft Schuafat von der palästinensischen Altstadt und vom Scheich-Jarah-Viertel abschnitten, wodurch ein ursprünglich zusammenhängendes urbanes Gebiet zerrissen wurde. Die Art, wie und wo die neuen Viertel angelegt wurden, bestimmte sich nicht nur durch ihren Zweck, die jüdische Bevölkerung aufzunehmen, sondern zielte auch darauf ab zu verhindern, dass Jerusalem eine funktionierende palästinensische Stadt würde. Palästinenser in Jerusalem zu sein, sollte möglichst schwierig gemacht werden.

Die massive Überbevölkerung in palästinensischen Wohngebieten und der rasche Anstieg der Immobilienpreise, der darauf folgte, zwangen schließlich viele palästinensische Familien, Jerusalem zu verlassen und in nahe gelegene Städte und Dörfer im Westjordanland zu ziehen, wo Wohnraum wesentlich günstiger ist. Genau das beabsichtigten die staatlichen Planungsinstanzen. Indem sie die Stadt verließen, verloren sie auch den Aufenthaltsstatus in Israel, durch den sich die Palästinenser, die innerhalb der Nach-1967er Grenzen Jerusalems leben, von den in der übrigen Westbank ansässigen unterscheiden. Dieser Status ist u.a. mit einem Zugang zu staatlichen Dienstleistungen, zur Gesundheitsversorgung und zum israelischen Arbeitsmarkt verbunden und ermöglicht überhaupt die Bewegungsfreiheit in Israel. In den vergangenen 40 Jahren haben auf die beschriebene Weise 50 000 Palästinenser ihren Aufenthaltsstatus in Israel verloren. Weitere Zehntausende haben sich außerhalb der Stadtgrenzen niedergelassen, aber eine Jerusalemer Adresse beibehalten, um die damit einhergehenden Rechte nicht zu verlieren, und häufig pendeln sie zur Arbeit in die Stadt. Mit der Planung des Mauerverlaufs um Jerusalem wurde u.a. die Absicht verfolgt, diesen Palästinensern den Zugang zur Stadt abzuschneiden, und so auch dieses Schlupfloch noch zu stopfen. Heute stehen die Palästinenser mit einem Aufenthaltsrecht in Jerusalem vor der Entscheidung, auf welcher Seite der Mauer sie leben wollen – entweder in einem überfüllten, teuren Jerusalem zu bleiben, wo sie nicht bauen können, oder die Rechte, die sie bisher haben, aufzugeben und in den nahen Städten und Dörfern der Westbank zu leben.[70]

Während all der Jahre israelischer Herrschaft über Jerusalem sind rund 40 Prozent des Landes, das Palästinenser im besetzten Teil der Stadt hätten kaufen können, in städtischen Plänen als unbebaubarer, öffentlicher Raum ausgewiesen worden. Dies wurde rechtlich als Maßnahme zur Verbesserung der Lebensqualität und der Luft für die Bewohner der palästinensischen Viertel präsentiert, tatsächlich aber zwängte es sie in die Gebiete ein, deren Erweiterung verboten war. Wann immer diese »Grünflächen« für eine Bebauung freigegeben wurden, geschah dies zugunsten einer Ausweitung jüdischer Wohngebiete. Bürgermeister Kollek gab das offen zu: »Der Hauptzweck, weshalb die Schuafat-Anhöhe (damals noch ein unbebauter Hügel im besetzten Gebiet nördlich der Stadt in der Nähe des oben erwähnten palästinensischen Wohngebiets Schuafat) zum Grüngebiet erklärt wurde, bestand darin, eine arabische Bautätigkeit (dort) zu verhindern, bis die Zeit für den Bau eines jüdischen Wohngebiets reif sein würde.«[71]

Eine weitere Planungsstrategie, die eingesetzt wurde, um den Wohnungsbau der Palästinenser und ihr demografisches Wachstum einzuschränken, war der Vorwand der Denkmalpflege. Die Stadtverwaltung verkündete, es ginge ihr darum, den traditionellen ländlichen Charakter der palästinensischen Dörfer innerhalb des Stadtgebiets und die historische Eigenart der palästinensischen Stadtviertel zu erhalten, und ordnete daher an, dass die Geschoss-Flächen-Zahl (GFZ)

– eine Planungsgröße, die das Verhältnis der Größe des Baugrundes zu der des Gebäudes festlegt – niedrig gehalten wurde. Während also das Baurecht für das jüdische Wohngebiet Talpiot-Mitzrah den Bau von fünfgeschossigen Gebäuden zulässt, dürfen im benachbarten palästinensischen Jabal al-Mukaber die Häuser nur 25 Prozent eines Baugrundstücks einnehmen, so dass ein kleines Gebäude auf einem großen Grund steht.[72]

Die palästinensischen Wohngegenden in Jerusalem wurden (in der Horizontalen durch die sie umgebenden grünen Zonen eingeschränkt und in der Vertikalen durch eine »bewahrende« Politik) zu einem Archipel kleiner Inseln einer fabrizierten »Authentizität« inmitten eines Ozeans jüdischer Bautätigkeit, und so dient ihre Architektur als Gegenstand der ästhetischen Betrachtung, der man sich von den in Beton gebauten, doch steinverbrämten jüdischen Wohngebieten aus hingeben kann. Diese von Parks umgebenen »denkmalgeschützten Gebiete« vervielfältigen das Prinzip des McLean-Plans von 1918 um ein Vielfaches und reproduzieren im urbanen Maßstab den Flair der palästinensischen »Bantustans« des Westjordanlandes.

Im Übrigen entsprechen die palästinensischen Dörfer und Wohngebiete in Jerusalem sehr oft nicht im Geringsten dem angeblichen »authentisch orientalischen Charakter«, den sie verkörpern sollen. Ganz anders als in den jüdischen Wohngebieten an der Peripherie Jerusalems üblich, halten sich die Palästinenser häufig nicht an die Jerusalemer Stein-Verordnung und die architektonischen Stilmittel, die Israels Kolonialarchitektur den Anschein der Authentizität verleihen sollen. Viele der Gebäude, die ohne Genehmigung gebaut werden und mit deren Abriss man rechnen muss, werden billig hochgezogen, und ihre tragenden Wände aus Beton und Tuffstein bleiben unverputzt. Der nichts als reine Zweckmäßigkeit spiegelnden Silhouette ihrer simplen Scheiben-Bauweise, in der hügeligen Landschaft auf Pfeiler aufgeständert, ist der Einfluss des modernistischen Ethos der frühen zionistischen Architektur anzusehen. Indem sie wie lokale Adaptionen modernistischer Villen wirken, zeugen sie von einer totalen Verkehrung, die durch die Politik israelischer Dominanz über die Baukultur von Israelis wie von Palästinensern gebracht wurde.

SPERRZONEN · KAPITEL 1

Vertikale Schizophrenie

Der Tempelberg ist der Ort des ersten und zweiten Tempels. Haram al-Scharif ist der Ort, an dem die Al-Aqsa-Moschee und der Felsendom stehen. Beide Orte befinden sich an genau derselben Stelle – einer abgeflachten und aufgefüllten Hügelkuppe, die, am östlichen Rand der Altstadt Jerusalems gelegen, von riesigen Stützmauern gehalten wird. Von der westlichen Stützmauer der Anlage wird geglaubt, dass sie der letzte Rest des zweiten Tempels ist. Die Klagemauer ist der südlichste Abschnitt dieser Mauer.

Die Frage des Tempelberges/Haram al-Scharif war die umstrittenste bei den israelisch-palästinensischen Verhandlungen in Camp David im Juli 2000. Obwohl die meisten israelischen Archäologen darin übereinstimmen würden, dass der zweite Tempel auf einer Plattform auf der Höhe der heutigen Moscheen gestanden hat, scheinen die US-Vermittler an eine andere, politisch bequemere archäologisch-architektonische Erklärung geglaubt zu haben. Sie argumentierten, dass die oberen Teile der Klagemauer ursprünglich als freistehende Mauer gebaut worden seien, hinter (und nicht auf) der sich der zweite Tempel befunden habe – in einer Tiefe von ungefähr 16 Metern unter dem Brunnen zwischen der Al-Aqsa-Moschee und dem Felsendom. Diese Theorie wurde zuerst von dem Tel Aviver Architekten und Amateur-Archäologen Tuvia Sagiv formuliert. Er investierte viel Zeit (und Geld) darin, die Stätte zu untersuchen, und überflog sie sogar mehrmals mit Hubschraubern, um Radaraufnahmen und thermische Unter-

Die vertikale Schizophrenie des Tempelberges/Haram al-Scharif.
Illustration: Walter Boettger, Eyal Weizman 2003

suchungen des Erdreichs durchzuführen. Sagivs Bericht, der besagte, das sich die Überreste des Tempels unter den Moscheen befänden, wurde 1995 an Ariel Scharon weitergeleitet, der zu diesem Zeitpunkt zur Opposition in der Knesset gehörte. Mit dem Bericht wurde auch ein architektonischer Entwurf unterbreitet, der das Problem, dass jüdische und muslimische Gläubige am gleichen Ort beten wollen, vertikal, durch Einführung verschiedener »Stockwerke« zu lösen versuchte. Nach Sagivs Vorschlag würde sich ein riesiges Tor in der Klagemauer öffnen, durch das die Juden in eine unterirdische Halle auf der Höhe des Tempels unterhalb der Moscheen gelangen könnten. Scharon machte die amerikanische Regierung auf Sagivs Entwurf aufmerksam, und diese forderte durch die Botschaft in Tel Aviv ein Exemplar an. Falls tatsächlich Überreste des Tempels *unter* der Ebene der Moscheen zu finden seien, so nahm Clinton an, könne man die Problematik der staatlichen Hoheit tatsächlich durch Sagivs Entwurf lösen. Clinton unterbreitete seinen Vorschlag – Geopolitik auf architektonischer Ebene zu betreiben – stets mündlich, so dass er jederzeit wieder zurückgezogen werden konnte. In einer gewagten und radikalen Manifestation der vertikalen Schizophrenie, wie sie für den Nahen Osten bezeichnend ist, schlug er übereinandergestapelte, horizontale Souveränitätsgrenzen vor. Die erste wäre unter dem Pflaster der Moscheeanlage verlaufen. Dort wäre die Grenze zwischen dem arabischen Al-Quds und dem israelischen Jerusalem an dem umkämpftesten Ort der Welt von der Horizontalen in die Vertikale umgeschlagen. Die Palästinenser hätten die Souveränität über die Plattform des Haram al-Scharif, die Al-Aqsa-Moschee und den Felsendom erhalten. Unter dem Pflaster der Plattform wäre eine 150 Zentimeter dicke Schicht zur UN-Zone erklärt worden. Sie wäre nicht genutzt worden, hätte aber die beiden Parteien voneinander getrennt. Die israelische Souveränität hätte das Volumen unterhalb dieser Schicht umfasst – die Klagemauer, die heilige »Tiefe des Hügels«, wo der Tempel angeblich stand, bis zum Mittelpunkt der Erde. Der Luftraum über der Stätte, genauso wie überall in der himmlischen Stadt, wäre weiterhin israelisches Hoheitsgebiet geblieben. Dieser aufsehenerregende Vorschlag, Souveränitäten in Schichten zu stapeln, brachte ihm seinen Spitznamen ein: Arkansas »Big Mac«, wie mir Gilead Scher fröhlich erzählte. Da sich die israelische Hoheit auf den gesamten Raum um die Anlage herum erstrecken würde, schlug Ehud Barak – der aus verhandlungstaktischen Gründen lediglich seine »Bereitschaft« bekundete, »den Vorschlag zu überdenken«, in Wirklichkeit aber ganz hinter ihm stand – vor, »eine Brücke oder einen Tunnel (zu bauen), durch die jeder, der in der Al-Aqsa-Moschee beten will, die Anlage betreten könne«. Diese spezielle Fußgängerbrücke hätte die palästinensischen Viertel östlich der Altstadt mit der religiösen Anlage verbunden, die sonst durch einen dreidimensionalen »Wrap« aus israelischer Souveränität in alle Richtungen vollständig isoliert gewesen wäre. Die Brücke, auf der die Palästinenser die volle Souveränität erhalten würden, hätte einen Abschnitt des Ölbergs und des dort gelegenen Alten Jüdischen Friedhofs überspannen müssen, auf dem die Israelis von internationaler Seite die Souveränität zugestanden bekommen hätten. Die Palästinenser, die schon lange israelische Präsenz unter ihren Moscheen befürchteten, der israelischen Hoheit in ihrem Luftraum überdrüssig waren und sowieso unempfänglich für die Idee, ihre Hauptstadt mit Brücken zusammenzuflicken, lehnten den Plan rundweg ab. Arafat fragte Clinton leicht amüsiert, ob er »eine fremde Souveränität unter dem Pflaster Washington D.C.s« akzeptiert hätte. Saeb Erekat, palästinensischer Minister und Chefunterhändler in Camp David, fasste die palästinensischen Forderungen trocken zusammen, dass der »Haram al-Scharif (...) den Palästinensern übergeben werden muss – darüber, darunter und seitlich, geografisch und topografisch.«

2. Kapitel
Grenzbefestigungen: Die Architektur Ariel Scharons

Obwohl die Waffenstillstandslinien von 1949 die international anerkannten politischen Grenzen Israels wurden, erachteten sie viele innerhalb des israelischen Militärs als nicht haltbare Grenzen.[1] Da weder Israel noch die arabischen Staaten, die das Waffenstillstandsabkommen von 1949 unterzeichneten, davon ausgingen, dass die neuen Linien eine dauerhafte internationale Grenze markierten, und da beide Seiten territoriale Bestrebungen und militärische Pläne im Sinn hatten, die über diese Grenzziehung hinausgingen, »gerannen« diese Linien nie zu physisch befestigten Grenzen von substanzieller Bedeutung. So wies an manchen Stellen ein flacher Graben auf sie hin, dann wieder ein unscheinbarer Zaun. Nach dem 1967er Krieg wurden die neu entstandenen Waffenstillstandslinien – entlang des Suezkanals, des Jordans und der Golanhöhen – als eine Art Vollendung betrachtet: Sie umrissen ein Territorium, das dem phantasmagorischen zionistischen Traum vom »vollkommenen Land Israel« nicht unähnlich schien.[2] Diese neuen Grenzen sollten auch die strategische Umfriedung mit sich bringen, wodurch die Verteidigung des Staates gestärkt würde. Doch die Besetzten Gebiete, zweimal so groß wie das Vorkriegs-Israel, nahmen einen beunruhigenden Raum in der nationalen Vorstellung ein. Schleichende Agoraphobie führte zu den unterschiedlichsten von Übereifer gekennzeichneten Vorstößen, diese Gebiete zu erforschen und von innen zu domestizieren, sowie ihre äußeren Ränder gegen Angriffe zu schützen. Die Debatten über diese Themen innerhalb des israelischen Militärs und der Regierung waren die ersten dieser Art, und sie sollten die Bedingungen, Formen und Praktiken der Besatzung definieren, wie sie sich anschließend herausbildete. Dieses Kapitel wird die Debatte um den Bau (1967–1973) und den Fall (1973) der israelischen Befestigungsanlagen entlang des Suezkanals nachzeichnen. Indem ich die militärischen Debatten und die Analysen der Kämpfe nachvollziehe, versuche ich einen Prozess der »Zivilisierung« aufzuzeigen, durch den Ideen und Organisationsstrukturen aus dem Bereich des Militärischen in den des Zivilen überführt wurden, was schließlich in den späten 1970er Jahren die Militärbesatzung in eine Zivilbesatzung verwandelte.

Kurz nach dem 1967er Krieg begannen zwei israelische Generäle, die der Arbeitspartei nahestanden, sich für die Befestigung verschiedener Frontlinien der Besetzten Gebiete einzusetzen. Die systematischen Überlegungen, die in diesem Zusammenhang von Yigal Allon, Landwirtschaftsminister und Direktor des Siedlungskomitees der Regierung, und von Generalstabschef Chaim Bar Lev angestellt wurden, entsprangen beide einer ähnlichen territorialen Doktrin, wonach entlang den äußersten Grenzen der Gebiete eine Verteidigungslinie etabliert werden sollte. Der Allon-Plan, dessen erster Entwurf der Regierung bereits wenige Wochen nach Kriegsende vorgelegt wurde, plädierte für eine Neudefinition der Staatsgrenzen entlang des markantesten topografischen Merkmals der Region, dem Großen Afrikanischen Grabenbruch, jenem tiefen tektonischen Riss, der das östliche Ende der von Israel besetzten Gebiete markierte. Diesem Riss folgend, so schlug Allon vor, solle man einen Landstreifen annektieren, der bei den Golanhöhen im Norden beginnen, sich durch das Jordantal fortsetzen und bis zur südlichsten Spitze der Sinai-Halbinsel bei der ägyptischen Küstenstadt Scharm el-Scheich reichen würde. Dieser Streifen, so Allon, würde Israel »ein Maximum an Sicherheit und ein Maximum an Land mit einem Minimum an Arabern« bescheren.[3] Die Gegend war tatsächlich nur dünn bevölkert, da die israelische Armee, die darauf aus war, die neuen Grenzen zu sichern, im Verlauf des Kriegs die palästinensischen Dörfer im Jordantal – abgesehen von der Stadt Jericho – evakuiert und zerstört hatte, ebenso mit den syrischen Städten und Dörfern auf den Golanhöhen verfahren war und alle ägyptischen Bürger aus dem Sinai vertrieben hatte, wo lediglich die Beduinen bleiben konnten. Für diesen insgesamt dürren und nunmehr entvölkerten Landstreifen, weit entfernt von den israelischen

Grenzbefestigungen: Die Architektur Ariel Scharons

*Der Bau der Bar-Lev-Linie, zirka 1971. Film-Stills, IDF Filmabteilung.
Abdruck mit freundlicher Genehmigung von IP.*

Ballungsgebieten, regte Allon die Einrichtung einer Kette von Kibbuz- und Moschaw-Siedlungen sowie einiger paramilitärischer Vorposten der NAHAL an, des Siedler-Arms der israelischen Armee.[4] Obwohl der Allon-Plan nie offiziell von der Regierung übernommen wurde, setzte man ihn im ersten Jahrzehnt der Besatzung unter den Regierungen der Arbeitspartei allmählich um. Die Siedlungen im Jordantal am äußersten östlichen Rand der Westbank sollten die Grenze am Jordan befestigen. In ihrer Errichtung sah man ein Wiedererstarken des Arbeiterzionismus und eine Wiederbelebung des landwirtschaftlichen Pioniergeistes. Die Landwirtschaft in dieser dürren Gegend, die nur durch Überausbeutung des Grundwasservorrats unter den Bergen möglich war, verklärte man getreu dem zionistischen Slogan als das Vorhaben, »die Wüste erblühen zu lassen«.[5] Das Jordantal wurde als hybride militärisch-zivile Zone aufgefasst. Vier parallel verlaufende Straßen durchschnitten sie und verbanden Militärbasen und landwirtschaftliche Siedlungen eng miteinander. Im Fall eines Panzerangriffs aus dem Osten würde man die Felder im Tal fluten und die Siedlungen zu befestigten Positionen erhärten lassen, die es dem Militär ermöglichen würden, die eindringenden Kräfte zu steuern und so zu kanalisieren, dass sie unter israelisches Feuer geraten würden. Im Übrigen würde die Besiedelung dieses Grenzbereichs durch eine Zivilbevölkerung laut Allon die politische Entschlossenheit Israels unterstreichen, diese Grenzregion zu annektieren.

Die Bar-Lev-Linie war das militärische Gegenstück zum Allon-Plan, indem sie darauf abzielte, mit militärischen Verteidigungsanlagen das zu erreichen, was im Allon-Plan mit einer Kombination ziviler und militärischer Vorposten bewirkt werden sollte. Verteidigungsminister Mosche Dayan wollte nicht, dass die IDF

SPERRZONEN · KAPITEL 2

Ariel Scharon als Kommandeur des südlichen Kommandoabschnitts (letzter in der Reihe auf Abb. links); Chaim Bar Lev, Generalstabschef (Mitte auf Abb. links); und David Ben Gurion, auf der Bar-Lev-Linie, Suez-Kanal, 1971

im 1967er Krieg überhaupt bis an den Suezkanal vorstieß, weil er den internationalen Druck fürchtete und eine Wiederholung der Suezkrise von 1956. Damals hatte die US-Regierung Israel – ebenso wie Frankreich und Großbritannien – gezwungen, sich aus dem besetzten ägyptischen Territorium wieder zurückzuziehen. Die IDF stieß dennoch aus einem eigenen taktischen Antrieb heraus am dritten Tag des Kriegs bis zum Suezkanal vor. Unmittelbar nach dem Krieg sprach sich Dayan für einen Rückzug vom Kanal aus. Premierminister Levi Eschkol jedoch, Dayans wichtigster Rivale, und später Golda Meir folgten dem Rat Allons und wollten den Kanal unter israelischer Kontrolle belassen und für jegliche Schifffahrt schließen, um so die ägyptische Regierung zur Unterzeichnung eines Friedensabkommens zu Israels Bedingungen zu zwingen. Dayan wiederum wollte gar kein Abkommen und spekulierte vielmehr auf einen taktischen Rückzug vom Kanal, der Israel eine dauerhafte Kontrolle der restlichen Sinai-Halbinsel verschaffen würde. Bar Lev bekam den Auftrag, eine technische Lösung zur Verteidigung des Kanalbereichs gegen ägyptische Angriffe zu erarbeiten. Er stellte ein Team unter Vorsitz des ihm treu ergebenen Divisionskommandeurs Avraham Adan zusammen, das ein System von Verteidigungsstellungen entwerfen sollte. Mit demselben Elan wie ein junger Architekt bei seinem ersten Auftrag machte sich Adan an die Arbeit: Er grub historische Vorbilder aus und vertiefte sich in den Bau von Modellen. Den größten Einfluss, so erklärte er später, habe dabei die Architektur der Befestigungsanlagen des Kibbuz Nirim in der Wüste Negev

Grenzbefestigungen: Die Architektur Ariel Scharons

auf ihn gehabt, eine jener Siedlungen, die im Mittelpunkt der zionistischen Mythologie standen, seit dieser Kibbuz der ägyptischen Armee im Krieg von 1948 erfolgreich standgehalten hatte.[6] Adan brauchte einen Monat, um das System der Verteidigungsanlagen zu entwerfen. Unmittelbar danach begannen die Baumaßnahmen.

Die Bar-Lev-Linie war jedoch weniger das Ergebnis eines geplanten Vorgehens, als vielmehr das einer schrittweisen Weiterentwicklung. Sie bestand aus einer Reihe von »Lösungen« auf der Grundlage von Adans System zum Schutz von Militäreinheiten unter permanentem Artilleriefeuer. Während der später als Abnutzungskrieg bezeichneten intensiven Scharmützel der Jahre 1968–1971 wurde die Linie allmählich zu einem gigantischen infrastrukturellen Unterfangen. Gewaltige Mengen Sand wurden durch die Wüste verschoben und entlang des östlichen Kanalufers zu einer künstlichen 20 Meter hohen Landmasse aufgeschüttet, die zur Kanalseite hin eine 45-Prozent-Neigung aufwies und insgesamt 200 Kilometer lang war. 35 *Ma'ozim* (befestigte Stellungen), die nach dem Befestigungssystem von Adans Kibbuz benannt und von denen jede für 25 bis 30 Soldaten ausgelegt war, überschauten in 10-Kilometer-Abständen von dem Sandwall aus die nur 200 Meter entfernte ägyptische Linie. Unter den Verteidigungsstellungen waren, durch zertrümmerte Felsen in Netzen verstärkt, tiefe Bunker angelegt, und sie besaßen eine Umfriedung aus Stahlteilen, die man der Kairo-El-Arisch-Eisenbahn und den von den Ägyptern zurückgelassenen landwirtschaftlichen Maschinen entnommen hatte. Zusätzlich waren sie von Minenfeldern umgeben. Entlang der gesamten Linie waren Stellungen für Panzer, Artillerie, Mörser und Maschinengewehre eingerichtet. Anders als Befestigungsanlagen aus Beton, die mit Hilfe einer ausreichenden Ladung Dynamit gesprengt werden konnten, waren die Sandwälle der Bar-Lev-Linie darauf ausgelegt, Bombenangriffe zu absorbieren und in ihrer Wirkung zu begrenzen. Die Grenzbefestigung schien somit perfekt, und die israelische Regierung hatte es daher nicht eilig, an den Verhandlungstisch zu kommen. Da sich das Gleichgewicht der Kräfte eindeutig zu Israels Gunsten neigte, ging man allgemein davon aus, dass Ägypten nicht angreifen würde. Diese Einschätzung der Lage wurde in israelischen Sicherheitskreisen als »das Konzept« gehandelt.

Unterdessen ernannte auf der anderen Seite des Suezkanals der ägyptische Präsident Anwar al-Sadat den Generalleutnant Sa'ad El Schazly zum Stabschef der ägyptischen Armee, dessen Aufgabe darin bestand, einen Masterplan zur Erstürmung der Bar-Lev-Linie zu entwickeln. In seinem Buch »Die Überquerung des Kanals«[7] schildert Schazly die Bar-Lev-Linie mit dem Stolz dessen, der ein erfolgreich überwundenes Hindernis beschreibt: »Der Suezkanal war einzigartig. Einzigartig hinsichtlich der Schwierigkeiten, die er dem Angriff einer amphiben Streitkraft entgegenstellte. Einzigartig hinsichtlich der Ausmaße der Verteidigungsanlagen, die der Feind zusätzlich zu jenen natürlichen Hindernissen errichtet hatte (...) Für alle, die ihn sahen, schien der Suezkanal eine unüberwindbare Barriere zu sein«. Das erste und problematischste Hindernis war das Wasser im Kanal,»das zweite Hindernis bestand in der gigantischen Sanddüne, die der Feind auf der ganzen Länge seines Ostufers errichtet hatte. Sechs Jahre lang hatten israelische Bulldozer den Sand mühsam immer höher aufgeschichtet – wobei sie die meiste Sorgfalt auf die Stellen verwendet hatten, die sie für wahrscheinliche Angriffspunkte hielten (...) Der Feind konnte, vor unseren Blicken geschützt, an jedem plötzlich auftauchenden Schwachpunkt seine Abwehr aufrüsten...«[8]

Schazly stellte fest, dass eines der Hauptzwecke des gigantischen Erdwalls darin bestand, der ägyptischen Armee die Einsicht in israelische Positionen auf dem Sinai zu verwehren, während die künstliche Anhöhe den Israelis zugleich die topografischen Bedingungen bot, ägyptisches Territorium zu observieren. Die Überlegenheit, die die sowjetische Flugabwehrraketentechnologie in den frühen 1970er Jahren ausnahmsweise gegenüber westlichen Kampfjets erlangt hatte, sorgte dafür, dass Flüge mit der Mission, Luftaufnahmen zu machen, riskant geworden waren. Dadurch wurde das Schlachtfeld wieder zu einer horizontalen, zweidimensionalen Ebene, auf der die Perspektive vom Boden aus, auf Augenhöhe, strategisch erneut bedeutsam wurde. Aus ägyptischer Sicht stellte die Bar-Lev-Linie eine visuelle Barriere dar. Der Wall grenzte das unmittelbare Gesichtsfeld für die Ägypter ein, schuf eine »blinde Zone« und verstellte den Blick auf ihre besetzten Gebiete.

Von dem Augenblick an, als kaum drei Monate nach dem 1967er Krieg die Arbeiten an der Bar-Lev-Linie begannen, meldete Ariel Scharon, damals Leiter der militärischen Ausbildungsprogramme, Zweifel an der Verteidigungsstrategie an, die sie verkörperte. Das führte zur ersten umfassenderen Debatte über das israelische Verteidigungskonzept innerhalb des israelischen Generalstabs. Diese Angelegenheit wurde als zentral angesehen, und Scharon sowie eine Handvoll weiterer Offiziere – Israel Tal, Rafael Eitan und Matitiyahu Peled – gerieten darüber wiederholt mit den übrigen Mitgliedern des Generalstabs aneinander. Während die Debatte sich zuspitzte, entwickelte sich allmählich eine Darstellung der Alternativen in geometrischen Begriffen, bis die beiden Verteidigungsmodelle schließlich vollständig als räumliche Konzepte herausgebildet waren, die sich bestehender militärischer Terminologien bedienten: auf der einen Seite die lineare Grenzbefestigung, auf der anderen eine dynamische Verteidigung mit einem Netzwerk von tiefgestaffelten Verteidigungsanlagen.[9] Scharon warf seinen Vorgesetzten öffentlich Ignoranz und Dummheit vor, machte sie für die zunehmende Zahl der Kriegstoten an den Baustellen entlang der Linie verantwortlich und forderte, die statische Verteidigung, die er in der »israelischen Maginot-Linie«

Vorposten der israelischen Armee (IDF) auf der Rafah-Landspitze, zirka 1969. Abdruck mit freundlicher Genehmigung von IP.

verkörpert sah, wie er sich ausdrückte, aufzugeben und an ihre Stelle ein flexibles System von tiefgestaffelten Verteidigungsstellungen zu setzen. Diese sollte auch unabhängige Verteidigungspositionen umfassen, die auf Anhöhen positioniert wären und bis weit von der Frontlinie entfernt gelegen sein würden. So würden sich Armee-Einheiten zwischen diesen Punkten bewegen und im Fall einer Invasion die Flanke des Feindes angreifen und ihn umzingeln können.

Diese Debatte und Scharons Rolle, wie sie später in Berichten über den 1973er Krieg kolportiert wurde, sollten eines der umstrittensten Kapitel der israelischen Militärgeschichte werden – so umstritten, dass die IDF bisher noch keine offizielle Darstellung des Kriegs veröffentlicht hat –, u.a. weil Scharon sein ganzes politisches Gewicht in die Waagschale geworfen hat, um das zu verhindern. Ein weiterer Grund für die unklare und unvollständige historische Berichterstattung liegt darin, dass die meisten führenden Protagonisten dieses Kriegs, auf israelischer wie auf ägyptischer Seite, die ihn physisch und politisch überlebten, weiterhin am politischen Geschehen beteiligt waren. Ihre Lebensläufe als Militärs sowie andere geschriebene oder gesprochene Berichte enthalten extrem unterschiedliche Interpretationen von Ereignissen, die später dazu dienten, die tiefgreifenden politischen Veränderungen der Zeit nach dem 1973er Krieg entweder positiv zu begründen oder zu bekämpfen. Im Verlauf dieser Entwicklungen gewannen die militärischen Verdienste verschiedener Generäle ebenso wie die Leistungen gewisser Einheiten eine enorme politische Bedeutung. Die changierenden Historiografien über den 1973er Krieg und das wechselhafte politische Schicksal seiner wichtigsten Beteiligten blieben eng miteinander verknüpft. In Israel verkörpert in der landläufigen Vorstellung die eindimensionale, statische Bar-Lev-Linie die scheiternde Arbeitspartei, während das dynamische, flexible Netzwerk, das Scharon vertrat, und besonders das Konzept der »Tiefe«, auf das es baute, später mit der verjüngten israelischen Rechten und einer Öffnung der israelischen Staatsgrenzen assoziiert wurde. Darstellungen, in denen Scharons Rolle während des Kriegs im Vordergrund stand, wurden allgemein mit politischen Angriffen auf die Regierung der Arbeitspartei in Verbindung gebracht. Nach 1973 verliehen der Niedergang der regierenden Arbeitspartei und vier Jahre später der Aufstieg des rechten Likud im Rückblick der militärischen Rolle Scharons im Jahr 1973 weiteren Glanz und überhöhten ihn zum Nationalhelden. Selbst das US-Militär trug mit zur Bildung des Mythos von Scharon als »militärischem Genie« bei. Es sah in ihm einen vorbildlichen Befehlshaber, einen Modellfall, der geeignet schien, nach dem Scheitern der US-Armee in Vietnam zu einer militärischen Neuorientierung zu inspirieren. Ariel Scharons rasche, wenn auch nicht untypische Verwandlung vom beliebten General zum Minister für Siedlungsfragen der ersten Likud-Regierung von 1977 ermöglichte es ihm, eine Militärdoktrin und entsprechende Prinzipien eines dynamischen Schlachtfeldes auf die Planung ziviler Siedlungen zu übertragen, durch die politische »Fakten vor Ort« geschaffen wurden.

Eine grenzüberschreitende Einheit

Im Verlauf seiner militärischen Laufbahn wurde Scharon zum Inbegriff des israelischen »Mythos vom Vorstoß zu neuen Grenzen«[10], der das Überschreiten und Sprengen aller möglichen Arten von Grenzen und Einschränkungen feierte. Gleich ihrem amerikanischen Vorläufer wurde die israelische »Grenze« (*frontier*) als mythischer Raum verstanden, der den Charakter und die Institutionen der Nation formte. Sie war darüber hinaus Labor zur Herausbildung und Erprobung neuer räumlicher Strategien und territorialer Formen. Laut der israelischen Soziologin Adriana Kemp schuf der israelische Staat zwischen 1948 und 1967 eine ganze Reihe »rhetorischer und institutioneller Mechanismen«, die die Grenzregion als symbolisches Zentrum der Nation darstellten, als »Labor für die Schaffung eines ›neuen Juden‹«.[11]

Die Einrichtung der Spezialeinheit 101 für Überfälle im grenznahen Bereich, die unter dem Kommando von Ariel Scharon stand, wurde zum zentralen Moment bei der Verwischung von Staatsgrenzen und der Unterscheidung dessen, was

Grenzbefestigungen: Die Architektur Ariel Scharons

in der Vorstellung das Innen und das Außen des Staates darstellte. Die Einheit überschritt, brach oder verzerrte im Verlauf ihrer mehrmonatigen unabhängigen Existenz während der zweiten Hälfte des Jahres 1953 Grenzen verschiedener Art: geopolitische Grenzen, indem ihre Operationen die Staatsgrenzen überschritten; hierarchische Grenzen, indem ihre Angehörigen Befehle und operative Richtlinien nur unvollständig befolgten und häufig eigenmächtig handelten; Grenzen der Disziplin, indem sie keine Uniform trugen und eine arrogante Intoleranz gegenüber allen Formen an den Tag legten, die als dekadentes und unzeitgemäßes »militärisches und bürokratisches Prozedere« galten, worin sie Scharon, der selber diese Haltung verkörperte, ermutigte; und rechtliche Grenzen, indem sie allein schon durch die Art ihrer Operationen und die offene Missachtung des Lebens von Zivilisten sowohl israelische Gesetze als auch internationales Recht brachen. Obwohl die Aktivitäten der Einheit 101 in erster Linie darin bestanden, unbewaffnete palästinensische Zivilisten in Dörfern und Flüchtlingslagern abzuschlachten und ihr berüchtigtster »Angriff« die Ermordung von 60 schutzlosen palästinensischen Zivilisten im Westbank-Dorf Qibia war, schuf sich diese Einheit alsbald einen mythischen Status, der besonders die Fantasie der israelischen Jugend ansprach. Mosche Dayan, Mentor sowohl der Einheit als auch von Scharon persönlich, behauptete, diese sei »die Werkstatt, in der eine neue Generation (hebräischer) Krieger geschmiedet« werde. Dayan war außerdem überzeugt, dass die Einheit 101 über den engen militärischen Zweck hinaus eine nationale Bedeutung habe. Indem sie den Grenzbereich in einen mythischen Raum verwandelte und »Grenzüberschreitung (…) in eine symbolische Handlung und ein räumliches Ritual«, manifestierte sie die Tatsache, dass die Grenzen des israelischen Staates fließend und durchlässig waren, und zeigte, dass seine Territorialität ein noch zu vollendendes Projekt darstellte.[12]

Die Einheit 101 schloss auch Hierarchien innerhalb der IDF und zwischen der Armee und dem politischen System kurz, indem sie Scharon, der damals noch nicht dreißig war, in einen engen strategischen Dreiecksverbund mit Dayan und Premierminister David Ben Gurion brachte. Obwohl dieses Triumvirat 1953 viele strategische Entscheidungen gemeinsam traf, konspirierten Dayan und Scharon oft, um den »Alten« zu hintergehen, und Scharon selbst gewöhnte sich an, Dayan über die wahre Reichweite von Operationen der Einheit 101 im Unklaren zu lassen. Diese Verlogenheit war allerdings eine wesentliche Facette der Beziehungen innerhalb des Triumvirats. Scharon war für seine Aufgabe ausersehen worden, weil er von Anfang an auf schriftliche Befehle verzichtete, wodurch er Dayan und Ben Gurion die Möglichkeit einräumte, wann immer es ihnen gelegen kam, der Verantwortung für Operationen enthoben zu sein, von denen sie ja nichts wussten. Beider Stil, Befehle auszusprechen, war ohnehin uneindeutig, implizit; sie gaben Anweisungen gewöhnlich in einer beiläufigen Form: »Wäre es nicht gut, wenn (das und das) stattgefunden hätte ...«[13] Dayan befahl grundsätzlich nur mündlich und vage, so dass Schlomo Gazit, einer seiner Stellvertreter, einmal über seinen Vorgesetzten sagte: »Er kann nicht schreiben.«[14] Dass man eher Dayans Rede interpretieren als seinen Befehlen folgen musste, war nach und nach in der Armee allgemein bekannt und erklärte teilweise, wie die israelischen Soldaten entgegen Dayans Befehlen den Kanal erreicht hatten. Während des 1967er Kriegs, als Dayan den Truppen befahl anzuhalten, kurz bevor sie den Kanal erreichen würden, fragten sich die ihm unterstellten Offiziere: »Was meint er wohl, wenn er ›anhalten‹ sagt?« Laut Uzi Benziman, Scharons Biografen, wurde dieser in seiner gesamten Laufbahn von Dayan gefördert, weil er begriff, welche Logik und welches Potenzial in Dayans Mehrdeutigkeiten lagen und weil er gewillt war, »jede üble Sache« umzusetzen, »die Israel begehen musste, ohne jedoch damit in Verbindung gebracht werden zu wollen – ein Wink genügte, und Scharon machte den schmutzigen Job«.[15] Dennoch hörte Dayan nie auf, in Scharon einen politischen Rivalen zu sehen. Als Dayan Ende Dezember 1953 Generalstabschef wurde, erklärte er die Einheit 101 zum Modell für die Umformung der gesamten IDF, verschmolz sie mit den Fallschirmjägern und übertrug Scharon die Zuständigkeit für beide. In den folgenden 20 Jahren, also bis zum 1973er Krieg, stand die IDF im Zentrum bei der Formierung einer israelischen Identität. Dementsprechend dachten die meisten Israelis »Patriotismus« in militärischen Begriffen. Bei diesem Prozess spielte Scharon eine zentrale Rolle.

Die militärische Matrix

Scharon äußerte seine Meinung über die statischen, perlenschnurartigen Befestigungsanlagen der Bar-Lev-Linie nach dem 1967er Krieg in der für ihn typischen direkten Art, indem er schrieb: »Von Anfang an hielt ich eine solche Linie von befestigten Stellungen für einen verhängnisvollen Irrtum (...) Wir würden uns auf eine statische Verteidigung festlegen. Wir würden uns zu feststehenden Zielen machen (...) Unsere Positionen und Bewegungen würden unter ständiger Beobachtung stehen. Unser Vorgehen würde allgemein bekannt werden. Unsere Patrouillen und Versorgungskonvois wären durch Hinterhalte, Minen und Raketenbeschuss verwundbar.« Scharon ging davon aus, dass die IDF »eine Verteidigungsschlacht an einer äußeren (der Kanal-) Linie nicht gewinnen kann«. Er schlug stattdessen vor, dass sie »eine Verteidigungsschlacht so schlagen« solle, »wie man sie schlagen muss – nicht entlang einer Frontlinie, sondern in der Tiefe ...«.[16] Scharons militärische Strategie hatte den Vorteil, dass sie Dayans politisch motiviertem Argument Gewicht verlieh, wonach man sich vom Suezkanal besser zurückzöge. Sehr wahrscheinlich ermutigte Dayan Scharon in diesem

Sinne, auch wenn er es inoffiziell tat – offiziell zog es Dayan vor, sich nicht einzumischen.

Militärisch war Scharons System eine ungefähre Adaption der traditionellen Doktrin der Verteidigung in der Tiefe. Es beruhte auf einer ganzen Reihe von Verteidigungsanlagen, die Scharon als *Ta'ozim* bezeichnete, um sie von Adans *Ma'ozim* zu unterscheiden. Die *Ta'ozim* würden auf verschiedenen Anhöhen taktisch günstig verteilt liegen und den Kanal aus einer Entfernung von ca. zwölf Kilometern überschauen. Zwischen diesen befestigten Anlagen sollten, so Scharons Vorstellung, ungeplant und unvorhersehbar mobile Patrouillen verkehren. Dahinter stand die Überlegung, der ägyptischen Armee auf diese Weise kein offensichtliches Angriffsziel, keine gleichbleibende Struktur zu liefern, gegen die sie ihre Angriffe planen könnten. Anders als Bar Lev hielt Scharon einen Angriff auf die israelische Verteidigungslinie am Suezkanal für unvermeidlich; daher kam es ihm darauf an, die Organisation der israelischen Verteidigung zu verschleiern.

Scharons Verteidigungskonzept war darauf ausgerichtet, die visuelle Synergie, Schuss- und Bewegungslinien im Terrain zu maximieren. Die isolierten, halb autonomen Verteidigungsstellungen waren so gelegen, dass jede von den ihr benachbarten aus gesehen werden konnte, und sie waren jeweils nicht weiter voneinander entfernt als das Artilleriefeuer reichte, so dass sie sich gegenseitig Feuerdeckung geben konnten. Die Verteidigungsstellungen waren im Wesentlichen Kommando- und Logistik-Knotenpunkte, von denen aus, in Scharons Worten, »gepanzerte Fäuste« – Panzerbataillone – gegen einen bedeutenderen Vorstoß des Feindes, den Kanal zu überqueren, eingesetzt werden konnten. Außerdem besaß jede Verteidigungsstellung eine halbautonome Kampfkraft mit eigenem Kommando, eigenem Kontroll- und Beobachtungsgerät großer Reichweite, eigenem Bunker, Luftabwehrstellungen sowie eigenen Panzer- und Artilleriestellungen.[17] Ein ständig wachsendes Netz von Straßen und Meldeposten sollte die Verteidigungsbasen miteinander verknüpfen. In ihrem Rücken war Raum für Trainingslager, Flugfelder, Lager, Depots, Versorgungseinrichtungen und Gefechtsstände.

Zwar gelang es Scharon nicht, den Generalstab von seinen Plänen für den Sinai zu überzeugen, doch in seiner Rolle als Leiter des Ausbildungsbereichs verteilte er die diversen Ausbildungslager unter seinem Kommando in der »Tiefe« der gesamten Westbank. Im Übrigen sah Scharon in den militärischen Einrichtungen erste Schritte einer Domestizierung und Angliederung der ausgedehnten Besetzten Gebiete: Lage und Infrastruktur der Militärbasen würden die Vorlage für die zivile Kolonialisierung durch Siedlungen abgeben.[18] Darüber hinaus handelte es sich um ein innovatives geografisches Zeit-Raum-Gefüge mit seinem auf die Tiefe des Territoriums angelegten Verteidigungssystem, das eine andere Art militärischer Organisation erforderlich machte.[19] Lineare Befestigungen sind von der Fähigkeit eines zentralen Kommandos abhängig, alle Bereiche des ausgedehnten linearen Schlachtfeldes gleichermaßen zu führen; im Gegensatz dazu wird bei der Verteidigung in der Tiefe das Kommando tendenziell dezentralisiert und eine größere Selbstverantwortlichkeit jeder der halbautonomen Kampfeinheiten angestrebt.[20]

Obwohl die dezentralisierte Führungsstruktur dieses Systems in traditionelle militärische Hierarchien eingebettet ist, ermöglicht es doch unabhängigen Einheiten, das zu entwickeln, was beim Militär »flexible Reaktion« heißt. Das heißt, lokale Kommandeure können unabhängig und eigeninitiativ vorgehen und auf Erfordernisse oder Gelegenheiten reagieren, die sich auftun, ohne sich auf ein zentrales Kommando zu beziehen. Eine dezentrale Führungsstruktur ist immer wieder eine übliche Komponente militärischer Reaktion in der chaotischen Situation von Schlachten gewesen, in deren Verlauf die Führungshierarchien und die Kommunikation allgemein unterbrochen sein können und der Überblick über das Gesamtgeschehen verloren geht. Auf eine solche Situation war der Scharon'sche Führungsstil genau zugeschnitten, und in diesem Sinne pflegte er zu sagen: »Sagen Sie mir, was ich tun soll, aber sagen Sie mir nicht, wie ich es tun soll.« Obwohl das bereits auf den Führungsstil innerhalb der IDF zutraf, verstärkte Scharon diese Tendenz, indem er, wo es nur ging, mit üblichen Führungsstrukturen oder Organisationsformen brach. Ebenso vermied er es häufig, in das Vorgehen seiner Untergebenen einzugreifen (oder tat doch zumindest so), indem er sie nur mit allgemeinen Richtlinien versorgte und sie in dem Glauben ließ, sie selber hätten ihre eigenen Missionen geplant.

Wenn es das Prinzip der linearen Verteidigung ist, den Feind daran zu hindern (oder darin zu hemmen), sich hinter dieser Linie festzusetzen, bedeutet dies: Falls auch nur an einer einzigen Stelle die Verteidigungslinie durchbrochen wird, ist sie – ganz ähnlich einem lecken Wassereimer – insgesamt nutzlos geworden. Dagegen ist eine netzwerkartige Verteidigung flexibel. Werden ein oder mehrere ihrer befestigten Anlagen angegriffen oder erobert, kann sich das System der Situation anpassen und in der Tiefe des Territoriums neue Verbindungen schaffen. Die Kategorie der Tiefe ist also nicht nur räumlich, sondern auch konzeptionell zu verstehen und bezeichnet das Maß an Synergie, das zwischen verschiedenen Elementen eines militärischen Systems besteht. Der Grad an Tiefe, den ein System aufweist, liegt in seiner gestreuten Kapazität, Verbindungen zu reorganisieren, und in dem Maß, in dem diese Verbindungen in der Lage sind, den Informationsfluss von Verteidigungsanlagen in anderen Teilen des Schlachtfelds zu regulieren und darauf zu reagieren. Die Beziehung zwischen den Komponenten des Systems ist eine relative Größe, die durch die Geschwindigkeit und die Sicherheit definiert wird, mit der man sich über seine Tiefe hinweg zwischen den verschiedenen Stützpunkten bewegen kann.[21]

Grenzbefestigungen: Die Architektur Ariel Scharons

Während hinter der Bar-Lev-Linie die Absicht stand zu vereiteln, dass die Ägypter den geopolitischen Status quo störten, den sie markierte, ermutigte Scharon vielmehr zu einem ägyptischen Angriff; in einem solchen Fall würden die israelischen Streitkräfte genau dann zurückschlagen, wenn die feindlichen ägyptischen Versorgungswege zu lang werden würden.[22] »Falls die Ägypter versuchen sollten, (den Kanal) zu überqueren, hätten wir es uns leisten können, sie ein, zwei Meilen in den Sinai vordringen zu lassen. Dann hätten wir sie angehen und auf ihre Schwachpunkte hin prüfen können, ganz wie es uns beliebte (...), woraufhin wir dann in der Lage gewesen wären, die Art frei schwebenden Angriff gegen sie zu führen, den wir so gut beherrschen.«[23]

Während also die Linie ein geometrisch-militärisches Instrument ist, um zwei klar unterschiedene feindliche Räume voneinander abzugrenzen, schafft das räumlich organisierte Netzwerk eine diffuse und dynamischere Geografie. Entsprechend dieser Logik ist das System der tiefgestaffelten Verteidigung in der Lage, Zeit und Raum abwechselnd gegeneinander auszutauschen. Zu Beginn eines Angriffs gibt es Raum und gewinnt Zeit – den Angreifenden wird zugestanden, dass sie Raum einnehmen, während die Angegriffenen Organisationszeit gewinnen. Später tauscht das System Zeit gegen Raum ein, wenn sich die Angreifenden im Netz der Verteidigungsstellungen verfangen und es so den Angegriffenen möglich wird, in den ungeschützten Bereich hinter den Linien der Angreifenden vorzudringen und sie anzugreifen.

In die eigentlich geheime Auseinandersetzung zwischen Scharon, Bar Lev und den anderen Generalstabsmitgliedern, die 1969 ihren Höhepunkt erreichte, wurde die israelische Öffentlichkeit dennoch eingeweiht. Scharon ließ diese Informationen an die Presse durchsickern, die sich ihrerseits auf seine anonym weitergegebenen Kommentare stützte und von den militärischen und politischen Eliten ein Bild als reaktionäre »Langsamdenker« zeichnete. Dies traf besonders Bar Lev hart, über den sich die israelische Öffentlichkeit wegen seiner langsamen, bedächtigen Art zu sprechen nur zu gerne lustig machte. Der Konflikt wurde außerdem so dargestellt, als bestünde er zwischen dem Lager der schwerfälligen Panzeroffiziere, die nur in starren technischen Kategorien dachten, und dem der schneidigen »Mavericks«, die an den Fronten Pionierarbeit leisteten, Soldaten und Kommandanten in einem waren – und durch Scharon verkörpert wurden.[24]

Im Sommer 1969, als Bar Lev begriff, dass er Scharons Fähigkeit, die Medien gegen den Rest des Generalstabs aufzubringen, nichts entgegenzusetzen hatte, entließ er ihn wegen einer Lappalie aus dem Militärdienst: Scharon hatte vergessen, die Schriftstücke über die Verlängerung seiner Dienstzeit routinemäßig zu unterschreiben. Dieser Schritt Bar Levs fand die Unterstützung von Golda Meir, die sich an die Tage der Einheit 101 erinnerte, als, so das Gerücht, Scharon angedroht hatte, er werde das gesamte israelische Kabinett in einem Zimmer einsperren, um es zu zwingen, den 1967er Krieg zu beginnen. Meir hielt Scharon für einen Lügner und eine »Gefahr für Israels Demokratie«, einen Mann, »der dazu fähig ist, die Knesset mit Panzern zu umstellen«.[25] Scharon reagierte darauf, indem er aus der Arbeitspartei austrat, der damals alle Offiziere über dem Rang eines Obersten angehörten, wie es von ihnen erwartet wurde. Dann verabredete er sich mit Menachem Begin, damals Oppositionsführer der Rechten, im Jerusalemer King David Hotel, dessen Lobby gewöhnlich von Journalisten wimmelte. So stellte er sicher, dass das Treffen weithin bekannt wurde und ein breites Presseecho fand. Es war ein brillanter politischer Schachzug. Die Arbeitspartei fürchtete, dass es Scharon noch vor den Wahlen, die im Oktober 1969 stattfinden sollten, gelingen würde, die öffentliche Meinung umzustimmen. Leitende Parteimitglieder zwangen Bar Lev, Scharon wieder in seine Position einzusetzen – wobei er ausgerechnet da landete, wo ihn Bar Lev am wenigsten haben wollte und am meisten fürchtete: als Kommandeur des südlichen Kommandoabschnitts am Ufer des Suezkanals. In den Jahren 1969 bis Juli 1973 machte sich Scharon daran, dort sein defensives Netzwerk hinter der Bar-Lev-Linie, die damals fast vollendet war, aufzubauen. Nach dem Ende des »Abnutzungskriegs« im Jahr 1970 begann Scharon, einige Teile der Verteidigungslinie abzubauen, und reduzierte die Zahl ihrer befestigten Stellungen von 35 auf 22.

Die Kanalregion wurde erneut von stürmischer Bautätigkeit überrollt. Hunderte Lastwagen und Bulldozer wurden zusammengezogen, und Hunderttausende Kubikmeter zertrümmerter Felsen wurden wieder in die Wüste gebracht. Vorposten auf Bergen wurden errichtet und verstärkt, und um sie miteinander zu verbinden, wurde ein Netz robuster Militärstraßen gebaut. Der westliche Sinai wurde von Scharon in ein zukünftiges Schlachtfeld umgewandelt, und gerade die Wüste schien ihm dafür perfekt geeignet. In ihr war nichts außer den militärischen Installationen, Basen, Straßen und Minenfeldern, und keine Zivilisten, die das Kriegsspiel gestört hätten. Bald jedoch wurde sein Operationsgebiet an einen anderen Ort verlegt: Kurz nachdem er seinen neuen Posten angetreten hatte, erhielt er von Dayan die Order, den palästinensischen Widerstand niederzuschlagen, der in den dicht bevölkerten Teilen des Gazastreifens Deckung fand, wo die IDF-Einheiten allmählich die Kontrolle verloren. Hier lag der wahre Grund, warum man Scharon das Kommando im südlichen Abschnitt übertragen hatte: Es war ein weiterer jener schmutzigen Jobs, die kein anderer Offizier hätte verrichten wollen – und wahrscheinlich zu jener Zeit auch nicht hätte verrichten können.

Die »Haussmannisierung« Gazas

Bereits in seiner Zeit bei der Einheit 101 war Scharon zu der Auffassung gekommen, dass es sich bei dem Konflikt mit den Palästinensern um ein urbanes Problem handelte und bei der rasch wachsenden Ausdehnung der Flüchtlingslager um etwas, was die israelische Besatzungsmacht später den »Dschihad des Bauens« nannte. Die IDF versuchte, dieses Problem anzugehen, indem sie die Flüchtlingslager, die »Behausungen des Terrors«, physisch umformte und neu gestaltete.[26] In den Jahren, die folgten, sollte die Landschafts- und Städteplanung mit einem militarisierten Feldzug gegen den in Gaza beheimateten Widerstand verschmelzen.

Nach der Besetzung der Westbank und Gazas 1967 begannen palästinensische Gruppen, um ein loses Netzwerk von lokalen Führungsstrukturen herum bewaffnete Zellen aufzubauen. In Ermangelung eines dichten Dschungels wie in Vietnam schufen sich die Fatah, die Volksfront zur Befreiung Palästinas (Popular Front for the Liberation of Palestine, PFLP) und andere bewaffnete Gruppen, die der Palästinensischen Befreiungsorganisation (Palestine Liberty Organisation, PLO) angehörten oder sich von ihr abspalteten, ihre Operationsbasis innerhalb des dichten, undurchsichtigen Gewebes der Flüchtlingslager, die sie zu einem extraterritorialen Netzwerk bewaffneter Enklaven machten. Von dort aus unternahmen sie militärische Operationen gegen die Besatzungskräfte wie auch Terroranschläge gegen israelische Zivilisten und der Kollaboration verdächtigte Palästinenser. Die gitterförmig angelegten Straßen, an denen die UN-Agenturen vorgefertigte Hütten für die 1948er Flüchtlinge aufgereiht hatten, wuchsen sich zu einer chaotischen Ansammlung von Strukturen und improvisierten Erweiterungsbauten aus, die sich allmählich in ein veränderliches Labyrinth aus Gassen von etwa einem Meter Breite verwandelten. Obwohl die Lager unter israelische Kontrolle kamen, war es den Besatzungskräften nur selten möglich, in sie einzudringen, dort Verhaftungen vorzunehmen, Steuern einzutreiben oder Verordnungen durchzusetzen.

Die Kampagne zur Aufstandsbekämpfung in Gaza begann im Juli 1971 und dauerte an, bis der Widerstand im Februar des Folgejahres gebrochen war. Scharon verhängte ausgedehnte Ausgangssperren und gab die Richtlinie aus, dass, auch wenn nur ein Verdacht auf Beteiligung an einem Aufstand bestand, ohne Umschweife scharf und möglichst tödlich geschossen werden solle. Er setzte Mordkommandos ein, die Listen mit Namen abarbeiteten. Scharon versuchte den Widerstand zu brechen, indem er jeden, der an seiner Organisation beteiligt war, töten ließ. Mehr als tausend Palästinenser wurden umgebracht. Diese Kampagne hatte noch eine weitere Dimension: die Gestaltung durch Zerstörung. Scharon schrieb das jüngste und brutalste Kapitel in der städtebaulichen Geschichte der

SPERRZONEN · KAPITEL 2

Neue Straßen, die durch das Flüchtlingslager Djabalia im Gaza-Streifen geschlagen wurden. IDF, 1972

gitterförmig angelegten Straßenzüge, indem er Bulldozer der Armee anwies, in das Gewebe von drei der größten Flüchtlingslager in Gaza breite Schneisen zu schlagen: Djabalia, Rafah und Schati. Die neuen Straßen unterteilten diese Lager in kleinere Nachbarschaften, in die sich Infanterieeinheiten jeweils Einlass verschaffen oder die sie voneinander isolieren konnten. Scharon befahl auch den Abriss aller Gebäude und Plantagen in einem Bereich um die Lager herum, den er als Sicherheitszone definierte, wodurch er die bebauten Flächen effektiv von ihrer Umgebung isolierte und niemand die Lager unbemerkt betreten oder verlassen konnte. Andere Vorkehrungen wie die Asphaltierung von Straßen und die Einführung von Straßenbeleuchtung hatten den Zweck, es den Besatzungskräften zu ermöglichen, rasch und ohne Furcht vor Landminen in die Lager hineinzufahren.[27] Zusammengenommen bedeuteten diese Maßnahmen die Zerstörung oder Beschädigung von 6000 Wohnungen innerhalb von sieben Monaten.[28] Es war weder das erste noch das letzte Mal, dass Scharons bornierte militärische Planung ohne Vermittlung, Anpassung oder irgendeinen Bezug auf die Gegebenheiten vor Ort durchgezogen wurde: Die Umsetzung seiner Vorhaben glich in ihrer funktionalen Klarheit einem Diagramm.

Hand in Hand mit der Zerstörung der Urbanität der Lager in Gaza ging die Einführung zweier Arten von Bauvorhaben, die beide für Scharons Fähigkeit stehen, Planung als taktisches Mittel einzusetzen. Zum einen sollten jüdische Siedlungen nach dem »Fünf-Finger-Plan«, wie er es nannte, errichtet werden. Gemeint war eine Anordnung der Siedlungen, die keilartig bis tief in das Territorium des Gazastreifens getrieben wurden. Das würde die Ortschaften in Gaza voneinander trennen und das Gebiet in leichter kontrollierbare Segmente aufteilen. Der südlichste Finger sollte bei Rafah jenseits des südlichsten Zipfels des Gazastreifens im besetzten ägyptischen Sinai entstehen und war darauf ausgerichtet, Gaza von den Waffenschmuggler-Routen in der Wüste Sinai abzuschneiden. Das andere von Scharon begeistert verfolgte Projekt wurde eher als ein Experiment eingeschätzt. Es ging dabei um den Bau neuer Wohnanlagen für die Flüchtlinge, die eine völlige Auflösung der bisherigen Flüchtlingslager mit sich gebracht hätten. Die Israelis sahen in der Verelendung der Lagerbewohner die Quelle des Aufbegehrens, die sie »austrocknen« wollten. Als es im Februar 1972 so aussah, als sei der palästinensische Widerstand gebrochen, übertrug Dayan die Verantwortung für den Gazastreifen vom südlichen auf den zentralen Kommandoabschnitt und nahm sie damit Scharon ab. Dayan reagierte auf innerisraelische und internationale Empörung angesichts von Scharons extremem militärischen Vorgehen. Scharon hatte seine Sache erledigt, und jetzt wollte Dayan dafür sorgen, dass er nicht mehr damit in Zusammenhang gebracht wurde. Im Sommer 1973 verließ Scharon schließlich die Armee, als ihm klar wurde, dass er dort keine Chance auf den obersten Job hatte.

Der Durchbruch

Im Jahr 1973 schien die Bar-Lev-Linie so gefestigt, dass Dayan glaubte – vermutlich zu Propagandazwecken – prahlen zu können, dass es »nur das amerikanische und das sowjetische Pionierkorps zusammen fertig brächten, (sie) zu durchbrechen«.[29] Rund 30 Jahre nach dem Krieg behauptete die ägyptische Tageszeitung *Al Ahram*, ein paar sowjetische Militärfachleute hätten ihrerseits 1973 dagegen gehalten, einzig ein taktischer Atomsprengkörper wäre in der Lage, die Bar-Lev-Linie zu durchschlagen. Doch am 6. Oktober 1973, genau am jüdischen Feiertag Yom Kippur, brauchte ein syrisch-ägyptischer Überraschungsangriff an zwei Fronten, bei dem lediglich eine konventionelle Strategie angewandt wurde, nur wenige Stunden, um die israelischen Befestigungsanlagen zu durchbrechen. General Schazly schilderte die präzise durchgeplante Operation, die zur Überwindung israelischer Stellungen an der ägyptischen Front führte:

»Um genau 14 Uhr schwebten 200 unserer Maschinen im Tiefflug über dem

Kanal ein, und gleich darauf huschten ihre Schatten über feindliche Stellungen hinweg, als sie tief in den Sinai hinein weiterflogen (…) Ihr Überflug war das Signal, auf das unsere Artillerie gewartet hatte (…) Die 4000 Mann der ersten Angriffswelle ergossen sich über die ägyptischen Schutzwälle und glitten in disziplinierter Folge hinunter zum Kanalufer (…) Wenige Minuten nach 14.20 Uhr, als Rauchmunition in dicken Wolken die Szenerie bereits einnebelte und uns so Deckung gab, paddelte unsere erste Angriffswelle entschlossen über den Kanal.«[30]

Da der Angriff mit massivem Artilleriebeschuss begann, blieb den 450 israelischen Soldaten in den Stellungen am Kanal entlang nichts anderes übrig, als in die Bunker unter der künstlichen Landschaft zu stürzen. Dadurch verloren sie die ägyptischen Soldaten aus den Augen, die die Befestigungen erklommen. Als der Beschuss eingestellt wurde und die Israelis wieder ihre Positionen einnehmen konnten, war die Linie bereits gestürmt und ihre Verteidigungsstellungen umzingelt. Die Sandwälle, die während des Abnutzungskriegs zwei Jahre lang dem ägyptischen Artilleriefeuer standgehalten hatten, wurden ein Opfer des Wassers. Spezialeinheiten des ägyptischen Pionierkorps nutzten das Kanalwasser für Hochdruck-Wasserkanonen, um den fest gepressten Sand aufzulösen und über 70 Breschen in die künstliche Landschaft zu schlagen.[31] Die Wasserkanonen ähnelten denen, die im Verlauf der späten 1960er Jahre eingesetzt worden waren, um am Oberlauf des Nils die Ufer freizulegen und so den Bau des Assuan-Staudamms vorzubereiten, der 1970 begonnen wurde. Tatsächlich stammte die Idee, die Bar-Lev-Linie zu durchbrechen, von einem ägyptischen Ingenieur, der an diesem Projekt beteiligt war.[32]

Nach dem Durchbruch der Bar-Lev-Linie wurden zwei ägyptische Armeen, rund 100 000 Soldaten, über Ponton-Brücken und durch die Lücken im Damm an das asiatische, zuvor von Israel kontrollierte Ufer transportiert.[33] Sie stießen durch die verwüstete Landschaft ein paar Kilometer in den Sinai vor. Da sie sich der bis in die Tiefe befestigten israelischen Verteidigung bewusst und allmählich am Rand ihres Luftabwehr-Schirms angelangt waren, machten sie Halt und gruben sich ein, den Blick nach Osten ausgerichtet.[34]

Im Morgengrauen des 8. Oktober 1937, zwei Tage, nachdem die ägyptische Armee die israelischen Linien durchbrochen hatte, erlitt die IDF die bitterste Niederlage ihrer Geschichte: In einer Gegenoffensive scheiterten Wellen verwirrter israelischer Panzereinheiten an der eingegrabenen ägyptischen Armee und ihren bis zu diesem Zeitpunkt noch fast unbekannten Sager-Anti-Panzer-Raketen. Der israelische Gegenangriff wurde zurückgeschlagen und damit auch die Moral der Armee und der Gesellschaft schwer getroffen. Die Vorstellung, dass mit der Erstürmung der Bar-Lev-Linie im Grunde auch die »Stadtmauern gefallen« und das Heimatland erobert sei, war eher imaginär als real. Schließlich trennten Hunder-

Ägyptische Militäringenieure spülen Öffnungen in die Bar-Lev-Linie und überqueren sie, Oktober 1973

te von Kilometern die ägyptischen Truppen von der ersten israelischen Siedlung. Doch diese Katastrophenstimmung schwang in Dayans oft zitierter hysterischer Behauptung mit, dass »der Dritte Tempel zerstört ist«. Das Trauma der überrannten Verteidigungslinie, das für viele den Beigeschmack einer göttlichen Bestrafung hatte, löste eine Veränderung des nationalen Selbstgefühls aus und trug dazu bei, israelische religiöse und messianische Empfindungen freizusetzen. Vier Jahre später sollte die Arbeitspartei durch diese Entwicklungen aus der Regierungsverantwortung gedrängt werden.

Eine herausragende politische Bedeutung kam dem 1973er Krieg in Israel auch deshalb zu, weil er nur wenige Wochen vor den allgemeinen Wahlen, die am 31. Oktober 1973 stattfinden sollten, begonnen hatte und wenige Monate, nachdem sowohl Scharon als auch Bar Lev aus dem Militär ausgeschieden waren. Sie waren beide mit Wahlkampagnen für rivalisierende Parteien beschäftigt; als jedoch der Krieg ausbrach, wurden sie wieder dienstverpflichtet. Da alle hohen Positionen besetzt waren, mussten sie sich mit einer Rückstufung um einen Rang in der Befehlshierarchie zufrieden geben. Scharon erhielt das Kommando über die 143. Panzerdivision (die später als die Likud-Division bekannt wurde), Bar Lev das Kommando über die gesamte südliche Front. Im Verlauf der anschließenden Kriegswochen zeigten sich alte Rivalitäten erneut; denn die ruhmeshungrigen Generäle nutzten den militärischen Feldzug als Teil ihrer jeweiligen Wahl-Feldzüge. Scharon war klar, dass derjenige, der als Erster den Kanal überquerte und auf seiner afrikanischen Seite ankäme, zum Kriegshelden avancieren würde. Bar Lev und die anderen der Arbeitspartei nahestehenden Generäle wussten, dass Scharon, sollte er persönlich erfolgreich sein, nach dem Krieg »zu einem echten politischen Problem werden« würde. Scharon zog aus dem Krieg

SPERRZONEN · KAPITEL 2

Die durchbrochene Bar-Lev-Linie, um 1974, Film-Stills, IDF Filmabteilung (Abdruck mit freundlicher Genehmigung von IP)

zweifellos persönlichen politischen Vorteil. Er nutzte die Kommunikationsmöglichkeit über unverschlüsselten Funk, so dass viele Soldaten seiner Division ihn hören konnten, und er ließ weiterhin geheime militärische Informationen an die große Schar eingebetteter Berichterstatter in seiner Umgebung durchsickern, die ihm bewundernd ergeben waren.[35] Die Schlachten, die 1973 geschlagen wurden, offenbarten, dass der Krieg mehr sein konnte als nur die Fortführung der Politik mit anderen Mitteln; er konnte selber Politik und Wahlkampf sein, der im Gedröhn eines mediatisierten Militärmanövers ausgefochten wurde. Dieser Krieg begründete auch die Karriere verschiedener Offiziere als unabhängige politische Figuren.

Bei seinem unerbittlichen Vordringen zum Kanal gestattete sich Scharon ein beträchtliches Maß an Autonomie, indem er die verzweifelten Appelle Bar Levs – erneut sein Befehlshaber –, der versuchte, ihn zurückzuhalten, ignorierte. Dieser beklagte sich beim Stabschef David Elazar, Scharon sei »außer Kontrolle« und bringe die gesamte Kommandostruktur an der Front durcheinander: »Ich habe hier einen Divisionskommandeur, der Politiker ist (…), der die politischen Lorbeeren dafür einheimsen will, dass er den Kanal überquert.« Elazar bat Dayan um seine Meinung zu einer möglichen Entlassung Scharons. Dayan gab ihm recht: »Arik kann an nichts anderes denken als daran, welches Licht dieser Krieg (auf ihn) wirft, was (er) aus dem Ganzen für einen Nutzen ziehen kann (…) Er versucht, einen Durchbruch à la Rommel zu schaffen – wenn es klappt, gut; wenn nicht, verliert das israelische Volk 200 Panzer…«[36] Da sie jedoch beide die Auswirkungen fürchteten, die eine Entfernung Scharons auf die Truppenmoral haben könnte, beschlossen sie zunächst, ihn als Kommandanten seiner Division zu belassen.

Tatsächlich zog Scharon es vor, sich der Kontrolle – und der Kommunikation – zu entziehen. Zeitweise schaltete er sein Funkgerät einfach ganz ab. War er aber erreichbar, dann erwies es sich als schwierig, sich mit ihm zu verständigen, weil er Befehle absichtlich missverstand. Bei anderen Gelegenheiten hörte man ihn ins Mikrofon schnarchen. Scharons Einstellung zur militärischen Kommunikation verschleierte und offenbarte zugleich sein Bestreben, genau das zu erreichen, was er für politisch wichtig hielt.

Das Folgende ist eine Mitschrift einer der seltenen Gelegenheiten einer gelungenen Kontaktaufnahme mit Scharon. In der Nacht des 17. Oktober wurde Scharon zur Funkstation gerufen, um Befehle des südlichen Kommandos entgegenzunehmen. Der Fernmeldeoffizier erinnerte Scharon an einen Plan, für den er am Vortag Befehle erhalten hatte. Da es sich um eine unverschlüsselte Funkverbindung handelte, sprach der Offizier in Andeutungen – und Scharon weigerte sich hartnäckig, diese aufzugreifen:

»*Südliches Kommando*: Noch etwas, Sie wurden gebeten, ein Manöver im Stil von Wingate durchzuführen – verstehen Sie, was gemeint ist?

Scharon: Nein ...

SK: Es geht um das, was der ›abgehackte Finger‹ in Burma auf die Wingate-Art gemacht hat.

Scharon: Ich verstehe nicht, was er (Bar Lev) will ...

SK: Sie erinnern sich, eine Holzkonstruktion, eine Reihe Soldaten?

Scharon: Hören Sie, ich erinnere mich nicht (...) gestern wurde ich um 23 Uhr geweckt und sollte mich an Anthony Quinn in irgendeinem Film erinnern – fiel mir nicht ein. Was soll ich Ihnen sagen (...) Wenn es irgendwelche Vorschläge gibt, sagen Sie mir morgen früh Bescheid, jetzt kann ich (nichts machen).«[37]

Drei Tage früher, am 14. Oktober, es war die zweite Kriegswoche, unternahm die ägyptische Armee, die einen schmalen Brückenkopf wenige Kilometer östlich des Kanals hielt, den Versuch, tiefer in den Sinai vorzustoßen.[38] Bei Einbruch der Nacht waren die vier ägyptischen Brigaden, die tief in die IDF-Verteidigungsstellungen eingedrungen waren, zerschlagen. Die ägyptische Armee musste weitere Kräfte schicken, um die Ostseite des Kanals zu halten. Wegen des veränderten Zahlenverhältnisses erhielt Scharon schließlich die Erlaubnis zur Planung eines Gegenangriffs und zur Überquerung des Kanals zum westlichen Ufer. Das sollte auf der Grundlage des Plans »Standhaftes Herz« geschehen, den Scharon während seiner Zeit als Oberbefehlshaber des südlichen Kommandos ausgedacht, geplant und vorbereitet hatte. In der letzten Kriegsphase griff er an einer ungeschützten Öffnung in den ägyptischen Linien an, stieß vor, trennte das zweite vom dritten ägyptischen Armeekorps, erreichte den Kanal, brach durch die Bar-Lev-Linie und baute zwei Brücken über das Wasser in eine kleine Enklave auf dem westlichen Ufer des Kanals, die die IDF »Afrika« nannte. Über diese Brückenköpfe rollte unter der Führung von Adan und seinem Stellvertreter Dov Tamari die Mehrzahl der Panzer und gepanzerten Fahrzeuge der IDF, brach in das rückwärtige Gebiet des dritten ägyptischen Armeekorps ein – und befand sich nunmehr in Schussentfernung von Kairo.[39] Es war die vollendete Vorführung dessen, was der britische Militärhistoriker Basil Liddell Hart als »indirekte Methode« bezeichnet hatte.[40] Laut dieser Theorie reicht es aus, eine Armee an ihren Schwachpunkten und in ihrem ungeschützten rückwärtigen Gebiet anzugreifen, um sie zu besiegen, weil sie auf diese Weise in ihrer Organisationslogik aus dem Konzept gerät. Die israelische Gegenbewegung über den Kanal hatte zu einer bizarren Patt-Situation geführt, bei der die beiden Armeen die Seiten – und die Kontinente – über den Kanal hinweg gewechselt hatten. Die lineare Verteidigung war so stark (oder schwach), dass sie im Verlauf eines Kriegs von weniger als drei Wochen zwei Mal in beide Richtungen überwunden werden konnte.

In der internationalen Wahrnehmung jedoch wurde der Sieg Ägypten und Sadat zugesprochen. Obwohl große Teile ihrer Einheiten umstellt waren, hielten die Ägypter an ihren territorialen Gewinnen fest. Als der Krieg zu Ende ging, machten die verquickten Positionen der beiden Armeen direkte Verhandlungen erforderlich, die Sadat nutzte, um zu dem diplomatischen Prozess überzuleiten, durch den er die gesamte Sinai-Halbinsel zurückgewann.

In Israel interpretierte man die Tatsache, dass eine der bisher wenig respektierten arabischen Armeen militärisch derartig hatte zuschlagen können, als Beweis für die Unfähigkeit der militärischen Eliten der regierenden Arbeitspartei, die offenbar jeden Kontakt zur Realität verloren hatten. In dem Maße, wie sich die düstere Stimmung breit machte, stieg Scharons Popularität: In ihm sah man den einzigen Rebellen gegen die Regierung und ihre Kumpanen in der Generalität. Nach den Kämpfen wurden die Fahrzeuge seiner Division mit Bannern behängt, auf denen die Slogans zu lesen waren, die später in so mancher politischen Kampagne widerhallen sollten und schließlich die rechte Koalitionsregierung 1977 an die Macht begleiten würden: »Arik – König Israels!« Dazu war auf den Wahlplakaten seiner Partei ein Foto Scharons zu sehen, das ihn in einem Armee-Jeep zeigte, mit wehendem Haar und einem blutigen Verband um die Stirn. Im Gegensatz zu Meir und Dayan, die einer älteren Generation angehörten, schien er eine vor jugendlicher Energie strotzende Alternative zur Arbeitspartei darzustellen.

Die Debatte um Scharons Verhalten während des 1973er Kriegs ist bis heute nicht abgeschlossen. Die Bedeutung seines militärischen Vorgehens wurde von all jenen überbewertet, denen politisch daran gelegen war, die Inkompetenz der

Arbeitspartei aufzuzeigen. Sie inszenierten ihn als militärisches Genie, unübertroffenen Taktiker, der »die Nation gerettet« hatte. Tatsächlich hatte Scharon bewiesen, dass er sehr gut in chaotischen Situationen improvisieren konnte. Was jedoch der Krieg vor allem gezeigt hatte, war Scharons Auffassung vom Konflikt als Medium der Kommunikation; während des gesamten Kriegs war er in seinen Entscheidungen von dem Wunsch getrieben, dass seine Aktionen, vermittelt durch die Medien, bei einer verstörten Öffentlichkeit auf Resonanz stoßen sollten. In erster Linie sorgten Scharons Persönlichkeit, die Kritik an seinen Vorgesetzten und sein Zugang zu den Medien dafür, dass er im Mittelpunkt der Aufmerksamkeit stand.[41] Seine Attraktivität begründete sich darauf, dass er in der Bevölkerung als Rebell, als Radikaler, als Draufgänger wahrgenommen wurde, der Grenzen überschritt. Manchmal wurde er als Hippie bezeichnet, als einsamer Kämpfer, der an Colonel Kurtz aus *Apocalypse Now* erinnere und die einzige Alternative zu einem erschöpften und versagenden politischen System darstelle. Der Mythos, der Scharon in den Mittelpunkt eines neuen militärischen Paradigmas stellte, wurde durch TRADOC (Training and Doctrine Command) zusätzlich gefördert, einer Einrichtung des US-Militärs, die wenige Monate vor dem 1973er Krieg gegründet worden war. TRADOC stieg in die Arbeit ein, indem es den Konflikt gründlich analysierte. Dabei untersuchte es u.a. die unterschiedlichen Leistungen verschiedener westlicher und sowjetischer Waffensysteme; außerdem nahm es die Organisations- und Kommandostrukturen der IDF und besonders die von Scharons »Generalität« unter die Lupe. Indem TRADOC seine militärische Laufbahn zurückverfolgte, stieß es auf seine Strategien in früheren Kämpfen und stellte diese so dar, dass sie ihre Doktrinen zu belegen schienen. Dabei handelte es sich damals um »systemtheoretische« Ansätze der Kriegführung und frühe Überlegungen zu Netzwerkstrukturen.[42] US-Militärforscher befassten sich in diesem Zusammenhang besonders eingehend mit Scharons Führung eines Angriffs auf die wichtigste ägyptische Linie in Abu-Ageila im nördlichen Sinai, der in der ersten Nacht des 1967er Kriegs stattgefunden hatte. Dieser Überfall war den Forschern zufolge, gemessen am damals Üblichen, einmalig. Er wurde als gleichzeitiger Angriff durch verschiedene kleinere Einheiten durchgeführt, wobei jede einen anderen Punkt im synergetisch strukturierten ägyptischen Verteidigungssystem angriff – mit der Folge, dass die ägyptischen Einheiten, statt sich gegenseitig zu decken und zu unterstützen, worauf sie eigentlich angelegt waren, jeweils nur noch um das eigene Überleben kämpften. Diese Schlacht war für TRADOC das Paradebeispiel für eine Vorgehensweise, die es zu fördern galt. Sie war jedoch in der israelischen Historiografie des 1967er Kriegs ursprünglich eher heruntergespielt worden. Denn diese Geschichtsschreibung zog es vor, emotionale Bilder von weinenden Soldaten an der Klagemauer, von Kolonnen gepanzerter Fahrzeuge, die durch die Wüste rasten, und von ägyptischen Toten und zurückgelassenen Ausrüstungsgegenständen in den Vordergrund zu rücken. Doch TRADOC machte genau diese Schlacht später zur zentralen Komponente militärischer Ausbildung in den USA und in der IDF.[43]

Für das US-Militär boten die Schlachtfelder des 1973er Kriegs, der als einer der letzten symmetrischen Konflikte galt, bei dem vollständig mobilisierte staatliche Streitkräfte gegeneinander antraten, ein Versuchsfeld für einen möglichen europäischen Bodenkrieg gegen die Staaten des Warschauer Pakts und hatten tiefgreifende Auswirkungen darauf, wie sich die NATO in Europa geografisch ausrichtete. Die Doktrin einer »aktiven Verteidigung«, die sich auf die Untersuchung des 1973er Kriegs stützte, wurde in die Ausgabe des US-Feld-Handbuchs von 1976 übernommen. Obwohl sie seither heftig kritisiert und inzwischen ersetzt wurde, sorgte sie doch dafür, dass das Konzept der »Tiefe« in den militärischen Diskurs der 1970er und 1980er Jahre Eingang fand.[44] Die Doktrin der »aktiven Verteidigung« übertrug das Paradigma US-amerikanischer Militäroperationen auf ein territoriales Modell, das zur Errichtung eines ganzen Netzwerks von US-Militärbasen auf potenziellen Schlachtfeldern in Westdeutschland führte.[45]

Die Überquerung des Suezkanals durch die IDF löste außerdem weltweit eine ganze Reihe von Reaktionen aus. Am 16. Oktober 1973 – übrigens der Tag, an dem es israelischen Streitkräften gelang, sich an einer Stelle auf der westlichen (afrikanischen) Seite des Kanalufers festzusetzen – kündigten die arabischen Staaten eine allgemeine siebzigprozentige Erhöhung der Ölpreise und eine monatlich jeweils fünfprozentige Reduktion der Fördermengen an. Diese Maßnahmen sollten aufrechterhalten bleiben, bis Israel sich vollständig aus den Besetzten Gebieten zurückgezogen und die »legitimen Rechte der Palästinenser wiederhergestellt haben würde«. Am 23. Dezember beschlossen die OPEC-Mitglieder, die ohnehin schon überhöhten Ölpreise zu verdoppeln – tatsächlich vervierfachten sich die Ölpreise von 2,50 US-Dollar vor dem Krieg auf 10 US-Dollar zu Beginn des Jahres 1974. Die Welt wurde in eine Rezession und eine Inflationsspirale gestürzt, die ein Jahrzehnt lang anhielten. In der globalen Ökonomie beschleunigte dies die Verschiebung vom keynesianischen Modell, das durch Wohlfahrt und eine zentrale Rolle des Staates eine sozio-politische Einheit anstrebt, hin zur Netzwerk-Wirtschaft des Neoliberalismus. In der Tat traf der 1973er Krieg mit grundlegenden weltweiten Transformationsprozessen zusammen – die industrielle Produktion ging zugunsten eines »immateriellen« Service-Sektors zurück, der nach und nach seine Produktion von der analogen zur digitalen Technologie verschob, ein Bereich, in dem zunehmend flexible und dynamische Netzwerke von Interesse waren.

Im Nahen Osten folgte ein Rüstungswettlauf hinsichtlich konventioneller Waffen. Dies wurde teilweise dadurch gefördert, dass die arabischen Staaten über größere Erdöleinnahmen verfügten.[46] Die israelischen Ausgaben für Sicherheit wuchsen auf monströse 23 Prozent des Bruttosozialprodukts an, was so viel bedeutete wie annähernd 30 Prozent des Staatshaushalts. Das wiederum führte in den Jahren 1974 bis 1985 zu einer massiven Wirtschaftskrise, die Israels Abhängigkeit von finanzieller und politischer Hilfe durch die Vereinigten Staaten weiter erhöhte.[47]

Politische Zersplitterung

Die Debatten um die beiden Militärdoktrinen territorialer Organisation – der linearen Grenzbefestigung einerseits, und des Netzes von befestigten Stellungen, das über die Tiefe des Gebiets gelegt wird, andererseits – lässt an Antonio Gramsci denken, der den »Stellungskrieg« und den »Bewegungskrieg« mit entsprechenden politischen Vorgehensweisen vergleicht.[48] Für Gramsci bedeutet der Übergang vom ersteren zum letzteren die Erosion der politischen Hegemonie. Er behauptete (vielleicht allegorisch), die lineare Verteidigung verlange »enorme Opfer seitens unendlich vieler Menschen«. Sie mache »eine noch nie da gewesene Konzentration hegemonialer Macht und daher auch eine eher ›eingreifende‹ Regierung« erforderlich, (die) permanent dafür sorgen wird, interne Auflösungserscheinungen – durch Kontrolle jeglicher Art: politisch, administrativ usw. – ›unmöglich‹ zu machen«.[49] Der politische »Bewegungskrieg« findet laut Gramsci im Gegensatz dazu in Form einer Vielfalt nichtzentralisierter und lose koordinierter Aktionen statt, die aggressiv mit der Staatsmacht konkurrieren.

Auf die lokalen Verhältnisse bezogen schien der Durchbruch durch die Bar-Lev-Linie das erstgenannte Modell in das letztgenannte verwandelt zu haben. Der Krieg und das Durchbrechen der Linie fragmentierten mehr als nur die militärische Geografie. Dieses Ereignis hob die festgefügten Strukturen, die die israelische Gesellschaft zusammenzuhalten schienen, aus den Angeln und setzte einen Prozess allgemeinen gesellschaftlichen und politischen Aufbegehrens in Gang, der die Einheit und Hegemonie des Staates erschütterte. Tatsächlich waren in der Zeit nach 1973 in verschiedenen Bereichen Fragmentierungserscheinungen feststellbar: in Gesellschaft, Wirtschaft, Politik und Geografie. Die politische Hegemonie der Arbeitspartei trat allmählich Macht an eine Vielfalt mikropolitischer, außerparlamentarischer Nicht-Regierungs-Organisationen (NGO) und Lobbygruppen ab, durch die sich schließlich eine breitere, komplexere und multipolare politische Landschaft herausbildete. Diese Organisationen forderten die staatliche Zentralmacht heraus, die sich am treffendsten mit dem Begriff »Etatismus« kennzeichnen lässt – auf Hebräisch *Mamlahtiyut*, wörtlich »Königtum«.

Während des gesamten Herbstes und Winters 1973/74 sah sich die Regierung der Arbeitspartei mit einer ganzen Welle von Demonstrationen überall im Land konfrontiert. Diese Bewegung brachte schließlich die Regierung Meir-Dayan zu Fall. Bei den Protesten kam erstmals in Israel öffentlicher Dissens in Fragen der Sicherheit zum Ausdruck. Andere Bewegungen hatten sich bereits vor dem Krieg herausgebildet,[50] so die der israelischen Black Panthers, einer Protestbewegung der *Misrahi*-Juden (jüdischen Israelis aus arabischen Ländern), die 1971[51] erstmals von sich reden machte und von Golda Meir in ihrem berühmten Ausspruch als »nicht nett« bezeichnet wurde. Der Unterschied bestand darin, dass sich die Protestbewegungen, die nach dem Krieg auftauchten, aus den eher begüterten Schichten der israelischen Gesellschaft rekrutierten oder aus Soldaten, die von Kampfeinsätzen zurückkehrten. Dass der politische Dissens eng mit dem Einbruch der Bar-Lev-Linie verbunden war, zeigt sich am Fall des Reserveoffiziers Moti Aschkenazi ganz deutlich. Er hatte während des Kriegs die einzige Stellung der Linie – Verteidigungsbasis Budapest – befehligt, die nicht in die Hände der Ägypter fiel. Er gründete eine der Protestbewegungen und wurde bald zu ihrer Symbolfigur. Ob sie nun linke oder rechte politische Anliegen vertraten, auf Expansion oder Teilung aus waren, die Protestierenden äußerten sich mit der gleichen Haltung und teilweise im gleichen Stil wie die US-Bewegung gegen den Vietnamkrieg, die wiederum paradoxerweise in Scharon den Inbegriff des antiinstitutionellen Rebellen verkörpert sah.[52]

Als im darauffolgenden Jahr in Kairo der 12. Palästinensische Nationalrat tagte, interpretierten die Delegierten die Protestwelle in Israel als Vorzeichen eines möglicherweise ausbrechenden Bürgerkriegs und somit von Israels bald bevorstehendem Zusammenbruch. Die Delegierten verabschiedeten eine Resolution, die festhielt, dass die PLO in jedem befreiten Teil von Palästina eine palästinensische Regierung einsetzen würde. Obwohl die politischen Implikationen dieser Position erst 1988 klar und deutlich ausgesprochen und offiziell angenommen wurden, stellte die Resolution von 1974 im Grunde die erste Erklärung seitens der PLO dar, in der sie die Zwei-Staaten-Lösung akzeptierte, selbst wenn diese Idee nur als Schritt auf dem Weg zur vollständigen Befreiung Palästinas gesehen wurde.[53] Die Ölkrise des Jahres 1973 stellte damals zugleich einen Auslöser für einen Prozess dar, der weltweit eine Vielzahl von Akteuren auf den Plan rief, die jenseits staatlicher Institutionen und Souveränität agierten. Dabei handelte es sich um unabhängige Organisationen ganz unterschiedlicher Art: Protest- und revolutionäre Bewegungen, religiöse Gruppen, humanitäre Organisationen, neue Firmen und Guerillagruppen, die alle auf die internationale Bühne stiegen, ihre »Privatdiplomatie« betrieben und in Zusammenhängen aktiv wurden, die bis dahin ausschließlich staatlichen Akteuren vorbehalten gewesen waren.[54]

In Israel war das augenfälligste Beispiel für diesen Prozess die Konsolidierung einer gewichtigen Ausprägung des national-religiösen Zionismus als außerparlamentarische Organisation. Dieser neuartige Zionismus vereinigte in sich disparate und widersprüchliche Tendenzen, die bereits innerhalb der zionistischen Bewegung existierten – Pioniergeist und Militarismus, Religion, Nationalismus und Messianismus. Den Kern des religiös-messianischen rechten Gusch Emunim (Block der Gläubigen), der gegründet wurde, um die jüdische Besiedelung der 1967 besetzten Gebiete voranzutreiben, bildeten demobilisierte Soldaten und Offiziere, die im 1973er Krieg zusammen gedient hatten. Die Ideen des Gusch Emunim wurden durch Soldaten weiterentwickelt, die vor dem vollständigen Rückzug der IDF im März 1974 in der Suezkanal-Region stationiert gewesen waren. Für diese Aktivisten war der 1973er Krieg Teil eines messianischen Prozesses, der mit den Eroberungen von 1967 begonnen hatte. Darüber hinaus stellte jener Feldzug eine Prüfung für Israel als Nation dar. Sie betrachteten jeden Konflikt als Krieg um Jerusalem, somit gegen Gott – eine Implikation, die die arabischen Armeen bei ihrem Angriff ausgerechnet an Yom Kippur offenbar unterschätzt hatten. Der bevorstehende, durch ihre gemeinsamen Anstrengungen zu erringende Sieg Israels, an den die Anhänger des Gusch Emunim glaubten, würde den Sieg der »Herrschaft Gottes« bedeuten, den Sieg des Lichtes über die Finsternis. Für sie musste die nationale Erneuerung – eine Wiedergeburt, die einzig durch den Glauben möglich war – von unten, von den Menschen selber kommen, denn irdische Regierungen wurden ihrem Anliegen nicht gerecht. Für sie war, nachdem der messianische Siedlungsprozess erst einmal begonnen hatte, kein Abzug von irgendeinem Teil des heiligen Landes, zu dem eine Regierung auffordern mochte, mehr denkbar.

Die Entstehung von Gusch Emunim könnte auch als ein Aspekt des weltweit zu beobachtenden Phänomens einer Wiederkehr politisch-religiöser Strömungen gewertet werden, die vom Iran bis zu den USA lose unter dem Begriff des »Fundamentalismus« zusammengefasst werden. Gusch Emunim war bestrebt, einige der messianischen Tendenzen innerhalb des Zionismus, die bis dahin unterdrückt worden waren, freizusetzen und die gesellschaftlichen Hierarchien und kulturellen Werte innerhalb der israelischen Gesellschaft auf den Kopf zu stellen.[55] Insbesondere versuchte die Organisation, den säkularen und insofern temporären »Staat Israel« durch die transzendente Macht des vollendeten und dauerhaften »Landes Israel« zu ersetzen.[56] Für die Siedler von Gusch Emunim waren die Grenzregionen der Westbank und des Sinai eine vom einengenden »Etatismus« der Regierungen befreite Zone, das konzeptionelle Terrain für den Entwurf einer noch ganz neuen Form des »Israelischen«. Diese würde Komplementäres verbinden: Zum einen eine Gott ergebene und fromme Lebensweise, zum anderen den raubeinigen Individualismus derer, die zu neuen Grenzräumen in die Wildnis vorstoßen, unduldsam gegenüber den Gesetzen und allem, was von der Regierung kommt.[57]

Demobilisierte Soldaten des 1973er Kriegs bildeten auch den Kern von Peace Now, einer Organisation mit gänzlich anderen Zielen als Gusch Emunim. Peace Now strebte Friedensverträge mit arabischen Regierungen an, wobei Sicherheitsabkommen und die Formel »Land für Frieden« die Grundlage bilden sollten. Im Rahmen eines geschwächten Staates wurden diese beiden NGOs die zentralen Protagonisten bei der Umstrukturierung eines weiten politischen Feldes. Gusch Emunim aber verstand es am geschicktesten, die Schwächen der Regierung und organisatorisches Chaos auszunutzen und sich ein kleines Siedlungsimperium innerhalb eines expandierenden (Mini-)Staatsimperiums aufzubauen.

Die Vorstadt-Matrix

Das hitzige politische Nachkriegsklima brachte im Mai 1977 Menachem Begin und die für den Likud kennzeichnende Verbindung von rechter Außenpolitik und wirtschaftspolitischem Laissez-faire an die Macht. Bei dieser Wahl trat Scharon nicht für den Likud an, sondern als Führer einer kleinen Partei, die er gegründet und Schlomzion genannt hatte. Nachdem er nur zwei Sitze gewann, vereinigte er seine Partei mit dem Likud. Scharon verlangte das Verteidigungsministerium, wurde aber zum Landwirtschaftsminister ernannt; zusätzlich übernahm er das ministerielle Komitee für Siedlungen, ein Amt, das er mit Einfluss und Macht auszustatten verstand. Das gelang ihm in einer Runde von Politikern, die alle außer Dayan, der ebenfalls das Lager gewechselt hatte und zum Likud gestoßen war, keine Erfahrung mit Regierungsverantwortung hatten und nichts anderes kannten als die permanente Oppositionsrolle.

Als der Likud an die Macht kam, waren bereits fast 30 Siedlungen mit etwa 4500 Israelis in der Westbank entstanden, die meisten innerhalb der Grenzen des Allon-Plans, doch einzelne auch in Hebron und in Gusch Etzion südwestlich von Jerusalem.[58] Nachdem Scharon die Mängel der Bar-Lev-Linie öffentlich deutlich gemacht und den Krieg dazu genutzt hatte, die israelische Öffentlichkeit von seinen Argumenten zu überzeugen, wandte er sich jetzt gegen die zweite Verteidigungslinie, die von der Arbeitspartei vertreten wurde. Im Bestreben, die Lehren, die aus dem 1973er Sinai-Feldzug gezogen worden waren, fest zu etablieren, verkündete er: »... eine schmale Verteidigungslinie von Siedlungen (d.h. der lineare Allon-Plan) konnte so lange kein wirksamer Schutz sein, wie das höhere Terrain dahinter nicht durch befestigte Stellungen gesichert war (...) Die entscheidende strategische Frage war, wie man der Küstenebene Tiefe verleihen

Grenzbefestigungen: Die Architektur Ariel Scharons

Die Verteidigung in der Tiefe der IDF im Westjordanland, späte 70er Jahre. Die »Eier« repräsentieren militärische Stützpunkte. Jaffee Centre for Strategic Studies, 1982

könnte (...) Die Antwort lautete: ein Netzwerk städtischer Industriesiedlungen, die die Ebene überblicken, müsste auf ihren Höhenzügen errichtet werden.«[59]

Vierzig Tage nachdem Scharon sein Ministeramt angetreten hatte, legte er erste Vorschläge einer ganzen Serie von Planungen für jüdische Siedlungen vor, die über die Westbank verteilt errichtet werden sollten. Der Plan war zusammen mit dem Architekten Avraham Wachman, einem Professor am Technion –

Institute of Technology – in Haifa entwickelt worden. Wachman war damals bereits weltbekannt für die »Eschkol-Wachman Movement Notation«, die 1958 entwickelt worden war, um Choreografen zu ermöglichen, einen Tanz ähnlich zu Papier zu bringen wie Komponisten Noten schreiben. Und so entstand Scharons Planung zur Kolonialisierung der Westbank in ihre Tiefe hinein aus der Zusammenarbeit des Architekten der Tanz-Notation mit dem Architekten der beweglichen Kriegführung.[60] Der Plan sah ein Netz von mehr als 100 vorstädtischen, städtischen oder Industriesiedlungen vor, die in der ganzen Westbank auf den Höhenzügen entstehen sollten.[61] Laut dieser Planung waren die Siedlungen als nachhaltige »Blöcke« konzipiert, innerhalb derer eine Reihe kleinerer ländlicher oder vorstädtisch angelegter Siedlungen gewisse Versorgungsleistungen von größeren städtischen bzw. Industriesiedlungen erhalten würden.[62] Jeder Siedlungsblock sollte durch größere Überlandstraßen mit anderen solcher Blöcke und mit den wichtigsten städtischen Zentren in Israel selber verbunden sein. Die hoch frequentierten Verkehrsverbindungen zwischen den Siedlungsblöcken würden ihrerseits durch andere Siedlungen entlang dieser Routen geschützt werden.

Der Scharon-Wachman-Plan zielte auch darauf ab, aus den Siedlungen Barrieren zu machen, durch die die von Palästinensern bewohnte Hügelregion sowohl von Osten wie von Westen her umschlossen und durch ostwestlich verlaufende israelische Verkehrsadern sowie durch Siedlungen, die nahe am palästinensischen Straßennetz liegen würden, fragmentiert würde. Beim Scharon-Wachman-Plan handelte es sich also nicht um ein Netzwerk von Verteidigungsstellungen in einem leeren, abstrakten Raum; es war vielmehr ein Netz, das über ein anderes, das bereits bestehende Netzwerk palästinensischer Lebensräume, gelegt und diesem aufgezwungen würde. Sinn und Zweck der israelischen Siedlungen und Straßen war es, das Netz der palästinensischen Räume zu zerschneiden und das Leben darin zu paralysieren. Das Ergebnis würden mehrere voneinander isolierte palästinensische Kantone sein, jeder im Umkreis einer größeren palästinensischen Stadt, wobei die Verbindungen unter israelischer Kontrolle stünden. Jahre später nannte der israelische Aktivist Jeff Halper das ineinandergreifende System von Siedlungen, Straßen, Sperren und Militärbasen, die die Westbank überziehen, »Matrix der Kontrolle« und verglich sie mit einem Go-Spiel – wobei er unbeabsichtigt auf Gilles Deleuze und Félix Guattari[63] Bezug nahm: »Die Matrix, ein komplexes und verzahntes System von Kontrollmechanismen, ähnelt dem japanischen Go-Spiel. Anders als im Schach, wo der Feind besiegt wird, gewinnt man bei Go, indem man die andere Seite bewegungsunfähig macht, indem man Schlüsselstellungen einer Matrix unter Kontrolle bekommt, so dass der Gegner, sobald er sich bewegt, auf ein neues Hindernis stößt.«[64] Die Knotenpunkte innerhalb der Matrix der Kontrolle über die Westbank haben die Funktion von Ein-Aus-Ventilen zur Regulierung der Bewegung und machen die physische Präsenz israelischer Streitkräfte in den palästinensischen Städten überflüssig. Diese distributive Logik sollte es Israel später unter den Bedingungen der Oslo-Vereinbarungen ermöglichen, sich aus den palästinensischen Bevölkerungszentren zurückzuziehen und die Palästinenser nach wie vor physisch, kollektiv und politisch zu beherrschen, indem es ihre Bewegungen aus der Ferne kontrolliert.

Im kleineren Maßstab des Scharon-Wachman-Plans, auf einer taktischen Ebene, hatten gewisse Siedlungen auf strategisch günstigen Erhebungen die Funktion von Beobachtungsposten: gegenseitige Sichtbarkeit und Überblick über ihre Umgebung, die Hauptverkehrsadern, strategische Straßenkreuzungen und palästinensische Städte, größere Ortschaften und Dörfer. Scharon behauptete, »kein Platz (keine Siedlung) ist ohne Grund errichtet worden«.[65] Die Logik der Sichtbarkeit – zu sehen und gesehen zu werden – war die entscheidende Vorgabe der Gesamtplanung. Visuelle Dominanz war nicht nur unerlässlich, um Herrschaft auszuüben, sondern auch um als Besatzungsmacht Präsenz zu demonstrieren. Bei einem Flug über die besetzten Gebiete sagte Scharon einmal: »Die Araber sollten jede Nacht und überall in nicht mehr als 500 Meter Entfernung jüdische Lichter sehen.«[66] So waren taktische Erwägungen zugleich verknüpft mit beiden Aspekten: dem Sehen und dem Gesehenwerden. Das Gefühl, immer unter den Augen der Besatzer zu sein, sollte bei den Kolonialisierten bewirken, dass sie die Unterjochung verinnerlichten.

Offiziell wurde Scharons Plan durch die erste Regierung unter Begin nicht übernommen – die meisten Regierungsmitglieder waren außerstande, ihn zu begreifen –, doch die Regierung genehmigte einige Siedlungen, und weitere wurden ohne offizielle Erlaubnis auf Grund der privaten Initiative Scharons gebaut. Gegen Ende der 1970er und Anfang der 1980er Jahre brach eine fieberhafte Bautätigkeit aus, in der man durchaus einen Gradmesser für die Nähe Scharons zur Macht sehen kann. Ein sich verdichtendes Netz aus Straßen und Siedlungen wurde über das gesamte Westjordanland gesponnen. Wie im Sinai wenige Jahre zuvor schrieben sich auch hier die beiden symbiotisch verschränkten und synergetisch wirkenden Instrumente territorialer Expansion in das Land ein: die Punkte der Siedlungen und das Netz der Straßen – das Letztere diente den Ersteren, jene überblicken ihrerseits das Straßennetz und schützten es.

Solange ihm die volle Unterstützung durch die Regierung nicht sicher war, fürchtete Scharon eine Revision seines Projekts und scheute sich daher, seine Pläne Schritt für Schritt umzusetzen. Stattdessen ging er die Etablierung einer ganzen Anzahl von Siedlungen gleichzeitig an. Er war überzeugt, dass es wichtig war, »zuerst an allen Punkten Präsenz sicherzustellen und erst dann mit dem eigentlichen Bau der Siedlungen zu beginnen«.[67] Er wollte das gesamte Gerüst für die Geografie der Besatzung fest establieren, es zur irreversiblen Tatsache erklären und später dafür sorgen, dass es sich weiterentwickeln und konsolidieren würde. Dementsprechend streute er eine Reihe kleinerer Vorposten über das Gebiet der Westbank, von denen manche kaum mehr waren als Markierungen in Form von Zelten oder Wohnwagen. Dabei wusste er sehr wohl, dass diese Vorposten, hatten sie sich erst einmal festgesetzt, sich später zu Siedlungen auswachsen würden. Journalisten, die damals über die Vorposten schrieben, verglichen sie mit den Ortschaften an den äußersten Rändern des amerikanischen Wilden Westens: Wohnwagen, im Kreis auf einem windigen Hügel aufgestellt und bevölkert von Siedlern in zerlumpter Kleidung, aber voller Begeisterung und immer mit umgehängtem Gewehr. Um die Analogie auf die Spitze zu treiben: Selbst ihre *Tzitziot* (die Quasten, die an der Kleidung gläubiger Juden befestigt sind) ähnelten den Fransen an Ponchos.

Die Vorposten agierten bei Bedarf außerordentlich schnell, waren mobil und flexibel und somit ein ideales Instrument, die Kolonialisierung voranzutreiben. Zelte und leichte Fertighäuser konnten über Nacht mit Lastwagen oder, im Fall fehlender Straßen, mit Hubschraubern transportiert und abgesetzt werden. Sie wurden nach ihren topografischen Längengraden – »Hügel 777« oder »Hügel 851« – benannt und werden auf Hebräisch häufig als »Punkte vor Ort« bezeichnet oder, wenn es um eine einzelne Siedlung geht, als Punkt *(Nekuda).* (So heißt auch das offizielle Blatt der Siedlerbewegung.) Das deutet auf eine Planungsphilosophie hin, in der die Siedlungen im Kern weniger als Wohnorte gedacht wurden denn als strategisch interessante Plätze. Strategie ist die Wahl von Punkten, wo Kraft zur Anwendung kommen kann oder soll, und die Punkte selbst sind nichts anderes als die Überschneidung von Koordinaten, eine abstrakte Positionsangabe. Die simplen vorgefertigten Wohnmobile und Fertighäuser ermöglichten eine rasche Vermehrung und flexible Verteilung von Siedlungen: einen »Instant-Urbanismus«. Die Saat der Vorposten ging anschließend auf und brachte »ausgewachsene« Siedlungen hervor, sobald die Bedingungen dafür reif waren. Deshalb sollte man auch die Vorposten nicht grundsätzlich anders bewerten als Siedlungen, sondern als ein bestimmtes Stadium ihrer Entwicklung.

Das Straßennetz, das angeblich gebaut worden war, um Militärmanöver zu ermöglichen, entpuppte sich tatsächlich als Mittel der Erschließung – nicht nur für den harten Kern der Anhänger des Gusch Emunim, sondern auch für die israelischen Bewohner der Vorstädte. Das Siedlungsprojekt wurde der israelischen Öffentlichkeit, die durch den 1973er Krieg traumatisiert war, als Verteidigungssystem erklärt, das dazu dienen sollte, den Staat vor einer Invasion, einem ähnlichen Überraschungsschlag zu schützen, der dieses Mal nicht in den unendlichen Weiten des Sinai drohte, sondern vor der Haustür, im Westjordanland. Scharon, ein Experte in Sachen Manipulation und ganz groß darin, Angst öffentlich zu schüren und daraus Profit zu schlagen, warnte: »Wenn wir nicht anfangen, Judäa und Samaria (die Westbank) zu besiedeln, wird die jordanische Artillerie zu uns kommen.« Später erläuterte er das Verteidigungssystem, das dem Siedlungsprojekt zugrunde lag, in militärischen Kategorien: »Im Fall irgendeiner Art von Angriff müssen unsere Linien von den begrenzten regulären Streitkräften im Zusammenwirken mit zivilen Gemeinschaften gehalten werden, deren Rolle darin besteht, unsere Grenzen zu schützen, Straßen zu sichern, die Kommunikation sicherzustellen usw. (...) Die Siedlungen in der Westbank sollten als Verteidigungsposten, mit ihren eigenen Waffen und Munition ausgerüstet und mit eigenen Notfallplänen versehen, Teil des Gesamtsystems der Verteidigung werden.«[68] Die Terminologie des Schlachtfelds, Ausdrücke wie »Stellung«, »Vorstoß«, »Eindringen«, »Umzingelung«, »Einschluss«, »Überwachung«, »Kontrolle« und »Versorgungswege« schlichen sich aus der militärischen in die zivile Sphäre ein. Für Scharon, den Architekten-General, war Politik Krieg, so wie Krieg Politik war, und beide wurden betrieben, indem man Raum schuf. Auch das Konzept der »Tiefe« wurde ins Zivile übertragen. Flexibilität wurde zum Markenzeichen von Scharons Wirken als Architekt in der gesamten israelischen Grenzregion. Das Wohnmobil und später das ziegelgedeckte Einfamilienhaus ersetzten den Panzer als Basis-Kampfeinheit. Wohneinheiten wurden, Panzereinheiten gleich, in Formation auf den Kriegsschauplatz entsandt, um Hügel zu besetzen, einen Feind zu umzingeln oder dessen Kommunikationsverbindungen zu unterbrechen. Scharon »zog von Ort zu Ort, wanderte, immer eine Karte in der Hand, umher, um zu entscheiden, wo eine Siedlung stehen sollte, und hielt dabei nach hochgelegenem, interessantem Terrain oder nach lebenswichtigen Knotenpunkten von bedeutenden Routen Ausschau«.[69] Architektur, Städte- und Landschaftsplanung gerieten in den Händen von Scharon, seinen Gefolgsleuten und Kollegen zur Fortsetzung des Kriegs mit anderen Mitteln. Die Überführung der militärischen Terminologie in die Sphäre des Zivilen sollte ihrerseits zur Militarisierung aller anderen Sphären des Lebens führen. Der Krieg war nur insoweit vorüber, als er nun überall war.

3. Kapitel
Die Siedlungen:
Der Kampf um die Anhöhen

Obwohl Scharon bei der Besiedelung der Gebirgsregion der Westbank eine zentrale Rolle spielte und seine Visionen teilweise Wirklichkeit wurden, kann man nicht behaupten, dass er den Masterplan des dortigen Siedlungsprojekts erdacht und umgesetzt hätte. Die diffuse Urheberschaft dieses Projekts teilte sich eine ganze Palette von Akteuren und Organisationen, und es umfasste mehr Widersprüchliches als aufeinander abgestimmte Strategien. Die Kolonialisierung der bergigen Westbankregion war keineswegs ein zentraler Planungsprozess unter der Führung einer Regierung – sie stellte nicht etwa die Umsetzung eines einheitlichen Regierungshandelns oder eines klar umrissenen Verteidigungskonzepts in einen Prozess territorialer Organisation dar. Tatsächlich ging sie vielmehr aus einer ganzen Reihe tiefgreifender Krisen und Konflikte hervor, die in den Jahren 1967 bis 1981 stattfanden: zwischen verschiedenen Ministern und Ministerien unterschiedlicher israelischer Regierungen und zwischen diesen Regierungen und den Siedlerorganisationen des Gusch Emunim oder anderen NGOs sowie dem israelischen Obersten Gerichtshof. Diese Konflikte, die sowohl kennzeichnend für die Zeit der Regierung der Arbeitspartei während des ersten Jahrzehnts der Besatzung (1967–1977) waren wie auch für die der ersten Likud-Regierung unter Menachem Begin (1977–1981), wurden physisch auf den Anhöhen des Westjordanlandes ausagiert, aber auch in den Gerichtssälen des israelischen Obersten Gerichtshofs, der in diesem Zusammenhang einige grundlegende Urteile fällte. In jenen Jahren wurde dieser zu einer Arena, in der sich Regierungsvertreter, Militärs, Siedler, palästinensische Landbesitzer und israelische Friedens- und Menschenrechtsgruppen Schlachten über Landenteignungen und den Siedlungsbau lieferten. Im Rahmen dieser rechtlichen Auseinandersetzungen wurde mit Begriffen wie »Verteidigung«, »Sicherheit«, »zeitliche Begrenzung« oder »göttliches Recht« argumentiert, und sie wurden in einer Weise definiert, die bis auf den heutigen Tag die Praktiken und Strategien der Besatzung prägt.

Das organisatorische Chaos und die Improvisation, die so typisch für das Siedlungsprojekt jener Jahre waren, könnte man als Kontrast dem gegenüberstellen, was der israelische Architekturhistoriker Zvi Efrat das »Israelische Projekt« genannt hat: die strikte *top-down*-Planung und Konstruktion der physischen Umwelt des israelischen Staates in den ersten beiden Jahrzehnten seiner Existenz, also vor 1967. Laut Efrat basierte das »Israelische Projekt« in den 1950er und 1960er Jahren auf staatlicher Masterplanung, die er als »eines der umfassendsten, im höchsten Maße kontrollierten und effizienten architektonischen Experimente der Moderne« bezeichnet, das angelehnt scheint an »Stalins Fünf-Jahres-Plan für die Sowjetunion (…), die Infrastrukturprojekte des amerikanischen New Deal und Projekte des öffentlichen Sektors in den 1930er Jahren (…) sowie die britischen ›New Towns‹ der Nachkriegsära«.[1] Das »Israelische Projekt« unterlag einer zentralisierten politischen Kontrolle, rationalen Organisations- und Standardisierungsprinzipien, einer klaren Arbeitsteilung und sah die Verteilung der Bevölkerung nach einem einzigen Plan und einem Anweisungskatalog vor, die der Architekt und Bauhaus-Absolvent Arie Scharon erstellt hatte. Während staatliche Planungen in den 1950er und 1960er Jahren von professionellen Architekten und Planungsfachleuten vorgenommen wurden, waren es nach dem 1967er Krieg hauptsächlich Politiker, Generäle und Ideologen, die sich dieser Aufgaben annahmen. War der Arie-Scharon-Plan noch von feststehenden Staatsgrenzen ausgegangen, betrachteten diejenigen, die nach 1967 die Siedlungsprojekte vorantrieben, allen voran Ariel Scharon, das Territorium der Besetzten Gebiete als »elastisch« und zur Übernahme freigegeben.

Kurz nach dem Ende des 1973er Kriegs traf sich eine Gruppe junger Frauen, deren Sprecherin, Daniella Weiss, später Generalsekretärin von Gusch Emunim werden sollte, mit Premierministerin Golda Meir. Ihr Anliegen: Sie baten um die Erlaubnis und Unterstützung für die Errichtung einer kleinen Siedlung in der Hügelregion des Westjordanlandes. Ariel Scharon, der damals erst kürzlich aus dem Militär ausgeschieden war, um seine politische Laufbahn aufzubauen, hatte ihnen den Ort für die Siedlung empfohlen. Es war eine ausgediente Eisenbahnstation aus osmanischer Zeit, die nahe dem palästinensischen Dorf Sebastia, nordwestlich der Stadt Nablus lag. Damit befand sich dieser Siedlungsort weit jenseits der Grenzen des Allon-Plans, der die Kolonialisierung des Jordantales und der Gebiete um Jerusalem vorsah, Gegenden, in denen relativ wenige Palästinenser lebten – ein wesentliches Kriterium dieses Siedlungsprojekts. Eine Siedlung wie die von Scharon vorgeschlagene stand eindeutig im Widerspruch dazu. Meir zeigte sich der Anfrage gegenüber aufgeschlossen und freundlich, lehnte sie jedoch höflich ab. Ihre Ablehnung zog im Verlauf der folgenden drei Jahre acht Versuche nach sich, die Siedlung ohne Genehmigung doch noch zu etablieren.

Der »Aufstieg«, wie sich solche Expeditionen nannten, die eine Siedlung zu verankern suchten, wurden von einer Gruppe Möchtegern-Siedler angeführt, darunter auch der »Kern« der Siedler von Elon Moreh, die von der israelischen National-Religiösen Partei logistisch unterstützt wurden. Bei diesen Anlässen umgaben sie sich auch mit einer beträchtlichen Anzahl von Rabbis, Professoren, Schriftstellern und Knesset-Abgeordneten. Die Aufstiege sahen sich oft mit Gegendemonstrationen der zionistischen Linken konfrontiert und wurden durch das Militär von ihrem Vorhaben abgehalten. Scharon selber beteiligte sich an der Organisation einiger der Besteigungen und sorgte dafür, dass sie der Auflösung durch das Militär entgingen. Als Scharon im Juli 1974 eine solche Siedlergruppe anführte, durchbrach er Straßenblockaden des Militärs, veranlasste die Soldaten zu einer wilden Verfolgungsjagd durch die angrenzenden Hügel – und ermöglichte so einer weiteren Siedlergruppe, sich klammheimlich aus einer anderen Richtung zu nähern. Als sie bei dem alten Bahnhof angekommen waren, ketteten sie sich aneinander, so dass Arie Schalev, der damalige Militärgouverneur der Westbank, »einen großen Hammer aus dem Gefängnis von Nablus mitbringen musste, um die Stahlketten zu zertrümmern, die eine Siedlung aus lebenden Körpern zusammenhielten«.[2] Im Februar 1974 taten sich die Kerngruppe von Elon Moreh und verschiedene andere national-religiöse Gruppen zusammen, um gemeinsam Gusch Emunim zu bilden. In den *Hanukkah*-Ferien des Winters 1976, nach einem weiteren Aufstieg, wurde in der Bahnhofshalle bei Sebastia zwischen den Siedlergruppen und der Regierung ein Kompromiss geschlossen. Schimon Peres war damals Verteidigungsminister in der Regierung der Arbeitspartei unter Yitzhak Rabin, der nach dem unfreiwilligen Rücktritt Golda Meirs im April 1974 deren Nachfolge angetreten hatte. Peres wartete wieder einmal mit einer seiner berühmten kreativen Lösungen auf, indem er den Siedlern erlaubte, innerhalb der Militärbasis Qadum südwestlich von Nablus auf einem ihnen zugewiesenen Stück Land zu bleiben. Im Verlauf der folgenden zwei Jahre wuchs die Siedlerenklave derart an, dass sie die Grenzen des Militärstützpunkts sprengte, und sie wurde offiziell zur zivilen Siedlung Qedumim erklärt.[3]

Dieser Modus Operandi war beispielhaft für die Macht und die Möglichkeiten von Gusch Emunim. Die Gruppe hatte eine doppelte Funktion: Sie wirkte als außerparlamentarische Gruppe von Aktivisten, die auf die Mächtigen Druck ausübte, und sie organisierte die Siedlungen in der Westbank. In beiden Eigenschaften versuchten die Aktivisten, sich als die wahren Erben der Arbeiter-Pionier-Bewegung von vor 1948 darzustellen. Durch seine Aufstiege auf die Anhöhen des Westjordanlandes versuchte Gusch Emunim auch ein Paradox zu überwinden: Die frühen Zionisten, die angeblich in das »gelobte Land« zurückkehrten, siedelten in den Küstenebenen und einigen nördlichen Tälern mit relativ gutem Boden für die Landwirtschaft – aber wenig Bezug zur israelitischen Geschichte. Die späteren Aufstiege wurden als »Regeneration der Seele« gedeutet und sollten zur »persönlichen und nationalen Erneuerung« führen, wobei den

Anhöhen auch eine gewisse mystische Qualität zugeschrieben wurde. Für diese Siedler bedeutete die Besetzung von 1967 mehr als nur eine weitere Expansion auf horizontaler Ebene. Sie war auch ein Aufstieg von den israelischen Küstenebenen auf die Berge der Westbank, der syrischen Golanhöhen und des Sinai-Gebirges. In ihren Augen stellten die Berge sowohl strategisch wichtiges Terrain dar, als auch die eigentliche Wiege der Nation. Zu einem späteren Zeitpunkt sollte Effie Eitam, der Ex-General, der die National-Religiöse Partei weiter radikalisierte, jedem Gedanken an einen Abbau der Siedlungen auf den Anhöhen des Westjordanlandes mit folgenden Worten entgegentreten: »Wer auch immer vorschlägt, wir sollten in die Ebenen zurückkehren, zu unseren tiefstgelegenen Anteilen, zum Sand, zum Säkularen, und wir sollten die heiligen Anhöhen fremden Händen überlassen – der schlägt etwas vollkommen Abwegiges vor.«[4]

Gusch Emunim war der Auffassung, dass die »schwachen Regierungen«, die für die Katastrophe des 1973er Kriegs verantwortlich waren, mit Hilfe der überbordenden religiösen Energie und mystischen Macht der Gruppe unter Druck gesetzt werden müssten. Die Siedlungen wurden zu einem Instrument im neuen Ringen zwischen dem Volk und der Souveränität der Staatsmacht Israels.

Dass man die Regierung durch entsprechenden Druck dahin bringen konnte, Siedlungen zu genehmigen und zu etablieren, hatte sich bereits drei Monate nach dem Krieg von 1967 gezeigt, als im September desselben Jahres mit Kfar Etzion die erste Siedlung in der Westbank südwestlich von Jerusalem entstand. Sie wurde im Widerspruch zu den allgemeinen Regierungsrichtlinien gegründet, und zwar in Reaktion auf den unnachgiebigen Druck einer Siedlergruppe, von deren Mitgliedern manche mit den Bewohnern des ursprünglichen Kfar Etzion verwandt waren. Es war eine von mehreren jüdischen Gemeinden, die zu Beginn des 1948er Kriegs durch palästinensische Milizen und die Jordanische Legion besiegt worden waren.

Die erfolgreichste Taktik von Gusch Emunim bestand darin, Siedlungsplätze ohne Regierungserlaubnis zu besetzen, um im Nachhinein die Regierung zu zwingen, die faktisch bereits existierende Siedlung zu genehmigen. Die Strategie dahinter war klar: Es wurden so viele Siedlungen wie möglich in Gebieten gebaut, die die Regierung andernfalls vielleicht auf Grund von internationalem Druck würde räumen lassen müssen. So aber wollte Gusch Emunim sie zwingen, an möglichst viel von dem Gebiet, das 1967 besetzt worden war, festzuhalten.

Die Methoden von Gusch Emunim demonstrieren, worin sich die von oben nach unten ausgerichtete, einheitliche Gesamtplanung einer Regierung von der operationalen Logik unabhängiger politischer Organisationen unterscheidet, die ihre Anliegen von unten nach oben durchzusetzen versuchen (*top-down* vs. *bottom-up*). Während ein Masterplan gewöhnlich darauf abzielt, Ressourcen zu mobilisieren und die Landschaft und gebaute Umwelt auf eine Weise zu gestalten, die eine politische Vision und Strategie verkörpert, zielte Gusch Emunim darauf ab, Brüche und Risse in den Organisationsstrukturen der regierenden Macht auszumachen und Konflikte zwischen Regierungsmitgliedern ebenso auszunutzen wie politische Gelegenheiten oder Ad-hoc-Allianzen.[5]

Im Jahr 1977, kurz nachdem die politische Macht der Arbeitspartei zum Likud übergegangen war, stattete der ägyptische Präsident Anwar al-Sadat Jerusalem einen Besuch ab, und der Friedensprozess begann. Da Menachem Begins Regierung bereits Friedensgespräche mit Ägypten führte, war sie noch nicht geneigt, sich vollständig den ungeduldigen Forderungen von Gusch Emunim zu beugen, während sie immerhin den Bau von ein paar Siedlungen zuließ und weiterhin um Jerusalem herum baute. Doch fand die Siedlerorganisation abermals einen Verbündeten in Scharon, damals Leiter des Regierungskomitees für Siedlungsangelegenheiten. In ihm sahen die Siedler einen Exponenten ihres Kampfes gegen den »Defätismus« der übrigen Regierungsmitglieder, die alle dem Charme Sadats erlegen zu sein schienen. Scharon, der verärgert war, weil Begin ihn aus Furcht vor seinem impulsiven Naturell nicht in die Friedensverhandlungen mit einbezog, legte es darauf an, dass Siedlungsgründungen ausgerechnet dann stattfanden, wenn gerade ein diplomatischer Durchbruch unmittelbar bevorstand oder wenn sein wichtigster politischer Rivale, Verteidigungsminister Ezer Weizman, nach Ägypten reise – dessen Job er nur zu gerne übernommen hätte und tatsächlich vier Jahre später bekam.

Gemeinsam mit Mitgliedern des Gusch Emunim inszenierte Scharon sogar die Errichtung einiger »Potemkin'scher Siedlungen« aus Attrappen und Schiffscontainern, die man leicht mit Siedlungen verwechseln konnte. Damit sollte den Amerikanern, die die Region aus der Luft überwachten, suggeriert werden, dass vor ihrer Nase in Teilen des Sinai neue Siedlungen entstanden, die aufzugeben Israel bereits zugesagt hatte – was dazu führte, dass die Ägypter die Verhandlungen abbrachen.[6] So lieferte der Siedlungsbau Scharon die Mittel, in die israelische Außenpolitik hineinzuwirken oder sie zu stören. Eine Anhöhe mit ein paar verstreuten Wohnmobilen und bevölkert von einer Gruppe Fanatiker – darin bestand die mit geopolitischen Implikationen aufgeladene Mikrotaktik, die seine besondere Stärke war.

Siedlungschaos

Einer der charakteristischen Züge des Arbeitsstils von Scharon, sowohl als Militär als auch als Minister, lag in seiner Weigerung, sein geplantes Vorgehen präzise anzugeben. »Ich siedle, wo ich kann«, sagte er oft. Was Scharon sagte, tat oder vorschlug, unterlag dem Prinzip der Improvisation, und Entscheidungen traf er

SPERRZONEN · KAPITEL 3

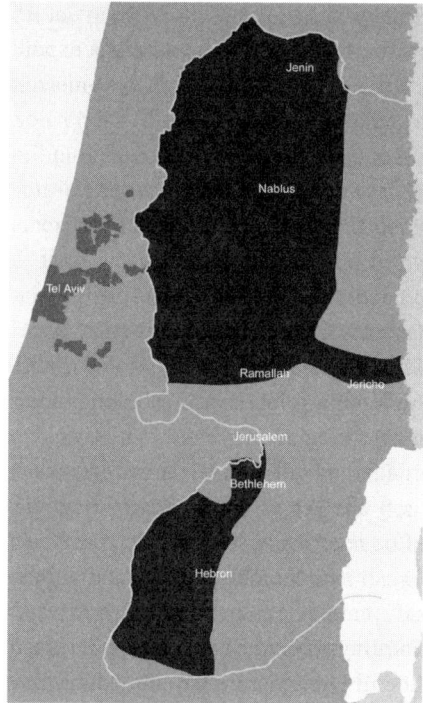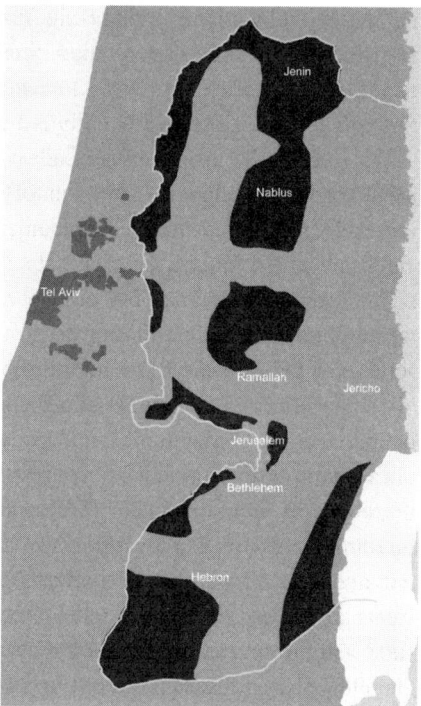

Links: Allon-Plan, 1967–77. Die dunklen Abschnitte markieren die Gebiete, die wieder an Jordanien zurückgegeben werden sollten (58 % der Westbank). Rechts: Scharon-Plan (H Plan), 1977–82. Die getrennten Gebiete palästinensischer Autonomie würden 40 % der Westbank umfassen. Nach beiden Plänen sollten die getrennten Teile der Westbank durch extraterritoriale Straßen miteinander verbunden werden.

grundsätzlich erst dann, wenn er handeln musste, eine günstige Gelegenheit zu handeln fand oder sich genötigt sah zu handeln. Sein Vorteil bestand darin, dass nicht nur er nicht wusste, was er am nächsten Tag tun würde – seine Feinde oder Rivalen wussten es ebenso wenig. Ein anderes der offensichtlichen Talente Scharons war sein Umgang mit Karten und der Kartografie im Allgemeinen. Auf Fotografien aus verschiedenen Zeiten sieht man ihn häufig, sei es als Soldat oder als Politiker, wie er auf Einzelheiten auf einer Karte zeigt oder mit einer aufgerollten Karte unter dem Arm marschiert. Er nutzte die eingeschränkte Erfahrung seiner Regierungskollegen aus und legte ihnen komplexe und schwer durchschaubare Karten von neuen Siedlungen vor, oder missachtete sie und ihre Kompetenz schamlos, indem er ihnen Karten präsentierte, die ein anderes Gebiet darstellten als das gerade zur Diskussion stehende, und trotzdem gelang es ihm, Entscheidungen in seinem Sinne durchzusetzen.[7] Bei anderen Gelegenheiten trug er dazu bei, vor seinen Ministerkollegen neu entstehende Siedlungen zu verschleiern, indem er vorgab, es handle sich nur um vorübergehende »Lager für Arbeiter«, »Militärstützpunkte« oder »archäologische Ausgrabungsstätten«.

Anfang des Jahres 1978 überzeugte Scharon die Regierung, einer Gruppe von Gusch-Emunim-Mitgliedern die Erlaubnis für die Einrichtung eines »Arbeitscamps« für Ausgrabungszwecke zu erteilen. Die Ausgrabungen sollten da stattfinden, wo die Überreste der biblischen Stadt Schiloh vermutet wurden. Genau dort, an den Ausläufern eines Höhenzugs, der die heutige Region um Ramallah von der um Nablus trennt, war angeblich zur Zeit der biblischen »Besetzung und Besiedelung« Kanaans durch Yehoschua Bin-Nun das Tabernakel auf seinem Weg nach Jerusalem eine Weile aufbewahrt worden. Obwohl die »Archäologen« mehr mit Beten und Tanzen beschäftigt waren als mit Graben, etablierte sich das Camp immer fester, je tiefer die Ausgrabungen getrieben wurden. Wenig später wurden die »Unterbringungsmöglichkeiten vor Ort« erweitert, so dass auch Familienmitglieder der »Archäologen« eintrafen, um mit ihnen dort zu leben. Fertighäuser traten an die Stelle von Zelten, Wassertürme wurden errichtet, und der nahe gelegene Militärstützpunkt lieferte gerne den Strom. Als die »Ausgrabungsstätte« zu guter Letzt als das entlarvt wurde, was sie war: ein optisch-politisches Camouflage-Manöver – da war die moderne Siedlung Schiloh längst eine unumstößliche Tatsache.

Bis zum Ende des Jahres 1981, als die zweite Begin-Regierung sich die Ideologie von Gusch Emunim vollkommen zu eigen machte und sich in einem Maße deren Forderungen unterwarf, dass die Organisation erwog, sich aufzulösen[8], war es angebracht, das Siedlungsprojekt in den Hügeln der Westbank als ein Unternehmen zu bezeichnen, das sich gegen die Regierung richtete, von Gusch Emunim betrieben wurde und einzelne Förderer in der Regierung hatte.

Zweifellos stieg die Zahl der Siedler und der Siedlungen, nachdem der Likud im Mai 1977 an die Macht kam. Zu dem Zeitpunkt lebten etwa 4500 Siedler in 28 über das Westjordanland verteilten Siedlungen (50 000 weitere lebten bereits in Jerusalem), von denen die meisten, wie im Allon-Plan vorgesehen, im Jordantal siedelten, doch einige auch bereits in Gusch-Emunim-Siedlungen in den höher gelegenen Gebieten. Als im Juni 1981 die erste Regierungsperiode des Likud zu Ende ging, hatte sich die Zahl der Siedlungen mit 68 mehr als verdoppelt, und die Siedlerzahl war mit 16 200 auf das Vierfache hochgeschnellt.[9] In diesen Jahren folgte allerdings die Geografie der Besatzung nicht eindeutigen Regierungsentscheidungen und -planungsvorgaben, sondern entwickelte sich überwiegend aus einer wirren Interaktion zwischen unterschiedlichen, meist in sich unstimmigen und oft in Opposition zueinander stehenden politischen Akteuren und ideologischen Interessen. Obwohl viele – nicht zuletzt Scharon selbst – sich gerne als große, überlegene Planer des Siedlungsprojekts gesehen hätten, war die Kolonialisierung der Westbank nicht das Ergebnis eines Masterplans – sie entwickelte sich eher als »Strategie ohne Strategen«.[10] Da sich das Siedlungsprojekt durch Improvisation und Ad-hoc-Maßnahmen, durch opportunistische Entscheidungen und Konflikte zwischen Politikern entwickelte, ist in der Prägung, die es der Landschaft aufgedrückt hat, nicht die einheitliche Materialisierung einer kohärenten Ideologie erkennbar. Obwohl zahllose Masterpläne der Regierung für Siedlungen existierten, umgab sich das Projekt in den frühen Jahren mit dem Flair der »Anti-Planung«. Akteure vor Ort und die Fakten, die sie schaffen konnten, bestimmten eher die übergeordnete politische Agenda und die Prioritäten, als dies höhere Planungsinstanzen getan hätten, wodurch absichtlich manche politischen Optionen der Regierung eingeschränkt wurden, während andere sich öffneten.

Die Unentschiedenheit der Eschkol-Regierung, die auf den 1967er Krieg folgte, die Lähmung, mit der die traumatisierte Meir-Regierung im Gefolge des 1973er Kriegs geschlagen war, die Machtkämpfe zwischen Rabin und seinem Verteidigungsminister Schimon Peres während der ersten Regierung Rabin und die Widersprüche zwischen dem Wunsch, Siedlungen zu bauen einerseits und dem Friedensprozess mit Ägypten während der ersten Regierungszeit Begins andererseits – das alles bedeutete, dass die politische Exekutive jener Jahre sich nicht eindeutig hinter die Siedlungsbewegung stellte, sondern denjenigen, die Fakten schufen, hinterherhinkte. Die Unentschiedenheit dieser Regierungen war häufig eine strukturelle; mehrere israelische Regierungen in Folge beschlossen, das Risiko einer gespaltenen öffentlichen Meinung zu vermeiden, indem sie es vorzogen, in dieser sehr umstrittenen Angelegenheit keine klare Linie zu zeigen. Lieber ließen sie die Ereignisse ihren Lauf nehmen.

Es lagen jedoch mehrere Siedlungsplanungen vor; man muss sogar sagen, dass Planung in jener Zeit zu einer Art Obsession wurde. Israelische Technokraten, Ideologen und Generäle produzierten alle ihre speziellen Pläne, und jede Gruppe schlug andere Gebiete vor, die man aus der Westbank herausschneiden und die Israel annektieren könnte. Jeder dieser Siedlungspläne der 1970er Jahre übertrumpfte, wenn möglich, den anderen im Bestreben, noch mehr Land zu vereinnahmen, was eine sich ständig verschärfende territoriale Radikalisierung entfesselte. Unmittelbar nach dem 1967er Krieg nahm die Eschkol-Regierung an, sie werde die Westbank an Jordanien zurückgeben müssen, und versuchte nur, das arabische Ostjerusalem und die unmittelbar angrenzenden Gebiete zu annektieren.[11] Der erste von der Regierung nach dem 1967er Krieg diskutierte Siedlungsplan war der bereits erwähnte Allon-Plan[12], dem zufolge es ein strategisches Erfordernis war, das Westjordanland an seiner östlichen Grenze gegen die arabischen Länder abzuschotten. Daher sah dieser Plan in erster Linie Siedlungen im Jordantal, am westlichen Ufer des Flusses vor, der die Westbank von Jordanien trennt. Allon, den wichtigsten Rivalen von Verteidigungsminister Mosche Dayan, hielt man damals allgemein für den wahrscheinlichsten Nachfolger von Pre-

Die Siedlungen: Der Kampf um die Anhöhen

mierminister Eschkol. Dayan konterte den Allon-Plan 1968 mit einem diametral entgegengesetzten Vorschlag, zweifellos um diesen von der Tagesordnung zu verdrängen. Dayans Plan sah die Besiedelung der Höhenzüge der Westbank als strategische Priorität vor, jenes Gebiets also, von dem aus die israelischen Städte der Küstenebene zu überblicken sind. Zu diesem Zweck schlug Dayan die Errichtung von fünf großen Militärbasen entlang des zentralen Höhenzugs der Westbank vor. Diese Militärstützpunkte sollten von »Fäusten jüdischer Siedlungen« umgeben sein, wie er sich ausdrückte, die dafür sorgen würden, »palästinensische territoriale Kontinuität zu zerstückeln«.[13] In diesen Siedlungen würde, anders als in den von Allon geplanten, keine Landwirtschaft, sondern industrielle Produktion betrieben. Die ansässige palästinensische Bevölkerung würde billige Arbeitskräfte zur Verfügung stellen. Etwa zur gleichen Zeit legte der Oberbefehlshaber des zentralen Kommandoabschnitts, Rehavam Ze'evi, einen weiteren strategischen Plan vor, bei dem Siedlungen entsprechend einer militärischen Logik über die gesamte Tiefe des Westjordanlandes verteilt und in der Nähe aller taktisch entscheidenden Kreuzungen gelegen sein sollten. Scharons Plan, der ein paar Jahre später entstand, enthielt Elemente früherer Vorschläge: Auch er sah, wie der Allon-Plan, die Besiedelung des Jordantals vor und wie Dayan die der Höhenzüge der Westbank. Dem fügte er seine ureigene Idee hinzu, die darin bestand, durch eine Besiedelung der Westhänge des Westjordanlandes die von Palästinensern bewohnbaren Regionen komplett einzuschließen und sie zusätzlich von den nahe gelegenen israelischen Dörfern und Städten abzutrennen, in denen überwiegend Palästinenser mit israelischer Staatsangehörigkeit wohnten.[14] Obwohl Gusch Emunim grundsätzlich keine formellen Planungen verfolgte, nicht einmal eigene, legte die Gruppe der Regierung eine Reihe provokativer Entwürfe vor, die Scharons Ideen weiter radikalisierten. Gusch Emunims Besiedelungsvorschläge waren nicht nur an einer militär-strategischen oder einer ökonomischen Logik ausgerichtet, sondern darüber hinaus an einer national-religiösen Logik. Demnach sollten Siedlungen in der Nähe »historischer (d.h. arabischer!) Städte liegen, (…) um das jüdische Volk als eine gesunde Nation fest in seinem gesamten Land zu verwurzeln«.[15]

Die meisten Großplanungen von Siedlungen, die entweder in- oder außerhalb von Regierungskreisen entworfen wurden, waren zugleich Teilungspläne: Die Planer positionierten Siedlungen genau in den Gebieten, die sie durch die Regierung annektiert sehen wollten. Die Logik der Teilung der Besetzten Gebiete hat immer zwischen selektiver Anwesenheit bzw. Abwesenheit geschwankt und ging auf diese Weise auf zwei einander widersprechende israelische Strategien ein: die territoriale Strategie – so viel »leeres« Land wie möglich zu annektieren – und die demographische Strategie – möglichst die Gebiete auszuschließen, in denen die palästinensische Bevölkerung am dichtesten war. Außerdem zielte jeder

Plan, wie bereits gezeigt wurde, darauf ab, politisch die vorangegangenen Vorschläge zu unterminieren. Es scheint, als habe die israelische Politik in jenen Jahren ihre internen wie ihre externen Konflikte auf den Hügeln des Westjordanlandes ausagiert. Keiner der Pläne stellte tatsächlich die Grundlage für eine in sich schlüssige Siedlungspolitik dar, und keiner wurde offiziell durch die Regierung übernommen, obwohl gewisse Teilaspekte jedes der Pläne in den Siedlungsbau miteinbezogen wurden.

Die Regierungen lernten im Laufe der Zeit, aus dem Siedlungschaos Nutzen zu ziehen. Sie förderten es sogar oder heizten die Stimmung an und schufen so eine Atmosphäre, die gewisse Verbrechen begünstigte.[16] Obwohl das Pendel der politischen Initiative, als die Siedlungspolitik allmählich zu einem einzigen Durcheinander zu degenerieren schien, weg von den Institutionen im Zentrum und hin zu den Organisationen des Grenzraums ausschlug, ging das Chaos im Grunde vom Zentrum aus. So wurde der tatsächliche oder angebliche Verlust an Kontrolle über die Besetzten Gebiete zu einem wirksamen strategischen Instrument der Regierung. Der scheinbare Kontrollverlust ermöglichte es dem Staat, seine ideologischen Ziele zu verfolgen, ohne dafür die Verantwortung zu übernehmen.[17] Wurde der Staat international kritisiert, konnte er sich immer der Verantwortung entziehen, indem er darauf verwies, dass es sich bei den Vorfällen um illegale Aktivitäten, lokale Vorstöße von NGOs oder extreme Fälle von Selbstermächtigung durch Einzelne handelte, die völlig außerhalb der Norm handelten, während es sich bei diesen »Exzessen« tatsächlich um nichts anderes als die Norm handelte. Die Tatsache, dass die Begin-Regierung die Siedlungsaktivitäten als verbrecherisch darstellen konnte, ermöglichte es eben dieser Regierung in den späten 1970er Jahren, mit den Amerikanern und den Ägyptern scheinbar gutwillig zu verhandeln, während die Siedlungstätigkeit unbehindert fortgeführt wurde. Die Tatsache, dass Siedlungen illegal etabliert wurden, half Begin, den Amerikanern klarzumachen, welche Bedeutung das Westjordanland für die israelische Öffentlichkeit hatte, und dass man folglich diese Gebiete nicht so einfach würde zurückgeben können wie die Sinai-Halbinsel. Redete die Regierung »nach außen«, gehörten ihr die Siedlungen nicht; sprach sie »nach innen«, feierte sie sie als Errungenschaft.

Zum organisatorischen Chaos kam 1977 der Regierungswechsel hinzu, der auch umfassende Veränderungen innerhalb des staatlichen Verwaltungsapparats mit sich brachte. Die überwiegend erfahrenen Verwaltungsangestellten aus dem Umkreis der Arbeitspartei, die es gewohnt waren, den Staatsapparat am Laufen zu halten, wurden durch unerfahrene neue Funktionäre ersetzt, was weiteres institutionelles Chaos bedeutete.[18] In der Geografie der Westbank schlugen sich verschiedene territorial wirksame Kräfte nieder: der Druck seitens des Gusch Emunim, die durchaus gewollte Aussetzung von Regierungskontrolle, regelwidrig geschaffene Tatsachen, Scharons wildwüchsige Improvisationen, militärische »Notfallmaßnahmen« und schließlich Konflikte zwischen verschiedenen zionistischen Institutionen und Ideologien. Gerade dieser inkohärente und konfliktreiche Prozess einschließlich der Beteiligung unabhängiger Aktivisten-Gruppierungen scheint die Motivation und die Effizienz der Beteiligten gesteigert zu haben und erwies sich paradoxerweise als eine der Grundlagen für den Erfolg des Siedlungsprojekts – und dies in doppelter Hinsicht. Zum einen bestimmte es von diesem Zeitpunkt an, was nationale Prioritäten zu sein hatten; zum anderen wuchs die Siedlerbevölkerung rapide, und dem Siedlungsprojekt war wirtschaftliche Stabilität beschieden. Bezeichnend dabei war, dass all das sich entwickelte, während das staatszentralistische »Israelische Projekt« der 1950er und 1960er Jahre wirtschaftlich und sozial seinen Niedergang erlebte.

Legalistische Schachzüge

Im Verlauf der 1970er Jahre wurde der israelische Oberste Gerichtshof zur zentralen Arena, in der Konflikte um die Siedlungsaktivitäten ausgefochten wurden: zwischen palästinensischen Landbesitzern, Siedlerorganisationen, dem Militär und den betroffenen Ministerien. In drei aufeinander folgenden Musterprozessen, die von palästinensischen Landbesitzern und israelischen Menschenrechtsorganisationen angestrengt wurden, ging es um die Beschlagnahme von Land zu Siedlungszwecken, konkret um die Landspitze von Rafah im nördlichen Sinai (1972), die Siedlung Bet-El bei Ramallah (1978) und die Siedlung Elon Moreh (1979) bei Nablus in der Westbank. In diesen Verfahren legte der israelische Oberste Gerichtshof die maßgeblichen Gesetzesauslegungen fest, die dazu beitrugen, den politischen, ideologischen und militärischen Charakter der Besatzung zu definieren.

Zugriff auf Land war für die Etablierung von Siedlungen entscheidend. Laut den Prinzipien jedoch, die im Haager Abkommen über die Gesetze und Konventionen im Fall eines Landkriegs niedergelegt sind, sowie in den begleitenden Haager Regularien von 1907, die die Rechte von Zivilisten und die Pflichten von Streitkräften im Rahmen einer kriegsbedingten Besatzung definieren, und die beide von israelischen Gerichten als bindend anerkannt worden sind, darf eine Besatzungsmacht Land nur dann beschlagnahmen oder in besetztem Gebiet physische Veränderungen vornehmen, wenn diese Maßnahmen einem oder zwei der folgenden Zwecke dienen: »dringender militärischer Erfordernis« oder »dem Wohl der örtlichen Bevölkerung«.[19] Eine Besatzungsmacht könnte in diesem Rahmen etwa temporäre Sperren auf privatem Grund errichten oder vorübergehend Gebäude an strategisch wichtigen Punkten besetzen, um ihre Streitkräfte oder ihre Verwaltung unterzubringen.[20] Diese Art der Beschlagnahme unterscheidet sich grundsätzlich von Enteignung oder Landnahme insofern, als sie die Besitztitel nicht antastet, sondern vielmehr nur ein vorübergehendes Nutzungsrecht begründet. Deshalb muss das Land, sobald der Grund für die Beschlagnahme nicht mehr gegeben ist, seinem Besitzer wieder übergeben werden. Die Betonung der »vorübergehenden« Natur der Maßnahmen deutet darauf hin, dass die Besatzung im Kontext der Kriegführung grundsätzlich als eine vorübergehende Situation aufgefasst wurde, auf die zügig eine Lösung durch Vereinbarungen über eine Annexion bzw. eine Rückgabe folgen würde, nachdem Kriege gewonnen oder verloren worden wären. In der Vorstellung der europäischen Schöpfer dieser Vereinbarungen stellte der Krieg eine vorübergehende Abweichung von der historischen Normalität des Friedens dar.[21] Die Aussetzung der Gültigkeit von Rechten war daher an das vage Konzept des »Vorübergehens« gebunden – das allerdings nicht durch eine eindeutige zeitliche Begrenzung klar umrissen war.

Die Kategorien des »Vorübergehens« und die der »Sicherheit« waren die Dreh- und Angelpunkte der drei oben erwähnten Urteile des israelischen Obersten Gerichtshofs. Die taktisch-rechtliche Manipulation des Terminus der »vorübergehenden Sicherheitserfordernisse«, auf die man sich immer berief, wenn es militärisch erforderlich war, entwickelte sich zum jederzeit abrufbaren Vorwand der Regierung, den Obersten Gerichtshof zu blockieren, wenn er versuchte, ihrem Zugriff auf privates palästinensisches Land einen Riegel vorzuschieben.

Strategische Siedlungen

Die erste Klage vor dem Obersten Gerichtshof, die die Rechtmäßigkeit von Landbeschlagnahmen zu Siedlungszwecken in Frage stellte, fand 1972 statt und stellte eine Reaktion auf einen Vorstoß Ariel Scharons dar, der damals noch den südlichen Kommandoabschnitt befehligte. Im Rahmen seiner Kampagne zur Aufstandsbekämpfung beabsichtigte er, den Gazastreifen von der Wüste Sinai abzuschneiden und somit auch von den Versorgungswegen für die PLO-Guerilla, von denen man annahm, dass sie durch dieses Gebiet verliefen. In der Gegend im Süden von Gaza, die als Landspitze von Rafah bekannt ist, siedelte ein Beduinenstamm mit rund 5000 Angehörigen. »Zwischen den Dünen, da wo der spärliche Regen sich sammelte, hatten die beduinischen Bauern Mandel-, Pfirsich-, Oliven- und Rizinusölbäume sowie Flecken, auf denen sie Weizen anbauten. Nahe der Küste, wo das Grundwasser fast an die Landoberfläche reichte, bearbeiteten sie einen mehrere 100 Meter breiten Streifen Land, der üppigere Ernten hergab und wo auch Schaf- und Ziegenherden weideten und zu ihrem Lebensunterhalt beitrugen (…) Es handelte sich um niedergelassene Stämme; manche

Die Siedlungen: Der Kampf um die Anhöhen

Yamit, um 1980. Yehuda Drexler und Ze'ev Drukman

lebten in Zelten, aber die meisten eher in Wellblechhütten oder Häusern aus Beton.«[22] Im Winter 1972 befahl Scharon, der dazu keine direkte Order durch die Regierung erhalten hatte, sehr wahrscheinlich jedoch auf einen indirekten mündlichen Vorschlag Dayans hin handelte, die Zerstörung der Obstgärten und der Brunnen und die Deportation der Dorfbewohner. Er zeichnete da, wo die Niederlassung der Beduinen gelegen war, auf der Karte einen Strich ein und ordnete an, dass Bulldozer genau dort entlangfuhren und eine Schneise von mehreren Dutzend Metern Breite entstehen ließen, wo jedes Hindernis, das ihnen im Weg war, niedergewalzt wurde.

Die Vertreibung der Beduinen von ihrem Land empörte die Bewohner eines nahe gelegenen Kibbuz, die einen Menschenrechtsanwalt beauftragten, die Dorfbewohner in der Person ihres Stammesältesten, Suleiman Hussein Uda Abu Hilo, zu vertreten und beim Obersten Gerichtshof eine Klage gegen den Staat Israel und insbesondere gegen Ariel Scharon als militärischen Verantwortlichen einzureichen. Die Räumung wurde bei Gericht wie folgt beschrieben: »In den frühen Morgenstunden des 14. Januar 1972 wurde der Kläger Nr. 1 (Abu Hilo) von

Mitgliedern seines Stammes alarmiert, die ihm erzählten, dass Soldaten der israelischen Armee ihnen mündlich befohlen hätten, ihre Häuser und das Dorf zu verlassen. Der Kläger Nr. 1 ging daraufhin zu den Soldaten, sprach deren Kommandanten, einen Unterleutnant, an und bat ihn, das Vorgehen der Soldaten zu erklären. Der Offizier antwortete dem Kläger Nr. 1: ›Es handelt sich um eine Regierungsanweisung, Sie auszuweisen.‹«[23]

Obwohl Scharon persönlich vor Gericht auftrat und Karten und Dokumente dabei hatte, die den Nachweis erbringen sollten, dass dringende »Sicherheitsbedenken« bestünden, entgegneten die Kläger, dass die Ausweisung einzig und allein deshalb stattfand, weil Platz für die Errichtung einer Stadt und mehrerer kleinerer landwirtschaftlicher Siedlungen geschaffen werden sollte, Projekte, die, wie sie weiter darlegten, gewiss nichts mit »vorübergehenden Sicherheitsbedenken« zu tun hätten. Tatsächlich waren die Architekten Yehuda Drexler und Ze'ev Drukman aus Tel Aviv und eine Gruppe von Planungsexperten, während die Sache noch vor Gericht verhandelt wurde, insgeheim von Verteidigungsminister Dayan (der Drexler bereits als Offizier gekannt hatte) beauftragt worden, mit der Projektplanung für die kleine Hafenstadt Yamit auf der Landspitze von Rafah zu beginnen. Nachdem die Planer – reichlich naiv – eine Projektbroschüre zum Verteilen fertiggestellt hatten, kamen Soldaten in ihr Büro und konfiszierten sämtliche Exemplare, um unter allen Umständen zu verhindern, dass das Heft dem Gericht bekannt würde. Der Entwurf war eine Reproduktion bestehender Grundschemata israelischer Reißbrettstädte mit ihren Wohnblockreihen. Dennoch fand sich der Oberste Gerichtshof bereit, die Argumentation nachzuvollziehen, nach der die Siedlungen, würden sie tatsächlich dort errichtet, als legitime Sicherheitsmaßnahme aufgefasst werden konnten, da sie einen Puffer aus loyalen israelischen Bewohnern zwischen dem Gazastreifen und dem Sinai bilden würden. Der Richter des Obersten Gerichtshofs Vitkon befand sich, indem er so entschied, sowie auch bei zahlreichen anderen Verfahren, in Übereinstimmung mit dem allgemeinen Geist des Gerichts. Er stellte fest: Obwohl »das Gebiet (oder ein Teil davon, möglicherweise) für die Ansiedelung von Juden vorgesehen wurde, sind diese Siedlungen (...) an sich in diesem Fall eine Sicherheitsmaßnahme«.[24]

Mit dem »Sicherheitsfaktor«, den die Siedlungen darstellten, wurde später auf ganz ähnliche Weise argumentiert wie 1978, und zwar im Fall der Klage, mit der sich Suleiman Tawfik Ayub und Gamil Arsam Mataua beim Obersten Gerichtshof für sich selbst und fünf weitere palästinensische Landeigentümer gegen die Konfiszierung ihres Landes für den Bau der Siedlung Bet-El bei Ramallah wandten. In seinem Urteil erläuterte Richter Vitkon seine Entscheidung, die Landenteignung zugunsten der Siedlungen zuzulassen:

»Unter rein sicherheitstechnischen Erwägungen stellt die Existenz von Siedlungen – selbst wenn es sich um ›zivile‹ Siedlungen handelt – von Bürgern der verwaltenden Macht in den verwalteten Gebieten (den Besetzten Gebieten, in der damaligen Terminologie) zweifellos einen entscheidenden Beitrag zur Sicherheit in den Gebieten dar und erleichtert es der Armee, ihre Aufgaben zu erfüllen. Man braucht kein Experte in militärischen oder Verteidigungsangelegenheiten zu sein, um einschätzen zu können, dass terroristische Elemente leichter in einem besetzten Gebiet operieren können, in dem ausschließlich eine Population siedelt, die dem Feind gleichgültig gegenübersteht oder mit ihm sympathisiert, als in einem Gebiet, in dem auch Personen zugegen sind, die wahrscheinlich ein Auge auf sie haben und den Behörden jeden verdächtigen Vorgang melden. Bei solchen Leuten werden die Terroristen weder Unterschlupf noch Unterstützung oder materielle Hilfe finden. Das liegt auf der Hand und bedarf keiner weiteren Erläuterung.«[25]

Dass diese Angelegenheit für den Richter des Obersten Gerichtshofs keiner weiteren Erläuterung bedurfte, zeigt nur, wie weit in der gesamten zionistischen Geschichte die Idee der Siedlungen und die der Sicherheit zusammenfielen. Nach Maßgabe des internationalen Rechts ergab sich aus Vitkons Rechtsprechung das Problem, dass unter diesen Bedingungen die Umkehrung auch zutreffend sein muss: Wenn die Siedlungen zu Sicherheitszwecken benutzt werden, können sie auch zu legitimen Angriffszielen werden.[26]

Ein Vorhang aus Sand

Im Juni 1979 machte sich die Kerngruppe der Siedler von Elon Moreh wieder einmal auf den Weg, um zu einem Ort in der Nähe von Nablus »aufzusteigen«, erneut ein Unternehmen, das unter Scharons Führung stattfand. Die palästinensischen Eigentümer des Landes, auf dem sich die Siedler provisorisch niederließen, Azat Muhamed und Mustafa Dweikat, reichten in Vertretung 16 weiterer Antragsteller beim israelischen Obersten Gerichtshof eine Klage gegen die Konfiszierung ihres Landes durch den Staat Israel ein.[27] In einer eidesstattlichen Erklärung, die dem Gericht zur Unterstützung der Regierungsposition gegeben wurde, legte Generalstabschef Rafael Eitan eine historische Darstellung der militärischen Funktion der zionistischen Siedlungen vor. (Er war damals noch Protegé Scharons, ihre Beziehung kühlte aber während des Libanon-Kriegs 1982 stark ab, wobei es u. a. um die Verantwortung für die Massaker in den palästinensischen Flüchtlingslagern Sabra und Schatila ging.) Die Ausführungen Eitans sollten deutlich machen, dass die Siedlung Elon Moreh wie ihre historischen Vorgängerinnen militärisch unabdingbar war. Seine Schilderung illustriert den Wandel eines Narrativs: Die zionistischen Mythologien, die in höchsten Tönen von der Bedeutung früher agrarischer Grenzsiedlungen und ihrer Funktion für die Definition und Befestigung der jüdisch kontrollierten Gebiete kündeten, wandelten sich schließlich in ein ganzes Gewebe rechtlicher Argumente, das seinerseits dazu diente, heutige Vorstadtsiedlungen zu genehmigen bzw. im Nachhinein zu rechtfertigen.

Eitan war bekannt für seine Wortkargheit (und eine merkwürdige Neigung, in Reimen zu sprechen) und überraschte in diesem Fall mit der Ausführlichkeit seiner Darstellung. Er ging zurück bis zu den Zeiten des vorstaatlichen Zionismus, der »Arabischen Revolte« von 1936 und der Geschichte vom paramilitärischen »Turm und Fort«, einem vorfabrizierten, wehrhaften Siedlungssystem, das innerhalb einer Nacht aufgebaut werden konnte. Es sollte in den Grenzbereichen des damaligen Palästina errichtet werden und bereits am ersten Morgen in der Lage sein, Angriffen standzuhalten.[28] Eitan ging in seiner Darstellung auch auf andere Phasen der zionistischen Expansion ein. Er behauptete, die Architektur der zionistischen agrarischen Siedlungen sei nicht nur durch die Erfordernisse landwirtschaftlicher Produktion und ihrer sozio-ideologischen Grundlagen geprägt gewesen, sondern auch durch taktische Erwägungen, die einer militärischen Logik folgten. Dabei konnte er sich auf Generationen von Generälen berufen, die an der Planung zionistischer Grenzsiedlungen direkt beteiligt gewesen waren. Einer der markantesten war Yigal Allon. Er war in seiner Funktion als Kommandeur der Palmach, d.h. des Elitebataillons der Haganah (die vorstaatliche Miliz der sozialdemokratischen Bewegung), entscheidend an der Planung und Platzierung neuer Siedlungen in der Grenzregion beteiligt. In seinem strategisch-politischen Manifest *Vorhang aus Sand* von 1959 widmete Allon den Siedlungen ein ganzes Kapitel und stellte Folgendes fest:

»Die Integration der zivilen Siedlungen in das regionale militärische Verteidigungssystem wird, besonders in Grenzregionen, (…) dem Staat zu Beobachtungsposten an vorderster Front verhelfen, ohne dass dafür Soldaten eingesetzt werden müssten. Diese Siedlungen sind nicht nur in der Lage, das Militär im Voraus über einen Überraschungsangriff des Feindes zu informieren, sondern ihn sogar aufzuhalten oder zumindest doch so lange zu behindern, bis militärische Verstärkung anrückt, um die Lage unter Kontrolle zu bekommen…«[29]

Die »Regionale Verteidigung« war eine Militärdoktrin, bei der es darum ging, zivile Siedlungen und Armeeeinheiten zum Schutz der Staatsgrenzen zu integrieren. In Allons Augen war der Kibbuz in seiner Grundstruktur – eine Siedlungskooperative mit gemeinsamen Produktionsmitteln, die in verschiedene Bereiche aufgeteilt war: den Wohnbereich, den der öffentlichen Funktionen sowie von Feldern und Höfen – allen anderen Formen zionistischer Siedlungen überlegen. Der Kibbuz sei »einer Armee-Einheit keineswegs unterlegen, sondern übertreffe sie

Die Siedlungen: Der Kampf um die Anhöhen

Moschaw-Siedlungen in der Region Lahisch, Israel, 1953.
Abdruck mit freundlicher Genehmigung von IP.

womöglich sogar«.[30] In der Tat trugen manche Kibbuzim im Negev während des 1948er Kriegs dazu bei, reguläre Einheiten der arabischen Armeen aufzuhalten. Adans Kibbuz Nirim war ein Beispiel,[31] auf das auch Allon eingeht.

Auch andere Siedlungstypen waren in ihrer Ausformung durch strategische und taktische Erwägungen bestimmt. Dies schlug sich 1948 in den *Sicherheits-Prinzipien bei der Planung von landwirtschaftlichen Siedlungen und Arbeiterdörfern* nieder, einem Grundsatzpapier, das von der Siedlungsabteilung des Einsatzplanungsbereichs beim IDF-Generalstab erstellt wurde.[32] Allein die Tatsache, dass es eine solche Abteilung gab, beweist, welche Bedeutung die Armee den ländlichen Siedlungen beimaß. So gaben die *Sicherheits-Prinzipien* gewisse Richtlinien für die Planung der Moschawim vor – ein Siedlungstyp, bei dem, anders als beim Kibbuz, Privateigentum mit gemeinschaftlichem Eigentum an einem Teil der Produktionsmittel kombiniert wird.[33] Um ein Eindringen oder die Rückkehr von Palästinensern auf ihr Land zu verhindern, schrieben die *Sicherheits-Prinzipien* den Planern eine dichte, kompakte Grundstruktur für die Siedlungen vor, in denen Wohnhäuser nicht weiter als 30 Meter voneinander entfernt stehen durften und konzentrisch angelegt sein mussten, so dass sich die Siedler, wenn sie angegriffen wurden, nach und nach in den sichereren inneren Bereich zurückziehen konnten. Das Papier riet auch, in Anlehnung an das Prinzip militärischer Festungsbauten, dass die Straßen des Moschaw, an denen die Wohnhäuser und Gehöfte lagen, »sternförmig« angelegt werden sollten, um »flankierenden Beschuss möglichst maximieren zu können«.[34]

In seiner eidesstattlichen Erklärung an den Obersten Gerichtshof warf Eitan, selber Mitglied eines Moschaw (Tel Adaschim im Jezre'el Tal), seinen Vorgängern die Vernachlässigung des Prinzips der »regionalen Verteidigung« vor. Er behauptete, dieses Versäumnis sei einer der Hauptgründe für die anfänglichen Rückschläge der IDF im 1973er Krieg gewesen[35], und er habe sich bereits dafür eingesetzt, dies zu korrigieren. »Heute sind die Siedlungen der regionalen Verteidigung bewaffnet und befestigt, und die Bewohner sind auf ihre Aufgabe, die Verteidigung des Gebiets, vorbereitet. Wo sie errichtet wurden, wurde nach Abschätzung ihrer Rolle für die Kontrolle der Region und für die Unterstützung der IDF bei ihren unterschiedlichen Aufgaben entschieden.«[36] Eitan führte die Hauptvorteile ziviler Siedlungen gegenüber militärischen Anlagen weiter aus:

»In Kriegssituationen verlassen die Streitkräfte ihre Basen, um dynamisch und offensiv vorzugehen, während zivile Siedlungen, deren Bevölkerung an Ort und Stelle bleibt, für die Überwachung der unmittelbaren Umgebung von entscheidender Bedeutung sind und zugleich Versuche des Feindes vereiteln, sie zu besetzen. In den Anfangsstadien eines Kriegs ist es wichtig, die Straßen befahrbar zu halten, um rasch zum Feind vordringen zu können.«[37]

Eitan war einer der Offiziere, die Scharon unterstützten, mit Bar Lev in der Frage der Befestigung der Verteidigungslinie am Suezkanal aneinandergerieten und die »Verteidigung in die Tiefe« favorisierten. Er ging davon aus, dass die vorderste Linie des Allon-Plans bei einem Angriff genauso schnell fallen würde wie die Bar-Lev-Linie gefallen war. Ein Netzwerk von Siedlungen in der gesamten Tiefe des Terrains hingegen würde militärischen Zwecken viel dienlicher sein.

Andauernde Zeitweiligkeit

Um eine Rechtsprechung zugunsten der Beschlagnahme von Land zu erwirken, musste die Regierung das Gericht also davon überzeugen, dass die fragliche Siedlung angelegt wurde, um »akuten Sicherheitserfordernissen« zu genügen.[38] Der Siedlungsbau musste außerdem als »vorübergehende Maßnahme« dargestellt werden und nicht als eine »auf Dauer angelegte Veränderung des besetzten Gebiets«. Während in der zionistischen Kultur die Rolle von Siedlungen im Rahmen der Verteidigung außer Frage stand, fragten sich palästinensische Antragsteller, wie Siedlungen, die auf beschlagnahmtem Land errichtet wurden, als »vorübergehend« betrachtet werden konnten. Richter Landau ging auf diese Frage in einem Kommentar zum Urteil von 1978 im Fall Bet-El ein:

»... um die Frage zu beantworten (...), wie es sein kann, dass dauerhafte Siedlungen auf Grund und Boden errichtet werden können, der nur zu vorübergehenden Zwecken beschlagnahmt wurde. Das ist eine sehr ernste Frage. Die zivile Siedlung wird nur so lange bestehen können, wie die IDF das Land auf Grund einer wirksamen Anordnung zur Beschlagnahme in Anspruch nehmen kann. Der

Zugriff auf das Land kann eines Tages erlöschen, sollten internationale Verhandlungen dazu führen, dass unter Maßgabe des Internationalen Rechts das Schicksal dieser wie aller anderen Siedlungen in den Besetzten Gebieten neu geregelt wird.«[39]

Vor dem Hintergrund von Entwicklungen, die sich damals gerade abzeichneten, konnten Siedlungen vom Obersten Gerichtshof als »vorübergehend« eingestuft werden. Der Fall Bet-El wurde im Winter 1978/79 vor Gericht verhandelt, als zugleich erste Schritte zur Umsetzung der Vereinbarungen im Friedensprozess mit Ägypten anstanden. In den Friedensgesprächen von Camp David erklärte sich Menachem Begin bereit, alle israelischen Siedlungen auf dem Sinai einschließlich der Stadt Yamit und der kleineren landwirtschaftlichen Siedlungen auf der Landspitze von Rafah evakuieren zu lassen. Das genügte, um den Obersten Gerichtshof davon zu überzeugen, dass alle Wohnhäuser, öffentlichen Gebäude, Straßen und Gewerbegebiete, die seit 1967 im Westjordanland und Gaza gebaut worden waren, nur von vorübergehender Dauer sein würden. In eben jenem Urteil zu Bet-El gab die Richterin Miriam Ben-Porat zu Protokoll, dass der Begriff der »dauerhaften Gemeinde« ein »vollkommen relatives Konzept« sei.[40] In der Tat spiegeln die Eigentumstitel, die in den Siedlungen gelten, ihren vorübergehenden Status wider. Es handelt sich um die in Israel üblichen erneuerbaren Pachtverträge über 49 Jahre, sie enthalten jedoch eine Klausel, die betont, dass die Besitztitel nur so lange gültig sind, wie das Militär in dem Territorium präsent ist. Die Eigentumstitel besagen ausdrücklich, dass der militärische Befehlshaber das Recht hat, den Grund jederzeit mit sofortiger Wirkung wieder in Besitz zu nehmen.[41]

Zwei einander scheinbar widersprechende Bedingungen konnten so den »vorübergehenden« Status des israelischen Militärregimes aufrechterhalten: auf der einen Seite die weiterhin bestehende Gewalt, auf der anderen Seite Initiativen im Sinne einer politischen Lösung. Die Tatsache, dass ein gewisses Niveau von Gewalt weiterhin vorhanden war, rechtfertigte die Maßnahmen, die vom Militär als »unumgänglich, vorübergehend und für die Sicherheit unerlässlich« bezeichnet wurden. Die Gewalt ermöglicht es, die »Sicherheit« zu einem juristischen Argument zu machen und tiefgreifende Veränderungen zu rechtfertigen, die unter anderen Umständen nicht hinnehmbar wären. Damit die Sicherheit weiterhin diese Rolle spielen kann, muss daher ein Zustand permanenter Unsicherheit und Instabilität bestehen. Deshalb sollten Sicherheitsmaßnahmen keine absolute Sicherheit herbeiführen, weil diese der Fortführung solcher Maßnahmen den Boden entziehen würde.[42]

Außerdem trägt die permanente Präsenz politischer Initiativen auf der diplomatischen Ebene dazu bei, dass der Konflikt wahrgenommen wird, als stünde eine Lösung unmittelbar bevor – und als seien daher »vorübergehende« Maßnahmen und Rechtsbrüche bald nicht mehr relevant. Und tatsächlich hat es derartige Vorschläge zur Konfliktlösung immer gegeben, vom Tag eins nach dem 1967er Krieg bis zum heutigen Tag. Tatsache ist auch, dass im gesamten Verlauf der Besatzungszeit Argumente, die sich auf »vorübergehende« Sicherheitserfordernisse stützen, nicht unbedingt nur auf Gerichtsverfahren beschränkt waren, sondern auch benutzt wurden, um politische Fakten unterschiedlicher Art zu schaffen.[43] Die israelischen Autorinnen Adi Ophir und Ariella Azoulay gehen davon aus, dass die gesamte Logik der Militärherrschaft über die Westbank und Gaza auf dem Prinzip der »Zeitweiligkeit« beruht, und dass es gerade die Definition des Konflikts als »vorübergehend« ist, die seine unbegrenzte Dauer garantiert:

»Die Zeitweiligkeit ist jetzt das Gesetz der Besatzung (...) vorübergehende Umzingelung und vorübergehende Abschließung, vorübergehende Passierscheine, vorübergehende Aussetzung ihrer Gültigkeit, vorübergehende Umsetzung einer Politik der Eliminierungen, vorübergehende Änderungen bei den Regeln zum Einsatz der Schusswaffe (...) Dieser Besatzer ist ein Souverän, der kaum Einschränkungen kennt und sich kaum Zurückhaltung auferlegt, denn wenn alles vorübergehend ist, ist fast alles, jedes Verbrechen, jede Form der Gewalt hinnehmbar, weil der Status der Zeitweiligkeit scheinbar eine Lizenz mit sich bringt, die Lizenz, die sich aus dem Notstand ergibt.«[44]

Die Position des Obersten Gerichtshofs demonstriert, wie tautologisch der Begriff der »Besatzung« sein kann. Da die Besatzung vorübergehend ist – und jede Besatzung ist laut ihrer rechtlichen Definition per se vorübergehend – kann jedes Projekt, das irgendwo in den Besetzten Gebieten umgesetzt wird, als »vorübergehendes« »legalisiert« werden. Die Anwendung des Begriffs der »Besatzung« auf die 40-jährige israelische Verwaltung und Militärherrschaft in der Westbank und Gaza spielt daher möglicherweise die Rolle des Komplizen in der absurden rechtlichen Scharade, auf der ihr gesamtes System beruht. Unter einer Besatzung versteht man eigentlich einen Übergangszustand auf dem Weg zu einer politischen oder militärischen Lösung.

Bei der juristischen Handhabung der Kategorie der »Zeitweiligkeit« gibt es im Zusammenhang mit diesem Konflikt noch eine weitere Anomalie. Im internationalen Recht basiert das Verständnis des »Vorübergehens« auf der Annahme, dass die Zustände Krieg und Frieden deutlich voneinander unterscheidbar sind. Kriege zwischen Staaten können von langer Dauer sein, doch grundsätzlich zeichnen sie sich durch einen klar umrissenen Beginn und ein ebensolches Ende aus. Im Gegensatz dazu ist der israelisch-palästinensische Konflikt, wie viele andere koloniale Konflikte, ein nicht enden wollender asymmetrischer Konflikt niedriger Intensität zwischen einem Staat und quasistaatlichen Akteuren. Es handelt sich um einen Konflikt, der die ganze Zeit anhält, und weniger um einen, dessen Fluss jemals unterbrochen würde. Im gesamten Verlauf der Besatzung sind Krieg und Frieden nicht mehr klare Gegensätze, vielmehr verschwimmen sie zu einem einzigen ausgedehnten Kontinuum. Der Widerstand ist gewaltsam, konstant vorhanden, äußert sich jedoch sporadisch; die Befriedungsmaßnahmen sind manchmal brutal, dann wieder bürokratisch. Frieden ist nicht möglich – der Krieg hat kein Ende.

Zwischen 1967 und 1979 ordnete die Regierung in Dutzenden von Fällen auf der Basis der Ausnahmekriterien »Zeitweiligkeit« und »Sicherheit« die Beschlagnahme von Land in der Westbank an. Wenn die Regierung und das Militär dazu aufgefordert wurden, untermauerten sie ihre Behauptung eines dringenden Sicherheitserfordernisses, indem sie Experten als Zeugen aufriefen. Gewöhnlich waren diese Experten hochrangige Offiziere oder der Generalstabschef selber, die dann bestätigten, dass eine bestimmte Siedlung an einer Hauptverkehrsader oder an sonst einem strategisch bedeutsamen Ort lag, und somit zur »regionalen Verteidigung« im Allgemeinen oder zur Überwachung und Kontrolle einer feindlichen Bevölkerung beitragen könne. Solange an dieser Argumentation festgehalten wurde, wies der Oberste Gerichtshof alle Klagen palästinensischer Landbesitzer zurück und akzeptierte den Begriff des »vorübergehenden militärischen Erfordernisses«.

Sicherheit versus Verteidigung

In seiner Rechtsprechung pflegt der Oberste Gerichtshof großes Gewicht auf das fachliche Urteil der Sicherheitskräfte zu legen. Offiziere, die bei den Verhandlungen auftraten, stellten die Belange der »Sicherheit« als eine Art wissenschaftliche Disziplin dar, wobei sie indirekt verlangten, dass deren objektive und erschöpfende Argumente seitens des Gerichts nicht zu hinterfragen, sondern einfach zu übernehmen seien. Nachdem jedoch die IDF im 1973er Krieg schwere Rückschläge erlitten hatte, war das Vertrauen des Gerichts in die Sicherheitsexpertise des Militärs deutlich geschwächt.[45] Die Richter des Obersten Gerichtshofs bestanden in der Folge immer häufiger auf der Notwendigkeit, die Sicherheitsfragen selber zu verstehen, einzuschätzen und zu beurteilen. Das Gericht begann, militärische und Siedlungsvorhaben unter die Lupe zu nehmen und seine eigenen Positionen diesbezüglich zu definieren.[46]

In seiner eidesstattlichen Erklärung von 1979 im Elon-Moreh-Fall hatte Generalstabschef Eitan behauptet, die Siedlung sei strategisch notwendig, da ihre Lage an einer bedeutenden Kreuzung einem dringenden Sicherheitsbedürfnis im Rahmen der militärischen »regionalen Verteidigung« dienen würde. In diesem

Fall jedoch lud die Klägerseite mehrere ehemalige israelische Generäle ein, die das Gegenteil bezeugten. Zwei der Generäle waren Scharons Rivalen – Verteidigungsminister Ezer Weizman und der damalige Generalsekretär der oppositionellen Arbeitspartei, Chaim Bar Lev. Beiden war daran gelegen, ihre Einschätzung als Profis abzugeben – aber sie waren auch darauf aus, jedes Vorhaben zu vereiteln, das irgendwie mit Scharon zusammenhing. Bar Lev trat der Argumentation entgegen, wonach die Siedlung eine militärisch notwendige Funktion habe. In seiner eidesstattlichen Erklärung zur Unterstützung der Kläger stellte er fest, dass die Siedlung in einer Kriegssituation nicht im Geringsten zur Verteidigung des Staates beitragen würde: »Soweit ich es als Fachmann beurteilen kann, leistet Elon Moreh keinen Beitrag zur Sicherheit Israels.«[47] Von einer vorstädtischen Wohnsiedlung zu erwarten, dass sie dem Angriff einer regulären arabischen Armee standhalten könnte, der mit Artillerie und Panzern geführt würde, schien ihm schlicht eine größenwahnsinnige Annahme. Darüber hinaus nahm Bar Lev sogar an, dass die Siedlung militärische Ressourcen binden würde, da die Armee zu ihrem Schutz Kräfte bereitstellen müsste. Die Siedlung würde, anstatt zu schützen, selber unter Schutz gestellt werden müssen.

Richter Vitkon bezog sich auf seine früheren Urteile und führte dabei eine wichtige Unterscheidung ins Feld, die Eitans Argumentation durch einen weiteren Einwand infrage stellte:

»In meinem Urteil zur Landspitze von Rafah und im Falle Bet-El ging ich davon aus, dass bestimmte Standorte für die jüdischen Siedlungen gewählt werden, weil ihnen so im täglichen Kampf gegen die Terroristen eine Funktion zukommt (…) aber dieses Mal machte uns Generalstabschef Eitan klar, dass der vorrangige Sicherheitseffekt der Siedlungen darin läge, in einem ›totalen‹ Krieg ein Teil des Systems der regionalen Verteidigung darzustellen. (…) Ich muss sagen, dieses Argument erscheint eher zweifelhaft.«[48]

Dass ein Richter des Obersten Gerichtshofs einen Generalstabschef in dessen militärischem Urteil kritisierte, war keine Lappalie. Vitkon jedoch bestand auf der Unterscheidung zwischen zwei militärischen Konzeptionen, dem der »Verteidigung« und dem der »Sicherheit«, wobei er nur bereit war, letztere als rechtliche Basis für Siedlungen zu akzeptieren, während er erstere in Frage stellte.

Die beiden Begriffe unterscheiden sich auf der räumlichen Ebene ebenso wie auf der konzeptionellen. Bei der Verteidigung geht es um Kriege und insofern darum, durch Grenzen, Absperrungen und Befestigungen eine klare Unterscheidung zwischen Innen und Außen herzustellen – zwischen dem Territorium, das innerhalb des Staates und dem, das außerhalb liegt. Die Gefahr, von der angenommen wird, dass sie jenseits der Grenzen liegt, hat normalerweise die Gestalt einer regulären Armee, die das Land mit einem umfassenden Krieg bedroht. In der Logik der Verteidigung spielten Siedlungen die Rolle von Komponenten eines Befestigungssystems, das diese Bedrohung in Schach halten sollte. Die »Sicherheitslogik« hingegen geht davon aus, dass die Gefahr bereits innerhalb der Grenzen ist und von einer Bevölkerung mit subversiven Elementen ausgeht. Dieser Argumentation folgend, wird die Beziehung zwischen Innen und Außen ebenso wie zwischen militärischem und polizeilichem Vorgehen als ambivalent definiert. Obwohl es in der Logik der Sicherheit (und ihrer Bedrohung) liegt, tendenziell omnipräsent und formlos, geheim und flüchtig zu sein, wirkt sie in der Praxis durch eine aktive und permanente Neugestaltung der gebauten Umwelt. Während sich die Verteidigung direkt auf die Idee des Kriegs bezieht, befasst sich die Sicherheit mit dem zeitweise nur nebulös definierten und in seiner Verortung amorphen Konflikt, sei es zwischen Gesellschaften oder in ihrem Innern. Die Sicherheit entwirft neue räumliche Praktiken und Arrangements. Sie errichtet Sperren und kanalisiert den Fluss von Menschen und Ressourcen im Raum immer wieder neu. Im Sinne der Sicherheitslogik ist nur eine ständig umgemodelte Umwelt eine sichere Umwelt. In der Sicherheitslogik sind die Siedlungen keine Befestigungssysteme, sondern Komponenten in einem Befriedungsprojekt, Orte, von denen aus Beobachtung und Kontrolle organisiert und die Bewegung der Bevölkerung gelenkt werden kann.

Die Größenordnung und Intensität einer Gefahr einzuschätzen – die Entscheidung darüber, welche Bedrohung ernster zu nehmen ist als eine andere – das sind Komponenten eines politisch-ideologischen Prozesses, bei dem nicht nur objektive fachliche Bewertungen ins Spiel kommen. In der landläufigen Bedeutung bezeichnet Sicherheit den Schutz vor Körperverletzung oder Sachschaden. Davon abweichend schließt der eher politisch oder ideologisch gefasste Begriff der Sicherheit eine ganze Reihe von Vorstellungen ein und dient der Aufrechterhaltung von Hegemonie. In Israel ist Sicherheit immer mit dem Vermögen des Staates assoziiert gewesen, souverän und jüdisch zu bleiben. Das ist der Grund dafür, dass demografisches Wachstum einer bestimmten Kategorie seiner Bürger – der arabischen Palästinenser – immer als Sicherheitsproblem hingestellt werden kann.

Sicherheit ist in der Rechtsprechung des Obersten Gerichtshofs als legitimes Anliegen an die Stelle von »Verteidigung« getreten, weil vor dem Hintergrund der politischen Situation die Richter in den Palästinensern das größere Problem sehen als in den arabischen Staaten. Als die 1970er Jahre zu Ende gingen, die Bedingungen eines Friedensschlusses mit Ägypten ausgehandelt waren und die sowjetische Militärhilfe an arabische Staaten nachließ, hat die Gefahr einer bewaffneten Invasion für Israel erheblich nachgelassen. Der israelische Militärapparat, der in den Jahren unmittelbar nach dem 1973er Krieg monströse Dimensionen angenommen und Waffen sowie Technologie akkumuliert hatte, die darauf ausgerichtet waren, die Staatsgrenzen gegen einen kriegerischen Angriff wie den vorhergehenden zu verteidigen, begann allmählich, sich auf das palästinensische Problem sowohl im Libanon, als auch in den Besetzten Gebieten einzustellen. Diesbezüglich hat Israel den Waffenstillstandslinien den Rücken gekehrt, um sich auf die Kontrolle der Bevölkerung zu konzentrieren, die bereits innerhalb dieser Grenzen lebte.

Aus den Gerichtsverhandlungen im Elon-Moreh-Fall von 1979 ergaben sich noch weitere Differenzen in der Wahrnehmung der Siedlungen. Mehrere Gusch-Emunim-Siedler der neuen Elon-Moreh-Kerngruppe, die vom Staat als Zeugen angerufen wurden, säten weitere Verwirrung, indem sie behaupteten, ihr Recht, im »Lande Israel« zu siedeln, gründe weder auf Sicherheitserwägungen, noch habe es etwas mit der Verteidigung zu tun, sondern leite sich einzig und allein aus biblischen Geboten ab. Daher sei ihr Recht auf das Land nicht »zeitweilig«, sondern vielmehr »andauernd«. Die Siedler fühlten sich durch den Übergang der Macht von der Arbeitspartei an den Likud 1977 ermutigt, da der offenbar teilweise mit ihrer Ideologie übereinstimmte, und beschlossen, das Sicherheitskonzept infrage zu stellen, das ihnen bisher gute Dienste erwiesen hatte. Menachem Felix, einer der Siedler von Gusch Emunim, der aufgefordert worden war, in dem Gerichtsverfahren auszusagen, erklärte den Unterschied zwischen der Auffassung von Gusch Emunim und der des Staates und des Militärs folgendermaßen: »Solange die Anordnungen zur Beschlagnahme mit Sicherheit im engen, technischen Sinne begründet werden (…), kann dies nur in einem Sinne ausgelegt werden: Die Siedlung ist vorübergehend und ersetzbar. Wir lehnen diese erschreckende Schlussfolgerung rundweg ab und sehen in Elon Moreh eine dauerhafte jüdische Siedlung…«[49]

Nachdem der Oberste Gerichtshof selbst die militärischen Positionen, die mit Aussagen von Siedlern begründet worden waren, kritisiert hatte, blieb ihm keine andere Wahl, als den Abriss der Siedlung und die Rückgabe des Landes an seine Besitzer anzuordnen. Doch vorangegangene Beschlagnahmen, die zu Siedlungszwecken angeordnet worden waren, wurden nicht zurückgenommen. Der Fall Elon Moreh war der erste, bei dem Widersprüche innerhalb der israelischen Debatten über Siedlungen und Sicherheit öffentlich sichtbar wurden. Seither ist keiner Landbeschlagnahme für die Errichtung von Siedlungen auf Grund von Sicherheitsargumenten durch den Obersten Gerichtshof stattgegeben worden. Dennoch wurde weiterhin Land zu »Sicherheitszwecken« beschlagnahmt. Dabei griff man auf eine ähnliche Rechtfertigung zurück, nämlich auf die der »dringenden und zeitweiligen militärischen Erfordernisse«. Unter diesem Motto konnten »sterile Sicherheitszonen« um die Siedlungen herum eingerichtet werden, Umgehungsstraßen für die Siedler oder Jahre später die Separationsmauer gebaut werden. Diese Art der Nutzung privaten palästinensischen Landes hörte ungeachtet der Rechtsprechung auch nach 1979 nicht auf, vor allem weil die Privateigentümer entweder nicht über die Mittel oder den physischen Zugang verfügten, den israelischen Obersten Gerichtshof anzurufen, oder aus politischen Gründen davon absahen.[50]

Obwohl die linksliberale Presse das Elon-Moreh-Urteil als Sieg über die Likud-Regierung feierte, zeigte sich im Laufe der Zeit, dass es sich um einen Pyrrhussieg handelte. Denn Elon Moreh wurde schlicht an anderer Stelle errichtet. Und wenn man die Urteilsbegründung nur genau las, wies sie selbst Methoden aus, wie auf andere Weise auf Land zugegriffen werden konnte: Das Gericht stellte fest, dass Zugang zu Land in den Besetzten Gebieten für den Siedlungsbau zukünftig gestattet werden konnte, wenn es sich um öffentliches Land handelte, das dem Militär als Treuhänder überlassen werden würde. Weiter hieß es in diesem Zusammenhang, dass das Gericht bei weiteren Siedlungsprojekten nicht mehr eingreifen werde, solange der Staat sich an den genannten Grundsatz halte.[51] So gelang es der Regierung, aus dem Urteil des Obersten Gerichtshofs das Beste zu machen. Sie verwandelte das Enteignungsverbot für privates Land in die Erlaubnis, ausgedehnte öffentliche Ländereien in den Besetzten Gebieten zu vereinnahmen.

Tatsächlich initiierte die zweite Begin-Regierung, nunmehr mit der Aussicht auf einen regulären Zugang zu Land und mit einer solideren rechten Koalitionsmehrheit im Rücken, einen geordneten, nationalen Prozess im Sinne einer Masterplanung. Sie zielte darauf ab, die bis dato improvisierte, »zeitweilige« Besatzung in eine dauerhafte Besatzung zu überführen und die offenen Grenzen Palästinas zu domestizieren und zu schließen.

4. Kapitel
Die Siedlungen: Optischer Urbanismus

»Der erste Morgen in Ramallah. Ich wache auf und stürze zum Fenster. ›Was sind das für elegante Häuser, Abu Hazim?‹, fragte ich und zeigte auf den Jabal al-Tawil, der Ramallah und Bireh überragt. ›Eine Siedlung...‹«[1]

Mourid Barghouti

»Ich schaue aus dem Fenster und sehe meinen Tod, wie er näherrückt.«[2]

Palästinenser, anonym

Nachdem die Likud-Partei ein Jahr an der Macht war, startete sie 1978 einen ersten Versuch, das Siedlungsprojekt von einem improvisierten Prozess in ein ausgearbeitetes Staatsprojekt zu überführen. Sie beschloss, wenige Kilometer östlich von Jerusalem, im Westjordanland auf den oberen Hängen der judäischen Wüste, eine Stadt zu bauen. An dieser Stelle existierte bereits ein improvisiertes »Arbeitercamp«, das ohne formelle Erlaubnis seitens der Regierung, jedoch mit aktiver Unterstützung durch den früheren Verteidigungsminister Schimon Peres eingerichtet worden war.[3] Hinter der Regierungsentscheidung, den Auftrag zur Planung der Stadt an Thomas Leitersdorf zu vergeben – einen Städteplaner und Architekten aus dem Umfeld der Liberalen Partei, damals Teil des Likud – stand die Absicht, richtungsweisende architektonische Maßstäbe für den Siedlungsbau in den höher gelegenen Teilen der Westbank zu setzen. Leitersdorf war ein internationaler Architekt. Er hatte seine Ausbildung bei der Architectural Association in London erhalten und begann seine Laufbahn, indem er bei dem »glamorösen« südkalifornischen Architekten Bill Pereira arbeitete – an Vorstadt-Projekten, etwa in Orlando, Florida, an der Planung von US-Armeestützpunkten überall auf der Welt oder etwa an einer Stadterweiterung für Europäer in der Hauptstadt der Elfenbeinküste Abidjan.

Um den genauen Standort der Siedlung festzulegen, richtete Leitersdorfs Team Klimamessstationen ein und machte auf verschiedenen Anhöhen detaillierte topografische Bestandsaufnahmen. Der Hügel, auf den schließlich die Wahl fiel, lag 500 Meter über dem Meeresspiegel und eignete sich aufgrund seiner

Nähe zu Jerusalem als Schlafstadt. Außerdem war von ihm aus die Landstraße Nr. 1 gut zu überblicken. Diese verbindet Jerusalem mit Jericho und mit der jordanischen Hauptstadt Amman. Leitersdorf beschrieb die Situation, als er Regierungsvertretern sein Vorhaben präsentierte:

»Als wir dem ministeriellen Siedlungskomitee, dessen Vorsitzender damals Ariel Scharon war, die Alternativen vorlegten, wurde nur eine Frage gestellt: ›Welcher der zur Debatte stehenden Orte ermöglicht die optimale Kontrolle der Hauptrouten?‹ Ich antwortete, dass, gemessen an diesem Kriterium, die Alternative A der ideale Ort sei (…) Daraufhin erhob sich Scharon und verkündete, ohne sich mit dem Komitee abzusprechen, ›der Staat Israel entscheidet sich für Ort A‹.«[4]

Seine Nähe zur Macht lehrte Leitersdorf, was man sagen musste, um von Scharon und seinen Kumpanen eine Siedlung genehmigt zu bekommen.

Leitersdorf stand einem Team von zwölf spezialisierten Architekten, Betriebswirten, Transport- und Klimaexperten vor und plante und überwachte den Bau einer gesamten Stadt innerhalb von drei Jahren. Dieses Unternehmen war, wie er bekundete, durchaus »revolutionär, gemessen an allem, was man bisher (in der Westbank) gemacht hatte«; in der Tat wurde Ma'ale Adumim (»Roter Aufstieg«, nach der Farbe der Wüstenerde, in die ihre Grundmauern gesenkt wurden) mit der Perspektive geplant und gebaut, dass bereits die erste Phase 2600 Wohneinheiten umfassen sollte. Damals bestanden andere Siedlungen in der Westbank typischerweise aus rund einem Dutzend Wohncontainern, die auf einem Hügel verstreut aufgestellt wurden, normalerweise ehe überhaupt für eine Infrastruktur gesorgt worden war. Weil für die Arbeiten nur wenig Zeit zur Verfügung stand und das ganze Unternehmen möglichst geheim stattfinden sollte (aus Furcht vor diplomatischen Problemen für Israel angesichts einer so umfangreichen Siedlung), wurden die Aufträge nicht öffentlich ausgeschrieben, und Leitersdorf wählte einfach die Firmen aus, mit denen er zusammenarbeiten wollte. In der offiziellen Veröffentlichung des Ministeriums für das Bau- und Wohnungswesen rühmte er sich später:

»Aufgrund der Notwendigkeit, die Entwicklung rasch voranzutreiben, war es unerlässlich, von der konventionellen Form der Planung abzusehen, die Schritt für Schritt vom Allgemeinen zum Speziellen vorgeht (regionale Planung, städtischer Bebauungsplan, Lageplan, Gebäude- und Ausführungsplanung usw.). Stattdessen wurde beschlossen, ein multidisziplinäres Team zusammenzustellen, das auf allen Ebenen gleichzeitig an die Arbeit gehen würde. Daher konnte mit den Infrastrukturarbeiten innerhalb von vier Monaten nach dem Beschluss über den Ort der zukünftigen Siedlung begonnen werden. Die Bereitstellung aller erforderlichen Ressourcen machte es möglich (…), dass vier Jahre später mit Hilfe von zehn Baufirmen und 80 Beratern und Fachleuten

Die Siedlungen: Optischer Urbanismus

Film-Stills, »Eine Stadt in der Wüste: Ma'ale Adumin«, 1983 (Film des israelischen Bau-und Wohnungsbauministeriums). Links, stehend: Thomas Leitersdorf.

aus allen möglichen Bereichen 2600 Wohneinheiten fertiggestellt wurden – eine Bebauung, die in dieser Geschwindigkeit einzigartig für Israel ist.«

Möglich wurde dies dadurch, dass zwischen Leitersdorfs Büro und allen anderen Teams ein »verkürzter Rückkoppelungsprozess« eingeführt wurde, der paralleles Arbeiten ermöglichte, so dass »zum Zeitpunkt der Fertigstellung der Gesamtplanung auch alle Stadtviertel bereits entworfen waren (…) und alle Baufirmen gleichzeitig mit der Arbeit beginnen konnten«.[5]

Diese Entwicklung offenbarte manche der Widersprüche und Verwirrungen, die damals die Beziehungen zwischen Israel und den Vereinigten Staaten überschatteten. Zu Beginn des Friedensprozesses mit Ägypten im Herbst 1977 verlangte die US-Regierung von Israel, alle Siedlungsprojekte einzufrieren. Die US-Botschaft, die der Regierung unter Begin nicht traute und nur zu gut über die Methoden Scharons, die Regierung zu hintergehen, Bescheid wusste, schickte regelmäßig Beobachter in verschiedene Gegenden der Westbank, um sicherzustellen, dass keine Bautätigkeiten stattfanden. Zugleich finanzierten die Vereinigten Staaten mehrere umfangreiche Bauprojekte in der Wüste Negev im südlichen Israel, darunter zwei neue Stützpunkte der israelischen Luftwaffe, die die aus dem Sinai evakuierten ersetzen sollten. Für diese Vorhaben wurden eine Menge neue Baumaschinen nach Israel gebracht. Leitersdorf beschrieb die Situation so: »Der Staat Israel wollte eine Stadt haben; es stimmt, man hatte Angst vor den Amerikanern, aber in der Wüste standen ziemlich viele Baumaschinen herum. Eines Tages sagte jemand, dass die amerikanischen Beobachter weg seien, und zehn Baufirmen machten sich zusammen mit sechs großen

Tiefbauunternehmen auf den Weg zu jenem Berg und erbauten mit einem Schlag eine ganze Stadt.«[6]

* * *

Leitersdorf beschrieb Ma'ale Adumim, so wie er es geplant hatte, als »Gartenstadt«.[7] Diese von dem britischen Architekten Ebenezer Howard Ende des 19. Jahrhunderts als Utopie erdachte Kombination von Stadt und Land sollte damals eine gesunde und hygienische Alternative zum »Schmutz und Elend« der überbevölkerten Slums im industrialisierten England darstellen, »die in der Geschichte ihresgleichen suchten«. Die Idee regte zur Entwicklung einer ganzen Reihe ähnlicher Stadtkonzepte an, die ebenfalls darauf abzielten, Städtisches mit Ländlichem zu verbinden und schließlich zur Herausbildung der modernen Vorstadt führten.[8] Diese städtebauliche Vorstellung kam in den frühen Jahren des Mandats mit den Briten in Palästina an und wurde erstmals um die überwiegend von Arabern bewohnte Hafenstadt Haifa herum verwirklicht. Die Zionisten, die ursprünglich in den arabischen Vierteln der Stadt gelebt hatten, wollten nun in einem modernen »europäischen Vorort« auf den Anhöhen des Berges Karmel über der arabischen Stadt wohnen.

Patrick Geddes, ein Schotte und einer der bedeutendsten Städteplaner jener Zeit, besuchte 1919 auf Einladung des damaligen Präsidenten der WZO, Chaim Weizmann, erstmals Palästina.[9] Er war auf der Durchreise nach Indien. Geddes blieb weniger als drei Monate in Palästina und lieferte stadtplanerische Entwürfe für Tel Aviv und Haifa, die in der Folgezeit erheblichen Einfluss auf die Entwicklung dieser und anderer israelischer Städte hatten. Als Geddes im Mai 1920 nach Palästina zurückkehrte, verbrachte er die Sommermonate damit, seine Pläne fertigzustellen, ehe er nach Schottland zurückfuhr. Obwohl Geddes an Ebenezer Howards utopischer Vision festhielt, die er als »neotechnische Ordnung« bezeichnete, für die »Elektrizität, Hygiene und Kunst, eine effiziente und schöne Städteplanung, gepaart mit ländlicher Entwicklung« kennzeichnend seien[10], bezog er sich auch auf das Wissen, das er in seinem ersten Beruf als Biologe erworben hatte, um Entwürfe organischer Art zu entwickeln, die die mechanisch anmutenden zirkulären Diagramme Howards überwanden. Geddes sah in der Stadtplanung ein Mittel, um eine neue gesellschaftliche Ordnung zu erfinden – etwas, das sich sehr gut mit Weizmanns Vorstellung von einer nationalen Erneuerung und auch mit dessen Bewunderung für alles Britische vertrug. Während Geddes' Pläne für Tel Aviv allgemein bekannt sind, fertigte er für Haifa keine Zeichnungen an, sondern führte nur eine Begehung des Ortes durch, um sich dann an der Formulierung eines geschriebenen Berichts zu beteiligen. In ihrer fundierten Darstellung der Geschichte der modernen Architektur des Karmel haben Gilbert Werbert und Silvina Sosonovsky einige der Grundannahmen dieses Projekts

Migron. Milutin Labudovic für Peace Now, 2002

*Der Vorposten »Antennen-Hügel«. Die Antenne ist im Zentrum des Vorpostens zu sehen.
Milutin Labudovic für Peace Now, 2002*

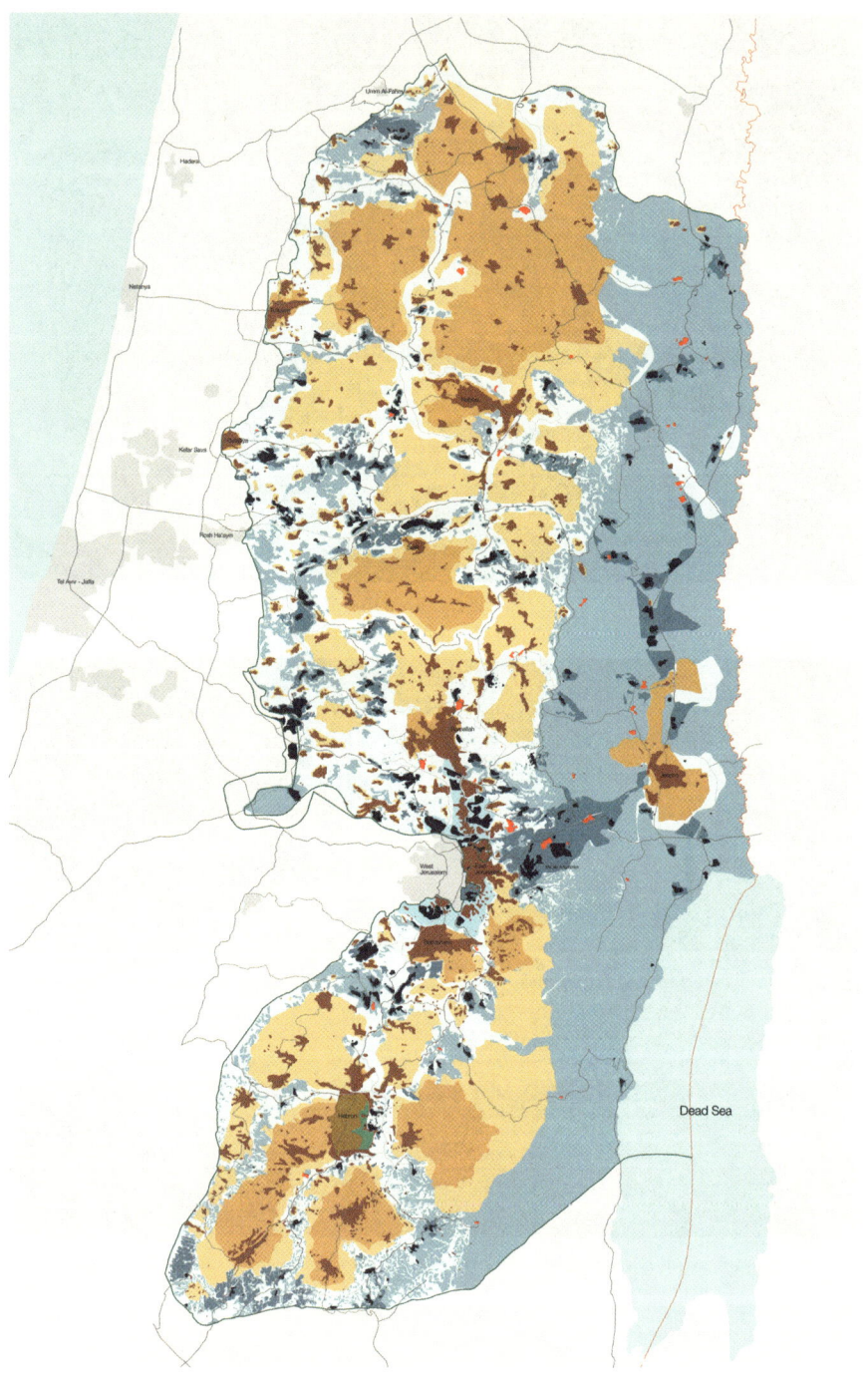

Karte der jüdischen Siedlungen im Westjordanland. B'Tselem und Eyal Weizman, 2002

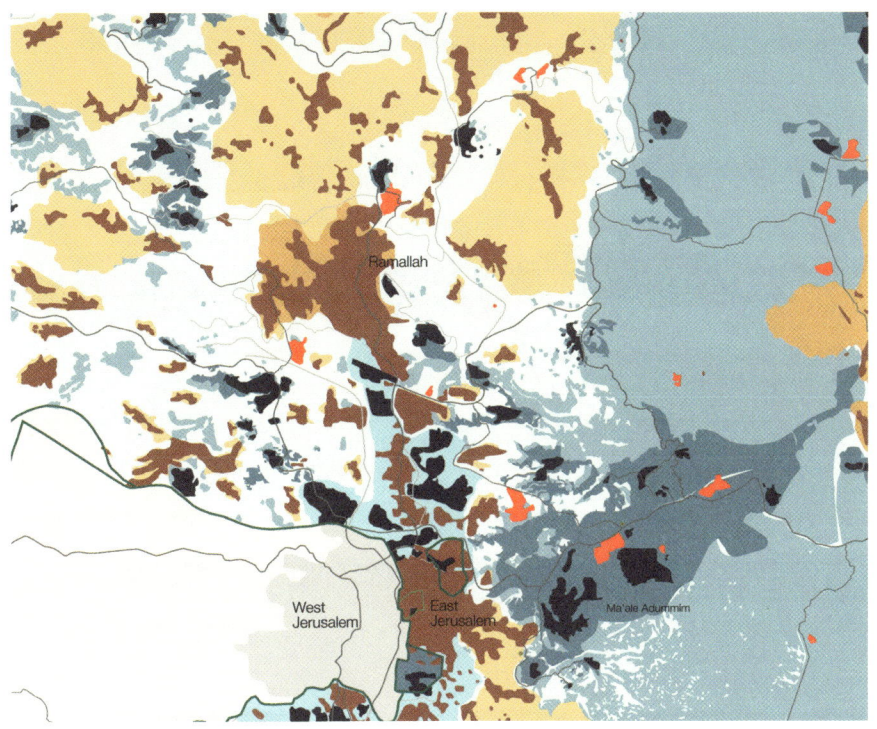

- ■ Bebaute Flächen (Siedlungen)
- ■ Flächen innerhalb der Gemeindegrenzen (Siedlungen)
- ■ Gebiete unter juridischem Hoheitsbereich des Regionalrates (Siedlungen)
- ■ Militärstützpunkt
- ■ Bebaute Flächen (palästinensisch)
- ■ Zone A
- ■ Zone B
- □ Zone C
- ■ Zone H1 (Hebron)
- ■ Zone H2 (Hebron)

*Die aufgeständerte palästinensische Verbindungsstraße führt aus dem Gaza-Streifen.
Illustration: Eyal Weizman, 2002*

Tunnelöffnung am Fuße des Berges Skopus in Jerusalem. Eyal Weizman, 2003

Daniel Bauer, Die Tunnelstraße, 2003

Modell der jüdischen Religionsschule (Yeshiva) von Porat Josef im jüdischen Viertel mit Blick auf die Klagemauer (Architekt: Moshe Safdie). Abdruck mit freundlicher Genehmigung von IP

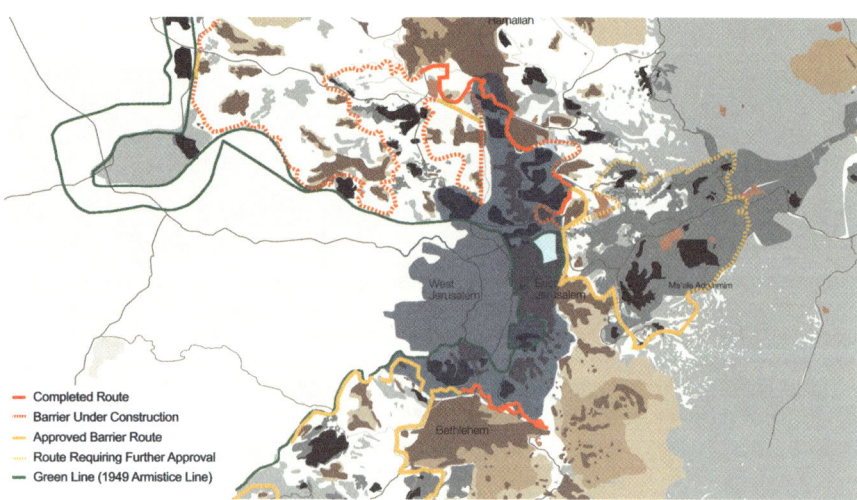

Die Mauer in der Region Jerusalem. Die rote Linie markiert die autorisierten und gebauten Abschnitte der Mauer innerhalb des Großraums Jerusalem und um ihn herum. Die gepunktete rote Linie ist die geplante Ausweitung der Barriere um die Siedlung Ma'ale Adumim nach Osten hin. Die grau abgesetzte Fläche zeigt die Ausdehnung des Verwaltungsbezirks Jerusalem. Die Nachbarschaften/Siedlungen sind blau gekennzeichnet, die palästinensischen Städte und Dörfer braun.

Nordjerusalem: 1. Hebräische Universität auf dem Berg Skopus; 2.Jüdische Nachbarschaft French Hill; 3. Regierungsviertel; 4. Jüdisches Viertel auf der Schuafat Anhöhe; 5. Jüdische Nachbarschaft Ramot; 6. Schuafat Flüchtlingslager; 7. Palästinensisches Viertel Anata; 8. Palästinensisches Viertel Beit Hanina; 9. Jüdische Nachbarschaft Pisgat Ze'ev; 10. Palästinensisches Viertel Issawa; 11. Zone »offener Grünflächen«, in der palästinensische Bauvorhaben verboten sind; 12. Erich Mendelsohns Gebäudekomplex für die medizinische Fakultät der Hadassah/Hebräische Universität; 13. Tunnelöffnung der Jerusalemer Ringstraße; 14. »Vertikale Kreuzung«; 15. Palästinensische Nachbarschaft Schuafat; 16. Alte Jerusalem-Ramallah-Straße

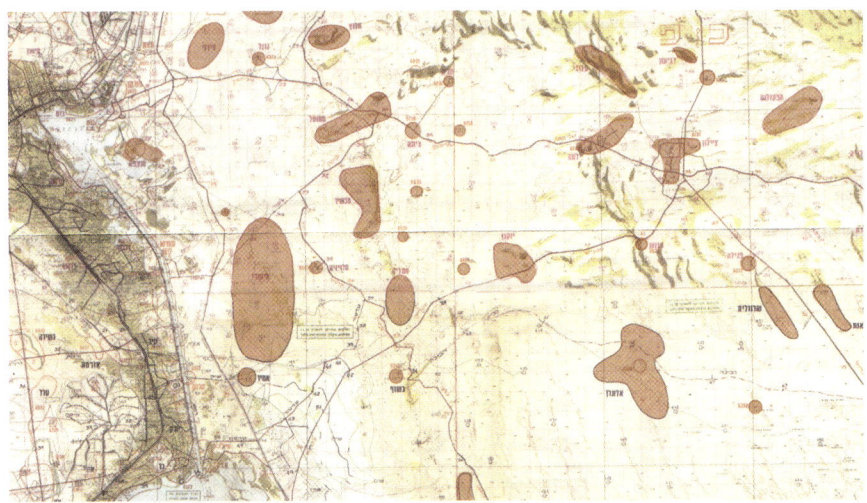

»Plan Sirius« zeigt die israelischen Befestigungsanlagen nahe des Suez-Kanals vor Oktober 1973. Die in der Tiefe organisierten Stützpunkte sind als braune »Eier« markiert.

Vorposten in der Westbank. Daniel Bauer, 2001

Ma'ale Adumin. Milutin Labudovic für Peace Now, 2002

Ma'ale Adumin. Adam Broomberg und Oliver Chanarin, 2005

Die Siedlung Giveat Ze'ev, um 1983 (ZE)

Die Siedlung Efrat – man beachte die palästinensischen Felder innerhalb der Siedlung und um sie herum, außerdem die kleinen, mit Pinien bepflanzten Flächen auf der linken Seite. Milutin Labudovic für Peace Now, 2002

Die Siedlung Eli. Eyal Weizman, 2002

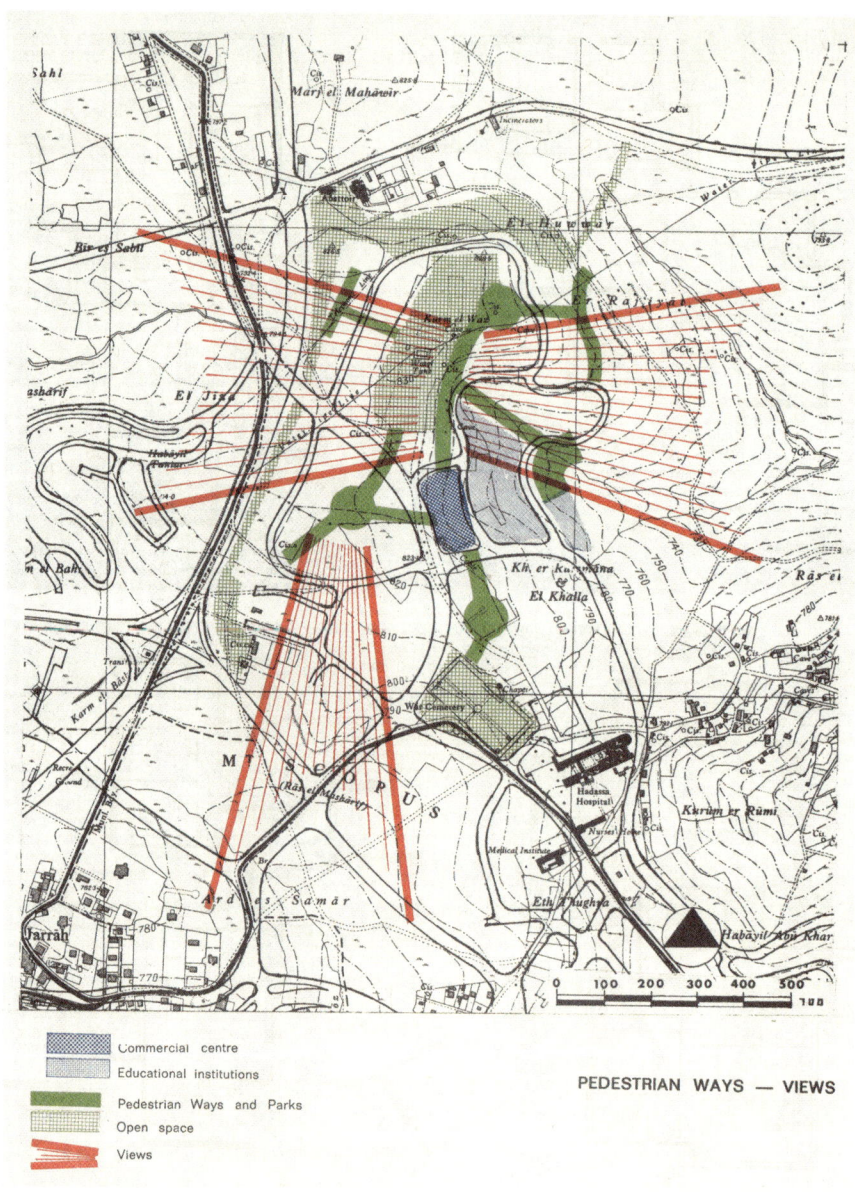

Eine konzeptuelle Skizze der jüdischen Nachbarschaft French Hill in Jerusalem zeigt, wie sich die städtebauliche Organisation an den Sichtlinien ausrichtet. Quelle: Israel Builds, israelisches Bau- und Wohnungsbauministerium, 1972

rechte Seite oben: Die Siedlung Geva'ot (Straßenplan);
unten: Die Siedlung Har Schmuel (städtebaulicher Masterplan)

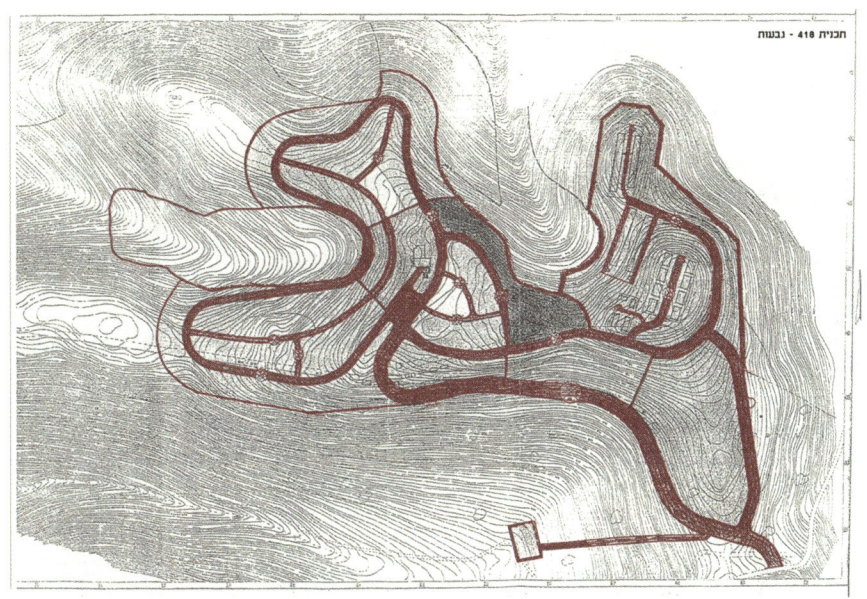

XIII

Die Siedlung Nili (links) und das palästinensische Dorf Schabtin. Eyal Weizman, 2002

Rekonstruktion des Verlaufs der Mauer um die Tunnel-Straße.
Daniel Bauer, 2003 (Illustration: Eyal Weizman, 2004)

Links: Die Unterführung verbindet die beiden Teile des palästinensischen Beit-Tzafafa unter der Straße zwischen der Jerusalemer Innenstadt und der Nachbarschaft/Siedlung Gilo. Eyal Weizman, 2001; rechts: Unterführung, die Habla und Kalkilia unter der Straße verbindet, auf der nur Siedlerinnen und Siedler nach Alfei-Menasche fahren dürfen. OCHA, 2005

Die Mauer, Region Jerusalem. Nir Kafri, 2005

Die Siedlungen: Optischer Urbanismus

Film-Stills, »Emanuel: Eine Stadt, die ein Heim ist«, 1984 (Film des israelischen Bau-und Wohnungsbauministeriums). Bei den Plänen: Thomas Leitersdorf.

beschrieben: »Für Geddes war die Berücksichtigung topografischer Gegebenheiten ein grundlegendes Prinzip (...) Er beklagte die allzu simple Planung nach dem Rasterprinzip (in seinen Worten: ›mit dem Lineal gerade Linien auf Papier zu ziehen, ist nichts weiter als einfache Büroarbeit‹) und forderte anstelle der Planungszeichnung am Reißbrett ›das Entwerfen an Ort und Stelle‹«.[11] Die Form der Stadt setzte er in direkte Beziehung zum menschlichen Körper, und der städteplanerische Entwurf entstand, während er durch die Landschaft und über den vorgesehenen Baugrund lief. Der damals 65-jährige Geddes ging in Haifa an Land und verbrachte die folgenden Tage damit, die Höhenzüge des Karmel zu durchwandern und dabei seinen zionistischen Freunden – die Mühe hatten, mit ihm Schritt zu halten – seine Pläne zu diktieren. Diese wurden vor allem von einem von ihnen, seinem Schwiegersohn, Captain Frank Mears, der später ein berühmter Architekt werden sollte, notiert und in Form von Skizzen festgehalten, während sie umherzogen. Sie folgten dabei den Kurven der Topografie entlang einer festgelegten Höhenlinie, wie es Wanderer zu tun pflegen. Diese Form der Begehung, die sich Geddes vermutlich auf seinen Wanderungen im schottischen Hochland angewöhnt hatte, entspricht genau den Prinzipien moderner Planung, bei der Straßen und andere Infrastruktur oft den topografischen Linien folgen. So entsprach es Geddes »erwanderter« Planung, dass sich die Wohngebiete der neuen Stadt an den Berghängen entlangzogen und ihren natürlichen Formen folgten; die Täler blieben von der Bebauung ausgespart und wurden zu grünen Lungen.[12]

In seinen Entwürfen für Ma'ale Adumim lehnte sich Leitersdorf weitgehend an diese Prinzipien an; auch er durchwanderte häufig die Wüstenhügel, auf denen die Siedlung errichtet werden sollte.[13] Später schrieb er, seine »Planung reflektiert die morphologische Struktur des Berges«. Er platzierte die Gebäudekomplexe auf den Bergrücken, die »auf Grund der Morphologie des Berges alle auf eine Mitte zulaufen und somit verbunden sind, während die Täler offen gelassen wurden und unberührt blieben und ebenfalls im Herzen der Stadt zusammenliefen«.[14] Bei seinem nächsten Entwurf für eine Siedlung – ein privater Auftrag für die Planung der ultraorthodoxen religiösen Siedlung Emanuel westlich von Nablus – war Leitersdorfs Selbstbewusstsein bereits erheblich gestiegen: »Anstatt Leute für Messungen hinzuschicken, vergrößerten wir großmaßstäbliche (topografische) Landkarten auf 1:1000. Wir beschlossen, da wir keine Straßenbauingenieure waren, das Straßennetz einfach auf die morphologischen Linien zu legen und den Berg in keiner Weise zu verändern – so als nähme man eine topografische Linie von der Landkarte und baue auf ihr eine Straße. So wurde es dann gebaut.«[15]

Strategische Pflanzungen

Die Regulierung des Zugangs zu Land war ein weiterer Aspekt im Bestreben der Begin-Regierung, das Siedlungsprojekt zu formalisieren und unter staatliche Kontrolle zu bringen. Als 1979 im Falle Elon Moreh gerade das Urteil ergangen war, dass Zugriff auf Land zu Siedlungsbauzwecken nicht mehr mit Sicherheitsbelangen begründet werden konnte, wandte sich die Regierung einer neuen Methode zu, an Land zu kommen. Diese würde gegen zukünftige Klagen vor dem Obersten Gerichtshof immun sein.

Regierungsstellen begannen, im großen Maßstab das Land auf Karten zu erfassen und zu registrieren, um so »öffentliches« Land zu identifizieren, zu dem sich Israel Zugriff verschaffen konnte. Jedes Stück Land, für das Palästinenser keinen privaten Eigentumstitel nachweisen konnten, und jedes Stück Land, das zum Zeitpunkt der Registrierungsmaßnahmen gerade nicht genutzt wurde, das also als öffentliches palästinensisches Land galt,[16] wurde zu »Staatsland« und damit zu staatlichem Eigentum erklärt. Dieses »Staatsland« konnte dann für den Siedlungsbau an unterschiedliche israelische und jüdische Organisationen verpachtet werden. Das rechtliche Terrain wurde so vom internationalen Recht, das seit dem Ende des 19. bzw. Anfang des 20. Jahrhunderts für eine kriegerische Besatzung galt, verlegt auf das agrarisch geprägte Bodenrecht der osmanischen Zeit. Während frühere rechtliche Auseinandersetzungen um unterschiedliche Sicherheitskonzepte geführt worden waren, und Anwälte wie Richter sich genötigt gesehen hatten, Militärexperten in Sachen Befestigungsanlagen und Sicherheit zu werden, mussten sie sich nun eine ähnliche Expertise auf dem Feld der Landwirtschaft aneignen, so dass sich Anwälte bald in verschiedenen Anbaumethoden und Getreidesorten auskannten.

Die wichtigste rechtliche Ressource der israelischen Regierung in diesem Kontext wurde das osmanische Bodenrecht von 1858. Dieses Recht hatte sich aus einer Landreform ergeben, die im gesamten osmanischen Reich, zu dem Palästina bis 1917 gehört hatte, durchgeführt worden war. Das Bodenrecht von 1858 galt im Westjordanland weiterhin und entsprach den lokalen Traditionen, die sich dort auch unter britischer und jordanischer Herrschaft erhielten. Es hatte die Funktion, traditionelle Formen der Landwirtschaft durch ein modernes Steuersystem zu regulieren. Ein Stück Land wurde als *miri* (Privatbesitz) anerkannt, wenn es mindestens zehn Jahre lang landwirtschaftlich genutzt worden war. Wenn ein Landbesitzer sein Land drei Jahre in Folge nicht bewirtschaftete, änderte sich sein Status und es wurde *makhlul*; das bedeutete, es wurde dem Souverän zugesprochen.[17] Dahinter stand die Absicht, einen Anreiz für die Bewirtschaftung zu schaffen – was wiederum Steuern einbrachte. Die Bauern hatten ihrerseits kein Interesse, Steuern für Land zu entrichten, das sie nicht nutzen konnten. Deshalb gaben sie den Besitz von unkultiviertem Gelände auf, auch wenn es sich nur um kleine Flecken felsigen Bodens innerhalb ihrer Felder handelte. Daher gab es unbebautes Staatsland ganz unterschiedlicher Ausdehnung: weite Wüstengebiete – etwa in den südlichen und östlichen Teilen der Westbank, vor allem entlang dem Jordantal und am Toten Meer – und kleinere Inseln felsigen Bodens, die die privaten Felder der Bauern perforierten und sprenkelten. Die Grenzen zwischen bearbeitetem und unbearbeitetem Land entsprachen häufig einer eindeutig topografischen Logik. Die Höhenzüge der Westbank sind durch regelmäßig auftretende Falten und Einschnitte gekennzeichnet. Die landwirtschaftlich nutzbaren fruchtbaren Böden erodieren auf den Gipfeln und sacken zu den Hängen und Tälern hinab. So kommt es, dass die Hügelkuppen felsig und dem Wetter ausgesetzt sind, während sich an den Hängen und in den Tälern Obstgärten finden und Gemüse und Getreide angebaut wird.

Daher lagen die *makhlul*-Ländereien, die sich der Staat Israel für die Siedlungen aneignete, in erster Linie auf den Höhenzügen der Westbank.[18] Insgesamt wurden bis Anfang der 1990er Jahre mehr als 38 Prozent des ländlichen Bodens im Westjordanland, d.h. sowohl der Flickenteppich aus isolierten Flecken und nicht zusammenhängenden Landstücke, als auch größere Wüstenteile als israelischer Besitz registriert.[19] Hätte man zu diesem Zeitpunkt das Gebiet der Westbank entlang einer unsichtbaren horizontalen Linie ein paar 100 Meter über dem Meeresspiegel durchschnitten, so wäre annähernd das gesamte Land oberhalb dieser Linie von Israel annektiertes Siedlerland gewesen; die Täler unterhalb blieben »besetztes Gebiet«. Die natürlichen Falten, Gipfel, Hänge, Feuchtbecken, Täler, Kanten, Risse und Bäche erschienen nicht mehr als unschuldige topografische Gegebenheiten, sondern als Referenzen unterschiedlicher juristischer Manipulationen. Viele der komplexen gegenwärtigen Grenzziehungen im Westjordanland gehen daher zurück auf die Anwendung von Prinzipien eines Bodengesetzes aus dem 19. Jahrhundert auf die speziellen Gegebenheiten einer Berg-Topografie. Höhenlinien wurden zu mehr als nur relativen Markierungen der Konturen des Terrains. Die Kolonialisierung der Hügelregionen schuf eine vertikale Trennung zwischen zwei parallelen, einander überlappenden und auf sich selbst bezogenen ethno-nationalen Geografien, die in überraschender und erschreckender Nähe gleichzeitig existieren.

Unregelmäßigkeiten bei der landwirtschaftlichen Nutzung des Bodens führten zur Entstehung von »Inseln«, Obstgärten in Privatbesitz, die in einem Meer brachliegenden »Staatslandes« lagen. So konnte es dazu kommen, dass ein Stück palästinensischen Landes inmitten der Wohnhäuser einer israelischen Siedlung übrig blieb. In solchen Fällen einigte man sich manchmal, indem der betreffende Siedlungsrat den palästinensischen Bauern Zugang zu ihren Hainen gewährte, so dass sie sie weiterhin pflegen konnten. Nach dem Beginn der Zweiten Intifada im Jahr 2000 erlaubte man den Palästinensern jedoch nicht mehr, Siedlungen zu betreten. Und nach drei Jahren, in denen das Land nicht bearbeitet worden war, wurde es gemäß dem osmanischen Bodenrecht von 1858 zu Staatsland, womit die Verfügung darüber dem Siedlungsrat zufiel.

Die Likud-Regierung ging so weit, die neue juristische Technik zur Landnahme als Beweis für ihre Achtung des Privateigentums als grundlegenden liberalen Wert zu präsentieren, wobei sie den Unterschied zur aggressiven Sicherheitslogik der Arbeitspartei hervorhob. Tatsächlich wurden in den Jahren der Likud-Regierung weiterhin große Teile privaten palästinensischen Landes heimlich für den israelischen Siedlungsbau gestohlen – ohne offizielle Anordnungen und ohne Klagen vor Gericht. Das öffentliche Land, das Israel einfach als »ungenutzt« deklarierte und beanspruchte, diente den Palästinensern in Wahrheit häufig zu anderen legitimen Zwecken, wie z. B. ihr Vieh dort grasen zu lassen. Im Übrigen gilt auf einer grundsätzlicheren Ebene, dass jedes Volk ein Recht auf offenes Land und gemeinschaftlich genutzten Grund hat. So gesehen läuft die Argumentation des Likud, dass bei diesen Ländereien, da sie für den landwirtschaftlichen Anbau ungeeignet waren, kaum von »Enteignung« gesprochen werden konnte, wenn sie für Siedlungen übernommen wurden, darauf hinaus zu behaupten, dass jegliches öffentliche Land einer Nation für die Besiedelung durch eine andere beansprucht und genutzt werden kann. In diesem wie in anderen Fällen während der gesamten Besatzung verhinderte das Recht Übertretungen keineswegs, es wurde vielmehr zum taktischen Instrument, diese in geregelter Form zu begehen und ihnen den Anschein der Rechtmäßigkeit zu geben.

Im Dezember 1979 begann die Regierung damit, systematisch und in großem

Die Siedlungen: Optischer Urbanismus

Fragmente sogenannten »Staatslandes«, Regionalrat von Binyamin, Region Hebron

Stil Karten von der Westbank zu erstellen, auf denen die Topografie und die Nutzung des Landes erfasst wurden. Zweck des Projekts war es, zum gegebenen Zeitpunkt alle landwirtschaftlich nicht genutzten Flächen festzustellen. Diese genaue Erfassung wurde vor allem aus der Luft betrieben.[20] Der Vorteil der Fotometrie aus der Luft liegt in der raschen Datensammlung und erspart es den Kartografen, sich in feindlicher Umgebung bewegen und das Gelände mühsam mittels Triangulierung sichtbarer Markierungen vermessen zu müssen. Eine Fläche von mehreren 1000 Quadratkilometern fotografisch zu erfassen, dauert lediglich vier Stunden. Inzwischen ist die fotometrische Darstellung aus der Luft, die ein Gebiet in unterschiedlich großem Maßstab und in atemberaubender Klarheit wiedergibt, an die Stelle der konventionellen Landkarten auf der Grundlage von Landvermessungen getreten, weil sich die neue Methode als die schnellste und praktischste zur genauen Untersuchung eines Territoriums erwiesen hat. Seit 1967 wurde alle zwei Jahre eine detaillierte Erfassung aus der Luft vorgenommen.

Das kartografische Projekt fand unter der Leitung der zivilen Direktorin der Staatsanwaltschaft, Plia Albek, statt. Sie ist eine Ultraorthodoxe und wurde Teil der Folklore der israelischen Siedlungsbewegung, weil sie persönlich die bergigen Gebiete der Westbank im Hubschrauber überflog, im Jeep durch umstrittene Gebiete fuhr und Olivenbaumstämme ansägte und die Jahresringe zählte, um zu entscheiden, wem das Land gehörte. (Da jedes Jahr ein neuer Ring gebildet wird, wollte sie so das Alter der Olivenhaine rekonstruieren.) Zusammen mit palästinensischen Dorfältesten ging sie über die Grundstücke, die enteignet werden sollten, um aus erster Hand mögliche Einwände oder Hindernisse zu ergründen, die ihrer Politik entgegengestellt werden könnten. Es ging ihr bei den Ortsterminen darum, privates *miri*-Land zu identifizieren, das seit mindestens drei Jahren brach gelegen hatte und somit *makhlul* geworden war, oder auch *miri*-Land, das noch keine zehn Jahre in Folge bearbeitet worden und somit noch nicht zum Privatbesitz des Bauern geworden war.

Ehe dieses System der Landnahme allgemeine Praxis geworden war, hatte es sich die israelische Militärverwaltung zur Aufgabe gemacht, die landwirtschaftliche Produktion der Palästinenser auszudehnen und zu verbessern. Während des ersten Besatzungsjahrzehnts führten einschlägige israelische Institutionen eine Untersuchung durch, in die sie die Hälfte der Westbank-Dörfer und 30 000 landwirtschaftliche Betriebe einbezogen, um festzustellen, wie das Land genutzt wurde und wie hoch die Erträge waren. Sie boten palästinensischen Bauern Kredite für die Anschaffung von landwirtschaftlichem Geräte und Maschinen an, führten Düngemittel und Pestizide ein, erweiterten die Saatgut-Palette und bildeten fast 20 000 palästinensische Bauern auf 400 Modell-Feldern in der Anwendung moderner Geräte und Technologien weiter.[21] Dem israelischen politischen Theoretiker und Aktivisten Neve Gordon zufolge war dieses Vorgehen Teil einer Regierungslogik, die auf Verteidigungsminister Mosche Dayan zurückging und darauf abzielte, die Gebiete unter Besatzung zu befrieden, indem die Armut bekämpft und gleichzeitig durch diese Verbesserung der Lebensqualität die Abhängigkeit der Palästinenser von Israel gefördert wurde. Dayan wollte als aufgeklärter Herrscher in Erinnerung bleiben. In einer seiner Reden bei einer Kabinettssitzung vertrat er die Ansicht, Israel solle sich am Modell einer aufgeklärten Kolonialisierung orientieren. In der westafrikanischen Republik Togo, so behauptete er, hätten »die Menschen immer noch gute Erinnerungen an die deutsche Kolonialherrschaft vor dem Ersten Weltkrieg (...) Die Deutschen haben ›Obstgärten und Kultur gebracht‹. Israel (...) sollte diesem Beispiel folgen und eine wohltätige Kolonialisierung anstreben.«[22] Die Politik Dayans sorgte dafür, dass die landwirtschaftliche Produktivität in den ersten fünf Jahren der Besatzung jährlich um 16 Prozent zunahm; sie ermöglichte es Palästinensern zudem, Ländereien zu bearbeiten, die bis dahin nicht genutzt worden waren.[23] Im Jahr 1976 wurde diese Politik bereits zurückgefahren, und als der Regierung 1979 allmählich klar wurde, dass eine Ausdehnung der palästinensischen Landwirtschaft ihren Bestrebungen, unkultiviertes Land zu annektieren, zuwider lief, hörte sie vollkommen auf, die palästinensische Landwirtschaft aktiv zu unterstützen. Von da an führte die schrittweise Senkung von Wasserzuteilungen durch Israel an palästinensische

Landwirte zwangsläufig dazu, dass der landwirtschaftliche Sektor in der Westbank schrumpfte und immer mehr palästinensische Bauern sich als billige Arbeitskräfte in Israel verdingen mussten.[24] Bereits 1985 ging der Anteil an kultiviertem Land in der Westbank um 40 Prozent zurück. Die Abnahme der Möglichkeiten für Palästinenser, Land zu bearbeiten, erleichterte zunehmend dessen Konfiszierung.[25] Als ob das nicht genug wäre, besetzte die Regierung sogar private Felder, wenn sie für Siedlungserweiterungen benötigt wurden. Zu diesem Zweck wurde eine weitere Kategorie Land geschaffen, das sogenannte »Land in Untersuchung«. Gemeint ist Grund und Boden, bei dem umstritten ist, wem er gehört. Dies gilt im Allgemeinen für Ländereien, bei denen der Staat den palästinensischen Eigentumstitel anficht. Gemäß israelischem Recht kann ein solches Land keiner Nutzung zugeführt werden, weder durch den Staat, noch durch den Palästinenser, der es als Eigentum beansprucht. Tatsächlich aber werden häufig auf dem umstrittenen Land Siedlungen gebaut oder erweitert.[26]

Nachdem sich diese direkte Verbindung von Landnutzung und -besitz einmal eingebürgert hatte, wurde das Bepflanzen in den Besetzten Gebieten zu einer verbreiteten und strategisch begründeten Praxis. Die Palästinenser, die begriffen, wie die israelische Landnahme funktionierte, intensivierten die Nutzung landwirtschaftlicher Flächen so, dass sie Flächen präventiv bepflanzten, von denen sie annahmen, dass sie durch Konfiszierung bedroht waren; dabei wurden sie oft durch palästinensische oder internationale Solidaritätsorganisationen unterstützt.[27] Andererseits pflanzte der Jewish National Fund (JNF), eine Organisation, die die Nutzbarmachung israelischen Staatslandes für die jüdische Bevölkerung zum Ziel hat, in Gebieten, die zu »Staatsland« erklärt worden waren, Nadelwälder an, und zwar in erster Linie im »grünen Gürtel« um den Großraum Jerusalem herum. Diese Begrünungsprogramme sollten Bepflanzungen seitens der Palästinenser zuvorkommen und Land für zukünftige Siedlungen oder für die Erweiterung bestehender reservieren. Aus zwei Gründen wählte man Nadelbäume für die Bepflanzung: zum einen, weil sie schnell wachsen, zum anderen, weil die abfallenden Nadeln den Boden übersäuern und andere Pflanzen oder Unterholz zwischen den Tannen nicht aufkommen lassen. Diese »Pinienwüsten« sollten das Land für die palästinensischen Hirten und ihre Herden unbrauchbar machen, da sie sich nicht mehr als Weideland eigneten. An vielen Stellen überall in der Westbank, wo durch Israel in großem Maßstab aufgeforstet wurde, haben Palästinenser ihrerseits, wenn auch in viel kleinerem Maßstab, Pflanzungen vorgenommen; die Trennungslinien zwischen Nadelbäumen und Oliven gehören zu den vielen Grenzen, die durch die Kolonialisierung der Westbank entstanden sind.[28]

Ein komplexes Geflecht von Gesetzen und Militärverordnungen wirkte in der Folgezeit derart zusammen, dass aus der israelischen Landnahme schließlich de facto ein Annexionsprojekt wurde. Auf die vielen voneinander getrennten Stücke »Staatsland« überall in der Westbank – ein Archipel Tausender isolierter »Inseln« – wurde israelisches Recht ausgeweitet. Die Armee, die der eigentliche Souverän in diesen Gebieten ist, stempelte lediglich israelische Gesetzbücher mit militärischen Insignien und machte so israelisches Recht zu Militärverordnungen.[29] Das vereinnahmte Land auf den Höhenzügen erlangte auf diese Weise einen extraterritorialen Status mit den entsprechenden Konsequenzen.[30] Das bedeutete die Unterteilung des Westjordanlandes in zwei Zonen, in denen unterschiedliche Gesetze galten, die einen für Juden, die anderen für Palästinenser. Die Höhenzüge unterlagen den Gesetzen des Staates, während in den kultivierten Tälern unter und zwischen ihnen Militärverordnungen galten.[31] In fast jeder Hinsicht ähnelt das Leben der Siedler dem israelischer Bürger in Israel.

Ein Jahr bevor Ariel Scharon, inzwischen Verteidigungsminister im zweiten Kabinett Begins, Israel 1982 in den Krieg gegen den Libanon führte, setzte er die Zivilverwaltung ein, die an Stelle der Armee die palästinensische Bevölkerung der Westbank und Gazas regieren sollte. Die Trennung der Zivilverwaltung von der regionalen Militärhoheit über das Gebiet verdeutlichte, dass die Armee in den Besetzten Gebieten zwei getrennte Rollen spielte: die der Beschützerin israelischer Staatsbürger (durch Unterdrückung der Palästinenser) und die des Souveräns über die palästinensische Bevölkerung. Durch die letztgenannte Rolle als Zivilverwaltung machte Israel deutlich, dass es die Besatzung permanent aufrechterhalten wollte, und unterstrich sein Bestreben, sie zu normalisieren.[32]

Dementsprechend wurden unter der Zivilverwaltung Entwicklungspläne für die Besetzten Gebiete mit zwei parallelen und komplementären Zielsetzungen verfolgt: Zum einen ging es um die Förderung des jüdischen Siedlungsbaus, zum anderen darum, die palästinensischen Dörfer und Städte in ihrer Ausdehnung zu begrenzen. Den jüdischen Regionalräten gewährte die Zivilverwaltung den Status von »Spezialplanungskomitees«, wodurch sie berechtigt waren, detaillierte Planungen auszuarbeiten und zur Genehmigung vorzulegen sowie innerhalb der jeweiligen Gemeindegrenzen Baugenehmigungen zu erteilen.[33] Das beschleunigte den Planungs- und Entwicklungsprozess entscheidend. Unterdessen wurde Palästinensern, die versuchten, auf ihrem Grund etwas zu planen oder zu bauen, jedes nur erdenkliche Hindernis in den Weg gelegt. Bei ihrer Regelung der Bebauung im Westjordanland aktualisierte die Zivilverwaltung selten die regionalen Entwicklungspläne der britischen Mandatszeit. Diese Pläne waren 1940 für eine palästinensische Bevölkerung ausgelegt worden, die inzwischen um ein Vielfaches angewachsen war. Auf diese Weise wurden die Gebiete, in denen Modernisierung und Erweiterung möglich war, erheblich eingeschränkt.[34] Das Planungsbüro der Zivilverwaltung benutzte häufig Luftaufnahmen, um auf ihnen so dicht wie mit einem dünnen Filzstift nur möglich an palästinensischem Bauland schematisch ihre »blauen Linien« zu ziehen. Außerhalb der Linien war das Bauen verboten. Häuser oder andere Gebäude, die dort »illegal« errichtet wurden, fielen früher oder später der Zerstörung anheim.

Vorstadt-Kolonialisierung

Obwohl man für die israelische Siedlungspolitik vor 1979 strategische und Sicherheitsüberlegungen anführte, wurde auch damals schon der Siedlungsprozess durch andere Impulse angetrieben: religiös-ideologische (die Besiedlung der Höhenzüge nahe Schauplätzen der biblischen Geschichte); politische (die Verhinderung territorialer Kompromisse durch die Siedlung in und im Umkreis von palästinensischen Städten); und wirtschaftliche (der Bedarf an billigem Land zur Errichtung von Vorstädten und urbanem *sprawl* in der Nähe der israelischen urbanen Ballungszentren). Bei jedem dieser unterschiedlichen Interessen spielten die Höhenzüge der Westbank eine jeweils andere Rolle als Ressource, und man bezog sich je nach Bedarf auf andere Aspekte und Örtlichkeiten des Gebiets. Im Laufe der Jahre hat sich die israelische Politik in Bezug auf die Siedlungen im Westjordanland immer wieder geändert. Diese Veränderungen spiegelten die unterschiedlichen Sichtweisen politischer Entscheidungsträger wider, das sich im Laufe der Zeit verschiebende Gewicht verschiedener Interessengruppen in diesem Bereich und auch Entwicklungen auf internationaler Ebene. Diese unterschiedlichen politischen Ansätze schlugen sich in Veränderungen bezüglich des Aufwands nieder, der für den Siedlungsbau betrieben wurde, oder wirkten sich auf die Wahl der Orte für die Siedlungen aus. Doch für alle israelischen Regierungen gilt, ungeachtet, ob es Arbeitspartei, Likud- oder Koalitionsregierungen waren, dass sie aktiv dazu beigetragen haben, das Siedlungsprojekt zu stärken, zu entwickeln und auszuweiten.

Die Zentrifugalkräfte, die die israelische Mittelschicht dazu brachten, aus den Stadtzentren zu fliehen und sich in Suburbia anzusiedeln, gewannen in den frühen 1980er Jahren an Kraft. Sie entsprachen einem globalen Trend in Richtung eines urbanen Auseinanderdriftens und der Trennung in ethnisch und religiös homogene Gemeinden, der die amerikanischen und südafrikanischen *gated communities* spiegelte. Abgesehen vom national-religiös inspirierten Gusch Emunim, der sich an den Hängen des Westjordanlandes niederließ, zogen die meisten Siedler in die Vorortsiedlungen in der Nähe von Jerusalem und Tel Aviv, die nur wenige Kilometer jenseits der Grünen Linie (der Waffenstillstandslinie von 1967) lagen. Dorthin zog sie das Versprechen eines hohen Lebensstandards – einer besseren Lebensqualität zu einem sehr erschwinglichen Preis.

Da die Bewohner von Vorstadtsiedlungen Arbeit außerhalb suchen müssen, sind sie von einem Straßennetz abhängig, das ihre Wohnorte mit den Beschäftigungszentren in und um Tel Aviv und Jerusalem verbindet. Diese Bevölkerung besteht überwiegend aus säkularen Israelis der Mittelschicht, doch zwei weitere Gruppen wurden ebenfalls von der Regierung ermuntert, in diese Siedlungen zu ziehen: Neu-Immigranten aus den ehemaligen Sowjetrepubliken und die ultraorthodoxen, nicht zionistischen Gemeinschaften. Die Letztgenannten, große Familien mit geringem Einkommen, wurden in dichten, in vorfabrizierter Bauweise errichteten Siedlungen wie Modi'in Ilit, Beitar Ilit und Kiyat Sefer untergebracht, die nahe der Grünen Linie an der Straße zwischen Tel Aviv und Jerusalem liegen. Diese Siedlungen sind so eingerichtet, dass sie den speziellen Bedürfnissen ihrer Bewohner und deren Lebensstil entsprechen. Sie ziehen auch große Firmen an, die die ultraorthodoxen Frauen als billige Arbeitskräfte in der manuellen Fertigung von High-Tech-Produkten anstellen.[35]

Das Wachstum der Siedlungen ist jedoch nicht so sehr durch die ökonomischen Kräfte von Angebot und Nachfrage stimuliert worden, als vielmehr durch ein ausgeklügeltes Regierungsprogramm, das israelischen Bürgern Anreize bietet, aus den urbanen Zentren Tel Aviv und Jerusalem in die Vorstadtsiedlungen zu ziehen. Die Regierung achtet darauf, dass eines ihrer bestgehüteten Geheimnisse nicht bekannt wird – die genauen Beträge, die zur Förderung der Siedlungen in der Westbank und in Gaza aufgewendet werden. Der Staatshaushalt wurde ganz gezielt so dargestellt, dass dieser Posten undurchsichtig bleibt, indem die Aufwendungen für die Siedlungen unter verschiedenen allgemeinen Kategorien angegeben werden, so dass nicht zu sehen ist, ob die fraglichen Kommunen in Israel oder in den Besetzten Gebieten liegen. Im Rahmen der umfassendsten, Ende 2003 durchgeführten Untersuchung zu diesem Thema bezifferte die israelische Tageszeitung *Ha'aretz* die zusätzlichen Kosten, die das Siedlungsprojekt seit 1967 an Fördergeldern verschlungen hatte, mit über 10 Milliarden US-Dollar.[36]

Die Geografie der wirtschaftlichen Anreize war jedoch bereits in einem Grundsatzpapier, einem Masterplan niedergelegt, den die Abteilung für ländliche Siedlungen der WZO zu Beginn des Jahres 1983 erstellte. Die *Allgemeinen Richtlinien für die Siedlungsplanung im Westjordanland bis zum Jahr 2010* entstanden unter der Federführung des Mitglieds des Likud Matityahu Drobless, der mit Scharons Siedlungskomitee zusammenarbeitete. Dieser Plan wurde auch unter dem Namen »Plan der Hunderttausend« bekannt. Das bezog sich auf seine zentrale Zielsetzung, bis 1986 eine jüdische Bevölkerung von 100 000 Personen in der Westbank anzusiedeln.[37] Im Kommentar zu dem Plan findet sich das Eingeständnis, dass »der Siedlungsprozess als Ganzes sowohl auf ›natürliche‹ Weise, so durch den ökonomischen Bedarf, motiviert ist, als auch auf ›künstliche‹ Weise, etwa auf Grund ideologischer Überzeugungen«.[38] Er ging auch näher auf die Grundsätze der Geografie der ökonomischen Anreize ein: Die Höhe von Regierungszuwendungen sollte umgekehrt proportional zum wirtschaftlichen Bedarf ausfallen. Bereiche, in denen die ökonomische Nachfrage gering war, würden demnach hoch subventioniert, und die Regierung würde die Entwicklungskosten weitgehend übernehmen. Das bedeutete, dass sie allen, die bereit waren, dort zu siedeln, die Wohnung praktisch umsonst anbot. Besonders gefragte Siedlungen in der Westbank erhielten dagegen deutlich geringere – wenn auch immer noch erhebliche – Fördergelder. Als »besonders gefragt« wurden Gebiete eingestuft, die innerhalb eines Umkreises von »30 Minuten Fahrzeit, gerechnet ab dem äußeren Umgehungsring der Metropolregion Tel Aviv oder 20 Minuten von dem von Jerusalem« entfernt waren. Auf der Karte wurden diese Siedlungen als 15 bis 20 Kilometer breiter Streifen unmittelbar östlich der Grünen Linie oder als 10 Kilometer breite Zone um Jerusalem herum gekennzeichnet. Andere Faktoren, die ein besonders gefragtes Siedlungsgebiet ausmachten, waren »attraktive örtliche Gegebenheiten, wie z. B. eine gute Aussicht«, während als »weniger gefragt« Gebiete mit »unattraktiven örtlichen Gegebenheiten, wie z. B. arabischer Bevölkerung in unmittelbarer Umgebung« eingestuft wurden. Als Wohngebiete mittlerer bis geringer Nachfrage wurden im Allgemeinen diejenigen »in der hügeligen Gegend eingestuft, die 50 Minuten Fahrzeit von Tel Aviv und 35 Minuten von Jerusalem entfernt« sind. Dort »soll eine ideologisch motivierte Bevölkerung, die ein großes menschliches Potenzial und soziale Qualitäten mitbringt, in kleinen Gruppen innerhalb kleiner Siedlungen angesiedelt werden«.[39] Allgemein folgte die Subventionspolitik der Regierung einem einfachen Rezept: Je größer die Bereitschaft der Siedler, sich persönlichen Härten und Gefahren auszusetzen, und je weiter sie von den israelischen Beschäftigungszentren entfernt wohnten, desto reichlicher floss die Unterstützung.

Die Politik der finanziellen Anreize erwies sich insofern als erfolgreich, als es durch sie gelang, kontinuierlich eine steigende Anzahl von Israelis in die Westbank zu lenken. Das lässt sich an folgender Statistik nachweisen: Im Mai 1984, am Ende der zweiten Regierungsperiode des Likud, lebten 35 000 Siedler in 102 Westbank-Siedlungen. 1992, als der Likud die Macht an die Arbeitspartei verlor und der Oslo-Prozess einsetzte, waren es bereits rund 100 000 Menschen in 123 Siedlungen. In den anschließenden zehn Jahren des Oslo-Prozesses nahm die Zahl der Siedlungen zwar nicht zu, doch es wohnten mehr Menschen in ihnen, so dass sich ihre Gesamteinwohnerzahl auf 200 000 verdoppelte.[40] Trotz der Gewalt während der Zweiten Intifada nahm die Einwohnerzahl der Siedlungen, besonders der ultraorthodoxen, weiterhin zu, und zwar in den ersten vier Jahren des Konflikts um 15,3 Prozent. Im Jahr 2006 betrug die Gesamtzahl der Siedler im Westjordanland (ohne Jerusalem) bereits 268 000.[41]

Gemeinschaftssiedlungen

In der Westbank entstanden unterschiedliche Siedlungstypen. Kibbuzim oder Moschawim, Siedlungen, die zugleich landwirtschaftliche Kooperativen sind, stellen die historischen Formen dar, die die zionistische Bewegung der Arbeitspartei hervorbrachte.[42] Derzeit gibt es in der Westbank neun Siedlungen des Kibbuz-Typs und 22 des Moschaw-Typs; die meisten entstanden in den 1970er Jahren unter der Arbeitspartei und liegen innerhalb der Grenzen des Allon-Plans. Die übrigen in den 1970er Jahren errichteten Siedlungen sind »urbane« oder »ländliche Siedlungen«.[43]

Da die Methode der Landnahme den Siedlungsbau auf unbearbeitetes Land beschränkte, das der israelische Staat annektiert hatte, und da die israelisch-jüdischen Siedler (das galt für die national-religiösen ebenso wie für die säkularen Stadtbewohner, die ihre Lebensqualität verbessern wollten) keine Erfahrung mit der Landwirtschaft und auch nicht die Absicht hatten, sich damit zu beschäftigen, mussten neue Siedlungstypologien entwickelt werden. In den frühen 1980er Jahren wurde von der Siedlungsabteilung der WZO zusammen mit Amanah, dem Siedlungszweig von Gusch Emunim, die »Gemeinschaftssiedlung« als Typus entwickelt, der dazu gedacht war, die Bergregionen unter israelischer Kontrolle, sowohl innerhalb Israels, in Galiläa, als auch in den besetzten Gebieten des Westjordanlandes, zu besiedeln. In beiden Regionen geschah dies im Rahmen der nationalen Zielsetzung, »eine demografische Balance zwischen Juden und Arabern« herzustellen.[44]

Die Gemeinschaftssiedlung ist rechtlich als kooperativer Verein definiert und beim israelischen Vereinsregister gemeldet; im Grunde handelt es sich um ein privates Vorstadt-Dorf, dessen Einwohner Mitglieder sein müssen. Jede Gemeinschaftssiedlung durchläuft ein Zulassungsverfahren und ist einem Kontrollregime unterworfen, das alle Aspekte des Gemeinschaftslebens regelt, von der Einhaltung religiöser Bräuche über strenge ideologische Vorgaben bis hin zur Gestaltung der Häuser und der Nutzung ihrer Außenbereiche. Mitglieder, die auf Abmahnungen nicht reagieren, können ausgeschlossen werden, wenn sie gegen Regeln der Gemeinschaft verstoßen oder sich sozial, religiös oder ideologisch nicht integrieren. Die Gemeinschaftssiedlungen wurden so konzipiert, um auszuschließen, dass sich palästinensische Bürger Israels in ihnen niederließen.

Das System brachte noch weitere Mechanismen hervor, die dafür sorgten, Palästinenser mit israelischer Staatsangehörigkeit auszuschließen. Dabei mussten israelische Gesetze umgangen werden, die es eigentlich verbieten, den Zugang zu Ressourcen von Kriterien der Bevorzugung abhängig zu machen. »Staatsland« innerhalb Israels oder der Besetzten Gebiete wurde entweder der Jüdischen Agentur (Jewish Agency, JA) oder der WZO treuhänderisch übergeben. Diese beiden

*links: Haus in einer jüdischen Siedlung in den 80er Jahren;
rechts: Haus in einem palästinensischen Dorf*

NGOs sind in den USA registriert, was es dem Staat Israel ermöglichte, seine eigenen Gesetze zu umgehen.[45] Die WZO und die JA repräsentieren nicht Bürger Israels, sondern das »Weltjudentum«, und ihr ausdrücklicher Auftrag ist es, Ressourcen ausschließlich der jüdischen Bevölkerung des Staates zukommen zu lassen. Beide Organisationen werden durch Spenden von Juden im Ausland finanziert und genießen als in den USA eingetragene wohltätige Vereinigungen steuerliche Vergünstigungen.[46] Sobald sich eine »passende« Kerngruppe für eine Siedlung findet, übergeben ihr die WZO und die JA das Land, und der Kooperativverein der Siedlung wird in der Folge damit betreut, weitere Mitglieder zu prüfen und auszuwählen.[47]

Der Bau der Wohneinheiten kann entweder von Entwicklungsgesellschaften der Regierung, von Firmen oder privat durchgeführt werden. Häufig setzte sich ein einheitlicher architektonischer Stil durch, der sich aus der Wiederholung weniger Varianten von familieneigneten Einzel- und Doppelhäusern mit Garten ergab. Eine weitere Option besteht in manchen Siedlungen, wo man die Bewohner nach dem Motto »Bau dir dein Haus« ermutigt, auf einem kleinen Stück Land ihr »Traumhaus« zu entwerfen und zu errichten.[48] In jedem Fall aber wurde das rot gedeckte spitze Dach zum allgegenwärtigen Emblem, zum Symbol der jüdischen Siedlung. In einem Interview erklärte mir ein junger Architekt, der in der Westbank arbeitet, dazu:

»Viel Tinte ist (in kritischen Diskussionen) über das Thema der roten Dächer geflossen (…) Ich persönlich finde trotzdem, dass es ein interessantes Phänomen ist (…), denn seit es vor rund 20 Jahren zur gängigen Praxis wurde (…) kann man schon von Weitem erkennen, dass man eine jüdische Siedlung vor sich hat! (…) Mag ja sein, dass sie sich nicht gut in die Umgebung einfügt, aber in jedem Fall markiert sie einen Orientierungspunkt und macht eine starke Aussage – diese Siedlung ist jüdisch!«[49]

Die roten Dächer der Siedlungen kommen nicht nur den ästhetischen Vorstellungen einer vorstädtischen Mittelschicht entgegen, sie haben auch eine Funktion für die Sicherheit: Die Wohngebiete können aus großer Entfernung als israelisch identifiziert werden. Diese architektonische Praxis wurde schließlich in den 1980er Jahren durch die Armee zur Regel gemacht, als diese den Siedlungsräten empfahl, rote Ziegeldächer in den Zusatzbestimmungen zur Siedlungsplanung zur Norm zu erklären. Die Dächer dienen so den Siedlern zur Orientierung im Gelände und ermöglichen es der Armee, sowohl in der Luft wie am Boden leichter zu manövrieren und »Freund von Feind« zu unterscheiden.

Das rote Dach ist auch in palästinensischen Städten und Dörfern ein vertrauter Anblick geworden, wo rote Dächer über den eigentlich vollkommen sinnvollen Flachdächern errichtet werden, die bei palästinensischen Einfamilienhäusern üblich sind. Die Euphorie der Oslo-Jahre (1995–2000) führte zu einem Bauboom, der durch eine Elite wohlhabender Rückkehrer genährt wurde und neue Vororte am Rande palästinensischer Städte und Ortschaften entstehen ließ. Wie der französische Theoretiker Sylvain Bulle bemerkte, ähnelte die Architektur dieser Siedlungsformen dem vorstädtischen oder halb städtischen Charakter der Siedlungen. Sie reproduzierten deren urbanistische und architektonische Typologien in vieler Hinsicht – und stellten eine ähnliche Reaktion auf die Ängste dar, die die Mittelschichten überall auf der Welt plagen und sie Zurückgezogenheit und Sicherheit fern der überfüllten und potenziell gefährlichen urbanen Zentren suchen lassen. Neue palästinensische Häuser, die häufig auf den Hügeln errichtet werden und mit Betonkuppeln, Bögen und anderen orientalisch anmutenden Accessoires ausgestattet sind, lassen ähnliche romantische Neigungen erkennen, wie sie in den jüdischen Stadtvierteln des besetzten Jerusalem zum Ausdruck kommen.[50] Eine solche Maskerade oder vielleicht – im Lichte der oben erwähnten Militärverordnung – »Tarnung« lässt einen Diskurs zwischen Spiegelungen entstehen, durch den die entscheidenden visuellen Abgrenzungen verschwimmen, und sie schafft zweierlei Hybrid-Architekturen, die die binäre Gegenüberstellung von »Siedlerarchitektur« und »Eingeborenenarchitektur« in Frage stellen.[51]

Optischer Urbanismus

Im Jahr 1984 brachte das Ministerium für das Bau- und Wohnungswesen ein Handbuch mit dem Titel *Bauen und Entwicklung in den Gebirgsregionen* heraus.[52] Dem israelischen Architekten Michael Boneh ging es darum, den ersten offiziellen Ratgeber mit verbindlichen Richtlinien für Architekten zu schreiben, die mit dem Entwurf von Siedlungen in den von Israel beherrschten Höhenzügen befasst waren. Dabei handelte es sich in erster Linie um Gebiete, in denen Palästinenser wohnten: Galiläa innerhalb Israels und die bergigen Teile der Westbank. In dem Werk wurden zunächst die Erfahrungen zusammengetragen, die man beim Bau der Siedlungen und der Vororte Jerusalems gesammelt hatte, und es legt Zeugnis davon ab, dass sich die zionistische Planung nunmehr von den Küstenebenen und den landwirtschaftlich genutzten Tälern ab- und den Bergen zuwandte. So konstatierte Boneh: »Das kontinuierliche Wachstum von Siedlungen auf den Hügeln bei Jerusalem, in Galiläa, Judäa und Samaria (dem Westjordanland) macht die Erschließung schwieriger, bergiger Gebiete erforderlich.« In diesem Zusammenhang wird eingestanden, dass »die Erfahrungen im Bereich des Bauens in bergigem Gelände noch relativ begrenzt sind«.[53]

Beim Bauen von Siedlungen auf Bergen ist die Auseinandersetzung mit steilen Hängen unvermeidlich. Boneh unterteilte die bergigen Gebiete nach unterschiedlichen topografischen Gesichtspunkten in Kategorien, denen er jeweils spezifische Siedlungstypologien zuordnete.[54] Bei dieser formellen Kodifizierung, die die Gestaltung von Bergsiedlungen an bestimmte topografische Bedingungen anlehnt, scheinen die Gesetze der Erosion in die Praxis des urbanen Designs Eingang gefunden zu haben. Die jeweilige Morphologie der Anhöhe, auf der eine Siedlung entstehen sollte, wurde zur Vorlage für ihre Gestaltung. Nach diesen Richtlinien und gemäß den Prinzipien, die Leitersdorf bereits in Ma'ale Adumim angewandt hatte, ist eine Siedlung auf den Höhenzügen typischerweise nach dem Prinzip der »konzentrischen Organisation« angelegt. Diese entsprechen den topografischen Konturen auf der Landkarte, die wiederum durch die Infrastruktur nachgezeichnet werden. Die Straßen sind ringförmig angelegt und folgen den Formen des Berges, um schließlich den Gipfel vollständig zu umrunden. Wasser, Abwasser-, Elektrizitäts- und Telefonleitungen liegen unter ihnen. Die Aufteilung in Baugrundstücke folgt einem immer gleichen Schema mit den rot gedeckten kleinen Häusern, die – im Hintergrund die Landschaft – an den Straßen entlang aufgereiht sind.

Meistens versucht man, die Siedlung so anzulegen, dass um den höchsten Punkt mit den öffentlichen Gebäuden ein »idealer« Kreis entsteht. Gewöhnlich steht die Synagoge am höchsten Punkt des Hügels, in der Mitte der Siedlung. Doch in der Praxis sind die Konturen der Siedlungen sowohl durch die spezifischen topografischen Gegebenheiten wie auch durch Einschränkungen verzerrt, die mit den Besitzverhältnissen zusammenhängen. Zu weiteren Abweichungen trägt eine allgemein anerkannte Regel bei, die erstmals Leitersdorf für Ma'ale Adumim aufstellte: Um die öffentlichen Einrichtungen zu erreichen, sollten Fußgänger nicht mehr als 250 Meter zurücklegen und dabei auch möglichst keine Hauptstraße überqueren müssen.

Ein zentrales Thema in den Richtlinien des Ministeriums, wie sie von Boneh formuliert wurden, waren jedoch Fragen der Aussicht und der Sichtlinien. Er empfiehlt Folgendes: »Die Öffnungen (Fenster) zum Ausblick hin auszurichten, bedeutet meist, sie zum Abhang hin auszurichten (…) Die ideale Sicht hängt ab von der Position der Gebäude und den Abständen zwischen ihnen, von der Dichte der Bebauung, der Neigung des Hanges und von der Vegetation.«[55] Des Weiteren rät Boneh, die Sicht(barkeit) zu optimieren, indem man die Häuser des inneren Kreises vor den Lücken zwischen den Häusern des äußeren Rings baut. Die Sicht gibt der Gestaltung in all ihren Aspekten eine strenge Disziplin vor, die bis hinunter zur Platzierung der Fenster in den Häusern reicht. Zur inneren Aufteilung der Häuser empfiehlt er, die Schlafzimmer in Richtung der inneren öffentlichen Sphäre zu orientieren und die Wohnzimmer dahin, wo man einen guten Ausblick ins Land hat.

Diese geometrische Ordnung produziert optische Hilfsmittel in städtebaulichem Maßstab. Die typischen Siedlungen auf Höhenzügen in Galiläa – die denen im Westjordanland ähneln – heißen auf Hebräisch *Mitzpe*, »Aussicht-Siedlung«. Der Ausdruck macht deutlich, worin die vorrangige Funktion der Siedlungen in den bergigen Gegenden besteht. Die ringförmige Anlage von Häusern und Straßen um Hügel herum bringt es mit sich, dass den Bewohnern eine axiale Sicht(barkeit) in zwei Richtungen aufgenötigt wird: nach außen und unten in die umgebende Landschaft und nach innen und aufwärts, ein Blick, der auf sich selbst zurückfällt, indem er den gemeinsam genutzten Plätzen und den Wohnhäusern der anderen Mitglieder der Gemeinschaft gilt. Jeder dieser konstruierten Blicke birgt in unterschiedlicher Weise Komplexes und Widersprüchliches. Der Blick nach innen zielt darauf ab, den Gemeinschaftssinn zu stärken, ermöglicht ein intimes »Management« der Lebensweisen der Bewohner und somit auch die Überwachung eines »akzeptablen« öffentlichen Benehmens. Die disziplinierende Macht dieses städtebaulichen Arrangements ordnet das Subjekt einem gemeinsamen Blick unter, der gleichzeitig von allen auf alle geworfen wird. Der Umstand, dass die zirkuläre Gestaltung nach innen auf die gemeinschaftliche öffentliche Sphäre hin orientiert ist, fördert eine »unbewusste Überwachung« des Benehmens in der Öffentlichkeit, das auf seine Zulässigkeit hin geprüft wird.[56] Durch die gesellschaftliche und physische Zusammengehörigkeit in ihrem von der Umgebung abgeschlossenen Sackgassen-Setting fördert die Gemeinschaftssiedlung eine gesellschaftliche Kohärenz mit einer gemeinsamen formalen Identität. Viele Bewohner von Gemeinschaftssiedlungen in der Westbank geraten, obwohl sie zunächst nur eine bessere Lebensqualität angestrebt haben, nach und nach in den Sog einer nationalistischen Ideologie, in jedem Fall werden sie sich jeder politischen Initiative widersetzen, sie aus ihren Häusern zu entfernen. Diese Veränderungen und die Aufrechterhaltung ideologischer Einstellungen der Siedler vollziehen sich im täglichen Leben und seinen unscheinbaren Ritualen, beim Reisen, bei der Arbeit und in der Freizeit.[57]

Das auswärts gerichtete Arrangement der Häuser lenkt die Blicke ihrer Bewohner auf die umgebende Landschaft. In diesem Zusammenhang sollten wir uns noch einmal dem Urteil von Richter Vitkon vom Obersten Gerichtshof zuwenden, in dem den Siedlungen von Bet-El eine Funktion für die Sicherheit attestiert wird.[58] Es belegt, dass der visuellen Überwachung im staatlichen Befriedungsprojekt eine nicht zu unterschätzende Rolle zukommt: »Terroristische Elemente operieren ungehinderter in einem Umfeld, das ausschließlich von einer dem Feind gegenüber gleichgültigen oder mit ihm sympathisierenden Bevölkerung bewohnt ist, als in einem Gebiet, in dem sich auch Personen befinden, die sie wahrscheinlich *überwachen* und die Behörden über jede verdächtige Bewegung *informieren*.«[59] (Hervorhebung E.W.) Diese Aussage impliziert, dass die israelische Regierung von der eigenen Zivilbevölkerung eine enge Zusammenarbeit mit Institutionen staatlicher Macht erwartet und in Anspruch nimmt, und dass die Anwesenheit der Siedler für die sicherheitspolitischen Ziele des Staates benutzt wird.[60] Die Aufgabe ziviler Siedler – von Männern, Frauen und Kindern – besteht also darin, die Bewegungen von Palästinensern in der Westbank zu beobachten und darüber Bericht zu erstatten und somit dazu beizutragen, dass die Besetzten Gebiete mit einer optischen Matrix überzogen werden, die von einer wachsenden Anzahl verstreuter Aussichtspunkte/Siedlungen aus in die Landschaft ausstrahlt.

Die Macht der Beobachtung wird auch in einem weiteren Punkt deutlich. Bis die Zweite Intifada dazu führte, das Leben der Siedler extrem zu gefährden, sahen die meisten Siedlungsräte davon ab, sich dem Rat der Sicherheitsexperten entsprechend mit einem Zaun von der Umgebung abzugrenzen. Dahinter stand ein Gedanke, der das Metaphorische mit dem Praktischen verband. Wenn sie sich einzäunten, könnte das den Anschein erwecken, als verzichteten Siedlungen auf territoriale Ansprüche außerhalb der Umzäunung. In einem seiner Dokumentarfilme bestätigte der israelische Filmemacher Avi Mugrabi dieses Argument. Er nahm Scharon auf, der sich, im Glauben, die Kamera sei abgeschaltet, in einer Siedlung im Westjordanland an einen gedeckten Tisch setzte und prahlte: »Ich habe ihnen gesagt: Baut keine Zäune um eure Siedlungen. Wenn ihr einen Zaun hochzieht, setzt ihr eurer Ausdehnung Grenzen (…) Wir sollten die Zäune lieber um die Palästinenser ziehen und nicht um unsere Orte.«[61] Auf der anderen Seite waren manche Siedler überzeugt, dass der Selbstschutz, den visuelle Überwachung bot, den materiellen Schutz einer Mauer oder eines Zauns überflüssig, wenn nicht kontraproduktiv machen würde. Die Art und Weise, wie der Sicherheitsoffizier der Siedlung Qedumim, Schlomo Hazoni, diese Auffassung ausdrückt, zeigt viele der Vorurteile, die man israelischen Sicherheitsbeauftragten gegenüber Palästinensern und Arabern nachsagt: »Zäune signalisieren Angst – das spüren die Araber (…) Wenn sie unsere Angst spüren, werden sie angreifen (…) Zäune sind eindeutig keine wirksame Sicherheitsmaßnahme.« Stattdessen schlug Hazoni vor, dass »die Anlage der Siedlung und die Gestaltung ihrer Häuser Bestandteile eines übergreifenden Sicherheitskonzepts sein sollten«.[62]

Da bei jüdischen Siedlungen versucht wird, Sicherheit durch Sicht(barkeit) zu erreichen, sind sie extrem hell beleuchtet. Nachts sind sie weithin als weiße Lichtstreifen in der Landschaft zu erkennen, die sich deutlich von der gelblichen Färbung des Lichts in arabischen Städten und Dörfern unterscheiden. Palästinensische Wohngebiete hingegen suchen Sicherheit in der Unsichtbarkeit und versuchen, sich durch Verdunkelungen gegen drohende Luftangriffe zu schützen. Im Verlauf der Intifada ordnete die Armee schließlich an, dass die Siedlungen sich mit mehrfach gestaffelten Zaunsystemen zu umgeben hatten und am äußersten Zaun mit Nachtsichtgeräten und sogar Bewegungsmeldern ausgestattet wurden – Maßnahmen, die die Funktion des bloßen Auges erweitern. Diese einseitige hierarchische Ordnung des Sehens wurde weiter verschärft durch Anweisungen, die Ende 2003 an die Soldaten der Besatzungskräfte ausgegeben wurden: Jeder Palästinenser oder jede Palästinenserin, die eine Siedlung durch ein Fernglas oder auf eine andere »verdächtige Weise« beobachtet, darf von Soldaten erschossen werden.[63] Palästinenser sollten es vermutlich vermeiden, Siedlungen überhaupt anzusehen.

Aber es ist nicht einfach, *keine* Siedlung zu sehen, wo immer man sich heute auch in der Westbank befinden mag. Der israelische Journalist Gideon Levy schreibt:

»Man kann in palästinensischen Häusern kaum ein Fenster finden, das nicht den Blick auf einige rot gedeckte Häuser einer benachbarten Siedlung freigibt. (…) Vom Fenster eines abgebrannten Textilgeschäfts im wiedereroberten Bethlehem, von einem Badezimmerfenster in Kafr Beit-Dajan, vom Wohnzimmerfenster im Dorf Sinjel, von der Öffnung einer Höhle der Höhlenbewohner im südlichen Berg Hebron, von einem Büro in Nablus, von einem Laden in Ramallah – von überall siehst du die Siedlung auf der Anhöhe, bedrohlich, furchtbar kolonial (…), drohende, erobernde Behausungen, die nach mehr gieren.«[64]

Das Paradox der doppelten Sicht

Die meisten israelischen Architekten, die im Westjordanland bauen, betrachten das Panorama nicht unter strategischen oder Verteidigungskategorien. Sie haben einfach den staatlichen Sicherheitsdiskurs verinnerlicht und gelernt, ihn einzusetzen, sobald sie mit staatlichen Stellen sprechen, um ihre Projekte genehmigt zu bekommen. Wenn sie Wohngebiete oder Siedlungen entworfen haben, die einen Ausblick über die umgebende Landschaft bieten, dann im Allgemeinen, um den Bewohnern eine schöne Aussicht zu bieten – so wie es jeder Architekt täte, der auf einer Anhöhe baut. So äußerte sich Leitersdorf über den Wert der Landschaft, auf die man von der Siedlung Ma'ale Adumim blickt: »Wir verkauften etwas, was uns keinen Pfennig kostete.«[65] Auch die meisten Siedler zogen nicht in die Westbank, um sich als Sicherheitsagenten des israelischen Staates zu betätigen. Siedler lassen sich aus diversen anderen Gründen im Westjordanland nieder. Jenseits von ideologischen Motiven locken sie ein subventioniertes, qualitativ besseres Leben, ein hohes Niveau von Dienstleistungen und Angeboten, ein günstigeres Leben in Naturnähe – und natürlich großartige Ausblicke.

Die für die Anwerbung von Mitgliedern in den USA publizierte Verkaufsbroschüre für Häuser in der ultraorthodoxen Siedlung Emanuel, der zweiten von Leitersdorf entworfenen Siedlung, ergeht sich in der Schilderung des Pittoresken: »Die Stadt Emanuel, 440 Meter über dem Meeresspiegel, bietet einen herrlichen Ausblick in die Küstenebene und die judäischen Berge. Olivenhaine sprenkeln die Hügel mit ihrem Grün, und die Landschaft atmet pastoralen Frieden.«[66] Das Bild der pastoralen Landschaft als integraler Bestandteil der kolonialen Perspektive und Tradition, der bewundernde Blick auf die rustikale Szenerie wird durch die Fensterrahmen der Moderne betrachtet. Der Rückzug aus der Stadt in die Natur suggeriert die Tugenden eines einfachen, naturverbundenen Lebens. Er lebt von der Gegenüberstellung von Luxus und Einfachheit, des Geplanten und des Spontanen – die sich wiederum spiegeln in den entgegengesetzten Polen der Blickachse zwischen den Siedlungen und der umgebenden Landschaft. In der Siedlung Emanuel versuchte Leitersdorf, »allen Wohnhäusern einen Panoramablick« zu geben.[67] Für die meisten Siedler war die Landschaft zunächst nicht viel mehr als ihr Ausblick auf eine Idylle, doch für die Ideologen von Gusch Emunim trugen ihre topografischen Merkmale Bedeutung als nationale Metaphern. Mittels einer konstruierten Sichtweise versuchten sie, die Beziehung zwischen dem Terrain und dem heiligen Text zu rekonstruieren. Die Topografie wurde zur Szenografie, die die Landschaft zum Gegenstand der Exegese machte, indem sie diffus mit biblischer Bedeutsamkeit überzogen wurde, die gelesen werden musste, anstatt einfach angesehen zu werden. Die Bergregion des Westjordanlandes wurde sowohl zu einer physischen Gegebenheit als auch zu einer vorgestellten

SPERRZONEN · KAPITEL 4

Marine Hougnier, Film-Still aus »Territories II«, 2005

mythischen Geografie. Dabei inspirierte das »biblische« Panorama keineswegs zu ernster Besinnung, sondern bildete vielmehr den Kern eines religiösen Rituals, das schiere Ekstase hervorrief. Menorah Katzover, die Frau eines prominenten Führers der Siedlungsbewegung, sagte angesichts des Blicks auf die Hügel des Westjordanlandes, den sie von den Wohnzimmerfenstern ihres Hauses in der Siedlung Homesch hatte: »Er verursacht in mir eine solche Erregung, dass ich darüber nicht mit Anstand sprechen kann.«[68]

Die Siedlung Schiloh[69] pries ihre Vorzüge auf ihrer Website wie folgt: »Schiloh erstreckt sich über die Hügel, die sich über Tel Schiloh (ein Grabhügel aus biblischer Zeit) erheben, wo sich vor über 3000 Jahren die Kinder Israels versammelten, um das Tabernakel zu errichten und das Land Israel durch Los auf die Stämme aufzuteilen (…) Dieses uralte spirituelle Zentrum hat seine Kraft behalten, die nun im Mittelpunkt des modernen Schiloh steht.«[70] Die mit religiöser Bedeutsamkeit getränkte Landschaft stellt die Verbindung her, die es Menschen ermöglicht, auf eine Weise religiös-nationale Mythen wieder zu erleben und wieder zu inszenieren, die auf ein und demselben Land Vorzeit und Moderne aufeinanderprallen lässt. Der Rabbi Yoel Bin-Nun, einer der Gründer von Gusch Emunim und einer seiner spirituellen Leitfiguren, trägt den selbstgewählten Familiennamen Bin-Nun in Anlehnung an Yehoschua Bin-Nun, der diese Gegend einst für die Israeliten besetzt hatte, und versucht eine ähnliche Beziehung zwi-

Die Siedlungen: Optischer Urbanismus

schen biblischer Vorzeit und dem heutigen Projekt herzustellen. Er verkündete mit großem Tam-Tam die Entdeckung des genauen Ortes, an dem das Tabernakel gestanden hatte. Mit Spendengeldern von jüdischen Gemeinden und christlichen Evangelisten in den Vereinigten Staaten betrieb er den Bau der »Synagoge des Doms der Gegenwart Gottes«, deren Architektur sich an Bau-Richtlinien orientierte, die er in der Bibel gefunden hatte. Von Weitem besitzt das Gebäude eine gewisse Ähnlichkeit mit zeitgenössischen Rekonstruktionen dessen, wie einmal der Zweite Tempel von Jerusalem ausgesehen haben mag. Inzwischen sind die Synagoge und der archäologische Ausgrabungsort zu lächerlichen Objekten religiös-nationalistischer Pädagogik mutiert, um die herum Siedler in biblischer Kostümierung Führungen für Schulkinder aus benachbarten Siedlungen organisieren.

Eine ganze Reihe von Deutungen der Landschaft wird so in Gang gesetzt: Die Orte, die von der Armee als Bedrohung definiert werden, erscheinen als Teile eines biblischen Panoramas. Die Steinhäuser der palästinensischen Dörfer, die Oliventerrassen und die Feldwege werden als historisch-kulturelle Zeichen gelesen. Ein Graben tut sich auf zwischen dem, was die Siedler laut Militär und Regierung sehen sollten (Orte von nationaler strategischer Bedeutung und menschliche Objekte staatlicher Kontrolle), dem, was die Siedler zu sehen vermeinen (eine bukolische biblische Landschaft mit passenden Figuren) und dem, was die Siedler wirklich sehen – das alltägliche Leben der Palästinenser und ihre Armut unter der Besatzung. Das Panorama birgt ein grausames Paradoxon: genau das, was aus der Landschaft eine »biblische« macht – die traditionelle Form, wie sie bewohnt und bewirtschaftet wird, die Terrassen, die Olivenhaine, Steinhäuser und Vieh –, wird gerade von den Palästinensern hervorgebracht, ausgerechnet von jenen, die die Siedler am liebsten verdrängen würden. Das Panorama wird als inszenierte Landschaft wahrgenommen, wie ein Bühnenbild, das unsichtbare Bühnenarbeiter erstellt haben, die verschwinden müssen, wenn sich der Vorhang hebt. Die Palästinenser schaffen es immer wieder, in den Räumen zwischen den verschiedenen visuellen Registern zu existieren: dem der Gefahr, dem der biblischen Authentizität, dem des Eingeborenenidylls und dem der politischen Unsichtbarkeit. Die Wirksamkeit der Letztgenannten wurde vielleicht am besten von Sa'adia Mandel beschrieben, der die Fakultät für Architektur am Ariel College in der Westbank leitet und von seinen Studenten behauptete, dass sie beim Blick aus dem Fenster des Hörsaals »die arabischen Dörfer sehen, sie aber nicht bemerken. Sie schauen hin, aber sie sehen sie nicht. Und das meine ich positiv.«[71]

5. Kapitel
Checkpoints: Der gespaltene Souverän vor und hinter dem Spiegel

Ohne einen einzigen Strich zu ziehen, entwarfen die israelischen und palästinensischen Friedensbürokraten, die sich im Sommer 1993 in Oslo trafen, eine der kompliziertesten architektonischen Kreationen der Besatzung. Artikel X des ersten Anhangs zum Gaza-Jericho-Abkommen (auch Oslo I genannt) lautet »Übergänge«. Er behandelt die Schnittstellen zwischen einer Vielzahl unterschiedlich definierter Gebiete, insbesondere die Grenzkontrollen zwischen der »Außenwelt« und den Gebieten, die unter begrenzte palästinensische Hoheit gestellt wurden.[1] Die Architektur der Grenzübergänge war darauf angelegt, die strukturelle Paradoxie aufzuheben, die sich aus den scheinbar widersprüchlichen Anliegen ergab, palästinensische Autonomie zu ermöglichen und gleichzeitig den Israelis die umfassende Sicherheitskontrolle zu belassen. Für die palästinensischen Verhandlungsteilnehmer waren die Grenzübergänge und das Prozedere des Übergangs von großer symbolischer Bedeutung für die entstehende autonome nationale Selbstbestimmung. Für die israelischen Offiziere, die die Verhandlungen führten, kam es darauf an, dass die Grenzübergänge ihrem neuen Sicherheitskonzept entsprachen: Die direkte Kontrolle vor Ort über die palästinensische Bevölkerung Gazas und der Westbank sollte der entstehenden Palästinensischen Autonomiebehörde übertragen werden, diese allerdings weiterhin der übergeordneten »unsichtbaren« Kontrolle durch Israel unterworfen bleiben. Israelische Sicherheitsfachleute und palästinensische Politiker zogen unterschiedliche Konzepte in Betracht; und als man sich schließlich auf eines festlegte, war es ein Kompromiss, der im letzten Moment vor der geplanten Unterzeichnungszeremonie im September 1993 im Weißen Haus geschlossen wurde. Die architektonische Gestaltung ermöglichte es Israel, von Fall zu Fall zu entscheiden, wer den Checkpoint, der in Artikel X als großer Militärstützpunkt beschrieben wird, passieren darf und wer nicht. Sie war darauf ausgelegt, dass die »Verantwortung für die Sicherheit im Verlauf des Übertritts« bei Israel lag, während es Aufgabe der Palästinenser war, das Gebäude zu verwalten; im Übrigen sollten einzig und allein die palästinensischen nationalen Embleme auf dem Gelände sichtbar sein.[2]

Artikel X beschreibt alle Einzelheiten eines Diagramms der Bewegungsflüsse. Dabei werden die Palästinenser, die den Grenzübergang passieren, in farblich kodierte Gänge und Nebengänge getrennt. Das ergibt eine komplexe Choreografie von Durchgängen und Sicherheitschecks, die die Reisenden nach ihrem Zielort aufteilen, wie sie innerhalb der Geografie der Oslo-Verträge definiert wurden. Am Ende des Oslo-Prozesses bestand diese Geografie in mehreren 100 Enklaven: 40 Prozent des Westjordanlandes unter palästinensischer Verwaltung (die Zonen A und B), der Rest der Westbank (Zone C), außerdem Gaza und Ostjerusalem unter israelischer Herrschaft. Reisende Palästinenser können die israelischen Soldaten, die die Kontrolle im Terminal de facto ausüben, nicht sehen. Artikel X legte fest, dass die israelischen Sicherheitskräfte, obwohl überall im Gebäude präsent, durch Spiegel von den Reisenden getrennt sind – Spiegel, hinter denen sie sitzen und sehen, ohne gesehen zu werden.[3] Die Reisedokumente sollten von »einem israelischen Offizier kontrolliert werden, der auch die Identität der Reisenden indirekt und ohne sichtbar zu werden überprüfen« würde.[4] Innerhalb des Grenzübergangs sollten palästinensische Polizeikräfte gewisse Überprüfungen vornehmen, doch es war auch vorgesehen, dass das israelische Sicherheitspersonal hinter dem Spiegel hervorkommen und in die Haupthalle treten könnte, wenn es ihrem Eindruck nach erforderlich sein würde. In letzter Konsequenz ist es ihnen auch erlaubt, ihre Waffe einzusetzen.[5]

Die wenig spektakuläre Allenby-Brücke, die auf der historischen Route Amman-Jerusalem-Jaffa über den Jordan führt, ist die Hauptverbindung zwischen der Westbank und Jordanien. Auf der westlichen Seite der Brücke, auf dem israelisch besetzten Jordanufer, hat man den Vorgaben des Artikels X entsprechend den bereits bestehenden Grenzübergang vergrößert und umgestaltet. Mehrere miteinander verbundene Räume, die teilweise mit einseitig durchsichtigen Spiegeln ausgestattet sind, wurden an Kreuzungen der verschiedenen Gänge innerhalb des Kontrollgebäudes eingerichtet. Die Räume, die hinter den Spiegeln verborgen sind, können durch eine Hintertür betreten werden. In Übereinstimmung mit Artikel X sehen eintreffende Palästinenser immer nur »einen palästinensischen Polizeibeamten und die aufgezogene palästinensische Fahne«. Sie sehen außerdem je einen palästinensischen Polizeischalter vor einem der großen Spiegel in der Halle für »Ankommende Reisende«. Die Spiegel wurden so angebracht, dass die israelischen Sicherheitsleute dahinter sowohl die palästinensischen Reisenden als auch das palästinensische Polizeipersonal beobachten können, während sie selber ungesehen bleiben.

Der Wartesaal selber ist ein großer Raum, in dem viele Reihen Plastikbänke am gefliesten Boden fixiert sind. Im Jahr 1996, auf dem Höhepunkt des Oslo-Prozesses, beschrieb der palästinensische Dichter und PLO-Aktivist Mourid

Barghouti, wie er bei seiner Rückkehr nach 30 Jahren Exil zum ersten Mal über die Brücke nach Palästina kam: »Ich betrat eine große Halle, die aussah wie die Ankunftshalle in einem Flughafen (...), eine Reihe von Schaltern, um die verschiedenen Leute abzufertigen: die, die in die Westbank wollten, die, die nach Gaza weiterreisten (...) Tausende von Palästinensern wie ich, die mit ihren Taschen bepackt unterwegs waren zu einem Sommerbesuch oder auf dem Rückweg nach Amman, um ihr alltägliches Leben wieder aufzunehmen.« Barghouti beschreibt die riesige Halle, bevölkert von großen Familien mit ihren vielen Kindern. Es dauerte lange, bis man an die Reihe kam, und überall schliefen Kinder, auf den Bänken, auf dem Schoß ihrer Mutter oder am Boden.

»›Wo muss ich jetzt hin?‹

›Zu dem palästinensischen Beamten, natürlich.‹«[6]

Der palästinensische Grenzpolizist hinter seinem hohen Schalter nimmt den Pass des ankommenden Reisenden entgegen, prüft ihn und lässt ihn dann in eine hinter dem Schalter versteckte Schublade gleiten, die auf der anderen Seite von dem israelischen Sicherheitsbeamten geöffnet wird. Dort werden die Daten des Passes ins Datensystem eingegeben, eine Entscheidung über die Einreise wird getroffen und der Pass, in dem jetzt auf ein- oder zweifarbigen Zetteln eine Einwilligung oder Ablehnung vermerkt ist, zurückgeschoben. Der palästinensische Polizeibeamte heißt den Ankömmling willkommen oder verweigert ihm die Einreise und stempelt den Pass entsprechend.[7] Auf der anderen Seite des Kontrollgebäudes herrscht dann das übliche Durcheinander von emotionsgeladenen Wiedersehensszenen, fliegenden Händlern, Kiosken, Bussen und Taxis.

Die Architektur des Kontrollgebäudes dient nicht nur zur Lösung eines spezifischen Sicherheits- bzw. politischen Problems – sie ist auch ein Diagramm der neuen Machtverhältnisse, die während des gesamten Oslo-Prozesses (1993–2000) geschaffen wurden.[8] Die Architektur dieser Kontrollgebäude verkörperte förmlich die militärische, politische und ökonomische Logik von Oslo, die darauf abzielte, die direkte israelische Besatzung und das »Management« der besetzten Palästinenser (und somit die direkte Verantwortung für sie) durch die Schaffung der Palästinensischen Autonomiebehörde zu ersetzen – eines von der Internationalen Gemeinschaft fabrizierten politischen Systems mit Prothesenfunktion, an das lokale Verwaltungsfunktionen delegiert wurden. Es entsprach dieser Governance-Logik, dass Israel weiterhin die Kontrolle über die Palästinenser hatte, indem es deren Bewegungen von Ort zu Ort regelte, ohne sich deshalb um die Organisation ihres Lebens kümmern zu müssen, das sie in ihren städtischen und dörflichen Enklaven führten. Indem die Palästinensische Autonomiebehörde die alltäglichen Verwaltungsaufgaben in den Enklaven übernommen hat, befreie sie Israel von seinen Pflichten als Besatzungsmacht, wie sie das internationale Recht festlegt.[9]

Die Architektur des Kontrollgebäudes an der Allenby-Brücke verkörperte im Maßstab eines Gebäudes das Prinzip der Überwachung, das durch die Verteilung der Siedlungen und Militärstützpunkte über die Besetzten Gebiete vorgegeben war. Anders jedoch als diese Mechanismen der Überwachung und Disziplinierung, die in Anlehnung an Prinzipien des 19. Jahrhunderts Macht »sichtbar, aber nicht nachweisbar«[10] machen wollten, ist die Architektur des Kontrollgebäudes so angelegt, dass den Reisenden die Mechanismen von Macht und Kontrolle vollständig verborgen bleiben. An diesem Ort soll Macht weder sichtbar noch nachweisbar sein. Zweck des Kontrollgebäudes ist es nicht, die palästinensischen Reisenden zu disziplinieren, sondern vielmehr, sie darüber zu täuschen, wo die tatsächliche Quelle der Macht liegt; sie glauben zu machen, dass sie unter der Kontrolle der einen Autorität leben, während es tatsächlich die andere ist, die die Kontrolle ausübt. Bezeichnenderweise waren es nicht die palästinensischen Reisenden, sondern die Vertreter der Palästinensischen Autonomiebehörde, die die disziplinarische Logik verinnerlichen mussten, zu überwachen und dabei vom israelischen Sicherheitspersonal überwacht zu werden. Diese Hierarchie der Überwachung entsprach der beinahe mütterlichen Rhetorik, mit der Israel das Oslo-Abkommen darstellte: Die Israelis würden die Palästinensische Autonomiebehörde in eine komplexere Welt einführen, in der sie nach ersten angeleiteten Schritten in Richtung Selbstverwaltung, wenn die Zeit gekommen wäre, unabhängig von israelischer Macht auf eigenen Füßen stehen würde.[11]

Regulierung von Bewegungsflüssen

Die israelische Vorstellung von Sicherheit hat immer einen komplexen territorialen, institutionellen und architektonischen Apparat umfasst, der die Bewegungen der Palästinenser durch den »israelischen« Raum regulieren sollte. Der israelische Autor und Aktivist Tal Arbel bezeichnet dieses Phänomen als »Israels Mobilitätsregime«[12]. Bis 1966 war den palästinensischen Bürgern Israels eine Militärverwaltung aufgezwungen. Dazu gehörten Checkpoints in ihren Städten und Dörfern und um sie herum, so dass sie nicht ohne spezielle Erlaubnis reisen konnten. Im Jahr 1966 wurden die Bestimmungen gelockert und die Reiseerleichterungen nach 1967 im Zuge der »Politik der offenen Brücken« von Verteidigungsminister Mosche Dayan auf die Besetzten Gebiete ausgeweitet. Es war nun auch Palästinensern aus Gaza und der Westbank erlaubt, nach Jordanien und Israel zu fahren. Dies war Teil eines umfassenden politischen Konzeptes, das er

Checkpoints: Der gespaltene Souverän vor und hinter dem Spiegel

als »die unsichtbare Besatzung« bezeichnete. Diese sollte dazu führen, dass »der ortsansässige Araber sein Leben führen kann, (…) ohne einen Repräsentanten Israels zu sehen oder zu sprechen«. Dayan wollte den Weg für eine Situation bereiten, in der die Palästinenser unter einer nicht wahrnehmbaren, doch allumfassenden israelischen Kontrolle ihr Leben selber führen und sich gesellschaftlich verwalten würden. Im Rahmen dieser Politik war das israelische Militär angewiesen, sich – und die israelische Fahne – in palästinensischen Städten möglichst nicht zu zeigen und sich, so weit es ging, nicht in das alltägliche Leben der Palästinenser einzumischen.[13] Diese Politik sollte auch die Integration palästinensischer Arbeiter in den israelischen Arbeitsmarkt ermöglichen. Dayans Initiative wurde mit humanitären Argumenten begründet, doch wie Schlomo Gazit, Dayans Koordinator der Regierungstätigkeit in den Besetzten Gebieten, verdeutlichte, war die Möglichkeit, die Allenby-Brücke zu öffnen und zu schließen, Teil einer behavioristischen Politik von Zuckerbrot und Peitsche, die es ermöglichte, »Privilegien zurückzunehmen«, wenn es die Sicherheits- oder die politische Situation nahelegten.[14] Tatsächlich blieben die Brücken zwischen der Westbank und Jordanien häufiger als ursprünglich beabsichtigt geschlossen oder waren nur in eine Richtung offen, um lediglich den Palästinensern die Ausreise zu ermöglichen. Im Laufe der Besatzungsjahre nahmen die Einschränkungen der Bewegungsfreiheit für Palästinenser nach und nach zu. Als 1981 im Westjordanland und in Gaza die Ziviladministration, ein untergeordnetes Organ der IDF, eingeführt wurde, um die palästinensische Bevölkerung zu verwalten, gab die neue Verwaltung erstmals Reiseerlaubnisse aus. Im Verlauf der Ersten Intifada (1987–1991) nahm diese Praxis enorm zu, als Dörfer und Städte mit langen Ausgangssperren belegt wurden.[15] Im Jahr 1991 verhängte Premierminister Yizhak Schamir für die gesamte Dauer des Golfkriegs erstmals eine totale Abriegelung der gesamten Besetzten Gebiete gegenüber Israel und dem Rest der Welt.

Während der Oslo-Jahre wurden die Schließungen weiter ausgedehnt, perfektioniert und normalisiert. Im Verlauf des Jahres 1994 zogen sich die israelischen Sicherheitskontrollen auf die Verbindungsstraßen zwischen den palästinensischen Bevölkerungszentren zurück. Zwischen 1994 und 1999 richtete Israel 230 Checkpoints/Kontrollpunkte ein und verhängte an 499 Tagen komplette Abriegelungen.[16] Israel übte seine Oberhoheit dadurch aus, dass es jederzeit die Bewegungen in den gesamten Besetzten Gebieten und von und nach »draußen« blockieren, filtern und kanalisieren konnte. Die Besatzung verschob sich effektiv auf das Straßennetz, wo sie ähnlich einem System von Ventilen wirkte, von Checkpoints und Straßenblockaden, die geöffnet und geschlossen werden konnten. Des Weiteren übten die israelischen Besatzungskräfte Herrschaft aus, indem sie auch andere Flüsse kanalisierten: die von Arbeit, Waren, Energie und Müll. Sogar das Niveau des Wasserflusses in den Rohren zwischen den abgeschnittenen palästinensischen Enklaven der Westbank wurde durch die Ziviladministration reguliert.[17]

Der Grenzübergang an der Allenby-Brücke ist nur ein Rädchen in dem komplexen rechtlichen, räumlichen und ideologischen Apparat, den Oslo hervorbrachte. Das israelische Regulierungssystem bestand nicht nur aus einem Netzwerk ziviler Bauten (obwohl sich die Anzahl der Gebäude während der Oslo-Jahre verdoppelte, wie wir zuvor gesehen haben) und neuer Straßen, die ausschließlich von Siedlern, anderen Israelis und dem Militär genutzt werden durften.[18] Die neue Form der Regierung der Gebiete brachte auch ein riesiges Aufgebot »rechtlicher« und bürokratischer Prozeduren mit sich, die darauf angelegt waren, die israelischen Siedler und die palästinensischen Bewohner der Besetzten Gebiete als zwei territorial zwar überlappende, im Übrigen aber zunehmend inselförmige, autarke Netzwerke zu regeln.

Die bürokratische Infrastruktur des Oslo-Prozesses hatte zum Ziel, die »Besatzung« durch »Management« zu ersetzen. Der israelische Soziologe Yehuda Schanav berichtete von einem Pilotprojekt des israelischen Militärs in den Oslo-Jahren: die Einführung des sogenannten Total Quality Management (TQM) für die Verwaltung sämtlicher Beziehungen zwischen den israelischen Sicherheitskräften und den Palästinensern in Gaza. TQM ist ein an Klienten orientierter »Managementansatz, (…) der auf Partizipation beruht, langfristige Erfolge durch Kundenzufriedenheit anstrebt und allen Mitgliedern der Organisation zugute kommt«.[19] Das System wird international im Produktions-, im Bildungs- und Dienstleistungssektor angewandt. In der Armee wurde es erstmals 1991 vom damaligen Generalstabschef Ehud Barak eingeführt, um die Personal- und die Versorgungsabläufe der Armee zu optimieren. Im Jahr 1995 gelang es einem jungen Offizier, der gerade seinen Universitätsabschluss als Betriebswirt gemacht hatte, das IDF-Kommando in Gaza davon zu überzeugen, diese Managementmethoden auch auf die Beziehungen der Armee zu den Palästinensern anzuwenden. Das bedeutete eine tiefgreifende Umdeutung der militärischen Besatzung: Sie wurde zum Lieferanten von Dienst- und Sicherheitsleistungen an ihre Kunden, die Palästinenser und die Siedler. Auf diese Weise wurden die israelisch-palästinensischen Interaktionen, die im Lichte des internationalen Rechts immer noch im Rahmen einer kriegsbedingten Besatzung stattfanden, entpolitisiert und als freundlich neoliberale »Dienstleistungsökonomie« dargestellt, als gewöhnliche Geschäftsbeziehung.[20] Das Ziel von TQM und des Oslo-Prozesses im Allgemeinen war es, die »Reibungen« zwischen den unterschiedlichen Gruppen zu verringern, die in den Besetzten Gebieten wohnten bzw. sich aufhielten (palästinensische Bewohner, palästinensische Polizei, israelische Soldaten, Siedler und sogar Touristen) und, soweit es ging, die Anwendung militärischer Gewalt durch Israel zu vermeiden.

Innerhalb dieses umfassenderen Systems der Kontrolle hatte die Architektur der Grenzkontrollstellen Ventilfunktion, die den Fluss palästinensischer Reisender den veränderlichen israelischen Sicherheitsbedürfnissen entsprechend regulierten; parallel dazu wurden sie für diejenigen, die sie durchliefen, ein ideologischer Apparat, der darauf abzielte, die Machtausübung der Palästinensischen Autonomiebehörde natürlich und normal erscheinen zu lassen.

Durchsichtige Grenze

Anders als die einseitig durchsichtigen Spiegel, an die wir uns in fast jeder Polizeiwache, Haftanstalt oder Kontrollräumlichkeit auf der ganzen Welt gewöhnt haben, war der einseitige Spiegel im Kontrollgebäude/Militärstützpunkt an der Allenby-Brücke mehr als nur eine einfache Kontrollvorrichtung. Er stellte auch eine Art internationaler Grenze dar, die er jedoch nicht nur markierte, sondern er schuf in seiner Aufstellung und Funktion auch eine konzeptionell neuartige Ent- und Begrenzung des Begriffs der Souveränität. In diesem Kontext sind die einseitigen Spiegel bedeutsame Komponenten bei der Neugestaltung dessen, was Souveränität im grenzüberschreitenden »Kampf gegen den Terror« bedeutet. Dieser ermöglicht den Vereinigten Staaten ihre »Politik der Leugbarkeit« (in fast schon clintonesker Manier), bei der sie z.B. Foltermethoden ohne physischen Kontakt anwenden. Da »grausame, unmenschliche und erniedrigende Behandlung von Gefangenen in US-Gewahrsam« rechtlich verboten ist, erfand die Bush-Regierung das Prozedere der »außerordentlichen Auslieferung«. Dabei lieferte man Terrorverdächtige einfach an Regimes aus, die foltern.[21] Der einseitige Spiegel, hinter dem US-Agenten und verhaltenspsychologisch geschulte Berater dann die Folter in saudiarabischen, marokkanischen oder syrischen Gefängnissen überwachen und vielleicht sogar leiten, läuft im Grunde auf eine Ausdehnung der US-Grenzen hinaus. Er stellt das physische und optische Mittel dar, durch das eine vormals einheitliche Souveränität geteilt wurde.[22]

Ein ähnliches, wenn auch komplexeres prothesenhaftes Machtverhältnis wurde durch den einseitig durchsehbaren Spiegel am Allenby-Grenzübergang hergestellt. Obwohl Artikel X das Kontrollprozedere der Palästinensischen Autonomiebehörde zu einer reinen Farce macht, ist die Art dieser Farce durchaus wirkmächtig. Der Oslo-Prozess wurde so gestaltet, dass die Palästinenser sich nicht mehr nur als individuelle *Objekte* betrachten, die militärischer Macht ausgesetzt sind, sondern auch als politische Subjekte einer anderen Macht. Während sich israelische Sicherheitskontrollen immer auf die besetzten Palästinenser richteten, traf dies für das ideologische Projekt Israels nicht zu. Das Bestreben, ein politisches Subjekt zu »produzieren« und zu disziplinieren, blieb getrennt von den Sicherheitskontrollen, die den Einzelnen mittels Drohungen und Gewalt beherrschen.[23] Zur Zeit der Oslo-Verträge waren die Palästinenser nach wie vor der israelischen Herrschaft im Namen der Sicherheit unterworfen und der ständigen Bedrohung durch militärisches Vorgehen ausgesetzt, während man ihnen gleichzeitig nahelegte, sich als Subjekte ihrer eigenen politischen Autorität zu definieren. (Das führte dazu, dass sich der Zorn und die Frustration der palästinensischen Bevölkerung über ihren zunehmenden Freiheitsverlust und die sich verschlechternde wirtschaftliche Lage eher gegen die eigene Autonomiebehörde als gegen Israel richteten.) Diese Teilung der Funktionen direkter Disziplinierung und indirekter Kontrolle passt nicht mehr in das theoretische Narrativ, das eine Entwicklung von »Disziplinargesellschaften« zu »Kontrollgesellschaften« annimmt.[24] Beide Herrschaftssysteme koexistieren hier als zwei Komponenten einer vertikal gegliederten Souveränität, die in diesem Fall horizontal auf die beiden Seiten des einseitig durchsichtigen Spiegels aufgeteilt ist.

Während der gesamten Zweiten Intifada war die »Ausnahmeregel« des Artikels X, wonach es den Israelis gestattet ist, vorübergehend in den Kontrollraum einzudringen, um »Sicherheit« durchzusetzen, permanent in Kraft. In den seltenen Zeiträumen, in denen der Übergang für den Verkehr freigegeben war, mussten sich die Palästinenser ohne die Vermittlung palästinensischer Grenzpolizisten direkt an die israelische Grenzpolizei wenden. Palästinenser wurden zunehmend der unverhüllten, offen auftretenden militärischen Macht ausgesetzt. Wenn sie kooperierten und widerstandslos den Befehlen der Armee nachkamen oder vor der architektonischen Maschinerie die Augen niederschlugen, so taten sie dies eher aus Angst vor Gewalt, als auf Grund einer verinnerlichten Beziehung der Unterordnung, wie sie Bürger vielleicht ihrem Staat entgegenbringen würden.

Die Architektur der Checkpoints

Die diskontinuierliche Aneinanderreihung von Zäunen, Gräben, Betonmauern und High-Tech-Sensoren – die israelische Regierung bezeichnet sie als »säumendes Hindernis«, die israelische Öffentlichkeit im Allgemeinen als »Trennzaun« und diejenigen Israelis und Palästinenser, die sich gegen sie wehren, als »die Mauer« oder manchmal auch als die »Apartheids-Mauer« –, dieses Gebilde ist nur das am hellsten von den Medien ausgeleuchtete und sichtbarste System von Barrieren, die das gesamte Westjordanland wie mit Narben zeichnen. Mit Beginn des Oslo-Prozesses 1993 begann eine Bauwut, die mit einer Unzahl von festungsartigen Konstruktionen darauf abzielt, Palästinenser möglichst lückenlos von Israelis zu trennen.

Die ohnehin fragile innere Kohärenz der palästinensischen Gesellschaft und die Geografie von Oslo wurden seit Beginn der Zweiten Intifada im September 2000 weiter zersplittert. Vor allem geschah dies durch israelische Maßnahmen zur Isolierung und Fragmentierung des palästinensischen Widerstands und zur Einschränkung der Möglichkeiten für palästinensische Selbstmordattentäter, in israelische Städte zu gelangen. Mittels eines komplexen, allgegenwärtigen Systems von Sperrungen und restriktiven Eingriffen in den Verkehrsfluss brachten die Israelis die palästinensische Wirtschaft weitgehend zum Stillstand. Dabei bedienen sie sich eines Netzwerks aus Barrieren – darunter permanent oder zeitweise durch Soldaten besetzte Kontrollpunkte, Straßensperren, Gittertore, Erdaufschüttungen, Gräben, »fliegende«, d.h. bewegliche Checkpoints –, deren Funktionieren durch ein sich häufig veränderndes Bündel von Verboten und Einschränkungen geregelt wurde. Laut einem Bericht des UN-Amtes für die Koordination humanitärer Angelegenheiten (UN Office for the Coordination of Humanitarian Affairs, OCHA), das die Politik der Behinderungen des Verkehrsflusses untersucht hat, zählten zu diesen Restriktionen im September 2006 528 physische Hindernisse. In einer Woche im Dezember 2006 registrierten die Mitarbeiter des OCHA 160 neue »fliegende Checkpoints« und zusätzliche 38 Kilometer Straße, die für die Benutzung durch Palästinenser gesperrt wurden.[25] Diese Absperrungen und Barrieren untermauern eine neu geschaffene geografische, soziale und ökonomische Realität.[26] Obwohl sich das System der Kontrollpunkte allmählich aus einer Reihe lokaler Antworten auf taktische Erfordernisse entwickelte, wie sie die Offiziere der Armee jeweils vor Ort einschätzten, nahm es schließlich die Form eines strategischen Gesamtkonzepts an, das das gesamte Territorium erfasst und vor allem darauf abzielt, das Leben der Palästinenser zu beherrschen und zu steuern, ohne in ihre Städte, Ortschaften und Dörfer einfallen und meistens auch ohne direkte martialische Gewalt anwenden zu müssen. Die unterschiedlichen Barrieren haben die Westbank jeweils um die palästinensischen »Ballungszentren« herum in annähernd 200 voneinander getrennte, abgeschottete »territoriale Zellen« zersplittert, die in etwa den während der Oslo-Zeit herausgebildeten Zonen A und B entsprechen. Der Verkehr zwischen diesen Zellen wird durch von der Armee kontrollierte »Flaschenhälse« kanalisiert. Palästinenser müssen für die Fahrten eine von mehr als zwölf verschiedenen Arten von Erlaubnissen beantragen, von denen es jede einer jeweils verschiedenen Kategorie von Menschen erlaubt, durch eine jeweils verschiedene Kategorie von Checkpoints in eine jeweils verschiedene Kategorie von Gebieten zu reisen. Darüber hinaus ist Palästinensern der Zugang zum Jordantal, nach Jerusalem und in die Enklaven, die zwischen der Mauer und der Grünen Linie entstanden sind, verwehrt, es sei denn, sie haben eine Erlaubnis der Kategorie »so-gut-wie-unmöglich-zu-bekommen«.[27] Das System der Kontrollpunkte ist außerdem darauf ausgelegt, die Durchsetzung und Aufrechterhaltung einer Politik der totalen Abschließung zu ermöglichen – die vollständige Unterbindung jeglicher Bewegung aus dem Westjordanland nach Israel. Diese Politik tritt in Kraft, sobald es eine Warnung vor einem Terroranschlag oder einen entsprechenden Verdacht gibt, jedoch auch routinemäßig an jüdischen Feiertagen und Festlichkeiten und oft zu muslimischen Feiertagen oder zu besonderen Anlässen (etwa beim Tod Jassir Arafats) oder wenn in Israel bedeutende internationale sportliche Ereignisse stattfinden, wie beispielsweise ein Spiel im Rahmen der europäischen Basketball-Meisterschaft. (Schon das sollte eigentlich Grund genug sein, dass internationale Sportverbände ihre Entscheidung überdenken, Veranstaltungen in Israel stattfinden zu lassen.) Laut der Union of Palestinian Medical Relief Committees (der wichtigsten palästinensischen NGO zur medizinischen Versorgung; d.Ü.) haben während der ersten drei Jahre der Intifada 85 Prozent der Bewohner der Westbank ihre Dörfer wegen der Ausgangssperren und Abriegelungen nicht verlassen können.[28]

Der Sicherheitslogik des Checkpointsystems liegt im Übrigen die Annahme zugrunde, dass der Raum um so sicherer wird, je weniger sich die Palästinenser darin bewegen dürfen.[29] Als Chef des Geheimdienstes Schabak (General Security Service, GSS) war Avi Dichter einer der entschiedensten Befürworter des Systems der Kontrollpunkte; er ging so weit, diejenigen Offiziere als Mörder zu bezeichnen, die ein paar Kontrollpunkte auflösten, weil sie fanden, dass diese unnötig ganze Städte bestraften.[30]

Machsom Watch (Checkpoint-Beobachtung), eine Organisation israelischer Frauen, die es sich zur Aufgabe gemacht haben, die Checkpoints der israelischen Armee zu beobachten, um mögliche Menschenrechtsverletzungen festzustellen, hat die Gewalt und die Demütigungen, die das System der Kontrollpunkte verursacht, sehr gewissenhaft und detailliert festgehalten und bekannt gemacht: das Aufhalten von Krankentransporten, das Hinhalten von alten Menschen oder Kleinkindern, die unbedingt medizinischer Versorgung bedürfen, Geburt und Tod am Straßenrand. Sie schildern, wie das Regime über die Mobilität der Palästinenser gewaltsam in ihr alltägliches Leben eingreift und es in jeder Hinsicht durchdringt, die Menschen in ihrem täglichen Überlebenskampf zusätzlich behindert, demütigt und erschöpft – um sie, wie das Militär behauptet, durch diese Schwächung außerstande zu setzen, politischen Widerstand zu leisten.[31] Am Huwwara-Checkpoint, südlich von Nablus, stellten Aktivistinnen von Machsom Watch fest, dass die Willkür und Unberechenbarkeit israelischer Vorgaben nichts anderes bewirken sollten, als das Reisen für Palästinenser zu einem Unterfangen mit so unsicherem Ausgang zu machen, dass sie es schließlich ganz aufgeben. So beschlossen am 6. September 2004 die israelischen Soldaten an diesem Checkpoint, jedem neunten männlichen Erwachsenen, der passieren wollte, den Übertritt zu verweigern; am 19. desselben Monats waren es alle Männer, die Mohammed hießen (was auf einen beachtlichen Teil der männlichen Palästinenser zutrifft). Manchmal ließ man, ebenfalls ohne den geringsten ersichtlichen Grund, einige Reisende vier Stunden lang warten; bei anderen Gelegenheiten wurde der Kontrollpunkt ohne irgendeine Ankündigung oder Warnung einfach plötzlich geschlossen. Während sich die Schlangen palästinensischer Reisender auf beiden Seiten des Checkpoints in die Länge ziehen, fahren jüdische Siedler lässig und ohne die geringste Behinderung durch getrennte Durchfahrten und geschützte Korridore, die auf die Straßen nur für Juden führen.

Das System der Kontrollpunkte ist inzwischen so allgegenwärtig und aufdringlich, dass es das Leben der Palästinenser unter Besatzung in jeder Hinsicht beherrscht. In *Checkpoints*, dem jüngst erschienenen Buch des palästinensisch-israelischen Autors, Parlamentsmitglieds und politischen Aktivisten Azmi Bischara, wird Israel nicht mehr beim Namen genannt, sondern als »der Staat der Checkpoints« bezeichnet, die Besetzten Gebiete sind das »Land der Checkpoints«, die Israelis die »Besitzer der Checkpoints« und die Palästinenser »die Bewohner des Landes der Checkpoints«. »Der Checkpoint nimmt dem Menschen alles, was er hat, all seine Bestrebungen, all seine Zeit, raubt ihm den letzten Nerv (…) Der Checkpoint ist das Chaos und die Ordnung, er ist rechtens und unrechtmäßig, er funktioniert rational und irrational, geordnet und ungeordnet.«[32] Die langen Wartezeiten an den Kontrollpunkten haben eine Schattenökonomie entstehen lassen, die von der Unzuverlässigkeit der eigentlichen Wirtschaft lebt – einen improvisierten Markt für Lebensmittel und andere Güter, den die palästinensischen Reisenden mit Galgenhumor *duty free* getauft haben. Auf dem Hintergrund des weitgehenden Niedergangs der palästinensischen Wirtschaft sind diese Märkte allmählich expandiert und haben sich zu einem der ganz wenigen palästinensischen öffentlichen Räume entwickelt, vielleicht dem einzigen, der noch funktioniert. Die Gemeinden, Städte oder Dörfer, die durch die Kontrollpunkte auseinandergerissen werden, sind zu den Vororten dieser Marktflecken geworden.

»Zu Anfang bestanden die Checkpoints aus großen Metallfässern, die mit Steinen gefüllt waren (…), die Fässer wurden später mit Beton gefüllt. Bald ersetzte man sie durch rot-weiße Plastikelemente zur Sperrung von Straßen, an deren Stelle später Straßensperren aus Beton traten. Hinzu kamen Betonblöcke, dann Abzäunungen aus Stacheldraht und schließlich Felsbrocken unterschiedlicher Größe (…) Anfangs standen die Soldaten unter freiem Himmel; später wurde neben ihnen eine turmförmige Stahlkonstruktion errichtet mit einem Wasserbehälter aus Plastik oben drauf. Das Zelt wurde durch ein Container-Gebäude ersetzt (…) Gelegentlich fügten die Soldaten in einer kreativen Anwandlung dem Ensemble ein paar Felsbrocken oder Mülltonnen hinzu.«[33]

Die Kontrollpunkte sind nicht nur räumlich einschneidend, sondern auch bezüglich der Zeit. Israel stellt die Uhr einen Monat nach dem Rest der Welt um, weil dies so mit ultraorthodoxen Koalitionspartnern vereinbart wurde, deren Wählerschaft auf Gebetszeiten Wert legt, die sich nach dem Stand der Gestirne und der Helligkeit des Tageslichts richten. Die Palästinensische Autonomiebehörde hingegen richtet sich mit ihrer Einstellung der Uhrzeit nach den Gepflogenheiten der übrigen nördlichen Hemisphäre. Im Frühling tut sich eine Differenz von einer Stunde auf beiden Seiten der Checkpoints auf und lässt so zwei Zeitzonen entstehen.[34] »Der Arbeitstag endet um 18 Uhr Ortszeit, aber um 19 Uhr Kontrollpunkt-Zeit. Der Checkpoint macht um 19 Uhr seiner Zeit zu. Bis alle Welt sich daran gewöhnt hatte, die Uhr zurückzudrehen und eine Stunde früher die Arbeit zu beenden, war der Kontrollpunkt durch Hunderte Winterzeit-Leute blockiert, die die Sommerzeit-Soldaten anflehten, sie nach Hause zurückfahren zu lassen.«[35]

Humanitäres Design

Mitte des Jahres 2003 führte die IDF das Programm »Ein anderes Leben« ein, das »den strukturellen Schaden für das Leben der Palästinenser möglichst minimieren sollte, um die humanitäre Krise zu vermeiden, die es schließlich erforderlich machen würde, dass die IDF die Versorgung der palästinensischen Bevölkerung mit Lebensmitteln und Dienstleistungen vollständig würde übernehmen müssen«.[36] Dieses Programm hat das »Humanitäre« in eine strategische Kategorie innerhalb israelischer Militäroperationen verwandelt und die Beschaffenheit der unterschiedlichen Kontrollinstrumente Israels beeinflusst. Im Januar 2004 machte Ariel Scharon Baruch Spiegel, einen Offizier, der kurz zuvor die IDF verlassen hatte und im Verteidigungsministerium beschäftigt war, zum »IDF-Abteilungsleiter in zivilen und humanitären Angelegenheiten«. Eine der Aufgaben Spiegels bestand darin, die Ineffizienz und humanitären Probleme im Zusammenhang mit den Kontrollpunkten zu untersuchen und das System grundlegend zu überarbeiten. Sobald er seinen Posten angetreten hatte, schickte Spiegel an verschiedenste Orte weltweit Mitarbeiter, um Sicherheitstechnologien zu untersuchen, wie sie beispielsweise an der Grenze zwischen Finnland und Russland, an den chinesischen Grenzen, zwischen Malaysia und Singapur oder den Vereinigten Staaten und Mexiko angewandt wurden; dabei wurde selbst das französisch-deutsche Grenzprozedere unmittelbar nach dem Zweiten Weltkrieg untersucht.[37] Zwei Monate später, im März 2004, legte Spiegel den ersten Teil eines Plans vor, der angeblich »das Leben der Palästinenser in der Westbank und Gaza erleichtern« sollte. Spiegels Plan, der auf Englisch verfasst war, um ausländische Regierungen zu beeindrucken, kritisierte die Härte und Ineffizienz der Soldaten an den Kontrollpunkten scharf und schlug einige tiefgreifende Veränderungen vor.

Der Plan bediente sich einer militärischen Terminologie, teilte die Kontrollpunkte entsprechend auf und unterschied »Einschließungs-Kontrollpunkte« (*Machsom Keter*) und »Abschließungs-Kontrollpunkte« (*Machsom Seger*). Einschließungs-Kontrollpunkte regeln die Bewegungen zwischen den verschiedenen palästinensischen »territorialen Zellen«, und ihre Zahl sollte nach Spiegel herabgesetzt werden. Abschließungs-Kontrollpunkte hingegen regeln die Bewegungen zwischen dem palästinensischen Gebiet und dem auf der westlichen Seite der Mauer, die gewöhnlich als die »israelische« bezeichnet wird – auch wenn sie überall dort, wo die Mauer nicht entlang der Grünen Linie verläuft, Teil des besetzten Gebietes ist. Der Spiegel-Plan sah den Bau von zwölf permanenten Abschließungs-Kontrollpunkten entlang der Mauer vor, die von der israelischen Flughafenverwaltung betrieben würden, ganz so, als handle es sich um internationale Grenzübergänge.[38] Das Projekt sollte teilweise aus dem »US-Hilfsfonds 2005« für Palästina finanziert werden, der laut Präsident Bush dafür vorgesehen war, »die politischen, wirtschaftlichen und Sicherheitsreformen der Palästinenser zu unterstützen«. Der »proisraelisch« eingestellte Kongress machte es jedoch der US-Regierung schwer, irgendwelche von diesen Hilfsgeldern direkt an die Palästinensische Autonomiebehörde zu überweisen. Von den 200 Millionen US-Dollar, die den Palästinensern im Jahr 2005 zugedacht waren, gingen 50 Millionen US-Dollar an Israel, um zur Errichtung der Grenzkontrollterminals beizutragen.[39] Amerikanisches Geld, das die Palästinenser unterstützen sollte, wurde also benutzt, um einen der unverhohlensten Mechanismen der Besatzung zu finanzieren. Das zeigt nur, wie verzerrt die amerikanische Sicht der Dinge ist, wenn man in den USA – entgegen allen Erfahrungen in 40 Jahren Besatzung – glaubt, Israel wisse am besten, wie es palästinensisches Geld stellvertretend für die Palästinenser ausgebe, und dass es irgendwie in deren Interesse sei, den Apparat der Besatzung zu schmieren.

Einer der Terminals, Scha'ar Ephraim in der Nähe der israelisch-palästinensischen Stadt Taibeh, für dessen Planung im Auftrag der Flughafenverwaltung das Architekturbüro Loyton-Schumni aus Haifa verantwortlich zeichnet, liegt am nordwestlichen Ende der Westbank, und eine künstlerisch angehauchte Beschreibung könnte den Eindruck vermitteln, es handle sich um einen respektablen internationalen Grenzübergang. Das Gebäude ist in Ziegel und Glas gehalten und wirkt wie ein überdimensionales vorstädtisches Einkaufszentrum. Ein Parkplatz mit ausgewiesenen Behinderten-Parkplätzen gehört dazu, Grünflächen und mehrere großzügige Hallen, in denen problemlos Hunderte Passagiere abgefertigt werden können. Die architektonische Darstellung des Scha'ar-Ephraim-Terminals ist auf der Website des Verteidigungsministeriums unter der Überschrift

»Humanitäre Belange« zu besichtigen, wo auch versprochen wird, dass dieser Grenzübergang »dank seiner fortschrittlichen Technologie dafür sorgen wird, zwischenmenschliche Reibungen zu minimieren«.[40] Außerdem verkündete das Verteidigungsministerium am 15. Januar 2006, dass die Sicherheitsüberprüfung in private Hände gelegt und vorrangig von Zivilisten und seltener von Soldaten durchgeführt werden soll, um »die derzeit noch vorkommenden Reibungen (…) zu verringern, das Prozedere menschlicher zu gestalten und den Dienstleistungsstandard zu verbessern«.[41] Spiegel nannte diese Privatisierung »die Armee von den Checkpoints abziehen«.[42]

Später sollte sich herausstellen, dass dieser und andere sich humanitär gebende Vorstöße zur Reduzierung der Dauer der Abschließungen oder zur effizienteren Gestaltung des Checkpoint-Systems entweder von den befehlshabenden Offizieren nicht umgesetzt wurden oder zu einem noch härteren Umgang mit den Palästinensern führten. Laut OCHA hat die Zahl der physischen Barrieren im gesamten Westjordanland seit Herausgabe des Spiegel-Reports stetig zugenommen.[43]

Etwa Mitte 2004 begann das improvisierte Checkpoint-System geordnete Formen anzunehmen. Während bis dahin das reine Chaos geherrscht hatte, schien jetzt ein festes Prozedere strikt eingehalten zu werden. Um diese Zeit begann man auch damit, an den meisten dauerhaften Kontrollpunkten in der Westbank Drehkreuzdurchgänge und einseitig durchgängige automatische Schranken einzuführen, angeblich, um den Prozess des Grenzübertritts geordneter, effizienter, sicherer und »menschlicher« zu gestalten. Die Drehkreuze avancierten zum Herzstück eines neuen Designs des Checkpoint-Systems. Dabei ging es darum, die sich drängende Menschenmenge der Palästinenser, die den Kontrollpunkt passieren wollten, in ihrer Bewegung zu verlangsamen, in geregelte Bahnen zu lenken und so zu organisieren, dass sie in geordneten Reihen anstanden und jeweils nur ein Palästinenser dem Soldaten gegenüberstand, der Passierscheine und Gepäck überprüfte. Die meisten Kontrollpunkte haben zwei Paar Drehkreuze mit einem gewissen Abstand dazwischen. Das erste ist mehrere Dutzend Meter vom Standort des israelischen Militärpostens entfernt installiert, so dass die anstehende Menge auf Abstand gehalten wird. Die Soldaten regeln den Takt der Übertritte, indem sie die Bewegung der Drehkreuze elektronisch steuern. Auf Knopfdruck wird jeweils nur eine Person durchgelassen. Alle paar Sekunden halten die Soldaten die Drehkreuze an, so dass Menschen zwischen den Durchgängen eingesperrt werden. Manchmal halten sie Leute zwischen den Stangen innerhalb der Drehkreuze fest. Tal Arbel fand heraus, dass die Hersteller dieser Drehkreuze vom Verteidigungsministerium angewiesen worden waren, ein Modell für die Westbank und Gaza zu entwickeln, bei dem die Länge der Stangen (und somit der Radius der Drehkreuze), abweichend von der israelischen Norm von 75 bis 90 Zen-

Checkpoints: Der gespaltene Souverän vor und hinter dem Spiegel

timetern, wie sie etwa in Universitäten, Schwimmbädern oder Bahnhöfen üblich ist, nur 55 Zentimeter beträgt.[44] Das hat zur Folge, dass sich die Drehkreuze eng an die Körper der Passierenden drücken und somit sicherstellen, dass sich unter deren Bekleidung nichts verbirgt. Laut Machsom Watch haben diese engen Drehkreuze nur weiteren Schaden und zusätzliches Chaos mit sich gebracht. »Manche Leute blieben stecken, Gepäckstücke wurden zerdrückt und am Boden mitgeschleift, wo sie auseinanderfielen. Menschen mit einem größeren Körperumfang, ältere Frauen oder Mütter mit Kindern wurden eingeklemmt.«[45] Man kann sich kaum vorstellen, welche Grausamkeiten eine minimale Veränderung eines banalen und normalerweise unauffälligen architektonischen Details mit sich bringt, eines Details im Übrigen, das angeblich das Übertrittsprozedere unkomplizierter gestalten sollte.

Ende 2005 wurde die Aufrüstung des Checkpoints bei Kalandia, der Jerusalem mit Ramallah verbindet (oder eher: sie voneinander trennt) gemäß dem Spiegel-Plan fertiggestellt. Zu dem neuen System gehört ein Labyrinth von Eisengittern, die die nach Jerusalem Reisenden durch mehrere Drehkreuze hindurch kanalisieren. Alle Pendler müssen fünf Stationen durchlaufen: das erste Paar Drehkreuze, die Durchleuchtung, das zweite Paar Drehkreuze, die Durchsuchungskabine und eine Durchleuchtung der Gepäckstücke. Der gesamte Durchlauf wird von einem dichten Netz von Kameras verfolgt, und die Passierenden erhalten Anweisungen durch Lautsprecher. Von ihren geschützten Kabinen aus bedient israelisches Sicherheitspersonal aus der Ferne die Drehkreuze und reguliert so den Personenfluss. Die Kabinen sind mit kugelsicherem Glas ausgestattet. Das Glas ist so dick, dass es das Licht von draußen eher reflektiert als es durchzulassen, so dass das Sicherheitspersonal im Inneren nur schemenhaft zu erkennen ist; der Effekt ist also wieder ähnlich dem des einseitig durchsichtigen Spiegels. Die Palästinenser müssen ihren Personalausweis und ihren Passierschein durch einen schmalen Schlitz unterhalb des Fensters durchschieben. Die Kommunikation erfolgt mittels an- und abschaltbarer Mikrofone. Auch diese minimale Interaktion wird überflüssig, sobald die neuen biometrischen Daten in Betrieb genommen sind. Nachdem die Reisenden diesen Checkpoint hinter sich gelassen haben, dürfen sie durch ein weiteres Drehkreuz gehen und anschließend durch die Mauer. Am Ausgang des Terminals macht sich ein großes Schild mit folgendem Gruß auf Hebräisch, Arabisch und Englisch über sie lustig: »Unser aller Hoffnung«. Israelische Aktivisten gegen die Besatzung haben auf das Schild die Worte gesprüht: »Arbeit Macht Frei.« (auf Deutsch; d. Ü.)

Jeder der ausgedehnten Terminals hat auch »humanitäre Übergänge«, wie sie von der Armee genannt werden. Zu diesen Übergängen gehört ein kleiner Wartebereich mit Toilette und Wasserkühler. Der Bereich ist Reisenden im Rollstuhl, Eltern mit Kinderwagen und Menschen über sechzig vorbehalten.[46] »Humanitär«

ist das gebräuchlichste Adjektiv im Zusammenhang mit dem »Design« der Besatzung geworden: »humanitäre Übergänge«, »humanitäre Terminals«, »humanitäre Technologie« und »humanitäres Bewusstsein«, sowie auch – bereits seit Beginn der Intifada laut einer Verfahrensregel vorgesehen – eine »humanitäre Kontaktperson« (zumeist ältere Reservisten), die an den Kontrollpunkten eingesetzt wird, um das Übertrittsprozedere reibungsloser zu gestalten und zwischen den Bedürfnissen der Palästinenser und den Befehlen der Soldaten zu vermitteln. Die »humanitäre« Rhetorik der damaligen Besatzungsphase war Teil eines übergeordneten Bestrebens, die Besatzung als normal zu etablieren. Die dringend notwendige und wichtige Kritik, die Friedensorganisationen oft an der Armee üben – dass diese ihre Feinde entmenschlicht – verschleiert eine andere, sogar noch gefährlichere Entwicklung: Das Militär bezieht die Argumente der Menschenrechtsorganisationen, die gegen es opponieren, in sein Vorgehen ein, mehr noch, es versucht, direkt mit ihnen zusammenzuarbeiten. Im März 2006 empfing der Stabschef Dan Halutz Mitglieder von Machsom Watch zu einem Gespräch, über das in den Medien berichtet wurde. Bei dieser Gelegenheit behauptete er, ein offenes Ohr für ihre Vorschläge zu haben, wenn es um eine Verhaltensbesserung der Soldaten an den Checkpoints und allgemein um die Belange der Palästinenser unter der Besatzung gehe. Fälle von Kolonialmächten, die sich reinzuwaschen versuchen, indem sie öffentlich von Besserung, höflichem Umgang und Reformen reden, sind geradezu eine Konstante der Kolonialgeschichte. Heutzutage führt darüber hinaus die massive Präsenz von humanitären Fachkräften oder Beobachtern im Rahmen militärischer Operationen dazu, dass die Armee sie nicht mehr als Zaungäste dieser Operationen betrachtet, sondern sie genauso als Faktor des militarisierten Umfelds mit einbezieht wie die besetzte Bevölkerung, die Häuser, die Straßen und die Infrastruktur. Wie wir bereits untersucht haben, kommt noch hinzu, dass die neuen, gemäß dem Spiegel-Plan errichteten Terminals die physische Infrastruktur darstellen, die eine Illusion nähren: Es handle sich hier um zwei Staaten, die auf höfliche Art und Weise durch eine Grenze voneinander getrennt und durch einen Grenzübergang miteinander verbunden seien.

Als extremster Akt politisch-architektonischer Camouflage muss sicher der Terminal in Rafah zwischen Gaza und Ägypten betrachtet werden. Nach dem Rückzug Israels wurden im November 2005 die *Geltenden Grundsätze am Übergang Rafah* beschlossen, ein Kompromiss, den Außenministerin Condoleezza Rice in letzter Minute aushandeln konnte. Was in diesen Grundsätzen niedergelegt wurde, bedeutete die elektronische Nachbildung der räumlichen Logik des einseitig durchsehbaren Spiegels der Terminals aus den Oslo-Jahren.[47] Das Dokument legt fest, dass der Terminal von Rafah »auf der Seite der Palästinensischen Autonomiebehörde von dieser verwaltet wird und auf der ägyptischen Seite von Ägypten, wie es internationalen Standards entspricht«, dass jedoch der gesamte Übertrittsprozess durch israelische Sicherheitskräfte überwacht wird. »Ein Verbindungsbüro, das von einer dritten Partei (d.h. weder Israelis noch Palästinenser) besetzt wird, soll laut dem Übereinkommen Videoaufnahmen und Informationen von allem, was sich am Checkpoint abspielt, in Echtzeit bekommen (…) und alle Auseinandersetzungen, die sich ergeben mögen, schlichten.«[48] Ein gemeinsamer Kontrollraum wurde in Israel eingerichtet und mit europäischen Beobachtern und israelischen Sicherheitsbeamten besetzt. In diesem Raum empfangen sie permanent Echtzeit-Videoaufnahmen von einem Netzwerk aus Überwachungskameras, die im Terminal installiert sind. Das Gesicht jedes Reisenden, der der palästinensischen Grenzpolizei gegenübersteht, wird auf diese Weise ebenso in den Kontrollraum übertragen wie die Echtzeit-Videoaufnahmen von den Apparaten, die das Gepäck durchleuchten. Vom Kontrollraum aus können die israelischen und europäischen Beobachter mit den palästinensischen Sicherheitsleuten vor Ort kommunizieren, eine erneute Durchleuchtung oder eine erneute Durchsuchung dieser oder jener Tasche verlangen oder den Transit verdächtiger Personen ganz verhindern.[49] Wenn Israel will, dass der Terminal geschlossen wird, verweigert es einfach den europäischen Beobachtern den Zugang zum Kontrollraum. Im Abkommen ist festgelegt, dass in diesem Fall die ägyptische Grenzpolizei auf ihrer Seite den Grenzübergang schließen muss. Auf diese Weise hat Israel seit dem Juni 2006, als ein israelischer Soldat nach Gaza entführt wurde, dafür gesorgt, dass der Grenzübergang Rafah, das einzige Tor Gazas zur Außenwelt, für 86 Prozent der Zeit geschlossen blieb. Sobald sich der Wahlsieg der Hamas (2006) abzeichnete und erst recht seit 2007, als die Hamas die Kontrolle über den Gazastreifen übernahm, blieb der Grenzübergang in Rafah noch häufiger geschlossen.

Doch weder die Architektur des Terminals an der Allenby-Brücke aus der Oslo-Ära, noch Israels Pseudo-Grenzterminals und nicht einmal der neue Grenzübergang in Rafah sollten lediglich als Metaphern neuer Formen der von Israel ausgeübten Herrschaft missverstanden werden; man sollte sie vielmehr als Komponenten von deren allgegenwärtiger und fraktalisierter Logik begreifen. Die Logik der jüngsten Besatzung wird nicht durch diese Strukturen repräsentiert, sondern sie ist in diese eingebettet und von ihnen durchdrungen. Die Mauer ihrerseits wiederholt einige Aspekte dieser gebauten Physiognomien. Sie ist nicht nur Instrument zur Teilung, sondern auch eine Observations- und Kontrollapparatur, ein empfindlicher linearer Sensor, der auf palästinensische Städte und Ortschaften gerichtet ist. Die biometrischen Pässe, die inzwischen teilweise eingeführt sind, um Palästinensern das Passieren der Mauer zu genehmigen, werden Israels demografische Daten über Palästina in einem Maße vervollständigen, wie die Palästinenser wohl nie selber Daten über sich werden erheben können.[50]

Enklaven-Exklaven

Die offenen Grenzen des Konflikts haben dazu geführt, dass sich die Politik der Separation im gesamten politischen Territorium Israels ausgebreitet hat. In israelischen Städten sind bemannte Kontrollpunkte und überwachte Eingänge eingerichtet worden, um Busbahnhöfe, Einkaufsstraßen und innerstädtische Wohngebiete vor Selbstmordattentaten zu schützen. Selbst wer einen Laden oder ein Café betreten möchte, muss gewöhnlich seinen Ausweis zeigen. Offenbar werden elektronische Überwachungssysteme allein angesichts eines jederzeit akuten schwerwiegenden Bedrohungsszenarios nicht mehr als ausreichend angesehen, und so sind in Israel alle möglichen Formen physischer Barrieren und Befestigungsanlagen samt Bemannung für jedermann erhältlich. Im Übrigen werden sie auf dem globalen Sicherheitsmarkt als israelische »Innovationen« feilgeboten. Diese israelischen Praktiken und Technologien, die in alle Welt exportiert werden, verbinden den einzigartigen Konflikt mit der weit über die Grenzen Israels hinaus verbreiteten Neigung, Sicherheitsängsten durch »Zirkulationsmanagement« zu begegnen, wie es, um nur zwei Beispiele zu nennen, entlang den sich verschiebenden äußeren Grenzen Europas und an denen der USA zu Mexiko bzw. zu Kanada angewendet wird.

Innerhalb Israels müssen die tatsächlichen Motive für die Barrieren zwischen den jüdischen und den palästinensischen Bürgern des Staates aus rechtlichen Gründen verschleiert werden. Den hohen Erdwall, der 2003 zwischen dem armen palästinensischen Küstenörtchen Jisr al-Zarqa und der sehr wohlhabenden Stadt Caesarea eine halbe Stunde Autofahrt nördlich von Tel Aviv errichtet wurde, begrünte man mit Bäumen und Blumen und präsentierte das Ganze als unschuldiges Element der Landschaftsgestaltung, um seine wahre Funktion – die der Abtrennung nach Kriterien der ethnischen Zugehörigkeit und der wirtschaftlichen Prosperität – zu verschleiern. Diesem Beispiel folgte auch der ebenfalls wohlhabende, einst landwirtschaftlich geprägte, inzwischen zum urbanen Vorort mutierte Moschaw Nir Ziv. Es liegt eine viertel Autostunde östlich von Tel Aviv entfernt. Seine Bewohner forderten die Regierung auf, eine 1,5 Kilometer lange und vier Meter hohe »Lärmschutzmauer« zu errichten. Tatsächlich würde diese den überwiegend jüdischen Moschaw von den mehrheitlich von israelischen Palästinensern bewohnten Stadtteilen des angrenzenden Lod trennen, die von der Regierung vernachlässigt und von Drogenproblemen geplagt werden. Die Einwohner des Moschaw Nir Ziv beklagen sich, die Nachbarn aus Lod belästigten sie, würden stehlen und ganz allgemein die Lebensqualität in ihrem Viertel mindern. Die Übertragung der israelischen demografischen Obsession auf die territoriale Ebene hat dazu geführt, dass zunehmend Barrieren zwischen jüdischen und arabischen Gemeinden entstanden sind, sei es zwischen benachbarten Dörfern, sei es innerhalb gemeinsam bewohnter Städte. So ist allgemein die Fragmentierung und Fraktalisierung des Terrains fortgeschritten und hat ein Archipel der Feindseligkeiten und Fremdheiten geschaffen.

In der physischen Verdrängung palästinensischer Bürger Israels auf der räumlichen Ebene spiegelt sich nur zu deutlich deren zunehmende politische Marginalisierung. Dass die inneren Grenzlinien des Konflikts sich unablässig vermehren, überrascht nicht, denn schließlich ist Israels palästinensische Minorität, die mehr als 20 Prozent der Gesamtbevölkerung ausmacht, auf die Rolle von Bürgern zweiter Klasse festgelegt worden. Sie sind in die israelische Wirtschaft integriert (überwiegend, wenn auch nicht ausschließlich, als billige Arbeitskräfte), doch werden sie zunehmend aus allen anderen Sphären des Lebens ausgeschlossen. Häufig werden sie sogar als »demografisches Problem« beschrieben, über das sich die israelische Öffentlichkeit vor allem aufregt, anstatt die palästinensische Minderheit als Teil von sich zu betrachten.[51] Ein neues Gesetz, das es palästinensischen Ehepaaren, selbst wenn einer von beiden die israelische Staatsbürgerschaft besitzt, verbietet, in Israel zu wohnen und somit auch für den zweiten die Staatsbürgerschaft zu erlangen, ist Teil dieses gedanklichen und praktizierten Systems – es sieht in der physischen Trennung der Juden von den Arabern und in der Kontrolle der Bewegungen der Palästinenser eine wichtige Komponente jüdischer kollektiver Sicherheit.[52]

Prothesenhafte Souveränität

Obwohl die Terroranschläge der Zweiten Intifada durch eine Sicherheitskampagne des »permanenten Notstandes« beantwortet wurden, obwohl der Zusammenbruch der politischen Verhandlungen und die aktuelle israelische Politik unilateraler Vorstöße folgten, blieb der wichtigste Aspekt des durch die Oslo-Vereinbarungen geschaffenen Ausdrucks von Souveränität bestehen: Ganz offensichtlich scheint nach wie vor eine palästinensische Regierung verantwortlich für die zivile Verwaltung zu sein, wenn auch unter der alles überwölbenden israelischen Sicherheitskontrolle. Ob die Palästinensische Autonomiebehörde unter der Hamas Israel anerkennt, oder ob Israel überhaupt bereit ist, mit ihr zu verhandeln – das sind, verglichen mit den Fakten, die täglich allein durch die Existenz solch einer Autonomiebehörde geschaffen und bestätigt werden, alles zweitrangige Fragen. Der Sieg der Hamas bei den Parlamentswahlen im Januar 2006 bedeutete nicht den Zusammenbruch des Systems der prothesenhaften Souveränität, sondern paradoxerweise dessen ultimative Bestätigung. Die Ideologie und Praxis des Widerstands der Hamas-Regierung unterstreichen mehr als alles andere die Tatsache einer unabhängigen Instanz, die außerhalb der israelischen Souveränität existiert.

Warum bemüht sich Israel so sehr um die Unsichtbarkeit seiner Kontrolle im Namen der Sicherheit? Die Vierte Genfer Konvention aus dem Jahre 1949, in der die international gültigen Rechte und Pflichten für eine Besatzung als Kriegsfolge definiert sind, fordern von der Besatzungsmacht, dass sie die Verantwortung für das Funktionieren der Institutionen übernimmt, die das Leben der besetzten Bevölkerung regeln, wie z.B. Wohlfahrt, Gesundheit, Recht und Bildung. Von besonderer Bedeutung ist in diesem Zusammenhange der Artikel 55 der Vierten Genfer Konvention: »Die Besetzungsmacht hat die Pflicht, die Versorgung der Bevölkerung mit Nahrungs- und Arzneimitteln mit allen ihr zur Verfügung stehenden Mitteln sicherzustellen...«[53] Das Leben der Palästinenser unter das israelische Militärregime zu stellen, bedeutete auch, sie zu Objekten staatlicher Verantwortung zu machen. Diese Verantwortung schlug sich in Form eines Mechanismus der Eindämmung militärischer Gewalt nieder, solange es Israel selber war, das sich mit der Zerstörung auseinanderzusetzen hatte, die es anrichtete.[54] In Anbetracht der Kosten, die mit der Verwaltung der täglichen Belange von 3,5 Millionen Palästinensern verbunden waren, insbesondere im Zusammenhang mit dem teilweise gewalttätigen Widerstand während der beiden Intifadas (1987–1993 und 2000 bis heute), war Israel bestrebt, sich seiner Verantwortung als Besatzungsmacht zu entledigen, ohne jedoch die umfassende »Kontrolle der Sicherheit« aufzugeben. Waren israelische Exzesse im Namen der Sicherheit früher durch ökonomische und funktionale Überlegungen (wenn auch nur bedingt) in Schach gehalten worden, so konnten die Israelis seit den Oslo-Vereinbarungen, mehr noch seit Beginn der Intifada und erst recht in Gaza seit der Evakuierung im August 2005 die Kontrolle ungehemmt ausüben, ohne irgendeiner Regierungsverpflichtung nachkommen zu müssen. Sie konnten jeden Lebensbereich der Palästinenser durchdringen und in der Folge die ohnehin verzweifelte ökonomische Situation der Palästinenser verschärfen, ohne den Preis negativer Auswirkungen auf die eigene Ökonomie zahlen zu müssen. Dass diese Überlegungen der israelischen Politik des Rückzugs aus palästinensischen Bevölkerungszentren während der Intifada zugrunde lagen, wurde in der Rede Scharons deutlich, die er im Mai 2003 vor Likud-Parteimitgliedern hielt, um die Evakuierung aus dem Gazastreifen vorzubereiten. Er überraschte mit seiner Feststellung, die an die Rhetorik der israelischen Linken und der Mitte erinnerte, die Besatzung könne »nicht unendlich weitergehen«, und er stellte seine Kollegen vor die Alternative: »Heute gibt es 1,8 Millionen Palästinenser, die von internationalen Organisationen gefüttert werden. Wollt ihr das etwa selber machen? Woher sollen wir das Geld nehmen?«[55]

Mit der begrenzten politischen Autonomie, die die Palästinenser erreicht haben, ist eine vollkommene Unterwerfung der palästinensischen Wirtschaft und der Mobilität der Arbeitskräfte unter die israelische Sicherheitspolitik einhergegangen.⁵⁶ Die zeitweise bis permanent anhaltende Politik der Schließung von Straßen und Checkpoints und die Einschränkungen des Verkehrs haben die Besetzten Gebiete vom israelischen Arbeitsmarkt faktisch abgekoppelt und im Grunde die palästinensische Wirtschaft zum Stillstand gebracht. Indem sich die israelische Sicherheitspolitik den Palästinensern von oben aufzwang und sich von innen überall in den Gebieten ausbreitete, zerrüttete sie die palästinensische Wirtschaft ebenso wie jegliche Möglichkeit einer funktionierenden lokalen Regierung. Und so konnte die israelische Wirtschaft seit dem Oslo-Prozess dank ihres erweiterten Zugangs zu den Weltmärkten rasch expandieren, während die palästinensische Wirtschaft mit ihrem eingeschränkten Zugang zum israelischen und zum Weltmarkt umgekehrt geschrumpft ist.⁵⁷ Laut der UN-Behörde, die für die Koordinierung humanitärer Angelegenheiten zuständig ist, ist gegenwärtig das System der Abriegelungen der Hauptgrund für die Armut und die humanitäre Krise in der Westbank und im Gazastreifen.⁵⁸

Die Kosten für das Krisenmanagement wurden (ganz im Sinne Israels) an die Internationale Gemeinschaft weitergereicht. Besonders seit 2000 fand die internationale Hilfe für das Westjordanland und Gaza im Rahmen des Krisenmanagements statt. Das bedeutet, dass ein Großteil der Gelder in die Nothilfe fließt und der Aufrechterhaltung der Grundversorgung, von Krankenhäusern und Infrastruktur dient, die sonst zusammenbrechen würden. Die Krise wird sowohl von Israel als auch von der Internationalen Gemeinschaft als eine »humanitäre« betrachtet, ganz so, als hätte sie eine unvorhergesehene natürliche Ursache, obwohl doch ihre Ursachen tatsächlich eindeutig in der oben beschriebenen Situation und einer ganz bestimmten Sicherheitspolitik liegen. Die Krise umzudeuten in eine, der mit »humanitärer Politik« zu begegnen ist, war wiederum eine politische Entscheidung der europäischen und amerikanischen Geberländer; indem sie diese Deutung vornahmen, entließen sie Israel aus seiner Verantwortung vor dem internationalen Recht und untergruben den eigenen potenziellen politischen Einfluss auf eine Beendigung der Besatzung. Zwischen 1994 und 2000 beliefen sich die Transfers der Geberländer auf 3,2 Milliarden US-Dollar – eine Summe, die 20 Prozent des Bruttosozialproduktes der Westbank und Gazas entsprach; zwischen 2000 und 2006 lagen die Hilfsgelder bei durchschnittlich 800 Millionen im Jahr.

Eine Palästinensische Autonomiebehörde mit gewählter »Regierung« und gewähltem »Parlament« verschleiert die reale gesellschaftliche und politische Zersplitterung und das umfassende Chaos in der palästinensischen Gesellschaft. Die Kontrolle der Regierung ist einerseits an bewaffnete Gruppen (und die Auseinandersetzungen unter ihnen) und lokale Banden übergegangen, andererseits an internationale und humanitäre Organisationen. Somit funktionieren die Dienstleistungen und die Versorgung der Bevölkerung an den Strukturen und der Bürokratie der Palästinensischen Autonomiebehörde vorbei.[59] Der Löwenanteil der 800 Millionen US-Dollar, die die Autonomiebehörde seit Beginn der Intifada jährlich von der Internationalen Gemeinschaft bekommt, wird bisher für das Krisenmanagement ausgegeben, wobei bemerkenswerterweise ein Teil dafür vorbehalten ist, die Schäden zu beheben, die durch wiederkehrende und laufende israelische Militärinvasionen verursacht werden. So konnte Israel jederzeit rücksichtslos unentbehrliche palästinensische Infrastruktur bombardieren, wohlwissend, dass seine maßlose Gewaltanwendung heruntergespielt und die Kosten für den Wiederaufbau von anderen Staaten übernommen werden würden. Eine andere Form, das Engagement von internationalen Organisationen und unabhängigen NGOs zu manipulieren, die in den Besetzten Gebieten humanitäre Hilfe leisten, ist mit dem System der Kontrollpunkte verbunden. »Internationale« benötigen ein »Sicherheits-O.K.« durch Israel, wenn sie die Besetzten Gebiete betreten und dort israelische Checkpoints passieren wollen. Eine solche Genehmigung kann Israel Organisationen und Einzelpersonen einfach verwehren oder die Erteilung hinauszögern, wenn sie ihm nicht genehm sind.[60] Gewisse internationale Organisationen, insbesondere das Internationale Komitee des Roten Kreuzes (International Committee of the Red Cross, ICRC) problematisierten die Tatsache, dass ihr Mandat in den Besetzten Gebieten möglicherweise Aufgaben einschließt, die gemäß internationalem Recht in der Verantwortung Israels als Besatzungsmacht liegen; die Mitarbeiter streikten sogar mehrfach jeweils einen Tag lang, um gegen ihre Arbeitsbedingungen zu protestieren.[61]

Ariella Azoulay geht davon aus, dass die israelische Regierung die Besetzten Gebiete zwar an den Rand einer Hungerkatastrophe getrieben hat, den Verkehrs-, den Geld- und den Fluss der Hilfsleistungen jedoch derart kontrolliert, dass es nicht zum vollständigen Kollaps kommt, da dies ein internationales Eingreifen, möglicherweise unter UN-Mandat, nach sich ziehen könnte.[62] So ist die »Besatzung« Gazas neu konzipiert und als »Krisenmanagement« präsentiert worden, das von Israel durch Öffnen und Schließen von Checkpoints und Grenzübergängen betrieben wird. Durch diese Regulierung der internationalen Hilfe gelingt es Israel, unter dem Vorwand der Sicherheit, nach wie vor die palästinensische Wirtschaft – und tatsächlich das Leben der Palästinenser in Gaza und der Westbank – unter Kontrolle zu halten.

Die Illusion, dass die Politik Israels nach Oslo zur »Herstellung« der Palästinenser als souveräne *Subjekte* beitragen würde – Vorläufer-Bürger ihrer eigenen, sie repräsentierenden politischen Strukturen –, hat sie paradoxerweise zu *Objekten* humanitärer Hilfe gemacht. Aus der Sicht dieser Subjekte/Objekte sind sie, ausgerechnet seit sie sich selber mit Beginn der Oslo-Jahre als von einer repressiven Besatzung annähernd befreit sahen, dieser und ihrer uneingeschränkten Macht mehr denn je ausgeliefert.

Unter diesen Umständen fragen sich manche Palästinenser mit Recht, ob es nicht besser wäre, wenn sich die Palästinensische Autonomiebehörde vollends auflösen würde, bis die Bedingungen für eine echte Souveränität gegeben wären. Eine Auflösung der Autonomiebehörde würde die Verantwortung für die Verwaltung der Gebiete direkt in die Hände Israels legen. Israel hätte dann nur die Wahl, entweder seine Verantwortung als Besatzungsmacht, wie sie das internationale Recht definiert, anzuerkennen und also eigenes Budget dafür zu verwenden, die Menschen unter seiner Besatzung zu versorgen, oder aber umgehend seine Politik der absichtlichen wirtschaftlichen Strangulierung aufzugeben und die Besatzung in all ihren Formen und Facetten zu beenden. Aus palästinensischer Perspektive bedeutet die Hinnahme eines abgeschotteten, aus der Luft beherrschten, infrastrukturell abhängigen und unter Sicherheitskuratel stehenden Territoriums als ihren »Staat« eine Fortschreibung der Logik des einseitig durchsichtigen Spiegels und keineswegs einen echten Schritt in Richtung voller Souveränität. Der Appell, das Konzept der Sicherheitskontrolle und das der Regierung wieder miteinander zu verbinden und den beschriebenen Riss zwischen den Funktionen von Souveränität zu schließen, ist kein Aufruf, zu einem Imperialismus im Stil des 19. Jahrhunderts mit den entsprechenden Regierungstechniken und der Hervorbringung kolonialer Subjekte zurückzukehren. Vielmehr ist es ein Aufruf an die Macht, entweder die aufwändige volle Verantwortung für die Menschen unter ihrer Sicherheitskontrolle zu übernehmen oder von »Sicherheitsmaßnahmen« Abstand zu nehmen, solange sie unfähig oder unwillig ist, jene Verantwortung zu übernehmen.

Der palästinensische Soziologe Elia Zureik hat festgestellt, dass die palästinensischen Reisenden, die in den späten 1990er Jahren den Grenzübergang an der Allenby-Brücke passierten, seine Architektur ganz klar durchschauten.[63] Deshalb soll die Perspektive, mit der dieses Kapitel schließt, die ihre sein. Am späten Nachmittag, wenn das Sonnenlicht durch die Fenster in den nach Westen ausgerichteten Kontrollraum der Israelis fällt, werden die Lichtverhältnisse in diesem Raum und in der Abfertigungshalle, die inzwischen teilweise im Dunkeln liegt, durch die untergehende Sonne weitgehend angeglichen. Das macht den einseitigen Spiegel so durchscheinend, dass sich die Silhouetten der israelischen Sicherheitsagenten dahinter – und damit auch die Farce der prothesenhaften Souveränität – abzeichnen. Als Mourid Barghouti nach Palästina zurückkehrte, ließ auch er sich nicht durch die architektonische Manipulation des Terminals zum Narren halten. »Ich brauchte nicht lange über die merkwürdige Situation des palästinensischen Polizisten nachzudenken. Es war mir klar, dass ihn die Vereinbarungen (von Oslo; d.Ü.) in eine Lage gebracht hatten, in der er nichts entscheiden konnte.«[64]

6. Kapitel
Die Mauer: Grenzarchipele und die unmögliche Politik der Trennung

Beim Jahrestreffen der israelischen Architekten-Assoziation im Jahr 2004 hielt der Architekt Gideon Harlap anlässlich seiner (erfolglosen) Kandidatur für den Vorsitz eine Rede und ging dabei insbesondere auf den Umstand ein, dass »kein Architekt mit dem Mauerprojekt betraut worden ist«.[1] Harlap war zu einem früheren Zeitpunkt mit einem Vorhaben in Verbindung gebracht worden, das manche für reichlich verrückt hielten, nämlich für eine Organisation der »Tempel-Gläubigen« auf dem Haram al-Scharif / Tempelberg eine Synagoge zu bauen.[2] Er behauptete, da die israelische Regierung nicht bereit sei, Architekten an den Entwürfen für die Mauer zu beteiligen, sehe sie »plump und hässlich aus, dabei hätte sie auch ein attraktives Bauwerk werden können, durchaus so schön wie die Chinesische Mauer«. Harlap vertrat die Auffassung, dass die Mauer vor allem deshalb international auf eine so starke Ablehnung stoße, weil sie das Auge beleidige. Außerdem bedeute die Weigerung der Regierung, Architekten einzubeziehen, dass man diese um »viel Arbeit und mögliche Einkünfte« brächte, wie sie mit »dem teuersten Projekt in der Geschichte des Staates« verbunden gewesen wären – 3 Milliarden US-Dollar allein bis 2006 – und das zu einer Zeit tiefer Rezession in der Baubranche.

Dass die Mauer, die sich durch die gesamte Westbank zieht, um jüdische Siedlungen und israelische Städte von palästinensischen Städten und Dörfern zu trennen, nicht von Architekten konzipiert wurde, die sich als solche hätten ausweisen können, bedeutet jedoch nicht, dass sie keine Architektur wäre. Die Komponenten, aus denen die Mauer zusammengesetzt ist – acht Meter hohe Betonscheiben, elektrisch geladene Zäune, Stacheldraht, Radaranlagen, Kameras, tiefe Gräben, Beobachtungstürme und Straßen für Patrouillen[3] – sind allesamt von der Abteilung für regionale und strategische Planung des Zentralkommandos der israelischen Streitkräfte entworfen und aneinandergereiht worden. Streckenweise besteht die Mauer nur aus einer der Komponenten, andernorts wirken mehrere zusammen. Seit 1994 wird diese Abteilung, in der auf »Sicherheitsdesign« spezialisierte Ingenieure arbeiten, von Danny Tirza geleitet, einem Kartografie-

SPERRZONEN · KAPITEL 6

Die Mauer, Region Jerusalem, Montage auf Zeitungsfoto

Experten, Reserveoffizier und nationalreligiösen Siedler im Westjordanland, der in der Oslo-Zeit an der veränderlichen Grenzziehung der palästinensischen Enklaven (Zonen A und B) beteiligt gewesen war. Tirza gefiel sich in der Vorstellung, ein persönlicher Freund Scharons zu sein, und bezeichnete sich gern als »Chefarchitekten des Verteidigungsministers für den Sicherheitszaun im Westjordanland«. Die Aufgabe der Abteilung für regionale und strategische Planung bestand darin, den Verlauf der Mauer, wie ihn die allgemeine politische Linie vorgab, an die tatsächlichen topografischen Gegebenheiten vor Ort anzupassen. Dadurch, dass Tirza die Verantwortung für die Einzelheiten der Umsetzung hatte, gelang es ihm jedoch, den Verlauf und die Beschaffenheit des gesamten Vorhabens zu beeinflussen.

Das Projekt wurde im April 2002 angekündigt und dem Verteidigungsministerium übertragen. Dieses zeichnete zusammen mit der Abteilung für Regionale und Strategische Planung verantwortlich, und sie fungierten als Hauptauftraggeber. In den frühen Planungsstadien wurde die anvisierte Route in Unterabschnitte von jeweils ein paar Dutzend Kilometern aufgeteilt und die Arbeit abschnittsweise unter den 22 privaten Subunternehmen auf den Listen des Verteidigungsministeriums vergeben. Die Unternehmen konkurrierten untereinander hinsichtlich Qualität, Preisen und Geschwindigkeit. Die Bauarbeiten an der Mauer begannen im Juni 2002 und wurden schrittweise vorangetrieben: Während manche Abschnitte bereits im Bau waren, plante man andere erst, und wieder andere waren noch nicht einmal in Planung. Die anfängliche Freigabe des Grundkonzepts der Mauer durch die Regierung, ohne dass bereits ein genau festgelegter, zu Ende gedachter Verlauf abgesegnet worden wäre, ermöglichte den verschiedenen Interessengruppen einzugreifen und die Route der Abschnitte zu beeinflussen, solange sie noch nicht gebaut waren. Obwohl die Mauer in ihrer Essenz und Präsenz die offensichtliche, geronnene Verkörperung staatlicher Ideologie und eines nationalen Sicherheitskonzepts ist, sollte doch der Mauerverlauf keineswegs als direktes Ergebnis einer *Top-down*-Planung der Regierung verstanden werden. Vielmehr spiegeln, wie dieses Kapitel aufzeigen wird, die zu beobachtenden Schwankungen in der Linienführung der Mauer eine Vielzahl technischer, rechtlicher und politischer Konflikte um territoriale, demografische und archäologische Fragen wider, um Wasser- und Immobilienangelegenheiten sowie um politische Konzepte wie das der Souveränität, das der Sicherheit und das der Identität. Der Verlauf der Mauer wurde auch durch das Wirken einer Vielzahl von Akteuren beeinflusst: Basiskomitees palästinensischer Bauern, israelische Immobilienfirmen, Siedlergruppen und ihre politischen Lobbys, Umweltaktivisten, jüdische religiöse Organisationen, politische und Menschenrechtsgruppen, bewaffnete Paramilitärs, lokale und internationale Gerichte und die internationale Diplomatie. Während sie gebaut wurde, ist die Mauer permanent umgelenkt und neu orientiert worden und hat auf der ganzen Länge ihre Route immer wieder verändert, so dass man sie, wie auch Tirza selber feststellt, als »einen politischen Seismografen« betrachten kann, der »verrückt spielt«. Die Deformationen, langen Geraden, Falten und Kurven im Verlauf der Mauer sind somit nicht ausschließlich Ausdruck der politischen Vision, die die Regierung ursprünglich hatte, sondern sie bilden auch die unterschiedlichen politischen Interessen und Vorstöße ab, soweit sie sich durchsetzen konnten.

In der israelischen öffentlichen Meinung findet die Politik der Separation, wie sie von der Mauer verkörpert wird, eine überwältigende Zustimmung.[4] Doch jede Strömung innerhalb des israelischen politischen Spektrums spricht sich für ihre »eigene Route« aus, die irgendwo zwischen der Grünen Linie (je näher an der Grünen Linie, desto »linker« der Vorschlag) und dem Flickenteppich der palästinensischen »demografischen Ballungszentren« verlaufen würde. Die meisten Einwände gegen die Mauer richten sich nicht gegen die ihr zugrunde liegende Idee und Politik der Trennung, sondern beziehen sich auf die Frage, wie sie verlaufen und in palästinensisches Land einschneiden soll. Während zu Beginn die Siedlerorganisationen die Idee der Mauer ablehnten, weil ihnen klar wurde, dass sie letztendlich ihren territorialen Ambitionen Grenzen setzen und den Palästinensern Teile des Westjordanlandes zugestehen würde, haben sie sie inzwischen mehrheitlich akzeptiert und gelernt, wie sie ihren Verlauf entsprechend ihren Interessen beeinflussen können. Ganz überwiegend ist es ihnen gelungen, das Projekt in seiner Radikalität zu verschärfen, indem es immer zahlreichere Siedlungen und sogar Gebiete umschließt, die für mögliche Siedlungserweiterungen vorgesehen sind. Palästinensischen Bewohnern der »Saum-Linie« (der Gegend nahe der Mauer) und politischen Aktivisten ist es gelungen, die internationale Aufmerksamkeit auf das Elend der Palästinenser zu lenken. Die amerikanische Regierung hat dem israelischen Appetit auf Land Grenzen gesetzt und Veränderungen und stellenweise Korrekturen des Mauerverlaufs verlangt. Der israelische Oberste Gerichtshof forderte »Ausgewogenheit« zwischen staatlichen »Sicherheitsbedürfnissen« einerseits und den Menschenrechten der Palästinenser andererseits und ließ es nicht zu, dass andere als diese beiden Gesichtspunkte angeführt wurden; wo aber andere Ansichten oder Interessen ganz offensichtlich präsent waren, verfügte er den Abbau von Mauerabschnitten und eine Neufestlegung ihres Verlaufs. Wechselnde Regierungen und Koalitionen haben das ihre dazu beigetragen, dass es zu weiteren Veränderungen kam. Manchmal scheint es, als ob der israelische Staat seine gesellschaftlichen und politischen Konflikte in einem Tauziehen über den Mauerverlauf austoben würde.

Die diffuse »Autorenschaft« des Projekts wurde durch seine Elastizität ermöglicht – eine Kategorie, die nicht bedeutet, dass die einmal gebaute Mauer weich oder nachgiebig wäre, sondern vielmehr dass die Gestalt, die das Projekt angenommen hat, sich ständig den unterschiedlichen Formen politischen Drucks angepasst hat, die sich seinem veränderlichen Verlauf eingeprägt haben. Komplexe politische Prozesse schlagen sich selbstverständlich nicht eins zu eins in einer bestimmten formalen und materiellen Gestalt nieder, doch die Mauer offenbart in ihren veränderlichen Formen und Verläufen möglicherweise die Mikrostrukturen von Konflikten, von denen ihre Umgebung geprägt ist, und fügt so unserer Einsicht in das politische Kraftfeld der jüngsten Phase der Besatzung eine weitere Ebene hinzu. In diesem Kapitel wird die wandelbare Kontur des Mauerverlaufs als Entwurf ihrer unterschiedlichen »Architekten« nachgezeichnet.

Formgebende politische Kräfte

Im April 2002, als Bulldozer der Armee dabei waren, neue »Straßen« mitten durch das Flüchtlingslager Djenin zu walzen, und alle größeren palästinensischen Städte unter militärischer Kontrolle waren, zeigte sich Scharon gegenüber dem Druck und den Forderungen der Arbeitspartei-Minister in seiner Regierung »nachgiebig« und verkündete seine Entscheidung, ein »säumendes Hindernis«, wie er es nannte, zu errichten. Ursprünglich hatte er das Konzept einer »Sicherheitszone«, einer tiefen befestigten Zone und weniger das einer befestigten Linie verfolgt. Die Regierung stimmte zu – obwohl weder ihr noch einer breiteren Öffentlichkeit klar war, um was genau es bei dem Projekt ging. Zwei Monate später, im Juni 2002, weihte Verteidigungsminister Binyamin Ben-Eliezer das erste Teilstück der Mauer ein. Es war eine vier Kilometer lange und 100 Meter breite Kette von unterschiedlichen Befestigungsanlagen und Sensoren, die sich im Norden der Westbank zwischen dem palästinensisch-israelischen Dorf Salem und der Region um Djenin an den nach Osten blickenden Hängen eines Olivenhains entlangzog. In der Mitte des Befestigungssystems stand ein drei Meter hoher *smart fence*, ein Zaun, der auf Berührung reagiert. Direkt westlich schloss sich eine Art Weg an, auf dem die Fußabdrücke von Eindringlingen festgehalten werden konnten, während an den Straßen für die Patrouillenfahrzeuge beidseitig Gräben und dreifache Stacheldrahtrollen entlanggeführt wurden.

Bereits 1999 war die Idee einer Trennungsbarriere zwischen Israel und der Westbank von Premierminister Ehud Barak und Innenminister Haim Ramon aufgebracht und im »Friedensbüro« Baraks entwickelt worden, das in den Oslo-Jahren entstanden war. Sie gründete sich auf folgende Annahme: Falls mit den Palästinensern eine Endstatus-Vereinbarung entsprechend den Gebietsansprüchen Israels erreicht würde – der denkbar beste Ausgang –, dann würde die Barriere auf unumstrittenem Staatsland stehen. Wenn jedoch kein Abkommen zustande käme, wäre Israel auf eine einseitige Separation vorbereitet. Unmittelbar nachdem im Jahr 2000 die Camp-David-Verhandlungen zusammengebrochen waren, schlug Barak mit dem Ziel einer einseitigen Separation zwei Barrieren vor, die eine an der international anerkannten Grünen Linie und die andere tief im Westjordanland. Sie würde sich um die Siedlungsblocks herumschlängeln und diese von den palästinensischen Städten und Dörfern in ihrer Nähe trennen.

Obwohl es im Frühjahr 2002 so ausgesehen haben mochte, als habe sich Scharon militärischen Umständen und politischem Druck gebeugt, indem er seine Expansionspolitik modifizierte und die Vorschläge seiner politischen Rivalen übernahm, wies sein ursprünglicher Plan für den Mauerverlauf in eine andere Richtung. Zunächst war ihm die Teilungsidee nicht sehr genehm, aber er meinte, wenn sie denn umgesetzt werden müsste, dann sei er genau der Richtige für

SPERRZONEN · KAPITEL 6

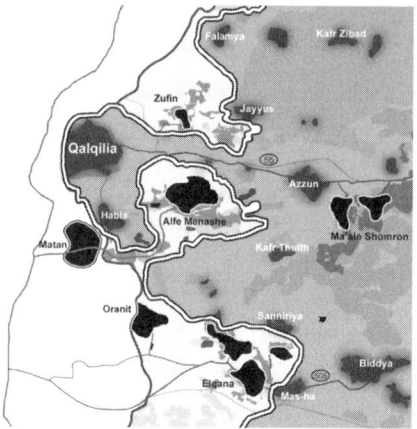 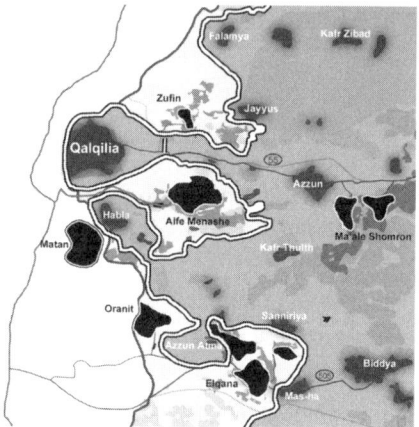

Der Verlauf der Mauer in der Region Kalkilia. Links: durch die Regierung genehmigter Verlauf, August 2002; rechts: genehmigter Verlauf März 2003, fertig gestellt im Juli 2003 (israelische Siedlungen sind weiß umrandet).

den Job. Als das Projekt in die Umsetzungsphase trat, verliebte sich Scharon in die kreative Tätigkeit selbst, die damit verbunden war, und wurde wieder zu »Scharon, dem Bulldozer«, der Stunden damit verbrachte, sich in Karten und Pläne zu vertiefen, das Gebiet aus der Luft und am Boden zu erkunden und mit einer umfangreichen Entourage von Sicherheitsleuten und Journalisten von Hügel zu Hügel zu wandern. Letztere hingen gebannt an seinen Lippen, während er auf laminierten Karten theatralisch grobe Umrisse einzeichnete (»Ich möchte, dass hier jeder genau zusieht, was ich tue.«) oder mit dem Finger die vorgestellten Verläufe der Barriere am Horizont erscheinen ließ. Der erste Verlauf, den Scharon anvisierte, umfasste ungefähr die Hälfte des Westjordanlandes.[5] Bei diesen Planungen verlief die Mauer nicht ausschließlich westlich der von Palästinensern bevölkerten Bergregion, sondern auch dahinter, östlich, in den westlichen Hängen des Jordantals. Der Plan, den Scharon der Öffentlichkeit präsentierte, zeichnete im Grunde die Konturen des Siedlungsplans nach, den er 1977 zusammen mit dem Architekten Avraham Wachman als »Doppel-Kolonnen-Plan« oder »Plan H« entworfen hatte.[6] In der zeitgenössischen Variante dieses Plans würden verschiedene Mauerabschnitte mehrere voneinander getrennte Enklaven palästinensischen Gebietes umschließen, die sich jeweils um die größeren Westbank-Städte gruppieren. Darüber hinaus stellte diese Planung sicher, dass die Palästinenser nicht nur auf der Erdoberfläche umzingelt sein würden, sondern auch in der Vertikalen, sowohl von oben wie von unten eingeschlossen wären. Israel würde die Kontrolle über den Grundwasserspeicher unter dem palästinensischen Hügelland ebenso wie über den Luftraum über den palästinensischen Gebieten behalten. Allmählich – soweit und sobald es die politischen und die Sicherheitsbedingungen »zuließen« – würde dieses Archipel von versiegelten Enklaven zu dem werden, was in der von Bush unterstützten »Roadmap« als »palästinensischer Staat innerhalb vorläufiger Grenzen« bezeichnet wird – eine »Soft-Version« palästinensischer Souveränität in temporären Grenzen, den die Palästinenser dann gerne auch Staat nennen dürften, wenn ihnen daran gelegen wäre.[7] Jedoch mussten Scharon und die Regierung bald feststellen, dass sich von unterschiedlichen Seiten politischer Druck auf die geplante Route auswirkte. Als sich in den folgenden Monaten allmählich abzeichnete, wie verheerend die Mauer in ihren Folgen für das tägliche Leben der Palästinenser war, bildete sich eine diffus zusammengesetzte globale Kampagne, an der neben den UN der israelische Oberste Gerichtshof, diverse lokale und internationale NGOs, der Internationale Gerichtshof (ICJ), die Medien und eine große Zahl ausländischer Regierungen beteiligt waren, die sich sowohl sichtbarer als auch eher verdeckter diplomatischer Kanäle bedienten. Mit Hilfe dieser Kampagne gelang es, den großen Schwung der Linien, die auf Scharons ursprünglichem Plan eingezeichnet gewesen waren, umzubiegen. Führende europäische Politiker verlangten eine Einstellung des Projekts, und amerikanische Repräsentanten schlugen einschneidende Veränderungen vor. Die US-Regierung zeigte sich besonders »besorgt« über die »Schlinge«, die dafür vorgesehen war, die rasch wachsenden Siedlerstädte Ariel und Karnei Schomron mitten in der Westbank, östlich des Stadtbezirks Tel Aviv zu umschließen, und sie drohte sogar damit, zur Strafe die Zusage von Krediten einzuschränken, falls am Weiterbau festgehalten würde.[8]

Auf politische Kritik reagierte Tirza, indem er behauptete, der genaue Mauerverlauf, den er in Anlehnung an Scharons Vorgaben festgelegt hatte, sei nicht an politischen Überlegungen orientiert – wie beispielsweise dem Wunsch, einseitig eine Grenzziehung vorzunehmen – sondern sei vielmehr als mathematische (möglicherweise algorithmische) Antwort auf eine ganze Reihe von »Sicherheitsfragen« und geografische Gegebenheiten »generiert« worden. Bei dem genauen Entwurf des Mauerverlaufs sei es ihm darum gegangen, so betonte er, Sicherheitsbelange im Kontext lokaler geografischer Besonderheiten optimal zu berücksichtigen und eine möglichst effiziente Route im Sinne »topografischer Führung und Kontrolle«, wie es in der militärischen Terminologie heißt, zu generieren. Gemeint ist damit eine Situation, die es bewaffneten Patrouillen ermöglicht, die auf der anderen Seite der Barriere liegenden palästinensischen Städte und Dörfer visuell zu dominieren. Zusammenfassend sagte Tirza: »Unter Sicherheitsaspekten dominieren die Berge die Täler. Um Sicherheit zu gewährleisten, muss die Mauer auf den Anhöhen verlaufen und das Gebiet dominieren, damit nicht wir von anderen dominiert werden.«[9] Höhe ist in der Tat eine wichtige taktische Überlegung bei der Positionierung von Befestigungslinien. Die Praxis der israelischen Armee bezüglich Grenzbefestigungen und -zäunen ist es jedoch, dem Grundsatz zu folgen, dass eine zu verteidigende Linie nicht auf dem Grad des Berges verlaufen sollte, sondern an dem Hang, der der Bedrohung zugewandt ist, etwa auf drei Vierteln seiner Gesamthöhe. So soll verhindert werden, dass sich Patrouillen der Armee, die auf Höhe des Bergkamms fahren würden, deutlich gegen den Himmel abzeichnen, während sie, sobald sie etwas tiefer fahren, vor dem Hintergrund des dunklen Bergkammes verschwinden. Außerdem macht ein solcher Verlauf es dem Feind unmöglich, den Hügel zu erklimmen und sich Einblick in das israelische Territorium zu verschaffen. Die Armee gibt natürlich Zaunsystemen gegenüber Betonmauern den Vorzug, weil sie durch diese hindurchsehen und -schießen kann. Betonmauern sind jedoch die Lösung in Ermangelung einer Alternative, wenn die Barriere durch eine städtische Umgebung ohne »taktische Tiefe« gezogen wird und wenn aus palästinensischem Gebiet direkt israelische Siedlungen oder Straßen eingesehen (und unter Beschuss genommen) werden können. Da entlang der Mauer Patrouillenstraßen verlaufen, muss sie so durch das Gelände geführt werden, dass diese befahrbar sind, ihre Neigung also neun Grad nicht übersteigt. Laut Tirza fanden diese Faktoren bei der Berechnung des detaillierten Plans für den Mauerverlauf Berücksichtigung in Relation zur Topografie der westlichen Hänge der Westbank, zur Dichte und Verteilung der Siedlungen, zu ihrer Infrastruktur und zur Lage der palästinensischen Dörfer. Die Behauptung, der Mauerverlauf sei unter reinen Sicherheitserwägungen »ideal«, war denn auch das gewichtigste Argument des Staates, als der israelische Oberste Gerichtshof mehrfach angerufen wurde, über den Verlauf gewisser Mauerabschnitte zu urteilen. Sowohl das israelische wie das internationale Recht neigen dazu, ein Vorgehen zu tolerieren, das einer Sicherheitslogik folgt.

Doch Tirzas Erklärungen konnten nicht darüber hinwegtäuschen, dass der Mauerverlauf auch durch andere Überlegungen beeinflusst wurde. Zu Beginn des Jahres 2006 wurde Tirza sogar vom Obersten Gerichtshof energisch zur Ordnung gerufen (und von seinem Posten suspendiert), nachdem er irreführende Angaben im Zusammenhang mit einem Verfahren gemacht hatte, bei dem sich ein Palästinenser gegen die Beschlagnahme seines Landes wandte. Tirza hatte »vergessen« zu erwähnen, dass der fragliche Mauerabschnitt absichtlich ein Gebiet einbeziehen würde, auf dem die Erweiterung mehrerer Siedlungen geplant war und an dem mehrere Immobilieninvestoren bereits handfeste Interessen hatten.

Die ersten Vorstöße, den Verlauf der Mauer zu beeinflussen, kamen von verschiedenen Lobbygruppen der Siedler. Als die Mauer ihnen näherrückte, begannen die Siedlungsräte, politischen Druck auszuüben und zu fordern, dass der Verlauf der Mauer sie auf die sicherere, die »israelische« Seite holen würde. Doch die Siedler machten nicht nur durch Lobbyarbeit Druck. Wenn ein besonderer Eifer

Die Mauer: Grenzarchipele und die unmögliche Politik der Trennung

bei der Errichtung von Vorposten in der Westbank zu beobachten ist, dann steckt dahinter der Wunsch der Siedler, das Terrain mit Ankerpunkten zu übersäen, um die die Mauer herumgeführt werden soll. Die Etablierung von Siedlungsvorposten östlich der Siedlungsstadt Ariel z.B. zielte darauf ab, einen kontinuierlichen Siedlungsraum abzustecken, durch den die Mauer noch tiefer in die Westbank vorgeschoben werden würde.[10] Ein besonders lauter Aufschrei kam aus der Siedlung Alfei-Menasche, einem relativ wohlhabenden Vorort mit 5000 Einwohnern, der eine viertelstündige Autofahrt östlich vom Großraum Tel Aviv entfernt liegt. Es war die erste Siedlung, die gegenüber der Regierung eine gezielte Lobbyarbeit betrieb, und ihr Beispiel hat seither eine ganze Reihe anderer Siedlungsräte ermutigt, es ihr gleichzutun. Pläne, die im Juni 2002 für den nördlichen Mauerverlauf genehmigt wurden, ließen Alfei-Menasche »außerhalb«, d.h. auf der östlichen, der palästinensischen Seite liegen. Die Panik der Ortsansässigen angesichts der Aussicht, »aufgegeben« zu werden, wurde in politischen Druck und Ultimaten seitens rechter Minister in der Regierung umgewandelt. Der Vorsitzende des Siedlungsrats, Eliezer Hisdai, war aus ideologischen Gründen gegen die Mauer, denn er ging davon aus, dass sie das zionistische Expansionsprojekt einschränken würde. Doch er wusste auch, dass seine Siedler den Schutz durch die Mauer wünschten. Bei einer von Scharons medienwirksamen Touren durch die Westbank wanderte er mit und flehte ihn vor laufenden Fernsehkameras an, die Mauer um die Siedlung herumzuführen. Angesichts der Kameras, doch ohne sich die komplizierten Implikationen klarzumachen, verkündete Scharon ohne Umschweife, dass Alfei-Menasche auf die »israelische« Seite der Mauer kommen würde, wobei er außer Acht ließ, dass dies den Auffassungen der Armee zuwiderlief. Jedenfalls zwang diese Entscheidung Tirzas Büro dazu, den Verlauf abzuändern, um die Siedlung durch einen extra Bogen mit einzuschließen. Diese Schlaufe brachte es jedoch mit sich, dass die Straße, die Alfei-Menasche mit dem israelischen Staatsgebiet verbindet, ebenfalls umgeleitet werden musste, um nunmehr durch den Vorort Matan zu führen, der dicht an der Grünen Linie auf der israelischen Seite liegt.[11] Die aufgebrachten Bewohner von Matan beschlossen nun ihrerseits in einem juristischen Feldzug, ihre private Gemeinde davor zu schützen, dass sie zum Durchfahrtsort für die Bewohner von Alfei-Menasche würde. Sie brachten ein gewichtiges Juristen-Team zusammen, das erfolgreich gegen den Straßenverlauf klagte, was dazu führte, dass sowohl der Verlauf der Mauer als auch der der Straße erneut geändert wurden. Das wiederum hatte zur Folge, dass die benachbarten palästinensischen Städte Kalkilia und Habla, die selber nicht an Lobbyarbeit und komplizierten juristischen Auseinandersetzungen beteiligt gewesen waren, voneinander abgeschnitten und in zwei verschiedene Sackgassen-Enklaven eingeschlossen wurden, obwohl sie nur einige 100 Meter Luftlinie voneinander entfernt sind. Familien wurden dabei auseinandergerissen, Kinder von ihrer Schule und Bewohner von Arbeitsplätzen, Dienstleistungen und Geschäften getrennt – alles nur, um die Siedlerstraße sicher zwischen den beiden Städten hindurchzuführen und den Bewohnern von Matan zu ermöglichen, ein paar 100 Meter entfernt ungestört ihren Mittagsschlaf zu halten.

Ein Bericht, den die Menschenrechtsorganisation B'Tselem und Binkom, eine israelische Gruppe für Planungsrechte, Ende 2005 zusammen veröffentlichten, zeigt, dass einer der ausschlaggebenden Gründe für den Mauerverlauf, wie er in der Gegend um Alfei-Menasche festgelegt wurde, nicht nur darin bestand, die Siedlungen selbst zu umschließen und zu annektieren, sondern auch Höhenzüge für ihre Erweiterung. Dadurch entstand eine Routenführung, die auf Kosten eben der Sicherheitsprinzipien geht, die die Armee definiert hat, und auf denen die gesamte Konzeption der Mauer basiert.[12] In manchen Fällen, so der Bericht, schlugen sich in der Planung des Verlaufs die Interessen von Immobilienfirmen nieder, die Bauverträge für Projekte auf dem betreffenden Grund abgeschlossen und dort bereits beträchtlich investiert hatten. Die Annexion kolonialisierten Landes barg das Potenzial für erhebliche Profite. Dass durch den Verlauf der Mauer viel Geld zu gewinnen – oder zu verlieren – war, verschärfte den Konflikt.[13] Und, in der Tat, ganz im Sinne der kapitalistischen israelischen Kolonialisierung fielen die Preise für Eigentum, das auf der östlichen Seite der Mauer zu liegen kam, sofort um 10 bis 15 Prozent, zusätzlich zu ihrem beträchtlichen Wertverlust seit Ausbruch der Zweiten Intifada im September 2000.[14] In Siedlungen westlich der Mauer hingegen »konnten die Immobilienfirmen Israelis der Mittelschicht den Luxus und die Sicherheit von *gated communities* in Aussicht stellen, von denen aus die nebenan wohnenden Palästinenser hinter den Barrieren unsichtbar sind«, wie der israelische Historiker und Aktivist Gadi Algazi bemerkte.[15]

Es gab weitere Faktoren, die sich auf den Verlauf der Mauer auswirkten. Im Jahr 2003 gelang es religiösen Parteien, die Regierung zu einer Veränderung des Verlaufs südlich von Jerusalem zu bewegen. Man konstruierte eine kleine Schleife aus Beton von ein paar 100 Metern, die tief in die Bausubstanz Bethlehems hineinschnitt, um die archäologisch interessante Stätte des angeblichen Grabes Rachels aus biblischer Zeit zu umschließen und zu vereinnahmen. Einmal war es Tirza selber, der bei einer Befragung durch den Obersten Gerichtshof zugeben musste, dass »archäologische Faktoren zu einer Modifikation des Verlaufs der Barriere geführt haben«.[16] Bei Grabungen für die Mauerfundamente war man auf zehn archäologische Stätten gestoßen, darunter eine ganze altägyptische Stadt, und in manchen Fällen wurde die Route verändert, um sie der israelischen Seite zuzuschlagen.[17]

In einem besonders skurrilen, allerdings erfolglosen Fall protestierten einige Bewohner der nahe der Grünen Linie gelegenen Siedlung Sal'it dagegen, dass

Die Mauer: Grenzarchipele und die unmögliche Politik der Trennung

sie durch die Mauer vom benachbarten Dorf Ar'Ras getrennt wurden, aus dem ihre palästinensischen Hausangestellten kamen. An anderen Stellen wurde versucht, den Mauerverlauf an unterirdischen Ressourcen auszurichten, und z.B. wurden Pumpen, die in die tiefen Grundwasser-Aquifere reichten, auf die »Innenseite« der Mauer eingeschlossen. Israelische Luftfahrtinteressen veranlassten das Verteidigungsministerium, eine Routenänderung zu fordern, um sicherzustellen, dass die Gebiete eingeschlossen würden, von denen aus schultergestützte Flugabwehrraketen auf die Einflugschneisen internationaler Flüge zum Flughafen Ben Gurion hätten abgefeuert werden können.[18]

Zu einer Verlaufsänderung kam es entlang einem Höhenzug am nördlichen Ende des Westjordanlandes auf Grund des Drucks seitens israelischer Umweltschützer, die der Auffassung waren, dass eine seltene Irisart nur dann wirksam geschützt werden könnte, wenn das Schutzgebiet, in dem sie wächst, unter israelischer Kontrolle bliebe. Umweltschützer plädierten auch dafür, dass die Mauer den uralten Wald von Abu Sudah bei Bethlehem umrunden sollte, statt ihn zu durchqueren. In der Tat wurden (anders als Gideon Harlap behauptet) gewisse landschaftliche Gesichtspunkte berücksichtigt, und es wurden durchaus auch Architekten zu Rate gezogen, wobei es sich überwiegend um Landschaftsplaner und Berater der Abteilung für regionale und strategische Planung handelte. Die Vereinigung israelischer Landschaftsplaner veröffentlichte einen Artikel eines solchen Architekten, der die Auffassung vertrat, dass »zwar die Sicherheit von Personen das wichtigste Kriterium bei Entscheidungen über den Mauerverlauf sei, dass jedoch auch andere Überlegungen eine Rolle spielten, so der Wert von Landschaft und Natur und deren Beziehung zur Topografie (...) an vielen Orten wurde die Route modifiziert, um besondere und sensible Gebiete zu erhalten, so wenn sich dort interessante Felsformationen, Quellen oder Adlernester befanden (...) meine Hoffnung ist, dass die Trennungsbarriere zu einer der Routen wird, durch die die Landschaft des Staates Israel erschlossen wird, dass eine touristisch interessante Route entsteht, die sich durch unterschiedliche Landschaften zieht«.[19] Die liberale, allerdings inoffizielle »Genfer Initiative« – ein Fahrplan für Friedensverhandlungen, der zwischen einer Gruppe von Israelis und einer Gruppe von Palästinensern unter der Führung der Ex-Minister Yossi Beilin und Yasser Abed Rabbo ausgehandelt wurde – sah vor, dass die Trennungslinie mitten durch Jerusalem, zwischen den jüdischen und den palästinensischen Vierteln verlaufen würde. Ein Mitglied des israelischen Verhandlungsteams war die Architektin Ayala Ronel, die nicht nur die Karten zeichnete, sondern auch »originelle« Vorschläge für mauerartige Vorrichtungen machte, etwa die Kaschierung der Trennungsvorrichtung, so dass sie wie ein Teil der Landschaft oder dichte Vegetation wirkte. An manchen Stellen, wo von Israel aus der Blick auf besonders schöne Landschaften verstellt würde, schlug sie vor, transparente Kunststoffelemente

185

einzusetzen, während sie andernorts Terrassen als Grenzmarkierung anregte, bei denen Höhenunterschiede zwischen den beiden Seiten entstehen würden, ganz so, wie es einst die englischen Landschaftsplaner der Romantik ersannen, um die Grenze zwischen privatem Park und Landschaft optisch verschwimmen zu lassen.

Dem Präsidenten der Al-Quds-Universität, Sari Nusseibah, der immer noch einen guten Draht zu israelischen Politikern hatte, gelang es, die Regierung zu einer weiteren Revision des geplanten Mauerverlaufs zu bewegen. Es galt, eine Aufspaltung der Universität in zwei Teile und ihre Abtrennung vom Rest der Stadt zu verhindern. Der veränderte Verlauf konnte allerdings nicht verhindern, dass der Campus für viele Studierende, die auf der anderen Seite der Mauer wohnen, unzugänglich ist. Es ist nur wenigen Palästinensern gelungen, solche Modifikationen durchzusetzen, selbst wenn die Mauer ganze Gemeinden von ihren Schulen oder Krankenhäusern abtrennt. Entlang dem gebauten und geplanten Mauerverlauf werden die palästinensischen Alltagszusammenhänge und Lebensgrundlagen meist vollständig zerstört, und die Wirtschaft in der Zone nahe der Mauer ist längst zum Erliegen gekommen. Die Menschen wurden von ihrem Land, das sie bearbeitet haben, und von ihren Wasserressourcen, von ihren Familien, ihren Freundinnen und Freunden und ihren Arbeitsplätzen, von Freizeitangeboten und Universitäten getrennt.

Die so offensichtlich verheerenden Auswirkungen der Mauer haben dazu beigetragen, palästinensische, israelische und internationale Gruppen zu mobilisieren. Das »Volkskomitee gegen die Mauer« war eine Initiative palästinensischer Bauern aus den Dörfern Djayous, Biddu, Dir Ballut und Budrus, die ihre Felder, Obstgärten und Weinberge in der Umgebung von Modi'in nordwestlich von Jerusalem und unweit der nördlichen Straße von Tel Aviv nach Jerusalem an die vereinnahmenden Windungen der Mauer verloren hatten. Jeden Freitag versammelten sich die Mitglieder des Komitees zusammen mit israelischen und internationalen Friedensaktivisten zu gewaltfreien Demonstrationen vor den Bulldozern der Baufirmen und den Soldaten, die diese begleiteten. Das Volkskomitee des Dorfes Bil'in und seine Bewohner gingen zusammen mit ihren israelischen und internationalen Mitstreiterinnen und Mitstreitern noch weiter. Bereits im Januar 2005 hatten sie begonnen, regelmäßig und konsequent gewaltfrei gegen den Verlust ihres Landes an die Siedlungen und die Barriere zu demonstrieren und tun dies weiterhin allwöchentlich. Eine ihrer Aktionen, die zugleich auch eine Herausforderung auf der juristischen Ebene bedeutet, bestand darin, Anfang 2006 den »ersten palästinensischen Vorposten« zu errichten, indem sie auf Land des Dorfes, das konfisziert worden war, einen Wohnwagen aufstellten. Dieser wurde – anders als die Vorposten der Siedler – innerhalb weniger Stunden durch die israelische Armee zerstört und entfernt. Daraufhin errichteten die Bil'iner an derselben Stelle über Nacht ein gemauertes Häuschen, das, mit Dach und Fenstern ausgestattet, den israelischen Baustandards entsprach und als festes Gebäude Fakten schuf, wie dies gewöhnlich im Entstehen begriffene israelische Siedlungen tun. Später im selben Jahr errichteten die Dorfbewohner ein zweites Gebäude, das zusammen mit dem ersten die »erste palästinensische Siedlung« bildete und in Anspielung auf das teilweise auf Bil'iner Land gebaute Ost-Mattityahu »West-Bil'in« getauft wurde.

Im September 2007 gab der israelische Oberste Gerichtshof den Klägern des Dorfes Bil'in Recht, die den Mauerverlauf angefochten hatten. Die Oberste Richterin Dorit Beinish befand: »Wir waren nicht überzeugt, dass es aus sicherheitsmilitärischen Gründen notwendig ist, an der derzeitigen Route festzuhalten, die es mit sich bringt, dass die Barriere auf Bil'ins Land verläuft.«[20] Der Oberste Gerichtshof verlangte von der Regierung, dass »innerhalb eines angemessenen Zeitraums« für den fraglichen Abschnitt (1700 Meter) der Barriere ein alternativer Verlauf festgelegt würde. Zehn Monate später gab die israelische Regierung diesen bekannt. Die Mauer sollte nunmehr so verlaufen, dass statt der ursprünglich 2000 nunmehr 1800 Dunum Land des Dorfes verloren gingen. Dazu äußerte sich Ahmed Issa Abdallah Yassin aus Bil'in gegenüber Akiva Eldar: »In der Zwischenzeit genehmigt der Staat weitere Bauvorhaben, um Fakten zu schaffen. Die werden es weitere zwei Monate danach mit sich bringen, dass man über neue Sicherheitsanforderungen redet, die sich auf die bis dahin fertiggestellten Bauten beziehen. Diese Entwicklung wird ihnen dann ›keine andere Wahl lassen, als die Route wieder neu zu überarbeiten‹.«[21] Die Bewohner des Dorfes scheinen sich kaum Illusionen über ihre Möglichkeiten zu machen, durch ihren Kampf wesentliche Teile ihres Landes zurückzugewinnen. Es geht wohl eher darum, die Strukturen der Besatzung bloßzulegen.

Die physische Präsenz der Mauer, als sie schließlich dastand, trug dazu bei, weitere Unterstützung durch internationale Organisationen und private Freiwillige gegen das Projekt zu gewinnen. Mochten die Bilder von gewöhnlichen, beinahe freundlich wirkenden Vorortsiedlungen mit ihren roten Dächern noch nicht bedrohlich genug gewesen sein, um eine weltweite Kampagne zu inspirieren, so überzeugten Aufnahmen von Stacheldrahtzäunen und hohen Betonmauern, die sich durch pastorale Olivenhaine, Weizenfelder und Weinberge oder durch die Eingeweide von Ortschaften fraßen, ein internationales Publikum vom Anliegen der Palästinenser. Jenseits ihrer Wirkung vor Ort stellte die Mauer innerhalb der Medienökonomie des Konflikts ein wirksames Bild dar, das in der westlichen historischen Imagination einen starken Widerhall fand. Darin wirkt nach wie vor das unaufgearbeitete Erbe des Kolonialismus und des Kalten Kriegs. Die Semantik der unterschiedlichen Benennungen des Projekts – »Zaun«, »Mauer« oder »Barriere« – spielten ebenfalls eine wichtige Rolle.[22] Insbesondere wurde es auch mit dem Begriff der »Apartheid« in Verbindung gebracht, obwohl das südafrikanische Regime selbst auf dem Höhepunkt seiner Barbarei nie eine solche Barriere errichtete.[23]

Unbeständigkeit konstruieren

Im gesamten Verlauf der Bauarbeiten an der Mauer ist der israelische Oberste Gerichtshof eine Arena für die beschriebenen Konflikte um ihre Route gewesen. In einigen Fällen hat er verfügt, dass der Staat mehrere Mauerabschnitte verlegen musste, nachdem er Klagen von palästinensischen und israelischen Bürgerrechtsgruppen gegen Landbeschlagnahmen stattgegeben hatte. Der Rechtsgrundsatz, von dem sich der israelische Oberste Gerichtshof bei seinen Urteilen in dieser Sache leiten ließ, war der der Verhältnismäßigkeit. Gemäß diesem Prinzip muss der Staat einen Verlauf finden, bei dem Sicherheitserfordernisse – wobei umstritten ist, ob dazu auch die der Westbank-Siedler zählen – und die Lebensgrundlagen palästinensischer Bewohner in einem ausgewogenen Verhältnis zueinander stehen. Zusätzlich zu dieser Abwägung dürfen keine weiteren Gesichtspunkte ins Spiel gebracht werden. Die erste Eingabe dieser Art, über die im Juni 2004 das Urteil gesprochen wurde, war die des *Dorfrates von Beit Sourik vs. Die Regierung von Israel und den Oberbefehlshabenden der IDF in der Westbank*.[24] Der Oberste Gerichtshof kam zu dem Schluss, dass etwa 30 Kilometer der Mauer, die nordwestlich von Jerusalem zwischen den Siedlungen Maccabim-Giveat Ze'ev und der Straße Jerusalem–Modi'in–Tel Aviv (Straße 443) auf Ländereien von Bauern aus Beit Sourik errichtet worden waren, verlegt werden mussten und bereits fertiggestellte Segmente wieder abzubauen waren. Tirza, der vom Gericht als Zeuge geladen wurde, antwortete auf Fragen eines Reporters, dies sei »ein dunkler Tag für den Staat Israel«. Er überarbeitete den gesamten Entwurf der noch nicht fertiggestellten Mauerabschnitte und ordnete für manche der bereits erbauten den Abriss an, da man sie für angreifbar durch mögliche Klagen hielt. Andererseits ergab sich die Notwendigkeit, andere Befestigungsanlagen östlich der Mauer zu errichten. Die Israelis vorbehaltene Straße 443, die nunmehr auf der östlichen Seite der Mauer lag, wurde selber zu einer massiven Barriere, indem man sie beidseitig mit hohen Betonelementen einfasste und alle palästinensischen Einfahrten durch Erdwälle blockierte. Obwohl sich alle erzwungenen Veränderungen später als Pyrrhussiege erwiesen, hatten doch die konzertierten Aktionen palästinensischer Aktivisten und der internationalen Diplomatie zum (fast) ersten Mal sichtbare Auswirkungen auf die »elastische« Geografie der israelischen Herrschaft.[25] Um eine grobe Vorstellung von den Dimensionen zu geben: Die Mauer, so wie sie 2002 geplant worden war, hätte de facto

900 Quadratkilometer an Israel annektiert, somit ca. 16 Prozent des Westjordanlandes. (Diese Zahlen berücksichtigen nur den westlichen Teil der Mauer, nicht den östlichen entlang des Jordantals, der gleichzeitig geplant wurde – und durch den zusammen mit dem westlichen Teil an die 50 Prozent der Westbank annektiert worden wären.) Schätzungen vom Ende des Jahres 2006 gingen von 360 Quadratkilometern und damit rund 6 Prozent der Westbank aus.[26]

Um Land für die Mauer zu beschlagnahmen, musste die Regierung argumentieren, dass es sich bei der Barriere um eine »vorübergehende Sicherheitsmaßnahme« handle – ein ähnliches Argument wie das israelischer Regierungen in den späten 1970er Jahren, wenn sie Land für Siedlungen beschlagnahmten. Auf der Website des israelischen Verteidigungsministeriums kann man immer noch nachlesen, dass »der antiterroristische Zaun (die Mauer) eine passive *vorübergehende* Maßnahme, keine dauerhafte Grenze« darstelle (Hervorhebung E.W.), und dass Entscheidungen, die ihn in seinem Wesen und Verlauf betreffen, auf »dringenden Sicherheitserfordernissen« beruhten.[27] Diese Darstellung zielt darauf ab, die Mauer als vorläufiges Instrument erscheinen zu lassen, um einem vorübergehenden Sicherheitsnotstand zu begegnen. Und tatsächlich sind Barrieren nicht dasselbe wie Grenzen: Anders als diese trennen sie nicht das Innen eines souveränen politischen oder rechtlichen Systems von einem fremden Außen, sondern haben die Funktion von Strukturen, die eventuelle Bewegungen innerhalb eines Territoriums verhindern. Solche Maßnahmen werden vom Gesetz toleriert, eben weil sie temporär sind. Doch die Logik der Militärherrschaft in der Westbank und Gaza war es, sich durch immer neue, scheinbar temporäre Fakten fortzuschreiben.[28] Es ist gerade die Definition der Besatzung als »vorübergehend« und die Definition jedes Rechtsbruchs als lediglich »vorübergehendes« Übel, es der israelischen Gesellschaft und ihren Gerichten ermöglicht haben, über diese laufend stattfindenden Akte hinwegzusehen.[29]

Als die Regierung vor Gericht aufgefordert wurde zu begründen, wie denn ein so massives Bauwerk als vorübergehend gelten könne, wies sie auf die verschiedenen Revisionen hin, die daran vorgenommen worden waren und die bewiesen, dass die Mauer auch weiterhin in ihrem Verlauf verändert oder sogar vollkommen entfernt werden könne – sobald es die Sicherheitssituation erlaube. So war es also die Eigenschaft der Elastizität der Mauer, die ihre vorübergehende Natur unterstrich. Was der vorübergehende »Notstand« bezüglich der Zeit ist, wurde die Elastizität bezüglich des Raums. Diesem Prinzip entsprechend hat es das israelische Planungssystem gelernt, ständig sich fortentwickelnde und sich rasch verändernde Sicherheitsrisiken zu nutzen und vorübergehende Sicherheitsmaßnahmen zu installieren, die zu jedem gegebenen Zeitpunkt als Ad-hoc-Reaktion zu rechtfertigen sind und doch schließlich zusammen eine kohärente

SPERRZONEN · KAPITEL 6

Links: palästinensische Gebiete, die nach der Planung von 2003 von der Mauer eingeschlossen werden sollten; rechts: geplanter Verlauf mit »Tiefen-Barrieren« und Siedlungs-Zäunen.

strategische Realität ergeben und verkörpern. Diese Anwendung des »vorübergehenden Charakters« als legales Mittel offenbart das dem israelischen System der Beherrschung und Kontrolle zugrunde liegende Paradox: Um die Gebiete zu befrieden, müssen temporäre Sicherheitsmaßnahmen angewandt werden, doch weil die Palästinenser gegen diese Sicherheitsmaßnahmen selbst (die Siedlungen) rebellieren, die ursprünglich eingesetzt wurden, um sie zu befrieden, müssen weitere temporäre Maßnahmen (die Mauer) eingeführt werden, um der Radikalisierung von Widerstand und Gewalt Herr zu werden usw. Die Definition jeglichen israelischen militärischen Vorgehens als Antwort auf Bedrohungen der Sicherheit perpetuiert so die Bedingung, die das weitere Fortführen jenes Vorgehens rechtfertigt.[30] Die Gewalt wird zur notwendigen Bedingung für die konstante Anwendung von scheinbar situationsbezogenen, tatsächlich jedoch strategischen Sicherheitsmaßnahmen und stellt *die* Rechtfertigung dafür dar, dass staatliche Ausgabenbeschränkungen nicht in Kraft treten und der Sicherheitsbereich mit massiven Finanzmitteln ausgestattet wird. Das Zusammentreffen von aktuellen

Sicherheitserfordernissen und einer Wirtschaftsrezession während der Anfangsjahre der Zweiten Intifada machte den Weg frei für die radikale Umstrukturierung des Haushalts und die tiefen Einschnitte bei den Staatsausgaben (in allen Bereichen außer der Sicherheit), die für die von Finanzminister Benjamin Netanyahu 2002 eingeführten neoliberalen Reformen kennzeichnend waren. Es war kein Zufall, dass Netanyahu den ersten Plan dieser Art »Wirtschaftliches Verteidigungsschild« nannte. Damit legte er den Gedanken nahe, dass eine neoliberale Haushaltsreform als Notmaßnahme zu verstehen sei, ähnlich wie die – in Israel sehr populäre – Militäroperation »Verteidigungsschild« vom April 2002, bei der die Institutionen der Palästinensischen Autonomiebehörde und zahlreiche palästinensische Städte zerstört wurden.[31]

Durch die Veränderungen des Mauerverlaufs, die der Oberste Gerichtshof verlangte, gelang es, die harten Lebensbedingungen der Palästinenser, die in Mauernähe leben, leicht zu mildern. Wenn es darum geht, Schmerz und Leiden zu verringern, muss jede Maßnahme ergriffen und gefördert werden; doch hat, wie der Rechtswissenschaftler Aeyal Gross aufzeigt, das Regime hinter der Mauer durch die Urteile des israelischen Obersten Gerichtshofs an juristischer und moralischer Legitimation gewonnen.[32] Die durch den Obersten Gerichtshof erzwungenen »Verbesserungen« der Routenführung ließen das gesamte durch die Mauer auferlegte Regime »tolerierbar« erscheinen oder zielten zumindest darauf ab, es für die Palästinenser tolerierbar zu machen. Der mäßigende Einfluss des Obersten Gerichtshofs trug auch dazu bei, dass die Regierung angesichts der Kritik durch internationale Medien bestehen und insbesondere den politischen Forderungen begegnen konnte, sie möge den Rat des Internationalen Gerichtshofs von Den Haag befolgen. Dessen Gutachten kam im Juli 2004 heraus, weniger als einen Monat nach dem ersten Urteil, bei dem vor dem israelischen Obersten Gerichtshof eine Änderung der Route erstritten worden war. Der Internationale Gerichtshof erklärte das gesamte Projekt, da es auf besetztem Land verwirklicht wurde, sowie das gesamte mit der Mauer verbundene Regime als mit dem internationalen Recht unvereinbar.[33] Es war wegen der heftigen internationalen Kritik immer im Interesse der israelischen Regierung, die humanitären Probleme zu lösen, die mit dem Mauerbau verbunden waren, um auf diese Weise die Aufmerksamkeit von der grundsätzlichen politischen und rechtlichen Illegitimität des gesamten Projekts abzulenken. Obwohl es oft so schien, als habe der israelische Oberste Gerichtshof gegenüber der Regierung eine absolut konträre Position eingenommen, indem er Teilabschnitte der Route versetzen ließ und für eine »Abwägung« der Menschenrechte gegenüber der Sicherheit eintrat, hat der Oberste Gerichtshof tatsächlich am Entwurf des Projekts mitgewirkt. Als dann auch noch im Gefolge der Gerichtsurteile die Armee selber anfing, sich des Vokabulars des internationalen Rechts zu bedienen, wurden Prinzipien wie das der »Verhältnismäßigkeit« auf einmal kompatibel mit Begrifflichkeiten militärischer Zielsetzung, etwa »Effizienz« oder »Notwendigkeit«. Diese Zusammenführung der humanitären und der militärischen Sphäre ergab einen weniger angreifbaren Verlauf der Mauer und trug somit dazu bei, das militärische Vorgehen ökonomischer zu gestalten.[34] Die wiederholten Korrekturen an der Route kosteten die Regierung zusätzliche 200 Millionen US-Dollar, und Tirza wurde unter Druck gesetzt und aufgefordert, einen Verlauf zu entwerfen, der gegenüber Klagen »immun« wäre.[35]

Danny Tirza selber führte die »humanitäre« Herangehensweise stolz vor, die er sich zu einem späten Zeitpunkt der Planung zu eigen gemacht hatte:

»Der israelische Oberste Gerichtshof sagte, wir müssten dem täglichen Leben der Palästinenser mehr Aufmerksamkeit schenken, weshalb wir die Route an manchen Stellen änderten (…) Wir sehen auch durchaus ein, dass wir die Bedürfnisse der Menschen berücksichtigen müssen, und manchmal müssen wir für die Dorfbewohner neue Straßen bauen. Außerdem haben wir über 90 000 Bäume wieder angepflanzt, um den Schaden für die örtlichen Landwirte möglichst gering zu halten (…) und haben für Menschen, die östlich des Zauns wohnen, Dienstleistungen bereitgestellt. An einem Ort haben wir Land für den Bau einer Schule zur Verfügung gestellt, damit die Schüler nicht täglich den Checkpoint zu passieren brauchen. An anderen Stellen werden wir Krankenhäuser bauen müssen, damit die Bevölkerung nicht nach Jerusalem hinüberfahren muss. Mit diesen Fragen befassen wir uns tagtäglich, überall entlang des Zaunes…«[36]

Diese Aussagen, in denen Tirza vollständig die Sprache und die Zielsetzungen des Humanitären übernommen zu haben scheint, spiegeln natürlich nicht seinen Altruismus oder die Sorge um die Palästinenser wider; sie sind eher Teil einer rechtlich-moralischen Rhetorik, die darauf abzielt, möglichen Restriktionen oder Verzögerungen bei der Verwirklichung des Projekts vorzubeugen. Indem man es im Sinne eines geringeren Übels in Kauf nahm, auf die Dorfbewohner eine gewisse Rücksicht zu nehmen, konnte man der palästinensischen Bevölkerung als ganzer ein größeres Übel aufbürden.

Aus der Perspektive derjenigen, die sich gegen die Mauer wenden, wirkt ihr elastisches Wesen somit ermächtigend und frustrierend zugleich. Es wirkt ermächtigend, denn es hat gezeigt, dass der Druck, der durch Proteste und juristisches Vorgehen ausgeübt wurde, um den Verlauf zu beeinflussen, tatsächlich zu Erleichterungen bei den Lebensbedingungen vor Ort geführt hat, und weiterer Druck die Mauer vielleicht sogar weiter nach Westen, näher an die international anerkannte Grenze der Grünen Linie verrücken und sie für die Palästinenser, die unter dem Gewicht ihres Regimes schier ersticken, geringfügig erträglicher machen könnte. Doch das Prinzip der Elastizität ist auch frustrierend; denn es zeigt, dass jeder Vorstoß, der sich gegen den Verlauf der Mauer anstatt gegen ihre Idee,

Präsenz und Essenz richtet (wie es der Internationale Gerichtshof getan hat), die Mauer nicht nur legitimiert und sie als unverrückbare Tatsache unterstreicht, sondern auch effektiv an ihrer Entstehung beteiligt ist. Die Grenze verändert kontinuierlich ihre Form, um Opposition zu absorbieren, so dass diese allmählich Teil des Grenzdiskurses selber wird und zu ihrer Wirksamkeit beiträgt. Oppositionelles Handeln hat daher einen Beitrag geleistet zur kollektiven, wenn auch diffusen, Autorenschaft der Architektur der Mauer.

Extraterritoriale Inseln

In dem Maße, wie der internationale Druck gegen die Mauer zunahm, wurde auch der Ruf der Siedlungs-Lobbys nach einer tiefer eindringenden Route dringlicher, damit ihre Siedlungen in den Bereich »innerhalb« der Mauer fallen würden. Nachdem in mehreren Fällen der Oberste Gerichtshof zugunsten einer Veränderung des Mauerverlaufs im Sinne eines weniger zerstörerischen Eingriffs entschieden hatte, kam es zu einem merkwürdigen Rollentausch, als die Siedler ihrerseits gegen diese Modifikationen Einspruch einlegten. Sie bedienten sich einer ähnlichen Sprache wie die, mit der die Palästinenser ihre Klagen gewonnen hatten, und fingen an, sich darüber zu beklagen, dass der Mauerverlauf sie, die Siedler, in isolierte Enklaven einsperren würde, die sie »von ihrem Land, ihrer Arbeit und ihren Dienstleistungen abschnitten«.[37] An einem kurzen Abschnitt an der Straße 443 nordöstlich von Jerusalem, wo die Mauer so umgeleitet worden war, dass sie für die Palästinenser weniger Schaden anrichtete, wurde sie später nach Gegenklagen seitens jüdischer Siedler wieder verändert.

Die politischen Kräfte, die sich um den Mauerbau herum artikulierten, begannen sich wechselseitig hochzuschaukeln, wobei sie in immer radikalerer Form aufeinander reagierten. Doch der Druck auf der einen Seite, den die Siedlergruppen, ausübten, um dafür zu sorgen, dass die Ausbuchtungen der Mauer möglichst viele Siedlungen einschlossen, sowie die Bestrebungen der Armee, die Mauer durch strategisch bedeutsames Gebiet zu führen, waren unvereinbar mit dem diplomatischen und juristischen Druck, der auf der anderen Seite ausgeübt wurde, um sie möglichst nahe an die international anerkannte Grüne Linie heranzurücken. Es gelang immer weniger, dieses höchst widersprüchliche Spannungsfeld in eine komplexe, dabei dennoch lineare Geometrie umzusetzen, und so war die Mauer auch nicht mehr als ein einziges, einheitliches Gebilde erkennbar, sondern zerfiel in Scherben, Fragmente und diskontinuierliche Vektoren. Wie ein Wurm, den man in Stücke schneidet, von denen jedes ein Eigenleben aufnimmt, so begannen die Mauerfragmente, sich um isolierte Siedlungsblocks und an den Straßen entlangzuringeln, die diese verbinden. Jedes dieser separaten Segmente, die vom Verteidigungsministerium als »Tiefenbarrieren« bezeichnet werden, umfasst eine Staffel von Befestigungen und Sensoren, die denen des Hauptteils der Mauer ähneln und zugleich spezifische Lösungen für die jeweilige »lokale Sicherheitsproblematik« bieten, die vom linearen Hauptteil der Mauer nicht hinreichend geliefert werden konnten. Im September 2004 veranlasste der fragmentierte Verlauf der Mauer die israelische Regierung zu einer offensichtlich widersprüchlichen Erklärung, in der es heißt, vier der bedeutendsten, an den Westhängen der Westbank gelegenen Siedlungen, Ariel, Emanuel, Qedumim und Karnei Schomron mit insgesamt rund 50 000 Siedlern, »würden auf der israelischen Seite der Barriere (Mauer) liegen (…) aber die Barriere würde nicht mit dem Hauptteil verbunden sein«.[38] Diese ebenso wie andere große Siedlungsblöcke würden israelische »extraterritoriale Inseln« innerhalb palästinensischen Gebietes werden. Da sich die öffentliche Aufmerksamkeit, die Demonstrationen und Zusammenstöße ausschließlich auf den sichtbaren, linearen Teil der Mauer bezogen, blieben ihre Ableger, die »Tiefenbarrieren«, von der internationalen Kritik weitgehend unbemerkt. Je erfolgreicher die Opposition darin war, die Mauer nach Westen zu verschieben, desto mehr »Tiefenbarrieren« wurden errichtet, um die Sicherheitsprobleme zu lösen, die in der Tiefe des Gebiets übrig blieben, und desto weiter schritt die Fragmentierung der Westbank und damit des Lebens der Palästinenser tatsächlich voran. Eine Art Opportunitätspakt scheint zwischen Israel und der internationalen Opposition gegen die Mauer geschlossen worden zu sein: Israel wird gemäß den Vorgaben des Obersten Gerichtshofs den Hauptteil der Mauer an die Grüne Linie annähern, aber es wird sich bezüglich der politisch unauffälligen Barrieren, die es tiefer im Gebiet aufstellt, nicht maßregeln lassen.

Obwohl es keine der Karten zeigt, die in den Medien oder von unabhängigen Organisationen veröffentlicht werden, und obwohl alle Fotografien der Mauer ein lineares Gebilde abbilden, das einer Grenze ähnelt (und als solche auch von allen Fremden, die aus territorial definierten Staaten kommen, sofort identifiziert wird), ist sie tatsächlich inzwischen zu einer diskontinuierlichen und fragmentierten Reihe von in sich selbst geschlossenen Barrieresystemen geworden. Man kann sie wohl am ehesten als Umsetzung der vorherrschenden Bedingung von Segregation verstehen, nämlich als bewegliche Grenze. Denn sie ist keine durchgezogene Linie, die das Gebiet in zwei Teile aufteilen würde. Nachdem sich die »Tiefenbarrieren« vervielfältigt haben, hat sich das Erscheinungsbild des Gebiets mehr und mehr dem von Karten skandinavischer Küstenregionen angenähert, wo Fjorde, Inseln und Seen die Trennung zwischen Land und Wasser nur diffus erkennen lassen.

Aktuelle Planungen des Mauerverlaufs sehen eine territoriale Verbindung von 55 Siedlungen (darunter zwölf jüdische Viertel in Ostjerusalem) mit Israel »in-

Die Mauer: Grenzarchipele und die unmögliche Politik der Trennung

nerhalb« der Mauer vor.[39] In Jerusalem hat die Mauer nicht Israelis von Palästinensern getrennt, sondern Palästinenser von Palästinensern. Da Scharon fürchtete, wegen einer »Teilung der Stadt« angegriffen zu werden, schloss er die meisten palästinensischen Stadtviertel, die zum Stadtgebiet gehören, innerhalb der Mauer um Jerusalem mit ein.

Über 100 Siedlungen liegen jedoch östlich des Hauptteils der Mauer; seit Beginn der Zweiten Intifada wurden 700 Kilometer Zaun um diese Siedlungen gezogen – was der geplanten Gesamtlänge des Hauptteils der Mauer entspricht. Die Siedlungsinseln, die durch »Tiefenbarrieren« umschlossen sind, wurden von der israelischen Armee zu »speziellen Sicherheitszonen« und ein je 400 Meter breiter Umkreis um sie herum als »steril« erklärt. Abgesehen von der Hygieneneurose, die bei der Bezeichnung mitschwingt, bedeutet die Definition, dass das Militär, die zivilen Sicherheitsdienste und die Bürgerwehren der Siedler auf alle Palästinenser, die sich zufällig in diese Zonen verirren mögen, schießen und sie töten dürfen.[40]

Mehrere Dutzend palästinensische Dörfer mit einer Gesamtbevölkerung von rund 60 000 Bewohnern sind in Enklaven westlich der Mauer, d.h. zwischen ihr und der Grünen Linie gefangen. Im Oktober 2003 erklärte die IDF diese palästinensischen Enklaven zu »geschlossenen Militärzonen« und setzte diesen willkürlich geschaffenen neuen Status durch zusätzliche Barrieren zwischen den Enklaven und der Grünen Linie durch. Parallel dazu zwang die IDF deren Bewohner per Verordnung den neu geschaffenen Rechtsstatus von »vorübergehenden Bewohnern« auf, der es ihnen verunmöglicht, sich ohne die spezielle Erlaubnis eines Passierscheins in Richtung Westen nach Israel oder in Richtung Osten in die übrige Westbank zu begeben. Zusammen mit den Palästinensern, die in Jerusalem auf die »israelische« Seite geraten sind, werden sich insgesamt 250 000 Palästinenser in der Falle zwischen den Grenzen wiederfinden.

Ergebnis des fragmentierten Verlaufs der Mauer ist eine wechselseitige Exterritorialität, ein Zustand der doppelten Eingeschlossenheit. Die Siedlungen in den »speziellen Sicherheitszonen« sind genauso wie palästinensische Gemeinden in den »geschlossenen Militärzonen« territoriale Inseln, die physisch und rechtlich Fremdkörper in ihrer unmittelbaren Umgebung darstellen. Bei diesem Arrangement hat die traditionelle Vorstellung von einem politischen Raum als zusammenhängendem Territorium, das durch eine ununterbrochene Grenzlinie umschlossen ist, seine Bedeutung verloren.

Dennoch darf man die Funktionen, die die jeweils unterschiedliche Inseln umschließenden Barrieren haben, nicht gleichsetzen. Die Mauern um »israelische Inseln«, wo israelisches Recht gilt, dienen dazu, das Leben von Siedlern zu schützen und gegen ein bedrohliches Außen abzuschotten. Die Tore in den Zäunen führen in diesem Fall auf geschützte, schnell zu befahrende, breite Verkehrskorridore und sorgen de facto für eine wirtschaftliche und politische Anbindung der Siedler an Israel. Die Zäune, Mauern, Gräben, Wälle und alle möglichen anderen Vorkehrungen und Erfindungen, die das Gelände um die palästinensischen territorialen Inseln überziehen, sollen dagegen dafür sorgen, dass »Bedrohungen für die Sicherheit« nicht nach außen sickern.[41] Indem sie Wohngebiete zuweisen und beschränken und die Gebiete verschiedener Rechtsprechungen physisch markieren, haben diese Barrieren im Wesentlichen die Funktionen von Instrumentarien der Bevölkerungskontrolle bekommen. Sie sind mehr als nur ein Befestigungssystem – sie stellen vielmehr ein logistisch-bürokratisches Mittel zur Schaffung und Aufrechterhaltung einer demografischen Separation dar.

In der israelischen Separationsfantasie geht es darum, einen homogen israelischen politischen Raum zu erschaffen, der sich verteidigen lässt und in dem, wenn auch kein Schutz vor palästinensischen Angriffen, so doch ein Raum jüdischer demografischer Mehrheit und Herrschaft garantiert ist. Warum ist das nur eine Fantasie? Zwar wurde gelegentlich die einseitige Evakuierung weiterer Siedlungen diskutiert, hauptsächlich im Zusammenhang mit Premierminister Ehud Olmerts inzwischen aufgegebenem einseitigem »Angleichungsplan« (»Realignment Plan«, eine Bezeichnung, die unbeabsichtigt die Elastizität der Mauer bestätigt), doch hat keine israelische Regierung jemals ernsthafte Anstalten gemacht oder die entsprechende politische Entschlossenheit gezeigt, die großen inselförmigen Siedlungsblocks innerhalb des Westjordanlandes oder die jüdischen Wohngebiete im annektierten Teil Jerusalems tatsächlich abzubauen.[42] Hinzu kommt, dass ein Brief von Präsident Bush an Ariel Scharon im April 2004 implizit die Aussage enthielt, diese Siedlungen würden zukünftig Teil des israelischen Territoriums sein.[43] Wenn sie aber nicht evakuiert werden, bleibt das Gebiet zerklüftet und unzusammenhängend. Obwohl und möglicherweise weil es durch die Mauer gerade nicht gelingt, eine eindeutige politische Grenze zu ziehen, versucht sie doch, die beruhigende Ikonografie einer solchen Grenze darzustellen. Obwohl sich ihr Verlauf ständig ändert, soll die massive Präsenz der Mauer, die sie zum größten und teuersten Projekt in der Geschichte des Staates gemacht hat, den Eindruck einer festungsartig gesicherten Grenze vermitteln. Die Illusion, dass durch eine Reihe einseitig bewehrter Grenzlinien, die durch Beton, Stacheldraht und Überwachungstechnologie zusätzlich verstärkt sind, Israel und Palästina gleichermaßen normale, territorial definierte Nationalstaaten werden könnten, verdeckt die reale Gewalt einer beweglichen kolonialen Grenze.[44]

Ausgehöhltes Land

Nachdem sich die Mauer um einen auf ewig vorläufigen palästinensischen Staat legt und mit ihm verschmilzt und dieser »Staat« in ein Archipel eingeschlossener »souveräner Gebiete« zerfällt, die wiederum von israelisch beanspruchten territorialen Inseln zerlöchert werden, bleibt noch ein weiteres Paradox aufzulösen. Die Zerstückelung des Gebietes unter palästinensischer Verwaltung ist ganz offensichtlich unvereinbar mit dem öffentlichen Versprechen Scharons im Jahr 2003 und seiner Erklärung gegenüber Präsident Bush im Jahr 2004, dass er im Zusammenhang mit der Implementierung der von Bush unterstützten »Roadmap« »in der Westbank ein zusammenhängendes Gebiet schaffen wird, innerhalb dessen die Palästinenser von Djenin (der nördlichsten Stadt des Westjordanlandes) bis nach Hebron (der südlichsten) reisen könnten, ohne eine israelische Straßensperre zu passieren«. Als verwirrte Journalisten ihn fragten, wie die beiden offensichtlich unvereinbaren Kategorien der Kontinuität und der Fragmentierung innerhalb ein- und desselben Gebietes miteinander in Einklang gebracht werden sollten, antwortete Scharon (wahrscheinlich mit dem für ihn typischen Zwinkern), dass dies durch eine »Kombination von Tunneln und Brücken« bewerkstelligt werde.[45]

Diese Art territorialer Kontinuität hatte Scharon als Minister für die Nationale Infrastruktur unter Benjamin Netanyahu 1996 erstmals realisiert, indem er die »Tunnel-Straße« einweihte. Wenn Kontinuität auf der Oberfläche des Gebiets allein nicht erreicht werden kann, muss sie in drei Dimensionen geschaffen werden. Die Tunnel-Straße verbindet das jüdische Jerusalem mit der Westbank-Siedlung Gusch Etzion und weiter südlich mit den jüdischen Siedlungen von Hebron. Sobald sie aus Jerusalem herausführt, schneidet sie sich schnurgerade durch Berge und Täler und ähnelt damit den von französischen Straßen- und Brückenbau-Ingenieuren entworfenen Kolonialstraßen des 19. Jahrhunderts (die eine wildwüchsige Natur zügeln und der »cartesianischen Logik« des Imperiums sowie der Ausrichtung auf die Vernunft Ausdruck verleihen sollten). Um diese Heldentat auch in Palästina zu vollbringen, schwingt sich die Tunnel-Straße einerseits auf und schwebt als Brücke über Tälern, in denen Palästinenser das Land bewirtschaften; andererseits taucht sie unterhalb der palästinensischen Stadt Beit Djalla als Tunnel in die Erde. Meron Benvenisti, der als Erster über dieses »Wunder der Ingenieurskunst« schrieb, schilderte den territorialen Effekt als »Sprengung der drei Dimensionen in sechs: drei israelische und drei palästinensische«.[46] Obwohl die Straße unter israelischer Kontrolle steht, sind das Tal, das sie überbrückt, und die Stadt, unter der sie verläuft, Gebiete palästinensischer Kontrolle. Während sich die Straße durch die Verwerfungen dieses topografischen Arrangements unterschiedlicher Administrationen und Jurisdiktionen hindurchwebt, befindet sich israelisches Territorium mal über, mal unter palästinensischem. Die physisch abgetrennten Transportwege durchschneiden auch das territoriale Labyrinth, das die Oslo-Abkommen geschaffen haben. Tunnel und Brücke sind unter vollständiger israelischer Oberhoheit (C-Gebiet), das Tal darunter ist unter ziviler palästinensischer Verwaltung (B-Gebiet), während die Stadt über dem Tunnel zivil und militärisch von den Palästinensern verwaltet wird (A-Gebiet). Stehen die Stützpfeiler der Brücke auf palästinensischem Grund, dann verläuft die Grenze vermutlich durch die thermodynamischen Auflager zwischen den Stützpfeilern und Trägern.[47]

Die Abteilung für Regionale und Strategische Planung folgte der Logik der dreidimensionalen Teilung und erfand ein Netzwerk zweier paralleler Straßensysteme, das sich, nach Nationalität aufgeteilt, über die gesamte Westbank erstrecken und zunächst mit einem Pilotprojekt von 35 Straßen eingeweiht werden soll. An Stellen, wo sich die beiden Straßensysteme überkreuzen, halten vertikal gestaffelte Brücken und Tunnels die Verkehrssysteme und somit Palästinenser und Israelis auseinander. 26 solcher Systeme zur vertikalen Regelung separater Verkehrsflüsse sind 2007 bereits fertiggestellt; die übrigen 19 sind im Bau oder in der Planung.[48] Die benachbarten Westbank-Städte Habla und Kalkilia, die 2003 durch die Mauer zu zwei voneinander getrennten Enklaven wurden, sind im darauffolgenden Jahr entsprechend diesem Prinzip durch einen unterirdischen Tunnel im Auftrag des Verteidigungsministeriums wieder miteinander verbunden worden.

Danny Tirza begründete diese Separationslogik damit, dass »die gefährlichen Reibungen« zwischen Siedlern und Palästinensern »verringert werden könnten, wenn gewisse Vorkehrungen es den Palästinensern ermöglichen, ein Gebiet von der einen Seite her zu erreichen (und den Siedlern von der anderen). Wir würden oben fahren, sie unten und vice versa«.[49] Dieses Projekt der getrennten Straßennetze ergänzt das der Mauer. Es erleichtert die Schaffung zusammenhängend »ausgeschlossener« palästinensischer Gebiete, ohne dass Evakuierungen jüdischer Siedlungen nötig wären. Obwohl die getrennten Verkehrsverbindungen aneinander vorbeilaufen, sind sie so gestaltet, dass selbst ein Zusammentreffen der sinnlichen Wahrnehmungen ausgeschlossen ist. Laut Tirza sollten Israelis sich auf den oberen Verkehrswegen bewegen können, »ohne den palästinensischen Verkehr darunter auch nur zu bemerken«.[50]

In der Tat – wenn Israelis auf der Straße 443 von Tel Aviv über Modi'in nach Jerusalem fahren, befahren sie einen Straßenabschnitt, der beidseitig durch hohe Betonmauern eingefasst ist. Als diese Straße 2004 selber zur Grenze wurde, bemalte man die Betonmauern zu beiden Seiten mit idealisierten Darstellungen der umgebenden Landschaft. Diese Mauern sollten die israelischen Pendler vor den Gefahren schützen, die ihnen aus der realen Landschaft drohen. Gleichzeitig ver-

Die Mauer: Grenzarchipele und die unmögliche Politik der Trennung

bergen sie ihnen den Umstand, dass dieser Teil der Straße eine Brücke ist, die Al-Muwahil, ein ganzes palästinensisches Dorf bzw. Viertel, überspannt.[51]

Ein weiteres höchst ambitioniertes Instrument vertikaler Separation ist die neue östliche Jerusalemer Ringstraße, die derzeit gebaut wird. Diese Straße bildet einen Flaschenhals innerhalb des Systems, da sie sowohl den Siedlern wie den Palästinensern dient (letztere müssen sie nutzen, wenn sie von Bethlehem nach Ramallah gelangen wollen, weil sie nicht durch das durch die Mauer abgesperrte Jerusalem fahren dürfen). Die Straße ist in der Mitte durch eine hohe Betonmauer in israelische und palästinensische Fahrbahnen geteilt. Sie wird über drei Brücken und drei Tunnel fortgeführt, ehe sie in einen komplizierten, voluminösen Knoten ausläuft, der sich mitten in der Luft entwirrt und Israelis und Palästinenser separat über verschiedene spiralförmige Hochstraßen kanalisiert, um sie schließlich auf ihrer jeweiligen Mauerseite abzusetzen.[52]

Eine neue Raumvorstellung ist entstanden.[53] Nachdem israelische Planer die Oberfläche des Westjordanlandes durch Mauern und andere Barrieren in Segmente zersplittert hatten, machten sie sich daran, diese als zwar getrennte, doch überlappende National-Geografien miteinander zu verweben – zwei territoriale Netze, die sich auf demselben Gebiet in drei Dimensionen überschneiden, ohne einander kreuzen oder berühren zu müssen. Das eine ist ein oberes Land – das Land der Siedlungen –, der verstreuten gepflegten Wohngebiete auf den Höhen, die durch moderne Autobahnen für den ausschließlichen Gebrauch durch ihre Bewohner miteinander verknüpft sind; das andere ist Palästina – überfüllte Städte und Dörfer, die sich in den Tälern zwischen und zu Füßen der Hügel drängen und nur mühsam über improvisierte Unterführungen miteinander Verbindung halten.[54] Innerhalb dieses neuen politischen Raums sind getrennte Sicherheitskorridore, Infrastrukturen, Brücken und unterirdische Tunnel zu einem verwirrenden und unmöglichen, an M.C. Escher erinnernden Arrangement verquickt worden, Ausdruck eines Ringens darum, eine einzige territoriale Realität zu vervielfältigen. In der Überkomplexität, derer es bedarf, demonstriert das System aus Tunneln und Brücken jedoch nur umso deutlicher die Grenzen der Separationspolitik. Aus der endlosen Suche nach den Formen und Mechanismen einer »perfekten« Trennung erwächst die Erkenntnis, dass eine haltbare Lösung möglicherweise nicht unbedingt im Bereich der Gestaltung des Raums zu finden ist.

7. Kapitel
Urbane Kriegführung: Durch Wände gehen

»Lange, jahrelang eigentlich spiele ich schon mit der Vorstellung, den Raum des Lebens – Bios – grafisch in einer Karte zu gliedern. Erst schwebte mir ein Pharusplan vor, heute wäre ich geneigter zu einer Generalstabskarte zu greifen, wenn es die vom Innern von Städten gäbe. Aber die fehlt wohl in Verkennung der künftigen Kriegsschauplätze.«
Walter Benjamin[1]

»Ich weiß nicht mehr, was hinter der Mauer ist, ich weiß nicht mehr, dass eine Mauer da ist, ich weiß nicht mehr, dass diese Mauer eine Mauer ist, ich weiß nicht mehr, was eine Mauer ist. Ich weiß nicht mehr, dass es in meiner Wohnung Wände gibt, und dass, gäbe es keine Wände, es auch keine Wohnung gäbe.«
Georges Perec[2]

»Geh rein, schrie er mich in hysterischem gebrochenen Englisch an. Rein! – Ich bin doch schon drinnen! Ich brauchte ein paar Sekunden, um zu verstehen, dass dieser junge Soldat drinnen umdefinierte, so dass es alles bedeutete, was nicht sichtbar war, für ihn jedenfalls nicht. Dass ich innerhalb des ›Innen‹ ›draußen‹ war, störte ihn.« *Nuha Khouri*[3]

Das Manöver, das Einheiten der israelischen Armee im April 2002 im Verlauf des Angriffs auf die Stadt Nablus im Westjordanland durchführten, beschrieb ihr Kommandeur Brigadegeneral Aviv Kochavi als »inverse Geometrie«, die er als Reorganisation der urbanen Syntax mittels einer Serie mikrotaktischer Aktionen definierte. Die Soldaten mieden die Straßen, Gassen und Innenhöfe, die die Logik der Fortbewegung in der Stadt definieren; ebenso wenig benutzten sie Haustüren, Treppenhäuser und Fenster, also die strukturierenden Elemente von Gebäuden. Stattdessen stießen sie Löcher in Wände zwischen Wohnungen, durch Decken und durch Fußböden und bewegten sich durch 100 Meter lange Gänge häuslicher Innenräume, die sie aus dem dichten, zusammenhängenden Gewebe der Stadt aushöhlten. Obwohl sich mehrere 1000 israelische Soldaten und Hunderte palästinensische Guerillakämpfer gleichzeitig durch die Stadt bewegten, wurden sie doch von deren Gewebe so vollständig aufgesogen, dass sie zu jedem beliebigen Zeitpunkt aus der Luft weitgehend unsichtbar gewesen wären. Diese Form der Bewegung ist Teil einer Taktik, auf die sich das Militär in Anlehnung an Metaphern aus der Welt der Tierkollektive und ihrer Formationen mit Begriffen wie »Schwarmverhalten« oder »Befall« bezieht. Die Bewegung durch häusliche Innenräume machte das Innen zum Außen und private Räume zu Passagen. Kämpfe fanden in halb zerstörten Wohn- oder Schlafzimmern und auf Fluren statt. Nicht die gegebene räumliche Ordnung lieferte die Vorgaben für die Bewegung, sondern die Bewegung selbst schuf Raum um sich herum. Diese dreidimensionale Bewegung durch Wände, Zimmerdecken und Fußböden durch die Substanz der Stadt deutete ihre urbane und architektonische Syntax um, schloss sie kurz und setzte sie neu zusammen. Die Taktik, »durch Mauern zu gehen«, bedeutete, in der Stadt nicht nur den Schauplatz, sondern auch das *Medium* der Kriegführung zu sehen – ein flexibles, fast flüssiges Material, das immer kontingent und im Fluss ist.

Laut dem britischen Geografen Stephen Graham hat sich seit dem Ende des Kalten Kriegs ein breites internationales »intellektuelles Feld« herausgebildet, das er als eine »Schattenwelt militärischer Stadtforschungsinstitute und -ausbildungsstätten« bezeichnet, die gegründet wurden, um militärische Operationen auf urbanem Terrain neu zu denken.[4] Das sich immer weiter ausdehnende Netzwerk dieser Schattenwelten umfasst Militärschulen genauso wie den regelmäßigen Austausch von Wissen zwischen verschiedenen Armeen, etwa auf Konferenzen, bei Workshops oder gemeinsamen Übungen. Um städtisches Leben zu verstehen, nehmen Soldaten Schnellkurse in Sachen urbane Infrastruktur, Analyse komplexer Systeme, Tragwerkslehre und Bautechniken. Außerdem eignen sie sich Kenntnisse über unterschiedliche Theorien und Methoden an, die in zivilen akademischen Bereichen entwickelt wurden. Das folgende Kapitel will die neue Beziehung untersuchen, die zwischen drei Bereichen entstanden ist: dem Feld der bewaffneten Konflikte, dem der gebauten Umwelt und dem der theoretischen Sprache, die entwickelt wird, um die anderen beiden konzeptionell zu erfassen. Zur Pflichtlektüre an manchen zeitgenössischen Militärakademien gehören Werke aus der Zeit um 1968 (insbesondere die Schriften der Theoretiker, die den Begriff des Raums erweitert haben, so etwa Gilles Deleuze, Félix Guattari und Guy Debord), aber auch jüngere avantgardistische Schriften zu Urbanistik und Architektur, die in den gesamten 1990er Jahren eine Blüte erlebten und von postkolonialistischen und poststrukturalistischen Theorien ausgingen. Der Städtebau-Theoretiker Simon Marvin behauptet sogar, dass die militärisch-architektonische »Schattenwelt« derzeit intensivere und besser ausgestattete Forschungsprogramme im Bereich der Urbanistik hervorbringt als alle universitären Forschungsprogramme zusammen.[5] Wenn manche Autoren mit der Annahme Recht haben, dass der Raum für kritisches Denken in der kapitalistischen Kultur des ausgehenden 20. Jahrhunderts zu einem gewissen Grad geschrumpft ist, dann hat es andererseits ganz sicher im Militär einen Ort gefunden, wo es sich entfalten kann.

Dieses Kapitel wird dem Schicksal der Architektur als Disziplin innerhalb einer anderen – der des Militärs – nachgehen. Es untersucht Israels urbane Kriegführungsstrategien im Verlauf der Zweiten Intifada und zeigt so auch die Beziehung zwischen postmoderner kritischer Theorie, militärischer Praxis und die damit einhergehenden institutionellen Konflikte innerhalb der IDF auf. Durch die Analyse dieser Entwicklungen wird meine Untersuchung auch zu einer Reflexion über die ethischen und politischen Folgen dieser Praktiken gelangen.

Globalen Trends folgend, hat die IDF auf verschiedenen Ebenen ihrer Kommandostruktur mehrere Institute und Thinktanks eingerichtet und sie beauftragt, das harte Durchgreifen, das in den Besetzten Gebieten angewandt wird und als »schmutziger Krieg« oder »Konflikt niedriger Intensität« bekannt ist, strategisch, taktisch und organisatorisch neu zu konzipieren. Herausragend unter diesen Instituten ist das Forschungsinstitut zur Einsatztheorie (Operational Theory Research Institute, OTRI), das während der gesamten Dekade vom Beginn des Jahres 1996 bis Mai 2006 unter den beiden Co-Direktoren Schimon Naveh und Dov Tamari wirkte, beides pensionierte Brigadegeneräle. OTRI stellte zusätzlich mehrere ehemalige Offiziere ein, die alle den Rang von Brigadegenerälen bekleidet hatten und von unterschiedlichen Korps der IDF kamen. Neben ehemaligen Soldaten beschäftigte das Institut mehrere junge Forscher, gewöhnlich Doktoranden in den Fächern Philosophie oder Politikwissenschaft von der Universität Tel Aviv. Bis 2003 war ihr Kernkurs »Fortgeschrittene Einsatzmethodik« für alle hochrangigen israelischen Offiziere verpflichtend. In einem Interview, das ich mit Naveh führte, fasste er die Aufgabe von OTRI so zusammen: »Wir sind wie die Jesuiten. Wir versuchen, die Soldaten das Denken zu lehren und üben sie darin (…) Wir haben eine Schule eingerichtet und einen Lehrplan entwickelt, der ›operationale Architekten‹ ausbildet.«[6] Der frühere Stabschef Mosche Ya'alon, der die Aktivitäten des OTRI förderte, beschrieb die Bedeutung des Instituts, nachdem es im Mai 2006 geschlossen worden war: »Die Methoden der Einsatzbewertung, die heute auf der Ebene der Regionalen Kommandos und im Generalstab angewendet werden, wurden in Kooperation mit OTRI entwickelt (…) OTRI arbeitete auch mit den Amerikanern zusammen und lehrte sie die Methoden, die wir entwickelt hatten.« Dass diese Kooperation stattgefunden hatte, wurde auch von Oberstleutnant David Pere vom US-Marinekorps bestätigt, der inzwischen an dem *Handbuch zur Einsatzdoktrin* des Korps arbeitet: »Navehs und OTRIs Einfluss auf den intellektuellen Diskurs und das Verständnis für die operationale Ebene von Kriegen ist in den USA immens. Das US-Marinekorps hat eine Studie in

Auftrag gegeben, (...) die wesentlich auf Schimon Navehs Arbeiten beruht. Man wird kaum an einer Militärkonferenz in den USA ohne eine Diskussion von Schimons Arbeiten teilnehmen können.« Laut Pere integrieren auch die britische und die australische Armee die bei OTRI entwickelten Konzepte in ihre Doktrinen.[7]

Einer der Hauptgründe, weshalb die israelische Militärdoktrin bezüglich städtischer Operationen in anderen Armeen so sehr an Einfluss gewann, ist die Tatsache, dass die israelische Auseinandersetzung mit den Palästinensern seit der Zweiten Intifada eine ausgeprägte urbane Dimension hat. Die Ziele sowohl palästinensischer wie auch israelischer Angriffe waren in erster Linie die Städte des jeweils anderen. Die neuartigen Boden- und Luftangriffe Israels wurden während der Zweiten Intifada und besonders im Verlauf der »Operation Verteidigungsschild« während einer ganzen Reihe von Überfällen der Armee auf palästinensische Städte ausgefeilt, die am 29. März 2002 nach einer Serie palästinensischer Selbstmordattentate in israelischen Städten begannen. Die Angriffe hatten unterschiedliche urbane Gebiete der Palästinenser zum Ziel: im Falle Ramallahs eine moderne Stadt; bei der Kasbah von Nablus ein dicht bebautes historisches Stadtzentrum; mit Bethlehem wurde eine international als heilig angesehene Stadt angegriffen und mit Djenin, Balata und Tulkarem Flüchtlingslager. Aufgrund ihrer urbanen Schauplätze wurden diese Angriffe von ausländischen Militärs, insbesondere denen der USA und Großbritanniens, mit Interesse verfolgt, da diese sich bereits auf die Invasion des Irak und seine Besetzung vorbereiteten.[8] Tatsächlich wurde das Westjordanland bei der »Operation Verteidigungsschild« zu einem gigantischen Versuchsfeld für die innerstädtische Kriegführung. Das Experiment kostete Hunderte Zivilisten das Leben, vernichtete Eigentum und Infrastruktur.

In unserem Gespräch erläuterte Naveh, welche Bedingungen das israelische Militär veranlasst hatten, während der Anfangsjahre der Zweiten Intifada seine Methoden zu ändern: »Obwohl so viel in die geheimdienstliche Arbeit investiert wird, bleiben die Kämpfe in den Städten unkalkulierbar und chaotisch. Die Gewalt führt zu unvorhersehbaren Ereignissen, und alles ist dem Zufall überlassen. Schlachten können unter diesen Umständen nicht geplant werden. Das Kommando kann sich keinen Überblick verschaffen. Handlungsentscheidungen müssen auf den Zufall, auf Wahrscheinlichkeit, auf Kontingenz und Gelegenheiten gegründet werden, und diese können nur vor Ort und in Echtzeit ergriffen werden.«[9] Für das Militär ist in der Tat die urbane Kriegführung die neueste postmoderne Form der Kriegführung. Angesichts der Komplexität und Vieldeutigkeit des urbanen Gemetzels verliert sich der Glaube an einen logisch strukturierten, gradlinigen Schlachtplan. Den Kommandeuren fällt es schwer, Szenarien oder gradlinige Schlachtpläne aufzustellen; Zivilisten werden zu Kombattanten, und Kombattanten werden wieder zu Zivilisten; die Identität kann ebenso schnell geändert werden, wie ein Geschlecht vorgegaukelt werden kann: Die Verwandlung einer Frau in einen männlichen Kämpfer kann mit der gleichen Geschwindigkeit vor sich gehen, mit der ein »arabisierter« israelischer Soldat oder ein verkleideter palästinensischer Kämpfer ein Maschinengewehr unter einem Gewand hervorziehen kann.

So haben sich militärische Ansätze der Anpassung von Praktiken und Organisationsformen durch die Formen der Gewalt der Guerilla inspirieren lassen, mit der die Armee konfrontiert ist. Weil sie sich aneinander anpassen, einander nachahmen und voneinander lernen, treten Militär und Guerilla in einen Kreislauf der »Co-Evolution« ein. Militärische Fähigkeiten entwickeln sich im Verhältnis zum Widerstand, der sich seinerseits als Reaktion auf die Transformation der militärischen Praxis verändert. Obwohl Mimikry und (Wieder-)Aneignung militärischer Techniken einen Diskurs über eine gemeinsame Erfahrung darstellen, unterscheiden sich doch die israelischen und palästinensischen Kampfmethoden fundamental. Der palästinensische Widerstand ist fragmentiert und setzt sich aus einer Vielzahl von Organisationen zusammen, von denen jede ihren mehr oder weniger unabhängigen bewaffneten Arm hat – Iz Adin al-Qassam für die Hamas, Saraya al-Quds (die Jerusalem-Brigaden) für den Islamischen Dschihad, die Al-Aqsa-Märtyrer-Brigaden, Force 17 und die Tanzim al-Fatah für die Fatah. Ergänzt werden sie durch die unabhängigen PRCs (Popular Resistance Committees), die Widerstandskomitees des Volkes und von vorgestellten oder realen Mitgliedern von Hisbollah und/oder Al-Qaida. Die Tatsache, dass diese Organisationen zwischen Kooperation, Konkurrenz und gewalttätigen Auseinandersetzungen untereinander schwanken, macht die Einschätzung ihrer Interaktionen noch komplizierter und steigert somit unter Umständen auch ihre kollektiven Fähigkeiten, ihre Effizienz und ihr Beharrungsvermögen. Dadurch, dass der palästinensische Widerstand so diffus ist und dass Wissen, Können und Waffen innerhalb dieser Organisationen und unter ihnen ausgetauscht werden – und dass sie manchmal gemeinsam angreifen und dann wieder getrennt als Konkurrenten, die sich gegenseitig zu übertreffen suchen –, wird die Wirksamkeit der Angriffe der israelischen Besatzungsarmee auf den Widerstand ganz entscheidend reduziert.

Naveh betont, eine zentrale Kategorie im IDF-Konzept der neuartigen innerstädtischen Operationen sei die des »Schwärmens« – ein Begriff, der bereits seit mehreren Jahrzehnten Bestandteil der US-Militärtheorie ist. Er wurde im Zusammenhang mit der Revolution in militärischen Angelegenheiten (Revolution in Military Affairs, RMA) nach dem Ende des Kalten Kriegs und insbesondere im Rahmen der Doktrin der »Netzwerkzentrierten Kriegführung« entwickelt, nach der das Feld militärischer Operationen aus gestreuten Netzwerk-Systemen besteht, die mittels Informationstechnologien miteinander verknüpft werden.[10] Mit »Schwarmverhalten« versucht man, militärische Operationen als vernetztes

SPERRZONEN · KAPITEL 7

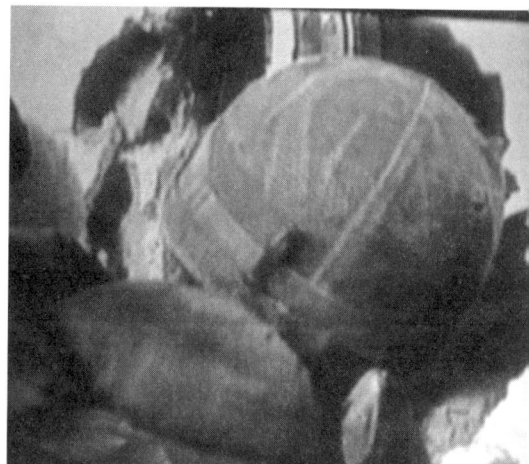

Vorgehen einer gestreuten Vielzahl kleiner, halb unabhängiger, doch koordinierter Einheiten zu beschreiben, die mit allen anderen Einheiten in einer übergreifenden Synergie zusammenwirken.

Die Theoretiker der RAND Corporation, David Ronfeld und John Arquilla, denen die Entwicklung dieser Doktrin überwiegend zugeschrieben wird, gehen von folgender grundlegenden Annahme über die Konflikte niedriger Intensität, besonders in Städten, aus: »Um ein Netzwerk zu bekämpfen, braucht man ein Netzwerk.«[11] Der Begriff leitet sich von dem Prinzip der »Schwarmintelligenz« ab, wie er im Bereich der Künstlichen Intelligenz geprägt wurde. Dieses Prinzip besagt, dass in der Interaktion und Kommunikation unter relativ einfach strukturierten Akteuren (Ameisen, Vögel, Bienen, Soldaten) ohne (oder fast ohne) zentrale Kontrolle Problemlösungskapazitäten vorhanden sind. »Schwarmintelligenz« bezeichnet also die übergreifende, zusammengesetzte Intelligenz eines Systems und weniger die Intelligenz der Teile, aus denen es sich zusammensetzt. Ein Schwarm »lernt« durch die Interaktion seiner Mitglieder, durch deren Anpassung an entstehende Situationen und in Reaktion auf sich verändernde Umgebungen.[12]

Schwärme sind keine linearen, hierarchischen Kommando- und Kommunikationsketten, sondern vielmehr polyzentrische Netzwerke, in denen jede »autarke Einheit« (Navehs Ausdruck) mit den anderen kommunizieren kann, ohne unbedingt über die zentrale Befehlsinstanz zu gehen. Das Manövrieren des Schwarms wird vom Militär auch in zeitlicher Hinsicht als nicht-linear aufgefasst. Traditionelle Militäroperationen folgen einer linearen Chronologie, d. h. sie

Urbane Kriegführung: Durch Wände gehen

Durch Wände brechen. Film-Stills, IDF, 2002

sind so angelegt, dass sie möglichst aus einer beschlossenen Abfolge von Schritten bestehen, wie sie in der Idee des »Plans« ihren Ausdruck findet, die darauf baut, dass jeder einzelne Schritt bis zu einem gewissen Grad abhängig ist von der erfolgreichen Ausführung vorhergehender Schritte. Das Vorgehen eines Schwarms hat dagegen simultan stattfindende Aktionen zur Grundlage, die zwar voneinander abhängen, aber nicht in der Form, dass eine die andere zur Voraussetzung hat. An die Stelle des Schlachtplans, der einer Erzählung vergleichbar ist, tritt daher eine Herangehensweise, die Naveh mit dem Begriff der »Werkzeugkiste« umschreibt: Kampfeinheiten bekommen die Werkzeuge, die sie benötigen, um mit Situationen und Szenarien fertig zu werden, wie sie sich ergeben, in ihrer Abfolge jedoch nicht vorhersehbar sind. Indem man die Schwelle der Entscheidungsfindung auf die unmittelbar taktische Ebene herabsetzt, und indem man die Initiative vor Ort ermutigt, sollen die verschiedenen Teile des Schwarms in die Lage versetzt werden, Antworten zu finden auf jene Formen von Ungewissheit, Zufall und unkontrollierten Eventualitäten, die der Militärphilosoph des 19. Jahrhunderts Carl von Clausewitz als »Friktion« bezeichnete.[13]

Das Konzept des Schwarms ist zentraler Bestandteil des konzertierten Versuchs des israelischen Militärs, die Sprache der »De-Territorialisierung« zu übernehmen und das, was sie selber als ihre organisatorische und taktische »Linearität« wahrnahmen, in »Nicht-Linearität« zu überführen. In dieser Hinsicht war die militärische Laufbahn von Ariel Scharon ein bedeutsamer historischer Bezug in der bei OTRI betriebenen Lehre. Scharon war nicht nur die meiste Zeit während der Intifada Premierminister und insofern sichtbarer »Oberkommandie-

SPERRZONEN · KAPITEL 7

Links: Flüchtlingslager Balata, Bild der IDF, 2002; rechts: Nablus, Miki Kratsman, 2002

render«, sondern für seine militärische Laufbahn[14] waren seine Vorstöße kennzeichnend, aus traditionellen militärischen Organisationsformen auszubrechen und sich nicht an die übliche militärische Disziplin zu halten. Die Taktiken, die er 1953 entwickelte und bei den Strafexpeditionen gegen palästinensische Dörfer und Flüchtlingslager als Befehlshaber der Einheit 101 anwandte, und später diejenigen, die seiner brutalen Kampagne zur Aufstandsbekämpfung in den Flüchtlingslagern in Gaza 1971–1972 zugrunde lagen, haben in vieler Hinsicht israelische Taktiken vorweggenommen, die in der gegenwärtigen Intifada eingesetzt werden. Als Hinweis auf das historische Interesse, das OTRI an Scharons militärischer Laufbahn hatte, kann der letzte Workshop gelten, den das Institut im Mai 2006 unter der Überschrift »Ariel Scharon als General« organisierte, eine Art Hommage an den sterbenden Scharon und seinen Einfluss auf die IDF.[15]

Der Angriff auf Balata

In den Führungsetagen der israelischen Sicherheitskräfte und -institutionen bestand immer die Neigung, in den Flüchtlingslagern sowohl den Ort als auch das urbane Bedingungsgefüge – die »Brutstätte« – von Widerstand zu sehen. In der vereinfachten geografischen Vorstellung Israels erschienen die Flüchtlingslager als üble, gefährliche Orte, »schwarze Löcher«, die die IDF nicht zu betreten wagte.[16] Dadurch, dass die IDF es sowohl in der Ersten Intifada (1987–1991), wie auch in der Zweiten tunlichst vermied, die Flüchtlingslager Balata und Djenin zu betreten, konnten sich diese zu extraterritorialen Enklaven entwickeln, die von einer massiven israelischen Militärpräsenz umgeben sind; die Code-Bezeichnung der Armee für das Flüchtlingslager Djenin, in dem Widerstandsgruppen besonders tief verwurzelt sind, lautete »Germania«. Ob dies in Anspielung auf die ambivalente Schilderung der Barbaren bei Tacitus geschah[17] oder auf das Nazi-Regime, der Name zeugt in jedem Fall von der israelischen Angst vor dem »Übel«, das dort »ausgebrütet« wird. Nachdem Ariel Scharon im März 2001 Premierminister geworden war, machte er sich immer wieder über die Armee lustig, die sich nicht in die Flüchtlingslager traute: »Was ist eigentlich im Lager Djenin und in Balata los? Warum geht ihr nicht rein!?« Scharon wurde nie müde, den Offizieren zu erzählen, wie er 1970 in den Flüchtlingslagern von Gaza mittels einer Kombination aus Überfallkommandos, gezielten Tötungen und Bulldozern »aufgeräumt« hatte.[18]

Die Methode, »durch Wände zu gehen«, die die IDF bei den Angriffen der »Operation Verteidigungsschild« anwandte, war bereits in ihrem Taktik-Handbuch im Zusammenhang mit geringfügigen Operationen wie etwa Verhaftungen aufgeführt gewesen, bei denen der Verdacht bestand, dass eine Haustür mit einer Sprengladung präpariert worden war. Doch als grundlegender Modus militärischen Vorgehens in groß angelegten Operationen wurde diese Methode erstmals Anfang März 2002 bei einem Einfall in das Flüchtlingslager Balata an der östlichen Einfahrt nach Nablus getestet. Dieser Angriff wurde von Aviv Kochavi von der Fallschirmjäger-Brigade befehligt und fand nur wenige Wochen vor Beginn der »Operation Verteidigungsschild« statt. Angewandt wurde die Methode, um taktischen Erfordernissen Rechnung zu tragen. Kämpfer unterschiedlicher palästinensischer bewaffneter Organisationen hatten in Erwartung eines unmittelbar bevorstehenden israelischen Angriffs alle Eingänge zum Lager blockiert, indem sie Ölfässer mit Zement füllten, Gräben ausgehoben und aus Geröll Barrikaden aufgetürmt hatten. Die Straßen waren mit improvisierten Sprengsätzen und Benzinbehältern vermint, und die Eingänge zu größeren Häusern entlang diesen Routen waren ebenso mit Sprengsätzen bestückt wie Treppenhäuser, Haustüren und Korridore einiger größerer Gebäudekomplexe. Mehrere leicht bewaffnete unabhängige Guerillagruppen hatten innerhalb des Lagers in Häusern, die an Haupt-Durchgangswegen lagen, oder an größeren Kreuzungen Position bezogen.

Bei einer Einsatzbesprechung, die Kochavi vor dem Angriff einberief, erklärte er den ihm unterstehenden Offizieren, mit welchen Problemen sie bei der bevorstehenden Operation rechnen müssten. Offenbar sagte er – so Navehs sinngemäße Wiedergabe: »Die Palästinenser haben die Bühne für ein Kampfspektakel bereitet, bei dem sie von uns erwarten, dass wir, wenn wir die Enklave angreifen, der Logik folgen werden, die sie festgelegt haben (…), dass wir in den altbekannten Formationen daherkommen, in klar erkennbaren Reihen und dichten Kolonnen, die sich entsprechend der geometrischen Anlage des Straßennetzes ausrichten.« Nachdem Kochavi diese Situation mit seinen Offizieren analysiert und diskutiert hatte, nahm er die folgende Anweisung in seinen Schlachtbefehl auf: »Wir isolieren das Lager bei Tageslicht vollständig und erwecken so den Eindruck, eine systematische Belagerungsoperation des Lagers stünde bevor (...) und dann wenden wir ein fraktales Manöver an, indem wir simultan aus allen Richtungen und durch verschiedene Dimensionen in die Enklave einschwärmen (...) Jede Einheit spiegelt in ihrer Vorgehensweise sowohl die Logik als auch die Form des Manövers als Ganzem (...) Unsere Bewegung durch die Gebäude treibt die Aufständischen auf die Straßen und in die Gassen, wo wir sie jagen und erledigen.«[19] Dann schnitten die israelischen Truppen die Strom-, Wasser- und Telefonverbindungen zum Lager ab, positionierten Scharfschützen und Späher auf den Hügeln und hohen Gebäuden um das Gebiet herum und sperrten die Kampfzone weiträumig ab.[20] Die Soldaten, die sich von ihren Sammelpunkten in den über Nablus gelegenen Siedlungen Har Bracha und Elon Moreh auf den Weg machten, wurden zum Abschied von den Siedlern umarmt. Aufgeteilt in kleine Einheiten bewegten sich die Soldaten dann von allen Seiten gleichzeitig in das Flüchtlingslager, wobei sie Löcher in Hauswände stießen und eher durch die Wohnungen von Zivilisten marschierten als da, wo man sie erwartete. Auf diese Weise gelang es ihnen, sich des Lagers zu bemächtigen; sie ermöglichten es den Kämpfern allerdings auch, sich zurückzuziehen.

Für diejenigen, die sich vorstellen mögen, dass »durch die Wände gehen« eine relativ sanfte Manöverform ist, lohnt es sich, das taktische Vorgehen der IDF genauer zu beschreiben: Die Soldaten versammeln sich an einer Wand; unter Einsatz von Sprengstoff oder eines großen Hammers brechen sie ein Loch hinein, das groß genug ist, um hindurchzugehen. Bevor sie eindringen, schießen sie manchmal Blendgranaten oder ein paar ungezielte Schüsse ins Innere – meist ein Wohnzimmer, in dem sich die ahnungslosen Bewohner aufhalten. Wenn die Soldaten die Haus- oder Wohnungswand durchschritten haben, werden die Bewohner zusammengetrieben und, nachdem man überprüft hat, ob »Verdächtige« unter ihnen sind, in einem einzigen Zimmer eingeschlossen. Sie werden gezwungen, dort zu verharren – manchmal für mehrere Tage –, bis die Militäroperation abgeschlossen ist. Oft haben sie keinen Zugang zu Wasser, einer Toilette, Essen oder Medikamenten. Laut Human Rights Watch und der israelischen Menschenrechtsorganisation B'Tselem sind bei den Angriffen mehrere Dutzend palästinensische Zivilisten zu Tode gekommen.[21]

Die palästinensische Autorin Adania Schibli beschreibt ihren Besuch im Flüchtlingslager Balata und ihr Treffen mit Salma, einer älteren Dame, in der Zeit nach dem Überfall der Armee:

»Sie führte uns herum, um uns die Löcher zu zeigen, die die Soldaten im Haus

Urbane Kriegführung: Durch Wände gehen

hinterlassen hatten. Plötzlich hatte es Feuer gefangen. Die Hauptstromleitung war vom Schrapnell einer Handgranate getroffen worden, die sie ins Haus geworfen hatten. Daraufhin rannten die Soldaten weg und überließen es dem Feuer, das halb zerstörte Wrack vollständig niederzubrennen. Zusammen mit ihren Kindern und Enkelkindern hatte Salma das Haus verlassen müssen, als es von der Armee gestürmt wurde. Aber ihr Mann war in der Nähe geblieben und hatte das Haus im Auge behalten. Als er sah, dass es brannte, lief er hin und versuchte vergebens, die Flammen zu löschen. Er erstickte fast und verlor das Bewusstsein, starb jedoch nicht. Nur mit seinem Gehirn ist irgendetwas passiert, weil es so lange von der Sauerstoffzufuhr abgeschnitten war, und so hat er den Verstand verloren.«[22]

Das unerwartete Eindringen des Kriegs in den Privatbereich der Wohnung ist von palästinensischen genau wie von irakischen Zivilisten als die abgründigste Form von Trauma und Demütigung erlebt worden. Aischa, eine Palästinenserin, die nach dem Angriff vom November 2002 im *Palestine Monitor* interviewt wurde, beschrieb diese Erfahrung:

»Stellen Sie sich vor – Sie sitzen in Ihrem Wohnzimmer, das Ihnen so vertraut ist wie nur irgendein Raum; das Zimmer, in dem die Familie nach dem Abendessen fernsieht (…) Und plötzlich, mit ohrenbetäubendem Lärm, reißt die eine Wand auf – die da –, der Raum füllt sich mit Staub und Geröll, und durch die Wand strömen Soldaten ins Zimmer, einer nach dem anderen, und schreien Befehle. Du weißt weder, ob sie hinter dir her sind, ob sie gekommen sind, um dein Haus zu besetzen oder ob dein Haus nur zufällig auf ihrem Weg sonstwohin liegt. Die Kinder schreien, panisch (…) Ist es überhaupt vorstellbar, was für ein Horrorerlebnis es für ein fünfjähriges Kind ist, wenn vier, sechs, acht, zwölf Soldaten sich ihren Weg durch die Wand sprengen, mit schwarz angemalten Gesichtern, mit Maschinenpistolen, die sie hier-, da- und dorthin richten, und mit Antennen, die aus ihren Rucksäcken herausragen, so dass sie aussehen wie außerirdische Riesenkäfer?«

Dann zeigte sie auf eine andere Wand, an der jetzt ein Bücherregal stand: »Und durch die da haben sie das Haus verlassen. Sie haben die Wand gesprengt und sind weitergegangen, in das Haus unserer Nachbarn.«[23]

Nachdem die israelischen Soldaten sich als fähig erwiesen hatten, das Lager Balata zu »besetzen«, beschloss das Zentralkommando der IDF (das für die Westbank zuständig war), diese Form des Vorgehens für die Angriffe auf die Altstadt von Nablus (die Kasbah) und für das Flüchtlingslager von Djenin, die am 3. April 2002 begannen, zu übernehmen.

Ein israelischer Soldat hat mir den Beginn der Schlacht von Djenin so beschrieben: »Wir haben kein einziges Mal die Gebäude verlassen und haben uns ausschließlich von Wohnung zu Wohnung fortbewegt (...) Wir schnitten uns mehrere Dutzend Routen von außerhalb des Lagers bis in sein Zentrum (...) wir befanden uns alle – die gesamte Brigade – in Wohnungen von Palästinensern, niemand von uns war auf der Straße (...) wir haben uns kaum einmal hinausgewagt (...) Wir hatten unsere Hauptquartiere und unsere Schlafstätten in diesen Gebäuden (...) sogar Fahrzeuge waren in herausgeschälten Räumen innerhalb von Wohnhäusern geparkt.«[24] Ein anderer Soldat, der später ein Buch über seine Erlebnisse bei diesem Angriff schrieb, schilderte die Fortbewegung durch Wände in allen Einzelheiten: »Wir sahen uns eine Luftaufnahme an, um die Wand zu finden, durch die das Haus, in dem wir uns gerade befanden, mit dem nächsten in südlicher Richtung zusammenhing. Peter griff zum Hammer und fing an zu arbeiten, aber die Wand wollte nicht nachgeben – erstmals standen wir vor einer Wand, die nicht aus Tuffstein, sondern aus Beton war (...) das Vernünftigste war, Sprengstoff zu nehmen. Wir haben mindestens vier Sprengpakete gezündet, bis das Loch endlich groß genug war, um durchzugehen.«[25] Da sich auch die palästinensischen Guerillakämpfer durch Wände und von vornherein geplante Öffnungen bewegten, fanden die Kämpfe ganz überwiegend in Privatwohnungen statt. Manche Gebäude wurden dabei zu einer Art Lasagne: Israelische Soldaten befanden sich sowohl über wie unter einer Etage, in der die Palästinenser in der Falle saßen. Für einen palästinensischen Kämpfer, der beim israelischen Angriff auf Nablus im April 2002 in das israelische Kreuzfeuer geriet, schienen die Israelis »überall zu sein: hinten, auf allen Seiten, rechts und links (...) Wie soll man da noch kämpfen?«[26]

Die IDF hat vor Kurzem 3-D-Computer-Modelle des gesamten Westjordanlandes und von Gaza fertiggestellt, die bis in die kleinsten Details einzelne Häuser und Wohnungen abbilden, einschließlich der genauen Lage von Innentüren und Fenstern. Im Jahr 2002 stützten sich die Soldaten dagegen noch auf Luftaufnahmen, auf denen jedes Haus mit einer vierstelligen Nummer versehen war, um die Mitteilungen über Positionen zu erleichtern. Die Orientierung wurde außerdem durch Globale Ortungssysteme (GPS) gestützt und durch Kommandeure zentral koordiniert, die Bilder unbemannter Drohnen nutzten. Wenn Soldaten ein Loch in eine Wand sprengten, sprayten sie grob »Eingang«, »Ausgang«, »Nicht betreten«, »Weg nach ...« oder »Weg von ...« auf die Wand, als eine Art Verkehrsregelung für die Soldaten, die auf diese Weise in dem Labyrinth, das sie aus der dichten Substanz der Stadt herausgeschält hatten, den Weg zurück fanden.

Eine Untersuchung der palästinensischen Architektin Nurhan Abujidi, die sie nach den Angriffen auf Nablus und Balata durchführte, zeigt, dass durch mehr als die Hälfte der Gebäude in der Kasbah von Nablus mit Gewalt Durchgangswege geschlagen worden waren. So entstanden ein bis acht Öffnungen in Wänden, Fußböden oder Decken, die mehrfach auch zufällige Kreuzungen ergaben. Abujidi fiel dabei auf, dass die Routen nicht eine einfache gradlinige Progression beschrieben; sie verwiesen ihrer Ansicht nach auf ein sehr chaotisches Vorgehen ohne klare Richtung.[27] Nicht immer bewegte man sich durch Wände und innerhalb von Wohnungen und Häusern. Viele Gebäude wurden auch aus der Luft bombardiert und vollständig zerstört, darunter historische Bauwerke des alten Stadtzentrums von Nablus. Eines von ihnen war die osmanische Al-Wakalh-al-Farroukkyyeh-Karawanserei aus dem 18. Jahrhundert, andere die Nabulsi- sowie die Cana'an-Seifenfabrik. Der Abdelhade-Palast, die orthodoxe Kirche und die Al-Nasser-Moschee wurden ebenfalls stark beschädigt.[28]

Die Kasbah von Nablus war der Schauplatz eines radikalen Experiments, das die militärische Aktivität über das reine Manöver hinaustrieb. IDF-Offiziere hatten sich frustriert darüber geäußert, dass nach der schnellen Invasion und Besetzung städtischer Gebiete wie Balata die Guerillakämpfer verschwinden und, nachdem die IDF schließlich abgezogen war, wieder auftauchen konnten. Bei einem Kriegsrat zur Vorbereitung der »Operation Verteidigungsschild« im Hauptquartier des IDF-Zentralkommandos Ende März 2002 unterstrich Kochavi, es sei unumgänglich, die Operation dahingehend neu zu definieren, dass ihr Ziel die Tötung von Mitgliedern palästinensischer bewaffneter Organisationen sei, anstatt dass man sie entkommen oder auch nur sich ergeben ließe. Kochavi ging es nicht mehr darum, die Kasbah zu erobern und zu halten, sondern einzufallen, so viele Mitglieder des palästinensischen Widerstands wie möglich zu töten und sich wieder zurückzuziehen.[29] Das Vorgehen lief unter der Bezeichnung »Strohwitwe«: Eine Gruppe Soldaten wurde in ein Haus abkommandiert, während eine andere an einer Operation in einem anderen Teil der Stadt beteiligt war, der von diesem Haus aus gesehen werden konnte; die Palästinenser würden verleitet, ihre Häuser zu verlassen und man würde sie töten, ehe sie noch die Möglichkeit hätten sich zu ergeben.[30] Militäroperationen mit dem ausschließlichen Ziel des Tötens stimmten mit den klaren Richtlinien überein, die auf der politischen Ebene aufgestellt worden waren. Im Mai 2001, nur zwei Monate nach seinem Amtsantritt, rief Scharon Stabschef Schaul Mofaz, Avi Dichter und ihre Stellvertreter zu einem Dringlichkeitstreffen auf seiner Privatranch zusammen. Scharon äußerte sich unverblümt: »Die Palästinenser (...) müssen den Preis zahlen (...) Sie sollen jeden Morgen aufwachen und entdecken, dass zehn oder zwölf von ihnen getötet wurden, ohne zu begreifen, wie das vor sich gegangen ist (...) Ihr müsst kreativ, effizient, raffiniert vorgehen.«[31]

Am darauffolgenden Tag sprach Mofaz vor einer Versammlung von Feldkommandeuren bei einem Jerusalemer Denkmal, das an den 1967er Krieg erinnert (der »Munitionshügel«). Nachdem er sich vergewissert hatte, dass seine Worte nicht aufgenommen wurden, sagte Mofaz, er wolle »jeden Tag und in jedem der regionalen Kommandogebiete zehn tote Palästinenser« sehen. Später umging er auf ungewöhnliche Weise die militärische Ordnung und rief niedrigerrangige Feldkommandeure einzeln auf ihren Mobiltelefonen an, um ihnen zu sagen, dass er »jeden Morgen aufwachen und von Ihnen hören« möchte, »dass Sie Operationen durchgeführt und dabei getötet haben«.[32] Es lag eine Stimmung in der Luft, dass es nun angesagt war, wahllos Rachemorde zu begehen. Auf Mofaz' direkte Anweisungen hin wurden »unnötige Tötungen« oder die Tötung von Zivilisten selten untersucht, und Soldaten, die Zivilisten umbrachten, wurden kaum einmal bestraft.[33] Die erschreckende Offenheit, mit der diese Ziele verkündet wurden, unterstrich Schimon Naveh mir gegenüber in einem Interview. Er beschrieb, wie in dieser Zeit »das Militär anfing, so zu denken wie Kriminelle (…) wie Serienmörder (…) sie bekamen eine bestimmte Gegend zugeteilt (…) sie nehmen die Personen genau unter die Lupe, die einer feindlichen Organisation angehören und die sie töten sollen, ihr Äußeres, ihre Stimme (wie sie sie beim Abhören von Telefongesprächen kennenlernen), ihre Gewohnheiten (…), wie Profikiller. Wenn sie dann vor Ort ankommen, wissen sie, wo sie diese Leute finden können, und sie machen sich an die Arbeit und bringen sie um.«

Während des Angriffs auf Nablus ignorierte Kochavi palästinensische Angebote, sich zu ergeben, und setzte die Kampfhandlungen fort, um mehr Menschen zu töten, bis Mofaz das Ende des Angriffs befahl. Erst der politische und internationale Druck, der nach der Zerstörung von Djenin entstand, führte zu einem abrupten Ende der gesamten Kampagne. Gal Hirsch, auch einer der Absolventen des OTRI und Koordinator der Operationen beim Zentralkommando während der Schlacht, prahlte später, dass die Palästinenser »in 24 Stunden über 80 von ihren bewaffneten Männern verloren hatten und nie herausbekommen konnten, wo wir uns gerade befanden«.[34] Nach dem Angriff rief Verteidigungsminister Ben Eliezer Kochavi auf dessen Mobiltelefon an, um ihm zu gratulieren; und auch Scharon ließ ihm ausrichten: »Gut gemacht.«[35] Kochavi behauptete später, hätte die politische Klasse ihn nur weiterkämpfen lassen, seine Truppen hätten noch Hunderte getötet. Der Angriff auf Nablus wurde für einen Erfolg gehalten, sowohl hinsichtlich der Zahl der getöteten Palästinenser, als auch, weil sich für das israelische Militär und für die Palästinenser gezeigt hatte, dass die Armee nunmehr jederzeit, wenn sie wollte, in palästinensische Flüchtlingslager und Städte eindringen konnte. Kochavis Truppen demonstrierten dies weiterhin und drangen acht weitere Male auf die gleiche Art in Nablus und in das Flüchtlingslager Balata ein. Hauptsächlich, aber nicht ausschließlich von dieser seiner enthusiastischen Auslegung und Umsetzung israelischer Sicherheitspolitik rühren internationale Forderungen her, Kochavi müsse vor ein Tribunal für Kriegsverbrechen gestellt werden.[36]

Inverse urbane Geometrie

Wie viele andere Berufsoffiziere hatte Kochavi sich eine Zeit lang vom aktiven Dienst freistellen lassen, um einen Universitätsabschluss zu erwerben. Nachdem er ursprünglich vorgehabt hatte, Architektur zu studieren, widmete er sich schließlich an der Hebräischen Universität dem Fach Philosophie; er behauptete von sich, seine militärische Praxis sei von beiden Disziplinen stark beeinflusst gewesen; als Offizier nahm auch er an OTRI-Kursen teil.[37] Die Art, wie Kochavi mir gegenüber in einem Interview die Angriffe darstellte, ist ein seltenes und überraschendes Zeugnis der Beziehung zwischen militärischer Theorie und Praxis:

»Dieser Raum, den Sie hier sehen, dieses Zimmer, das Sie hier sehen (er bezieht sich auf den Raum, in dem das Interview in einer Kaserne in der Nähe von Tel Aviv stattfand; Anm. E. W.), ist nichts anderes als Ihre Interpretation von diesem Raum. Nun, Sie können die Grenzen Ihrer Interpretation ausdehnen, allerdings nicht uneingeschränkt – grundsätzlich bleibt sie, da sie Gebäude und Wege umfasst, an die physikalischen Gegebenheiten gebunden. Die Frage ist, wie interpretieren Sie den Weg? Interpretieren Sie ihn als Raum, der dazu da ist, dass man durchgeht, wie es jeder Architekt oder Städteplaner selbstverständlich tut, oder aber interpretieren Sie den Weg als einen Ort, den zu durchschreiten gerade verboten ist? Das ist einzig eine Frage der Interpretation. Wir interpretieren den Weg als einen Raum, durch den zu gehen sich verbietet, die Tür als einen Ort, den zu durchschreiten sich verbietet, das Fenster als eine Stelle, durch die zu blicken sich verbietet, weil uns auf dem Weg eine Waffe empfängt und eine Sprengladung hinter den Türen. Das liegt daran, dass der Feind den Raum auf eine traditionelle, klassische Art und Weise interpretiert, und dass ich seiner Interpretation absolut nicht folgen und nicht in seine Falle tappen will. Und nicht nur das – ich will nicht in seine Falle tappen, aber darüber hinaus will ich ihn meinerseits überraschen. Das ist das tiefste Wesen des Kriegs. Ich muss gewinnen. Ich muss an einem unerwarteten Ort auftauchen. Und genau das haben wir versucht zu tun.

Deshalb haben wir uns für die Methode entschieden, durch Wände zu gehen (…) Wie ein Wurm, der sich seinen Weg frisst, gelegentlich auftaucht und dann wieder verschwindet. Auf diese Weise haben wir uns aus dem Inneren (palästinensischer) Wohnungen unerwartet an Orten nach draußen bewegt, wo man nicht mit uns rechnete, wo wir von hinten kamen und den Feind treffen konnten, der uns hinter der nächsten Ecke erwartete (…) Da wir die Methode bei der Gelegenheit erstmals (in dieser Größenordnung) getestet haben, lernten wir im Verlauf der Operation selber, wie wir uns an den betreffenden urbanen Raum anpassen und gleichzeitig diesen für unsere Bedürfnisse passend machen können

(...) Wir haben diese Mikrotaktik (der Bewegung durch Wände hindurch) genommen und sie zu einer Methode gemacht, dank derer es uns gelang, den gesamten Raum umzuinterpretieren (...) Ich sagte zu meinen Soldaten: ›Freunde, da habt ihr keine Wahl! Es gibt keine andere Art, sich zu bewegen! Wenn ihr es bisher gewohnt wart, euch auf Straßen und Bürgersteigen zu bewegen – vergesst es! Ab jetzt gehen wir alle durch Wände!‹«[38]

Das Interview ist nicht nur wegen der Beschreibung der Aktion interessant, sondern auch wegen der Sprache, derer sich Kochavi bedient. Die Betonung der Notwendigkeit, den Raum zu interpretieren, ja, ihn *um*zuinterpretieren, als Bedingung für den Erfolg im urbanen Krieg, verdeutlicht, welchen Einfluss die postmoderne, poststrukturalistische theoretische Sprache hat. Der Krieg ist in der kultivierten und »hygienisierenden« Sprache Kochavis eine Frage der Auslegung und der (konzeptionellen) Dekonstruktion des bestehenden urbanen Umfelds, noch bevor die Operation beginnt.

Naveh ging näher auf den Kontext ein, in dem Kochavis »Erfolg« zu verstehen ist: »In Nablus fing die Armee an, den Kampf in den Städten als räumliches Problem zu begreifen.« Bezüglich des Einflusses von OTRI auf diese Taktiken sagte er: »Indem wir mehrere hochrangige Offiziere ausbildeten, führten wir subversive Agenten in das System ein, die Fragen stellen (...) Ein paar von denen ganz oben schämen sich nicht, über Deleuze zu reden oder über (den dekonstruktivistischen Architekten Bernard) Tschumi.« Als ich ihn fragte: »Warum denn Tschumi?!« – in den Annalen der Architekturgeschichte nimmt Tschumi den besonderen Ehrenplatz eines »radikalen« linken Architekten ein –, antwortete er mir: »Die Idee der Disjunktion, wie sie in Tschumis Buch *Architecture and Disjunction*[39] entwickelt wird, wurde für uns relevant (...) Tschumi hatte eine andere erkenntnistheoretische Herangehensweise; er wollte mit dem auf eine Perspektive reduzierten Wissen und zentriertem Denken brechen. Er sah die Welt aus den Blickwinkeln unterschiedlicher Arten gesellschaftlicher Praxis, aus laufend sich ändernder Perspektive...« Daraufhin fragte ich ihn, warum er dann nicht Derrida lese und sich mit Dekonstruktion auseinandersetze. Seine Antwort: »Derrida ist für unsere Jungs vielleicht ein bisschen zu undurchsichtig. Wir haben mehr mit den Architekten gemeinsam; wir verbinden Theorie und Praxis. Wir können lesen, aber wir wissen auch, wie man baut und zerstört, und manchmal tötet.«

Bei einer Vorlesung, die Naveh 2004 hielt, zeigte er ein Diagramm, das »einem Quadrat der Gegensätzlichkeit« ähnelte und einige logische Beziehungen gewissen Themen gegenüberstellte, die bei Militär- oder Guerillaoperationen eine Rolle spielen. Überschriften wie: »Differenz und Repetition – Die Dialektik von Strukturierung und Struktur«, »›Formlose‹ rivalisierende Einheiten«, »Fraktales Manöver«, »Geschwindigkeit versus Rhythmus«, »Die wahabitische Kriegsmaschine«, »Postmoderne Anarchisten«, »Nomadische Terroristen« usw. bedienten sich der Sprache der französischen Philosophen Gilles Deleuze und Félix Guattari.[40] Der Bezug auf Deleuze und Guattari ist ein Hinweis auf kürzlich vollzogene Veränderungsprozesse innerhalb der IDF. Denn obwohl sich diese Philosophen mit Kriegführung auseinandergesetzt haben, geht es ihnen doch gerade um Formen nicht-staatlicher Gewalt und des Widerstandes, die sich gegen den Staat und sein Militär als ihren Erzfeind richten. In ihrem Buch *Tausend Plateaus* machen Deleuze und Guattari einen Unterschied zwischen zwei Arten von Territorialität: einem hierarchischen, cartesianischen, geometrischen, festen, hegemonialen und räumlich rigiden staatlichen System; und andererseits flexiblen, sich verlagernden, glatten, matrix-ähnlichen »nomadischen« Räumen.[41] Innerhalb dieser nomadischen Räume, so ihre Voraussage, würde es gesellschaftliche Organisationen in einer Vielfalt polymorpher und diffuser operationeller Netzwerke geben. Unter diesen Netzwerken sind die »Rhizome« und die »Kriegsmaschinen« Organisationen, die aus einer Vielzahl kleiner Gruppen bestehen, die sich je nach den Eventualitäten und Umständen aufspalten oder miteinander verschmelzen können und sich durch ihre Anpassungs- und Verwandlungsfähigkeit auszeichnen. Diese Organisationsformen sind durchdrungen von militärischen Idealen wie den oben beschriebenen.

Naveh stellte fest, dass »mehrere der in *Tausend Plateaus* entwickelten Konzepte für uns (in der IDF) zu wichtigen Instrumenten wurden (...) sie ermöglichten es uns, Phänomene der Zeit auf eine Weise zu erfassen, wie wir sie anders nicht hätten begreifen können. Dieses Denken problematisierte unser eigenes Paradigma (...) Von größter Wichtigkeit war der Unterschied zwischen dem Konzept des ›glatten‹ und dem des ›gekerbten‹ Raums, auf den Deleuze und Guattari hingewiesen haben. Der gleiche Unterschied besteht für sie zwischen dem Organisationskonzept der ›Kriegsmaschine‹ und dem des ›Staatsapparats‹. In der Armee benutzen wir jetzt oft den Ausdruck ›den Raum glätten‹, wenn wir uns auf eine Einsatzform in einem Raum beziehen, bei dem uns Begrenzungen nicht mehr interessieren. Die palästinensischen Gebiete könnte man tatsächlich als durch ›Einkerbungen‹ strukturiert bezeichnen, insofern sie durch Zäune, Mauern, Gräben, Straßensperren usw. umschlossen und abgetrennt sind (...) Wir wollen den ›gekerbten‹ Raum der traditionellen, überkommenen militärischen Praxis (die Art, wie die meisten Militäreinheiten heute vorgehen) durch eine Glätte ersetzen, die eine Bewegung durch den Raum zulässt, bei der jede Form von Grenze oder Barriere überschritten wird. Wir wollen unsere Streitkräfte und die Einsätze nicht an bestehenden Grenzen ausrichten, sondern vielmehr durch sie hindurchgehen.«

Als ich ihn fragte, ob dies auch bedeute, durch Wände zu gehen, antwortete er: »Sich durch Wände fortzubewegen, ist eine einfache mechanische Lösung, die Theorie und Praxis verbindet. Grenzüberschreitungen sind die Definition des Zustandes, den man als ›Glätte‹ bezeichnet.«

Im Übrigen fasst das Militär gelegentlich seine Praxis als Forschung auf und bedient sich dabei einer ganz ähnlichen Begrifflichkeit wie zeitgenössische Philosophie. So behauptet Schimon Naveh, beinahe die einzige Möglichkeit, sich vor einer Militäroperation Informationen über die Funktionsweise von Guerilla- und Terrorgruppen zu verschaffen (die oft seitens des Militärs kaum oder gar nicht zu unterwandern sind), bestehe darin, sie anzugreifen. Dabei wird davon ausgegangen, dass der Feind, auf unvorhersehbare Weise angegriffen, an irgendeinem Punkt provoziert, sich hervorwagen, sich zeigen und Form annehmen wird. Und hat er sich erst gezeigt, kann er weiter und gezielter angegriffen werden. Diese Vorgehensweise wurde kürzlich von dem Philosophen Brian Massumi als »inzitatorische« (aufstachelnde) Operation definiert, bei der das Militär zur tatsächlichen Entstehung der Bedrohung beiträgt, der zuvorzukommen angeblich seine Aufgabe ist. »Da die Bedrohung allemal ansteigt, ist es das Beste, für ihr rasches Ansteigen zu sorgen. Die wirksamste Art, eine unspezifische Bedrohung zu bekämpfen, besteht darin, aktiv zu ihrer Hervorbringung beizutragen (…) den Feind zu veranlassen, dass er anstelle seiner potenziellen eine tatsächliche Form annimmt…«[42]

In einem Interview, das ich mit Naveh führte, sagte er klipp und klar: »Taktisches Vorgehen liefert Untersuchungsinstrumentarien für Einsatzarchitekten…«. Dieses Vorgehen führt also zu einer Umkehrung des überkommenen Verhältnisses von »Erkenntnis« zum »Einsatz«. Naveh: »Überfälle sind Untersuchungsinstrumente (…) sie provozieren den Feind, so dass er seine Organisationsstrukturen offenbart (…) der Großteil relevanter Erkenntnisse wird nicht als Grundlage für die Durchführung von Angriffen gewonnen, sondern die Angriffe selber werden zu Mitteln, Wissen über das System des Feindes zu erlangen.« Bei dieser Art des Einsatzes unterstützt die Praxis die Erkenntnis und nicht umgekehrt. Naveh erwähnte darüber hinaus: »Operative und taktische Befehlshaber sind voneinander abhängig und lernen über Problemlagen, indem sie das Narrativ der Schlacht konstruieren; Aktion wird zu Wissen und Wissen zu Aktion. Ist kein entscheidendes Ergebnis möglich, liegt der Hauptnutzen militärischen Einsatzes in der Verbesserung des (militärischen) Systems als System.« Diese Einsicht mag – tragischerweise – dem scheinbar unlogischen »Kampf gegen den Terror« zugrunde liegen. Ohne klare Richtung, ohne Anhaltspunkt oder Erkenntnisse begeben sich westliche Militärs weltweit wahllos in Zerstörungsfeldzüge, was nicht nur den potenziellen oder tatsächlichen Terror nicht wirklich verringert, sondern ihn vielmehr bewusst verstärkt, dazu beiträgt, für einen ursprünglich »unlogischen« Widerstand Gründe zu liefern und ihn somit zumindest »verständlich« erscheinen zu lassen.

Gestaltung durch Zerstörung

Man muss der angeblich mühelosen »Glätte« der Überfälle auf Balata und Nablus die Schwierigkeiten, »Einkerbungen« und die physische Zerstörung gegenüberstellen, mit denen der IDF-Angriff das Flüchtlingslager von Djenin zeichnete. Das Lager liegt an den Hängen westlich der Stadt Djenin, im Norden des Westjordanlandes und nahe der Grünen Linie. Wegen seiner Nähe zu israelischen Städten und Dörfern gingen viele Überfälle auf israelische Zivilisten und die Armee von dort aus, und diese stand unter dem beträchtlichem Druck seitens der Regierung und der Bevölkerung, das Lager anzugreifen. Der Kommandeur der Lagerverteidigung, Hazam Kubha »Abu-Jandel«, ein ehemaliger Polizeioffizier, bereitete das Lager darauf vor, indem er es in 15 Zonen aufteilte und jeder mehrere Dutzend Verteidiger zuteilte, darunter auch palästinensische Polizeioffiziere, die Hunderte improvisierter Sprengsätze aus Düngemitteln herstellten.[43] Der Angriff begann parallel zu dem auf Nablus am 3. April, und zunächst wandten die israelischen Soldaten relativ ähnliche Methoden an wie dort. Militärbulldozer fuhren in das Lager hinein, indem sie in die Außenwände von bewohnten Gebäuden in Randlage Löcher frästen. Gepanzerte Fahrzeuge fuhren dann rückwärts in diese Wohnhäuser und luden die Soldaten durch die Öffnungen direkt in den Wohnungen der Palästinenser ab. Dadurch waren die Soldaten vor Scharfschützen sicher. Von da aus versuchten sie, durch die Trennwände zwischen Häusern von Wohnung zu Wohnung weiterzukommen. Solange die Kämpfe innerhalb von Wohnungen und zwischen ihnen stattfanden, gelang es den palästinensischen Kämpfern, die sich durch Tunnels und geheime Verbindungswege in den unteren Stockwerken fortbewegten, wo der Beschuss von israelischen Hubschraubern sie nicht erreichen konnte, eine ganze IDF-Division zurückzuhalten, die versuchte, von den Rändern her einzudringen. Die israelischen Soldaten, die bei diesem Angriff die Vorhut stellten, waren im Wesentlichen eine Sammlung zufällig zusammengezogener Einheiten von Reservisten mit weniger militärischer Erfahrung als die Truppen, die Balata und Nablus angriffen. Im Chaos der Schlacht mischten sich Zivilisten und Kämpfer, und die Kämpfe fanden in und zwischen den Ruinen alltäglichen Lebens statt.[44] Ein Großteil dieser Kämpfe bestand nicht aus bedeutenden Vorstößen, sondern aus verbissenen, tödlichen Gefechten kleinen Umfangs, aus Hinterhalten zwischen Gebäuden und Ruinen. Palästinensische Scharfschützen lernten, von weit innerhalb der Gebäude zu schießen, suchten sich eine Stelle, die ein paar Meter von allen Wänden entfernt war, und schossen durch Öffnungen, die sie selber geschaffen hatten – manchmal schossen sie durch eine ganze Folge derart mit Löchern versehener Wände.

Die massive Zerstörung des zentralen Bereichs von Djenin begann, nachdem die IDF-Angriffe nicht den erwarteten raschen Zusammenbruch der Verteidigung des Lagers herbeigeführt hatten. Am 9. April, etwa eine Woche nach Beginn des Angriffs, bei dem die IDF bis dahin kaum vorangekommen war, hatten palästinensische Kämpfer ihren größten Erfolg: Sie sprengten eine ganze Reihe von Gebäuden im Hawaschin-Viertel, mitten im Lager, so dass diese über einer israelischen Patrouille zusammenbrachen; 13 Soldaten wurden getötet. Daraufhin befahlen IDF-Offiziere, die keine weiteren Verluste in Kauf nehmen wollten und sich nicht in der Lage sahen, den Widerstand auf andere Weise zu brechen, dass gepanzerte D9-Caterpillar-Bulldozer anfangen sollten, das Lager zu zerstören und dabei seine Verteidiger und die verbliebenen Zivilisten im Geröll zu begraben. Mosche Nissim, einer der Bulldozer-Fahrer, beschrieb seine Erlebnisse so: »Drei Tage lang habe ich einfach nur zerstört und zerstört. Das ganze Gelände. Jedes Haus, aus dem feindliches Feuer kam, wurde plattgemacht. Und um es einzureißen, habe ich ein paar andere gleich mit zerstört (...) Am Ende hatte ich ein Gebiet erledigt, das so groß war wie das ›Teddy‹ (Jerusalemer Fußballstadion, benannt nach dem Jerusalemer Bürgermeister Teddy Kollek).«[45] Gelegentlich häuften Bulldozer Erde und Geröll auf Gebäude oder zwischen ihnen auf, sperrten auf diese Weise manche Gebiete ab und veränderten die Topografie des Schlachtfelds. Als die Lagermitte schließlich unterworfen war, füllte eine dicke Staubwolke die Straßen und Gassen und hing dort tagelang, solange die Schlacht andauerte. Erst als sich der Staub endlich gelegt hatte, konnten internationale Organisationen und die Medien das Ausmaß der Zerstörung, die die israelische Armee angerichtet hatte, voll ermessen. 52 Palästinenser waren getötet worden, über die Hälfte von ihnen Zivilisten. Manche, darunter ältere oder behinderte Menschen, hatten nicht rechtzeitig entkommen können und waren unter den Trümmern ihrer Häuser lebendig begraben worden.

Eine Analyse der Luftaufnahmen, die nach der Schlacht gemacht wurden, ergab, dass die Zerstörung von über 400 Gebäuden auf einem Gebiet von 40 000 Quadratkilometer durchaus der militärischen Planungslogik entsprach.[46] Dabei handelt es sich nicht nur um eine Reaktion auf die Wechselfälle der Schlacht, sondern auch um die Schaffung einer radikalen Neuordnung des Lagers. Während der Kämpfe erweiterte die IDF die bestehenden schmalen Gassen und schlug neue durch bestehende Gebäude, um Panzern und gepanzerten Bulldozern das Vordringen bis ins Innere des Lagers zu ermöglichen. Im Zentrum des Lagers wurde ein ausgedehnter Platz geschaffen, an dem die neuen Verkehrswege zusammentrafen. In diesem Gebiet, dem Hawaschin-Viertel, hatte der Widerstand am längsten standgehalten, und die Palästinenser nannten es später *ground zero*. Auf diesen neuen, erweiterten Straßen konnte die israelische Armee leicht wieder ins Lager einfahren. Das bedeutete, dass sein Status einer undurchdringlichen Enklave und eines »sicheren Hafens für den Widerstand« der Vergangenheit angehörte.

Beinahe umgehend begannen durch die UN geförderte Wiederaufbaumaßnahmen. Die Wiederaufbaupläne lösten jedoch eine ganze Reihe von Auseinandersetzungen zwischen palästinensischen Repräsentanten des Flüchtlingslagers und den UN-Ingenieuren aus. Dabei ging es inhaltlich um den direkten Zusammenhang zwischen Planung, militärischer Logik und Zerstörung.[47]

Der Rote Halbmond der Vereinigten Arabischen Emirate hatte 29 Millionen US-Dollar gespendet, die dafür bestimmt wurden, dem UN-Hilfswerk für Palästinaflüchtlinge im Nahen Osten (UN Relief and Works Agency, UNRWA) die Umsetzung eines neuen Gesamtplans für das Lager zu ermöglichen und die meisten zerstörten Häuser durch neue zu ersetzen. Das Projekt wurde dem verstorbenen Präsidenten der Vereinigten Arabischen Emirate, Scheich Zayed Bin Sultan al-Nahyan, gewidmet. Bei der Veröffentlichung der Wiederaufbaupläne stellte sich sofort heraus, dass die Art, wie die Straßen angelegt werden sollten, auf Widerspruch stieß. Der Ingenieur der UNRWA, Ahmad A'bizari, der für die Verkehrsinfrastruktur zuständig war, hatte vor, »die Zerstörung zu nutzen, um die Straßen auf 4 bis 6 Meter zu erweitern …«.[48] Er dachte, diese neue Straßenbreite würde dem Lager nützen – sie würde aber offensichtlich zugleich den israelischen Panzern, falls sie einmal wiederkämen, genug Raum bieten hindurchzufahren, ohne an Hauswände zu stoßen oder zwischen Gebäuden stecken zu bleiben. Die Straßenerweiterung würde auch bedeuten, dass zwischen 10 und 15 Prozent des ursprünglich in privater Hand befindlichen Grundes an den Straßen nunmehr als öffentlicher Grund registriert werden würden. In manchen Fällen sah der UNRWA-Plan sogar vor, dadurch Platz zu gewinnen, dass die Wände von Häusern, die an die Straße angrenzten, rund einen Meter innerhalb des jeweiligen Grundstücks zurückgesetzt wurden, so dass das erste Stockwerk teilweise über die Straße ragen würde. Der Verlust an Privatgrund im Erdgeschoss sollte durch das Aufstocken der Häuser mit weiteren Etagen und durch eine Vergrößerung des bebauten Lagergeländes ausgeglichen werden. Dafür kaufte die UNRWA angrenzendes, landwirtschaftlich genutztes Land.

Obwohl der Vorschlag der UNRWA als einfacher Beitrag zur Verbesserung des Verkehrsflusses im Lager begründet wurde, protestierte das Volkskomitee[49] des Lagers, in dem die bewaffneten Gruppen den entscheidenden Einfluss haben. Sie argumentierten, die Straßenerweiterungen würden es den israelischen Panzern ermöglichen, in das Lager einzudringen, wann immer sie wollten. Eines der Mitglieder des Komitees bestand darauf, dass »es den israelischen Panzern möglichst schwerer und nicht leichter gemacht werden sollte, in das Lager einzudringen«.[50] Die Debatte endete damit, dass die UNRWA ihre Oberhoheit in Lagerangelegenheiten geltend machte und den Bau der erweiterten Straßen trotz der Proteste der Bewohner durchsetzte. Berthold Willenbacher, der zweite Projektleiter der UNRWA, äußerte in reichlich spätem Bedauern: »Wir haben den

Israelis den Weg frei gemacht für ihre Panzer, und das hätten wir nicht tun sollen, denn die bewaffneten Jungs haben damit schlechtere Chancen wegzukommen, als wenn es enge Gassen geblieben wären. Wir haben ihre Sicht der Dinge nicht berücksichtigt.«[51]

Eine tragische Demonstration der Gefahren eines erleichterten Zugangs für Panzer zum Lager trug sich sechs Monate später, im November 2002, zu, als israelische Panzer erneut ins Lager einfuhren. Einer ihrer Kanoniere erschoss den britischen Leiter des UNRWA-Projekts, Iain John Hook. Der Schütze behauptete, er habe ihn für einen Palästinenser gehalten und sein Mobiltelefon für eine Granate.

Indem das UNRWA-Planungsprogramm in einer akuten Konfliktsituation die Verantwortung für den guten Zustand und die Erhaltung der Architektur übernahm, setzte es sich einem der offensichtlicheren Fälle des »humanitären Paradoxon« aus – dass nämlich humanitäre Hilfe in letzter Konsequenz darauf hinauslaufen kann, der unterdrückenden Macht zu dienen. Außerdem entsprachen die neuen Wohnhäuser einem baulichen Standard, der bisher im Lager unbekannt gewesen war, und erstmals hatte die UNRWA die Gelegenheit, das ungenügende Wasser- und Abwassersystem, das von der IDF zerstört worden war, gründlich zu erneuern.[52] In diesem Zusammenhang ist die Äußerung eines Mitglieds des Djeniner Lager-Volkskomitees nur zu verständlich, die es beim Anblick der von der UN neu errichteten cremefarbenen Häuser machte. Die neuen Wohnungen wirkten so, als sollten sie ewig bleiben, und beraubten es in seinen Augen dessen, was das Lager essenziell ausmacht, seines temporären Status: »Wir haben das Recht auf Rückkehr verloren.«[53]

Ein anderer Disput über das Wesen und die Funktion von Wänden oder Mauern brach auch zwischen verschiedenen palästinensischen Organisationen aus, aus denen sich das Volkskomitee selber zusammensetzte. Im Lager waren bei manchen Gebäuden kleine Höfe durch eine etwa zwei Meter hohe Mauer von der Straße abgeschirmt. Die Innenhöfe sind Orte, wo Kinder spielen und Frauen kochen. Im Verlauf der Operation waren diese Mauern häufig von den Soldaten eingerissen worden, um mögliche Verstecke von Scharfschützen zu demontieren. In diesem Zusammenhang erhob sich eine weitere Kontroverse, wobei es dieses Mal um die optimale Höhe der Mauern ging. Vertreter von Hamas und des Islamischen Dschihad im Volkskomitee sprachen sich dafür aus, dass diese Mauern einen halben Meter niedriger neu gebaut werden sollten, als sie ursprünglich gewesen waren, also einen Meter und fünfzig hoch und damit unter der normalen Augenhöhe eines erwachsenen Mannes. Dabei ging es der Hamas darum, durch die niedrigeren Hofmauern ein Überwachungsregime einzuführen. Vorübergehende würden nunmehr die Möglichkeit haben, Einblick in die Höfe zu nehmen und sich zu vergewissern, dass islamische Anstandsregeln eingehalten würden.

Im Übrigen war davon auszugehen, dass die Menschen, die sich beobachtet wussten, sich selber disziplinieren würden. Diese Debatte um Fragen der Privatsphäre endete damit, dass das durch die weitgehend säkular eingestellte Fatah bestimmte Komitee sich gegen eine Absenkung der Mauern entschied und der in Nablus ansässigen Architektin Hidaya Najmi, die mit dem Wiederaufbau des Lagers betraut war, erlaubte, ihren Entwurf, der hohe Mauern und private Höfe vorsah, umzusetzen. Sie hat sich übrigens, aus Angst um ihr Leben, seither nicht wieder in das Lager gewagt.

War es bei der einen Debatte um Fragen der Durchlässigkeit gegangen, so drehte sich die andere um Fragen der Transparenz. Beide stehen für die Macht von Mauern zur Durchsetzung urbaner und gesellschaftlicher Ordnung.

»Smarte Zerstörung«

Angesichts des internationalen Aufschreis, der auf die rücksichtslose Zerstörung des Flüchtlingslagers von Djenin folgte, wurde dem israelischen Militär klar, dass sein Ingenieurskorps seine »Zerstörungskunst« wohl verbessern müsste, nachdem sie derart außer Kontrolle geraten war. Das führte dazu, dass weitere Bemühungen in die Entwicklung »klügerer« Formen der urbanen Kriegführung investiert wurden, wie beispielsweise, wenn auch nicht ausschließlich, in jene Methoden, die zu Beginn der Schlacht um Djenin und mit Erfolg in Balata und Nablus Anwendung gefunden hatten, sowie in die Arbeit von OTRI.

Zu dieser neuen Herangehensweise gehörte auch, dass im Juni 2002, zwei Monate nach der »Operation Verteidigungsschild«, die Armee anfing, eine kleine Kulissenstadt im IDF-Stützpunkt Tze'elim in der Wüste Negev zu überarbeiten. Dieser künstliche Ort zu Übungszwecken nennt sich »Chicago« (in Anspielung auf den Mythos der amerikanischen Stadt, dem sie für wilde Schießereien u.Ä. steht) und wurde nun zur seinerzeit umfangreichsten orientalischen Stadt-Replika zu militärischen Übungszwecken gemacht. In »Chicago« gibt es auch einen Bereich, der als »die Kasbah« bezeichnet wird: ein dicht bebautes Marktviertel mit schmalen Gassen, außerdem eine Gegend, die einem Flüchtlingslager nachempfunden ist, eine Art Innenstadt mit breiteren Straßen und Panzern, schließlich ein Viertel, das einem Dorf ähnelt. In die Wände sind Löcher geschlagen worden, so dass die Soldaten üben können, durch sie hindurchzusteigen. Zu gewissen Trainingssitzungen zog das Militär den Bühnenbildner eines bekannten Tel Aviver Theaters hinzu, damit er die passenden Requisiten lieferte und Spezialeffekte bereitstellte.

In dieser Zeit zeigten sich auch andere Veränderungen im Bereich der Militärtechnik. Bei einer Militärkonferenz, die im März 2004 in Tel Aviv abgehalten wurde, erklärte ein israelischer Offizier seiner internationalen Zuhörerschaft, dass die Armee, seit sie sich eine gewisse Expertise in Sachen Architektur und Bautechnologie angeeignet habe, »eine Geschossdecke in einem Gebäude entfernen kann, ohne es vollständig zu zerstören (sic), oder ein Gebäude, das in einer Reihe anderer steht, beseitigen kann, ohne die anderen zu beschädigen«.[54] Obwohl diese Behauptung eine Übertreibung war, belegt sie doch, dass das Militär neuerdings Wert legte auf das, was es selber als »chirurgische« Fähigkeit bezeichnete, Elemente von Gebäuden zu entfernen, angeblich ohne das Ganze zu zerstören – im Grunde die Aneignung der Logik »smarter Waffen« durch den Militärtechniker.

Ent-Mauern der Mauer

Beim historischen Belagerungskrieg signalisierte der Durchbruch durch die äußere Stadtmauer, dass die Souveränität des Stadtstaates gebrochen worden war. Dementsprechend befasste sich die »Kunst« des Belagerungskriegs mit den geometrischen Gegebenheiten von Stadtmauern und mit der Entwicklung von gleichermaßen komplexen Technologien, um sich den Mauern zu nähern und einen Durchbruch zu bewerkstelligen. Heutige urbane Kriegführung hingegen betont zunehmend Methoden der Überwindung von Einschränkungen, wie sie die Hauswand darstellt. Ergänzend zu militärischen Taktiken, Wände physisch zu durchbrechen und zu »durchschreiten«, sind neue Methoden erdacht worden, die es den Soldaten nicht nur erlauben, durch feste Mauern hindurchzusehen, sondern auch durch sie hindurch zu schießen und zu töten. Die israelische Forschungs- und Produkt-Entwicklungsfirma Camero hat ein tragbares Gerät entwickelt, das Bilder produziert, wobei Wärmebilder mit Ultrabreitband-Radar kombiniert werden. Auf diese Weise ist das Gerät in der Lage, ähnlich wie das Ultraschallverfahren, das heute bei der Schwangerschaftsvorsorge angewandt wird, dreidimensionale Darstellungen von biologischem Leben zu geben, das sich hinter Barrieren verbirgt.[55] Menschliche Körper erscheinen als ausgefranste Hitzemarkierungen, die (wie ein Fötus) in einem abstrakten, verschwommenen Medium treiben, in dem alles Feste – Wände, Möbel, Gegenstände – auf dem digitalen Bildschirm ineinanderfließt. Waffen, die die NATO-Standard-Munition von 5.56 mm nutzen, werden zusätzlich mit 7.62-mm-Munition geladen, die Backstein, Holz und sonnengetrocknete Lehmziegel durchschlagen können, ohne dass die Kugel stark von ihrer Flugbahn abgelenkt wird. Diese Praktiken und Technologien werden das Verhältnis zwischen Militär und Architektur und allgemein der gebauten Umwelt radikal verändern. Instrumente zur »tatsächlichen Sichtbarmachung« sind die wichtigsten Komponenten auf dem Weg zu einer

Palästinensische Grenzkontrolle im Terminal auf der Allenby-Brücke. Miki Kratsman, 1999. Kratsman sagt über dieses Bild: »Als ich mich aufstellte, um über die Schulter des palästinensischen Grenzpolizisten dieses Foto zu machen, hörte ich plötzlich Stimmen hinter mir rufen: ›Zooz! Zooz!‹ (›Weg da! Weg da!‹ auf Hebräisch). Erst da wurde mir klar, dass hinter dem Spiegel die Israelis saßen. Als ich versuchte, den Spiegel zu fotografieren, wurde ich von einem verärgerten palästinensischen Polizisten aus dem Terminal gebracht.«

Checkpoint. Pavel Wolberg, 2002

Eretz Terminal, Gaza. Nir Kafri. 2004

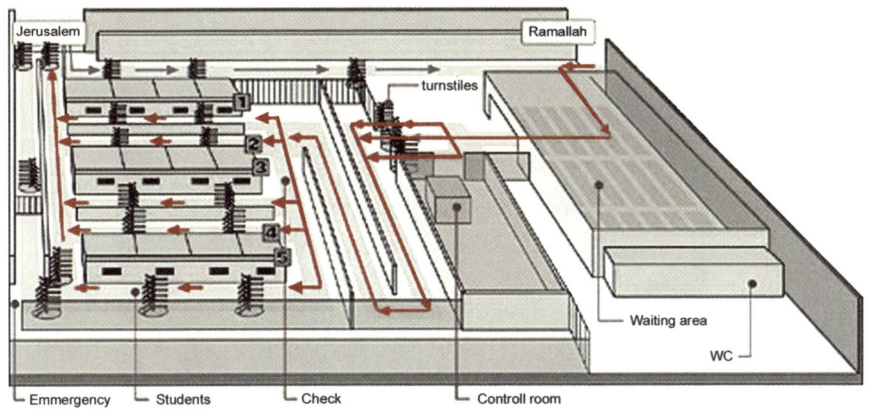

Bewegungsfluss-Diagramm des Grenzübergangs Kalandia. IDF, 2005

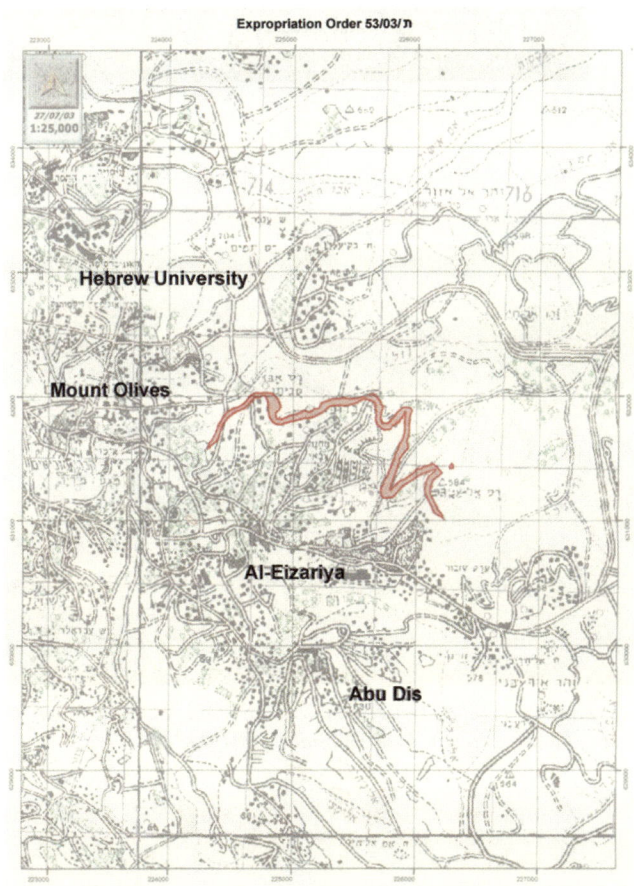

Enteignungsbefehl der israelischen Armee für Land zum Bau der Mauer in Jerusalem

XIX

Huwwara Checkpoint. Nir Kafri, 2005

Das israelisch/palästinensische Dorf Jisr al Zarka und das »Landschaftselement«, das es von der Stadt Caesarea trennt. Eyal Weizman, 2004

Das Flüchtlingslager Balata. Nir Kafri, 2002

Ingenieure der israelischen Armee im Flüchtlingslager in Tulkarem. Nir Kafri, 2003

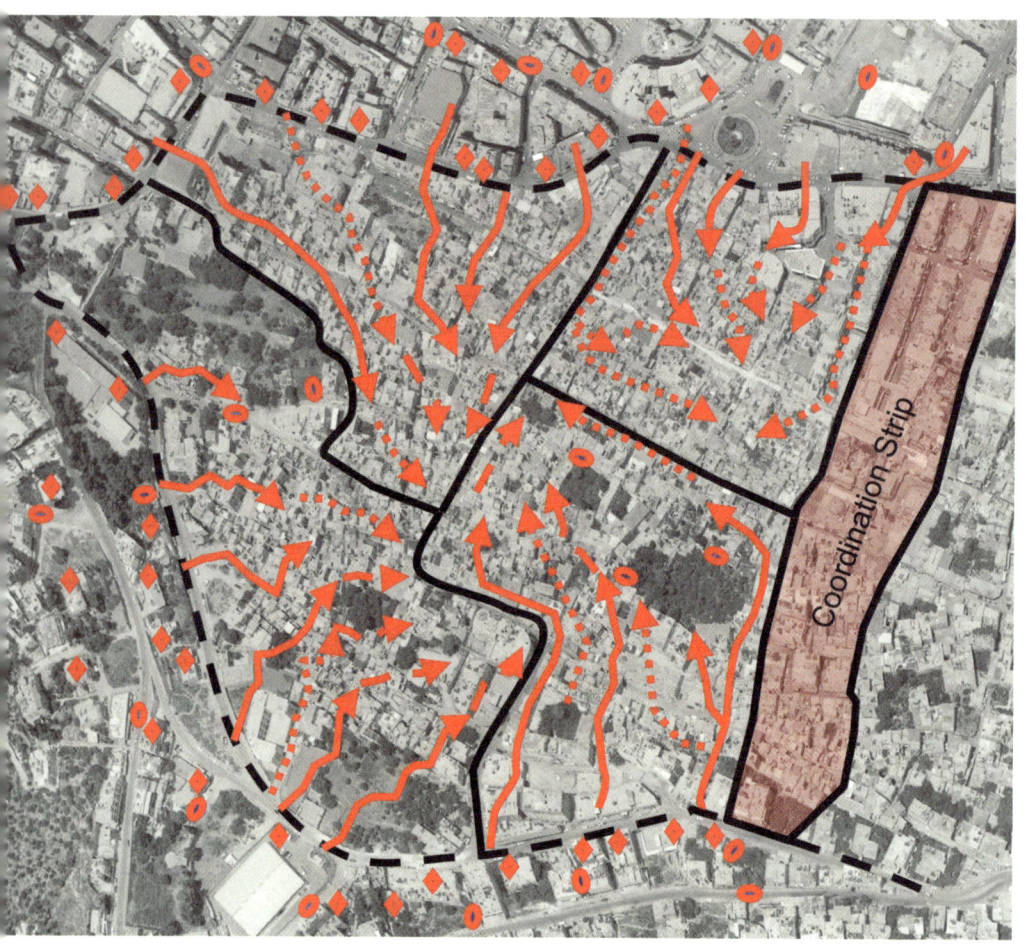

Angriffsrouten der israelischen Armee auf Nablus, April 2002, Diagramm: OTRI, 2004

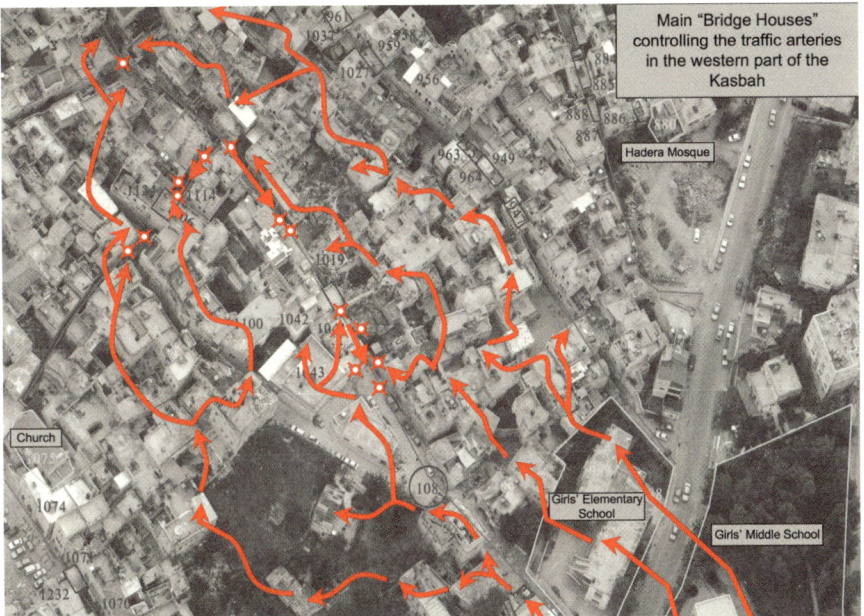

Der Angriff auf Nablus, April 2002; Die Sterne markieren Orte, an denen Palästinenser getötet wurden. Diagramm: OTRI, 2004

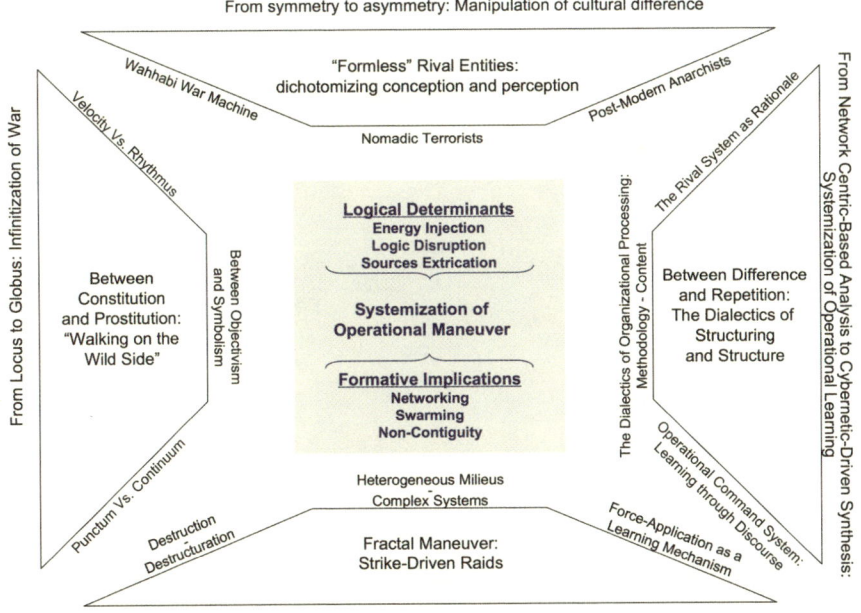

Präsentationsfolie, OTRI, 2004

Trainingsanlage für urbane Kriegsführung »Chicago« (innerhalb der Militärbasis Tze'elim) in der Wüste Negev. Die Innenaufnahmen zeigen vorgefertigte Öffnungen in Wänden (Adam Broomberg und Oliver Chanarin, 2005). Die Geschichte »Chicagos« ist eng mit der militärischen Geschichte des Nahen Ostens verknüpft. Seit den 1980er Jahren spiegelt sie die Veränderungen in den Vorstellungen der israelischen Armee von Sicherheit und ihrem Verhältnis zu Städten wider. »Chicagos« Geschichte kann durch die graduelle Veränderung der Kontexte, die es repräsentieren sollte, verstanden werden. Das Kernstück wurde Mitte der 1980er Jahre (während der israelischen Besatzung des Libanon) gebaut und sollte als kleine Trainingsanlage ein libanesisches Dorf simulieren. Später wurde es zu einer größeren urbanen Struktur erweitert, um israelischen Sondereinheiten 1992 als Übungsumfeld für ein geplantes Attentat auf Saddam Hussein in der irakischen Stadt Tikrit zu dienen. (Eine Operation, die nicht weiter verfolgt wurde, nachdem mehrere israelische Soldaten bei einem Unfall ums Leben kamen.) Im Jahr 2002 wurde es weiter ausgebaut, um alle unterschiedlichen Typen palästinensischer urbaner Raumordnungen zu simulieren. Es umfasst seitdem ein Gebiet, das Kasbah genannt wird und aus einem dichten Markt und schmalen Gassen besteht; eine Sektion, die ein Flüchtlingslager simuliert; einen Innenstadtbereich mit breiten Straßen und eine Nachbarschaft, die ein ländliches Dorf darstellen soll. Im Sommer 2005 wurde es benutzt, um die jüdischen Siedlungen in Gaza bei Trainingseinheiten für deren Evakuierung zu simulieren.

Evakuierte Siedlung. Nir Kafri, September 2005

links: *Die Evakuierung Gazas. Miki Kratsman, August 2005*

Bombardiertes Haus, Gaza. Nir Kafri, 2005

Ein Loch zeigt an, wo israelische Spezialeinheiten ihren eigenen Weg durch ein Haus in Beit Hanoun, Gaza-Streifen, am 14. November 2006 erzwungen haben. Die wochenlange Militäroperation israelischer Truppen zerstörte fast die ganze Stadt und forderte 65 Tote.

Die Überreste eines Autos nach einer israelischen gezielten Tötung, Khan Yunis, Gaza. Miki Kratsman, 2005

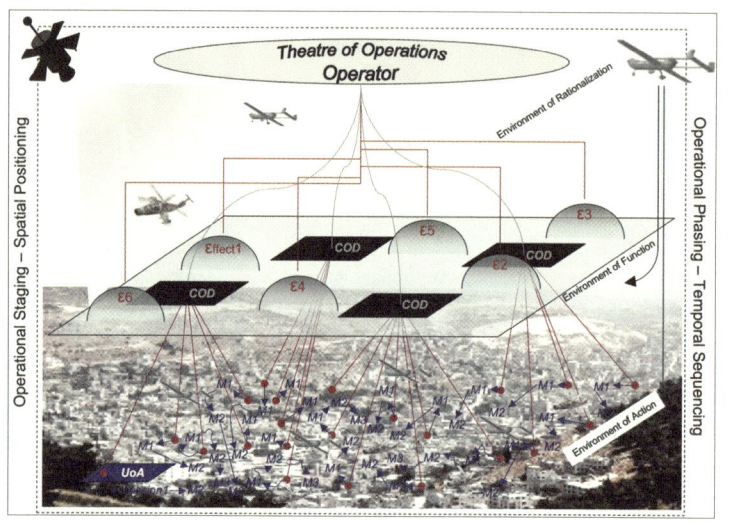

Präsentationsfolie, OTRI, 2004

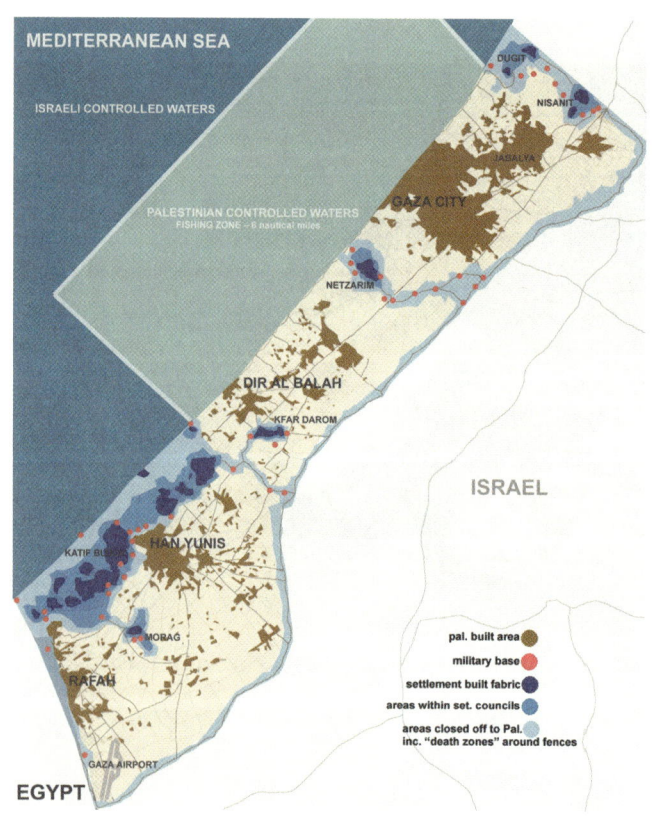

Israelische Siedlungen in Gaza. Eyal Weizman, 2005

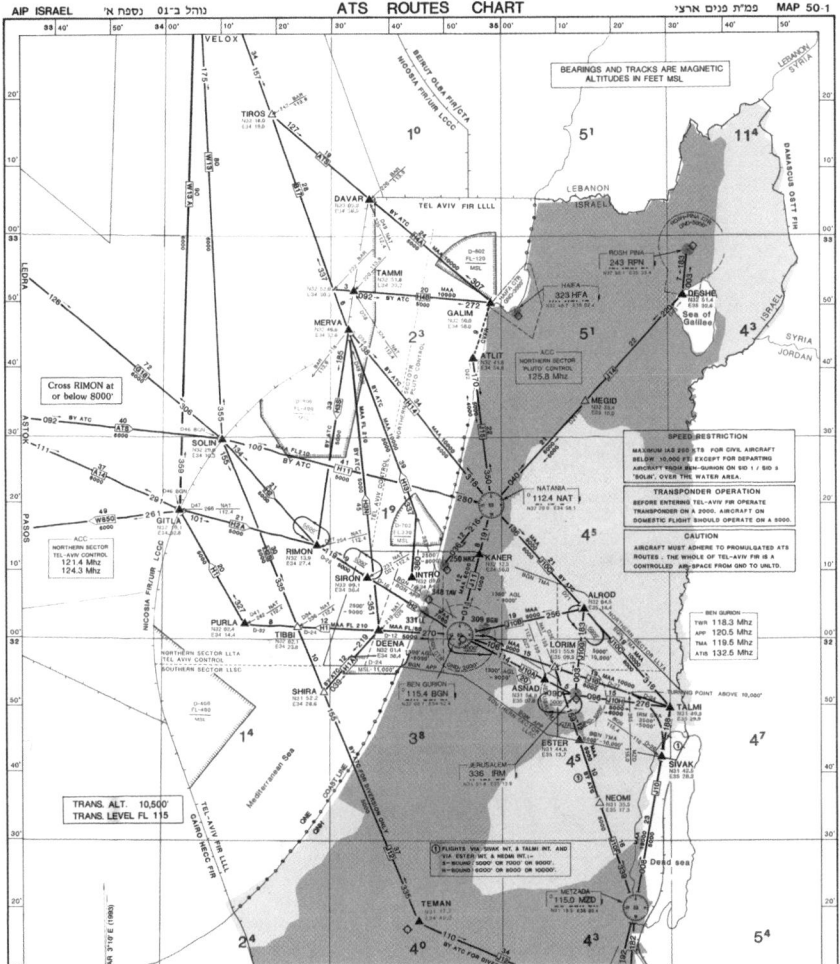

Luftfahrtrouten über Israel und dem Westjordanland, Israelische Luftfahrtbehörde, 2002

»In militärischen Begriffen mögen die Tunnelgräber von Gaza und Libanon tatsächlich die Erbauer von Mauern und die Beherrscher des Luftraums besiegt haben, doch die Grenze, die die Parteien und die Elemente voneinander trennt, die dünne Kruste aus Erde, auf der Zivilisten sich mühsam am Leben halten, scheint verwundbarer denn je.«

militärischen Fantasiewelt grenzenloser Verflüssigung, in der der Raum der Stadt so navigierbar wird wie ein Ozean (oder wie ein Computerspiel). Indem das Militär danach strebt zu sehen, was sich hinter Mauern verbirgt, und durch sie hindurchzuschießen, scheint es die zeitgenössische Technologie auf die Höhe der Metaphysik zu heben, das Hier und Jetzt der physischen Realität überwinden und Zeit und Raum kollabieren lassen zu wollen.

Dieses Bestreben, die Mauer oder Wand zu »ent-mauern« und »über sie hinauszugehen«, könnte eine Erklärung für das Interesse des Militärs an transgressiven Theorien und einer entsprechenden Kunst der 1960er und 1970er Jahre sein. Ganz wörtlich kommen einem bei den Techniken des Wände-Durchschreitens die Äußerungen des amerikanischen Künstlers Gordon Matta-Clark in den Sinn, der vom »Ent-Mauern der Mauer« sprach.[56] Von 1971 bis zu seinem Tod 1978 beschäftigte sich Matta-Clark mit der Verwandlung und dem virtuellen Abbau verlassener Häuser. Bei seiner *anarchitecture* (anarchischen Architektur) kamen Hämmer, Meißel und Motorsägen zum Einsatz; in der *building cuts* genannten Serie von Arbeiten schnitt er Gebäude durch oder durchlöcherte häusliche oder Industrie-Innenräume.[57] Dies könnte als sein Versuch verstanden werden, die repressive Ordnung des häuslichen Raums und die Macht und Hierarchie, die er verkörpert, subversiv zu unterlaufen. Die *building cuts* von Matta-Clark gehörten zu OTRI-Materialien bei Präsentationen – und wurden den Löchern gegenübergestellt, die die IDF in palästinensische Hauswände geschnitten hatte.

Andere Grundlagenwerke der Stadttheorie, auf die sich OTRI bezog, waren die Situationisten und ihre Praxis des *dérive* (eine Methode, durch die unterschiedlichen Sphären einer Stadt umherzuschweifen, von der die Situationisten als »Psychogeografie« sprachen) und des *détournement* (die Zweckentfremdung von Gebäuden). Diese Ideen wurden von Guy Debord und anderen Mitgliedern der Situationistischen Internationale als Aspekte eines umfassenderen Projekts entwickelt, das die gebaute Hierarchie der kapitalistischen Stadt in Frage stellte. Sie wollten die Unterscheidung zwischen dem Privaten und dem Öffentlichen einreißen, zwischen dem Drinnen und dem Draußen, zwischen Gebrauch und Funktion. Sie wollten die Privatsphäre durch einen fließenden, flüchtigen und »grenzenlosen« öffentlichen Raum ersetzen, in dem die Bewegung sich unerwartet ereignen würde. Auch auf Georges Bataille bezog man sich, der von dem »Verlangen, Architektur anzugreifen« sprach. Er rief vor allem dazu auf, den rigiden Rationalismus der Nachkriegsordnung zu durchbrechen, sich »der architektonischen Zwangsjacke« zu entledigen und die unterdrückten menschlichen Begierden freizusetzen. Alle diese Ansätze zielten darauf ab, die etablierte »bürgerliche Ordnung« der Stadt zu überwinden, so wie sie geplant und umgesetzt worden war. In diesen Theorien war das stabil und fixiert vorgestellte architektonische Element der Mauer bzw. Wand – im Wohnbereich, in der Stadt oder geopolitisch (wie der Eiserne Vorhang) – die Verkörperung gesellschaftlicher und politischer Ordnung und Repression schlechthin. Da Mauern nicht nur als physische Barrieren funktionierten, sondern auch als Mittel, das Sichtbare und das Hörbare auszuschließen, haben sie seit dem 18. Jahrhundert die physische Infrastruktur für die Konstruktion von Privatheit und bürgerlicher Subjektivität bereitgestellt.[58] Tatsächlich neigt der architektonische Diskurs dazu, Mauern als unhinterfragtes Grundelement der Architektur zu sehen. Wenn es Sache der Mauern ist, die natürliche Entropie des Urbanen zu zügeln, dann würden neue gesellschaftliche und politische Formen freigesetzt, risse man sie ein.

Obwohl Matta-Clark, Bataille, die Situationisten und Tschumi für ein Spektrum verschiedener Positionen, Methoden und Zeiten stehen, war es für sie alle die repressive Macht der Stadt, die unterlaufen werden sollte. In den Händen des israelischen Militärs jedoch wurden Taktiken, die durch jene Denker inspiriert worden waren, zur Grundlage für einen Angriff auf den wenig geschützten Wohnraum armer palästinensischer Flüchtlinge unter Belagerung.

In diesem Kontext kann die Überschreitung der Grenzen des Heims nur als *die* Manifestation staatlicher Repression schlechthin begriffen werden. Hannah Arendts Verständnis des politischen Raums der klassischen Stadt würde mit der Gleichsetzung des Prinzips der Mauer mit dem von Recht und Ordnung übereinstimmen. Nach Arendt wird der politische Raum durch zwei Arten von Mauern (oder Mauern gleichkommenden Gesetzen) gesichert: die Mauer, die die Stadt umschließt und den Bereich des Politischen definiert; und die Mauern, die den privaten Bereich vom öffentlichen abgrenzen und so die Autonomie des häuslichen Bereichs sicherstellen.[59] Die annähernd palindromische linguistische Struktur der Wörter *law/wall* (Gesetz und Mauer, im Englischen fast gleichlautend, wenn von vorne bzw. von hinten gelesen, d.Ü.) trägt dazu bei, die beiden Gebilde in eine gegenseitige Abhängigkeit zu bringen, in der gebaute und legale Struktur deckungsgleich erscheinen. Die Ent-Mauerung der Mauer – auf der Ebene des Hauses oder der Stadt – wird unweigerlich zu einer Demontage des Rechts. Indem das Militär, das durch Mauern geht, in die physischen Eigenschaften des Gebauten eingreift, richtet es sich auf die Syntax architektonischer, gesellschaftlicher und politischer Ordnung. Neu entwickelte Technologien, die es Soldaten ermöglichen sollen, durch Mauern hindurch lebende Organismen zu sehen und durch Wände gehen und schießen zu können, richten sich nicht nur auf die Materialität der Mauer, sondern stellen das Konzept Mauer in Frage. Wenn Mauern und Wände physisch und konzeptionell nicht mehr fest oder rechtlich nicht mehr undurchdringlich sind, kollabiert die funktionale räumliche Syntax, die sie geschaffen haben. »Im Lager«, so Giorgio Agambens wohlbekannte Beobachtung auf den Spuren Arendts, »wurden Stadt und Haus ununterscheidbar.«[60] Das Einreißen der physischen, visuellen und konzeptionellen Grenze/Mauer legt neue Domänen für die politische Macht frei und umreißt auf diese Weise am deutlichsten das physische Diagramm des Konzepts des »Ausnahmezustands«.

Todbringende Theorie

Die Übernahme zeitgenössischer Theorien durch das Militär ist selbstverständlich nichts Neues. Von Mark Aurel bis Robert McNamara[61] hat die Macht immer Wege gefunden, Theorien und Methodologien aus anderen Bereichen für sich nutzbar zu machen. Der »Soldat-Dichter-Philosoph« ist auch eine zentrale Figur in der zionistischen Mythologie. Als in den 1960er Jahren eine akademische Ausbildung Standard für eine Karriere in der israelischen Armee wurde, beriefen sich hochrangige Offiziere, die von Studienaufenthalten in den USA zurückkehrten, auf die Philosophie, um das Schlachtfeld zu beschreiben, und spielten manchmal in Bezug auf die Kämpfe in Zusammenhang mit der Besetzung von 1967 wörtlich auf Spinozas Begriff der »Ausdehnung« an.

Die Nutzbarmachung von Theorie durch das Militär zu anderen Zwecken als den ursprünglich intendierten ist nicht unähnlich der Art, wie progressive Ideen und subversive theoretische Ansätze, die über Bestehendes hinausweisen, angewandt wurden, um postmoderne Managementsysteme in der Wirtschaft neu zu organisieren oder als Effizienzindikatoren in die technologische Kultur eingeführt zu werden. Die Ausbildung in geistes- und sozialwissenschaftlichen Fächern, von der man gemeinhin annimmt, sie sei die mächtigste Waffe gegen den kapitalistischen Imperialismus, ließ sich ebenso gut auch zum Werkzeug der kolonialen Macht selber umschmieden. Diese Instrumentalisierung von Theorie ist ein besonders erschreckendes Beispiel dafür, wovor Herbert Marcuse bereits 1964 gewarnt hat: dass mit der zunehmenden Integration der verschiedenen gesellschaftlichen Aspekte auch »Widerspruch und Kritik« untergeordnet und von der hegemonialen Macht als Mittel und Werkzeug zugerichtet werden können. Im vorliegenden Fall wäre es die Absorption und Transformation poststrukturalistischer und sogar postkolonialistischer Theorie durch den Kolonialstaat.[62]

Damit soll die Schuld an der letzten israelischen Aggression keineswegs radikalen Theoretikern und Künstlern zugeschoben oder die Lauterkeit von deren Absichten angezweifelt werden. Es geht mir hier auch nicht darum, Ungenauigkeiten und Übertreibungen in der militärischen Lesart, Anwendung und Interpretation richtigzustellen. Mich beschäftigen in erster Linie die unterschiedlichen Formen, in denen Theorie, einmal aus ihrem ethischen/politischen Kontext gelöst, im militärischen Kontext wirken kann.

Die praktische oder taktische Funktion von Theorie, das Ausmaß, in dem sie militärische Taktik oder militärisches Vorgehen beeinflusst, hängt mit allgemeineren Fragestellungen bezüglich des Verhältnisses von Theorie und Praxis zusammen. Wenn aber die neuen Taktiken der IDF Ergebnis einer direkten Übersetzung postmoderner Theorie in die Praxis sind, sollte man erwarten, dass dies auf einen radikalen Bruch mit traditionellen Methoden hinauslaufen müsste. Die neuen Taktiken jedoch stellen eher eine kontinuierliche Weiterentwicklung vieler Vorgehensweisen und Entwicklungen dar, die auch historisch schon Teil urbaner Militäroperationen gewesen sind. Die Kennzeichnung kriegerischer Akte als vollkommen neu und ohne Vorläufer oder die Behauptung, militärische Strategie sei tief verwurzelt in zeitgenössischer oder älterer Philosophie, illustriert vielmehr, wie sehr die Sprache der Theorie selbst zur Waffe werden konnte – sowohl im zeitgenössischen Konflikt, als auch in der institutionellen Umgebung, die diesen nährt. Obwohl das Konzept des »Durchschreitens von Mauern« oder des »Schwärmens« und andere Begriffe, die sich auf militärische Nicht-Linearität beziehen, tatsächlich auf gewisse strukturelle Veränderungen in der militärischen Organisation hinweisen, sind doch Behauptungen, diese Entwicklungen bedeuteten radikale Veränderungen, eher übertrieben. Das sollte die Frage nach dem wirklichen Stellenwert von Theorie als generativer Quelle der aktuell zu beobachtenden Veränderungen in der militärischen Praxis aufwerfen.

Die Verteidiger der Pariser Kommune bewegten sich, ganz ähnlich wie die der Kasbah von Algier, von Hue, von Beirut, von Djenin und von Nablus in der Stadt in kleinen, lose verbundenen Gruppen, die Öffnungen und Verbindungen zwischen Wohnungen nutzten, Keller oder Innenhöfe, alternative Routen, geheime Durchgänge und Falltüren. Gillo Pontecorvos Film *Die Schlacht um Algier* von 1966 und Alistair Hornes Buch über Algerien *A Savage War of Peace*[63] beschreiben beide solche Manöver und sind heute Teil der Lehrpläne der US-Armee und der IDF.

Die Technik des Wände-Durchschreitens ist erstmals in Marschall Thomas Bugeauds Militär-Handbuch von 1849 *La Guerre des Rues et des Maisons* schriftlich überliefert. Darin geht es um Aufstandsbekämpfungsmethoden, die in den innerstädtischen, auf Klassenauseinandersetzungen beruhenden Kämpfen im Paris des 19. Jahrhunderts angewandt wurden. »Sind die Barrikaden zu stabil, um von den *tirailleurs* (leichte Infanterie, deren Soldaten gewöhnlich aus den französischen Kolonien rekrutiert wurden) eingerissen zu werden? Dann betritt man die ersten Häuser, auf beiden Seiten der Straße, und hier erweist sich der Sprengsatz als sehr vorteilhaft, denn er zeitigt schnell die gewünschte Wirkung. Man geht in den obersten Stock und durchschlägt von dort systematisch alle Wände, bis man schließlich die Barrikade überwindet.«[64] Auf der anderen Seite der Barrikade und zehn Jahre später schrieb Louis-Auguste Blanqui folgendes mikrotaktisches Manöver in sein Buch *Instructions pour une prise d'armes*.[65] Für Blanqui waren die Barrikade und das Schlupfloch komplementäre Elemente zum Schutz selbstverwalteter städtischer Enklaven. Diese Form des Selbstschutzes erforderte eine vollkommene Umkehrung der urbanen Syntax. Elemente, die eigentlich dem Verkehrsfluss dienten – Pflastersteine und Kutschen –, wurden zu Blockademitteln (Barrikaden), während die vorgefundenen Blockademittel – Wände – zu Routen wurden. Der Kampf in der Stadt und um die Stadt wurde also mit der Fähigkeit gleichgesetzt, sie zu interpretieren und neu zu interpretieren. Die Stadt war nicht mehr nur der bloße Austragungsort des Kriegs, sondern wurde zu seinem Medium und schließlich seinem Gerät. Ähnlich ist die Idee, Wände zu durchschreiten, wie der israelische Architekt Scharon Rotbard nachdrücklich hervorhebt, in fast jeder urbanen Schlacht der Geschichte neu erfunden worden, um auf örtliche Erfordernisse und Kampfbedingungen zu reagieren.[66] In Palästina wurde diese Taktik möglicherweise erstmals 1948 in der Schlacht um die Besetzung Jaffas von der zionistischen Irgun oder auch »Begin Gang« angewandt, wie die Briten sie nannten. Deren Pioniere gruben »oberirdische Tunnels« zwischen Hauswänden und mitten durch das dicht gebaute Geflecht der Stadt und platzierten Sprengladungen entlang einer Route bis hinab ans Meer, so dass eine breite Spur aus Geröll und Trümmern entstand, als sie gezündet wurden. Auf diese Weise schnitten sie das nördliche Stadtviertel Manschiya vom Rest der Stadt Jaffa ab.[67]

Auch die Behauptungen von der »Nicht-Linearität« und dem »Zusammenbruch der vertikalen Hierarchien« in der modernen Kriegführung erweisen sich als weitgehend überzogen. Jenseits der Rhetorik der »Selbstorganisation« und der »abgeflachten Hierarchie« sind militärische Netzwerke nach wie vor in traditionelle institutionelle Hierarchien eingebettet, Einheiten werden immer noch befehligt und folgen genauen Planungen und zeitlichen Abläufen. Nicht-lineares Schwärmen wird ganz am taktischen Ende eines inhärent hierarchischen Systems durchgeführt.[68] Im Fall der Westbank war es möglich, in einem gewissen Maße nicht-linear zu manövrieren, weil die israelische Armee immer noch alle linearen Versorgungswege unter ihrer Kontrolle hat – die Straßen innerhalb des Westjordanlandes und diejenigen, die sie mit ihren großen Basen im israelischen Kernland verbinden sowie die ständig erweiterte Vielzahl linearer Barrieren, die Israel überall im Terrain errichtet. Und tatsächlich sollte man das, was das Militär als Netzwerke bezeichnet (als handle es sich um eine nicht-hierarchische Kooperation zerstreuter Teile) besser Systeme nennen, die aus verteilten Strukturen unter einem zentralisierten Kommando bestehen.

Im Übrigen mögen »Schwarmverhalten« und »Wände durchschreiten« vor allem dann erfolgreich sein, wenn der Feind relativ schwach und desorganisiert und die Armee in Technologie, Ausbildung und Stärke eindeutig überlegen ist. Im Verlauf der Intifada-Jahre imaginierte die Besatzungsarmee weiterhin die Angriffe auf schlecht bewaffnete palästinensische Guerillakämpfer und auf verängstigte Zivilisten in ihren kümmerlichen Behausungen als »Schlachten« und stellte ihre Taten als bedeutende militärische Erfolge dar. Die Hybris derjenigen, die als Helden jener Operationen gefeiert wurden, kann nur vorübergehend vergessen machen, dass derartige Schachzüge nur in die Sackgasse führen und auf lange Sicht keinerlei Früchte tragen – sie kann nur flüchtig über die politische Dummheit, die militärische Unbeholfenheit, die Verschwendung von Leben und die Missachtung der Menschenwürde hinwegtäuschen.

Die permanenten Einsätze polizeilicher Art, die als Kampfeinsätze gedeutet wurden, verringerten auch die Trainingszeiten der Kampfeinheiten. Die Soldaten dienten rund zehn Monate in den Gebieten. Dass man Jahre damit verbrachte, die schwachen palästinensischen Organisationen zu attackieren, eine Art »Great Game« für die IDF, ist zweifellos einer der Gründe für die Inkompetenz, die dieselben israelischen Soldaten und Offiziere an den Tag legten, als sie im Sommer 2006 im Libanon mit den stärkeren, besser ausgerüsteten und gut ausgebildeten Hisbollah-Kämpfern konfrontiert waren. Die beiden Offiziere, die mit jenem Versagen in Gaza wie im Libanon als Erstes verbunden werden, sind ausgerechnet die israelischen militärischen »Wunderkinder«, beide Produkte des OTRI, die für die Angriffe von 2002 auf Balata und Nablus verantwortlich waren, nämlich Aviv Kochavi (der im Sommer 2006 die Division in Gaza befehligte) und Gal Hirsch (der im Sommer 2006 die Division 91 des nördlichen Galiläa befehligte). Die Entführung eines israelischen Soldaten im Juni 2006 durch palästinensische Guerillakämpfer, die eine Befestigungsanlage der IDF untertunnelten, ereignete sich, als Kochavi das Kommando hatte, und das Kidnapping zweier israelischer Soldaten im Monat darauf durch die Hisbollah fand im Kommandoabschnitt von Hirsch statt. Kochavi, der die anschließenden Bestrafungsangriffe auf Gaza führte, blieb unbeirrt bei seinen dunklen Andeutungen: »Wir beabsichtigen, bei den Palästinensern ein Chaos zu schaffen, von einem Ort zum anderen zu springen, das Gebiet zu verlassen, dann zurückzukehren (…) wir werden uns alle Vorteile von ›Überfällen statt Besatzung‹ zunutze machen.«[69] Obwohl es ihm gelang, hundertfach Tod und Verwundung über die Zivilbevölkerung zu bringen und wichtige Infrastruktur zu zerstören, wurde weder der Soldat durch den Angriff befreit noch das Abfeuern von Raketen durch die Palästinenser beendet. Auch Hirsch rief zu »Überfällen statt Besatzung« auf – ein bemerkenswertes Echo von der libanesischen Front – und befahl seinen Soldaten, zu »schwärmen« und städtische Gebiete im Südlibanon zu »befallen« (wie eine Insektenplage). Diese Sprechweise, die er beim OTRI angenommen hatte, waren die ihm neu unterstellten Bataillone jedoch nicht gewohnt. Sie begriffen nicht, was er damit sagen wollte und wussten nicht recht, was er von ihnen erwartete. Nach dem Libanon-Krieg im Jahr 2006 wurde Hirsch wegen seiner Arroganz, seinem »Intellektualismus« und seiner Abgehobenheit kritisiert und gezwungen, den Militärdienst aufzugeben.

Als Naveh mit den Ergebnissen des Libanon-Kriegs konfrontiert wurde, gestand er seinerseits öffentlich ein, dass dieser Krieg »ein Fehlschlag war, für den ich selber wesentlich mitverantwortlich war. Was ich in die Armee hineingetragen habe, ist gescheitert«.[70] Die israelische Kampagne im Libanon war tatsächlich ein einziges Chaos. Anhaltende und intensive Bombardements durch zunehmend frustrierte israelische Soldaten verwandelten libanesische Dörfer und Grenzstädte in eine zerfledderte Topografie aus zertrümmertem Beton und Glas und verbogenen Metallteilen. Innerhalb dieser fremdartigen Landschaft war das Geröll durchsetzt von wabenartigen Hohlräumen unzerstört gebliebener Zimmer, die den Verteidigern zusätzlichen Schutz boten. Die Hisbollah-Kämpfer schwärmten ihrerseits effizient durch Ruinen und Schutt, durch Kellergeschosse und Tunnels, die sie vorbereitet hatten. Sie beobachteten die Bewegungen der israelischen Soldaten und griffen sie genau in dem Augenblick mit panzerbrechenden Waffen an, wenn sie Häuser betraten, um in der Art durch Wände zu gehen, wie sie es in den Städten und Flüchtlingslagern des Westjordanlandes zu tun gewohnt waren.

Institutionelle Konflikte

Obwohl die israelische Armee, wie ich bereits aufzeigte, wohl kaum Deleuze brauchte, um Nablus anzugreifen, und obwohl im realen militärischen Geschehen »Kriegsmaschinen mit Benzin und Kohle laufen«[71] und »Körper ohne Organe« Verwundete und Tote bedeuten, wie Paul Hirst einmal sarkastisch feststellte, hat doch die Theorie, so wie sie sich die IDF aktuell anverwandelt hat, dem Militär eine neue Sprache bereitgestellt, mit der es zu sich selber und zu anderen sprechen kann. Sie hat dazu beigetragen, neue Ideen und Fragestellungen zu artikulieren, vor allem aber wurde sie eingesetzt, um Ideen erklären, rechtfertigen und kommunizieren zu helfen, die unabhängig voneinander innerhalb disparater Bereiche militärischer Erfahrung und praktischen Wissens aufgekommen waren. Wenn wir einmal operative Aspekte beiseite lassen, können wir vielleicht an der Art und Weise, wie das Militär theoretische Sprache verwendet, viel über die Institution selbst ablesen.

In dieser Hinsicht war eine der Antworten entlarvend, die mir Naveh auf eine meiner Fragen im Interview gab. Als ich ihn zur Inkompatibilität der ideologischen und politischen Grundlagen der von ihm angewendeten Theorien befragte, antwortete er: »Wir müssen den Reiz und sogar einige Werte in der marxistischen Ideologie von dem unterscheiden, was davon für den militärischen Gebrauch nutzbar gemacht werden kann. Theorien beinhalten nicht nur das Streben nach einem sozio-politischen Ideal, mit dem wir übereinstimmen mögen oder auch nicht, sondern sie sind auch auf methodologischen Prinzipien aufgebaut, die darauf abzielen, die bestehende politische, gesellschaftliche, kulturelle oder militärische Ordnung zu unterlaufen und umzustürzen. Das umstürzlerische Potenzial, das einer Theorie innewohnt (an anderer Stelle sprach Naveh vom ›nihilistischen Potenzial in der Theorie‹), ist genau der Aspekt, den wir mögen und nutzen (…) Diese Theorie ist nicht mit ihren sozialistischen Idealen verheiratet.«

Wenn Naveh die Begriffe »umstürzlerisch« oder »nihilistisch« gebrauchte, um seine Anwendung der Theorie zu beschreiben, geht es um etwas anderes als einen Angriff auf die Palästinenser. Theorie funktioniert hier nicht nur als Instrument im Konflikt mit den Palästinensern, sondern in erster Linie als Instrument in den Machtkämpfen innerhalb des Militärs selber. Kritische Theorie liefert dem Militär (wie es auch manchmal in der akademischen Welt geschieht) eine neue Sprache, die es ihm ermöglicht, bestehende militärische Doktrinen infrage zu stellen, verknöcherte Dogmen zu zerlegen und institutionelle Hierarchien mit ihrem »Wissensmonopol« ins Wanken zu bringen.

In den 1990er Jahren, als die westlichen Armeen durch die Einführung von Hochtechnologie und computergestütztem Management einen Prozess der Restrukturierung und Spezialisierung durchliefen, wie er etwa von Neokonservativen wie Donald Rumsfeld befördert wurde, trafen diese Entwicklungen auf heftigen Widerstand innerhalb der jeweils betroffenen Institutionen. Ähnlich gab es auch in der IDF seit den frühen 1990er Jahren im Zusammenhang mit ihrer Entwicklung und Veränderung institutionelle Konflikte. Dabei wurde die Sprache der poststrukturalistischen Theorie eingesetzt, um die Kritik am bestehenden System zu artikulieren, um für tiefgreifende Veränderung zu argumentieren und zu weiterer Reorganisation aufzurufen.[72] Naveh räumte das ein, als er sagte, OTRI habe »kritische Theorie in erster Linie benutzt, um die Institution des Militärs selbst zu kritisieren – ihre festgefahrenen und schwerfälligen konzeptionellen Grundlagen«.

Teilweise drangen diese internen Konflikte der IDF an die Öffentlichkeit, als die Kontroverse um die Schließung von OTRI im Mai 2006 durch die Medien aufgegriffen wurde, Naveh und sein Co-Direktor Dov Tamari Wochen vor Ausbruch des Libanon-Kriegs suspendiert wurden und die spannungsreiche Situation schließlich wenige Monate danach in Hirschs Rücktritt kulminierte. Die Debatten in diesem Zusammenhang förderten Konfliktlinien innerhalb der IDF zutage, die zwischen den mit OTRI assoziierten Offizieren, für die Naveh eine

Art Guru war, und den Offizieren, die ihn, seine Methoden und seine Sprache ablehnten, verliefen.

Offiziell war Navehs Suspendierung die Reaktion von Stabschef Dan Halutz auf einen Vorentwurf des Berichts des staatlichen Rechnungsprüfers Michael Lindenstrauss über die Offiziersausbildung in der IDF. In dem Bericht wurde den Lehrenden des OTRI vorgeworfen, sie würden den Lehrstoff lediglich mündlich, in Vorlesungen und Seminaren vermitteln, ohne ein Buch oder Nachschlagewerk zu publizieren, das es erleichtern würde, ihre komplizierte und vieldeutige Terminologie nachzuvollziehen. Daher blieben ihre Konzepte vage, und es bestünde die »Gefahr unterschiedlicher Interpretationen und von Verwirrung« (für sich genommen liest sich das wie ein implizites Kompliment an die postmodernen Theoretiker). Andere Abschnitte des Berichts griffen Naveh und Tamari wegen angeblicher Managementfehler an, Vorwürfe, von denen sie später entlastet wurden.[73] Die Schließung des Instituts hatte viel damit zu tun, dass es mit dem früheren Stabschef (und Halutz-Rivalen) Mosche Ya'alon in Verbindung gebracht wurde, der dem Institut beim Veränderungsprozess der IDF eine zentrale Rolle zugewiesen hatte. Halutz griff die theoretischen Konzepte, die OTRI produzierte, nicht direkt an, doch kam die Kritik vom ehemaligen Kommandeur des Nationalen Verteidigungskollegs, Yaakov Amidror. Amidror, inzwischen im zivilen Leben Sicherheitsanalyst, war einer der ersten IDF-Generäle gewesen, die der national-religiösen Bewegung und der rechten Siedlerbewegung angehörten. Amidrors Position zur Frage der territorialen Kontrolle war der des OTRI diametral entgegengesetzt: Immer wieder bestand er darauf, dass »es unmöglich ist, den Terror ohne physische Präsenz in den Gebieten und unmittelbare Kontrolle über sie zu bekämpfen«[74], und war daher konsequent gegen territoriale Rückzüge in den Besetzten Gebieten. Was OTRI betraf, war er der Auffassung, dass »theoretische Komplexität« in absolutem Widerspruch zur operationalen Logik der Macht steht: »Es ist gut, dass das Institut (OTRI) geschlossen wurde, denn seine Auswirkungen auf die Armee waren katastrophal (...) Es schlug mächtig Schaum statt eine deutliche Sprache zu sprechen (...) Es war nicht gewillt, richtig von falsch zu unterscheiden, ganz im Sinne der postmodernen Tradition, die es in die IDF einführen wollte (...) Ich beneide wirklich jeden, der es fertig bringt zu verstehen, was sie lehren, meine Fähigkeiten jedenfalls übersteigt es bei Weitem.«[75] In Navehs Augen ist umgekehrt Amidror der Inbegriff der in der IDF weit verbreiteten »Idealisierung des militärischen Empirismus, der Abwertung theoretischer Studien und kritischen Hinterfragens (...) der fehlenden Bereitschaft, sich auf einen konzeptionellen Diskurs einzulassen, der Missachtung des geschriebenen Wortes und der Intoleranz gegenüber dem philosophischen Diskurs«. Ungeachtet anderer Gründe, die mit ins Gewicht gefallen sein mögen, stellte Naveh seine Entlassung als »einen Coup gegen OTRI und die Theorie« dar.[76]

Diese militärische Debatte fügte sich auch in laufende Auseinandersetzungen und politische Differenzen der israelischen Gesellschaft insgesamt ein. Naveh und die meisten seiner früheren Kollegen am OTRI gehören zu dem, was man in Israel als die »zionistische Linke« bezeichnet, die territoriale Rückzüge befürwortet. Kochavi, der begeistert das Kommando der Militäroperation zur Evakuierung und Zerstörung der Siedlungen in Gaza übernahm, wird ungeachtet der Verbrechen in Gaza, derer er im darauffolgenden Jahr angeklagt wurde, ebenfalls als »Linker« eingeordnet. In manchen der Konflikte um die Rolle der Theorie innerhalb der IDF schwangen also die politischen Auseinandersetzungen innerhalb des Militärs mit.

Jedenfalls sollten aber die Leser den »linken« israelischen Offizier nicht als eine vielversprechende Alternative zur Brutalität der IDF insgesamt missverstehen; tatsächlich mag sogar das Gegenteil zutreffen. Ein Vergleich zwischen den beiden Angriffen, die 2002 stattfanden, dem auf Djenin und dem auf Nablus, könnte das Paradox zutage fördern, dass sich im Ganzen das Wirken der »de-territorialen«, »smarten« Offiziere als das destruktivere erweist: Ein Loch in der Wand mag nicht so schlimm sein wie die vollkommene Zerstörung des ganzen Hauses. Wenn aber die Besatzungsarmee in Flüchtlingslager nicht eindringen kann, ohne sie in dem Maße zerstören zu müssen, wie sie es in Djenin getan hat, wird sie es, auch angesichts der lokalen und internationalen Ablehnung, in dieser Form wahrscheinlich vermeiden oder sie doch nicht so häufig angreifen, wie sie es jetzt tut, nachdem sie die »billige« Methode herausgefunden hat – nämlich fast täglich. Auf diese Weise hat die militaristische Logik der israelischen Linken die Regierung mit einer taktischen Lösung für ein politisches Problem versorgt.

Eines der Hauptbestrebungen der neuen Taktiken, die von OTRI entwickelt wurden, ist es, Israel von der Notwendigkeit zu entlasten, physisch in palästinensischen Gebieten präsent zu sein, zugleich jedoch immer noch die Kontrolle über die Sicherheit zu behalten. Laut Naveh sollte das operationelle IDF-Paradigma der Präsenz in den Besetzten Gebieten durch die Fähigkeit ersetzt werden, sich durch sie hindurchzubewegen und in ihnen das hervorzurufen, was er »Wirkung« nennt: »... militärische Operationen wie beispielsweise Luftangriffe oder Kommandounternehmen (...), die den Feind psychologisch und organisatorisch treffen«. Die Taktiken, die im OTRI und anderen Instituten auf der IDF-Kommandoebene entwickelt wurden, zielten also darauf ab, Instrumente bereitzustellen, die den älteren Modus territorialer Herrschaft durch einen neueren »de-territorialisierten« ersetzen, den das OTRI als »Besatzung durch Verschwinden« bezeichnete.

Die Bedingungen Israels für jeglichen territorialen Kompromiss – teilweisen Rückzug und vorläufige Grenzziehung – haben, wie die Invasion Gazas auch nach der Evakuierung gezeigt hat, zur Voraussetzung, dass die Möglichkeit besteht, den Rückzug jederzeit zu annullieren und im Fall einer Situation, die Israel als Notstand betrachtet, in die Gebiete einzumarschieren. Unter den Bedingungen der Oslo-Vereinbarungen waren Rückzüge Israels aus den palästinensischen Städten und Dörfern mit einer Ausnahmeklausel versehen, die ihm das Recht einräumte, unter gewissen Umständen, die es selber festlegen konnte, z.B. in Fällen dringender Verfolgungsmaßnahmen, in die palästinensisch kontrollierten Gebiete, in Wohngebiete und Wohnungen einzudringen, Verdächtige zu verfolgen und diese zu Befragungszwecken und zur Inhaftierung in Israel festzunehmen.[77]

Naveh meinte zur Mauer, die zur Grenzmarkierung um den fragmentierten, temporären palästinensischen Staat werden könnte, dass er »einverstanden ist«, »egal, auf welchen Verlauf des Zauns (der Mauer) sich die Politiker einigen« – »solange ich den Zaun übersteigen kann. Wir brauchen nicht unbedingt dort zu sein, aber (...) wir müssen dort agieren können (...) Abzug bedeutet nicht das Ende«.

Die Bedingung der IDF für einen Abzug – wie Naveh sie formulierte »... solange ich den Zaun übersteigen kann« – bedeutet insofern einen eingeschränkten Abzug, als er so rasch, wie er vollzogen wird, auch wieder annulliert werden kann. Das entzaubert viel von der gemeinhin vorgestellten Symmetrie von Grenzen, wie sie durch die Mauer im Westjordanland ikonografisch verkörpert wird und wie sie der diplomatischen Rhetorik innewohnt, die das Gebilde auf der anderen Seite der Mauer, was immer davon noch übrig sein mag (fragmentiert und perforiert, wie es ist), als palästinensischen Staat darstellen möchte. Solange die Mauer ausschließlich von der einen Seite als jederzeit durchlässig und durchsichtig behandelt wird, sollte man Israel weiterhin als Souverän in den palästinensischen Gebieten betrachten, allein schon weil es Israel selbst ist, das die Ausnahme feststellen kann, die es ihm erlaubt, den rechtlichen Status dieser »Grenze« zu annullieren. In dieser Hinsicht wird die große »Staatsmauer« ähnlich konzeptualisiert wie die Wände der Häuser in den Besetzten Gebieten: als transparentes, durchlässiges Medium, das es dem israelischen Militär ermöglicht, sich »glatt« durch es hindurch und über es hinweg zu bewegen. Wenn Kochavi behauptet, dass »Raum nur eine Frage der Interpretation« ist, und dass seine Fortbewegung durch und über urbanes Gewebe hinweg architektonische Elemente (Wände, Fenster und Türen) uminterpretiert; wenn Naveh behauptet, dass er jede Grenze akzeptiert, solange er über sie hinweggehen kann – dann bedienen sie sich beide eines theoretischen Zugangs, der konventionelles Denken »überschreitet« und nahelegt, dass es beim Kriegführen nicht mehr um die Zerstörung von Raum geht, sondern um seine »Neuordnung«. Die »inverse Geometrie« wurde erdacht, um das Innere der Stadt nach außen zu kehren, indem ihre privaten und öffentlichen Räume miteinander vertauscht werden – ähnlich würde nunmehr auch der »Palästinensische Staat« ins Innere israelischer Sicherheitskonzepte gezogen und so, die Mauer ent-mauernd, zum Gegenstand anhaltender »Überschreitungen« gemacht.

8. Kapitel
Evakuierungen:
Architektur ent-kolonialisieren

Am Morgen des 12. September 2005 beendeten die israelischen Streitkräfte ihren Abzug aus dem Gazastreifen. Das Tor, durch das der Befehlshaber der Gaza-Division, Brigadegeneral Aviv Kochavi, als letzter Israeli den Gazastreifen verließ, wurde umgehend durch Militärbulldozer mit großen Mengen Sand zugeschüttet. Kochavi, der seinen Truppen neun Monate danach befehlen würde, erneut in den Gazastreifen einzumarschieren, gab eine kleine Pressekonferenz, bei der er hastig verkündete: »Unsere Mission ist abgeschlossen (…) Israels 38-jährige Präsenz (in Gaza) ist hiermit beendet.«

Die Armee hinterließ die Schuttberge von über 3000 von Bulldozern zu Geröll zermalmten Gebäuden – überwiegend Einfamilienhäusern, aber auch öffentlichen Gebäuden, Schulen, militärischen Einrichtungen, Industrie- und landwirtschaftlichen Produktionsstätten –, die allesamt für die 21 Siedlungen und die zahlreichen sie schützenden Militärbasen errichtet worden waren. Die Zahl der zerstörten Gebäude war zufällig ungefähr dieselbe wie die der palästinensischen Wohnhäuser, die seit Beginn der Zweiten Intifada 2002 durch Israel in Gaza zerstört worden waren.[1] Eine israelische Journalistin, die die Siedlungen im Gazastreifen ein paar Tage vor ihrer vollständigen Evakuierung besuchte, schilderte »Anhäufungen von Bauschutt mitten in den einstigen Gärten der Häuser (…) den beunruhigenden Gestank von modernden Essensresten (…) Wasser- und Abwasserpfützen (…) Fliegenschwärme ohne Ende (…) und kilometerweise Plastikverpackungsrollen«.[2] Hunderte verwirrter streunender Katzen waren zurückgeblieben und irrten durch die apokalyptische Landschaft, dem Tod durch Verhungern und Verdursten ausgeliefert. Die einzigen Bauwerke, die intakt auf der Oberfläche eines Sumpfs aus Schutt und flüssigem Unrat zu schwimmen schienen, waren die 19 Synagogen von Gaza, deren Zerstörung durch ein Urteil des Obersten Gerichtshofs und ein Votum in letzter Minute seitens der Regierung gestoppt worden war. Eine der Synagogen – in der Form eines dreidimensionalen Davidssterns aus Stahlbeton (»damit sich Juden von ihren Diaspora-Komplexen befreien können«, wie es ihr Architekt Gerschon Schevah ausdrückte) –

verkörperte am augenfälligsten die allzu direkte ästhetische Übertragung und das unvermeidliche Schicksal, das der Kunst im Zeichen der israelischen Besatzung beschieden ist.[3] Einen Tag nach dem Abzug vollendeten palästinensische Jugendliche, was der Oberste Gerichtshof unvollendet zurückgelassen hatte. Sie zündeten die Synagogen an. Tausende palästinensischer Fahnen aller Organisationen und Transparente mit Bildern vieler palästinensischer Führer und »Märtyrer« flatterten über dem Geröll. Die Palästinensische Autonomiebehörde organisierte Führungen und benannte manche der zerstörten Siedlungen nach toten Kämpfern und Führern um. Aus den Ruinen von Neve-Dekalim wurde Yasser Arafat City, aus denen von Kfar Darom Scheich Ahmed Yassin City. Als die Feiern vorüber waren und alles mitgenommen worden war, was man noch irgendwie nutzen konnte, wurden die meisten der zerstörten Siedlungen von militanten Organisationen besetzt. Die Siedlungen, die nahe der Grenze lagen, dienten als Abschussbasen für die selbstgebauten Kassam-Raketen, die auf israelische Städte und Dörfer in der Nähe Gazas abgefeuert wurden. Bombardements durch die israelische Luftwaffe und der konstante Beschuss der israelischen Artillerie sorgten dafür, dass die übrig gebliebenen Schuttberge regelmäßig umgeschichtet wurden, und unterstrichen die Botschaft der Flugblätter, die von den israelischen Kampfjets abgeworfen wurden. Diese verkündeten die »aus der Luft erzwungene Abschließung«, die bewirken sollte, dass die evakuierten Gebiete für alle Palästinenser unbetretbar blieben.

Vor dem Abzug machten sich lokale und internationale Interessenten, die offenbar von der anstehenden Zerstörung der Siedlungen nichts wussten, Gedanken über alternative Szenarien einer möglichen Nutzung von Gebäuden und Siedlungen. Die bevorstehende Räumung öffnete ein einzigartiges Feld für Spekulationen, auf die sich zwischen April 2004, als sich die Evakuierungspläne verdichteten, und August 2005, als sie umgesetzt wurden, einige der mächtigsten internationalen Players einließen und sich mit Fragen herumschlugen, die normalerweise zum Bereich von Architektur und Planung gehören. Obwohl die Evakuierung als unilaterale israelische Operation geplant und durchgeführt wurde, diskutierten die Vereinigten Staaten, die EU, die UN, die Weltbank, der IWF, einige der reichsten arabischen Immobilienfirmen, eine ganze Reihe NGOs und ein paar mit Sicherheit und Politik befasste Thinktanks über das Schicksal der Siedlungsgebäude. Und auch die verschiedenen politischen Parteien in Palästina und Israel waren unterschiedlicher Auffassung und äußerten entsprechende Ideen und Vorschläge. Die politische Rhetorik, die sich unmittelbar vor der Evakuierung entfaltete, sah in den Wohnungen der Siedler mal Verkörperungen von Machtbeziehungen, mal Symbole eines Konglomerats von Ideologien, mal fühlende, handelnde (gar von bösen Geistern heimgesuchte) Wesen, mal Waffen oder Munition, mal Verhandlungsmasse, mal ökonomische

Ressource, mal eine Ansammlung von Giftmüll oder ein Instrumentarium für Verbrechen.

Obwohl alle Hoffnungen, die Siedlungsarchitektur einem neuen Nutzen zuzuführen, später zu Schutt zermalmt wurden, sind diese Visionen einer möglichen Umwidmung der israelischen Architektur der Besatzung dennoch der Betrachtung wert für den Fall, dass die verbleibenden Besetzten Gebiete einmal von den Palästinensern (militärisch oder friedlich) zurückgewonnen werden sollten. Darüber hinaus bieten uns diese Pläne die seltene Gelegenheit, die allgemeineren Probleme zu untersuchen, die mit der (veränderten) Nutzung einer Architektur des Ausschlusses, der Gewalt und Kontrolle verbunden sind, sobald diese Architektur von der sozio-politisch-militärischen Macht abgelöst ist, die sie erschuf und aufrecht erhielt. Die rituelle Zerstörung, die neuerliche Nutzung, das »Wiedererstehen lassen« oder die »Zweckentfremdung« eines Einfamilienhauses mag sogar ein mögliches Repertoire von Vorgehensweisen anbieten, die es einer grundsätzlichen Veränderung zuführen könnten.

Architektonischer Notstand

Die wichtigste wirtschaftliche Grundlage der Siedlungen in Gaza war die Landwirtschaft, insbesondere in Gewächshäusern gezogenes Gemüse für den Export nach Europa. Die Arbeit wurde von schlecht bezahlten Arbeitern aus China und Thailand geleistet, die nach Beginn des Oslo-Prozesses allmählich die palästinensischen Arbeiter ersetzt hatten. 17 Siedlungen waren in der großen Enklave Gusch Katif konzentriert, die sich an der südwestlichen Küste von Gaza entlangzog. Die übrigen lagen strategisch günstig als isolierte Bastionen in der Nähe palästinensischer Städte und Flüchtlingslager oder an den Hauptstraßen, um die Verkehrsflüsse zwischen palästinensischen Bevölkerungszentren zu regulieren. Die »isolierteren« Siedlungen erfüllten auch die Funktion von Brückenköpfen bei Operationen der Armee gegen palästinensische städtische Gebiete. Nach Beginn der Zweiten Intifada im Jahr 2000 wurden einige der Siedlungen mit acht bis zwölf Meter hohen Betonmauern umgeben, die aus den Modulen bestanden, die auch zum Bau der Mauer im Westjordanland verwendet werden. Hunderte palästinensischer Wohnhäuser und Hunderttausende Quadratmeter palästinensischer Obstplantagen, die an den Siedlungsmauern lagen, wurden im Rahmen von Operationen zerstört, die die IDF »Landschaftsfreilegungen« nannte und durch die die Deckung für vermeintliche palästinensische Angriffe entfernt werden sollte. Aus der Luft betrachtet wirkten die Siedlungen wie freundliche grüne Inseln, die in eine Reihe Betonzylinder (die sie umschließenden Mauern) eingebettet und durch ein dichtes Gewebe von Infrastruktur (ausschließlich den Siedlern vorbehaltene Straßen) miteinander verwoben sind.

In den Wochen vor der Evakuierung im August 2005 arbeiteten die Architekten und Planer des palästinensischen Planungsministeriums unter »Ausnahmezustand«: Alle Feiertage und freien Wochenenden wurden aufgeschoben und Routinetätigkeiten ausgesetzt. Die Tatsache, dass Architektur und Planung als Servicebereich betrachtet wurden, den man für so essenziell hielt, dass die Notstandsgesetze auf ihn angewendet wurden – eine Maßnahme, die normalerweise nur die Sicherheitsdienste und Schlüsselindustrien betrifft –, verdeutlicht den besonderen Status, der in diesem Zusammenhang der gebauten Umwelt und ihrer Veränderung zugebilligt wird. Das Ministerium wurde zum zentralen Treffpunkt für Palästinenser, die sich mit diversen NGOs, unterschiedlichen UN-Agenturen, der Weltbank, ausländischen Regierungsvertretern und internationalen Investoren berieten; diese legten ihrerseits ihre Nutzungsvorschläge für die evakuierten Siedlungen dar. Das Gebäude selber ähnelte in dieser Zeit einem festungsartigen Bienenstock, in dem die vielen Delegationen kaum Platz fanden, besonders als sich die Zahl der Delegationsmitglieder verdoppelte, nachdem Versicherungsfirmen Ausländer verpflichteten, persönliche Bodyguards mitzubringen.

Die israelischen Debatten über das Schicksal der Siedlungsgebäude drehten sich vor allem um die mögliche symbolische Wirkung israelischer Architektur unter palästinensischer Kontrolle. Benjamin Netanyahu, der für die rechte Fraktion innerhalb der Likud-Partei stand – und später aus Protest gegen die Evakuierung von seinem Posten als Finanzminister zurücktrat –, forderte die Zerstörung aller Wohnhäuser in den Siedlungen. Dies, so wurde gemunkelt, um die Ausstrahlung von Bildern zu vermeiden, die er für ideologisch destruktiv hielt: Araber, die in den Wohnungen von Juden lebten, und Synagogen, die in Moscheen umgewandelt würden. Die Palästinenser »werden auf unseren Dächern tanzen«, warnte Netanyahu und spielte dabei auf Berichte an, die während des Golfkriegs von 1991 im israelischen Fernsehen gezeigt worden waren und Palästinenser gezeigt hatten, die auf den Dächern in Ramallah gestanden und irakische Skud-Raketen bejubelt hatten, die auf israelische Städte abgeschossen wurden. Dabei sah er über die Tatsache hinweg, dass die Dächer der meisten Siedlungen geneigt und mit Dachziegeln gedeckt sind. Seine Rhetorik zielte darauf ab, die Vorstellung von einem mörderischen palästinensischen Mob zu evozieren, der die Tore der Siedlungen stürmen und plündernd die Wohnungen »anständiger« Siedler in Besitz nehmen würde. Dieses »apokalyptische Szenario«, so befürchtete er, würde Bilder einer Umkehrung – und damit der Umkehrbarkeit – des zionistischen Projekts liefern, das, wie schon beschrieben, durch Inbesitznahme, Zerstörung und in manchen Fällen Besetzung palästinensischer Häuser gekennzeichnet ist (die mittlerweile bei einer »orientalisierten« israelischen Bourgeoisie zu begehrten und hoch gehandelten Immobilien wurden). International übertragene Bilder von evakuierten Siedlungen, die von Palästinensern übernommen werden, mögen zudem kaum verdrängte Befürchtungen der Mittelschicht geweckt haben, die an der Wurzel des Vorstadt-Projekts schlummern: dass die intern wohlgeordneten, gut versorgten »Vorposten« einer »Ersten Welt« angesichts eines von außen über sie hereinstürzenden »barbarischen« Ansturms der »Dritten Welt« zusammenbrechen könnten. Es mag diese Furcht gewesen sein (gepaart mit der Vorstellung von der eigenen technischen Überlegenheit und inspiriert von neuen Technologien zur Umsetzung von Gebäuden), die einen hochrangigen israelischen Offizier zu dem Vorschlag veranlasste, Häuser der Siedlungen auf Stahlschienen über die Grenze rollen zu lassen. In einem ähnlich bizarren Szenario schlug die Regierung vor, die 19 gazauischen Synagogen umsiedeln und sogar Teile davon durch Hubschrauber abtransportieren zu lassen, nachdem ein Rabbi aus einer der Siedlungen versucht hatte, beim Obersten Gerichtshof die Rettung seiner Synagoge zu erwirken.

Die US-Regierung positionierte sich eindeutig gegen die Zerstörung der Siedlungen. Die Übergabe von Wohnhäusern, öffentlichen Gebäuden, landwirtschaftlichen und Industrieanlagen an die Palästinenser bedeutete in den Augen von Präsident Bush und Condoleezza Rice mehr als nur einen wirtschaftlichen Anreiz.[4] Was hätte besser zur amerikanischen Agenda einer Zivilisierung des Nahen Ostens und seiner Transformation in eine liberale Gesellschaft mit Werten der Mittelschicht passen können, als Palästinenser in Einfamilienhäusern im amerikanischen Stil wohnen zu lassen? Die israelische Regierung ging insofern auf die Forderungen aus den USA ein, als sie ankündigte, ihre Entscheidung über die Zerstörung der Siedlungshäuser zu überdenken. Der stellvertretende Ministerpräsident Schimon Peres wollte sie den Palästinensern verkaufen oder sie gegen mögliche Ansprüche von Palästinensern aufrechnen, die diese auf die Häuser in von Israel beherrschten Gebieten erheben könnten, aus denen sie 1948 vertrieben worden waren.[5] Der schillernde arabische Geschäftsmann Mohammed Alabbar (dem böse Zungen nachsagen, er entspräche der Figur des Donald Trump in der arabischen Version der Fernseh-Reality-Show *The Apprentice*), kam sechs Monate vor der Evakuierung nach Israel, traf sich mit Schimon Peres und kurz auch mit Scharon und bot an, alle Wohnhäuser und anderen Immobilien der Siedlung Gusch Katif für 56 Millionen US-Dollar aufzukaufen. Alabbar ist der Geschäftsführer von Emaar Properties, einer gigantischen Immobilienfirma mit Sitz in den Vereinigten Arabischen Emiraten. Sie hat bei der rasanten Entwicklung von Dubai eine zentrale Rolle gespielt und dort in kürzester Zeit speziell auf den Tourismus zugeschnittene Vergnügungsparks und Wohnungsprojekte an der Küste hochgezogen. Er sah in Katif eine mögliche Touristen-Enklave.[6] Das hätte bizarre und groteske Hotel-Hochhauskomplexe im Stile derer in Dubai und eine

Umwandlung der Siedlerhäuser in eine Reihe von Touristendörfern als Teil »des besten mediterranen Badeortes« bedeutet. Wären diese Pläne umgesetzt worden, dann zweifellos in Form extraterritorialer Enklaven des Luxus inmitten der sie umgebenden tiefsten Armut. Diese Fantasien sind einer Verwirklichung nie sehr nahe gekommen. Zusammen mit anderen Vorschlägen im Sinne einer Totalprivatisierung und Verschleuderung hätten sie die Palästinenser des evakuierten öffentlichen Grund und Bodens beraubt, der ihnen zustand und den sie so bitter benötigen.

Als man die Palästinenser aufforderte, für die Gebäude und Infrastrukturen, durch die die Besetzung ihres Landes aufrechterhalten wurde, zu bezahlen – und als ob das nicht absurd genug wäre, verlangten die Israelis auch noch überhöhte Preise – oder aber Gelder umzulenken, die eigentlich dafür vorgesehen waren, gesellschaftlich nützlich eingesetzt zu werden, reagierten sie selbstverständlich verärgert. Der palästinensische Minister Saeb Erekat machte deutlich, dass die Palästinenser kein Interesse an einem Kauf der baulichen Infrastruktur hätten und forderte Israel einfach auf, »sie abzubauen und zu entfernen«.[7] Jihad Alwazir, ständiger Sekretär am palästinensischen Planungsministerium, sagte: »Die Siedlungen sind ein Fremdkörper, der den Palästinensern aufgezwungen wurde«, und wenn es nach ihm ginge, würde er mit den Siedlungen »ein großes Freudenfeuer veranstalten (…) zu dem jeder Palästinenser kommen und einen Hammer mitbringen sollte, um auf die Gebäude einzuschlagen«.[8] In Israel wurden diese und andere ähnliche Äußerungen von Palästinensern – wie so oft – lediglich als Bluff im Rahmen des Feilschens um den Preis der Wohnhäuser und nicht als ernst gemeinte Zurückweisung aufgefasst. Also »pokerte« Israel bis kurz vor der Evakuierung weiter um den Preis für die Siedlungen.

Im November 2004 nahm ich an einer Konferenz im Palästinensischen Diaspora- und Flüchtlingszentrum Scham'l in Ramallah teil. Dort trafen Vorschläge, dass Palästinenser in den evakuierten Häusern der Siedlungen leben sollten, auf Einwände, wenn nicht sogar entschiedene Ablehnung: »Wie kann irgendjemand von uns erwarten, dass wir in denselben Häusern leben, aus denselben Fenstern blicken, dieselben Zimmer nutzen könnten, die unsere Unterdrücker genutzt haben?« Die Architektur wurde allgemein als eines der direkten Instrumente der Besatzung begriffen. Für einen der Sprecher schienen die Siedlungen sogar von bösen Geistern heimgesucht zu sein – der Ort einer Siedlung in der Westbank wurde als »Tel A Jnein«, »Hügel der Dämonen«, bezeichnet. In Israel/Palästina, wo fast jeder Akt einer Besiedlung ein Akt der Auslöschung und Neu-Bewohnung ist, sieht jede Seite unterschiedliche Orte als von bösen Geistern beseelt an. Hier ist niemand jemals der erste oder ursprüngliche Bewohner; die Tatsache aber, dass man ein nachfolgender Bewohner ist – entweder im Verhältnis zu den Feinden von Heute oder im Verhältnis zu einer vorgestellten oder realen Zivilisation aus der Vorzeit –, verwandelt das Bewohnen von Altstädten, von archäologisch bedeutsamen Stätten, von Schlachtfeldern oder zerstörten Dörfern in kulturell komplexe Akte der »Co- oder Transhabitation«.9 Gebäude können dabei tatsächlich eine aktive Rolle in dem sich entfaltenden politischen Drama übernehmen. Nicht nur, dass die Siedlungshäuser als von Geistern heimgesuchte Orte wahrgenommen wurden, sie schienen sogar in gewisser Weise zu Subjekten geworden zu sein, und ihre architektonischen Bestandteile – Dächer, Fenster, Türen und Wände – wurden als lebende Organe aufgefasst. Um exorziert zu werden, muss die Architektur brennen; in Alwazirs Augen würde das eine »kathartische Reinigung« herbeiführen.10

Andere Einwände gegen eine Wiederbewohnung der Siedlungshäuser wurden in der typischen Sprache der Planer vorgebracht. Während diese Wohnungen für eine Siedlerfamilie von drei bis sechs Personen passend seien, umfasse eine typische gazauische Großfamilie mehr als doppelt so viele Mitglieder. Im Übrigen wurden die 1500 Wohnungen, die durch die Evakuierung frei würden, als so gut wie irrelevant eingeschätzt angesichts des dringenden Wohnraumbedarfs von über einer halben Million Palästinensern.

Ausarbeitungen des palästinensischen Planungsministeriums sahen die Zerstörung der meisten Siedlungen und die Rückführung des evakuierten Gebiets in landwirtschaftlich genutzte Flächen vor. Khalil Nijem, Generaldirektor des Planungsministeriums in Ramallah, zeigte mir die Großplanung für das Gebiet des Küstensiedlungsblocks Katif; die Karte war in unterschiedlichen Grüntönen koloriert oder schraffiert und zeigte die Naturschutz- und Freizeitgebiete sowie Strände, die an Stelle der evakuierten Siedlungen treten würden. Dieses Szenario einer Tabula rasa war ganz im Einklang mit einer erwachenden Nostalgie in Erinnerung an die Zeiten vor der Besatzung, als die Menschen in Gaza Zugang zu solchen Ausflugszielen in den weißen Sanddünen am Mittelmeer hatten.11

Mehrere Monate, bevor die Evakuierung anlaufen sollte, legte die Entsendung von James Wolfensohn, des ehemaligen Weltbank-Chefs, als Vertreter des »Nahost-Quartetts« (USA, UN, EU und Russische Föderation) ins neu geschaffene Büro eines »Besonderen Gesandten für den Rückzug aus Gaza« Zeugnis vom umfassenden internationalen Engagement für das Projekt und von der Bedeutung ab, die ihm zugemessen wurde. Zugleich jedoch machte sie auch deutlich, welche Art des wirtschaftlichen Herangehens das Quartett anstrebte. Obwohl Wolfensohn ursprünglich versuchte, eine »friedliche Übergabe aller Anlagen« auszuhandeln, und sogar aus eigener Tasche eine halbe Million US-Dollar beisteuern wollte, damit israelische Gewächshäuser gekauft und gazauischen Bauern zur Verfügung gestellt werden könnten, veranlassten ihn andere ökonomische Aussichten, sich umzuentscheiden. Dabei kooperierte er mit der Weltbank unter der Präsidentschaft des Erz-Neokonservativen Paul Wolfowitz, übernahm deren reflexartig angewandte Privatisierungsstrategie und brachte eine Koalition von reichen Immobilieninvestoren zusammen, darunter auch Mohammed Alabbar, die bereit waren, große Summen zu investieren, wenn sie im Gegenzug langfristige Leasingvereinbarungen für unterschiedliche private Projekte auf dem evakuierten und nunmehr leeren Land erhalten würden.[12]

Auszug aus den Flüchtlingslagern

Der außenpolitische Koordinator der EU, Javier Solana, hatte andere Entwicklungspläne vor Augen, als er sich für den Abriss der »Siedlungsvillen« aussprach, die »Hochhausbauten für Flüchtlinge weichen« sollten.[13] Das palästinensische Planungsministerium selbst prüfte Vorschläge, die ihm von der *Foundation for Middle East Peace*, einer Denkfabrik in Washington DC, vorgelegt wurden. Diese sahen in Anlehnung an ähnliche Evakuierungen im Westjordanland vor, dass Flüchtlinge in Siedlungen, die in der Nähe palästinensischer Städte lagen, umgesiedelt werden sollten.[14]

Diejenigen, die die Unterbringung palästinensischer Flüchtlinge in den Häusern der Siedler oder in Wohnblocks europäischen Stils vorschlugen, betraten ein politisches Minenfeld. Vorstöße, auf Dauer angelegte Wohnungen für Flüchtlinge einzuführen, wurden von vielen Palästinensern als Infragestellung der temporären Natur der Flüchtlingslager aufgefasst, somit des physischen Beweises der Dringlichkeit der palästinensischen Forderung nach Rückkehr an die Orte, von denen sie 1948 deportiert worden waren. Für viele Flüchtlinge bedeutet, eine Adresse im Lager zu haben, dass ihre Adresse in der Stadt oder dem Dorf, die sie verloren haben, dennoch gültig bleibt. Im Lager ein neues Haus zu bauen, wird manchmal als Verrat am nationalen Projekt gewertet, und es ist vor allem die jüngere Generation, die Erneuerungspläne ablehnt.[15] Viele palästinensische Organisationen treten für die Aufrechterhaltung des provisorischen Charakters ein und lassen nur ein Minimum an Infrastruktur in den Lagern zu. Die Abwässer werden meist offen und überirdisch geführt, es werden keine Bäume gepflanzt und auch andere Zeichen von Dauerhaftigkeit vermieden.[16] Man lässt so das Flüchtlingslager in einer Orwell'schen unendlichen Gegenwart, ohne Vergangenheit oder Zukunft, verharren. Diese Politik nahm in den 1970ern deutliche Form an, als unter dem Einfluss der marxistischen Theorie, die damals in der PLO vorherrschend war, das Heimischwerden als mit der palästinensischen Revolution unvereinbar angesehen wurde. Die »permanente Revolution« hing von der Negation des Heims als Zeichen bürgerlicher Kultur ab. Die temporären, harten Bedingungen in den Lagern beizubehalten, war auch ein Aspekt des revolutionären Guerillakampfes, den die französische Formel von der *politique du pire* umschreibt, d.h. einer Politik, die darin besteht, die Bedingungen möglichst zu verschlechtern: je schlimmer die Verhältnisse, je tiefer die Krise, desto schneller wird es zu einer politischen Veränderung kommen.[17]

Insofern überrascht es nicht, dass konterrevolutionäre Bestrebungen häufig mit einer Förderung des Heimischwerdens, einer Art der »Domestizierung« einhergehen. Von den durch die Briten erbauten »New Villages« in Malaysia über die portugiesischen »Aldeamentos« in Angola, die französischen »Douars« in Algerien bis hin zu den durch die USA errichteten »Strategic Hamlets« in Vietnam hat man Umsiedlungsprojekte als zentrale Komponenten von Strategien zur Aufstandsbekämpfung und zur Befriedung durchgeführt und zugleich demonstriert, dass die Standardreaktion auf die Gewalt der Kolonialisierten immer in einer zunehmenden räumlichen Disziplinierung bestanden hat. Diese Wohnungsbauprojekte wurden als Teil der allgemeinen Kolonialpolitik gesehen, die mal unter der Bezeichnung »Modernisierung« lief, mal unter der einer »Urbanisierung«, einer »Zivilisierung«, einer »Hygienisierung«, einer »Entruralisierung« oder in unserem Fall unter der einer »Ent-Lagerung« der Flüchtlinge.

In den Augen der israelischen Armee waren die Flüchtlingslager nicht nur die Orte des Widerstands im lokalen und organisatorischen Sinn, sondern auch die gesellschaftliche und physische Umgebung, die ihn hervorbringt. Im Verlauf der gesamten Besatzungszeit ging es der IDF bei ihren wiederkehrenden Versuchen, Infrastruktur und Lebensstandard besonders an den Orten zu verbessern, wo sie ihre Feinde vermutete, darum, »Brutstätten der Unzufriedenheit« auszumerzen, aber auch eine erzwungene Verbürgerlichung einzuleiten. Diese sollte genau jene Verwundbarkeiten mit sich bringen, die möglicherweise bei der Stadtbevölkerung die Motivation gering hält, den Widerstand aktiv zu unterstützen.

Laut einer umfassenden Studie der palästinensischen Soziologin Norma Masriyeh Hazboun ist genau aus diesem Grund die Umsiedelung von Flüchtlingen in neue Häuser immer eine zentrale strategische Überlegung aufseiten der Israelis gewesen, seit sie im 1967er Krieg die Kontrolle über Gaza und die Westbank erlangten, wo sich besonders viele Flüchtlingslager befanden.[18] Israelische Politiker und Militärs hielten es für eine Lösung des »Flüchtlingsproblems« (das als eine der Hauptursachen des Konfliktes angesehen wurde), wenn man die Flüchtlinge zu Dorf- oder Stadtbewohnern machte – eine Einstellung, die ihrer Überzeugung entsprach, man könne politische Probleme auf sozio-ökonomische oder sogar städteplanerische reduzieren. Und so waren tatsächlich die ersten Bauvorhaben in den Besetzten Gebieten, über die die israelische Regierung unmittelbar nach dem 1967er Krieg nachdachte, nicht nur israelische Siedlungsprojekte, sondern auch neue Wohnungen für palästinensische Flüchtlinge im Gazastreifen.[19] Zentrales Anliegen des Allon-Plans[20] war es, »das Flüchtlingsproblem abzuwickeln«, indem man nach und nach die Bewohner der Lager evakuierte und in neue, eigens zu diesem Zweck entworfene Städte und Dörfer übersiedelte, die Israel mit internationaler Finanzhilfe in einigen besonders kargen Gebieten des Westjordanlandes und des nördlichen Sinai anlegen würde. Der Plan umfasste erste Entwürfe zu drei Pilot-Städten an den östlichen Hängen der Wüste bei Hebron, wo die Behörden anhand der Beobachtung dieser Projekte feststellen würden, ob die palästinensischen Flüchtlingsfamilien in der Lage wären, sich an die harten klimatischen Bedingungen dort anzupassen oder nicht.[21] Premierminister Levi Eschkol zeigte sich 1968 zögerlich und unentschieden in Bezug auf diese Umsiedlungsprojekte, erinnerte sich jedoch daran, wie er, als er sich in Afrika aufgehalten hatte, »miterlebte, wie man primitive Nationen umsiedeln kann«, und sprach sich dafür aus, »die eine oder andere Art vorgefertigter Wohneinheiten (in der Westbank) zu bauen…«[22] Diese frühen Ansätze führten alle zu nichts, weil die Regierung davon ausging, dass es an der Internationalen Gemeinschaft war, sie zu finanzieren; doch da die arabischen Staaten sich dagegen stellten, kam wenig internationale Hilfe zustande.

Versuche, die Flüchtlinge umzusiedeln, haben demnach Formen unmittelbarer Gewalt und direkten Zwangs angenommen. Die Zerstörung in den Flüchtlingslagern Schati, Djabalia und Rafah, die 1971 bis 1972 durch Armee-Einheiten unter Ariel Scharon, damals Oberkommandierender des südlichen Abschnitts, angerichtet wurden, wurde nicht nur in der Absicht verübt, die internen Straßen zu erweitern und eine kontrollierbare Stadtplanung zu implementieren, sondern auch um die Flüchtlinge ihrer Wohnungen zu berauben und Wohnungsnot zu erzeugen – und so die israelische Regierung zur Umsetzung eines Flüchtlingsumsiedlungsplans zu zwingen.[23] In seiner Autobiografie erklärte Scharon später, dass die Lager »die größten Probleme ausbrüteten (…) Es würde für uns von größtem Vorteil sein, sie ein für alle Mal verschwinden zu lassen (…) und wir sollten den Aufwand nicht scheuen, anständige Wohnungen zur Verfügung zu stellen«.[24] Die Zerstörung von 6000 Wohnungen in den Flüchtlingslagern von Gaza sollte laut Schlomo Gazit dazu führen, »ein Drittel der Flüchtlingsbevölkerung des Streifens oder rund 60 000 bis 70 000 Menschen zu evakuieren und an anderen Orten anzusiedeln«.[25] Scharon schlug vor, die Regierung solle von den damals (1971) 160 000 Flüchtlingen im Gazastreifen 70 000 in neuen Wohnvierteln unterbringen, die innerhalb der Städte von Gaza errichtet werden würden; weitere 70 000 sollten in Städten und Ortschaften in der Westbank angesiedelt werden, und weitere 20 000 bis 30 000 in palästinensischen Städten innerhalb Israels, was allerdings umstritten war.[26] Die Regierung lehnte diese Ideen ab; andere Vorhaben, die Flüchtlinge neu unterzubringen, wurden jedoch mit Unterstützung von Verteidigungsminister Mosche Dayan umgesetzt.

Zwischen 1972 und 1979 wurden vier neue Nachbarschaften für Flüchtlinge am Rande der großen Flüchtlingslager des Gazastreifens gebaut. Einige von ihnen waren dicht bebaute Wohnhauskomplexe im israelischen Stil, einfach an vorliegende Planungen aus dem israelischen Wohnungsbauministerium angelehnt und von palästinensischen Baufirmen umgesetzt. Die israelische Regierung organisierte Touren für ausländische Besucher, um diese neuen Wohnungsbauprojekte vorzuführen und zu demonstrieren, wie fortschrittlich ihre Herrschaft sei und dass sie durch die Bereitstellung ordentlicher Wohnungen den Versuch unternahm, das »Flüchtlingsproblem« zu lösen. Doch Äußerungen Dayans offenbarten auch die behavioristische Denkweise, die dieser Politik zugrunde lag: »Solange die Flüchtlinge in ihren Lagern bleiben (…) werden ihre Kinder behaupten, sie kämen aus Jaffa oder Haifa; wenn sie aber aus den Lagern wegziehen, besteht die Hoffnung, dass sie zu ihrem neuen Ort eine Beziehung entwickeln.«[27]

Im Jahr 1974 wurde eine andere Form eines Umsiedlungsprogramms für Flüchtlinge erprobt, bei dem die Betroffenen ein Baugrundstück von 250 Quadratmeter zugewiesen bekamen und mit den Mitteln versorgt wurden, die sie benötigten, um sich selber ihre Häuser zu bauen. Finanzhilfe wurde ihnen unter der Bedingung gegeben, dass sie ihre Behausungen in den Lagern abrissen.[28] Zu den Methoden, die die israelischen Besatzungsorgane anwandten, um widerstrebende Flüchtlinge zu überzeugen, zählten Drohungen und willkürliche Häuserzerstörungen in den Lagern sowie auch Hausbesuche palästinensischer Kollaborateure bei Flüchtlingen. Die PLO verbot den Flüchtlingen, die israelischen Angebote anzunehmen, und tötete manche, die es dennoch taten. Dasselbe Schicksal ereilte viele Kollaborateure.[29]

Das Programm setzte sich 1981/82 wirklich durch, als Ariel Scharon Verteidigungsminister war, und es lief allmählich aus, nachdem er Anfang 1983 wegen seiner Rolle beim Massaker der christlichen Falangisten in den palästinensischen Flüchtlingslagern Sabra und Schatila im Libanon aus der Regierung entlassen wurde. Laut Berichten der UNRWA stellte Israel, solange das Programm lief, insgesamt 10 000 Wohnungen für Flüchtlinge bereit, womit sie allerdings kaum mit dem natürlichen demografischen Wachstum in den bestehenden Lagern Schritt hielt.[30] Obwohl einige der Wohngebiete für Flüchtlinge tatsächlich gebaut und besiedelt (wie das Scheich-Radwan-Umsiedlungsprojekt nördlich von Gaza-Stadt) und einige von der Besatzungsmacht sogar mit wohlklingenden Namen versehen wurden (wie Kfar Schalom oder »Friedensdorf«, von den Palästinensern aber scherzhaft »Scharons Viertel« genannt), gelang es nicht, durch das Programm den palästinensischen Widerstand zu brechen. Manche der frisch besiedelten Wohngebiete wurden selber Zentren des Widerstands.[31]

Ent-kolonialisierte Architektur neu bewohnen

Die palästinensische Zurückweisung der Vorschläge von 2005, die evakuierten gazauischen Siedlungen neu zu bewohnen, bedeutete auch, einer starken Versuchung zu widerstehen, die im Verlauf der gesamten Geschichte der Dekolonialisierung immer wieder bestanden hat.

Die neu gebildeten postkolonialen Regierungen eignen sich gewöhnlich Kolonialbauwerke und die dazugehörige Infrastruktur an, die nach der Entmachtung imperialistischer Regimes zurückbleiben. Solche Wiederaneignung tendierte dazu, die kolonialen Machtbeziehungen auf der räumlichen Ebene teilweise zu reproduzieren: Kolonialvillen wurden jetzt von Neureichen bewohnt, Kolonialpaläste von neuen politischen Eliten, während die zurückgelassenen militärischen Einrichtungen der Kolonialarmeen oft der Aufrechterhaltung neuer nationaler Regimes dienen. Im Rahmen von Überlegungen zur möglichen Korrumpierung nationaler postkolonialer Regierungen warnte Frantz Fanon während des algerischen Befreiungskampfes davor, dass die physische und territoriale Ordnung der kolonialen Welt, würde sie nicht zerschlagen, »sich in die Grundlinien einer Gesellschaft einschreiben könnte, die wiederum eine kolonial organisierte wäre«.[32]

Während der arabischen Revolte von 1936–1939, in der Zeit des britischen Mandats über Palästina, errichteten die britischen Streitkräfte eine ganze Reihe militärischer Anlagen nahe oder in palästinensischen Städten. Britische Militärinfrastruktur, die nach dem 1948er Krieg auf israelischem Territorium zurückblieb, hatte später meistens die Funktion von Polizeistationen und Militärbasen. Manche dieser Basen innerhalb palästinensischer Gebiete lagen genau richtig, um weiterhin die taktische Aufgabe der Kontrolle über die Bevölkerung auszuüben, für die sie ursprünglich gebaut worden waren.[33]

Manche Teilnehmer der runden Tische von Scham'l in Ramallah warnten davor, diesen kolonialen Mustern einer Weiternutzung zu folgen, denn die postkoloniale Anverwandlung der israelischen Siedlungen in Gaza könnte das Fremde, die Feindseligkeit und Gewalt der Besatzung teilweise reproduzieren, indem sie zu palästinensischer »Luxus«-Suburbia mutierte. Sie fürchteten, dass das System aus Mauern, Zäunen und Überwachungstechnologie um sie herum rasch zu ihrer nahtlosen Umwandlung in *gated communities* der palästinensischen Rückkehrer-Eliten führen würde.

Doch die evakuierte Kolonialarchitektur reproduziert nicht unbedingt die ursprünglichen Machtstrukturen. Manches von der zurückgelassenen britischen Militärinfrastruktur wurde im Westjordanland und im Gazastreifen zum Ausgangspunkt für Flüchtlingslager. Das Balata-Flüchtlingslager am östlichen Eingang der Stadt Nablus und das Lager bei Rafah am südlichsten Zipfel des Gazastreifens wurden beide innerhalb evakuierter britischer Militärbasen angelegt. Die Grundstruktur dieser aus Armeebasen hervorgegangenen Flüchtlingslager entspricht der militärischen Geometrie eines Schachbretts, sie haben sich jedoch inzwischen der formlosen Topografie eines zivilen Alltags ergeben. Da die Lager sich nicht ausdehnen können, haben sie die ursprüngliche Struktur überwuchert und eine Art dichtes Labyrinth entstehen lassen.

Die Subversion des ursprünglichen Gebrauchs evakuierter kolonialer Siedlungen war im Fall der ersten israelischen Siedlungen, die geräumt wurden, offenkundig. Nachdem 1978 der Frieden mit Ägypten geschlossen worden war, wurden die Stadt Yamit auf dem Ausläufer Rafahs an der nördlichen Mittelmeerküste des Sinai und die sie umgebenden landwirtschaftlichen Siedlungen 1982 nach einer Evakuierung durch Verteidigungsminister Ariel Scharon bis auf die Grundfesten abgerissen. Scharons Überlegung dabei war, dass er die Entstehung einer »ägyptischen 100 000-Einwohner-Stadt an Israels Grenzen«[34] vermeiden wollte. Die israelischen Siedlungen an der Sinai-Küste des Roten Meeres – Neviot (Nuweba), Di Zahav (Dahab) und Ophira (Scharm el-Scheich) – blieben jedoch intakt und durchliefen unterschiedliche Entwicklungen. Um den militärischen und zivilen Kern der ehemals israelischen Stadt Ophira hat sich Scharm el-Scheich zu einem internationalen Touristenzentrum entwickelt, das alljährlich über eine Million Reisende empfängt. Der Flughafen von Scharm el-Scheich, auf dem laufend Charterflüge mit europäischen Pauschalreisenden landen, ist ein ehemaliger israelischer Militärflughafen, der merkwürdigerweise nach wie vor den Namen Ophira trägt. Neviot, eine kleine landwirtschaftliche Kooperativensiedlung des Moschaw-Typus, ist zum Wohngebiet für ägyptische Polizeibeamte und ihre Familien geworden. Die evakuierte Moschaw-Siedlung Di Zahav, ein Ferienort in der Wüste, hat die Infrastruktur für die Ausweitung des touristischen Beduinendorfs Dahab geliefert.

Im Frühjahr und Sommer 2005 nahm ich zusammen mit palästinensischen und norwegischen Planungsfachleuten (letztere sind seit den Oslo-Verträgen beim palästinensischen Planungsministerium als Berater beschäftigt) an der architektonischen Formulierung eines weiteren Vorschlags für die Nutzung der Siedlungen in Gaza nach einem israelischen Abzug teil. Nach diesem Plan sollten Siedlungsbauten wieder genutzt werden, jedoch nicht als Wohnraum, sondern als öffentliche Gebäude: Krankenhäuser, Kliniken, Schulen, Akademien, Ausbildungszentren, Bildungs- und Kultureinrichtungen. Wenn die Geografie der Besatzung befreit werden sollte, dachten wir, dann, indem ihr Potenzial gegen sie selbst gekehrt würde.

Im Mai 2005, vier Monate bevor die Räumung stattfinden sollte, gelang es dem palästinensischen Planungsministerium, die übrigen Ministerien zu überzeugen – von denen jedes Ansprüche erhob und Pläne hatte, was es aus den Siedlungen machen würde –, dass die Gebäude dreier Siedlungen öffentlichen Institutionen zugesprochen werden sollten: Morag, Netzarim und Kfar Darom. Aus israelischer Sicht zählten diese drei kleineren Siedlungen, die wie Grenzvorposten strategisch außerhalb der Hauptsiedlungsblocks angelegt worden waren, zu den »isolierten« Siedlungen. Sie lagen jedoch sehr nahe bei den palästinensischen Städten, die sie ursprünglich konfrontieren sollten, gingen beinahe in sie über und stellten Erweiterungsmöglichkeiten für sie dar. Die architektonische Herausforderung bestand nun darin, in den Reihen immer gleicher Wohnhäuser mehrere öffentliche Institutionen unterzubringen. In diesem Sinne sah man vor, die Siedlung Morag in ein landwirtschaftliches Ausbildungszentrum umzuwandeln, das an die Universität Gaza angegliedert würde. Die Einfamilienhäuser sollten so umgestaltet werden, dass sie Seminarräume, Bibliotheken und Lagerräume beherbergen könnten. Manche der kleinen Privatgärten, Felder und Gewächshäuser, die sie umgaben, sollten der Ausbildung im Gartenbau dienen. Die bauliche Infrastruktur von Kfar Darom hingegen sollte dem Internationalen Komitee des Roten Kreuzes übergeben werden, das dort ein Krankenhaus und eine Ausbildungsstätte für medizinische Berufe einrichten würde. Die ausgedehnten Lagergebäude der Siedlung Netzarim, die der Stadt Gaza am nächsten lag, sollten diverse Einrichtungen für den Hafen von Gaza bereitstellen, der an einem nahe gelegenen Küstenstreifen geplant war. Die Wohnhäuser von Netzarim, rund 50 kleine Einfamilienhäuser, sollten in eine Bildungsstätte umgewandelt werden. Dabei hatten wir die Vorstellung, dass hier der Platz für ein wachsendes Archiv von Dokumenten, Zeugnissen, Filmen und Fotografien wäre, die im Verlauf der Besatzungszeit von örtlichen und internationalen Organisationen und NGOs gesammelt worden waren.

Öffentliche Institutionen, die in den normalen vorstädtischen Bauten untergebracht waren, könnten der Ausgangspunkt für die Entstehung eines neuen Typs von Institutionen werden. Eine Subversion der gesamten Geografie der Besatzung in der Westbank wurde vorstellbar, wenn jede der geräumten Wohnsiedlungen einem anderen Zweck zugeführt werden würde als der, für den sie ursprünglich entworfen und gebaut worden war.

Am Ende blieb jedoch nichts, was man hätte umfunktionieren können. Die israelische Regierung folgte vielmehr inneren destruktiven Impulsen und der Angst, Siedler könnten versuchen, zu ihren Häusern zurückzukehren. Und so ordnete sie an, dass das Militär die gesamten Siedlungen restlos zerstörte. Die Weltbank schätzte, dass sich die Gesamtmenge an Geröll, die durch den Abriss entstand, auf rund 1,5 Millionen Tonnen oder zwischen 60 000 und 80 000 Lastwagenladungen belief. Der Abriss und Abtransport der Gebäude stellte ein kompliziertes logistisches Problem dar, weil manche der älteren Bauten große Mengen an Asbest enthielten. Am Ende des Jahres 2005 unterschrieben Israel und das

Entwicklungsprogramm der UN (UNDP) eine Vereinbarung, die vorsah, dass Israel 25 Millionen US-Dollar an das UNDP zahlen würde. Dieses würde seinerseits palästinensische Unternehmen bezahlen, die den Bauschutt der zerstörten Siedlungen sortieren, wegräumen, komprimieren und entsorgen würden. Während keinerlei internationale Investitionen nach Gaza flossen, die Bewohner des Streifens keine Arbeitsmöglichkeiten in Israel hatten und wegen der endlosen Belagerung durch Israel keine Güter exportiert werden konnten, stellte Israel dennoch die Tatsache, dass es wenigstens finanziell dazu beitrug, die Unordnung, die es hinterließ, zu beseitigen, mit einem höhnisch-philanthropischen Unterton so dar, als handle es sich um ein Projekt »zur Förderung der Wirtschaft des Gazastreifens«.[35]

Dieser Schutt, der aus einer zermalmten Mischung von Wohnungen, öffentlichen Gebäuden, Synagogen, Befestigungsanlagen und Armeebasen besteht, die bis vor Kurzem Israels koloniales Projekt in Gaza verkörperten, wird nun nach und nach ins Mittelmeer geschüttet und da in Form eines großen bogenförmigen Walls deponiert, der als Wellenbrecher um das Gebiet herum verläuft, wo der geplante Tiefseehafen von Gaza angelegt werden soll. Da der Hafenbau ewig auf die israelische Sicherheitszustimmung warten wird, wölbt sich der gigantische Wellenbrecher dort sinnlos empor – so mag er immerhin illustrieren, wie man mit der Architektur der israelischen Besatzung umgehen kann.

9. Kapitel
Gezielte Tötungen: Luftgestützte Besatzung

»Das Kampfflugzeug ist die Quintessenz moderner Zivilisation (...) Es erhebt sich über Gut und Böse, eine himmlische Gottheit mit unstillbarem Durst nach Opfertribut.«
Azmi Bischara

Am 13. September 2005 – dem »Tag nach dem Tag danach« –, als die israelische Evakuierung des Gazastreifens abgeschlossen war, wurden die Militärbasen vom Boden in die Luft über dem Streifen, in die Gewässer vor seinen Küsten und an die Grenzübergänge entlang der Zäune verlegt, die ihn vom Rest der Welt abschnitten. Die Geografie der Besatzung vollzog also eine Drehung um 90 Grad: Der imaginierte Orient – das exotische Objekt der Kolonialisierung – befand sich nicht mehr jenseits des Horizonts, sondern jetzt unter der vertikalen Tyrannei einer westlichen luftgestützten Zivilisation, die aus der Ferne ihre neuesten und ausgeklügeltesten technologischen Systeme, Sensoren und Munitionen im Raum über dem Horizont steuerte.

Als sich seit Beginn der Zweiten Intifada zeigte, dass die israelischen Möglichkeiten zur Aufrechterhaltung einer permanenten Bodenpräsenz in den gesamten palästinensischen Gebieten eingeschränkt sind, verfolgte Israel zunehmend die Taktik, den bewaffneten und den politischen Widerstand der Palästinenser durch gezielte Tötungen zu brechen, durch außergerichtliche staatliche Exekutionen, die meistens aus der Luft erfolgten.[1] Tatsächlich bestand die taktische Vorbedingung für die Politik eines territorialen Abzugs eben in der Fähigkeit der israelischen Sicherheitsdienste, die evakuierten Gebiete durch andere als territoriale Mittel weiterhin zu kontrollieren. Ein Thinktank der IDF, der das »Alternative Team« genannt wurde (als wäre es eine Gruppe Comic-Helden), wurde an der Neuformulierung der israelischen Sicherheit nach dem Abzug aus Gaza beteiligt und gab zu: »Ob wir in den Gebieten physisch präsent sind oder nicht, wir sollten in jedem Fall unsere Fähigkeit demonstrieren können, auf sie einzuwirken und sie zu beherrschen«.[2] Sie und andere Militärstrategen nannten die Besatzung nach der Besatzung – d. h. der Herrschaft über die Palästinenser nach der vollständigen Räumung des Bodens des Gazastreifens und von Teilen der Westbank – »unsichtbare Besatzung«, »luftgestützte Besatzung« oder »im Verschwinden begriffene Besatzung«.[3]

Die Tatsache, dass die israelische Luftwaffe permanent ihre »Überwachungskapazität und Schlagkraft« über den palästinensischen Gebieten aufrechterhalten kann, war eine der wichtigsten Grundlagen für die Zuversicht der Scharon-Regierung – und die breite Unterstützung durch die Bevölkerung –, den einseitigen Rückzug und damit auch die entsprechende Transformation der Besatzungslogik voranzutreiben. Mehrere Monate vor der Bodenevakuierung des Gazastreifens feuerte Scharon den Stabschef Mosche Ya'alon und ersetzte ihn durch den Piloten und früheren Luftwaffenkommandanten Dan Halutz – ein Zeichen für die angenommene militärische Verlagerung der Aufmerksamkeit vom Boden in die Luft und dafür, dass die Regierung das Mantra von Halutz übernahm: »Technologie statt Besatzung«.[4] Bis das Ergebnis des Libanon-Kriegs im Jahr 2006 ihn eines anderen belehrte, war Halutz bekannt dafür, mehr als jeder andere die Auffassung zu vertreten, dass die Luftwaffe allmählich viele der traditionellen Funktionen der Bodentruppen ersetzen könne. In einer Vorlesung, die er 2001 am Nationalen Sicherheitskolleg der Armee hielt, legte er dar, dass »die Kapazitäten der Luftwaffe heute manche traditionellen Grundannahmen – etwa dass Sieg gleich Territorium ist – zu Anachronismen machen«.[5]

In den Jahren der Zweiten Intifada wurden tatsächlich bedeutende Anstrengungen unternommen, die Taktik der gezielten Tötungen aus der Luft zu entwickeln und zu »perfektionieren«. Von einer »seltenen und außergewöhnlichen Methode im Notfall« ist sie zur üblichsten Form des Angriffs durch die Luftwaffe geworden. Ephraim Segoli ist Hubschrauberpilot und ehemaliger Kommandant des Luftwaffenstützpunkts in Palmahim, auf der Hälfte der Strecke zwischen Tel Aviv und Gaza. Von dort sind die meisten Hubschrauber-Überfälle für gezielte Tötungen ausgegangen, und dort sind auch die größten Flotten ferngesteuerter Killer-Drohnen stationiert. »Liquidierungen aus der Luft«, sagt Segoli, »stellen die Hauptkomponenten der IDF-Operationen und die wahre Essenz des ›Kriegs‹, den sie führt, dar.« Im Mai 2006 behauptete Segoli im Übrigen, dass »Israels Sicherheitsindustrie in der Absicht, derartige Operationen zu ›perfektionieren‹, (…) begonnen hat, ihre Anstrengungen auf die Entwicklung von Systemen zu konzentrieren, die in erster Linie dieser operationellen Logik dienen«.[6]

Die meisten Staaten haben in verschiedenen Situationen zum Mittel der Ermordung der militärischen oder politischen Führung ihrer Gegner gegriffen, Israel ist darin keine Ausnahme und hat viele Jahre in seiner Auseinandersetzung mit dem palästinensischen und dem libanesischen Widerstand Tötungen vorgenommen.[7] Seit jedoch im September 2000 die Zweite Intifada begann, und zunehmend seit dem Rückzug aus dem Gazastreifen, sind gezielte Tötungen zur vorrangigen und am häufigsten angewandten Form des militärischen Angriffs durch Israel geworden. Seit Beginn der Intifada bis Februar 2008 wurden 376 Palästinenser durch gezielte Tötungen umgebracht. Nur 227 von ihnen waren tatsächlich die intendierten Opfer, die übrigen waren Menschen, deren alltägliches Leben sie zufällig zum falschen Zeitpunkt an den falschen Ort brachte, darunter etwa 50 Kinder.[8] Unter den Getöteten waren auch die meisten politischen Führer der Hamas.

Die Politik der gezielten Tötungen kann nicht aus der Logik der Terrorprävention allein verstanden werden, wie dieses Kapitel zu zeigen versucht. Sie ist eher als ein politisches Instrument im Rahmen der israelischen Bestrebungen einzuordnen, weiterhin Kontrolle in den palästinensischen Gebieten auszuüben, aus denen sich Israel territorial zurückgezogen hat – und insofern hat diese Politik eine territoriale Dimension.

»Technologie statt Besatzung«

Die jahrelange optimistische Überschätzung der Luftwaffe hat Generationen von Luftkriegern – vom frühen Theoretiker der Bombardierung aus der Luft, dem Italiener Giulio Douhet, zu Beginn des 20. Jahrhunderts bis in die Gegenwart hinein – zu der Annahme verleitet, dass Kriege durch unerhörte technologische Entwicklungen aus der Luft zu gewinnen seien, indem man Politiker durch Bombardements in die Unterwerfung zwänge und die betroffene Bevölkerung so weit brächte, dass sie sich aus der Luft würden lenken lassen. Die Schimäre von der billigen Besatzung oder von einer »aus der Luft erzwungenen Kolonialisierung« ist insofern genauso alt wie die Luftwaffen selber. Bereits in den 1920er Jahren war Winston Churchill als Kriegs- und Luftfahrtminister fasziniert von den, wie ihm schien, wirtschaftlich effizienten, schnellen, sauberen, mechanischen und unpersönlichen Alternativen, die die Machtausübung aus der Luft zu den üblichen beschwerlichen und kostspieligen Aufgaben der Kolonisation eröffnete. Er fühlte sich in dieser Sicht bestärkt, als es 1920 gelang, einen Aufstand in Somaliland niederzuschlagen, indem man einen Stammesführer durch einen Luftangriff ermordete. Churchill schlug daraufhin vor, die Luftwaffe stärker auf eine Übernahme polizeilicher Aufgaben im Empire einzustellen. Im Jahr 1922 überzeugte er die britische Regierung, in die Luftwaffe zu investieren, und bot der Royal Air Force (RAF) sechs Millionen Pfund, damit sie bei der Mesopotamien-Operation (im heutigen Irak) die Verantwortung der Armee übernahm, die diese bisher getragen und bereits 18 Millionen Pfund dafür verausgabt hatte.[9] Die Politik unter dem Motto »Kontrolle ohne Besatzung« sah einen erfolgreichen Ersatz großer und teurer Armeekontingente durch die RAF vor. Sir Percy Cox, der Hohe Kommissar in Bagdad, berichtete Ende des Jahres 1922, dass »bei (mindestens) drei Gelegenheiten Demonstrationen der Luftwaffe bereits ausgereicht hätten, um Stammesauseinandersetzungen zu beenden. Bei einer anderen Gelegenheit (…) bombardierten Flugzeuge einen Scheich und seine Gefolgsleute, nachdem diese sich geweigert hatten, Steuern zu bezahlen, Reisende aufgehalten und eine Polizeistation angegriffen hatten.«[10] Arthur »Bomber« Harris (später so genannt wegen seiner berüchtigten Bombardements deutscher Arbeiterviertel als Kommandant des Bomber-Flügels der RAF im Zweiten Weltkrieg) berichtete 1924 nach einer Mission im Irak: »Jetzt wissen die Araber und Kurden, was ein richtiges Bombardement an Toten, Verwundeten und Schäden bedeutet. Sie wissen jetzt, dass innerhalb von 45 Minuten ein großes Dorf restlos ausgelöscht und ein Drittel seiner Bewohner verletzt oder getötet werden kann.«[11] Die Methoden, die man in Somaliland erprobt hatte, wurden von der RAF auch in Ägypten, Darfur, Indien, Palästina (vor allem während des arabischen Aufstands von 1936–1937)[12] und in Afghanistan (in Jalalabad und Kabul) angewandt. Harris nahm die Logik der gezielten Tötungen vorweg, als er stolz behauptete, dass der letztgenannte Krieg durch einen einzigen Luftangriff auf den Königspalast gewonnen worden war.[13]

Ein ähnlicher Glauben an eine »aus der Luft durchgesetzte Besatzung« veranlasste die israelische Luftwaffe anzunehmen, man könne das über die gesamte Topografie ausgebreitete Netzwerk von Beobachtungsposten ersetzen, indem man Kategorien wie »Tiefe«, »befestigter Vorposten«, »Hochposten«, »Abriegelung« und »Panoramen« übersetzte in »Luftverteidigung in der Tiefe«, »unbedeckter Himmel«, »Luftaufklärung«, »aus der Luft durchgesetzte Abriegelung« und »Panorama-Radar«. Bei der Informationsbeschaffung wird eine Art Staubsaugermethode angewandt: Mit Hilfe von Sensoren in unbemannten Drohnen, Aufklärungsflugzeugen, Angriffshubschraubern, unbemannten Ballons, Hawkeye-Frühwarn-Fliegern und Militärsatelliten werden fast alle Signale aufgefangen, die im palästinensischen Luftraum vorhanden sind. Seit Beginn der Zweiten Intifada hat die Luftwaffe Hunderttausende Flugstunden verausgabt, um mittels ihres Netzwerks von luftgestützten Aufklärungssystemen ganze Informationsströme einzufangen, die anschließend unterschiedlichen Geheimdiensten und Befehls- und Kontrollinstanzen zur Verfügung gestellt wurden.

Wo die IDF zuvor ein Gebiet durch Zäune und Erdwälle abgegrenzt und an die Zu- und Abfahrten Kontrollpunkte gesetzt hatte, erzwingt heute die luftgestützte Besatzung in Gaza seine Abriegelung, indem die IDF Flugblätter über Dörfern und Flüchtlingslagern abwirft, die um das abzuriegelnde Gebiet herum liegen. In den Flugblättern wird das Gebiet für unbetretbar erklärt – und auf alle, die es dennoch betreten, wird geschossen. Auf diese Weise sind die geräumten

Militärisches 3-D-Modell der Westbank

Siedlungen im nördlichen Gazastreifen seit ihrer Evakuierung 2005 »unbetretbar« geblieben. Nach dem Abzug traten unter dem Codenamen »An die Tür klopfen« bei Häuserzerstörungen Kampfflugzeuge an die Stelle von Militärbulldozern. Bei diesem neuen Verfahren ruft ein Mitarbeiter der Luftwaffe die Bewohner des Hauses, das zerstört werden soll, an; so geschehen am 24. August 2006 im Hause der Familie A-Rahman im Flüchtlingslager Djabalia:

»Am 24. August 2006 rief jemand um 23.30 Uhr bei Abed A-Rahman in Djabalia an, der angab, von der Armee zu sein. Das Telefon war abgeschaltet worden, weil die Rechnung an die palästinensische Telefongesellschaft nicht hatte bezahlt werden können, doch eigens um dieses Gespräch zu ermöglichen, war es wieder angeschaltet worden. Um-Salem, die Frau von Abed A-Rahman, ging ans Telefon (...) Am anderen Ende der Leitung sagte jemand: ›Räumen Sie umgehend das Haus und geben Sie den Nachbarn Bescheid.‹ Sie fragte: ›Wer spricht denn da?‹, und bekam zur Antwort: ›Die Armee.‹ Sie fragte noch einmal nach, doch ihr Gesprächspartner hatte bereits aufgelegt. Um-Salem versuchte anzurufen, doch das Telefon war wieder abgeschaltet (...) Die ganze Familie verließ das Haus, ohne irgendetwas mitnehmen zu können. Um 24.00 Uhr wurde das Haus durch Helikopter bombardiert und vollkommen zerstört.«[14]

Das zeigt, dass der »Abzug« somit nicht als Akt der Dekolonialisierung zu verstehen wäre, sondern eher als eine Reorganisation staatlicher Macht und Kontrolle und als Inkraftsetzung techno-kolonialer Herrschaft.

Einsatzplanung

Die Einsatzform der Tötung aus der Luft geht auf militärische Entwicklungen zurück, die sich während Israels Krieg im Libanon in den 1980er und 1990er Jahren vollzogen haben. Der Generalsekretär der Hisbollah, Scheich Abbas Mussawi, war der Erste, der (im Februar 1992) durch eine luftgestützte Tötung umgebracht wurde. Eine Gruppe israelischer Hubschrauber, die vom Mittelmeer kommend landeinwärts flog, griff seinen Konvoi an und tötete ihn und seine Familie. Die erste Tötung dieser Art in den palästinensischen Gebieten fand am 9. November 2000 in Beit-Sahur bei Bethlehem statt, als der israelische Pilot eines Apache-Hubschraubers eine Anti-Panzer-Rakete des Typs Hellfire (aus den USA) auf das Auto des führenden Mitglieds von Tanzim al-Fatah, Hussein Muhammad Abayit, abschoss und ihn sowie die beiden Frauen, Rahmeh Schahin und Aziza Muhammed Danun, tötete, die gerade an dem Auto vorbeigingen, als es mitten auf der Straße, in der sie wohnten, explodierte. Ein IDF-Sprecher gab bekannt, dass die Tötung Teil einer »neuen staatlichen Politik« sei.[15] In den letzten Jahren ist es jedoch Gaza, das zum weltweit größten Laboratorium für luftgestützte Tötungen wurde. Die US-Regierung protestierte, wenn auch sehr zurückhaltend, gegen die israelischen Tötungseinsätze und bat Israel lediglich in diplomatischem Ton darum, die »Ergebnisse seines Vorgehens zu bedenken«. Im Übrigen schlug sie vor, dass verschiedene Bereiche der US-Sicherheitskräfte, die im Mittleren Osten ebenfalls an inoffiziellen Tötungseinsätzen beteiligt sind, bei denen sie unbemannte Drohnen einsetzen, »die Leistung und die Ergebnisse der

Film-Stills einer IDF UAV von einer gezielten Tötung, Gaza, 2005

israelischen Luftwaffe analysieren könnten, um daraus Schlüsse für ihre eigenen Kriege zu ziehen«.[16]

Ephraim Segoli machte deutlich, dass gezielte Tötungen »eine Erfolgsgeschichte« darstellten, »die auf einem hohen Maß an Kooperation zwischen dem Schin Bet und der Luftwaffe« beruhten.[17] Dabei bestand der Beitrag des Schin Bet vor allem darin, die mechanistische Operation der gezielten Tötung durch seine Informationen und seine organisatorischen Fähigkeiten zu ergänzen. Letztere waren besonders unter Avi Dichter entwickelt worden, dem der »Erfolg« der gezielten Tötungen aus der Luft beträchtliche öffentliche Anerkennung und den Respekt Scharons einbrachte. Die Effizienz der Operationen hängt in beträchtlichem Maße von einer engen Vernetzung zwischen den Erkenntnissen, die der Schin Bet lieferte, politischen Entscheidungen der kurzen Wege und der Schlagkraft der Luftwaffe ab. Der Schin Bet stellt die Todeslisten zusammen und legt fest, welche Ziele Priorität haben (einmal auf der Liste, wird ein namentlich genanntes »Ziel« kaum jemals wieder heruntergenommen). Der Geheimdienst liefert außerdem Dossiers über jede zu liquidierende Person (mit Einzelheiten über ihre Beteiligung am Widerstand und ihre angenommene Bedrohlichkeit für Israel). Ein spezielles ministerielles Komitee gibt seine Zustimmung (nach einer Bedenkzeit von gewöhnlich nicht mehr als 15 Minuten und normalerweise ohne Einwände). Die Luftwaffe führt die Tötung durch.

Jede gezielte Tötung ist eine groß angelegte Operation, an der Hunderte Spezialisten aus verschiedenen Armeebereichen und den Sicherheitsapparaten beteiligt sind. Gezielte Tötungen sind nicht nur von Hintergrundinformationen abhängig, sondern auch davon, dass Realzeitinformationen zwischen verschiedenen Agenten, Kommandanten, Vermittlern und Militärflugzeugen ausgetauscht werden und dass die Beteiligten in der Lage sind, auf dieser Grundlage zu agieren. Sobald eine Palästinenserin oder ein Palästinenser auf die Todesliste gesetzt worden ist, werden sie, manchmal wochenlang, von einem »Schwarm« verschiedener unbemannter Drohnen verfolgt. Oft folgen gleichzeitig mehrere Schwärme verschiedenen Personen in unterschiedlichen Regionen des Gazastreifens. Auf diese Weise verschaffen sich die Sicherheitsdienste einen genauen Einblick in die Gewohnheiten und täglichen Abläufe im Leben des Menschen, den sie ins Visier genommen haben, und sind bis zu seiner Tötung in ununterbrochenem Sichtkontakt mit ihm.[18] Unbemannte Drohnen haben nicht nur den Vorteil, im Einsatz kostengünstiger als bemannte Flugzeuge oder Hubschrauber zu sein, sie können außerdem rund um die Uhr, manche bis zu 30 Stunden lang, in der Luft bleiben. Ein weiterer Vorzug besteht darin, dass ihre Formationen in relativ kleinen Gebieten kreisen und dabei eine Vielzahl von Blickwinkeln abdecken. Außerdem sind Drohnen geräuschlos und für das menschliche Auge kaum sichtbar. Deshalb begann die Luftwaffe seit 2004 damit, ihre Raketen eher von Drohnen als von den sichtbaren Kampfhubschraubern oder -jets abzuschießen. Ein Schwarm verschiedenartiger Drohnen, von denen jede auf einer anderen Höhe von bis zu 30 000 Fuß schwebt, wird mittels eines GPS-Systems navigiert und durch Funkverbindung zu einem einzigen synergetisch wirkenden Aufklärungs- und Tötungsinstrument verwoben, das die gesamte Hinrichtung durchführt. Manche Drohnen sind dafür konstruiert, das Terrain auf der Vertikalen nach unten zu sondieren, um die digitalen Koordinaten einer anvisierten Person festzustellen, während andere eine diagonale Blickrichtung einnehmen, um Gesichtszüge zu erkennen oder das Nummernschild eines Fahrzeugs zu identifizieren. Manche Drohnen sind dafür ausgerüstet, Funksignale oder die Signale von Mobiltelefonen aufzufangen, andere können Raketen mitführen und abschießen. Weil sich die Technologie der Drohnen so weit entwickelt hat, befinden sich nur noch »sehr wenige israelische Soldaten im Luftraum über Gaza«, so Schimon Naveh, und »die Luft ist vor allem voller Golems (...) einer Armee ohne Soldaten«. Während bis 2004 Militärjets und -hubschrauber die Tötungen vornahmen, werden sie inzwischen überwiegend dazu benutzt, vom realen Ort der Operation abzulenken, indem sie über anderen Teilen von Gaza fliegen.[19] Im Verlauf der Zweiten Intifada schuf das israelische Waffenentwicklungsamt – Rafael – für gezielte Tötungen die *Spike*-Rakete, die an Stelle der US-amerikanischen lasergesteuerten Anti-Panzer-Rakete *Hellfire* trat. (Die *Spike* ist eine kleine »Kamikaze«-Drohne mit einem optischen »Auge« und wird durch einen Joystick gesteuert.)[20]

Gezielte Tötungen hängen häufig auch von einer Kooperation am Boden ab. Die geheim arbeitende Einheit 504, die gemeinsam durch den militärischen Ge-

Gezielte Tötungen: Luftgestützte Besatzung

heimdienst und Schin Bet betrieben wird, ist für die Rekrutierung und Führung ausländischer Agenten zuständig und dafür, Palästinenser zur Kollaboration zu zwingen. Von ihrer Basis südlich von Haifa aus – wo die Einheit auch die Einrichtung 1391 betreibt, ein Geheimgefängnis für Administrativhäftlinge im Stile von Guantánamo Bay – bildet sie palästinensische Kommandos darin aus, Ziele zu markieren, Bomben zu legen und detonieren zu lassen und »für die Luftwaffe den Baum zu schütteln«.[21] In früheren Jahren pflegten Mitglieder der palästinensischen Einheit der IDF die Autodächer mit ultravioletter Farbe zu kennzeichnen, um den Piloten das Ziel ihrer Angriffe anzuzeigen.

Zwar werden die gezielten Ermordungen als Alternative zu Kollektivstrafen dargestellt, zu Härten, die andernfalls die »unbeteiligte Bevölkerung« treffen würden, und zu Massenverhaftungen. Tatsächlich jedoch hängen sie ab von Erkenntnissen, die gerade in den Einrichtungen gewonnen werden, in denen Palästinenser in großer Zahl einsitzen und befragt werden. Dabei baut man, vor allem in der Westbank, darauf, die Betroffenen im Austausch gegen Reise- und Arbeitsgenehmigungen zur Kollaboration pressen zu können. Die Checkpoints sind selbst Teil der israelischen Überwachungsstrukturen. An ihnen gelingt es dem Schin Bet problemlos, ohne Verdacht zu erregen, die Informanten zu kontaktieren.

Die Planung einer gezielten Tötung folgt den traditionellen Prinzipien der Einsatzplanung durch die Luftwaffe. Die Einheit für »Einsatzanalyse«, selber Teil der »operationellen Gruppe« innerhalb der israelischen Luftwaffe, ist dafür verantwortlich, Bombardements zu optimieren. Auf dem einfachsten Niveau bedeutet das zunächst einmal, die passende Munition für ein Ziel zu wählen und zu berechnen, welche Art Bombe welcher Größe benötigt wird, um ein bestimmtes Ziel zu zerstören. Zweimal ist diese Einheit wegen ihrer Inkompetenz kritisiert worden: erstmals im Zusammenhang mit einer Operation, die am 23. Juli 2002 stattfand, für die sie eine Bombe von einer Tonne Gewicht bestimmte, um ein Wohnhaus in Gaza zu zerstören, in dem der Führer des bewaffneten Arms der Hamas, Salah Schehadeh, die Nacht verbrachte. Das Gebäude stürzte in sich zusammen, Schehadeh kam um und mit ihm 14 palästinensische Zivilisten, mehr als die Hälfte von ihnen Kinder.[22] Die zweite kritisierte Operation fand zwei Jahre später statt, als mit einer Bombe von einer viertel Tonne Gewicht eine Versammlung von Hamas-Führern angegriffen wurde. Es gelang nicht, durch diese Bombe das Gebäude kollabieren zu lassen, und die Versammelten konnten unversehrt aus dem Erdgeschoss entkommen.

Die Aufgaben der Einheit reichen über die rein physische Zerstörung hinaus. Sie versucht auch, die möglichen Auswirkungen der Zerstörung eines bestimmten Ziels auf das gesamte Operationssystem des Feindes vorherzusagen und genau aufzuschlüsseln. Nach den Prinzipien der »Systemanalyse«[23] wird der Feind als ein operationales Netzwerk interagierender Elemente verstanden. Die Wirksamkeit des palästinensischen Widerstands hat, anders als die eines staatlichen Militärs, das seine Schlagkraft großenteils aus physischer Infrastruktur und Ausrüstung schöpft, ihre Grundlage in ihren Mitgliedern: in politischen und geistlichen Führern, Sprechern, Finanziers, erfahrenen Kämpfern, Herstellern von Sprengsätzen, Freiwilligen für Selbstmordattentate und Rekruteuren. Die Tötung einer Schlüsselfigur zielt ganz ähnlich wie die Zerstörung eines Kommando- und Kontrollzentrums oder einer strategischen Brücke in »konventionellen Kriegen« darauf ab, eine ganze Serie von »Fehlschlägen« auszulösen, die das System des Feindes ins Wanken bringt und für weiteres militärisches Vorgehen Israels angreifbar macht.[24] »Das Töten«, so Schimon Naveh, »injiziert Energie in das System des Feindes, bringt seine institutionellen Hierarchien durcheinander (…) Ein ›operationaler Schock‹ lässt sich am besten dann erreichen, wenn der Rhythmus solcher Operationen ein schneller ist und das System des Feindes zwischen den Attacken keine Zeit hat, sich zu erholen.« Obwohl »eine präzise Vorhersage über das Ergebnis dieser Tötungen unmöglich ist«, kommt dabei doch, so Naveh, eines heraus: ein Grad an institutionellem und politischem Chaos, dass es den israelischen Sicherheitskräften erlaubt, sich zurückzulehnen und zuzusehen, »wie die Karten fallen«.[25]

Wenn sich die Gelegenheit für eine Tötung ergibt oder wenn eine Situation entsteht, die rasches Handeln erfordert, werden die Erkenntnisse über Ort, Richtung und Geschwindigkeit, mit der sich die anvisierte Person bewegt, in Form von Funk- und visuellen Daten zwischen den Drohnen und dem Kontrollzentrum übermittelt, in dem Mitglieder des Schin Bet, des Generalstabs und der Luftwaffe die Operation auf einer Vielzahl von Bildschirmen beobachten. Nachdem der Schin Bet das Ziel identifiziert und der Chef der Luftwaffe der Operation zugestimmt hat, werden zwei Raketen gleichzeitig von zwei verschiedenen Drohnen aus abgefeuert. In den allermeisten Fällen zielen die Raketen auf ein Fahrzeug, doch zunehmend, und seit die Palästinenser häufig die Vorsichtsmaßnahme ergreifen, zu Fuß zu gehen, zielen sie auch auf Fußgänger. So setzt jede Tötung verschiedene Räume und Bereiche zueinander in Beziehung: ein Kontrollzentrum mitten in Tel Aviv, in dem junge Soldaten Drohnen und Geschosse wie in einem Live-Computerspiel in die engen, staubigen Gassen der Flüchtlingslager von Gaza fernsteuern, wo das Leben junger Palästinenser jäh endet. Das Codewort für »zuschlagen« lautet »Alfa«, das für »töten« »Champagner«. Billige israelische Versionen des Letztgenannten werden beim Schin Bet üblicherweise nach gelungenen Operationen ausgeschenkt.

Einen von Hunderten Kontrapunkten zu dieser digitalisierten Form der »Präzisionstötungen« lieferte Aref Daraghmeh, Zeuge einer gezielten Tötung, die sich im August 2002 im Westbank-Dorf Tubas zutrug:

Gezielte Tötungen: Luftgestützte Besatzung

»Der Hubschrauber (...) schoss eine dritte Rakete auf einen silbernen Mitsubishi ab, in dem vier Leute saßen. Die Rakete traf den Kofferraum, und das Auto drehte sich um die eigene Achse. Ich sah, wie ein Mann aus dem Auto entkam und weglief. Er kam ungefähr 25 Meter weit, fiel dann zu Boden und starb. Die anderen Passagiere blieben im Wagen. Ich sah einen Arm und den oberen Teil eines Kopfes aus dem Auto herausfliegen. Das Auto ging in Flammen auf, und ich sah, wie drei Körper darin verbrannten. Drei Minuten später, als die israelischen Hubschrauber verschwunden waren, lief ich auf die Straße und fing an zu schreien. Ich sah Menschen am Boden liegen. Darunter auch die sechs Jahre alte Bahira (...) Sie war tot (...) Ich sah auch Bahiras Cousin Osama (...) ich sah Osamas Mutter zu Bahira hinrennen, sie aufheben und zur A-Schifa-Klinik tragen, die nur 500 Meter weit weg ist. Ich ging zur Klinik und sah, wie sie schrie, als sie ihren Sohn Osama sah.«[26]

Hinzu kommt eine politische Dimension, die bei den gezielten Tötungen mit den damit einhergehenden »Kollateralschäden« in ähnlicher Weise eine Rolle spielen mag wie bei Bombardements. Die Überlegungen gehen bereits auf die Zeit zurück, als zwischen dem Ersten und Zweiten Weltkrieg die ersten Luftwaffen entstanden. In seinem Werk von 1921, *Command of the Air*, ging der Italiener Giulio Douhet auf die Wirkung von Bombardements auf die Moral von Zivilisten und Militär ein. Er unterschied sechs Hauptziele: Industrie, Transport, Infrastruktur, Kommunikation, Regierung und »den Willen des Volkes«. Mit den ersten vier Zielarten sollte Militärsystemisches getroffen werden, während die letzten beiden eher dem psychologisch-politischen Bereich zuzuordnen sind. Das politische Ziel dabei ist es, die feindliche Führung zu Kapitulationsverhandlungen zu den Bedingungen des Angreifers zu zwingen. Douhet ließ sich explizit darüber aus, dass der Luftkrieg mit der Manipulation der Angst der Zivilbevölkerung und ihres Leidens rechnet, um die genannten politischen Ziele zu erreichen, und dass ein Luftkrieg in diesem Sinne als Terrorkrieg zu betrachten sei.[27]

Unter Berücksichtigung der politischen Überlegungen, die mit den Angriffszielen verbunden werden, ist das Töten von unbeteiligten Zivilisten, vom Militär unter dem Begriff der »Kollateralschäden« eingeordnet, nicht mehr ohne Weiteres als Nebenprodukt der beabsichtigten militärischen Schläge zu betrachten – es muss vielmehr selbst als Ziel der Bombardierung bezeichnet werden.

Häufig verbirgt sich die politische Logik hinter einer militärischen Rhetorik. Die Gründe für eine Bombardierung werden im Sinne militärischer Zielsetzungen angegeben, die laut internationalem Recht als legal gelten. So wurden die Angriffsziele in israelischen Militärverlautbarungen während des Kriegs Israels gegen die Hisbollah im Jahr 2006 entsprechend einer militärischen Logik erläutert: Es gehe um die Zerstörung von Flughäfen, Brücken, Hisbollah-Büros, von deren Raketenabschusseinrichtungen, Versorgungswegen, Infrastruktur usw. Die

IDF stellte zivile Opfer als die bedauerlichen Nebenwirkungen ihres Bestrebens dar, militärische oder zivil und militärisch nutzbare Einrichtungen zu treffen. Doch tatsächlich waren die Zerstörung von Häusern und die Tötung und Vertreibung von Zivilisten der Haupthebel zur Ausübung politischen Drucks. Dieses kalkulierte Vorgehen kennt Vorläufer in der Logik militärischer Interventionen Israels im Libanon, die häufig darauf abzielten, Differenzen und bestehende Feindseligkeiten innerhalb des komplexen sozio-politisch-ethnischen Gewebes des Libanon zu manipulieren. Die Bombardements im 2006er Krieg sollten laut israelischen Sprechern die libanesische Bevölkerung gegen die Hisbollah aufbringen, eine Strategie, die auf der Annahme gründete, in Zeiten des Kriegs könne kühles politisches Kalkül über Zorn und Rachegefühle triumphieren. Die zivilen Opfer und ihre Rechtfertigung als »Kollateralschäden« waren Teil eines Versuchs, eine humanitäre Katastrophe zu schaffen, die international nicht hingenommen werden könnte und eine internationale Intervention zu den Bedingungen Israels beschleunigen würde. Die Bombardierung schiitischer Ortschaften im Süden sollte Hunderttausende zur Flucht nach Norden, in Richtung Beirut, zwingen. Dort, so Israels Hoffnung, würde ihre Gegenwart für Druck auf die Regierung sorgen, die ihrerseits die Führung der Hisbollah unter Druck setzen würde, ihre Kampfhandlungen einzustellen und die Waffen abzugeben. Natürlich hat diese Taktik nichts als vernichtende Folgen gezeigt. Die Flüchtlinge hatten weder die Absicht noch die Macht, Druck auf die Regierung oder die Hisbollah auszuüben, und die Bombardierungen haben nur die öffentliche Empörung und die Unterstützung für die Hisbollah verstärkt.

Legalisierung von Tötungen

Die IDF benutzt den verharmlosenden Ausdruck »gezielte Verhinderung« oder »gezielte Vorbeugung«, um die gezielten Tötungen aus der Luft zu bezeichnen. Diese Rhetorik wird von den meisten großen Medien in Israel aufgegriffen, die so weit wie möglich die tatsächlichen Auswirkungen der Tötungen verschleiern und es meistens vermeiden, die Namen der palästinensischen Zivilisten zu nennen, die durch israelische Angriffe umgebracht wurden. Ebenso wenig zeigen sie die Toten, das Blut und die Körperteile – eben jene Bilder, bei denen sie nach einem palästinensischen Terroranschlag zu verweilen pflegen. Die gezielte Auswahl von Bildern ermöglichte es den israelischen Medien, die Tötung nicht nur als notwendig darzustellen, sondern auch als ethisch gerechtfertigt, indem sie sie rhetorisch durch »die diskursive Herstellung eines pseudorechtlichen Ablaufs«[28] legalisieren, wie Neve Gordon feststellte. Kurze Sequenzen von dem, was die »Kamikaze«-Kamera von den »smarten Raketen« aufgenommen hat, sowie die

Aufnahmen anderer luftgestützter Sensoren werden später in den meistverbreiteten Medien gesendet, um die Zurückweisung der IDF von Vorwürfen der Palästinenser, es fänden wahllose Tötungen statt, zu untermauern. Auf diese Weise fördern die Medien die Entschlossenheit von Politik und Öffentlichkeit, an der Anwendung dieser Taktik festzuhalten. Die Bilder und Videos, die diese Geschosse selber liefern, sind ebenso sehr Medienprodukt, wie sie »Operationsaufnahmen« sind. Es würde durchaus nicht überraschen, wenn ihre Fähigkeit, »sendefähige« Bilder zu produzieren, in den Angaben zu ihrer technologischen Entwicklung bereits spezifiziert würde.[29]

Ein weiterer Faktor, der dazu beitrug, eine breite öffentliche Unterstützung für die gezielten Tötungen aufrechtzuerhalten, waren die täglichen Terrorwarnungen, die routinemäßig durch den israelischen Geheimdienst unter Avi Dichter veröffentlicht wurden. Während der Hochzeit der Intifada, zwischen 2001 und 2003, waren es durchschnittlich 40 bis 50 solcher Verlautbarungen pro Tag, und die Israelis befürworteten zu rund 80 Prozent die gezielten Tötungen.[30]

Gezielte Tötungen wurden der Öffentlichkeit vom Schin Bet im Sinne einer Rache-Logik präsentiert, und es wurde behauptet, die Opfer hätten »Blut an den Händen«. Presseverlautbarungen, in denen das Opfer als »der Meistgesuchte« oder oberster Führungskader einer bestimmten palästinensischen Organisation beschrieben wurde, waren jedoch so häufig, dass selbst die kriegerische israelische Öffentlichkeit anfing, die Genauigkeit der Darstellung zu bezweifeln.

Rache ist eindeutig kein legitimes Argument für staatliches Töten. Als Repräsentanten der Regierung sich wegen der Tötungen vor dem Obersten Gerichtshof erklären mussten, rechtfertigten sie sie mit einer Präventionslogik, indem sie die anvisierten Personen als unmittelbare Gefahr, als »tickende Bomben« bezeichneten, die bei einem kurz bevorstehenden Terroranschlag, oft hieß es sogar, einem terroristischen »Mega-Anschlag«, explodieren könnten.[31]

Zwischen den Operationen, die die IDF in Gaza durchführt und denen im Westjordanland, besteht ein beträchtlicher Unterschied, insbesondere seit dem »Abzug« aus dem Gazastreifen. Der Grad der von Israel in Gaza ausgeübten Gewalt liegt weit über dem in der Westbank. Diese Unterschiede des militärischen Vorgehens gehen auf ein unterschiedliches Maß an Kontrolle über Territorium und Bevölkerung zurück. In der Westbank verfügt Israel durch rund eine halbe Million Siedler über eine massive zivile sowie auch über eine extensive militärische Präsenz am Boden. Gaza hingegen wurde immer, auch bereits vor dem Abzug, als ein für Bodentruppen nur schwer zugängliches Territorium eingeschätzt. Während israelische Truppen immer wieder in die palästinensischen Städte, Dörfer und Flüchtlingslager im Westjordanland eingedrungen sind, taten sie dies in den ausgedehnteren und stärker verarmten Lagern von Gaza sehr viel seltener. Die Evakuierung aus Gaza hat diese Tendenz verstärkt, und der Streifen wurde seither in erster Linie aus der Luft kontrolliert, aber auch vom Meer und durch Grenzterminals entlang der Zäune und Barrieren, die ihn umschließen.

Im Westjordanland ist die Armee bestrebt, konstant ein gewisses Maß an »effektiver Reibung« aufrechtzuerhalten, wie Yair Golan 2007 angab, wobei dieser ständige Kontakt der palästinensischen Zivilbevölkerung mit israelischen Soldaten und anderem Sicherheitspersonal sowohl Einsatz- wie Erkenntniszwecken diene.[32] Die Taktik ständiger »Reibung« wird durch die Siedlungen, die Straßensperren, Kontrollpunkte und die Armeebüros der Zivilverwaltung aufrechterhalten. Sie kontrollieren die Bevölkerung, indem sie sie permanent schikanieren, aber auch durch modulierende Eingriffe in die unterschiedlichen Verkehrsflüsse: von Menschen, Gütern und Serviceleistungen.

Nach der »Operation Verteidigungsschild« im April 2002 sind luftgestützte Erschießungen in der Westbank eindeutig zurückgegangen. Damals zerstörte die IDF die palästinensischen Polizei- und militärischen Kräfte sowie auch zahlreiche Regierungsbüros und führte erneut eine totale Kontrolle in palästinensischen Bevölkerungszentren ein. Seit Ende des Jahres 2002 sind Ermordungen im Westjordanland am Boden vorgenommen worden, häufig unter dem Vorwand von Verhaftungen. Laut Zahlen von B'Tselem töteten israelische Sicherheitskräfte zwischen 2004 und Mai 2006 bei Operationen, die als »Verhaftungsaktionen« bezeichnet wurden, 157 Personen.[33] Die gebräuchlichste Rechtfertigung für Tötungen, die bei Überfällen der Armee stattfinden, lautet, das Opfer habe »gewaltsam versucht, sich der Verhaftung zu entziehen«, doch tatsächlich lassen es die Bodentruppen nicht immer zu, dass Kämpfer sich ergeben und versuchen häufig, sie davon abzubringen.

Der rechtliche Rahmen für gezielte Tötungen hat sich in Reaktion auf den Gang der Ereignisse entwickelt und mit deren Geschwindigkeit Schritt gehalten. Unmittelbar nach Beginn der Zweiten Intifada erklärte Oberst Daniel Reisner, Chef der IDF-Rechtsabteilung, dass Israel infolge der erhöhten Intensität und der zunehmenden Häufigkeit palästinensischer Gewalt seine militärischen Operationen in den Besetzten Gebieten allmählich als »einen bewaffneten Konflikt kurz unter der Schwelle des Kriegs« definieren könne, was die Intifada in den Rahmen des internationalen Rechts einordnete und weniger in den des Strafrechts.[34] Eine solche Definition implizierte, dass Mitglieder militanter palästinensischer Organisationen zum Zweck ihrer Tötung (nicht aber ihrer Internierung) als Kombattanten betrachtet und als solche jederzeit und nicht nur im Zusammenhang einer feindlichen Aktion, oder wenn sie sich der Verhaftung widersetzten, angegriffen werden konnten.[35] Ausgehend von der Tatsache, dass im internationalen Recht Unterscheidungen zwischen Innen und Außen die Logik von Sicherheitsoperationen bestimmen (»innere« Operationen werden als polizeiliche und geheimdienstliche Tätigkeiten aufgefasst; »äußere« als militärische), und dass die Definition des Innen davon abhängt, ob ein Staat die »effektive Kontrolle« über das fragliche Territorium ausübt,[36] bestärkte der Abzug aus dem Gazastreifen Israel in der Überzeugung, dass gezielte Tötungen legal seien, und wendete sie daher häufiger an. Auf der politischen Ebene erwartete Israel, dass die Internationale Gemeinschaft solche Formen militärischen Vorgehens eher tolerieren würde, nachdem es die Siedlungen geräumt und sich hinter die international anerkannte Grenze um Gaza zurückgezogen haben würde.[37] Das impliziert: Die Taktik der luftgestützten Tötungen wurde in Reaktion darauf entwickelt, dass Israel militärisch Territorium freigegeben hat, oder anders gesagt, dass die Evakuierung als Mittel zur weiteren Ermöglichung von Tötungen gesehen werden kann. In der Tat war die taktische Voraussetzung für Israels Politik des territorialen Rückzugs die Möglichkeit der Sicherheitskräfte, die evakuierten Gebiete mit anderen Mitteln als denen der territorialen Kontrolle zu beherrschen.

Die damit befassten israelischen Sicherheitsorgane konzipierten die Ermordung als zentrale Komponente im Rahmen eines politischen »Projekts« und als Versuch, einen gewissen Grad an Kontrolle über die palästinensische Politik und die Bevölkerung im Allgemeinen zu erlangen. Dieses Projekt wirft, um mit Achille Mbembe in den Begriffen seines Essays »Necropolitics« zu sprechen, die Frage auf: »Welches ist die Beziehung zwischen Politik und Tod«, die dieses Konzept hervorbringt?[38] Wie sind nach der Evakuierung des Bodens von Gaza Körper eher als Territorien oder der Tod eher als der Raum zum Rohmaterial der israelischen Souveränität geworden?

Die Politik der Tötungen

Viele von denen, die an der Entwicklung und Förderung von Tötungsmethoden beteiligt waren und sich dafür eingesetzt haben, diese Taktik von einer außerordentlichen Notmaßnahme zur staatlichen Politik zu machen, hatten früher zu *Sayert Matkal* gehört, einem militärischen Elitekommando und zugleich einer Tötungseinheit, deren einstige Mitglieder Israels militärische und politische »Elite« stellen. Zu ihnen zählen Ex-Premierminister Ehud Barak und der frühere (und 2009 erneute) Premierminister Benjamin Netanyahu, der ehemalige Verteidigungsminister und derzeitige Verkehrsminister Schaul Mofaz, der frühere Stabschef Mosche Ya'alon und der ehemalige Schin-Bet-Chef Avi Dichter. Als Premierminister erneuerte Ehud Barak einen Monat nach Ausbruch der Zweiten Intifada die Anordnung zur gezielten Tötung palästinensischer Aktivisten. Sein Nachfolger, Ariel Scharon, verfolgte diese Politik jedoch mit noch mehr Nachdruck. Dieser war selber einstmals Kommandant der Vorläuferin von *Sayert Mat-*

kal, der Einheit 101, gewesen.³⁹ Nachdem er sein Amt angetreten hatte, machte Scharon den Weg dafür frei, dass dieses taktische Vorgehen zum Mittelpunkt der Maßnahmen der israelischen Sicherheitskräfte gegen den palästinensischen Terror wurde, fand jedoch auch Wege, es ebenso als Alternative zu Verhandlungen mit den Palästinensern einzusetzen und sogar als Methode, diplomatische Initiativen auszuhebeln. Damit die gezielten Tötungen eine solche vorrangige Bedeutung annehmen konnten, reichte es nicht aus, dass sie in operationeller und technologischer Hinsicht immer weiter ausreiften, sie waren auch auf rechtliche Absicherung und die Zustimmung der Bevölkerung angewiesen. Als alle diese Komponenten in weniger als einem Jahr Intifada ihre Wirkung entfalteten, gingen damit auch eine Unersättlichkeit und ein Eigenleben dieser Taktik einher, die einzudämmen weder das Militär, noch die Regierung, das Parlament, die Medien oder die Judikative in der Lage waren.

Angesichts der großen Zustimmung seitens der Bevölkerung konnten es sich auch Minister nicht leisten, auch nur leise Kritik an ihr oder am Timing einer bestimmten Tötung anklingen zu lassen, so wie der Schin Bet sie angeordnet hatte, es sei denn, es war etwas zu den Medien durchgesickert. Die Besessenheit von Tötungen erfasste das gesamte israelische Sicherheitssystem und die politische Führung derart, dass bei einer Sitzung, auf der die Ermordung mehrerer palästinensischer Führer besprochen werden sollte, ein Offizier vorschlug, eine Tötung pro Tag zur erklärten Politik zu machen. Der Verteidigungsminister fand, das sei »wirklich eine Idee«, und Scharon schien begeistert, doch der Schin Bet riet davon ab, weil er und nicht das Militär die Instanz sei, die zu entscheiden habe, wann und wo Palästinenser getötet werden sollten (damals wurde sowieso schon durchschnittlich alle fünf Tage eine Tötung durchgeführt).⁴⁰ Die israelische Regierung, die von ihrer Fähigkeit überzeugt war, jeden jederzeit und überall tödlich treffen zu können, begann, die Namen derer, die getötet werden sollten, vorab zu veröffentlichen.⁴¹

Bei der Einsatzplanung Israels wurde das Potenzial der gezielten Tötungen nie nur als taktische Antwort auf eine unmittelbare Gefahr gesehen, es galt immer auch als Komponente eines umfassenderen politischen Projekts. Das Militär versuchte seinerseits bei der operationellen Planung immer (und immer vergeblich), den möglichen Einfluss, den Tötungen auf politische Entwicklungen haben könnten, zu antizipieren.⁴² Sobald die Intifada begann, wurden politische Führer gezielt ermordet. Ende August 2003 gab die Regierung grünes Licht für die Liquidierung der gesamten Führung der Hamas, ohne dass dies im Einzelnen angekündigt werden würde. Das Ganze lief unter der Bezeichnung »Jagdsaison« – der erste Führer, der sich zeigte, würde auch der erste sein, den man umbringen würde. Als Ersten traf es Ismail Abu Schanab, einen relativ moderaten politischen Führer der Hamas, der am 21. August 2003 ins Visier geriet. Am 22. März 2004 tötete Israel den spirituellen Führer der Hamas, Scheich Yassin. Einen Monat später, am 17. April 2004, war es sein Nachfolger, Abd al-Aziz Rantissi, der einem israelischen Anschlag zum Opfer fiel. Dichter und die israelische Regierung gaben als Grund für diese Liquidierungen an, man wolle die Position von Mahmoud Abbas und den Moderaten auf der »palästinensischen Straße« stärken. Zu Beginn des Jahres 2006, als die »Moderaten« durch die neu gewählte Hamas-Regierung aus dem Amt verdrängt wurden, wiederholte Verteidigungsminister Schaul Mofaz die Warnung und versprach, dass niemand Immunität genieße, auch nicht der palästinensische Premierminister Ismail Haniyeh.[43]

Die Regierung glaubte immer noch, dass die gezielten Tötungen »militärische Lösungen in Situationen« brachten, »die militärisch als unlösbar galten«.[44] Es waren jedoch die Sicherheitsakteure, die das politische Vakuum der Intifada füllten und politische Entwicklungen diktierten. Die Art, wie diese Akteure versuchten, eine politische Wirkung zu erzielen, unterschied sich in der Tat nicht von der Art, wie palästinensische militante Gruppen ihre Terroranschläge zeitlich so planten, dass der politische Effekt möglichst groß war. Immer, wenn sich eine politische Initiative, sei sie lokal oder international, abzuzeichnen schien und drohte, die Parteien des Konflikts an den Verhandlungstisch zu bringen, erfolgte eine Tötung und ließ die Initiative entgleisen. Dies lässt sich anhand einer langen Liste von Beispielen demonstrieren, von denen hier nur einige wenige genannt sein sollen: Am 31. Juli 2001 bombardierte die israelische Luftwaffe einen Wohnblock in Nablus, in dem sich ein Büro der Hamas befand, und tötete zwei ihrer Führer, Jamal Mansour und Jamal Salim sowie zwei Jungen. Dieser Angriff beendete den annähernd zweimonatigen Waffenstillstand der Hamas. Im Januar 2002 war es für niemanden innerhalb des politischen Systems mehr möglich, die Ermordung von Ra'ad Karmi, einem Führer der militanten Fatah-Gruppierung Tanzim, zu verhindern (es war eine Operation, in die der Schin Bet bereits Millionen investiert hatte), obwohl die Tötung mit Sicherheit das Ende eines Waffenstillstandes, der im Dezember 2001 begonnen hatte, mit sich bringen und ebenso sicher eine amerikanische diplomatische Initiative zum Scheitern verurteilen würde. Die Liquidierung erreichte diese Ziele – und führte zu einer Welle palästinensischer Selbstmordanschläge vom Februar und März 2002. Am 23. Juli 2002, am Tag, bevor Tanzim einen einseitigen Waffenstillstand verkünden wollte, wurde Salah Schehade ermordet und die Waffenruhe verhindert. Ein Jahr später wurde wieder eine Art Waffenstillstand, die *Hudna*, erklärt, und wieder machten die Amerikaner einen diplomatischen Vorstoß. Am 10. Juni 2003, als diese Initiative gerade formuliert wurde, versuchte die Armee, Rantissi durch Raketenbeschuss umzubringen. Wenige Wochen später griffen israelische Sicherheitskräfte den Tanzim-Kämpfer Mahmoud Schawer in Kalkilia an und vereitelten damit die Initiative endgültig. Am 1. Dezember 2003, dem Tag, an dem die Genfer

Initiative auf den Weg gebracht wurde, führte die IDF eine massive Operation durch, um Scheich Ibrahim Hamed, den führenden Kopf der Hamas in Ramallah, zu töten. Im Juni 2006, als Mahmoud Abbas im Begriff war, ein Referendum über eine progressive politische Initiative, »Das Dokument der Gefangenen«, auf den Weg zu bringen, griff Israel Jamal Abu Samhadana, den Kommandeur der Volkswiderstands-Komitees in Gaza, an, und die Idee des Referendums war fürs Erste vom Tisch.

»Radikale« palästinensische Führer konnten somit umgebracht werden, um den Weg für »pragmatischere« politische Ansätze frei zu machen. »Pragmatische« Führer konnte man töten, um den Weg zur direkten Konfrontation zu öffnen, oder um eine diplomatische Initiative zu vereiteln. Andere Morde konnten begangen werden, um »die Ordnung wieder herzustellen«; wieder andere, um »Chaos zu schaffen«; manche Tötungen wurden vorgenommen, einfach weil man sie vornehmen konnte, weil bereits zu viel Geld in gerade diese Menschenjagd investiert worden war; weil die Sicherheitskräfte den Kitzel genossen, weil sie ausländische Beobachter beeindrucken, neue technische Möglichkeiten testen oder einfach nicht aus der Übung kommen wollten. Es sind immer wieder dieselben Leute, Mitglieder derselben Organisationen, die für diese Operationen ausbilden, dieselben Agenten und Offiziere, die »erfolgreiche« Kills in ihrem beruflichen Lebenslauf brauchen, um befördert zu werden – sie sind es auch, die dafür zuständig sind, die Wirksamkeit der Tötungsoperationen einzuschätzen, und die auf der Grundlage ihrer eigenen Einschätzungen von der Regierung fordern, dass sie weitere Angriffe dieser Art veranlasst. Tatsächlich sind die Supervisoren bei den Tötungen keine anderen als die Ausführenden.

Nicht nur die Ermordung, auch ihre Aussetzung wird als Waffe eingesetzt. Die Aufhebung einer glaubwürdigen Tötungsdrohung zieht eine politische Wirkung nach sich, unabhängig davon, ob die Ermordung tatsächlich stattfindet. Die praktische Bestätigung dieses Prinzips fiel paradoxerweise mit der Verkündung seiner Abschaffung zusammen. Im Juli 2007 verkündete Israel als Teil eines ganzen Bündels »großzügiger« Gesten an die palästinensische Regierung unter Mahmoud Abbas nicht nur die Freilassung von Fatah-Gefangenen (damit sie die Hamas in der Westbank bekämpfen könnten), sondern begnadigte zugleich andere Aktivisten, die auf der israelischen Abschussliste standen. Die israelische Armee und der Geheimdienst Schin Bet boten an, unter gewissen Umständen – dazu gehörten Einschränkungen der Reisemöglichkeiten – eine Reihe Fatah-Aktivisten von diesen Listen zu nehmen und sie nicht weiter mit Verhaftung oder Ermordung zu bedrohen. Die begeisterte Zustimmung, mit der diese von den israelischen Sicherheitskräften aufgenötigten Bedingungen bei den Betroffenen begrüßt wurden, zeigt, unter welchem Druck die palästinensischen Kämpfer gewesen waren, weil sie auf den israelischen Todeslisten gestanden hatten.

Zu einem erheblichen Teil beruht die israelische Sicherheitslogik bei den Tötungen auf der Neigung der Geheimdienste, sich vor allem auf Persönlichkeitsanalysen zu verlassen. Der israelische Soziologe Gil Eyal hat darauf hingewiesen, dass die israelischen Sicherheitsdienste, ganz im Einklang mit ihrer langen orientalistischen Tradition, die Motive für politische Entwicklungen wie auch für Terroranschläge gerne in den persönlichen Irrationalitäten, Idiosynkrasien und Verworrenheiten arabischer Führer vermuten – und nicht als Reaktion auf eine Geschichte der Repression oder als Verfolgung rationaler politischer Zielsetzungen begreifen.[45] Falls politische und ökonomische Faktoren überhaupt analysiert wurden, dann im Allgemeinen nur, um den Hintergrund für die Erstellung eines psychologischen Profils zu liefern.[46] Die natürliche Konsequenz dieser Denkweise war die Überzeugung, dass Israels Sicherheitsdienste, indem sie töten, nicht nur eine Führungsperson aus dem Weg räumen, sondern damit auch den Grund für ein politisches oder Sicherheitsproblem. Die Deutung des Widerstands gegen die Besatzung wiederum wird ebenfalls eng verknüpft mit gewissen Schlüsselfiguren, auf die man sich konzentriert, während man die Ursachen ignoriert.

Obwohl so viel Aufwand bei der Einschätzung des zu erwartenden Feindverhaltens getrieben wird und die Sicherheitskräfte weiterhin auf ihre Methoden vertrauen, haben Jahre gezielter Tötungen nicht dazu geführt, die Gewalt zurückzudrängen, und sie haben auch die Motivation der Palästinenser, Widerstand zu leisten, nicht vermindern können. Auch ist es nicht gelungen, Präsident Mahmoud Abbas den Rücken zu stärken oder »den Moderaten auf der palästinensischen Straße Auftrieb zu geben«. Und Liquidierungen haben niemals »in das Bewusstsein der Palästinenser einzubrennen« vermocht, dass ihr Widerstand fruchtlos ist. Im Gegenteil, die Tötungen haben den Konflikt genährt, die Motivation für gewalttätige Rache weiter verstärkt und die Unterstützung für Terroraktionen in der palästinensischen Bevölkerung dramatisch zunehmen lassen.[47]

Innerhalb des israelischen politischen Systems hingegen war die (politische) Wirkung, die von den gezielten Tötungen ausging, sehr deutlich spürbar. In dem halben Jahr vom Jahreswechsel 2004, als die politischen Debatten um die Räumung der Siedlungen von Gaza begannen, bis zum 6. Juni 2004, als die israelische Regierung über den »Abzugsplan« abstimmte und ihn beschloss, wurden die gezielten Tötungen verstärkt vorgenommen, und es fielen ihnen 33 Palästinenser zum Opfer.[48] In Erwartung der Evakuierungsmaßnahmen, die für August 2005 angesetzt waren, stiegen die Liquidierungen erneut an, so dass der Juli der blutigste Monat des gesamten Jahres 2005 wurde.[49] Dieses Blutvergießen ermöglichte es Scharon, sich als »hart gegen den Terror durchgreifend« darzustellen, während er eine Politik verfolgte, die in Israel als »tendenziell links« eingeschätzt wurde. So verstärkten paradoxerweise die gezielten Tötungen die Unterstützung für einen »territorialen Kompromiss«.

Der »humanitäre Krieg«

In den Monaten, die auf die Evakuierung folgten (und der Entführung des israelischen Soldaten vorausgingen), verblieben der israelischen Armee als beinahe einzige Angriffsform die gezielten Tötungen, da sie nunmehr hinter die Zäune um und in die Luft über Gaza verlegt worden war. Unterdessen wurden selbstgebaute palästinensische Kassam-Raketen auf israelische Städte abgefeuert. Die Tötungen nahmen weiterhin zu, und in der Zeit bis April 2006 waren bereits 52 Palästinenser auf diese Weise umgebracht worden.[50]

Im März 2006 wurde die israelische Luftwaffe wegen eines besonders scheußlichen Angriffs kritisiert, bei dem unbemannte Drohnen einen Eiscreme-Wagen unter Raketenbeschuss nahmen, um zwei Kämpfer des Islamischen Dschihad zu töten, die dort Zuflucht gesucht hatten. Dabei kamen ein Mann und zwei Kinder – die Brüder Ra'ad und Mahmoud al-Batasch – zusammen mit den Kämpfern zu Tode. Nachdem der Angriff allgemein scharf verurteilt wurde, berief der Chef der Luftwaffe, Eliezer Schakedy, eine Pressekonferenz ein, auf der er behauptete, die Luftwaffe unternehme »übermenschliche Anstrengungen, um die Zahl unschuldiger Zivilisten, die bei Luftangriffen zu Schaden kämen, zu reduzieren«.[51] Um seine Behauptung zu untermauern, zeigte er in einer Projektion Zahlenmaterial, das numerisch »nachwies«, wie die Luftwaffe das Verhältnis der Zahl der Opfer, die sie als »Kämpfer« bezeichnete, und derjenigen Opfer, von denen sie bereit war einzuräumen, dass es sich um »nicht am Kampf beteiligte Zivilisten« handelte, hatte verbessern können. Erhebungen durch die israelische Menschenrechtsorganisation B'Tselem zeigen jedoch, dass die Zahlen des Militärs manipuliert waren – vor allem insofern, als die Armee unter die Definition des »Kämpfers« alle Männer im kampffähigen Alter subsumierte, die sich zufällig in der Nähe des Anschlagortes aufhielten.[52]

Seit dem Ende des Jahres 2003 begann die Armee, operative Maßnahmen zu ergreifen, die darauf abzielen, die Zahl der »Kollateraltoten« möglichst gering zu halten. Dies geschah als Reaktion auf die nicht nachlassenden internationalen und lokalen Proteste angesichts der zahlreichen Opfer, die sich einfach nur zufällig in der Nähe der gezielten Tötungen aufgehalten hatten. Die Maßnahmen wurden im Übrigen eingeführt, nachdem sich mehrere israelische Luftwaffenpiloten geweigert hatten, an diesen Missionen teilzunehmen, falls sie dazu den Befehl erhalten würden.[53] Einerseits waren die Sicherheitskräfte bemüht, die Praxis der Tötungen durch juristische Argumente und moralische Rechtfertigungen besser zu untermauern. Auf der anderen Seite versuchten sie, die Präzision der Erkenntnisse und der Angriffe selber zu verbessern, so dass weniger zufällig Anwesende dabei verletzt würden. Erstgenanntes führte beispielsweise dazu, den angesehenen Philosophen Professor Asa Kasher von der Universität Tel Aviv mit der Entwicklung einer systematischen ethischen Verteidigung gezielter Erschießungen zu betrauen. *Die Prinzipien militärischer Ethik im Kampf gegen den Terror*, die dabei unter Mitwirkung eines Teams des IDF College of National Defence entstanden, stehen beispielhaft für die Schnittstelle von militärischer Effizienz und ethischen Erwägungen. Der Text unterstreicht den Anspruch der Selbstverteidigung und umreißt die Verpflichtung des Militärs, zivile Opfer möglichst gering zu halten. Tötungen werden hier nicht als Rache für bereits begangene Terrorakte befürwortet, sondern als Antwort auf *potenzielle* zukünftige Bedrohungen. Anders als Taten, die gemäß dem Strafrecht als unrechtmäßig verurteilt würden, sollen luftgestützte Tötungen als legal (und moralisch) gelten, wenn sie nicht eine Reaktion auf etwas darstellen, was eine Person begangen hat, sondern vielmehr auf etwas, was sie tun könnte. Der Generalstabschef hat das Dokument gebilligt, und es gilt als Basis und einheitlicher ethischer Rahmen für diese Angriffe.[54]

Um »Kollateralschäden« zu verringern, werden auf Hilfsdrohnen angebrachte Kameras eingesetzt, die die Umgebung eines bevorstehenden Angriffs sondieren und den »sichersten« Moment für den Abschuss der Rakete feststellen sollen. Die hiermit befassten Spezialisten sind im Grunde zu den »Triggern« der Operationen geworden, da sie entscheiden, welches Maß an Gefährdung der palästinensischen Passanten akzeptabel sei. Wie mir einer dieser Spezialisten erklärte, verstehen sie ihre Arbeit nicht im Sinne einer Handlangertätigkeit bei den Tötungsoperationen, sondern sehen sich als Lebensretter, die das Gemetzel eindämmen, das zweifellos stattfinden würde, wenn sie nicht über dem Ganzen wachten.[55] Auf dieser Linie lag es auch, als man im Sommer 2006 anfing, eine neue Art Sprengstoff in Raketen zu benutzen, die bei gezielten Tötungen zum Einsatz kamen. Dass eine neue Art Munition angewandt wurde, zeigte sich, als die Ärzte in den Krankenhäusern von Gaza immer häufiger mit palästinensischen Opfern konfrontiert waren, die furchtbare Brandwunden, nicht mehr zu rettende Gliedmaßen und innere Verbrennungen aufwiesen – Phänomene, die man so noch nicht gesehen hatte. Yitzhak Ben-Israel, ehemaliger Luftwaffenoffizier und Chef des Waffenentwicklungsprogramms der IDF, erklärte, es handle sich um eine neue Munitionsart, die man als »gezielt tödlich wirkende Munition« oder als »Munition mit niedrigem Kollateralschaden« bezeichne. Sie sei entwickelt worden, um mit größerer Wahrscheinlichkeit tödlich zu treffen und zugleich einen, verglichen mit traditioneller Munition, geringeren Radius aufzuweisen. »Diese Technologie erlaubt es (dem Militär), Ziele von sehr geringem Umfang zu treffen (...) ohne zufällig Anwesenden oder anderen Personen Schaden zuzufügen...«[56] Ein unabhängiges italienisches Team von Fachleuten, das medizinische und forensische Untersuchungen durchführte, kam zu dem

Schluss, dass es sich bei der Munition um *dense inert metal explosives* (DIME-Geschosse) handelt.

Ende November 2006 reagierte die Regierung erneut auf lokale und internationale Proteste gegen die Tötung von Zivilisten und versuchte zu demonstrieren, dass ihr Handeln darauf ausgerichtet war, die gezielten Tötungen weiteren Regeln zu unterwerfen. Sie setzte einen »Rechtsausschuss« ein, der die Tötung von Individuen beurteilen und im Fall der Ermordung politischer Persönlichkeiten die Meinung des Generalstaatsanwalts einholen sollte. Wenige Wochen später, am 14. Dezember 2006, sprach der israelische Oberste Gerichtshof ein Urteil, in dem weitere Regularien niedergelegt waren. Dies geschah aufgrund von Petitionen des Öffentlichen Komitees gegen die Folter in Israel und der Palästinensischen Gesellschaft zum Schutz der Menschenrechte und der Umwelt (unter dem arabischen Akronym LAW bekannt). Die Empfehlungen des Obersten Gerichtshofs besagten, dass Tötungen nur dann vorgenommen werden konnten, wenn es »wohlbegründete, gewichtige und überzeugende Informationen über die (zu tötende) Person und ihre Aktivitäten« gebe; wenn auf diese Weise zur Verhinderung von Terroranschlägen beigetragen würde; wenn andere moderatere Formen des Eingreifens, etwa eine Verhaftung, nur unter ernsthafter Gefährdung des Lebens von Soldaten möglich wäre; und wenn eine gezielte Tötung keinen »unverhältnismäßigen Schaden für unschuldige Zivilisten« mit sich bringen würde«.[57]

Unabhängig davon, ob diese Maßnahmen tatsächlich die Zahl der Opfer unter den unbeteiligten Anwesenden bei gezielten Tötungen verringern oder nicht, muss man aus kritischer Sicht den Anspruch selber in Frage stellen, durch diese Maßnahmen und die Entwicklung militärischer Technologie, Technik und Effizienz im Zusammenhang mit den gezielten Tötungen weniger unbeabsichtigte Tote zu »erzielen«; denn ein mögliches »positives« Ergebnis würde das Vorgehen selber legitimieren. In Ermangelung eines anderen Kriteriums, an Hand dessen militärisches Vorgehen zu rechtfertigen oder zu kritisieren wäre, müsste man die Bedingungen der israelischen Nekro-Ökonomie akzeptieren, in der das »kleinere Übel« oder »die kleineren Übel«, wie sie sich in einem niedrigeren *body count* ausdrücken, gegen ein vorgestelltes oder reales »größeres Übel« aufgerechnet werden, das in mehr Leid und Tod auf beiden Seiten bestehen würde.[58]

Die Problematik des »kleineren Übels« liegt in dem bestehenden Handlungszwang angesichts einer Situation, in der die Optionen begrenzt scheinen. Die Bedingung, unter der sich die Wahl hier präsentiert, bestätigt ein dieser Ethik inhärentes ökonomisches Modell, wonach verschiedene Formen von Leid berechnet werden können (als wären es Algorithmen in mathematischen Gleichungen), um anschließend evaluiert zu werden und Handlungsoptionen nach sich zu ziehen. Die Formulierung des Dilemmas vom »kleineren Übel« geht auf klassische

Ursprünge in philosophischer und theologischer Ethik zurück und wurde schon in unterschiedlichsten Kontexten diskutiert: angefangen von Fragen der individuellen Situationsethik über politische Entscheidungen bis hin zu internationalen Beziehungen. Bezeichnenderweise ist das »kleinere Übel« in letzter Zeit besonders im Zusammenhang mit dem »Krieg gegen den Terror« bei dem Versuch angesprochen worden, den Einsatz von Gewalt im Rahmen einer gewissen Ökonomie zu regeln, außerdem, um die Macht brutaler Regimes einzudämmen, aber auch, um sich durch die Paradoxien und Komplikationen von Menschenrechtspolitik und humanitärer Hilfe hindurchzumanövrieren.

So wurden die dieser Argumentation zugrunde liegenden Annahmen von dem Menschenrechtstheoretiker und jetzigen Vorsitzenden der Liberalen Partei Kanadas, Michael Ignatieff, deutlich gemacht, als er behauptete, in einem »Krieg gegen den Terror« sei es nicht auszuschließen, dass demokratische Gesellschaften einzelne grundlegende Menschenrechte brechen und ihren Sicherheitskräften erlauben müssten, sich an geheimen und unappetitlichen Handlungen zu beteiligen – in seinen Augen ein »kleineres Übel«, das in Kauf genommen werden müsse, um mögliche »größere Übel«, etwa Terroranschläge, einzudämmen oder abzuwehren.[59] Ignatieff geht sogar so weit, die israelischen gezielten Tötungen unter den vom israelischen Obersten Gerichtshof formulierten Bedingungen »innerhalb des moralisch-politischen Rahmens des kleineren Übels« zu sehen.[60]

Für Alan Dershowitz, einen der unverblümtesten Apologeten Israels in den Vereinigten Staaten, stellt »gezielte Tötung den absoluten Gegenpol zu Kollektivbestrafung« dar und ist insofern nicht nur legal, sondern unter den oben angegebenen Bedingungen sogar ethisch.[61]

Übernimmt man die Annahmen dieser Nekro-Ökonomie, dann sind die gezielten Tötungen als Alternative des kleineren Übels zu möglichen größeren Übeln zu verstehen, die sowohl Israelis als auch Palästinensern widerfahren könnten. Israel, das diese Operationen durchführt, wünscht sich von den Palästinensern, dass sie Folgendes einsehen: Weil es gezielte Tötungen vornimmt, kann es seine brutaleren Maßnahmen, die die ganze Bevölkerung treffen würden, zurücknehmen und sich darauf beschränken, nur oder fast nur die »Schuldigen« zu töten. In den Worten des ehemaligen Generalstabschefs Ya'alon »sind gezielte Verhinderungsmaßnahmen wichtig, weil sie (den Palästinensern vermitteln, dass wir) zwischen der breiten Bevölkerung und den Anstiftern des Terrors unterscheiden«.[62]

Der israelische Philosoph Adi Ophir wendet dagegen ein, dass das Konzept des »kleineren Übels« selbst dann problematisch ist, wenn man sich auf diese Ökonomie einlässt. Die Gewaltabwägung geht von der Annahme eines weniger gewalttätigen Mittels und dem Risiko größerer Gewalt aus, doch Fragen der Gewalt werden immer unwägbar bleiben. Das angenommene » kleinere Übel« kann jederzeit mehr Gewalt bedeuten als die Gewalt, der es sich entgegenstellt, und zu kalkulieren, was unberechenbar ist, dürfte ein fruchtloses Unterfangen bleiben.[63]

Außerdem gibt Adi Ophir zu bedenken, dass ein weniger brutales Vorgehen auch eines ist, das leichter integriert, akzeptiert und toleriert werden kann. Wenn es sich erst einmal eingebürgert hat, könnte eine solche Maßnahme häufiger angewandt werden. Werden gezielte Tötungen erst zu rechtlich und moralisch akzeptablen Praktiken und zu einem Teil der legalen staatlichen Optionen, zu einem Posten auf der Liste der Anti-Terror-Techniken erhoben, verlieren sie jeglichen Schrecken. Weil sie dazu beitragen, Konflikte niederer Intensität als etwas Normales erscheinen zu lassen, könnte dies bedeuten, dass die gesamte Dauer des Konflikts sich ausdehnt und letzten Endes mehr »kleinere Übel« begangen würden.

Im Übrigen hat die Argumentation vom »kleineren Übel«, da sie lediglich palästinensisches Leben und palästinensische Rechte für die nicht verhandelbare und nicht zur Disposition stehende israelische Sicherheit ins Verhältnis setzt und infrage stellt, nicht wirklich moralische Gültigkeit. Man sollte sie schlicht als Teil der israelischen utilitaristischen Logik der Kriegführung begreifen, die möglichst effizient gestaltet und lokal wie international medienwirksam vermittelt wird.

Das Bestreben, den Krieg »menschlicher« zu gestalten – das sich seit dem 19. Jahrhundert in verschiedenen Konventionen und Gesetzen niedergeschlagen hat – könnte unter gewissen Umständen zu mehr Krieg führen, weil es ihn vorstellbarer macht. Indem die Gesellschaft die Anwendung von Gewalt gewissen Regeln unterwirft, das Kriegsrecht und andere moralische Standards festsetzt, denen sich Gesellschaften freiwillig unterwerfen, legitimiert sie am Ende womöglich den Krieg und verlängert ihn. Dieses Paradox lässt sich anhand des Einsatzes von mit Gummi ummantelten Stahlgeschossen durch die IDF illustrieren. Die Soldaten nehmen an, dass es sich bei Gummigeschossen um nicht-tödlich wirkende Munition handelt, und dass ihr Einsatz Zurückhaltung in nicht lebensbedrohlichen Situationen demonstriert. Diese Wahrnehmung führt dazu, dass sie umso häufiger und unbesehen eingesetzt werden und zum Tod oder zu Verletzungen mit bleibenden Folgen bei vielen palästinensischen Demonstranten, überwiegend Kindern, führen.[64]

Möglicherweise bringt die Auffassung des Militärs, dass es in der Lage ist, »kontrollierte«, »elegante«, »gezielte«, »treffsichere« Tötungen durchzuführen, mehr Zerstörung und Tod mit sich als »traditionelle« Strategien, weil jene Methoden in Verbindung mit der euphorischen Rhetorik, mit deren Hilfe sie propagiert werden, Entscheidungsträger dazu verleiten, sie häufig und umfassend anzuwenden. Die Illusion von Genauigkeit, die hier Teil einer Rhetorik der Zurückhaltung ist, liefert dem militärisch-politischen Apparat die erforderliche Rechtfertigung, in einer zivilen Umgebung Waffen zum Einsatz zu bringen, wo sie nicht angewendet werden können, ohne Zivilisten zu verletzen oder zu töten. Je niedriger die Schwelle zur Gewalt zu sein scheint, die einem gewissen Mittel innewohnt, desto häufiger wird es möglicherweise eingesetzt.

Das Paradox des kleineren Übels lässt auch die meisten Praktiker nicht unberührt, die innerhalb der diversen Systeme der Ökologie der Besatzung agieren: den Armeekommandeur, der gemäß internationalem Recht für die Gebiete unter seiner Herrschaft verantwortlich ist und versucht, palästinensisches Leben (und Sterben) in aufgeklärter Weise zu verwalten; die Sicherheitsverantwortlichen, die neue spatiotechnologische Mittel der Dominanz einführen (und dabei behaupten, diese seien humaner), womit sie neue Formen der Macht entstehen lassen; der palästinensische Zivilist, der diesem Regime unterworfen ist und manchmal von Menschenrechtsorganisationen und Anwälten dabei unterstützt wird, Petitionen einzureichen, die die Legalität dieser Mittel und Mächte ausloten; die Menschenrechtsanwälte und Kampagnenaktivisten, die den Kampf für Menschenrechte und bürgerliche Freiheiten in diesen Gebieten repräsentieren, die aber die Logik des Systems bestätigen; die Mitarbeiter einer Hilfsorganisation, die lebensnotwendige Güter und medizinische Hilfe bereitstellt und auf diese Weise die Besatzung aufrechterhält; die palästinensischen Verwaltungsangestellten, die Politiker, die Intellektuellen usw.

Was die Letztgenannten angeht, so hat das israelische Herrschaftssystem gelernt, die Arbeit von palästinensischen, internationalen und israelischen Organisationen zu nutzen, um die durch eine nicht funktionierende Palästinensische Autonomiebehörde eröffnete Lücke zu füllen und diese Organisationen das Leben in den Besetzten Palästinensischen Gebieten organisatorisch regeln zu lassen. Trotz der grundlegenden moralischen Unterschiede zwischen diesen Gruppen ermöglicht es die Logik des kleineren Übels, dass Organisationen punktuell zusammenarbeiten, deren ausdrückliche Ziele weit auseinanderliegen.

Indem Oppositionelle und Unterstützergruppen die Notwendigkeit, das kleinere Übel zu wählen, hinnehmen, akzeptieren sie auch die Gültigkeit der Systeme, die diese Wahl aufnötigen, und blockieren mögliche Wege, die Logik und die Geltung des Regierungsdenkens, das jener Wahl zugrunde liegt, zu bekämpfen und zurückzuweisen. Hannah Arendt schrieb über die Problematik des kleineren Übels im Zusammenhang mit Kollaboration und Kooperation der normalen Deutschen, insbesondere der in der Verwaltung Tätigen (aber auch der von den Nazis eingesetzten Judenräte) mit dem Nazi-Regime. Sie legte dar, wie das Argument für das »kleinere Übel« zu einem der entscheidenden Mechanismen »in der Maschinerie von Terror und Verbrechen« wurde. Sie erklärte, dass die »Akzeptanz kleinerer Übel« »bewusst eingesetzt wurde, um die Staatsbeamten ebenso wie die breite Bevölkerung zur Akzeptanz des Übels als solchem zu bringen«, und das in einem Maße, dass »jene, die das kleinere Übel wählen, sehr schnell vergessen, dass sie überhaupt ein Übel gewählt haben«. Des Weiteren behauptete sie, dass es selbst für die praktischen Konsequenzen immer besser ist, wenn genügend Menschen sich weigern, sich an kriminellem staatlichem Vorgehen zu beteiligen, als wenn sie sich um dessen Mäßigung bemühen.[65]

Arendt wandte sich gegen all jene, die in Deutschland geblieben sind, um von innen für eine Besserung zu sorgen. Sie sprach sich gegen jegliche Form der Kollaboration aus, insbesondere gegen die Form, der es um Schadensbegrenzung ging. Sie wandte sich gegen das Argument, das kleinere Übel der Kollaboration mit brutalen Regimes sei akzeptabel, wenn es möglicherweise größere Übel abwende, und rief zu individuellem Ungehorsam und kollektiver Unordnung auf. Teilnahme, so ihre Überzeugung, signalisiere Zustimmung; mehr noch: unterstütze den Unterdrücker. Wenn nichts möglich sei zu tun, dann sei die letzte wirksame Form des Widerstands die, nichts zu tun. Die praktischen Auswirkungen der Verweigerung seien fast immer besser, wenn sich nur genügend Menschen verweigerten.

Die Befürworter der Instrumente, der Techniken und der Rhetorik des kleineren Übels glauben, dass sie durch deren Entwicklung und Perfektionierung tatsächlich mäßigend auf die Regierung und die übrigen Sicherheitskräfte wirken, die sich andernfalls durchsetzen und dafür sorgen würden, dass die Gewalt noch extremere Formen annehmen würde. Sie gehen davon aus, dass gezielte Tötungen die moderatere Alternative zum überwältigenden Zerstörungspotenzial sind, über das das Militär verfügt und dem es in Form einer flächendeckenden Invasion oder einer erneuten territorialen Besatzung sonst freien Lauf lassen würde, sollte der Feind ein »akzeptables« Maß an Gewalt überschreiten oder im gewalttätigen Diskurs von Angriff und Vergeltung irgendeine unausgesprochene Vereinbarung brechen. Der Luftwaffenchef Schakedy bestätigte diese Logik, als er auf die Frage nach den gezielten Tötungen nur wenige Wochen vor der Invasion Gazas im Juni 2006 antwortete, »die einzige Alternative zu Luftangriffen« sei »eine Bodenoperation und die Wiederbesetzung Gazas«, und gezielte Tötungen seien »das präziseste Instrument, über das wir verfügen«.[66]

Die Wiederbesetzung Gazas, die im Juni 2006 begann, und der Libanon-Krieg vom Juli bis zum August 2006 zeigten beide, dass destruktivere Alternativen immer möglich sind, besonders, wenn in den Augen einer der beteiligten Parteien die »ungeschriebenen« Regeln des Konflikts niederer Intensität gebrochen wurden. Nachdem am 25. Juni 2006 ein israelischer Soldat in Gaza entführt wurde, sind im darauffolgenden Jahr über 500 Palästinenser getötet worden, darunter viele Minderjährige, und über 2700 Menschen wurden verletzt;[67] darüber hinaus wurde in dieser Zeit Infrastruktur, deren geschätzter Wert bei 46 Millionen US-Dollar lag, zerstört, u. a. ein Elektrizitätswerk, außerdem 270 Privathäuser und Wohnungen. Inzwischen fand der Angriff Israels auf Gaza statt, der in drei Wochen im Winter 2008/09 laut UN-Angaben 1340 Todesopfer unter der eingeschlossenen Bevölkerung forderte, darunter wieder zahlreiche Minderjährige. Die Ermordung von Zivilisten, die Vertreibung ganzer Gemeinden, die absichtliche Zerstörung von Besitz und Infrastruktur – einschließlich Flughäfen, Kraftwerken und Brücken –, sowohl in Gaza wie im Libanon – sollten als Gewaltausbrüche verstanden werden, die zugleich die Androhung von noch mehr Gewalt in sich bargen.

Militärische Drohungen funktionieren nur, wenn eine Diskrepanz aufrechterhalten bleibt zwischen der *möglichen* Zerstörung, die eine Armee anrichten kann, wenn sie alle ihre Vernichtungskapazitäten einsetzt, und der *tatsächlichen* Zerstörung, die sie anrichtet.[68] Zurückhaltung ist es gerade, was Raum lässt für weitere Eskalation. Ein gewisses Maß an Zurückhaltung ist daher ein Aspekt der Logik fast jeder konventionellen Militäroperation: Wie gewalttätig auch immer ein militärischer Angriff erscheinen mag, es geht immer noch gewalttätiger.

Natürlich schlage ich hier nicht vor, dass die größeren Übel den kleineren vorgezogen werden oder dass der Krieg noch brutaler geführt werden sollte. Wir sollten vielmehr die Grundannahmen der Ökonomie der Übel in Frage stellen. Diese Grundannahmen wohnen nicht nur der Natur militärischer Planung inne, sie sind auch integraler Bestandteil eines politischen »Militarismus« – einer Kultur, die Gewalt als historische Konstante betrachtet und daher militärisches Vorgehen als prinzipielle Alternative, derer sich Politiker bedienen können. Dementsprechend hat der israelische Militarismus immer militärische Lösungen für politische Probleme gesucht.[69] Derart gefangen innerhalb der Beschränkungen, die durch den jeweiligen Grad an Gewalt definiert werden, schließt er immer schon und kontinuierlich jegliche Erkundung von anderen Verhandlungswegen und der Partizipation in einem echten politischen Prozess aus.

Der politische Militarismus verschweigt Alternativen oder versucht, sie undenkbar zu machen, wie Robert Pirsig sie vorschlug, als er aufgefordert wurde, zwischen den beiden Hörnern eines wütenden Stiers zu wählen: Man kann »sich weigern, die Arena zu betreten«, »dem Stier Sand in die Augen streuen«, oder auch »den Stier in den Schlaf singen«.[70]

Zu Beginn des Jahres 2006 sprach der Generalstabschef Dan Halutz im Sinne eines entgegengesetzten Weltbildes, als er sagte: Die Intifada sei »Teil eines unlösbaren (…) anhaltenden Konflikts zwischen Juden und Palästinensern, der bereits 1929 begann«. Die Armee müsse sich daher darauf einstellen, in einer Umgebung zu handeln, die konfliktgeladen sei. Und auch die Zukunft werde von anhaltender Gewalt gekennzeichnet sein. Damit wiederholte er lediglich eine in israelischen Sicherheitsdiskursen oft gehörte Behauptung: Im Juni 1977 erklärte Mosche Dayan, damals Außenminister, die Annahme, der Konflikt Israels mit den Palästinensern könne »gelöst« werden, sei zutiefst fragwürdig: »Die Frage lautete nicht ›Welches ist die Lösung?‹, sondern ›Wie leben wir ohne Lösung?‹« Das Argument des kleineren Übels passt also zum israelischen Unilateralismus, zu der Auffassung, dass es keinen Partner gibt, und zur Vorstellung vom nie endenden Konflikt. So wird die territoriale, die Bodenbesatzung, als »notwendiges Übel« in der Westbank, und so werden Ermordungen als »notwendiges Übel« in Gaza angesehen.

Da es für Israel weder die Option einer politischen Lösung noch die eines entscheidenden militärischen Ergebnisses gibt, betreibt das israelische Militär lediglich »Konfliktmanagement«.

Zu Beginn des Jahres 2006 glaubte Halutz immer noch, dass die Präzisionsmethode der israelischen Luftwaffe dazu beitragen würde, den Konflikt »auf einer hinreichend niedrigen Flamme zu halten, die es der israelischen Gesellschaft erlauben würde, mit ihm zu leben und dabei zu prosperieren«.[71] Diese Vorhersage eines sich fortsetzenden Konflikts wird sich aller Wahrscheinlichkeit nach weiterhin selbst erfüllen.

Ausgehöhltes Land

Die territoriale Logik der israelischen Besatzung Palästinas manifestiert sich zunehmend durch ein schleichendes Fortschreiten entlang einer vertikalen Achse in entgegengesetzten Richtungen. Je effizienter die Zerstörungsfähigkeit der israelischen Luftwaffe, desto tiefer musste sich der Widerstand unter die Erde zurückziehen. In dieser Hinsicht besteht die einzige Symmetrie innerhalb des im Übrigen asymmetrischen Konflikts fort: absolute Kontrolle des Luftraums und des Weltraums findet (wie es die US-Armee bereits in Vietnam und die Sowjets in Afghanistan schmerzlich lernen mussten) ihr Gegenstück in der Meisterung der unterirdischen Kriegführung durch den Feind.[72]

Obwohl sich politische Souveränität traditionell in der staatlichen Kontrolle des Territoriums auf dem Boden ausdrückt, ist gegenwärtig der Luftraum über den palästinensischen Gebieten die umstrittenste politische Sphäre. Bei allen bisherigen politischen Verhandlungen bestand Israel darauf, dass irgendwelche territorialen Zugeständnisse, zu denen es bereit wäre, nur unter der Bedingung möglich wären, dass es die Kontrolle über den Luftraum darüber beibehielte.[73] So forderte Israel sowohl beim Oslo-Prozess als auch in den Camp-David-Verhandlungen das Recht, »den Luftraum (über Palästina) und (sein) elektromagnetisches Spektrum zu nutzen sowie die Aufsicht darüber zu behalten«.[74] Obwohl der ehemalige Direktor der israelischen Luftfahrt-Administration und Ratgeber bei den Verhandlungen von 2000 in Camp David, Avraham Schay, die »israelische Besatzung des palästinensischen Luftraums« gerne als eine Angelegenheit der

Sicherheitsdienste, eine Frage praktischer Umsetzbarkeit und der Flugsicherheit definiert gesehen hätte, lief es bei der »übergeordneten Gesamtkontrolle«, die Israel letztlich für sich beanspruchte, auf eine vertikale Einschränkung der Souveränität eines zukünftigen palästinensischen Staates hinaus.[75] Selbst die liberale Genfer Initiative sah für die israelische Luftwaffe das Recht vor, »militärische Übungen im oberen Luftraum über Palästina durchzuführen. Da es praktisch unmöglich sein würde zu überwachen, womit sich die israelische Luftwaffe beschäftigte, wenn sie angeblich trainierte, würde Israel straflos luftgestützte Sensoren über palästinensischem Land installieren können.[76]

Präsident Arafats Abhängigkeit vom Luftraum, wenn er zwischen den einzelnen Flicken des Teppichs zerrissener palästinensischer Gebiete reisen wollte, war der primäre Beweggrund für Premierminister Ehud Barak, mit Beginn der Zweiten Intifada den internationalen Flughafen von Gaza in Dahania zu schließen, wodurch er Flüge von der Westbank nach Gaza unmöglich machte. Im Dezember 2001 ging Scharon noch einen Schritt weiter, indem er durch das Bombardement der Rollbahnen und die Zerstörung der gesamten palästinensischen Flotte – bestehend aus Arafats Präsidentenmaschine und seinen beiden Hubschraubern – den palästinensischen Luftraum vollständig vom Rest der Welt abschnitt.[77]

Bei ihrer letzten militärischen Aktion pflügte die IDF, ehe sie 1982 die ägyptische Sinai-Halbinsel verließ, einen breiten Sicherheitskorridor von zehn Kilometern Länge und mehreren Dutzend Metern Breite mitten durch die Bausubstanz der Grenzstadt Rafah. Diese Schneise, die die Stadt in einen palästinensischen und einen ägyptischen Teil auseinanderriss, bekam den Codenamen Philadelphi. Seit diese Barriere geschaffen wurde, ist der Boden im Grenzbereich durch Hunderte Tunnel ausgehöhlt worden, die die israelischen Grenzanlagen umgehen und die beiden Teile der Stadt wieder miteinander verbinden. Tunnel, die ursprünglich einmal von Familien gegraben worden waren, die auf beiden Seiten der Grenze Angehörige haben, werden inzwischen für vielfältige Zwecke genutzt: als Schmuggelwege für billige ägyptische Zigaretten, für Haushaltswaren und sogar für Prostituierte; und als Hauptversorgungskanäle für Waffen, Sprengstoff und bewaffnete Rekruten für den palästinensischen Widerstand. Mit Beginn der Zweiten Intifada wurden die Tunnel verstärkt genutzt, nachdem Israel den Gazastreifen vollständig vom Rest der Welt abschloss und die Nachfrage nach Waffen zugleich stieg. Um eine Entdeckung zu vermeiden, befinden sich die Ein- und Ausgänge der Tunnel meistens innerhalb von Gebäuden auf beiden Seiten der Grenze. Die meisten Tunnel haben sogar mehrere Zugänge und Verzweigungen. Sie beginnen in mehreren Häusern oder Hühnerställen, laufen dann in einem Hauptstrang zusammen, um sich schließlich wieder zu verzweigen und auf der anderen Seite der Grenze in verschiedenen Gebäuden zu enden. Wird ein Eingang entdeckt und geschlossen oder bricht ein Tunnel zusammen, weil er schlecht abgesichert war oder von israelischen Bomben getroffen wurde, die in das Erdreich eindringen können, ist es möglich, andere Teile des Systems immer noch zu nutzen, neue Zugänge zu graben und mit dem Haupttunnel zu verbinden.

Die meisten Tunnel werden von Privatfirmen angelegt und betrieben. Für die Grabungen stellen sie ihre eigenen Arbeiter und Ingenieure an, und die Unternehmer vermieten die fertiggestellten Tunnel an private oder militärische Nutzer oder verkaufen die Schmuggelware an bewaffnete Gruppen oder kleine Geschäfte. Angesichts des annähernd vollständigen Zusammenbruchs der gazauischen Wirtschaft ist das »Tunneln« zu einem extrem lukrativen Geschäft geworden und stellt für diejenigen, die in dieser Grenzregion daran beteiligt sind, die Haupteinnahmequelle dar.[78] Das Anlegen eines Tunnels ist ein komplexes und riskantes Unterfangen. Typischerweise beginnt es so: Der Bauunternehmer mietet mehrere Zimmer in der Wohnung einer Familie, die während des gesamten Baus in dem Haus wohnen bleibt, so dass kein Verdacht aufkommt. Die beim Graben anfallende Erde wird entweder im Haus angehäuft oder in Säcke gefüllt und an entlegene Orte gebracht. Die IDF, die die Gegend ständig mit Hilfe von Drohnen aus der Luft überwacht, entdeckt die Häuser, in denen sich Tunneleingänge verbergen, durch die Spuren solchen Erdreichs und durch ihre Kollaborateure vor Ort. Paradoxerweise machen es jedoch die enormen Zerstörungen, durch die dieses Gebiet gezeichnet ist, und die Unmengen von Schutt, die hier immer noch herumliegen, leichter, ausgehobenes Erdreich zu verbergen.

Weil unter der Erde GPS-Systeme nicht funktionieren, navigiert man mit Hilfe von Kompass und Vermessungen mit Zollstöcken, sowie mit handgefertigten Karten oder Markierungen auf heruntergeladenen Satellitenbildern. Doch da der Tunnelbau nicht zentral koordiniert wird, kommt es häufig unbeabsichtigt zu Kollisionen zwischen Tunneln. Konflikte sind die Folge, die dann über der Erde ausgetragen werden. Die Geschwindigkeit des Tunnelbaus – zwischen sechs und zwölf Metern am Tag – ist für einen Einzelnen, der ohne eine Maschine gräbt, relativ hoch und wird erzielt, weil der Boden in Gaza im Wesentlichen aus sandiger Erde besteht. Die Nachgiebigkeit des Bodens kann aber auch gefährlich sein, und die Wände der Tunnel müssen verstärkt und abgestützt werden.

Luft wird mit Hilfe von Staubsaugern durch Lüftungsöffnungen in die Tunnel gepumpt. Die Lüftungsöffnungen, die häufig aus Plastikschläuchen gebastelt werden, die man vom Tunnel nach oben und durch den umgepflügten Boden des Niemandslandes des Philadelphi-Streifens bohrt, sind die verwundbarsten Stellen eines Tunnels. Wenn israelische Soldaten diese Schächte entdeckten, pflegten sie Rauchbomben und flüssigen Sprengstoff hineinzuwerfen. Der Verlauf und die Tiefe des Tunnels müssen sorgfältig berechnet werden, um nicht an das Grundwasser heranzureichen, nicht die tief eingelassenen israelischen Barrieren zu streifen, die auf Berührung reagieren, und nicht in die Reichweite des israelischen Tiefenradars zu geraten (was bedeutet, dass die Tunnel mindestens 15 Meter tief liegen müssen).

Entwicklungen im Zusammenhang mit der palästinensischen Tunnelbau-Technik haben auch zu anderen Zwecken Anwendung gefunden. Bombardements der Städte im Gazastreifen durch die israelische Luftwaffe haben es erforderlich gemacht, dass Waffenlabors und Munitionsdepots in unterirdische Bunker verlegt wurden, die man unter den Städten und Flüchtlingslagern anlegte. Tunnel sind auch schon für unterirdische Angriffe benutzt worden. Im ersten Fall dieser Art – am 26. September 2001 – ließen Palästinenser eine 200-Kilogramm-Bombe in einem Tunnel unter dem IDF-Grenzvorposten Termit detonieren, der auf dem Philadelphi-Korridor lag; er wurde fast vollständig zerstört. Bei mindestens drei anderen Gelegenheiten während der Zweiten Intifada gelang es Palästinensern, sich bis unter militärische Einrichtungen durchzugraben und sie mit Hilfe beträchtlicher Mengen an Sprengstoff hochgehen zu lassen.[79] Bei einem anderen Angriff verschwand in der Nähe von Rafah am 12. Mai 2004 ein gepanzertes Fahrzeug in einem Krater, nachdem zuvor eine Sprengladung unter ihm gezündet worden war.

Allmählich hat die IDF erkannt, dass ihre porösesten und verwundbarsten Grenzen nicht jene sind, die sie unermüdlich über das gesamte Terrain hinweg errichtet hat, sondern vielmehr die Erdoberfläche, die es von den unkontrollierbaren und wilden unterirdischen Räumen darunter trennt. Deshalb hat sich die Armee darauf eingestellt, diesen Krieg in der Tiefe der Erde zu führen. Der israelischen Menschenrechtsorganisation B'Tselem zufolge hat sie im Zusammenhang mit ihrem Kampf gegen die Tunnel allein in der Region um Rafah seit Beginn der Al-Aqsa-Intifada 1800 Wohnhäuser zerstört[80], meist unter dem Vorwand, in ihnen könnten unterirdische Tunnel verborgen sein. (Bei einer solchen Zerstörungsoperation in Rafah wurde am 16. März 2003 die Aktivistin der ISM (International Solidarity Movement), Rachel Corrie, von einem israelischen Bulldozer überrollt, als sie versuchte, ein Haus vor der Zerstörung zu schützen.) Im Jahr 2004 behauptete die IDF, sie hätte in Rafah seit Ausbruch der Intifada mehr als 100 Tunnel entdeckt.[81]

Wenn die IDF eine Tunnel-Öffnung entdeckt, schüttet eine IDF-Pioniereinheit oder ein Unternehmen, das von den Ägyptern auf ihrer Seite der Grenze dafür angeheuert wird, manchmal ungeklärte Kloake in den Tunnel, so dass ihm noch nach Monaten übelste Gerüche entströmen.[82] Oft wird Zement benutzt, um die Tunnel zu versiegeln; man gießt ihn durch lange Schläuche, so weit es geht, in sie hinein. Aufgrund der scheinbar endlosen Fortpflanzung des Tunnelnetzes kann ein derartiges Ausgießen nie vollendet sein. Sollte es je, in vielen Jahren einmal, entdeckt und gehoben werden, so dürfte das erstarrte Netzwerk von Zementtunneln, die fixierte Form einer komplexen unterirdischen Bewegung, wie gigantische Korallenäste aussehen.

Ein israelischer Luftwaffenoffizier schlug in der IDF-Zeitschrift *Ma'arachot* vor, die Armee solle eine Spezialeinheit für die Kriegführung unter der Erde einführen. Vermutlich hatten ihn die palästinensischen Methoden inspiriert, als er vorschlug, diese Einheit solle sich durch Tunnel von unten Zugang zu Gebäuden verschaffen, um Gesuchte zu entführen oder Geiseln zu befreien und um Sprengkörper oder Abhörgeräte unter Feindpositionen zu installieren.[83]

Die Grenzkriege des Sommers 2006 haben gezeigt, wie effektiv eine unterirdische Kriegführung sein kann. Am 25. Juni gelang es palästinensischen Guerillakämpfern, durch einen 650 Meter langen Tunnel, der unter den Zäunen hindurch gegraben worden war, die Gaza umgeben, und der unter dem zerbombten palästinensischen Flughafen Dahania hindurchführte, in der Nähe von IDF-Positionen aufzutauchen und mit einem gekidnappten Soldaten nach Gaza zurückzukehren (und, ganz nebenbei, vorzuführen, wie das »Tunneln« an die Stelle des Fliegens getreten ist). Mit ein paar Spaten, Eimern und einigen 100 Arbeitsstunden ließen so die palästinensischen Kämpfer das 3-Milliarden-US-Dollar-Phantasma der »hermetischen Abriegelung« reichlich durchlässig erscheinen.

An der anderen Front des Sommers 2006 war die Standhaftigkeit der Hisbollah angesichts der israelischen Luftangriffe in ähnlicher Weise durch ihre Kontrolle über das Erdreich mitbedingt. Seit dem israelischen militärischen Rückzug aus dem Libanon im Jahr 2000 war mit Hilfe iranischer Berater von der Al-Quds-Truppe, der Revolutionsgarde, ein ausgedehntes Netz unterirdischer Dörfer gebaut worden. Zu ihnen gehören Hunderte Bunker, von denen manche 40 Meter tief sind und Wohnquartiere, Kommandozentralen, Lagerräume und getarnte Raketenabschussvorrichtungen beherbergen. Der Libanon-Krieg wurde zwischen zwei Sphären extraterritorialer Souveränität ausgefochten: der eines »oberen Libanon« des durch Israel beherrschten Luftraums und der des »unteren Libanon«, der unter Dörfern, Wohnvierteln und offenen Ländereien gegraben worden war. Sobald die israelischen Jets ihren Bombenregen aus quasi stratosphärischen Höhen einstellten, kletterten Hisbollah-Kämpfer aus ihren Bunkern, um erneut Raketen auf israelische Städte und Dörfer abzuschießen.

In militärischen Begriffen mögen die Tunnelgräber von Gaza und Libanon tatsächlich die Erbauer von Mauern und die Beherrscher des Luftraums besiegt haben, doch die Grenze, die die Parteien und die Elemente voneinander trennt, die dünne Kruste aus Erde, auf der Zivilisten sich mühsam am Leben halten, scheint verwundbarer denn je.

10. Kapitel
Rechtskrieg in Gaza: Der gesetzgebende Angriff

»Es wohnt also, wenn nach der kriegerischen Gewalt (...) geschlossen werden darf, aller derartigen Gewalt ein rechtsetzender Charakter bei.«[1]

Walter Benjamin

Das Ausmaß des israelischen 22-tägigen Angriffs Israels auf Gaza im Dezember 2008/Januar 2009, der 1300 Menschen das Leben kostete und rund 15 Prozent aller Gebäude zerstörte, führte dazu, dass Israel auf der internationalen Ebene vielfach beschuldigt wurde, es habe Kriegsverbrechen begangen. Derzeit prüft[2] ein Ankläger am Internationalen Strafgerichtshof in Den Haag den Antrag einer palästinensischen Gruppe, die israelischen Befehlshaber strafrechtlich zu belangen. Israel zeigt sich entschlossen, diesen Anschuldigungen entgegenzutreten, indem es seinen rechtlichen Standpunkt mittels einer internationalen Kampagne verteidigt.[3] Gleichzeitig – und das ist entlarvend – haben seine Zensoren begonnen, in schriftlichen Berichten die Namen von beteiligten Militärs zu schwärzen und deren Gesichter auf Fotos unkenntlich zu machen.

Das rechtliche Nachbeben des Angriffs auf Gaza offenbart ein Paradox: Der Angriff war einer der gewaltsamsten und zerstörerischsten Israels gegen die palästinensische Bevölkerung, und zugleich sind noch nie bei einem solchen Feldzug so intensiv israelische Experten für Humanitäres Völkerrecht[4] (International Humanitarian Law, IHL) – die rechtlichen Bestimmungen, die die Kriegführung regeln – einbezogen worden.

Israelische Militärjuristen behaupten, dass der schwere Schaden, der der Zivilbevölkerung zugefügt wurde, nicht an und für sich ein Beweis für Verletzungen des Kriegsrechts darstellt. Sie gehen auch von der Annahme aus, dass die jüngsten israelischen Militäroperationen und die derzeit wirksamen Mechanismen der Besatzung rechtliche Grundlagen haben, nämlich die des IHL.

Das IHL stellt einen restriktiven rechtlichen Rahmen dar. Es schränkt ein, wer in einem Krieg wie angegriffen werden darf. Seine Funktion ist es eher, Gewalt einzudämmen, als sie auszuschließen. Hat das Recht bei diesem Angriff auf Gaza eher zur Förderung als zur Einschränkung der Gewalt beigetragen?

Ist es denkbar, dass der Angriff auf Gaza nicht durch eine möglichst erschöpfende Anwendung des IHL eingedämmt wurde, sondern dass eine bestimmte Interpretation und Anwendung dieses Rechts[5] nicht nur die Rechtfertigung von Grausamkeiten ermöglicht hat, sondern ganz wesentlich auch ein andernfalls undenkbares Maß an Zerstörung? Konnten Chaos, Tod und Verwüstung unter der uneingeschränkten Herrschaft des Rechts um sich greifen? Falls das zutreffen sollte, wäre es dann noch angemessen, wenn sich diejenigen, die sich gegen die israelische Gewalt wenden, der Sprache des internationalen Rechts bedienen?

Die Landschaft des Rechtskriegs

Die neuen Grenzbereiche in der militärischen Entwicklung, die solche im Bereich der Überwachung und des *targeting* komplementär ergänzen, werden mittels einer Kombination von legalen Technologien und komplexen institutionellen Praktiken ausgelotet. Der ehemalige US-General und Militärrichter Charles Dunlap[6] bezeichnet das Ergebnis als *lawfare* (Rechtskrieg): »der Einsatz des Rechts als Kriegswaffe«. In erster Linie wollte er mit diesem Begriff zeigen, wie schwächere, nicht-staatliche Akteure versuchen, dadurch einen moralischen Vorteil zu erringen, dass sie behaupten, durch die stärkere, die staatliche Armee seien Kriegsverbrechen begangen worden; doch *lawfare* könnte auch vom Staat betrieben werden.[7]

Der Rechtsgelehrte David Kennedy geht davon aus, dass *lawfare* die Entwicklung einer Beziehung zwischen dem modernen Krieg und dem modernen Recht offenbart.[8] Deutlich wird diese, wenn beispielsweise Militäranwälte mitten in einem Feldzug »das Schlachtfeld rechtlich (konditionieren)«, indem sie über Karten brüten und den Soldaten mitteilen, auf welche Weise sie »*befugt* sind«, Zivilisten umzubringen. IHL wird so zum ethischen Vokabular, mit dem legitime Macht und rechtfertigbarer Tod bezeichnet wird.

Militärexperten in juristischen Fragen beschreiben das Bestreben, den Tod zufällig Anwesender möglichst zu vermeiden, als pragmatischen Kompromiss, bei dem es darum geht, die als »korrekt« angenommene Abwägung zwischen einem »notwendigen« Angriff auf militärische Ziele und der Zahl der dabei getöteten Zivilisten zu ermitteln. Die Frage ist, was »notwendig«, welches Verhältnis »korrekt« ist, wer das entscheidet und wer es beurteilt. Obwohl man immer noch die Annahme akzeptieren kann, dass Gesetze, die den Krieg regeln, grundsätzlich eine gute Sache sind, muss man doch gegenüber dem strukturellen Paradox, das sie darstellen, vorsichtig sein: Denn wenn sie manches verbieten, erlauben sie anderes, und gerade die Grenze zwischen dem Erlaubten und dem Verbotenen ist das Schlachtfeld der heftigsten juristischen Auseinandersetzung.

Das Internationale Recht ist weniger als strategisches Korpus von Regeln vorzustellen denn als eine endlose Reihe von Auseinandersetzungen über diesen Grenzbereich. Dabei stellt sich nicht die Frage, welche Auslegung die richtige ist, sondern wer die Macht hat, die Gültigkeit seiner Interpretation zu erzwingen. So gesehen legitimiert das internationale Recht nicht nur Gewalt, es baut sogar auf sie.

Die Technologien der Zerstörung

Yotam Feldman belegt in einer Untersuchung für die israelische Tageszeitung *Ha'aretz* eine bis dahin beispiellose Einbeziehung[9] von Experten des internationalen Rechts bei dem Angriff auf Gaza. Diese hatten das Militär bezüglich seiner Vorgehensweisen, Angriffsziele und Einsatzalternativen beraten.[10] Einer der Offiziere der Einheit Internationales Recht drückte es Feldman gegenüber so aus: »Es ging uns nicht darum, der Armee Fesseln anzulegen, sondern ihr die Mittel an die Hand zu geben, um auf eine rechtlich abgesicherte Weise zu gewinnen.«

Offenbar wurden israelische Sprecher auch darauf vorbereitet, die Operation in den Kategorien des IHL darzustellen. Sie benutzten regelmäßig juristische Termini wie den von der »Unterscheidung« (zwischen Zivilisten und Kombattanten) und von der »Verhältnismäßigkeit« zwischen getöteten Zivilisten und militärischen Zielsetzungen, um so Ziele als »legitim« und den Tod von Zivilisten als »unbeabsichtigt« oder »Kollateralschäden« darstellen zu können.

Es scheint auch, dass das Adjektiv »humanitär« zur Folie wurde, auf deren Hintergrund die unterschiedlichen Aspekte der Angriffe in einen Erklärungskontext gestellt wurden. Die bekannten »humanitären Korridore« (räumlich) und »humanitären Waffenruhen« (zeitlich) wurden ergänzt durch »humanitäre Munition« (mit geringeren Tötungsraten) und einen neu kreierten »Minister für humanitäre Angelegenheiten«, der vom »Amt für humanitäre Koordination« aus einem Militärstützpunkt bei Tel Aviv operiert. Diese Person – Isaac Herzog[11], Israels Minister für Wohlfahrt und soziale Dienste, die Diaspora und den Kampf gegen Antisemitismus – hatte die doppelte Aufgabe sowohl der »humanitären Koordination« als auch der »Erklärung von Gründen und der rechtlichen Position Israels bezüglich der angerichteten Schäden«.

Diese Berufung auf das IHL könnte man leicht als zynische Propaganda abtun. Die meisten Menschenrechtsgruppen haben auch richtigerweise darauf hingewiesen und überzeugend argumentiert, dass das IHL in Gaza nicht korrekt umgesetzt, nämlich zu großzügig ausgelegt wurde[12], oder dass rechtliche Direktiven nicht von den Schreibtischen der Militäranwälte in Tel Aviv bis zu den Piloten und Soldaten auf dem Schlachtfeld durchdrangen. Beide Deutungen zeugen jedoch von einem Glauben an das internationale Recht, wie er in Zeiten von *lawfare* problematisch geworden ist. Überhaupt die Arena des Rechts zu betreten und in seinem Namen zu sprechen, könnte inzwischen das Problem sein.

Das lässt sich an der Erfahrung Israels im Zusammenhang mit seinem Libanon-Feldzug im Juli/August 2006 illustrieren.[13] Israel erkannte damals, dass es die Raketenangriffe der Hisbollah und ähnlicher Milizen nicht mit Hilfe traditioneller militärischer »Aufstandsbekämpfungsmaßnahmen« unterbinden konnte. Die Konsequenzen kann man an der derzeitigen israelischen Militärdoktrin ablesen (wie sie vom Institute for National Security Studies formuliert wird).[14] Sie umfasst Pläne, Raketenfeuer durch »unverhältnismäßige Schläge ins Herz der Schwachpunkte des Feindes zu beantworten, wobei die Beeinträchtigung von dessen Fähigkeit, Raketen abzuschießen, zweitrangig ist«.

Der Oberkommandierende des nördlichen Abschnitts Gadi Eisenkot erklärt, wie das gemeint ist: »Wir werden gegen jedes Dorf, von dem aus Schüsse auf Israel abgegeben werden, mit unverhältnismäßiger Gewalt zuschlagen und enormen Schaden und Zerstörung anrichten (...) Das ist kein Vorschlag. Es ist ein Plan, der bereits verabschiedet wurde.«[15] Mit anderen Worten: Die Verletzung des Prinzips der »Verhältnismäßigkeit«, wie es das internationale Recht formuliert, wird hier als militärische Drohung eingesetzt. Diesen eindeutigen Rechtsbruch versuchen die israelischen Militärexperten für internationales Recht zu legalisieren.

Die Logik hinter dieser Herangehensweise – die so oft in der Sprache des Marktes als »einen Preis festsetzen« oder der Psychologie als »ins Bewusstsein (der Palästinenser) einbrennen« gehandelt wird – bedeutet, dass man den Bewohnern Gazas (wie denen des Libanon 2006) solchen Schmerz zufügen will, dass sie gezwungen sind, ihrerseits politischen Druck auf die Hamas auszuüben. Definiert man Terrorismus (sicher zutreffend) als organisierte Gewalt, die sich gegen Nicht-Kombattanten und ihr Eigentum richtet und ein politisches Ziel verfolgt, dann kann dieser Angriff nur als Terrorismus bezeichnet werden.

Das israelische Argument, dass die Toten und die Zerstörung, die in Gaza verursacht wurden, bedauerliche Nebenwirkungen militärischer Vorstöße waren, die darauf abzielten, Kämpfer zu treffen – ihre Munitionsdepots, »zivil und militärisch nutzbare Infrastruktur« (d.h. zivile Infrastruktur) und Kommandostellungen –, muss in diesem Lichte betrachtet werden. Die Doktrin, die Mittel zu ihrer Implementierung und ihre Folgen – darunter die Zerstörung von Städten und Flüchtlingslagern, die völlig überforderten Krankenhäuser, Angst und Schrecken – wurden als Teil des Angriffsziels[16] eingeplant und weniger als kollaterale Nebenprodukte.

Die Technologie der Warnung

Seit dem Libanon-Krieg sichert sich das israelische Militär[17] sehr viel sorgsamer gegen internationale Versuche ab, es rechtlich zu belangen. Zu dieser Absicherung zählt die Suche nach Wegen, die Strategie groß angelegter Zerstörung in einer Weise einzuführen, die sie als mit den Prinzipien des IHL übereinstimmend erscheinen lassen. So haben die »Internationale-Rechts-Division« und ihre Einsatzabteilung taktische Vorgehensweisen entwickelt, die es ihren Soldaten im Feld ermöglichen, sogenannte »Warnungstechnologien« anzuwenden.

Inmitten einer Schlacht eine Warnung zu kommunizieren, stellt eine technologische Herausforderung dar. Schlachtfelder sind unübersichtliche, von Gewalt und Unordnung gekennzeichnete Zonen. Eine Warnung, die durchdringt, kann ein Leben retten; sie kann aber prinzipiell auch ein Angriffsziel, dessen Zerstörung andernfalls widerrechtlich wäre, »legitimieren«. So besteht möglicherweise zwischen der Zunahme von Warnungen und der von Zerstörungen eine direkte Beziehung.

Eine Schlüsselneuerung innerhalb dieses im militärischen Bereich entstehenden Feldes der »Warnungstechnologien« ist das sogenannte »Ans-Dach-Klopfen«. Dazu gehört der Abwurf sogenannter »Lock-Bomben«, die keine Sprengladung enthalten und so ausgelegt sind, dass ihr Aufprall auf ein Hausdach heftig genug ist, um den Bewohnern einen solchen Schrecken einzujagen, dass sie fluchtartig das Haus verlassen, ehe es durch eine Bombe vollständig zerstört wird.

Die bizarre Codebezeichnung deutet eine Weiterentwicklung der eingeführten »An-die-Tür-Klopfen« an. In diesem Fall ruft die IDF (gewöhnlich in der Person eines Arabisch sprechenden Telefonisten der Luftwaffe oder mittels einer aufgenommenen Stimme) bei einer Familie an, um die Bewohner des Hauses davon zu unterrichten, dass es in wenigen Minuten zerstört werden wird. Manchmal werden Telefonleitungen, die seit Monaten bereits unterbrochen waren, weil Rechnungen nicht bezahlt wurden, eigens wieder aktiviert, damit ein solcher Anruf getätigt werden kann. Die Armee behauptet, sie habe während des Angriffs auf Gaza 250 000 solcher Warnanrufe gemacht[18] – übrigens eine erstaunliche Zahl, falls sie zutrifft, da es nur rund 200 000 Wohnhäuser in Gaza gibt. Beinahe alle Nutzer von Mobiltelefonen bekamen auch mehrfach SMS-Botschaften vom israelischen Militär: »Jeder mit Waffen, Munition oder geheimen Tunneln im Haus sollte es sofort verlassen.«

Viele Bewohner Gazas besitzen weder ein Festnetz- noch ein Mobiltelefon, und sowieso sorgte ein anderer Bereich der IDF regelmäßig dafür, dass das Mobiltelefonnetz zusammenbrach oder durch Unterbrechung der Energiezufuhr die Mobiltelefone nicht geladen werden konnten. Daher empfahlen die Rechtsexperten des Militärs den Abwurf von Flugblättern, um die Ausweisung der Menschen aus ihren Häusern vor deren direkt anschließender Zerstörung zu bewerkstelligen.

Yotam Feldman gegenüber erläuterte ein Offizier der Abteilung für internationales Recht, welcher Logik diese Warnungen folgen: »Diejenigen, die trotz der Warnung noch in ein solches Haus gehen, brauchen nicht mehr als Zivilisten betrachtet zu werden, die Schaden nehmen, denn sie sind nunmehr freiwillige menschliche Schutzschilde. Sind sie gewarnt, brauche ich sie vom rechtlichen Standpunkt aus nicht mehr in diesem Sinne zu berücksichtigen. Falls solche Leute in ihr Haus zurückkehren, um es zu schützen, bedeutet das, dass sie an den Kämpfen teilnehmen.« Indem diese Auslegung des IHL durch das Militär die Bewohner vor die Wahl stellte – Tod oder Ausweisung –, schob sie die Menschen von einer rechtlichen Bestimmung zur anderen: Ein einziger Anruf macht aus »an den Kämpfen nicht Beteiligten« »menschliche Schutzschilde«, die daher als »direkte Teilnehmer an den Feindseligkeiten« definiert und als »legitime Angriffsziele« erschossen werden können.

Die Fähigkeit des israelischen Militärs, die Menschen in Gaza vor unmittelbar bevorstehenden Zerstörungen zu warnen, hat es auch möglich gemacht, die meisten Gebäude dort als legitime Angriffsziele zu definieren. Die angebliche militärische Fähigkeit, zu warnen und kontrollierte und gezielte Zerstörungsschläge auszuführen, hat möglicherweise zu noch mehr Verwüstung geführt als »traditionelle« Strategien, zum Teil, weil die manipulative und euphemistische Rhetorik, derer man sich bedient, um jene Schläge in der Öffentlichkeit darzustellen, Offiziere und Politiker dazu verleitet, ihre häufige Anwendung in großem Maßstab zu genehmigen. In diesem Fall tragen die »Technologien der (massenhaften) Vorwarnung« sowohl dazu bei, Zerstörung en masse zu fördern, als auch dazu, sie im Nachhinein zu rechtfertigen.

Die elastischen Grenzen des Rechts

Ob israelische Feldkommandeure gegen das Ausmaß an Zerstörung, das sie in Gaza zu Gesicht bekamen, eingeschritten wären, wenn sie sich internationalen Gerichtsverfahren stärker ausgesetzt[19] gefühlt hätten, ist unklar. In jedem Fall ist die eigentliche Problematik nicht die eines vorgestellten losgelösten Angriffs aus kontrollierter Warnung und präziser Zerstörung, sondern liegt vielmehr in den Gefahren, die mit der Einführung der Prinzipien des *lawfare* in das israelische militärisch-rechtliche Arsenal verbunden sind.

Das IHL beruht auf Vertragsrecht[20] und internationalem Gewohnheitsrecht. Das Erstgenannte ist grundsätzlich unbestimmt und unterliegt ständigen Auseinandersetzungen um seine Auslegung. Letzteres bedeutet, dass militärische Praxis das Recht immer weiter beeinflussen kann. Insofern ist dieses Recht pragmatisch, seine Grenzen sind flexibel genug, um unterschiedliche Interpretationen und daraus folgende Verschiebungen zuzulassen. Es ist weit davon entfernt, sich gegen Gewalt zu stellen – im Gegenteil: Durch Anwendung staatlicher Gewalt kann es in seine jeweils aktuell gültige Form gebracht werden. Die rechtlichen Vorgehensweisen, die bei Israels Angriff auf Gaza von Militäranwälten gebilligt wurden, waren genau in diesem Bereich zwischen offensichtlicher Übertretung und möglicher Legalität angesiedelt.

Das internationale Recht bestimmt die Grenzen dessen, was die internationale öffentliche Meinung wahrscheinlich für »erträglich« hält, doch diese Dinge lassen sich durch militärische Praxis dehnen. Praktiken, die von mehreren Staaten lange genug angewandt und durch die nötigen juristischen Expertisen unterstützt werden, können schließlich Recht werden. Daher besteht eine der wirksamsten Methoden, das Recht zu dehnen, darin, an seinen Rändern zu operieren. Dieser »postmodernen« rechtlichen Interpretation entsprechend schafft Gewalt Recht.

Der ehemalige Rechtsberater des israelischen Militärs Daniel Reisner[21] gab Yotam Feldman gegenüber an, sein Job sei es, »ungenutztes Potenzial im internationalen Recht« zu finden, das militärisches Vorgehen in der Grauzone ermöglichen würde: »Internationales Recht entwickelt sich durch seine Verletzung, (…) ein Akt, der heute verboten ist, wird zulässig, wenn genügend Länder ihn begehen (…) Verhielte es sich in privatrechtlichen Dingen genauso, läge die erlaubte Höchstgeschwindigkeit bei 115 Stundenkilometern, und wir würden eine Einkommenssteuer von 4 Prozent zahlen.« Als beispielsweise die israelische Politik der gezielten Tötungen Ende 2000 offiziell formuliert wurde, hielten sie die meisten Regierungen und internationalen Institutionen für widerrechtlich; aber, so Reisner, »acht Jahre (und einen Angriff auf die Vereinigten Staaten) später befindet sich diese Praxis innerhalb der Grenzen der Legitimität im Mittelfeld.«

Die Elastizität des Rechts und die Macht militärischen Vorgehens, es im Zeitalter von *lawfare* zu dehnen, bedeuten, dass die Bevölkerung von Gaza in zweierlei Hinsicht zum Gegenstand eines Experiments wird: Erstens werden alle möglichen Geschosse und Kriegführungstechniken erprobt[22] und vermarktet. Zweitens werden gewisse Grenzen getestet und ausgelotet: die Grenzen des Legalen, die Grenzen des Ethischen, die Grenzen des Tolerablen, die Grenzen dessen, was man im Namen des »Kriegs gegen den Terror« Menschen antun kann.

Der hier aufgezeigten Logik entsprechend müssen diejenigen, die die Interessen und Rechte der vom Krieg betroffenen Menschen im Auge haben, möglicherweise eine doppelte, sogar eine paradoxe Strategie anwenden, bei der sie das IHL nutzen, während sie gleichzeitig auf die darin implizierten Gefahren hinweisen und seinen Wahrheitsanspruch und damit die Grundlage seiner Autorität infrage stellen. In jedem Fall sollte das internationale Recht nicht die einzige Sprache von Protest und Widerstand gegen israelische Gewalt sein. Gegen den Angriff auf Gaza sollte man sich nicht stellen, weil er »illegal« ist, sondern weil er der Logik der israelischen Herrschaft über die Palästinenser entspricht.

Möglicherweise ist das wahre Gesicht des internationalen Rechts nicht Zurückhaltung und Zügelung, sondern zeigt sich in der Zerstörung Gazas und der dabei entfesselten Gewalt.

Nachwort

Angefangen bei den »primitiven« Behausungen in der Ausstellung *Architektur ohne Architekten*[1] bis hin zu den Glitzerkasinos und den gesellschaftlichen Phänomenen der Massenkultur in *Learning from Las Vegas*[2] ging es bei den theoretischen Anstrengungen in der Architektur seit Mitte der 1960er Jahre darum, die Einschränkungen modernistischer Architektur aufzubrechen und den architektonischen Entwurf erneut durch symbolische, kommunikative und semiotische Inhalte aufzuladen. Diese Ausstellungen begründeten eine Linie der Architekturforschung, die nach wie vor in der zeitgenössischen avantgardistischen Praxis nachwirkt. Gegenwärtige Forschung in der Architektur neigt dazu, auf immer vielschichtigere Weise in Phänomenen der globalen Urbanisierung oder der »Vernakularismen des Kapitalismus«, der aus der Not geborenen Improvisation, nach Inspiration zu suchen. Eine solche Praxis macht aus Beobachtungen Konzepte, aus Konzepten Werkzeuge und aus Werkzeugen Methodologien des Entwerfens, die beim Bauen von Gebäuden angewandt werden. Das Lernen in *Learning from Las Vegas* impliziert genau wie das Lernen von allen anderen zeitgenössischen Städten, Phänomenen und Orten, dass die primäre Motivation für die Forschung im Bereich der Architektur immer noch in ihrer Anwendung auf den Entwurf liegt, dass Architekturforschung im Kern angewandte Forschung im Dienste der Planung und des Entwurfs ist.

Die Zielsetzung dieses Buches ist eine gänzlich andere. Eine engagierte architektonische Forschungsarbeit in einem Konfliktgebiet lässt diese Prämisse der Methoden angewandter Forschung bestenfalls zynisch erscheinen. Was sollte eine kreative Architekturrecherche »aus der Herrschaft über Gaza lernen«, um es auf London anzuwenden?

Forschung und Praxis in Konfliktgebieten sind jedoch auf andere Weise problembehaftet. In Palästina dokumentieren einige Architekten und Planer, oft Mitarbeiter in unabhängigen Organisationen wie dem ARIJ (Applied Research Institute of Jerusalem)[3] oder Bimkom (Planners for Planning Rights)[4], die Verletzung der Rechte von Palästinensern durch die Veränderung der gebauten Umwelt und reichen in diesem Zusammenhang Klagen ein. Andere Architekten, die insbesondere mit humanitären Organisationen und verschiedenen UN-Agenturen zusammenarbeiten, sind an Projekten zur Verbesserung der Situation in den palästinensischen Flüchtlingslagern beteiligt, am Wiederaufbau von zerstörten Privathäusern oder öffentlichen Gebäuden oder aber an der Verlegung von Krankenhäusern und Schulen, die durch die Mauer in der Westbank von ihren Gemeinden abgeschnitten wurden. Das Erstere ist eine Praxis des Einklagens von Rechten und zielt darauf ab, Druck auf die israelische Regierung auszuüben, um sie zu einer Beendigung der Besatzung zu bewegen; Letzteres ist ein direktes Eingreifen, um das Leben von Palästinensern unter dem israelischen Besatzungsregime etwas erträglicher zu machen. Doch wie dieses Buch versucht hat darzulegen,[5] werfen die Versuche, die verheerende Situation, die von den Besatzungsstreitkräften angerichtet wird, in Ordnung zu bringen und auf diese Weise Abhilfe zu schaffen, Fragen anderer Art auf. Wenig durchdachtes direktes Eingreifen kann, auch wenn es noch so gut gemeint ist, zu Komplizenschaft mit der Macht werden. Das Eingreifen dieser Art nimmt häufig Aufgaben wahr, zu denen von Rechts wegen die Besatzungskräfte verpflichtet sind, die diese jedoch nicht erfüllen. Doch so werden sie ihrer Verantwortung entbunden, und man ermöglicht es ihnen, frei werdende Ressourcen anderweitig einzusetzen. Außerdem kann ein solches Abfedern des Vorgehens der IDF die Besatzung erträglicher erscheinen lassen und effizienter gestalten. Das mag letztendlich in gewisser Weise zu ihrer Verlängerung beitragen. Dies ist der Kern des Problems, das als »humanitäres Paradox«[6] bezeichnet wird.

Das »humanitäre Paradox« betrifft alle Praktiker des humanitären Bereichs, der gewöhnlich vor allem aus internationalen NGOs besteht – eine Sphäre, die sich in den letzten Jahren zu einer Milliarden schweren »Hilfsindustrie« ausgewachsen hat. Eine der wichtigsten Neuerungen auf diesem Feld wurde von Mitgliedern der Ärzte ohne Grenzen (Médecins sans Frontières, MSF) eingeführt und von Rony Brauman, einem der Gründer, auf den Punkt gebracht. Die MSF betonen in ihrem Kodex, dass humanitäre Organisationen, die manchmal Zugang zu Zusammenhängen und Informationen haben, die selbst Journalisten verschlossen bleiben, verpflichtet sind, nicht nur ihre professionellen Aufgaben zu erfüllen, sondern darüber hinaus »Zeugnis ablegen müssen von dem Unrecht, das geschieht, und auch politische Verantwortlichkeiten klar zu benennen haben«. Laut Brauman »begeben sich Medizinerinnen und Mediziner mit einem Arztkoffer auf das Feld und kommen zurück, um Zeugnis abzulegen«.[7] Indem MSF diesen Kodex zur Grundlage ihrer Arbeit erklärten, politisierten sie einen medizinischen Berufsstand, der sich bis dahin einzig der hippokratischen Neutralität verpflichtet gefühlt hatte. Dieses »Bezeugen« kann in Form von unmittelbaren Augenzeugenberichten über Ereignisse, die die Mitglieder vor Ort beobachten, geschehen; oder aber die Form von medizinischen Berichten annehmen, die aus der spezifischen Perspektive der Profession und vor dem Hintergrund ihrer Expertise und ihres medizinischen Wissens abgefasst werden.[8] Die Methode der MSF ist einfach, aber innovativ: Indem sie die Rolle der medizinischen Experten um die des Zeugen ergänzen, ermöglichen sie es ihren Mitarbeitern, mit den Paradoxa, denen sie in Konfliktgebieten begegnen, umzugehen, anstatt sich ihnen zu unterwerfen.

Ähnlich könnte sich architektonische Praxis in Konfliktgebieten die ethischen Motive und methodischen Fähigkeiten aneignen, die sie befähigen, professionelles Zeugnis abzulegen von den Verbrechen, die mit der Verwandlung der gebauten Umwelt einhergehen. Die Verschmelzung der Rolle des spezialisierten Experten mit der des Zeugen sollte derart sein, dass die beiden Aspekte nicht voneinander getrennt bleiben, sondern sich im Zusammenwirken wechselseitig bestärken. Die Arbeit des Israelischen Komitees gegen Häuserzerstörungen (Israel Committee Against House Demolition, ICAHD)[9] ist ein gutes Beispiel für diese Vorgehensweise. Das ICAHD ist eine Gruppe, die mit den Methoden der direkten Aktion arbeitet und gegründet wurde, um gegen die Zerstörung palästinensischer Wohnhäuser durch Israel zu protestieren und auch bei ihrem Wiederaufbau zu helfen. Dabei handelt es sich überwiegend um »illegal« errichtete Gebäude, was darauf zurückzuführen ist, dass die Stadtverwaltung von Jerusalem für die palästinensischen Stadtteile nicht einmal annähernd genügend Baugenehmigungen erteilt. Das ICAHD fungiert zunehmend auch als Informationszentrum, das die bürokratischen, gezielt verschleiernden Planungsprozesse anprangert, durch die jene Praktiken der Besatzung laufend umgesetzt werden. Die Art, wie das ICAHD eingreift, indem es einerseits Baugenehmigungen beantragt und andererseits »illegal« Häuser wieder aufbaut, die von der Jerusalemer Stadtverwaltung eingerissen wurden, stellt eine Verbindung von humanitärer Hilfe und investigativer Feldforschung dar. Es liegt auf der Hand, dass die Bereitstellung einer Unterkunft und die Unterstützung für diejenigen, die sie dringend benötigen, essenziell sind. Die investigative Feldforschung schlägt sich darin nieder, wie sie durch ihre Arbeit das Jerusalemer Planungssystem dazu veranlassen, seine inhärent koloniale Natur bloßzulegen.[10] Diese Form der provokativen Intervention platziert die Aktivistinnen und Aktivisten sowohl innerhalb als auch außerhalb des Systems: Sie spielen eine bestimmte Rolle im Rahmen des Konflikts, und sie sind zugleich in der Position, ihn zu kritisieren und zu analysieren. Das Vorgehen des ICAHD stellt die traditionelle Vorstellung auf den Kopf, nach der Forschung zum Bauen führt (oder sich die Praxis aus der Theorie ergibt), und wird so zu einem Modell für eine andere Art von Forschung. Das ICAHD recherchiert nicht nur, um zu bauen, sondern indem es baut, kitzelt es genau die Informationen über Planungsprozesse und Gesetze heraus, die es untersuchen will. Diese Form der Architekturrecherche eröffnet mögliche Freiräume für eingreifendes Handeln in einem lähmend übermächtigen System, in dem nichts zu gehen scheint, und entwickelt sich so zu einer Praxis radikaler Kritik. Ihre Methoden zeigen, dass Recherche, deren Ausgangspunkt innerhalb der Architektur liegt, selbst zu Architektur werden kann – mehr noch: zu einer architektonischen Praxis, die sich gegen Architektur wendet. Obwohl die meisten ICAHD-Aktivisten keine ausgebildeten Architekten sind, könnte ihre Arbeit dazu beitragen, die Verkörperung der Aktivisten-Architekten neu zu definieren, einer Rolle, die in der Ausbildung von Architekten ihren Platz haben sollte, wenn diese Profession am Anspruch kultureller und politischer Relevanz festhalten will.[11]

Im Laufe meiner Beschäftigung mit diesem Konflikt eröffneten mir bestimmte Projekte Gesichtspunkte und menschliche Verbindungen sowie Quellenmaterial für dieses Buch. Dazu gehörte meine Zusammenarbeit mit der Menschenrechtsorganisation B'Tselem; meine zeitweise Verbindung mit dem palästinensischen Planungsministerium in Ramallah; eine Reihe von Veröffentlichungen und Ausstellungen, die ich zusammen mit Anselm Franke und Rafi Segal kuratiert habe, und eine ganze Reihe von gefilmten und aufgenommenen Interviews mit den Militärtheoretikern der IDF. Ich erwähne sie alle, um die unterschiedlichen Mittel zu benennen, durch die die unterschiedlichen Perspektiven und Analysen in diesem Buch zusammengetragen werden konnten.

Im Jahr 2001 lud mich Yehezkel Lein, Forscher bei B'Tselem, zur Mitarbeit an einem umfassenden Bericht ein, *Land Grab*, in dem es darum ging aufzuzeigen, inwiefern durch die gebaute Umwelt, insbesondere bei der Planung der israelischen Siedlungen, die Menschenrechte der Palästinenser verletzt werden. Wir analysierten Serien von Zeichnungen, Vorschriften, Politiken und Plänen, unternahmen mehrere Vermessungen vor Ort und Überfliegungen und konnten so an den alltäglichsten Gegebenheiten von Architektur und Planung Menschenrechtsverletzungen und Verletzungen internationalen Rechts festmachen. Nicht nur bedeutete die Tatsache, dass Israel in den Besetzten Gebieten gebaut hat, einen Bruch internationaler Vereinbarungen und Gesetze; die architektonischen und Planungsmethoden selber, mit deren Hilfe die Bauvorhaben umgesetzt wurden, hatten zudem für das tägliche Leben und die Lebensgrundlagen der Palästinenser direkte und verheerende Folgen. Architekten und Planer waren es, die durch die Linien, die sie auf Bebauungsplänen zogen, das Verbrechen begingen. Die Zeichnungen lieferten die Beweise. Wir sammelten Beweismittel, die den Vorwurf belegten, dass die Architektur eine Komplizin der Besatzung ist, wir bildeten eine Synthese aus allen Planungszeichnungen und führten alle Masterpläne auf einer einzigen Karte zusammen.[12] Wir stießen auf wiederkehrende Muster, in denen sich eine aggressive Zielsetzung offenbarte. In ihrer Anlage wie in ihrer Verortung wurden die Siedlungen mal geplant, um eine wichtige palästinensische Verkehrsader zu zerschneiden, mal um ein Dorf einzuschließen oder um eine größere palästinensische Stadt oder strategische Kreuzung zu überblicken.

Nachwort

Manipulationen auf der formalen Ebene und die Organisation des Raums – das ist das »Metier« von Architektur und Planung. Die Rolle, die Architekten und Planungsfachleute bei der »zivilen Besatzung« spielten, wurde sowohl in ihrer umfassenden Logik als auch in den wiederkehrenden Bedingungen auf der Mikroebene kritisch beleuchtet.[13]

Nachdem wir die Karte 2002 veröffentlicht hatten, wurde sie zu einem der geografischen Instrumente der Anwaltschaft für palästinensische Rechte in juristischen Auseinandersetzungen mit der israelischen Regierung.[14] Zu jener Zeit jedoch, als im Zusammenhang mit der Zweiten Intifada die Gewalt einen Höhepunkt erreichte, war die Geografie der Besatzung derart fließend, dass die auf dieser Karte abgebildete Realität – ähnlich wie die auf Nachfolgekarten dargestellte[15] – bald zu einem Schnappschuss in einem Prozess anhaltender Transformation verblasste. Die physische Organisation des Terrains erwies sich zugleich als rigide und elastisch – rigide in ihren unmittelbaren materiellen Auswirkungen auf alle Aspekte palästinensischen Alltags, elastisch in ihrer Fähigkeit, politische Veränderungen in ihre Organisation und Form zu integrieren.

Die Kartografie, die ihre Perspektive durch die Triangulierung von Erhebungen des Terrains und später durch Luftfotografie und Satellitenbilder etablierte, ist bis vor kurzem fast ausschließlich mit den Mechanismen kolonialer Macht in Verbindung gebracht worden. Seit Beginn der Intifada wurde sie jedoch zunehmend mit Bestrebungen assoziiert, gegen die Kolonialisierung anzugehen und ihr Einhalt zu gebieten. Obwohl Edward Said recht hatte, als er zu Beginn der Zweiten Intifada noch annahm, dass die Art, wie die Besatzung organisiert war, den Palästinensern und ihren Unterstützern weitgehend verborgen blieb, worin ein klarer Vorteil für die Besatzungsmacht lag,[16] hat doch in den letzten Jahren eine »räumliche Wende« im Diskurs um die Besatzung dazu beigetragen, den Konflikt auch als physische, geografische Realität zu begreifen. Das wiederum hat zur Erstellung einer Vielzahl von Karten geführt, die von unterschiedlichen politischen und Menschenrechts-Gruppen vorgelegt und verteilt werden.

Wir stellten unsere Karte in einem Format ins Internet, in dem sie problemlos in eine Grafikdatei konvertierbar war. Dies ermöglichte es, zusammen mit ähnlichen Beiträgen anderer Aktivisten und Organisationen, dass sich das diffuse Projekt einer »Kartografie der Besatzung« zu so etwas wie einem dynamischen *Open-source*-Prozess entwickelte. Jede Organisation, die sich mit irgendeinem der Aspekte des räumlichen Besatzungsregimes befasste – Straßensperren, Siedlungen, Vorposten, Armeerazzien, der Mauer –, nutzte, aktualisierte und stellte ihre Dateien und Informationen so ins Netz, dass ihre grafischen Inhalte allgemein genutzt werden konnten. Die Recherche, bei der die Arbeiten verschiedener Beteiligter zusammenflossen, ergab ein Gesamtbild der physischen Faktoren des Territoriums und seiner Umformung durch die Besatzungsmacht. Dabei wurden, annähernd zeitgleich mit den Veränderungen, diese auch durchschaubar gemacht. Dank dieser Studien können wir davon ausgehen, dass die geografischen Gegebenheiten der Besatzung relativ genau kartografiert sind und wir in dem Maße, in dem wir uns weiterhin um die Erstellung von Karten und ihre laufende Aktualisierung kümmern, auch weiterhin über zukünftige Veränderungen des Gebiets informiert sein werden. Die Aufgabe, die noch weitgehend zu tun bleibt, ist die Interpretation dieser territorialen Gegebenheiten, die Einsicht in die Logik, aufgrund derer die Besatzung funktioniert.

Mein Büropartner Rafi Segal und ich kuratierten im Jahr 2002 eine kleine Ausstellung und gaben den begleitenden Katalog unter dem Titel *Eine Zivilbesatzung* heraus. Das Projekt bezog die Arbeiten israelischer Architekten, Historiker, Fotografen und Journalisten ein und analysierte mehrere Schlüsselepisoden in der Geschichte zionistischer Planungen. Wie inzwischen allgemein bekannt ist, verhinderte der israelische Architektenverband, der das Projekt in Auftrag gegeben hatte, dass die Ausstellung 2002 beim internationalen Architekturkongress in Berlin gezeigt wurde, und stampfte die Auflage von 5000 Katalogen ein.[17] Die Unterbindung der ursprünglichen Ausstellung zog eine ganze Reihe anderer Anfragen weltweit nach sich. Die erste Präsentation der Ausstellung, dieses Mal mit der Ko-Kuratorin Sarah Herda, wurde im Februar 2003 in der Storefront Gallery for Art and Architecture in New York eröffnet. Weitere Arbeiten zum Thema flossen schließlich in eine größere Ausstellung ein – *Territories* –, die drei Monate später, von Anselm Franke mitkuratiert, am KW Institut für zeitgenössische Kunst (KW Institute for Contemporary Art) in Berlin gezeigt wurde. Obwohl Rafi Segal und ich in diesen Ausstellungseinladungen zunächst nur Gelegenheiten sahen, unsere Recherche auszuweiten, erkannten wir schnell das außerordentliche kritische Engagement unserer Partner aus der Kunstwelt, das sich auf erkenntnisreiche und spezialisierte Perspektiven gründete. Die Kooperation mit Anselm Franke lehrte uns über das Kuratieren, dass es eine Methode sein konnte, visuelle und andere Formen des Wissens zu erzeugen und miteinander in Beziehung zu setzen, die uns Zugang zu unterschiedlichen Formen von Einsicht in politische Angelegenheiten eröffnete. Aktualisierte Versionen von *Territories* wurden im Witte de With Centre of Contemporary Art in Rotterdam (November 2003), in der Berkeley University Gallery in San Francisco (März 2004), in der Konsthall in Malmö (Mai 2004), in der B'tzalel-Galerie in Tel Aviv und im Scham'l Centre in Ramallah (November 2004) eröffnet. Das Projekt regte auch mehrere Konferenzen an. Die bedeutendste war die 2005 zusammen mit Thomas Keenan und Judit Carrera im Centre de Cultura Contemporània de Barcelona (CCCB) unter dem Titel »The Archipelago of Exception« organisierte Konferenz, die sich mit dem sich rasch ausbreitenden Phänomen der extraterritorialen Zonen auseinandersetzte.[18]

Teile dieser Forschungsarbeit sind erstmals im März 2002 unter dem Titel *The Politics of Verticality* auf OpenDemocracy.net herausgekommen.[19] Ein Jahr, nachdem im Juni 2002 die Veröffentlichung von *A Civilian Occupation* von der AIUA unterbunden worden war, kam das Buch bei Verso Books und Babel Publishers heraus. Das Kapitel *Mountain Settlements: Principles of Building in Heights* in dieser Sammlung, das Rafi Segal und ich gemeinsam verfasst haben, baute weitgehend auf dem Kapitel *Optischer Urbanismus* auf, das zuvor bereits in *The Politics of Verticality* herausgekommen war. Die drei Bände des *Territories*-Katalogs, die ich zusammen mit Anselm Franke herausgegeben hatte (und die beim Verlag der Buchhandlung König in Köln erschienen sind), enthielten ebenfalls Material, das für dieses Buch aktualisiert und vertieft wurde.

Denen, die zur Veröffentlichung anderer Teile dieser Untersuchung in den von ihnen herausgegebenen Büchern, Zeitungen und Zeitschriften beigetragen haben, möchte ich danken: Schumon Basar, Ole Bouman, Denise Bratton, Sarah Breitberg-Semel, Haim Brescheeth, Eduardo Cadava, David Cunningham, Cynthia Davidson, Daniela Fabricius, Stephen Graham, Haifa Hammami, Brian Holmes, Branden W. Joseph, Christian Höller, Bechir Kenzari, Walther König, Rem Koolhaas, Aaron Levi, Markus Miessen, Philip Misselwitz, Sina Najafi, Adi Ophir, Andreas Ruby, Sharon Rotbard, Meike Schalk, Felicity Scott, Michael Sorkin und Sven-Olov Wallenstein.

Besonders möchte ich Michael Sorkin dafür danken, dass er mir im Sommer 1999 erstmals die Gelegenheit bot, öffentlich über das Thema der Architektur im Zusammenhang mit dem israelisch-palästinensischen Konflikt zu sprechen, und diese Arbeit im weiteren Verlauf enorm unterstützt hat. Unter jenen, die mich einluden, Vorträge zum Thema zu halten, möchte ich besonders Lindsay Bremner von der Architekturfakultät der Witwatersrand Universität in Johannesburg, Südafrika, danken, wo ich 2004 die Rusty Bernstein Memorial Lectures halten durfte. Annabel Wharton und der Fakultät für Kunst, Kunstgeschichte und die visuellen Künste an der Duke University gilt mein Dank für die Einladung, zuammen mit Rafi Segal die drei Benson Lectures 2005 zu halten; der Fakultät der School of Architecture der Universität Michigan für die Einladung, dort 2005 die Raul Wallenberg Studio Lecture zu halten; dem Canadian Centre for Architecture und der London School of Economics als Gastgebern der James Sterling Memorial Lectures von 2006 und 2007. Danken möchte ich auch Andrew Benjamin, Stefano Boeri, David Campbell, Lieven de Cauter, Patricia Clough, Teddy Cruz, Catherine David, Zvi Efrat, Steve Fagin, Jeff Halper, Shirine Hamadeh, Abe Hayeem, Thomas Keenan, Declan McGonagle, Dan Monk, Roger Owen, Nezar al-Sayyad, Hans Ulrich Obrist, Walid Ra'ad, John H. Smith, Neil Smiths,

Anthony Vidler, Mark Wigley und Alejandro Zaero-Poro, die mich alle an ihre jeweiligen Institutionen eingeladen und Diskussionen angeregt haben.

Nadav Harel, mit dem zusammen ich mehrere unvollendete Dokumentarfilme gemacht habe, gilt mein Dank. Teile davon wurden im Zusammenhang mit der *Territories*-Ausstellung gezeigt und lieferten Material, das in dieses Buch eingeflossen ist. Ich möchte mich auch bei den Fotografinnen und Fotografen bedanken – Adam Broomberg, Oliver Chararin, Marine Hougonier, Nir Kafri, Miki Kratsman, Bas Princen, Daniel Bauer und Zohar Kaniel –, die mir durch ihre Bilder manches offenbarten, was ich mit meinen eigenen Augen so nicht gesehen hatte. Ich möchte auch Zwi Efrat und Zwi Elhyani dafür danken, dass ich die Archive israelischer Architektur nutzen durfte, die sie angelegt haben, insbesondere das Archiv des »Israelischen Projekts« und das »Elhyani-Archiv der israelischen Architektur«.

Ich möchte den akademischen Mitgliedern des London Consortium[20] und besonders Paul Hirst danken, die mir eine akademische Heimstatt geboten und mir das Stipendium für die Vollendung meiner Dissertation gewährt haben. Die vorliegende Arbeit ist nicht die Doktorarbeit, doch diese ist die Grundlage für mehrere Kapitel dieses Buches. Paul Hirst, Mark Cousins und Stephen Connor haben dazu beigetragen, für eine produktive Interaktion zwischen öffentlichen Aktivitäten (Ausstellungen, Kartografie, Veröffentlichungen, Menschenrechtsarbeit) und Forschungsarbeit zu sorgen. Es hätte mich sehr gefreut, wenn Paul das Buch gesehen hätte, und ich hoffe, ihm hätte das Ergebnis unserer ausgiebigen Gespräche gefallen. Jacqueline Rose und Robert Jan van Pelt haben die Doktorarbeit streng und mit Liebe durchgesehen und mich großzügig mit ihren wertvollen Einsichten bedacht.

Eitan Diamond und Thomas Keenan möchte ich für ihre hilfreichen Kommentare danken, mit denen sie das 10. Kapitel begleitet haben.

Ein Großteil der Recherchen geht auf Interviews mit palästinensischen und israelischen Architekten, Planern, Wissenschaftlern, Regierungsbeamten, Soldaten und Aktivisten zurück, die ich in palästinensischen, israelischen oder europäischen Städten getroffen habe. Mein besonderer Dank gilt: Khalil Nijem, Direktor des palästinensischen Planungsministeriums; Knut Felberg, einem norwegischen Planungsfachmann, der in diesem Ministerium arbeitet; Sari Hanafi von der Amerikanischen Universität Beirut; Akram Ijla vom Ministerium für Altertümer in Gaza; Adania Shibli, einer palästinensischen Autorin, die in London lebt; und Omar Yussuf, Architekt aus Jerusalem. Ich möchte, dass sie und alle, die ihre Einsichten mit mir geteilt und mir damit geholfen haben, wissen, wie dankbar ich ihnen für ihre Großzügigkeit und ihre Hilfe bin. Auch mit mehreren israelischen Militärs, die noch im Dienst oder bereits im Ruhestand waren, habe ich Gespräche geführt. Bei der Lektüre dieses Buches könnten sich Leser, die weder Israelis noch Palästinenser sind, fragen, wie es möglich ist, dass man einen solchen Zugang zu Militärs und militärischen Informationen aus erster Hand bekommt. Alle, die in Israel leben, es besuchen oder unter seinem Regime leben, wissen sehr wohl um die Durchdringung aller Lebensbereiche durch das Militärische. Viele Offiziere und Soldaten fanden sich bereit, wenn auch anonym, über militärische Operationen, Taktiken und Vorgehensweisen zu sprechen. Zu den aufschlussreichsten Quellen für diese Arbeit zählten die Interviews mit Schimon Naveh, einem Offizier im Ruhestand und ehemaligen Direktor des Operational Theory Research Institute (OTRI) der Armee. Ich danke ihm dafür, wie entgegenkommend er war, obwohl (und vielleicht weil) ihm durchaus klar war, von welcher Position aus dieses Buch geschrieben wurde. Die Gespräche mit Shlomo Gazit und Arie Shalev, den ersten Militärgouverneuren der Besetzten Gebiete, wurden am Jaffee Centre for Strategic Studies der Universität Tel Aviv geführt.

Ich möchte auch zwei Freunden und Mentoren in Israel danken: Zwi Efrat[21] und Sharon Rotbard[22]; beide haben, jeder auf seine ganz besondere Art, den israelischen Architekturdiskurs geprägt und verändert, indem sie kulturwissenschaftliche, kritische und postkoloniale Kategorien und Herangehensweisen in diesen Bereich einführten. Ganz besonders viel habe ich Meron Benvenisti, Adi Ophir und Ariella Azoulay zu verdanken, die mir direkt oder durch ihre inspirierenden Werke unerwartete Hinweise und Einsichten eröffnet haben.

Eitan Diamond, Anselm Franke, Manuel Herz, Sharon Rotbard und Alberto Toscano haben Entwürfe dieses Buchs gelesen und kommentiert. Ihre Gedanken sind in den Text eingegangen. Großes Vergnügen hat mir der beflügelnde kritische Geist des großartigen Tom Penn bei Verso bereitet, der tatsächlich zum Partner bei der Entstehung dieses Buches wurde.

Meine Schwester Elian Weizman hat in den letzten Monaten der Arbeit an dem Buch einige Recherchen übernommen. Obwohl wir denselben Genpool teilen, waren es ihre Kompetenz, ihre Intelligenz und ihr unbestechliches Auge, die mir in dieser entscheidenden Phase gefehlt hatten. Ines, meine Frau, hat so viele Entwürfe gelesen, so oft zugehört, Kritik und Kommentare vorgebracht und Verbesserungsvorschläge gemacht, dass ich nicht mehr genau sagen kann, wo ihre Gedanken aufhören und meine anfangen.

Diejenigen, die ich hier erwähnt habe, sind mir großzügige und echte Kollegen gewesen; persönlich oder im Rahmen von Institutionen haben sie dieses Projekt beeinflusst und es überhaupt erst ermöglicht. Jede und jeder von ihnen hat mir auf ihre und seine Weise beigebracht, dass sich in einer großherzigen professionellen Zusammenarbeit immer auch ein Stück Freundschaft verwirklicht.

Anmerkungen

Einleitung: Architektur der Grenzen

1 Patrick Keiller, *London* (Film), 1994.
2 Mourid Barghouti, *I Saw Ramallah*, übers. v. Ahdaf Soueif, London 2005, S. 31.
3 Der vollständige Satz, wie er 1967 in Tonaufnahmen des Oberbefehlshabers des südlichen Abschnitts (Chief of Southern Command), Yeshayahu Gavish, verewigt ist, lautete »Sadin adom nu'a nu'a sof«. Der Code, mit dem der israelische Angriff am 5. Juni 1967 begann, hieß »sadin adom« (»rotes Betttuch«). »Nu'a nu'a sof« (»Los, los, bewegt euch raus«) bedeutete die weitgehende Übertragung der Befehlsgewalt von Stabsoffizieren auf am Boden operierende Frontoffiziere.
4 Außerdem bezahlte das Ministerium für Bau- und Wohnungswesen eine gepflasterte Zufahrtsstraße. Die Straßenbeleuchtung und ein Doppelzaun, an dem alle 20 m ein Hund angeleint war, wurden vom Militär bezahlt. Dror Etkes, »Construction in unauthorized outposts: April–August 2006«, Peace Now, http://www.peacenow.org.il/site/en/peace.asp?pi=61&docid=1936.
5 Talya Sasson, »An interim legal opinion submitted to Prime Minister Ariel Sharon on the subject of illegal outposts in the West Bank«. [Hebräisch]: http://www.pmo.gov.il/NR/rdonlyres/0A0FBE3C-C741-46A6-8CB5F6CDC042465D/0/sason2.pdf. Auf englisch: http://www.peacenow.org/hot.asp?cid=390.
6 *Agence France Presse*, 15. November 1998.
7 BBC: »Activists demolish West Bank outpost«, 8. September 2004. Die Aktion wurde von Dror Etkes von Peace Now durchgeführt, um zu demonstrieren, dass das zögerliche Ministerium Recht und Regierungsversprechen durchsetzen und Vorposten abziehen konnte, wenn es denn wirklich wollte.
8 Entgegen gängiger Sichtweise entstanden Grenzen nicht durch die Ausdehnung Europas nach Amerika, Australien oder Afrika. Sie waren Teil der Territorialität vormoderner Imperien. Die Randgebiete der antiken römischen und chinesischen Imperien, wie auch die der Azteken und Inkas, bestanden in tiefen, sich verschiebenden und unscharf definierten Bereichen des kulturellen Austauschs und der Kriegführung, in denen Schlachten mit Völkern ausgetragen wurden, die man seit dem antiken Griechenland als »Barbaren« bezeichnete. Diese Imperien beruhten eher auf einem flexiblen Verhältnis von Macht, Handel und Zugehörigkeit zwischen Zentrum und Peripherie als auf territorialer Nähe. Vgl. Paul Hirst, *Space and Power, Politics, War and Architecture*, London 2005, S. 63-64.
9 Sharon Rotbard, »Preface«, in: *A Civilian Occupation, The Politics of Israeli Architecture*, London und Tel Aviv 2002, S. 15-16.
10 Der Konflikt kann als Kraftfeld verstanden werden. Für Nietzsche ist Territorium, ähnlich einer aus Feldern unsichtbarer Energien bestehenden kosmischen Sphäre, »*a substratum of force*«. Vgl. Friedrich Nietzsche, *The Will to Power [Der Wille zur Macht]*, Fragment 545, hrsg. und übers. v. Walter Kaufmann, New York 1967, S. 293. Gemäß Gilles Deleuzes Lektüre von Michel Foucault: »Power (…) is not an attribute but a relation: the power-relation is the set of possible relations between forces, which passes through the dominated forces no less than through the dominating.« Vgl. Gilles Deleuze, Foucault, Minneapolis und London 1988, S. 27. Vgl. auch S. 36, wo Deleuze den Begriff »*map of relations between forces*« benutzt.
In Anlehnung an Deleuze beschreibt der Architekt und Theoretiker Greg Lynn Flexibilität als die stetige Entwicklung und Veränderung von Form: »Pliancy allows architecture to become involved in com-

plexity through flexibility ...« Und an anderer Stelle: »curvilinear sensibilities are capable of complex deformations in response to programmatic, structural, economic, aesthetic, political and contextual influences«. Vgl. Greg Lynn, *Folds, Bodies & Blobs, Collected Essays*, Brüssel 1998, S. 110, 115.
Lynns prozessorientierter Ansatz hatte auch D'Arcy Thompsons Maxime von Form als »Kraftdiagramm« zum Vorbild. Da »formgestaltende Kräfte« – die politischen Rationalitäten, Anwendungen von Raumformationen und Kenntnisstände – in Raum eingebettet sind, könnte die Raumanalyse angewendet werden, um sie zu exzerpieren und aufzudecken. Die Richtigkeit dieser Aussage muss sich in der Anwendung dieses Ansatzes außerhalb der virtuellen Welt des Computers erweisen, in der Welt der Politik und des Handelns.
Politische Kräfte manifestieren sich nicht offensichtlich und *vollständig* in materieller Organisation. Die Komplexität von Politik – ihre Empfänglichkeit für Spezifika, Idiosynkrasien, Einzigartigkeiten und Zufall – führt zu unbestimmbaren und folglich auf Karten nicht darstellbaren Raumveränderungen. Da Grenzen überall in Kontakt zu Spannung und Zufall stehen, könnte es sein, dass ihre Analyse nie in das Rahmenwerk des geografischen Determinismus oder in »die Regeln der Form« passt.

11   Der Begriff »archivarische Auslotung« wird verwendet in: Sanford Kwinter und Daniela Fabricius, »Urbanism: An Archivist's Art?« in: Rem Koolhaas, Stefano Boeri, Sanford Kwinter, Nadia Tazi und Hans Ulrich Obrist, *Mutations*, Barcelona 2001, S. 495-503.

12   Zwei der bekanntesten israelischen »Aktivisten-Promis«, die im Westjordanland aktiv sind – Dror Etkes von Peace Now und Jeff Halper vom Israel Committee against House Demolition (ICHAD) –, haben die israelische Regierungspolitik in der Westbank schon oft empfindlich treffen und die Verhältnisse vor Ort verändern können. Die US-Regierung, die sich üblicherweise ganz auf ihr Satellitennetzwerk verlässt, entschied 2005, die Ausweitung der israelischen Siedlungen nicht zu fotografieren, denn: »Wir benutzen unsere Satelliten nicht gegen unsere Verbündeten.« Die Hauptinformationsquellen der US-Administration sind die Internetseiten von Peace Now, B'Tselem und, in geringerem Maße, ICHAD. 2006 wurde Jeff Halper für den Friedensnobelpreis nominiert. 2009 wurde ihm der Freiburger Kant-Weltbürgerpreis verliehen.

13   Die formaljuristische Doppeldeutigkeit wird in den Unterschieden der voneinander abweichenden Versionen der UN-Resolution 242 anschaulich, die Israel auffordern, sich aus »besetzten Gebieten« (englische Version) oder aus »den besetzten Gebieten« (französische Version) zurückzuziehen. Innerhalb der Grenzen des Westjordanlands betreffen diverse Regeln und militärische Vorschriften die getrennten Personengruppen, die das Westjordanland bewohnen – »israelischer Jude«, »israelischer Nicht-Jude« (es gibt natürlich palästinensische Bürger in Israel), »Siedler« (»Über-Bürger«, die mehr Vorteile und Rechte genießen), »Soldat«, »Sicherheitspersonal« (Söldner), »Araber« (Staatsbürger), »unbeteiligter Zivilist« (während militärischer Operationen getötete Palästinenser, deren Unschuld bewiesen werden muss), »temporärer Bewohner« (Palästinenser, die auf der Westseite der Mauer wohnen), »Ausländer« (wird automatisch als europäischer Palästinenser-Sympathisant verdächtigt), »Gastarbeiter« (viele der Arbeiter in den Agrarsiedlungen stammen aus China und Thailand), »Linke« (ja – es gibt Gegenden im Westjordanland, hauptsächlich nahe der zum harten Kern gehörenden Hebroner Siedlungen, die für Israelis, die liberal-säkular »aussehen«, durch das Militär gesperrt werden), »Terroristen« (jedes Mitglied einer palästinensischen Organisation, die einen militärischen Flügel hat) usw. In einem der merkwürdigen Konfliktparadoxa kann ein Palästinenser IDF-Soldat sein, während ein Soldat auf Wochenendurlaub politischer Aktivist sein kann.

14   Einem 1992 erlassenen israelischen Gesetz zufolge ist es dem Innenminister nicht gestattet, Ortschaften mit einer Bevölkerung von weniger als 3000 Bewohnern den Rang einer Gemeinde, oder Ortschaften mit einer Bevölkerung von weniger als 20000 den Rang eines Stadtbezirks zuzuerkennen. Allerdings gewährt das Gesetz dem Minister Ermessensspielraum, anders zu entscheiden, »falls besondere Voraussetzungen und Umstände vorliegen«. Gegen Ende des Jahres 2001 hatten vier der 14 Gemeinden im Westjordanland eine Bevölkerung von weniger als 3000 Bewohnern, und zwei der drei Stadtbezirke hatten eine Bevölkerung von weniger als 20000. Vgl. Yehezkel Lein und Eyal Weizman, *Land Grab: Israel's Settlement Policy in the West Bank*, Jerusalem Mai 2002. Online veröffentlich auf www.btselem.org.

15   In seiner Besprechung von *A Civilian Occupation* arbeitete der Politologe David Campbell unter-

schiedliche Siedlungstypologien heraus (wobei er sich auf Informationen aus dem Menschenrechtsreport *Land Grab* berief, den ich mit Yehezkel Lein zusammenstellte). Dabei wies er auf einige Unterschiede zwischen ihren etymologischen Wurzeln hin, scheiterte aber generell daran, die politische Agenda zu erfassen, die von dieser »Komplexität« profitierte, sie weiter manipulierte und akzentuierte, um die Grenzen zwischen Israel und seinen besetzten Territorien verschwimmen zu lassen. Campbell tappte folglich in die linguistische Falle, die für das israelische Volk bestimmt war. David Campbell, »Construction Site: Architecture and Politics in Israel/Palestine«, *Theory and Event* 7:4, 2004.

16   Ilan Pappe, »Occupation Hazard«, *Bookforum*, 13. Februar 2006.
17   Derek Gregory, *The Colonial Present*, Oxford 2004.
18   Makram Khoury-Machool, »Losing the battle for Arab hearts and minds«, www.openDemocracy.net, 10. Mai 2003.
19   Vgl. von B'Tselem vorgelegte Zahlen: 683 im Konflikt getötete Menschen in 2006, http://www.btselem.org/english/Press_Releases/20061228.asp, 28. Dezember 2006.
20   Tatsächlich dominierten IDF-Generäle, noch im Dienst oder bereits im Ruhestand, den gesamten Friedensprozess mit den Palästinensern in Oslo und Camp David. Wie »Frieden« und »Sicherheit« in der israelischen Wahrnehmung untrennbar miteinander verbunden sind, zeigte sich während der Wahlen von 1996 und 1999, als die Alternativen, die den Wählern geboten wurden, »Frieden mit Sicherheit« und »Ein sicherer Frieden« lauteten. Vgl. Baruch Kimmerling, *The Invention and Decline of Israeliness: Society, Culture and the Military*, Berkeley 2001, S. 227, 209.
21   Ron Pundak im Interview, Peres Institute for Peace, Tel Aviv, 12. Februar 2002.
22   Nadav Shragai, »Dividing Jerusalem«, *Ha'aretz*, 28. Mai 2002. Die Genfer Initiative basierte fast vollständig auf den *Clinton Guidelines for Jerusalem*. Ein Team, bestehend aus israelischen und palästinensischen Verkehrsingenieuren und -planern, darunter die israelische Architektin Ayala Ronel, begann die Details für die Umsetzung der *Clinton Guidelines for Jerusalem* zu klären. Vielerorts stellten sie fest, dass diese nur umgesetzt werden könnten, wenn »innerstaatlicher Verkehr« über oder unter das jeweils andere Territorium und seine Bebauung umgeleitet würde. Die Beispiele, die sie skizzierten, schlossen die Hauptstraße, die vom Stadtzentrum zum jüdischen Stadtteil mit den Vierteln French Hill, Pisgat Ze'ev und Ramot führt, die Straße zwischen Mount Scopus und Ma'ale Adumim, und die Verbindung der palästinensischen Viertel Beit Hannina, Shuafat und Beit Tzafafa ein. Außerdem untersuchten sie die Möglichkeit, eine Brücke zwischen der Straße entlang dem südöstlichen Teil der Altstadtmauer zum Ölberg und dem dortigen antiken jüdischen Friedhof zu errichten. Vgl. Menachem Klein, *The Geneva Initiative – an Insider View*, Jerusalem 2006, S. 160-165 [Hebräisch].
23   Gilead Scher im Interview in der British Library, London, 23. Februar 2002.
24   Zusatz I des 1995 unterzeichneten »Interimsabkommens« legt fest: »Um die territoriale Integrität des Westjordanlands und des Gazastreifens als eigenständige territoriale Einheit zu bewahren und ihr Wirtschaftswachstum und ihre demografischen und geografischen Verknüpfungen untereinander zu fördern, sollten beide Seiten die Klauseln dieses Zusatzes umsetzen und zugleich ohne Einschränkungen den normalen und ungehinderten Transport von Menschen, Fahrzeugen und Waren zwischen dem Westjordanland und dem Gazastreifen respektieren und sichern.« Vgl. http://www.mideastweb.org/meosint.htm.
25   Zit. n. Eli Kamir, »Safe passage«, *Ma'ariv*, 8. April 1998.
26   Ministry of Regional Cooperation, »The Safe Passage«, interne Veröffentlichung, 1999.
Ein vom israelischen Brückeningenieur Yoram Shimon erstellter Kostenvoranschlag sah eine auf Pfeilern im Abstand von 50 bis 60 m ruhende, ca. 1 Mrd. US-Dollar teure Brücke vor. Die Kalkulation orientierte sich an einer ähnlichen, über Wasser gebauten, nach New Orleans führenden Brücke, die ebenfalls ungefähr 50 km lang ist. Vgl. Shai Elias, »An expensive solution, but still possible«, *Ma'arive*, 8. April 1998.
27   Doug Suisman, *The Arc: A Formal Structure for a Palestinian State*, Santa Monica, CA., S. 33.
28   Angesichts des unausweichlichen wirtschaftlichen Niedergangs, den die Zersplitterung einer derart kleinen Region bedeuten würde, empfahl der UNSCOP-Bericht eine Wirtschaftsunion zwischen israelischem und palästinensischem Staat. Währung und Zoll würden gemeinsam verwaltet. Das Kommunikationsnetzwerk – Eisenbahnnetze, Autobahnen, Post-, Telefon- und Telegrafendienste, Schiffs-

und Flughäfen – wäre binational. Vgl. Avi Shlaim, *The Politics of Partition: King Abdullah, the Zionists and Palestine 1921–51*, Oxford, S. 166. Die komplexe Anlage des Teilungsplans von 1947 ging auf die Vorstellung der UN zurück, dass komplexe Grenzen gegenseitige Abhängigkeit schaffen und folglich Frieden und ökonomische Kooperation zwischen beiden Staaten fördern würden. Dieses Arrangement ähnelt eher dem europäischer Staaten in der EU. Vgl. Gideon Biger, *Land of Many Borders*, Beer Sheva 2001, S. 220 [Hebräisch].

29 Meron Benvenisti, »An Engineering Wonder«, *Ha'aretz*, 5. Juni 1996. Dieser Leitartikel erschien später auf Französisch in: *Pré/occupations d'espace/ Jérusalem au Pluriel*, Marseille 2001, S. 171-173.

30 Jules Verne, *Journey to the Centre of the Earth* [Reise zum Mittelpunkt der Erde], 1864, London 2000. Edgar Allan Poe, *The Narrative of Arthur Gordon Pym of Nantucket* [Die denkwürdigen Erlebnisse bzw. Der Bericht des Arthur Gordon Pym], 1850, London 2000.

Intermezzo – 1967

1 Yigal Allon, *Curtain of Sand*, 1959, Tel Aviv 1988. [Hebräisch] S. 52, 61-82, 366-367.
Allon unterscheidet zwischen drei Arten des Gegenangriffs: einem »reagierenden Gegenangriff«, einem »parallelen Gegenangriff« und einem »präventiven Gegenangriff«. Er favorisiert Letzteren, den er als »das Ergreifen der Initiative gegen feindliche Truppenkonzentrationen« definiert, »die Eroberung strategischer Gebiete auf feindlichem Territorium, während der Feind sich noch auf den Angriff vorbereitet«. (S. 62) Allon unterscheidet diese Strategie vom »Präventivkrieg«, der zwischen zwei Nationen im Friedenszustand stattfindet. Während er das beim Zusammenfügen der Begriffe »präventiv« und »Gegenangriff« entstehende Paradoxon einräumt, führt er es auf die Tatsache zurück, dass zwischen arabischen Staaten und Israel ein »Kriegszustand« herrscht. Interessant ist die Ähnlichkeit zwischen Israels Verteidigungsdoktrin und der Deutschlands zwischen dem Ende des 19. und der Mitte des 20. Jahrhunderts. Deutschlands strategische Lage im Zentrum Europas machte es anfällig für Invasionen oder Blockaden und war mit der Furcht vor einer Einkreisung verbunden. Vor dem Ersten Weltkrieg bezeichnete Admiral Alfred Tirpitz Deutschlands strategische Situation als die eines »Weichtiers ohne Schale«. Der berühmte Plan, den Graf Alfred von Schlieffen vor dem Ersten Weltkrieg entwarf, sah die Verhinderung eines Zusammentreffens der Armeen auf deutschem Boden vor, die um das Land herum aufgestellt waren. 1894 glaubte der Graf, dass Deutschland nur durch einen schnellen und entscheidenden Sieg bestehen könne, den er im Osten durch einen Stellungskrieg gegen Russland herbeiführen wollte, während gleichzeitig im Westen Frankreich durch einen Blitzangriff zu besiegen sei. Vgl. Stephen Kern, *The Culture of Time and Space, 1880–1918*, Cambridge, MA 2003, S. 249-251.

2 Israel »säuberte« zwei Gebiete im Westjordanland, das Jordantal (Jericho ausgenommen) und die Latrun-Enklave an der Straße nach Jerusalem, von ihren palästinensischen Einwohnern, angeblich um die Straße zu sichern. Von geschätzten 300 000 Palästinensern, die gezwungen wurden, nach Jordanien zu gehen, durften letztendlich nur etwa 17 000 zurückkehren.

3 1967 lebten 385 000 Palästinenser im Gazastreifen, mehr als die Hälfte von ihnen waren Flüchtlinge. Vor dem Krieg von 1967 zählte das Westjordanland ungefähr eine Million Einwohner; während und nach dem Konflikt flüchteten fast 300 000 auf die Ostseite des Jordan. Von den heute 2,5 Millionen Bewohnern der Westbank sind rund ein Drittel Flüchtlinge; von der Bevölkerung Gazas – etwa 1,5 Millionen – sind etwa die Hälfte Flüchtlinge.

4 Folglich wurde eine komplexe Rechtsordnung etabliert, bestehend aus osmanischem Recht, britischem Mandatsrecht (insbesondere die Notverordnungen von 1945), (je nach Region) jordanischem und ägyptischem Recht, israelischem Recht und militärischem Reglement. Diese unterschiedlichen Rechtsordnungen wurden gemeinsam oder getrennt angewendet, um das Leben der Palästinenser zu regeln und die Besiedlung durch Israelis zu fördern. Die Befehlshaber waren nicht nur mit der Vollmacht versehen, Gesetze zu erlassen, sondern auch damit, sie aufzuheben und außer Kraft zu setzen, was es ihnen ständig ermöglichte, das Rechtssystem in Übereinstimmung mit Israels politischen Zielen umzuformen. Während der Besatzungszeit erließen die militärischen Befehlshaber mindestens 2500 solcher Anordnungen, womit sie praktisch jeden Lebensaspekt der Bevölkerung bestimmten.

Anmerkungen

Vgl. Neve Gordon, *Israel's Occupation: Sovereignty, Discipline and Control*, Berkeley, CA, i.E. (Einleitung).

5   Über 60 Quellen und Brunnen verblieben auf der westlichen Seite der Mauer. Vgl. Jane Hilal und Sandra Ashhab, »The H2O Factor«, in: Philipp Misselwitz und Tim Rieniets (Hrsg.), *City of Collision*, Basel und London 2006, S. 184-192.
6   Yoav Peled, »Zionist Realities: Debating Israel – Palestine«, *New Left Review* 38, März/April 2006.
7   Das Osloer Abkommen, das bezüglich der Wasserfrage immer noch in Kraft ist, übertrug die Verantwortlichkeit für den palästinensischen Wassersektor auf die palästinensischen Behörden. Es wurde jedoch ein Joint Water Committee (JWC) ins Leben gerufen, bestehend aus einer gleich großen Anzahl von israelischen und palästinensischen Behördenvertretern, um jedes neue Wasser- und Abwasserprojekt in den palästinensischen Gebieten zu beaufsichtigen und zu genehmigen. Was andernfalls als vernünftiger Kompromiss erschiene, bedeutete in Wirklichkeit, dass Israel im Komitee jede Anfrage der Palästinenser, einen neuen Brunnen zu bauen oder zusätzliches Wasser (wie im Wasserabschnitt des Osloer Abkommens festgelegt), zu beziehen, durch ein Veto ablehnen konnte. Jüdische Siedler haben andererseits Zugang zu Pumpstationen, die keine Erlaubnis des JWC benötigen und daher nicht von den Palästinensern überprüft werden können. Israelische Siedler benutzen folglich im Durchschnitt sechs Mal soviel Wasser wie die Palästinenser des Westjordanlands. Vgl. Yehezkel Lein, *Thirsty for a Solution: The Water Crisis in the Occupied Territories and its Resolution in the Final-Status Agreement*, Jerusalem Juli 2000, www.btselem.org.
8   Shlomo Swirski, *The Price of Occupation*, Tel Aviv 2005 [Hebräisch], S. 28.
9   Als Folge dieser Politik und des schlechten Zustands der Infrastruktur, die Israel 1995 an die palästinensischen Behörden übergab, versickert 40 % des durch die Rohre geleiteten Wassers. Im Juni 2006 lebten ungefähr 215 000 Palästinenser in 220 dörflichen Gemeinden ohne Anschluss an fließendes Wasser. Vgl. B'Tselem, »The water crisis«, http://www.btselem.org/English/Water/Index.asp.
10 Amiram Cohen, »Eitam prohibits Palestinians from drilling for water in West Bank«, *Ha'aretz*, 10. Februar 2005.
11 Seit Beginn des Oslo-Prozesses hat die Internationale Gemeinschaft über 230 Mill. US-Dollar für die Abwasserinfrastruktur im Westjordanland bewilligt. Große Teile dieser Infrastruktur wurden durch militärische Operationen der IDF zerstört. Die israelische Bombardierung von palästinensischen Einrichtungen zur Elektrizitätsversorgung im Juni 2006 führte zum Ausfall von Elektromotorpumpen und zum Überlaufen der drei Kläranlagen in Gaza. Seit der Intifada und zunehmend, seit die Hamas 2005 an die Macht kam, sind viele andere international geförderte Projekte aufgeschoben oder ausgesetzt worden. Darryl Li und Yehezkel Lein, *Act of Vengeance: Israel's Bombing of the Gaza Power Plant and its Effects*, Jerusalem 2006.
Gelegentlich knüpft Israel seine Zustimmung zu international geförderten Wasser- und Abwasserprojekten an die Leistungsausweitung zu Gunsten der Siedler. Dies wurde sowohl von den Geberländern als auch von den Palästinensern konsequent abgelehnt und führte zu weiteren Verzögerungen und Streichungen von Projekten. Zecharya Tagar und Violet Qumsieh, *A Seeping Time Bomb: Pollution of the Mountain Aquifer by Solid Waste*, Amman, Bethlehem und Tel Aviv, Januar 2006.
12 Tzafrir Rinat, »Contamination doesn't stop at the green line«, *Ha'aretz*, 14. August 2003.
13 David Ratner, »Israel plans to dump tons of garbage in the W. Bank«, *Ha'aretz*, 4. April 2005.
14 Das meiste Abwasser, das die große Siedlungsstadt Ariel produziert, wurde so umgeleitet, dass es die palästinensische Stadt Salfit passiert. Es fließt wenige Meter an der Pumpanlage vorbei, die den Großteil des Wassers für den häuslichen Gebrauch der Dorfbewohner liefert. Laut Salah Afani, dem Wasseringenieur des Gemeinderats, verunreinigt dieser Abwasserkanal das Brunnenwasser. Afani muss die Gemeinde gelegentlich, wenn die Kontrollen hohe Verschmutzungsgrade ergeben, anweisen, das Pumpen einzustellen. Die Informationen basieren auf einem Gespräch mit Salah Afani am 30. Dezember 2001 in der westjordanischen Stadt Salfit im Rahmen einer von mir mit Yehezkel Lein unternommenen Reise. Das Abwasser von Kalkilia an den westlichen Hängen des Westjordanlands fließt unter der Mauer in israelisches Gebiet. Das Abwasser von Tulkarem und Nablus vermischt sich mit dem Wasser des Alexander River, der sich durch die israelischen Küstenebenen abwärts schlängelt. Häusliches Abwasser, vermischt mit industriellem, fließt, nachdem es einige Beduinendörfer durch-

strömt, von Hebron zu den Randgebieten. Be'er Shevas – Friends of the Earth Middle East zufolge hat die strikte Nicht-Kooperation, derer sich Israel und die Internationale Gemeinschaft befleißigen, nachdem die Hamas an die Macht kam, zu einer gravierenden Verschlechterung des Zustands palästinensischer Kläranlagen und zu weiterem Überlaufen in Richtung Israel geführt. Vgl. Tagar und Qumsieh, *A Seeping Time Bomb*.

15 Mary Douglas, *Purity and Danger: An Analysis of the Concepts of Pollution and Taboo*, London 1966.
16 Die Mitglieder des evakuierten Beduinenstamms Jahalin durften sich nur nahe einer wilden Deponie niederlassen, die sich neben dem palästinensischen Dorf Azaria befand. Gideon Levy, »The sewage of Ma'ale Edummim«, *Ha'aretz*, 22. Februar 1998.
17 Dominique Laporte, *History of Shit*, Cambridge, MA 1993, S. 56.
18 Amos Harel, »A cummunition of careful fraternity«, *Ha'aretz*, 11. Februar 2005.
19 Zit. n. Eitan Felner, *A Policy of Discrimination: Land Expropriation, Planning and Building in East Jerusalem*, Jerusalem 1995.
20 Zit. n. Elli Wohlgelnerter, »Follow the Cobblestone Road«, *Jerusalem Post*, 10. Juni 1998.

1. Kapitel Jerusalem: Die Versteinerung der Heiligen Stadt

1 Den palästinensischen Einwohnern des annektierten Gebiets wurde angeboten, israelische Staatsbürger zu werden. Dafür mussten sie jedoch ihre jordanische Staatsbürgerschaft aufgeben. Nur wenige entschlossen sich dazu. Gleichwohl wurden alle Bewohner zu ständigen Einwohnern Jerusalems gemacht und konnten an Gemeindewahlen teilnehmen. Eitan Felner, *A Policy of Discrimination: Land Expropriation, Planning and Building in East Jerusalem*, Jerusalem 1995.
2 Die Grenzen wurden von einem Militärkomitee unter der Führung des Generals Rehavam Ze'evi festgelegt, damals Assistent des Leiters des Einsatzkommandos des Generalstabs. Dabei ging man davon aus, dass diese Grenzen letztendlich die des Staates werden würden. Alles jenseits der Grenzen, so dachte man damals zumindest, würde nach einem Friedensabkommen an Jordanien zurückgegeben werden. Vgl. Felner, *A Policy of Discrimination*, S. 10.
3 Zit. n. Shlomo Gazit, *The Carrot and the Stick: Israel's Policy in Judea and Samaria, 1967-68*, New York 1995, S. 226.
4 Avia Hashimshoni, Yoseph Schweid und Zion Hashimshoni, Municipality of Jerusalem, *Masterplan for the City of Jerusalem, 1968* (1972).
5 Jeff Halper, »The Key To Peace: Dismantling The Matrix Of Control« auf http://icahd.org/eng/articles.asp?menu=6&submenu=3.
6 Hashimshoni et al., *Masterplan, 1968*.
7 Geologisch kommt der als »Jerusalem-Stein« bezeichnete Stein von indigenen Kreidezeit- und Tertiärgesteinen aus dem turonischen Zeitalter, die hauptsächlich aus Kalkstein, Dolomit und manchmal Kreide bestehen. Die Textur der Steinoberfläche, die dem Stein auch seine spezifische Beschaffenheit gibt, wird durch die Reichhaltigkeit an Meereskarbonat-Ablagerungen verursacht.
8 Hashimshoni et al., *Masterplan, 1968*, S. 13.
9 Als Allenby in Jerusalem ankam, verkündete er: »Heute vollenden sich die Kriege der Kreuzfahrer«, und *The Times* feierte seinen Sieg mit einer Karikatur von Richard Löwenherz, der oberhalb der Überschrift »Endlich wird mein Traum wahr« auf Jerusalem herabschaut. www.keepmedia.com.
10 Ronald Storrs, *Orientations*, London 1939, S. 405.
11 Charles Robert Ashbee (Hrsg.), *Jerusalem 1918–1920 Being the Records of the Pro-Jerusalem Council during the First Two Years of the Civil Administration*, London 1924, S. 33-39.
12 William H. McLean, *City of Jerusalem – Town Planning Scheme, Explanatory Note*, 1918. Vgl. auch die Diskussion um den McLean-Plan in: Henry Kendall, *Jerusalem: the City Plan. Preservation and Development During the British Mandate 1918–1948*, London 1948.
13 McLean, *Town Planning Scheme*, S. 20.
14 Storrs, *Orientations*, S. 44.
15 *Jerusalem District Building and Town Planning Commission, Town Planning Ordinance, 1936*. Be-

Anmerkungen

reits zur Zeit des britischen Mandats wurden die Widersprüche zwischen den traditionalistischen und modernistischen Strömungen durch einen architektonischen Stil verkörpert, der Modernismus und Orientalismus verband und beispielhaft von Erich Mendelsohn in Palästina umgesetzt wurde. »Palestine (...) forms part of the Arabian world. The problem that confronts the Jew in Palestine is how to reach equal rank among his neighbours; how to become a cell of the future Semitic commonwealth, to which they in fact belong by their race, tongue and character.« Mendelsohn zit. n. Heinze-Greenberg, *Architecture in Palestine*, New York 1999. S. 206-207. Vgl. auch Alona Nitzan-Shiftan,»Contested Zionism – Alternative Modernism: Erich Mendelsohn and the Tel-Aviv Chug in Mandate Palestine«, *Architectural History* 39, 1996, S. 154-158.

16 *Jerusalem Town Planning Ordinance*, 1936; und *Jerusalem outline town planning scheme [modifiziert]*, 1944. Vgl. auch die Erörterung in Arthur Kutcher, *The New Jerusalem, Planning and Politics*, London 1973, S. 51-54.
17 Plan Nr. 64 des von Israel entworfenen Masterplans für Jerusualem.
18 Kutcher, *The New Jerusalem*, S. 91.
19 Elli Wohlgelnerter,»Follow the cobblestone road«, *Jerusalem Post*, 10. Juni 1998.
20 Obwohl Mendelsohn seine Gebäude mit einer Vielzahl an orientalischen Motiven einschließlich Kuppeln ausstattete, gestaltete er die Steinfassade der zwischen 1934 und 1939 von ihm erbauten Hadassah-Hebrew-Universitätsklinik in Jerusalem in provokantem Gestus: Polierte Kalksteinziegel, die sich deutlich von dem bei traditionellen Bauten üblichen Stein unterschieden, wurden in eher vertikalen als horizontalen Streifen angebracht. Dies sollte dafür sorgen, dass die Verkleidung nicht irrtümlich für eine solide Steinkonstruktion gehalten wurde. Das Gebäude leitete eine architektonische Mode der »kreativen Subversion« der Steinverordnung ein. Das beste Beispiel für diesen Einfluss bildet das Hebrew-Union-College-Gebäude, das von Heinz Rau gebaut und 1963 eingeweiht wurde. Die Steinfassade besteht aus vertikal verlaufenden, baukastenartig geschnittenen Steinen.
21 Hashimshoni et al., *Masterplan, 1968*.
22 Yosef Sharon, *The Supreme Court Building*, Jerusalem, Rothschild Foundation, 1993, S. 94.
23 Meron Benvenisti, *City of Stone, The Hidden History of Jerusalem*, Berkeley und Los Angeles 1996, S. 147.
24 Ebd.
25 Azmi Bishara, *Checkpoints, Fragments of a Story*, übers. v. Michael Goggenheimer, Tel Aviv 2006, S. 14. Städteplaner und etliche Architekturkritiker, die diverse, in der Verordnung angelegte Idiosynkrasien akzeptierten, räumten gewöhnlich deren Effektivität ein, die Hässlichkeit architektonischer Monstrositäten zu mildern.
In diesem Kontext wurde die Steinverordnung unlängst von Frank Gehry in seinem Entwurf des »Museums der Toleranz« begeistert übernommen – einer wahnwitzigen Initiative des Simon Wiesenthal Zentrums (für eine Stadt, in der Toleranz in der Tat nur in einem Museum realisiert werden konnte). Das ausgerechnet auf einem muslimischen Friedhof gelegene Gebäude kombiniert Gehrys Markenzeichen, eine Titanverkleidung, mit einer massiven steinverkleideten Mauer.
26 Zvi Efrat, *The Israeli Project, Israeli Planning and Construction 1948–1973*, Tel Aviv 2000 (als Ausstellung) und 2005 (als Katalog).
27 Alona Nitzan-Shiftan,»Seizing Locality in Jerusalem«, in: Nezar AlSayyad (Hrsg.), *The End of Tradition?*, London und New York 2004, S. 231-255.
28 Der wichtigste theoretische Bezug für diese Veränderung waren paradoxerweise Martin Heideggers Schriften. Der relevanteste Text war »Building Dwelling Thinking« [»Bauen Wohnen Denken«] in: *Poetry, Language, Thought*, übers. v. Albert Hofstadter, New York 1971. Vgl. Bearbeitung dieses Themas in Nitzan-Shiftan,»Seizing Locality«, S. 238.
29 Wohlgelnerter,»Follow the cobblestone road«.
30 Simone Ricca, *Inventing the Jewish City: The Reconstruction of Jerusalem's Jewish Quarter After 1967*, London 2007, S. 150.
31 Kutcher, *The New Jerusalem*, S. 54, 87-89.
32 Zit. n. Gazit, *The Carrot*, S. 53.
33 Tom Segev, *Israel in 1967*, Jerusalem 2005, S. 511.

SPERRZONEN

34 Peter Bogud, »The Cardo – the Jewish Street and Habad Road«, in: Amiram Harlap (Hrsg.), *Israel Builds*, Jerusalem 1977, S. 173.
35 Nitzan-Shiftan, »Seizing Locality«, S. 241-242.
36 David Ben-Gurion, *Recollections*, New York 1970, S. 70.
37 Unmittelbar nach Gründung des Staates beauftragte David Ben Gurion das Namenskomitee der Regierung, das Land durch hebräische Namen zu »judaisieren«. Vgl. Meron Benvenisti, *Sacred Landscape: The Buried History of the Holy Land Since 1948*, Berkeley und Los Angeles 2000, S. 11-54. Nach dem Krieg von 1967 wurde eine der ersten dieser Siedlungen in der westjordanischen Stadt Hebron gebaut – nahe einer antiken Moschee, die man für das »Grab der Patriarchen« hielt. Eine neuere jüdische Siedlung in Hebron ist Tel Rumeida, die 1999 über einer freigelegten Stätte der Bronzezeit, die als die »Davidsstadt« gilt, errichtet wurde. Tel Rumeida ist die sinnfälligste Verkörperung der Beziehung israelischer Siedlungen zur Archäologie. Nach der Entdeckung des umstrittenen unterirdischen Geländes in einem dichtbesiedelten palästinensischen Viertel wurde es zur archäologischen Stätte erklärt und umgehend vom Militär, zum Zwecke der dringenden und vorübergehenden »Rettungsausgrabung«, requiriert. Pfeiler wurden neben der Ausgrabung errichtet, um ein großes Zementdach zu stützen. Ariel Scharons Regierung der nationalen Einheit, die zeitgleich zur Fertigstellung dieser Konstruktion im März 2001 an die Macht kam, erlaubte sofort einer Gruppe von Siedlern, einen kleinen Vorposten, bestehend aus sieben Wohnwagen, sechs neuen Wohnungen und einem Torah-Studiensaal –, auf der Überdachung zu errichten, die über der kleinen archäologischen Stätte gebaut worden war. Shimon Riklin, *Israeli History in Palestinian Hands*, Makor Rishon, 11. September 1998; Gideon Samet, »The hidden threat of the Outposts«, *Ha'aretz* 23. Oktober 2002; Akiva Eldar, »Unnatural growth«, *Ha'aretz*, 1. Mai 2001; Nadav Shragai, »Tel Rumeida getting permanent housing«, *Ha'aretz*, 3. September 2002; Nadav Shragai, »Sharon orders new Hebron Jewish housing«, *Ha'aretz*, 19. November 2002.
38 In der Praxis israelisch-biblischer Archäologie hat die chronologische Klassifizierung nationale Bedeutung erlangt. Die Bronzezeit wurde als »Kanaanisches Zeitalter« definiert, während die Eisenzeit zum »Israelitischen Zeitalter« wurde. Vgl. Colin Renfrew und Paul Bahn, *Archaeology, Theories, Methods and Practice*, London 2000, S. 20-25.
39 Neil Asher Silberman, *Between Past and Present: Archaeology, Ideology, and Nationalism in the Modern Middle East*, New York 1989; Shulamit Geva, »Biblical Archaeology at its Infancy«, *Zmanim* Ausgabe 42, 1992; Nadia Abu El-Haj, *Facts on the Ground: Archaeological Practice and Territorial Self-Fashioning in Israeli Society*, Chicago 2001.
40 Entlang des Bogens, der sich von Ägypten über Palästina, den Libanon, Syrien, die Türkei, Griechenland, den Balkan und Italien spannt, wurden Herausbildung und Vertiefung nationaler Identitäten, wie auch eine Reihe irredentischer Ansprüche und Konflikte, oft auf Grundlage sich überlagernder historischer Erzählungen und Mythen diskutiert. Häufig zog man dabei die Archäologie heran, um zu klären, zu belegen und zu propagieren. Lynn Meskell (Hrsg.), *Archaeology Under Fire*, London und New York 1998, S. 3-9.
41 Der im Mai 1865 zum Zwecke der »Untersuchung der Archäologie, Geografie, Geologie und Naturgeschichte Palästinas« gegründete British Palestine Exploration Fund erstellte auch das Kartenwerk, das die Eroberung Palästinas durch die Briten erleichterte. Einige der Untersuchungen und Karten, die den Sieg über die osmanischen Armeen möglich machten, wurden zwischen 1913 und 1914 von zwei Offizieren erstellt, die vom War Office zum Palestine Exploration Fund abgeordnet worden waren – Herbert Horatio Kitchener und T. E. Lawrence (von Arabien). Diese »legendären« Soldaten-Archäologen untersuchten und kartografierten unter dem Deckmantel einer religiös inspirierten archäologischen Erforschung des Heiligen Landes die Region. Im theologischen Kontext des 19. Jahrhunderts wurde Archäologie als eine Hilfswissenschaft der Bibelforschung verstanden. Durch die Kombination von Ausgrabungen mit textkritischen Verfahren wurde versucht, reale Ruinen der Bronzezeit mit biblischen Erzählungen abzugleichen. In den frühen 1920er Jahren verwandelten William Foxwell Albrights Ausgrabungen in Palästina die biblische Archäologie in eine strenge wissenschaftliche Disziplin. Doch den archäologischen Ausgrabungen, die er durchführte – wie z.B. die pompöse Expedition zum Toten Meer auf der Suche nach Sodom und Gomorrha von 1924, begleitet von feierlich gekleideten Repräsentan-

Anmerkungen

ten jeder der ethnischen Gemeinschaften Jerusalems – haftete immer noch der Showcharakter früherer religiöser Pilgerfahrten an.

42 Anita Shapira, »Ben-Gurion and the Bible: the Forging of an Historical Narrative?«, *Journal of Middle Eastern Studies*, 33 (4), 1997, S. 645-674. Frühe israelische Bibel-Archäologen verstanden die Bibel aus einem fundamentalen Paradox heraus: Die Bibel war ein historisches Dokument, das zur Rekonstruktion einer nationalen Vergangenheit und als Wegweiser zu antiken Stätten diente, zugleich aber auch die Quelle, die nötig war, um ebensolche Entdeckungen zu verifizieren. Im Gegensatz dazu lehnten ultraorthodoxe jüdische Gemeinden, deren Vertrauen in und Glaube an die Bibel nie materieller Beweise bedurfte, Ausgrabungen routinemäßig ab und ersuchten sogar vor Gericht deren Einstellung – aus Angst, dass antike jüdische Gräber entweiht werden könnten. Shlomo Bunimovitz, »Cultural Interpretation and the Bible: Biblical Archaeology in the Postmodern Era«, *Cathedra*, August 2001, S. 33.

43 Die israelische Bibel-Archäologie entstand in den 1950er Jahren durch die Galionsfigur Yigal Yadin, den zweiten Stabschef der israelischen Streitkräfte. Bestrebt, die entstehende israelische Gesellschaft mit historischen Parallelen zum Unabhängigkeitskrieg von 1948 zu versorgen, konzentrierte Yadin seine Ausgrabungen auf das biblische Zeitalter der »Besatzung und Besiedlung« der Israeliten in Kanaan, auf Kriege und auf von den Königen im Zeitalter des ersten und zweiten Tempels realisierte, monumentale Befestigungsanlagen sowie auf den Bar-Kokhba-Aufstand. Die Ausgrabungsorte waren Stätten epischer nationaler Mythologie und wurden dazu gemacht: Hazor, Megiddo und Massada. Drei Jahre nach dem Krieg von 1967 wurde Yadin zum Direktor des Archäologischen Instituts an der Hebrew University von Jerusalem ernannt; in dieser Funktion führte er mehrere Ausgrabungen in kurz zuvor besetzten Gebieten durch. Ein weiterer prominenter Soldat/Archäologe dieser Zeit war Mosche Dayan. Während seiner militärischen Laufbahn und als Verteidigungsminister betrieb er Archäologie als privates Hobby. Nach 1967 dehnte sich sein Aufgabenbereich auf die Besetzten Gebiete aus, die dann bis 1974 unter seinem unmittelbaren Befehl als Verteidigungsminister standen. Dayan plünderte über 35 Stätten quer durch das Westjordanland, den Gazastreifen und den Sinai. Er benutzte Militärpersonal, Hubschrauber und Lastwagen, um Artefakte zu seinem Haus in einem Vorort von Tel Aviv zu überführen. Neil Asher Silberman, *A Prophet from Amongst You: The Life of Yigal Yadin: Soldier, Scholar, and Mythmaker of Modern Israel*, Boston, MA 1993; Raz Kletter, »A Very General Archaeologist: Moshe Dayan and Israeli Archaeology«, *The Journal of Hebrew Scriptures*, 4, 2003; Shabtai Teveth, *Moshe Dayan*, New York 1972, S. 202.

44 Neve Gordon, *Israel's Occupation: Sovereignty, Discipline and Control*, Berkeley, CA, i.E. (fünftes Kapitel). Obwohl archäologische Ausgrabungen in besetzten Gebieten (mit Ausnahme von Rettungsgrabungen) und das Entfernen von Funden in diesen Gebieten völkerrechtlich untersagt sind, wurden seit 1967 ungefähr 5000 archäologische Stätten im Westjordanland erkundet. Nach der Ersten Intifada hörten israelische Akademiker nach und nach damit auf, Grabungen im Westjordanland durchzuführen. Die meisten Ausgrabungen wurden vom militäreigenen »Stabsoffizier für Archäologie« durchgeführt, eine Position, die Yitzhak Magen seit 25 Jahren innehat. Vgl. Meron Rapoport, »Buried Treasure that's kept in the Dark«, *Ha'aretz*, 17. Dezember 2006.

45 Shulamit Geva, *Biblical Archaeology*, S. 93.
46 Zit. n. Nadia Abu El-Haj, *Facts on the Ground*, S. 182.
47 »The Restoration of the Hurva: a Symposium« in: David Casuto (Hrsg.), *The Hurva Reconstructed: Comments and Criticisms on the Restoration of the Synagogue of »Hurvat Rabi Yeduda Hahasid«*, Jerusalem 1970.
48 Shimon Gardi, »Rehabilitation of the Jewish Quarter«, in: Harlap, *Israel Builds*, S. 161; Peter Bogud, »The Cardo – the Jewish Street and Habad Road«, in: Harlap, *Israel Builds*, S. 173.
49 Efrat, *Israeli Project*, S. 935.
50 Ram Karmi, »Human Value in Urban Architecture«, in: Harlap, *Israel Builds*, S. 31. Ein neueres Buch von Karmi wiederholt einige dieser Konzepte: Ram Karmi, *Lyric Architecture*, Tel Aviv 2001 [Hebräisch].
51 Karmi, »Human Value«, S. 31.
52 Ebd. S. 35.

53 Nitzan-Shiftan, »Seizing Locality«, S. 242.
54 Abu El-Haj, *Facts on the Ground*, S. 153. Vgl. auch Gil Eyal, »Between East and West: The Discourse on the ›Arab Village‹ in Israel«, in: Yehuda Shenhav (Hrsg.), *Coloniality and the Postcolonial Condition: Implications for Israeli Society*, Jerusalem: 2004, S. 208, 217, 39-55 [Hebräisch].
55 Ella Shohat, *Forbidden Reminiscences, A Collection of Essays*, Tel Aviv: 2001, S. 321. Mosche Dayan beschreibt ganz ähnlich, wie ihm als jungem Mann die palästinensischen Bauern, die ihr Land nahe dem Moschaw Nahalal, wo er aufgewachsen war, mit einem Paar von Ochsen bearbeiteten, wie biblische, von der Zeit losgelöste Figuren erschienen und ihn an seine uralten »Vorfahren und die Helden unserer Nation« erinnerten. Moshe Dayan, *Living with the Bible*, New York 1978.
56 Bernard Rudofsky, *Architecture without Architects: A Short Introduction to Non-Pedigreed Architecture*, 1964, Albuquerque, New Mexico 1987. Für eine exzellente Analyse dieser Arbeit vgl. Felicity Scott, »Bernard Rudofsky: Allegories of Nomadism and Dwelling«, in: Sarah Goldhagen und Réjean Legault, *Anxious Modernisms: Experimentation in Postwar Architectural Culture*, Cambridge MA: Canadian Center for Architecture 2000, S. 215-237; Felicity Scott, »Underneath Aesthetics and Utility: The Untransposable Fetish of Bernard Rudofsky«, *Assemblage* 38, April 1999 S. 58-89; Felicity Scott, »Revisiting Architecture without Architects«, *Harvard Design Magazine*, Herbst 1998, S. 69-72.
57 Eran Tamir-Tawil, »To Start A City From Scratch: An Interview with Architect Thomas M. Leitersdorf«, in: Rafi Segal und Eyal Weizman (Hrsg.), *A Civilian Occupation, The Politics of Israeli Architecture*, Tel Aviv und London 2003, S. 160.
58 Gil Eyal, »Arab Village«, S. 208.
59 Esther Zandberg, »Stepping down off the fence«, *Ha'aretz*, 18. April 2006.
60 HCJ 5601/94, *'Odeh A'ida Abu Tier et al. vs. The Prime Minister et al.* 1994 wurde Israels Oberstes Zivilgericht aufgerufen, sich mit der diskriminierenden Zwangsenteignungspolitik in Ostjerusalem zu befassen. Der Anwalt Daniel Seidemann stellte den Antrag im Namen der Bewohner zweier arabischer Viertel, Umm Tuba und Bet Sahur, und er betraf das im April 1991 zum Zwecke des Baus eines neuen jüdischen Viertels – als »Har Homah« bekannt – enteignete Land. Vgl. Yehezkel Lein und Eyal Weizman, *Land Grab: Israel's Settlement Policy in the West Bank*, Jerusalem Mai 2002. Online veröffentlich auf www.btselem.org.
61 Lein und Weizman, *Land Grab*.
62 Yaski und Co., Architects, »Gilo, Housing Cluster 7«, in: Harlap, *Israel Builds*, S. 206-220.
63 Efrat, *Israeli Project*, S. 935. Das außerhalb der Stadtmauern liegende Viertel »David's Village«, das vom Architekten Mosche Safdie in einem neoorientalischen Stil als biblisches Dorf für wohlhabende, ausländische Bewohner entworfen wurde, ist ein Beispiel für diese Tendenz. Es verfügt über terrassierte Gebäude mit zwei oder drei Stockwerken und eine Vielfalt an Kuppeln, Bögen und Straßen mit Namen wie »Sweet Singer« oder »Shepherd of Flocks«.
64 Protokolle der Treffen des örtlichen Planungs- und Bebauungskomitees zit. n. Felner, *A Policy of Discrimination*.
65 Für neueste Hinweise auf diese Politik vgl. Jerusalem Institute for Israel Studies, *The Jerusalem Metropolis – A Master Plan and Development Plan*, Jerusalem 1994 und The Municipality of Jerusalem, *Jerusalem City Plan* 2000.
66 Die Römische Satzung des Internationalen Strafgerichtshofs (vgl. komplette Satzung auf: http://www.un.org/law/icc/statute/romefra.htm.) Artikel 8.3.b.viii verbietet der Besatzungsmacht »die direkte oder indirekte Überführung von Teilen der eigenen zivilen Bevölkerung in das besetzte Gebiet oder die Abschiebung oder Überführung von Teilen oder der gesamten Bevölkerung des besetzten Gebiets innerhalb oder nach außerhalb dieses Gebiets«.
67 Verbrechen, die mit der Organisation der Bebauung zusammenhängen, wie sie auf Computerbildschirmen und Zeichentischen entworfen wurde, zwingen möglicherweise zum ersten Mal Architekten und Planer dazu, auf der Anklagebank eines internationalen Tribunals Platz zu nehmen. Es ist bezeichnend, dass der israelische Generalstaatsanwalt Elyakim Rubinstein die Knesset dazu drängte, von der Ratifizierung des ICC Abstand zu nehmen, damit nicht »plötzlich jedes Gebäude (in den Besetzten Gebieten) für ein Kriegsverbrechen gehalten wird«, und israelische Planer, Architekten, Bauunternehmer, Zulieferer oder Bewohner der Siedlung angeklagt würden. Allen Baker, damals der Justitiar des Außen-

ministeriums, drückte sich deutlicher aus: »Jede Person, die in den Entscheidungsprozess involviert ist, der die Situation der Bürger auf besetztem Gebiet betrifft, könnte verhaftet werden, vom Premierminister bis zum letzten Bürger.«

68 Nathan Marom, *The Planning Deadlock: Planning Policies, Land Regularization, Building Permits and House Demolition in East Jerusalem*, Jerusalem: 2004 [Hebräisch]. Eine Zusammenfassung des Berichts wurde auf Englisch veröffentlicht, vgl. Nathan Marom, »The Planning Deadlock: House Demolition in the Palestinian Neighborhoods of East Jerusalem«, in: Philipp Misselwitz und Tim Rieniets (Hrsg.), *City of Collision*, Basel und London 2006, S. 347-352.

69 Laut einer von dem Architekten Nathan Marom durchgeführten Studie sind über 18 000 Gebäude – die Hälfte aller palästinensischen Wohneinheiten in Ostjerusalem – »illegal« gebaut worden. Zwischen 1987 und 2004 wurden etwa 500 dieser Häuser abgerissen. Seit dem Beginn der Zweiten Intifada hat der Zerstörungsgrad zugenommen: allein 2004 wurden 120 Häuser abgerissen. Vgl. Nathan Marom, *The Planning Deadlock*. Vgl. auch Rassem Khamaisi, »Villages under Siege«, in: Misselwitz und Rieniets (Hrsg.), *City of Collision*, bes. S. 123. Eine ständige Aktualisierung dieser Daten und mehr Informationen sind zu finden auf der Homepage des Israelischen Komitees gegen Häuserzerstörungen: http://icahd.org/eng.

70 Rassem Khamaisi und Rami Nasrallah, *The Jerusalem Urban Fabric: Demography, Infrastructure and Institutions*, Jerusalem: International Peace and Cooperation Center, 2003, S. 126. Vgl. auch die Zusammenfassung dieser Arbeit in: Rassem Khamaisi, »Villages under Siege«, und Rassem Khamaisi und Rami Nasrallah, »Jerusalem: From Siege to a City's Collapse?«, in Misselwitz und Rieniets (Hrsg.), *City of Collision*, S. 120-129 und S. 163-169.

71 Sarah Kaminker, *Planning and Housing Issues in East Jerusalem*, Jerusalem: Report Prepared for the Society of St. Yves, in Response to High Court Petition 1091/94, 1994, S. 15. Zit. n. Felner, *A Policy of Discrimination*.

72 Nathan Marom, *The Planning Deadlock*.

2. Kapitel Grenzbefestigungen: Die Architektur Ariel Scharons

1 Israelische Politiker haben die Grenzen des Waffenstillstands von 1949 nicht ohne populistische Stimmungsmache als existenzielle Gefahr für den Staat beschrieben. Sogar der eher friedlich gesinnte Außenminister Abba Eban bezeichnete Israels internationale Grenzen als nichts weniger denn »Auschwitz-Grenzen« (widerrief seine Aussage später allerdings). Benny Morris, *Righteous Victims*, London 2000, S. 308. Für mehr Informationen über die Angst vor einem zweiten Holocaust vor dem Krieg von 1967 vgl. Idith Zertal, *Death and the Nation: History Memory Politics*, Or Yehuda 2002. Die Wahrnehmung »unhaltbarer Grenzen« reflektierte nicht wirklich die damaligen militärischen Realitäten. Mosche Dayan führte an: »Die Straße, die von Damaskus nach Tel Aviv führt, ist nicht kürzer als die Straße zwischen Tel Aviv und Damaskus.« Zit. n. Martin van Creveld, *Defending Israel*, New York 2004, S. 9.

2 Obwohl die Grenzen des Waffenstillstands viele jüdische heilige Stätten einschlossen, deckten sie sich nicht mit den verschiedenen biblischen Definitionen des Heiligen Landes. In seiner äußersten Ausdehnung erstreckte es sich gemäß dieser Lesart vom Euphrat im Norden zum Sinai im Süden, von der jordanischen Wüste im Osten zum Mittelmeer im Westen.

3 Die politischen Richtlinien des Allon-Plans sahen die Annektierung eines Streifens von ungefähr 20 km Breite innerhalb des Westjordanlandes entlang des Jordantals vor, mit einem Transportkorridor, der durch Jerusalem führen und ihn mit der israelischen Küstenebene verbinden sollte. Diese beiden Teile würden, dem Plan zufolge, letztendlich ein autonomes palästinensisches, mit dem jordanischen Königreich verbundenes, Gebiet werden. Der Allon-Plan sah außerdem die Annexion zweier weiterer Gebiete des Westjordanlandes vor – den Etzion-Siedlungsblock südwestlich von Jerusalem, wo zionistische Siedlungen im Krieg von 1948 gefallen waren, und das arabische Ostjerusalem. Zwischen 1967 und 1977 wurden, Allons Plan entsprechend, 15 Siedlungen entlang des Jordans gebaut, 20 auf den Golanhöhen und fünf in der Wüste Sinai.

SPERRZONEN

4 NAHAL ist das hebräische Akronym für Noar Halutzi Lohem (kämpfende Jungpioniere), ein Militärkorps, das Militärdienst in einer Kampfeinheit mit Zivildienst in einem neuen Vorposten verbindet. NAHAL-Soldaten verbringen acht Stunden täglich mit Landarbeit und einige zusätzliche mit militärischem Training.
5 Die vermehrte Nutzung der Grundwasservorräte wirkte sich auf palästinensische Dörfer der Bergkette aus. Der Wasserverbrauch von 6200 Siedlern im Jordantal entsprach 75% des privaten und städtischen Wasserverbrauchs der gesamten palästinensischen Bevölkerung des Westjordanlandes. Vgl. B'Tselem, *Not Even a Drop, The Water Crisis in Palestinian Villages Without a Water Network*, July 2001. www.btselem.org.
6 Avraham Adan, *On Both Sides of the Suez*, Jerusalem 1979, S. 47 [Hebräisch].
7 Lt. General Sa'ad El Shazly, *The Crossing of the Canal*, San Francisco 2003, S. 329. Shazly wurde 1983 in Abwesenheit zu drei Jahren Zwangsarbeit in einem ägyptischen Militärgefängnis verurteilt – angeblich für den Verrat von Militärgeheimnissen in seinem Buch, aber eigentlich für seine implizit geäußerte Kritik an Sadat und dem Friedensprozess mit Israel. 1992 kehrte Shazly nach 14 Jahren aus dem algerischen Exil nach Ägypten zurück und wurde verhaftet.
8 Die vierte Barriere war geheim. Tief im Sandwall hatte der Feind mit entzündbarer Flüssigkeit gefüllte Behälter eingelagert, deren Ventile von der nächstliegenden Stellung gesteuert wurden. In Minutenschnelle konnte die Flüssigkeit in den Kanal strömen und dessen Oberfläche in ein Inferno verwandeln. Tatsächlich funktionierte diese Geheimwaffe jedoch nie. Möglicherweise wurde sie, wie Shazly behauptete, von ägyptischen Tauchern blockiert, oder sie könnte auf Grund eines technischen Fehlers der Mechanik versagt haben, wie einige israelische Generäle behaupten. Shazly, *Crossing*, S. 7-8.
9 Eine ähnliche Debatte wurde im Frühjahr 1944 zwischen Erwin Rommel und General von Rundstedt über die Verteidigungsanlagen der Wehrmacht entlang der Atlantikküste geführt. Rommel glaubte, nur durch eine direkte Konfrontation am Ufer könne es gelingen, eine Invasion der Alliierten zurückzuschlagen: »Die Hauptgefechtslinie wird der Strand sein!« Rundstedt empfahl eine Verteidigung im Landesinnern. Vgl. Friedrich Ruge, *Rommel in Normandy* [*Rommel und die Invasion. Erinnerungen*], San Rafael, CA 1979, S. 4.
10 Adriana Kemp, »Border Space and National Identity in Israel«, *Theory and Criticism, Space, Land, Home, On the Normalization of a »New Discourse«*, Frühjahr 2000 (16), S. 282 [Hebräisch].
11 Ebd., S. 19.
12 Ebd., S. 23.
13 Benny Morris zufolge setzten sich hier frühere Tendenzen der israelischen Kriegführung fort, wie sie bereits im Krieg von 1948 festzustellen waren. David Ben Gurion, der das Recht ebenso fürchtete wie das Urteil der Geschichte, musste sein Wunsch nach Vertreibung der Palästinenser den ranghohen IDF-Militärs von 1947/48 nur bekannt sein, um sie zum Losschlagen zu veranlassen. Vgl. Benny Morris, *The Birth of the Palestinian Refugee Problem, 1947–1949*, Cambridge 1987.
14 Gershom Gorenberg, *The Accidental Empire, Israel and the Birth of the Settlements, 1967–77*, New York 2005, S. 227.
15 Uzi Benziman, *Sharon, an Israeli Caesar*, London 1985, S. 115-116.
16 Ariel Sharon mit David Chanoff, *Warrior, the Autobiography of Ariel Sharon*, New York 2001, S. 219.
17 Zeev Schiff und Eitan Haber, *Israel, Army and Defence, A Dictionary*, Jerusalem 1976, S. 542 [Hebräisch].
18 Sharon, *Warrior*, S. 208.
19 Martin van Creveld, *Command in War*, Cambridge MA 1985, S. 204.
20 Was das Militär Netzwerke nennt (eine nicht hierarchische Struktur implizierend), sollte genau genommen als Systeme (verteilte Strukturen mit zentralisierter Führung) bezeichnet werden. Militärische Netzwerke sind folglich in den meisten Fällen getarnte Systeme.
21 Shimon Naveh, *In Pursuit of Military Excellence, The Evolution of Operational Theory*, 1997, London und New York 2004, S. 269-271.
22 Adan, *On Both Sides of the Suez*, S. 47; Benziman, *Sharon*, S. 110.
23 Sharon, *Warrior*, S. 219.
24 Benziman, *Sharon*, S. 111.

25 Baruch Kimmerling, *Politicide: Ariel Sharon's War Against the Palestinians*, London 2003, S. 65.
26 Stephen Graham, »Constructing Urbicide by Bulldozer in the Occupied Territories«, in: Stephen Graham, *Cities, War and Terrorism*, Oxford 2004, S. 333.
27 »The Generalship of Ariel Sharon«, eine Diskussion am runden Tisch am Operational Theory Research Institute (OTRI) der IDF Academy of Staff and Command, 24./25. Mai 2006.
28 Norma Masriyeh Hazboun, *Israeli Resettlement Schemes for Palestinian Refugees in the West Bank and Gaza Strip since 1967*, Shaml: Palestinian Diaspora & Refugee Centre, http://www.shaml.org/publications/monos/mono4.htm; Richard Locke und Anthony Stewart, *Bantustan Gaza*, London 1985.
29 Galal Nassar, *Dam-busters on the Bar Lev Line*, ein Interview mit Maj. Gen. (a.D.) Gamal Mohamed Ali, Befehlshaber des militärischen Ingenieurskorps vor und nach dem Oktoberkrieg, Al-Ahram Weekly Online, http://weekly.ahram.org.eg/
30 Shazly, *Crossing*, S. 222.
31 Ebd., S. 55-56, 226.
32 Ebd., S. 55.
33 Shazly zufolge wurden in den ersten Tagen der Operation 1020 Panzer und 13 500 Fahrzeuge über den Kanal gesetzt. Vgl. Ebd., S. 234.
34 Das Durchbrechen der Bar-Lev-Linie war, falls überhaupt noch nötig, eine weitere Bestätigung der Warnung Carl von Clausewitz' vor linearer Verteidigung. Um die gesamte Länge einer Linie zu verteidigen, behauptete er: »positions became more and more extended, and their front became proportionately weaker (...) the attacker (...) no longer tried to outflank the enemy by outextending him, but massed his strength against a single point and pierced the line«. Carl von Clausewitz, *On War* [*Vom Kriege*], hrsg. und übers. v. Michael Howard und Peter Paret, London 1993, S. 503-504.
35 Benziman, *Sharon*, S. 163.
36 Zit. n. Ronen Bergman und Gil Meltzer, *The Yom Kippur War – Moment of Truth*, Tel Aviv 2002, S. 152, 199 [Hebräisch].
37 Ronen Bergman und Gil Metzer, »Bulldozer: A New Research Opens up the War over History«, *Yediot Aharonot* Wochenendbeilage, 13. Januar 2006 [Hebräisch].
38 Benny Morris, *Righteous Victims*, London 2000, S. 421.
39 Abraham Rabinovich, *Yom Kippur War: The Epic Encounter That Transformed the Middle East*, Westminster, MD 2004, S. 416-433.
40 Basil Liddell Hart, *Strategy*, London 1991. »In strategy the longest way round is often the shortest way there; a direct approach to the object exhausts the attacker and hardens the resistance by compression, whereas an indirect approach loosens the defender's hold by upsetting his balance.«
41 Rabinovich, *Yom Kippur War*, S. 505.
42 Naveh, *Military Excellence*, S. 252-253.
43 »The Generalship of Ariel Sharon«.
44 Die Debatte über das Handbuch markierte Schimon Naveh zufolge »den Auftakt zur längsten, berauschendsten und kreativsten Debatte, welche je in der Geschichte des amerikanischen Militärdenkens stattfand.« Vgl. Naveh, *Military Excellence*, S. 258, 263-264.
45 John L. Romjue, »The Evolution of the Airland Battle Concept«, *Airpower*, Juni 2006: http://www.airpower.maxwell.af.mil/airchronicles/aureview/1984/may-jun/romjue.html
46 Die Ergebnisse dieser Entwicklung wurden kürzlich in einem neuen, von den Volkswirten Jonathan Nitzan und Shimshon Bichler entwickelten Wirtschaftsmodell festgehalten und mit »Akkumulation durch Krise« überschrieben. Folgende Sektoren profitierten Nitzan und Bichler zufolge finanziell am meisten vom Krieg 1973: OPEC-Staaten, große Ölfirmen, Militärlieferanten, Infrastrukturunternehmen und Schlüsselunternehmen der Finanzwelt. Während der Zeit zwischen 1974–1984 stieg der jährliche Waffenhandel um 136%. Annähernd 53% des Gesamtaufkommens flossen in den Nahen Osten und nach Afrika, Regionen, die mit einem Drittel des globalen Handels die Rolle des Weltmarktführers für importierte Waffen übernahmen. Jonathan Nitzan und Shimshon Bichler, *The Global Political Economy of Israel*, London und Sterling, VA 2002, S. 25, 217-246.
47 Ungefähr 30% des israelischen Sicherheitsbudgets wurden der Militärforschung und der Entwick-

lung auf Informationstechnologie beruhender Waffenproduktion zugesprochen, um die ein Netzwerk aus Dienstleistungsunternehmen entstand, das später Israels bedeutendste Hightech-Industrie gebar. Vgl. Shlomo Swirski, *The Price of Occupation*, Tel Aviv 2005, S. 67 [Hebräisch].

48 Antonio Gramsci, *Selections from the Prison Notebooks,* hrsg. und übers. v. Quintin Hoare und Geoffrey Nowell Smith, 1971, London 1998, S. 229-239.

49 Ebd., S. 238.

50 Tamar Herman, »Social Protest in State and Security«, in: Anat Kurz (Hrsg.), *Thirty Years Later: Challenges to Israel since the Yom Kippur War*, Tel Aviv 2004, S. 47 [Hebräisch].

51 Die israelische Protestbewegung der Black Panthers (HaPanterim HaShkhorim) ging aus der zweiten Generation der aus muslimischen Ländern eingewanderten Juden (*Mizrahi*) hervor. Sie gründeten sich 1971 in Jerusalem, um sich gegen staatliche Diskriminierung zu wehren und bekamen in Anlehnung an die afroamerikanischen Black Panthers den Spitznamen Black Panthers, den sie schließlich zu ihrem offiziellen Namen machten.

52 Wenn der Staat vor der Wende durch eine kulturelle und gesellschaftliche Nähe zwischen den Eliten und einer Symbiose zwischen sogenannten »freien« Intellektuellen und Politikern gekennzeichnet war, dann distanzierte sich die Likud-Regierung anschließend von der »Hochkultur«. Dies führte jedoch – unbeabsichtigt – zu einem liberaleren kulturellen Klima und dazu, dass sich einige in den Medien und an den Universitäten an der kritischen Debatte um Sicherheitsmaßnahmen beteiligten. Die oben genannte Distanzierung trug zu ihrer Autonomie bei und zur Entwicklung einer kritischen Kultur, die Verschiedenheiten und Ethnizitäten akzentuierte und die Fundamente des Mythos einer zionistischen »Nationalidentität« erschütterte. Im Zuge dessen bildeten sich auch Bewegungen oder theoretische Schulen heraus, die Jahrzehnte später als post- und antizionistisch bezeichnet wurden. Shlomo Sand, *Intellectuals, Truth and Power From the Dreyfus Affair to the Gulf War*, Tel Aviv 2000, S. 162-173 [Hebräisch].

53 Mark Heller, »The PLO and the Israeli Question«, in: Kurz, *Thirty Years Later*, S. 28.

54 James Rosenau, *Turbulence in World Politics*, New York 1990.

55 Jacqueline Rose, *The Question of Zion*, Princeton, NJ 2005.

56 Unter der spirituellen Führung des Rabbi Zvi Yehuda Kook wurde den Gusch-Emunim-Anhängern beigebracht, dass sie am Anfang der messianischen Zeit leben, in der die Erlösung des gesamten Landes Israel entscheidend sei für die Erlösung der Welt. Jede Person, ob Freund oder Feind, sei von Gott dazu bestimmt, die Erlösung der Welt herbeizuführen. Vgl. Baruch Kimmerling, *Invention and Decline of Israeliness: Society, Culture and the Military*, Berkeley und Los Angeles 2001, S. 124.

57 Vgl. die klassische und oft angefochtene Darstellung der amerikanischen *Frontiers* in: Frederick J. Turner, »The Significance of the Frontier in American History«, ursprünglich vorgetragen beim Treffen der American Historical Association in Chicago, 12. Juli 1893. Zuerst veröffentlicht in: *Proceedings of the State Historical Society of Wisconsin*, 14. Dezember 1893. Abrufbar unter www.fordham.edu/halsall/ mod/1893turner.html

58 Yehezkel Lein und Eyal Weizman, *Land Grab: Israel's Settlement Policy in the West Bank*, Jerusalem Mai 2002. Online veröffentlich auf www.btselem.org.

59 Sharon, *Warrior*, S. 358.

60 Es ist ziemlich unglaublich, dass Wachman 2002 im Kontext seiner Kritik meiner Arbeit mit der Aussage zitiert wurde, dass diejenigen, die eine zu enge Verbindung zwischen Architektur und Politik sehen, fehlgeleitet seien: »Whether Israeli architects and planners design sprawl or architectural gems, it is irrelevant to the bitter geopolitical dispute.« Vgl. Simona Fuma Shapiro, »Debate Builds Over the Politics of Israeli Architecture«, *Forward*, 25. Oktober 2002, www.forward.com.

61 Der Wachman-Plan wurde 1976 Premierminister Rabin unterbreitet, als Sharon sein Sonderberater für Sicherheit war. Der Titel lautete »Eckpunkte für eine territoriale Lösung und eine längerfristige konkrete Planung«. Der Plan, den er später »Doppel-Kolonnen-Plan« nannte, sah vor, jüdische Bevölkerung entlang zweier vertikal verlaufender Kolonnen zu verteilen: eine »Ostkolonne«, die sich, ähnlich den Vorgaben des Allon-Plans, am Jordan entlang erstrecken sollte, und eine »Westkolonne« entlang der westlichen Grenze des Westjordanlandes. Einige vertikal verlaufende Verbindungen würden die beiden

Kolonnen verknüpfen. Mehreren Generationen waren diese Plan in den späten 1970er und frühen 1980er Jahren als die »H-Pläne« bekannt. Avraham Wachman, *The »Double Column« Plan*, Haifa: Horizons in Geography, 1977 (3) [Hebräisch].

62 Elisha Efrat, *Geography of Occupation, Judea, Samaria and the Gaza Strip*, Jerusalem 2002, S. 65-67 [Hebräisch]. Diese Abmachung basierte auf Prinzipien, die seit den 1950er Jahren in der israelischen Praxis der Planung im ländlichen Raum geläufig sind und aus der »Theorie der zentralen Orte« des deutschen Geografen Walter Christaller stammen. Diese in Christallers Dissertation von 1939 entwickelte Theorie bildete die Grundlage für die von den Nazis entwickelte territoriale *Raumordnung* im besetzten Polen. Diesen Prinzipien zufolge waren neue Dörfer und Städte keine autarken Einheiten, sondern Teil eines dezentralisierten synergetischen Netzwerks aus Großstädten, Städten und Dörfern. Bedenkt man die Nutzung dieser Theorie und ihre Anwendbarkeit auf eine kolonialistische Situation, ist es bemerkenswert, dass Christallers Theorien noch immer weltweit in Architekten- und Planungsschulen unterrichtet werden, insbesondere am Technion in Haifa, ohne nennenswerte kritisch-historische Auseinandersetzung mit der Quelle. Vgl. Zvi Efrat, *The Israeli Project, Building and Architecture 1948–1973*, S. 998-1000 [Hebräisch]; Gerhard Fehl, »The Nazi Garden City«, in: Stephan Ward (Hrsg.), *The Garden City: Past, Present and Future*, London, S. 88-103; Walter Christaller, *Die zentralen Orte in Süddeutschland*, Jena 1933. Teilw. übers. v. Charlisle W. Baskin, als *Central Places in Southern Germany*, Prentice Hall, 1966.

63 Dies könnte aus ähnlichen Diskussionen zwischen Deleuze und Guattari stammen. Sie illustrierten den Unterschied zwischen einer netzwerkbasierten und einer linearbasierten Geografie, indem sie das Go-Spiel mit Schach verglichen. Wenn das Ziel beim Go die »Eingrenzung, Einkreisung und Zerschlagung« des Gegners ist, dann bedeutet dies »einen Krieg ohne Schlachtlinie, ohne Konfrontation oder Rückzug, sogar ohne Schlacht: pure Strategie«. Gilles Deleuze und Félix Guattari, *A Thousand Plateaus, Capitalism and Schizophrenia* [*Tausend Plateaus. Kapitalismus und Schizophrenie*], übers. v. Brian Masumi, New York und London 2004, S. 389-390.

64 Jeff Halper, *Dismantling the Matrix of Control*, Israeli Committee Against House Demolitions, 2004, http://www.icahd.org/eng/articles.asp?menu=6&submenu=3.

65 Aluf Benn, »This is how the evacuation plan was born«, *Ha'aretz*, 30. Dezember 2006.

66 Emmanuel Sivan, »The lights of Netzarim«, *Ha'aretz*, 7. November 2003.

67 Sharon, *Warrior*, S. 366.

68 Ebd., S. 219.

69 Ebd., S. 357-359.

3. Kapitel Die Siedlungen: Der Kampf um die Anhöhen

1 Zvi Efrat, »The Plan«, in: Rafi Segal und Eyal Weizman (Hrsg.), *A Civilian Occupation*, London und New York 2003, S. 61.

2 Interview vom 15. April 2006, Jaffee Centre for Strategic Studies, Tel Aviv University.

3 David Newman, *Jewish Settlement in the West Bank: The Role of Gush Emunim*, Durham 1982, S. 40-43. Daniella Weiss wurde 1985 zur Generalsekretärin von Gusch Emunim und später Leiterin der Gemeinde Qedumim.

4 Ari Shavit, »A leader awaits a signal«, *Ha'aretz*, 22. März 2002.

5 In späteren Jahren wurde deutlich, dass die Siedler des Gusch Emunim die Speerspitze der Kolonialisierung der Bergregion des Westjordanlandes waren, dort aber nie die Mehrheit bildeten. Derzeit machen sie unter den Siedlern der Westbank nicht mehr als 10 % aus. Vgl. Shlomo Swirski, *The Price of Occupation*, Tel Aviv 2005 [Hebräisch], S. 51.

6 Uzi Benziman, *Sharon: an Israeli Caesar*, London 1985, S. 209.

7 Ebd., S. 223.

8 Die Konfrontationen zwischen Gusch Emunim und Regierung hielten zu Zeiten des Likud unter Menachem Begin an, endeten aber kurz vor der Wahl von 1981, nachdem das gemäßigte *Democratic Movement for Change* aus der Regierung ausgetreten war.

SPERRZONEN

9   Yehezkel Lein und Eyal Weizman, *Land Grab: Israel's Settlement Policy in the West Bank*, Jerusalem Mai 2002. Veröffentlicht online auf www.btselem.org.
10 Pierre Bourdieu, *The Logic of Practice* [*Sozialer Sinn. Kritik der theoretischen Vernunft*], Stanford, CA 1990, S. 42-51.
11 Vgl. Kapitel 1, S. 31ff.
12 Vgl. die Erörterung des Allon-Plans in Kapitel 2, S. 66f.
13 Martin Van Creveld, *Defending Israel*, New York 2004, S. 24.
14 Vgl. die Erörterung des Scharon-Plans in Kapitel 2, S. 93-97.
15 Gush Emunim, »Plan J.S. – Masterplan for Major Settlement in Judea and Samaria«, 1976.
16 Vgl. Kapitel 2, Anmerkung 13.
17 Das erinnert an die Feststellung Noam Chomskys, dass der *mad man*-Theorie der CIA zufolge die US-Administration den Gegnern stets leicht irrational erscheinen müsse. Noam Chomsky, *Rogue States: The Rule of Force in World Affairs*, London 2000, S. 20-21.
18 Eine ähnliche Deutung findet sich in den Werken der deutschen Historiker Martin Broszat und Hans Mommsen. Sie behaupteten unabhängig voneinander, dass die fanatische Ausrottungsidee des Nationalsozialismus die Folge der Erosion formaler Rechtsstaatlichkeit war. Unmittelbar nach der Machtergreifung führte das Chaos, die Fragmentierung und Unordnung der Regierung, die Verdopplung und Personalisierung institutioneller Strukturen, zu einem Prozess, den Mommsen als »kumulative Radikalisierung« bezeichnete. War diese »kumulative Radikalisierung« einmal freigesetzt, wurde sie zu einem sich selbst generierenden und schließlich selbstzerstörerischen Prozess. Hans Mommsen, »Cumulative Radicalization and Progressive Self-Destruction as Structural Determinants of the Nazi dictatorship« [»Kumulative Radikalisierung und Selbstzerstörung des Regimes«], in: Ian Kershaw und Moshe Lewin (Hrsg.), *Stalinism and Nazism, Dictatorships in Comparison*, Cambridge 1997; Martin Broszat, *The Hitler State: The Foundation and Development of the Internal Structure of the Third Reich* [*Der Staat Hitlers. Grundlegung und Entwicklung seiner inneren Verfassung*], New York 1981; Ian Kershaw, *Hitler* (2 Bd.), New York 1999; Deborah Dwork und Robert Jan van Pelt, *Holocaust*, New York, Neuauflage (September 2003), S. 82.
19 Die Haager Landkriegsordnung und die ihr beigefügten Haager Abkommen von 1907 können auf www.icrc.org/ihl.nsf eingesehen werden.
20 Das Völkerrecht verbietet zwar die *Enteignung* von Privatbesitz durch die besetzende Armee, erkennt jedoch deren Befugnis der vorläufigen *Beschlagnahme* von Land für die Dauer der Feindseligkeiten an (Artikel 46).
21 Gemäß den Bestimmungen des Humanitären Völkerrechts treten die Gesetze einer kriegsbedingten Besatzung in Kraft, sobald die Regierung des besetzten Gebiets nicht länger fähig ist, die Amtsgewalt auszuüben, und enden, sobald eine andere Regierung in die Lage kommt, dem Gebiet ihre Autorität und Kontrolle aufzuerlegen. Yoram Dinstein, *Laws of War*, Tel Aviv 1983, S. 209-220 [Hebräisch].
22 Gershom Gorenberg, *The Accidental Empire, Israel and the Birth of the Settlements, 1967–77*, New York 2005, S. 197.
23 HCJ, 302/72 *Abu Hilo et al. vs. Government of Israel et al.* [Rafah Salient]. Dieser Abschnitt wurde in: Gorenberg, *Accidental Empire*, S. 220, übersetzt.
24 Ebd.
25 HCJ 258/79 *Abu Hilo et al. vs. Government of Israel et al.* [Bet El].
26 Tatsächlich waren die Siedler nie als rein passive Nutznießer der IDF-Sicherheitsmaßnahmen zu betrachten, sondern vielmehr als an den Maßnahmen aktiv Beteiligte. Jahrzehnte später gründeten Siedler bewaffnete »Siedlungs-Sicherheitseinheiten«. Zur Zeit der Zweiten Intifada verlagerte das Militär einige seiner Stützpunkte in die Siedlungen, während Siedler der »Sicherheitseinheiten« bei militärischen Lage- und Einsatzbesprechungen anwesend waren.
27 HCJ 390/79, *Dweikat et al. vs. Government of Israel et al.* [Elon Moreh].
28 Turm- und Fortsiedlungen wurden im April 1936 mit dem Beginn des arabischen Aufstands von 1936–1939 vom Architekten Yochanan Ratner entwickelt. Sie kombinierten Befestigungsanlagen in Form einer kugelsicheren Palisade mit einem Beobachtungs- und Kommunikationsturm. Vgl. Sharon

Rotbard, »Wall and Tower«, in: Rafi Segal und Eyal Weizman, *A Civilian Occupation, The Politics of Israeli Architecture*, London und Tel Aviv 2004, S. 39-58.
29 Yigal Allon, *Curtain of Sand*, 1959, Tel Aviv 1988, S. 254.
30 Ebd., S. 244.
31 Vgl. die Erörterung von Adans Entwurf der Bar-Lev-Linie in Kapitel 2, S. 68f.
32 S. Ilan Troen, *Imagining Zion*, New Haven, CT und London 2003, S. 65.
33 Während des Kriegs von 1948 erlangte der Moschaw eine Vorrangstellung gegenüber dem Kibbuz, indem er hauptsächlich jüdische Immigranten aus arabischen Ländern aufnahm, ohne auf den langwierigen ideologischen und gesellschaftlichen Vorbereitungsprozess zurückgreifen zu müssen, den das vollständig genossenschaftliche Leben im Kibbuz voraussetzt. Dazu wurden Moschawim vor allem auf »gesäubertem«, palästinensischem Grund innerhalb des Gebiets, das 1948 unter israelische Kontrolle fiel, aufgebaut.
34 Troen, *Imagining Zion*, S. 67.
35 Die Siedlungen spielten keine Rolle in der Eindämmung der Angriffe der arabischen Armee im Krieg von 1973. Am Morgen des massiven ägyptisch-syrischen Angriffs vom 6. Oktober 1973 befahl die Regierung die Evakuierung der Zivilbevölkerung der Golanhöhen – einer Reihe genossenschaftlicher Siedlungen, die, wie im Allon-Plan vorgesehen, entlang der Waffenstillstandsgrenze mit Syrien liegen.
36 HCJ 390/79, *Dweikat et al. vs. Government of Israel et al.* [Elon Moreh].
37 Ebd.
38 Lein und Weizman, *Land Grab*.
39 HCJ 258/79 *Abu Hilo et al. vs. Government of Israel et al.* [Bet El].
40 Ebd.
41 Dies war der Grundsatz, auf den sich der Oberste Gerichtshof berief, als er den Einspruch der Siedler in Gaza gegen die Evakuierung aus ihren Häusern im Sommer 2005 ablehnte. HCJ 1661/05 *Hof Azah Regional Council vs. The Knesset*.
42 Samera Esmeir, »Introduction: In the Name of Security«, *Adala's Review*, Frühjahr 2004 (4), S. 5.
43 In Hebron überredeten Siedler die Militärbehörden im April 1968, ihnen die Erlaubnis zu erteilen, die Stadt zu betreten, um sich dort lediglich für die Woche des Passahfests aufzuhalten. Gleichwohl blieben sie in der Stadt und verharren dort noch heute. Als Dayans Entscheidung, ihren Aufenthalt zu billigen, hinterfragt wurde, behauptete dieser, dass es Zeitverschwendung wäre, mit Siedlern über Streitfragen zu diskutieren, die ohnehin bald durch politische Entscheidungen aufgehoben und daher irrelevant würden. Im Krieg von 1948 wurde die »Säuberung« palästinensischer Gemeinden auf ähnliche Weise als »vorläufige« Maßnahme bezeichnet, um Verkehrsadern für den Transport von Militärbedarf zu sichern. Auch die Vertreibung vieler weiterer palästinensischer Dorfbewohner wurde durch alle möglichen anderen Sicherheitsgründe gerechtfertigt und ebenfalls als vorläufig erklärt. 60 Jahre später werden die in Israel verbliebenen Flüchtlinge immer noch als *present absentees* bezeichnet, und diejenigen, die über die Grenzen flüchteten, leben immer noch in vorläufigen Flüchtlingslagern. Mourid Barghouti legt dar, wie diese Vorläufigkeit von den Palästinensern aufgefasst wurde:
»In the disaster of 1948 the refugees found shelter in neighboring countries as a temporary measure. They left their food cooking on stoves, thinking to return in few hours. They scattered in tents and camps of zinc and tin ›temporarily‹. The commandos took arms and fought from Amman ›temporarily‹, then from Beirut ›temporarily‹, then they moved to Tunis and Damascus ›temporarily‹. We drew up interim programs for liberation »temporarily« and they told us they had accepted the Oslo Agreements ›temporarily‹, and so on, and so on. Each one said to himself and to others ›until things become clearer‹.« Mourid Barghouti, *I Saw Ramallah*, übers. v. Ahdaf Soueif, London 2005, S. 26.
44 Adi Ophir, »A Time of Occupation«, in: Roane Carey und Jonathan Shainin (Hrsg.), *The Other Israel*, New York 2003, S. 60. Vgl. auch Ariella Azoulay und Adi Ophir, *Bad Days*, Tel Aviv 2002 [Hebräisch].
45 David Kretzmer, *The Occupation of Justice, The Supreme Court of Israel and the Occupied Territories*, New York 2002, S. 120.
46 Leon Shelef, »The Border of Activism is the Green Line: in the Margin and in the Pathways of High Court of Justice ruling in the occupied territories«, *Legal Review*, 17 (2) 1993, S. 890-757 [Hebräisch].
47 HCJ 390/79 [Elon Moreh].

SPERRZONEN

48 Ebd.
49 Ebd.
50 Dror Etkes und Hagit Ofran, *Breaking the Law in the West Bank: The Private Land Report*, Peace Now, November 2006, http://www.peacenow.org.il/site/en/peace.asp?pi=61&fld=191&docid=2024. Diesem Bericht zufolge sind momentan fast 40% der gesamten Landfläche, auf der sich die Siedlungen, Vorposten und Industriegebiete im Westjordanland befinden (eine Gesamtfläche von 158 km^2) palästinensischer Privatbesitz. Insgesamt wurden mehr als 3400 Gebäude in den Siedlungen auf Land gebaut, das sich in palästinensischem Privatbesitz befindet.
51 Ronen Shamir, »Landmark Cases and the Reproduction of Legitimacy: the Case of Israel High Court of Justice«, *Law and Society Review*, 24 (3) 1990, S. 788.

4. Kapitel Die Siedlungen: Optischer Urbanismus

1 Mourid Barghouti, *I Saw Ramallah*, übers. v. Ahdaf Soueif, London 2005, S. 29.
2 Ein palästinensischer Dorfbewohner nahe Ramallah, zit. n. Danny Rubinstein, »Preparing for a civil war«, *Ha'aretz*, 18. Dezember 2006.
3 1974 wollte die Arbeitspartei an dieser Stelle eine Siedlung bauen. Dabei handelte es sich um einen Aspekt des umfassenden Versuchs, Jerusalem mit Vierteln innerhalb der 1967 ausgeweiteten Stadtgrenzen und direkt dahinter gelegenen Siedlungen zu umgeben.
4 Eran Tamir-Tawil, »To Start a City from Scratch, An Interview with Architect Thomas M. Leitersdorf«, in: Rafi Segal und Eyal Weizman, *A Civilian Occupation, The Politics of Israeli Architecture*, London und Tel Aviv 2004, S. 45.
5 Ebd., S. 44.
6 Ebd. Das Land, auf dem Ma'ale Adumim gebaut wurde, gehörte den Dorfbewohnern von Abu Dis, Anata, Azariya, A-Tur und Isawiya. Der Beduinenstamm Jahalin, der die zu bebauenden Hügel bewohnte, wurde gewaltsam in die Nähe einer angrenzenden Müllkippe umgesiedelt. Leitersdorf behauptet, dass sich Ma'ale Adumim »genau innerhalb des politischen Konsens' Israels« befindet. Ma'ale Adumim, derzeit das Zuhause von 32000 Bewohnern und damit größte Siedlungsstadt im Westjordanland (mit einem städtischen Gebiet, das größer ist als Tel Aviv), hat als Siedlung ihre Ziele erreicht, zumal die Mauer inzwischen um sie herum vollendet ist, um den westjordanischen Norden vom Süden zu trennen, und Jerusalem vom Rest des Westjordanlandes zu isolieren.
7 Ministry of Construction and Housing, *A City in the Desert: Ma'ale Adumim*, 1983 (Werbefilm).
8 Ebenezer Howard, *Garden Cities of To-Morrow*, 1902, London 1965. Die erste »Gartenstadt« wurde vom Architekten Raymond Unwin in Letchworth, nördlich von London, und in Hampstead Garden Suburb verwirklicht.
9 Gilbert Werbert und Silvina Sosonovsky, *Bauhaus on the Carmel: The Coming of Modern Architecture to Hadar Hacarmel*, Haifa 1985 [Hebräisch]; Patrick Geddes, *Cities in Evolution: An Introduction to the Town Planning Movement and to the Study of Civics*, London 1968, S. 154.
10 Geddes, *Cities in Evolution*, S. 154.
11 Werbert und Sosonovsky, *Bauhaus on the Carmel*, S. 21.
12 Ebd., S. 23-33. 1920 wurde ein Bericht mit dem Titel »Haifa Garden Village« der WZO und der britischen Regierung vorgelegt, der den Entwurf für die Entwicklung Haifas bildete. Zwei Jahre später wurden Geddes' Richtlinien vom Architekten Richard Kauffmann, leitender Planer der WZO, zusammen mit dem bekannten britischen Planer Patrick Abercrombie in einen Masterplan eingearbeitet. Abercrombie (1880–1957) erlangte später Bekanntheit durch den »London-Plan« von 1934, in dem er den Bau des South Bank Complex empfahl – ein Vorhaben, das er 1948 zusammen mit dem Festival of Britain dort in Angriff nahm. Er war auch mitverantwortlich für die New Towns, die in der Nachkriegszeit des Zweiten Weltkriegs außerhalb Londons entstanden.
13 Ministry of Construction and Housing, *Ma'ale Adumim*.
14 Thomas Leitersdorf, »Development Plan for Neighborhoods A(02), B (04), E (03), Ma'ale Adumim«, in: Amiram Harlap (Hrsg.), *Israel Builds*, Jerusalem 1988, S. 164.

Anmerkungen

15 Tamir-Tawil, »To Start a City«, S. 158.
16 Vgl. die Erörterung dieses Rechtsstreit in Kapitel 3, S. 109f.
17 Yehezkel Lein und Eyal Weizman, *Land Grab: Israel's Settlement Policy in the West Bank*, Jerusalem Mai 2002. Veröffentlicht online auf www.btselem.org.
18 Die Erklärung von unbewirtschaftetem palästinensischem Land zu israelischem Staatsland gründete auf dem »Erlass zu Regierungseigentum« von 1967, der das israelische Militär autorisierte, sich der Grundstücke, die einem »Feindstaat« gehörten, zu bemächtigen und sie nach eigenem Ermessen zu verwalten. »Order Regarding Government Property (Judea and Samaria) (No. 59), 5727–1967«, in: *Planning, Building and Land Laws*, S. 520-523.
19 Lein und Weizman, *Land Grab*.
20 Vgl. zur Luftkartierung des Westjordanlands und Israels auch Moshe Saban, »Aerial Photography and Photometrics«, in: Harlap, *Israel Builds*, S. 53.
21 Allein 1968 unterstützte Israel die Palästinenser bei der Anpflanzung von etwa 618 000 Bäumen im Gazastreifen. Dies sollte jedoch im Verhältnis zu den mehr als 226 000 Bäumen und über 10 % der landwirtschaftlich genutzten Flächen, die im Gazastreifen von Israel während der ersten drei Jahre der Zweiten Intifada zerstört wurden, gesehen werden. Vgl. Neve Gordon, *Israel's Occupation: Sovereignty, Discipline and Control*, Berkeley, CA, i.E. (Einleitung). Gordons eigene Daten aus *Monthly Statistics of the Administered Territories*, 1, (8) Central Bureau of Statistics, August 1971, S. xiv-xvi.
22 Zit. n. Gershom Gorenberg, *The Accidental Empire, Israel and the Birth of the Settlements, 1967–77*, New York 2005, S. 174. 1884 wurde Togo eine deutsche Kolonie. Die Deutschen experimentierten wissenschaftlich mit dem Anbau der Hauptexporterzeugnisse (Kakao, Kaffee und Baumwolle) und hoben die Infrastruktur auf den höchsten Stand in ganz Afrika. Dayan plante ebenfalls, israelisches Kapital in palästinensische Krankenhäuser, Straßen, Wasserwerke und Stromleitungen zu investieren. Er glaubte, dass die Palästinenser dankbare Untertanen wären, die feststellen würden, dass Araber und Juden nur unter israelischer Militärherrschaft zusammenleben können.
23 Gordon, *Israel's Occupation* (Einleitung). Dies ging Hand in Hand mit rapidem ökonomischem Wachstum: Zwischen 1968 und 1973 erhöhte sich das Bruttosozialprodukt der Besetzten Palästinensischen Gebiete um fast 20 %.
24 Shlomo Swirski, *The Price of Occupation*, Tel Aviv 2005, S. 28 [Hebräisch]. Das Ergebnis könnte anhand folgende Daten zusammengefasst werden: Während es israelischen Bauern gelang, 95 % des landwirtschaftlich nutzbaren Bodens innerhalb ihrer Staatsgrenzen zu bewässern, konnten die Palästinenser dies nur bei 25 % ihres nutzbaren Bodens tun.
25 Die Reduzierung belief sich von geschätzten 2435 km² (1965) auf 1735 km² (1985). Daten aus Gordon, *Israel's Occupation* (Einleitung).
26 Dror Etkes und Hagit Ofran, *Breaking the Law in the West Bank: Israeli Settlement Building on Private Palestinian Property,* Peace Now, November 2006. http://www.peacenow.org.il/site/en/peace.asp?pi=61&fld=191&docid=2024; http://www.peacenow.org.il/data/SIP_STORAGE/files/9/2569.pdf.
27 Saul Ephraim Cohen, *The Politics of Planting*, Chicago 1993.
28 Während die JNF neue Kiefern pflanzt, entwurzelt das Militär unter dem Vorwand der Sicherheit Olivenbäume um Siedlungen und Entlastungsstraßen. Die »Landschaftsfreilegung« genannten Operationen sollen angeblich verhindern, dass Bäume und Obstgärten von palästinensischen Scharfschützen als Deckung benutzt werden.
29 Die beiden entscheidenden Militärverordnungen, die den örtlichen jüdischen Behörden den Status territorialer Enklaven israelischen Rechts verliehen, wurden 1979 erlassen: die Verordnung zur Leitung regionaler Ratsversammlungen (Nr. 783) und die Verordnung zur Leitung örtlicher Behörden (Nr. 892). Bis auf einige Ausnahmen reproduzieren diese Verordnungen das israelische Recht bezüglich der örtlichen Behörden bei Wahlen, der Zusammensetzung von Ratsversammlungen, Budgets, bezüglich Planen und Bauen, Bildung und Amtsgerichten.
30 Tatsächlich wurden nach israelischem Zivilrecht zwei Arten von Enklaven kreiert: persönliche und territoriale. Während die territorialen Enklaven israelisches Recht auf die zu Tausenden auf den Höhenzügen angesiedelten isolierten »Staatsland«-Inseln ausweiteten, besagten die persönlichen Enklaven gewissermaßen, dass jeder israelische Bürger des Besetzten Gebiets der Autorität des israelischen Zivil-

rechts unterworfen war, wo auch immer er sich gerade aufhielt. Dies bedeutet, dass ein in einem palästinensischen Dorf bei einem Rechtsvergehen ertappter Siedler dem israelischen Recht unterworfen wäre, während ein Palästinenser am selben Ort dem Militärrecht unterworfen wäre. Der Körper des Siedlers wird rechtsgültig als extraterritoriale Verkörperung des Staates verstanden. Wird der Siedler verletzt, so entspricht dies folglich territorialem Missbrauch. Vgl. Lein und Weizman, *Land Grab*.
31 Ebd.
32 Ebd. Der Hauptsitz der Zivilverwaltung lag nahe der Siedlung Bet-El, dieselbe Siedlung, die 1978 vom HCJ als »strategisch« legalisiert worden war.
33 Erhält der Entwurf einer neuen Siedlung oder eines Bauvorhabens in einer bestehenden Siedlung eine vorläufige Zustimmung, erscheint eine Bekanntmachung in der lokalen arabischen und hebräischen Presse, und eine Einspruchsfrist wird bestimmt. Allerdings wird die Möglichkeit palästinensischer Einwohner, wirksam Einspruch gegen den Entwurf einer neuen Siedlung zu erheben, durch praktische Erschwernisse erheblich beeinträchtigt: Die Planungsbüros, in denen die Skizzen eingesehen werden können, befinden sich in den Siedlungen. Eine weitere Problematik ist die Teilnahme an Anhörungen, die auf Hebräisch abgehalten werden. Infolge dessen werden viele Entwürfe ohne jeglichen Einspruch genehmigt.
34 Die Entwicklungspläne des Mandats waren schon zur Zeit der Besetzung eine völlig unangemessene Grundlage der Stadtplanung und sind es heute noch viel mehr. Außerdem erkannten britische Bebauungspläne für Palästina damals nur vier Landnutzungskategorien an: Landwirtschaft, Entwicklung, Natur- und Küstenschutzgebiete. Alle weiteren Nutzungsmöglichkeiten wurden ignoriert, darunter manche für eine moderne Wirtschaft essenzielle, wie z.B. Industriezonen, Tourismusgebiete usw. *Jerusalem District Outline Regional Planning Scheme RJ/5*, 1942 genehmigt, und *Samaria Regional Planning Scheme S15*, 1945 hinterlegt, doch nie endgültig genehmigt. Für ausführlichere Details bezüglich dieser Sache vgl. ein von Bimkom erstelltes Planungsgutachten, »Villages in Area C Without Outline Plans« [Hebräisch], Planning Opinion, Juni 2001 (unveröffentlicht). Vgl. Lein und Weizman, *Land Grab*.
35 Gadi Algazi, »Offshore Zionism«, *New Left Review*, 40, Juli–August 2006.
36 Der Untersuchung zufolge bewilligt das Wohnungsbauministerium jedem, der ein Haus jenseits der Grünen Linie kauft, ungefähr 5000 US-Dollar und einen Kredit von bis zu weiteren 15 000 US-Dollar, wovon die Hälfte nach 15 Jahren in ein Darlehen umgewandelt wird. Das Ministerium für nationale Infrastruktur bewilligt eine Reduzierung von 50 % der Entwicklungskosten oder 69 % Ermäßigung auf die Pachtgebühren. Bisher hat der Staat 2,2 Mrd. US-Dollar für den Wohnungsbau ausgegeben, davon 500 Mio. US-Dollar im Jahr 1992, als Ariel Scharon Wohnungsbauminister war. Zusätzlich bietet das Bildungsministerium eine Ermäßigung von 90 % der Schulgebühren in Kindergärten und andere Formen der Unterstützung an. Das Wirtschaftsministerium bietet der Industrie günstige Konditionen mit Darlehen von bis zu 30 % bei Finanzbedarf sowie Einkommenssteuer-Vergünstigungen auf Unternehmenseinnahmen. Das Finanzministerium bietet eine Ermäßigung von 7 % auf die Einkommenssteuern. Außerdem wird mehr Geld an die örtlichen Behörden überwiesen. Trotz der Tatsache, dass die Siedlungen in der Regel gut situierte Vorstadtgemeinden sind und von überdurchschnittlich gut gestellten Israelis bewohnt werden, liegen die Pro-Kopf-Überweisungen der Regierung an örtliche Behörden im Westjordanland 2,25-mal höher als in Israel. Moti Bassouk, »The price of settlements«, *Ha'aretz*, 26. September 2003; Swirski, *The Price of Occupation*.
37 Laut dem Plan sollten 23 neue Kommunal- und Landgemeinden sowie 20 NAHAL-Militärsiedlungen gegründet werden. Zusätzlich sollten neue Straßen zur exklusiven Nutzung durch die jüdischen Bewohner im Westjordanland gebaut werden (zwischen 300 und 450 km). Ministry of Agriculture and the Settlement Division of the World Zionist Organization, *Master Plan for Settlement for Judea and Samaria, Development Plan for the Region for 1983–1986*, Jerusalem 1983. Während der Laufzeit des Plans erreichte die Regierung das Ziel bezüglich der Anzahl neuer Siedlungen, scheiterte aber darin, die Bevölkerungsprognose zu erfüllen: die tatsächliche Bevölkerungszahl betrug Ende 1986 nur 51 000.
38 Vgl. auch Matityahu Drobless, *Masterplan for the Development of Settlement in Judea and Samaria for the Years 1979–1983*, Jerusalem: The Settlement Division of the World Jewish Organization, 1978 [Hebräisch].

39 Matityahu Drobless, *Master Plan for Settlement for Judea and Samaria, Development Plan for the Region for 1983–1986*, Jerusalem: Ministry of Agriculture and the Settlement Division of the World Zionist Organization, 1983 [Hebräisch].
40 Lein und Weizman, *Land Grab*.
41 Daten laut dem israelischen Büro für Bevölkerungsmanagement, Januar 2007.
42 Kibbuz und Moschaw unterscheiden sich darin, wie weit Gleichberechtigung und Beteiligung am Eigentum im Allgemeinen und insbesondere an den Produktionsmitteln verwirklicht sind. Allerdings haben sich diese Unterschiede seit den 1990er Jahren infolge der die Kibbuz- und Moschawbewegung betreffenden Wirtschaftskrise und der Veränderungen in den vorherrschenden Werten der israelischen Gesellschaft verwischt. Das gemeinsame Merkmal dieser Art von Siedlungen, zumindest während der frühen Phasen, ist ihr landwirtschaftlicher Charakter – obwohl seit den 1980er Jahren viele Siedler den Industrie- und Tourismusbereich ausgeweitet und einige der Mitglieder begonnen haben, als bezahlte Arbeitnehmer im angrenzenden Ballungsraum zu arbeiten. Vgl. Lein und Weizman, *Land Grab*.
43 Das israelische statistische Zentralamt definiert eine Siedlung als urban, wenn die Bevölkerungszahl 2000 oder mehr beträgt, während eine Siedlung mit einer geringeren Population als 2000 als ländlich gilt. Momentan sind per Definition zwölf Siedlungen ländlich und dreizehn urban.
44 Oren Yiftachel, *Planning a Mixed Region in Israel: The Political Geography of Arab-Jewish Relations in the Galilee*, Aldershot 1992, S. 376.
45 Das Verfahren entstand während des Kriegs von 1948, als David Ben Gurion sich bezüglich der »Säuberung« und Annektierung von palästinensischem Land um das internationale Ansehen Israels sorgte. Nachdem er versprochen hatte, dass »es keine Zwangsenteignung von arabischem Land durch den jüdischen Staat geben würde«, wollte er durch die Landübertragung an die WZO und von dort weiter an jüdische Israelis sein eigenes Versprechen umgehen.
46 Weil Siedlungen gegen US-Interessen verstießen, durfte die Jüdische Agentur auf in den USA gesammelte Spenden keine Steuerbefreiungen mehr erwirken. Folglich wurde 1971 die Siedlungsabteilung innerhalb der WZO eingerichtet. Diese Abteilung nahm die Funktion der Siedlungsabteilung der Jüdischen Agentur in allen Angelegenheiten wahr, die die Errichtung von Siedlungen in den Besetzten Gebieten betrafen. Vgl. Lein und Weizman, *Land Grab*.
47 Dieses Verfahren wurde im Jahr 2000 von einer palästinensisch-israelischen Familie, den Kad'adans, vor dem Obersten Zivilgericht erfolgreich angefochten: Sie verteidigten ihr Recht, in der »Gemeindesiedlung« Katzir, die auf der israelischen Seite der Grünen Linie liegt, zu leben. Bei zwei unterschiedlichen Anlässen hinderte der Siedlungs-Zulassungsausschuss Adel Ka'adans Familie auf Grund ihrer nationalen Herkunft daran, Land in der Stadt zu pachten. Das Oberste Zivilgericht brauchte fünf Jahre, um gegen die Siedlung und die Jüdische Agentur zu entscheiden und die Siedlung anzuweisen, Ka'adans Antrag neu zu überdenken. Obwohl der Ka'adans im Fall gewannen und ihnen die Möglichkeit, Land in der Siedlung zu kaufen (zum Preis von 1995, dem Jahr des ersten juristischen Antrags), zuerkannt wurde, ist das gängige Vorgehen des Ausschlusses noch weit verbreitet und bislang nicht aufgehoben worden. 2003 wurde den Ka'adans ein Grundstück in der Gemeinde angeboten, der Bau des Hauses auf diesem Grundstück wird jedoch immer noch verzögert. Vgl. Neta Ziv und Ronen Shamir, »Politics and Sub-Politics in the Struggle Against Land Discrimination«, in: Yehuda Shenhav (Hrsg.), *Theory and Criticism, Space, Land, Home*, Tel Aviv: The Van Leer Jerusalem Institute / Hakibbutz Hameuchad, Ausg. 16, Frühjahr 2000, S. 281.
48 Das Programm wurde von der ersten Likud-Regierung initiiert, um Bewohnern von staatlichen Wohnprojekten in Neubaugebieten einen besseren Lebensstandard zu ermöglichen, und auch in einigen Siedlungen wurde es eingeführt. Das Programm ermöglichte es israelischen Bürgerinnen und Bürgern, Land privat zu pachten, um dann ein Eigenheim oder einen kleinen Garten (250–500 m^2) zu entwerfen und zu bauen. Das Projekt wurde ein Publikumserfolg. Überall in israelischen Neubaugebieten verdeutlichten Reihen von unabhängig entworfenen Einfamilienhäusern vor der Kulisse der großen, staatlich geförderten Wohnsiedlungen den ästhetisch-ideologischen Kontrast zwischen der Idee von Kollektivität, der die Arbeitspartei anhing, wobei einstige Diaspora-Identitäten im Schmelztiegel des Sabra-Modernismus zusammenflossen, und der Vorstellung des Likud von Liberalismus, der häufig die »Rück-

kehr« einer ethnischen Diaspora-Identität anregte. Vgl. die Beschreibung der Ziele und Fehlschläge des Projekts in: Dan Raz (Hauptarchitekt, Ministerium für das Bau- und Wohnungswesen), »Planning Guidelines for ›Build Your Own Home‹ Neighborhoods«, in: Harlap, *Israel Builds*, S. 388.

49 Abschrift aus Filmforschungsarchiv von »The Politics of Verticality«, Folge 10, *The Panoptic Paradox*, Eyal Weizman und Nadav Harel, 2003.

50 Sylvain Bulle, »Between War and Peace, Chronicle of a Modern Urban Condition«, in: Philipp Misselwitz und Tim Rieniets (Hrsg.), *City of Collision*, Basel und London 2006, S. 373-374.

51 Homi Bhabha, »Of Mimicry and Man: The Ambivalence of Colonial Discourse«, *October*, Ausg. 28, Frühjahr 1984. Vgl. auch Yehuda Shenhav, »Introduction«, in: *Coloniality and the Postcolonial Condition: Implications for Israeli Society*, Jerusalem 2004, S. 19.

52 Michael Boneh, *Building and Development in the Mountain Regions*, Jerusalem 1984. Dieses Manuskript wurde vier Jahre später in: Harlap, *Israel Builds* abgedruckt.

53 Für Gebiete mit einem Gefälle von 15 bis 25 % wurden kleine landwirtschaftliche Siedlungen empfohlen, für steilere Hänge mit einem Gefälle von 25 bis 50 % vorstädtische Siedlungen, während für Gebiete mit einem Gefälle von 50 % oder mehr nur Regionalstädte empfohlen wurden. Boneh, *Building and Development*, S. 9.

54 Gebäudetypen werden nach dem Gefällegrad unterschieden: dreistöckiges Gebäude: 15 bis 20 %; Einfamilienhaus: bis zu 25 %; Mehrfamilienhaus in Terrassen: 20 bis 45 %; Hochhaus mit zwei Wohnungen pro Stockwerk: 20 bis 40 %; Hochhaus mit vier Wohnungen pro Stockwerk: 25 bis 35 %. Vgl. Boneh, *Building and Development*, S. 10.

55 Ebd. S. 14.

56 Vgl. mit den Ideen von Jane Jacobs in: Jane Jacobs, *The Death and Life of Great American Cities*, 1961, New York 1992, S. 35-36.

57 Louis Althusser, »Ideology and Ideological State Apparatuses«, in Slavoj Žižek (Hrsg.), *Mapping Ideology*, London und New York 2000, S. 105-137 und Louis Althusser, *For Marx*, London 2006.

58 Vgl. das vollständige Zitat in Kapitel 3, S. 112f.

59 HCJ 258/79, *Abu Hilo et al. v. Government of Israel et al.* [Bet-El].

60 Die Fähigkeit von Siedlungen, überwachend zu wirken, ist nur ein Element eines subtileren und diffuseren Systems, das aus einer Reihe elektronischer Techniken der Grenzziehung, der Bevölkerungskontrolle, von Personalausweisen, Inspektionen, Währungskontrollen usw. besteht. Elia Zureik, »Constructing Palestine through Surveillance Practices«, *British Journal of Middle Eastern Studies*, 2001, S. 205-207.

61 Avi Mograbi, *How I Learned to Overcome My Fear and Love Arik Sharon*, ein Dokumentarfilm, 1997.

62 Beide Zitate stammen von Shlomi Hazoni, dem Sicherheitsbeauftragten von Qadumim, aus einem Interview mit Mira Asseo vom 21. November 2002. Mira Asseo ist vom Autor als Rechercheassistentin eingestellt worden.

63 Amos Harel, »Soldiers can shoot Gazans spying on Netzarim«, *Ha'aretz*, 5. November 2003. Ein israelischer Soldat, Shahar Ginossar, beschreibt solch eine Prozedur: »Die Feuer-Frei-Regeln waren deutlich genug: Jeder Palästinenser auf einem Dach ist angeblich ein ›Späher‹, und die Scharfschützen schießen ihn sofort nieder (…) Einmal sahen wir jemanden auf einem Dach stehen. Nur stehend, ohne Fernglas (…) Mir wurde die Erlaubnis gegeben zu schießen ...« Vgl. Shahar Ginossar, »Shooting and Hitting«, http://www.shovrimshtika.org/newspapers_e.asp?number=311.

64 Gideon Levy, »The Lowest Points in Israel«, in: Rafi Segal und Eyal Weizman (Hrsg.), *A Civilian Occupation, The Politics of Israeli Architecture*, London und Tel Aviv 2004, S. 170.

65 Tamir-Tawil, »To Start a City«, S. 160.

66 Die Broschüre hieß *Emanuel, A Faithful City in Israel*, Brooklyn, NY: The Emanuel Office, 1988.

67 Thomas Leitersdorf, »Emmanuel, a New Town in Samaria«, in: Harlap, *Israel Builds*, S. 144.

68 Daniel Ben Simon, »It is strange to die after the second meeting«, *Ha'aretz*, 29. März 2002 [Hebräisch].

69 Der Aufbau Shilos als archäologisches Arbeitscamp wurde in Kapitel 3 beschrieben.

70 www.shilo.co.il.

71 Esther Zandberg, »As close as you can get«, *Ha'aretz*, 3. April 2003.

5. Kapitel Checkpoints: Der gespaltene Souverän vor und hinter dem Spiegel

1 Gaza-Jericho-Abkommen, Anhang I: Protokoll zum Rückzug israelischer Militärtruppen und Sicherheitseinrichtungen, Artikel X: Übergänge, http://telaviv.usembassy.gov/publish/peace/gjannex1.htm. Während eines Zeitraums, den das Abkommen als »vorläufig« bezeichnete, sollte Israel für Übergänge zwischen den palästinensischen Gebieten und Ägypten bzw. Jordanien verantwortlich sein, wie auch (mit einigen Anpassungen) für Passagen zur Anlegebrücke des Seehafens von Gaza (der nie gebaut wurde) und zu allen palästinensischen Flughäfen (der einzige palästinensische Flughafen, der Dahanieh Flughafen in Gaza, wurde 2000 in den Anfangstagen der Intifada bombardiert und zerstört).
2 Gaza-Jericho-Abkommen, Anhang I, Artikel X, Absatz 2.b.1.
3 Israelische Sicherheitskräfte würden »durch getöntes Glas (von den Passagieren) getrennt« sein; Gaza-Jericho-Abkommen, Anhang I, Artikel X, Absatz 3.d.2.
4 Gaza-Jericho-Abkommen, Anhang I, Artikel X, Absatz 3.d.1.
5 Gaza-Jericho-Abkommen, Anhang I, Artikel X, Absatz 3.e., 9.c.
6 Mourid Barghouti, *I Saw Ramallah*, übers. v. Ahdaf Soueif, London 2005, S. 12, 20.
7 Gideon Levy, »Twilight zone: more than meets the eye«, *Ha'aretz*, 3. September 1999. Vgl. auch eine Erörterung des Kontrollgebäudes in einem exzellenten Artikel über israelische Überwachungsmethoden in Israel und den Besetzten Gebieten: Elia Zureik, »Constructing Palestine through Surveillance Practices«, *British Journal of Middle Eastern Studies* 28, 2001, S. 205-227.
8 Die acht getrennten Oslo-Vereinbarungen sind: (1) die Prinzipienerklärung über die vorübergehende Selbstverwaltung (13. September 1993); (2) das Pariser Protokoll über die Wirtschaftsbeziehungen (29. April 1994); (3) das Gaza-Jericho-Abkommen (4. Mai 1994); (4) die Vereinbarung über die vorbereitende Übergabe von Macht und Verantwortung zwischen Israel und der PLO (29. September 1994); (5) das Israelisch-Palästinensische Interimsabkommen über das Westjordanland und den Gazastreifen (auch bekannt als Oslo II) (28. September 1995); (6) das Hebron-Protokoll (17. Januar 1997); (7) das Wye River-Abkommen (23. Oktober 1998); (8) das Sharm-el-Sheikh-Memorandum (4. September 1999).
9 Die Vierte Genfer Konvention (12. August 1949), Teil III/Abschnitt III: Besetzte Gebiete, http://www.yale.edu/lawweb/avalon/lawofwar/geneva07.htm.
10 Michel Foucault, *Discipline and Punish: The Birth of the Prison* [*Überwachen und Strafen. Die Geburt des Gefängnisses*], übers. v. Alan Sheridan, New York 1977.
11 So wurden die Artikel des Oslo-Abkommens den Palästinensern und ausländischen Regierungen präsentiert. Zu Hause stellte man sie selbstverständlich als harsche Sicherheitsmaßnahmen dar.
12 Tal Arbel, »Mobility Regimes and the King's Head: A History of Techniques for the Control of Movement in the Occupied West Bank« (vorgestellt beim Workshop »Comparative Occupations: Chechnya, Iraq, Palestine, Governing Zones of Emergency«, Middle East Institute, Harvard University, 25.-26. Februar 2006).
13 Gershom Gorenberg, *The Accidental Empire, Israel and the Birth of the Settlements, 1967-77*, New York 2005, S. 131.
14 Shlomo Gazit, *The Carrot and the Stick: Israel's Policy in Judaea and Samaria, 1967-68*, New York 1995, S. 204.
15 »Within the first year of the first Intifada, for example, no less than 1600 curfews were imposed, so that by late 1988 over 60 per cent of the population had been confined to their homes for extended periods of time.« Neve Gordon, *Israel's Occupation: Sovereignty, Discipline and Control*, Berkeley, CA: California University Press, i.E. (Kapitel 6).
16 Leila Farsakh, »The Economics of Israeli Occupation: What Is Colonial about It?« (vorgestellt beim Workshop »Comparative Occupations: Chechnya, Iraq, Palestine, Governing Zones of Emergency«, Middle East Institute, Harvard University, 25.-26. Februar 2006).
17 Das Abkommen beließ das Recht, den Durchmesser der Wasserleitungen innerhalb des Netzes festzulegen, das den Archipel palästinensischer Enklaven verbindet, bei Israel, wenn diese Leitungen durch von Israel verwaltete Zonen verliefen. So würde Israel die Durchflussrate und Wassermenge wirksam

kontrollieren können, die von einem Ort zum anderen flösse. Vgl. Amira Hass, »Colonialism under the Guise of a Peace Process«, *Theory and Criticism*, Frühjahr 2004 (24), S. 192.

18 Im Rahmen der Oslo-Abkommen versicherte die israelische Regierung den Palästinensern und den Vereinigten Staaten, dass – abgesehen vom »natürlichen Wachstum« existierender Siedlungen – keine neuen Siedlungen gebaut und bestehende Siedlungen nicht ausgeweitet würden. Als »natürliches Wachstum« hat Israel die Anlage neuer Siedlungen deklariert, und zwar unter dem Vorwand, lediglich »neue Viertel« für bestehende Siedlungen zu errichten. Zwischen September 1993, zur Zeit der Unterzeichung der Prinzipienerklärung, und September 2000, zur Zeit des Ausbruchs der Zweiten Intifada, stieg die Bevölkerungszahl in den Siedlungen des Westjordanlandes (ohne Ostjerusalem) von 100 500 auf 191 600 an, was einer Wachstumsrate von ungefähr 90 % entspricht. Zur selben Zeit stieg die Bevölkerungszahl in Ostjerusalem von 146 800 (1993) auf 176 900 (2001) an – ein Zuwachs von nur 20 %. Vgl. Yehezkel Lein und Eyal Weizman, *Land Grab: Israel's Settlement Policy in the West Bank*, Jerusalem Mai 2002. Online veröffentlicht auf www.btselem.org.

19 Diese Definition folgt der Internationalen Organisation für Normung (ISO) – dem internationalen Standardisierungsgremium, bestehend aus Repräsentanten nationaler Normungsgremien (www.tqm.org).

20 Yehouda Shenhav, *Manufacturing Rationality*, Oxford 1999. Vgl. auch Uri Ben-Eliezer, »Post-Modern Armies and the Question of Peace and War: The Israeli Defense Forces in the ›New Times‹«, *International Journal of Middle East Studies*, 2004 (36), S. 49-70.

21 Ein Zusatz zum Haushalt des Pentagon von 2005, der von Senator John McCain eingebracht wurde, untersagt »grausame, inhumane und entwürdigende Behandlung« von Gefangenen im Gewahrsam der USA, gestattet solch eine Behandlung jedoch noch immer, wenn die Gefangenen nicht im Gewahrsam der USA sind. Der Gesetzesentwurf wurde sofort durch einen maßgeschneiderten Zusatzartikel uneinklagbar gemacht: den Graham-Levin-Zusatz, der darauf abzielt, juristische Überprüfungen einzuschränken.

22 Ein großes Projekt der USA, eine »virtuelle Grenze« zu schaffen, versucht, amerikanische Überwachungsnetzwerke auszuweiten und gewaltige Mengen an biometrischen und anderen Daten zusammenzutragen und auszutauschen, damit »Terroristen« identifiziert und abgefangen werden können, solange sie nominal noch im »Ausland« sind. Vgl. Eric Lichtblau und John Markoff, »Accenture Is Awarded U.S. Contract for Borders«, *New York Times*, 2. Juni 2004.

23 Ariella Azoulay und Adi Ophir, »The Monster's Tail«, in: Michael Sorkin (Hrsg.), *Against the Wall*, New York 2005, S. 3-4.

24 Gilles Deleuze, »Postscript on the Societies of Control«, *October*, Winter 1992 (59), S. 3-7.

25 OCHA, West Bank, »Closure Count and Analysis«, September 2006. Im Jahr zwischen der Evakuierung Gazas im August 2005 und September 2006 nahmen diese Restriktionen um 39 % zu. Vgl. www.ocha online.un.org. Dem Grundsatzpapier *Freedom of Movement – Siege* von B'Tselem zufolge gibt es 475 Erdhügel, 95 Betonblöcke und 56 Gräben. Vgl. den Gesamtbericht auf www.btselem.org.

26 Den zurückhaltenden Schätzungen der Weltbank zufolge fiel das Bruttoinlandsprodukt (BIP) pro Kopf zwischen 1999 und 2005 im Westjordanland und in Gaza um ca. 30 %. 2005 betrug die Arbeitslosenrate innerhalb der palästinensischen Verwaltung in Gaza 40 % und im Westjordanland 29 %, und 56 % der Bewohner von Gaza leben momentan unter der Armutsgrenze (es wird geschätzt, dass diese Zahl bis 2007 auf 75 % steigt), mehr als doppelt so hoch wie vor der Zweiten Intifada (22 %). Ungefähr 70 % der Bevölkerung Gazas sind derzeit (2007) ohne Unterstützung nicht in der Lage, den täglichen Nahrungsbedarf ihrer Familie zu decken. Der Weltbank zufolge liegt der Hauptgrund in Einschränkungen der Bewegungsfreiheit von Personen und Gütern. Vgl. World Bank, »West Bank and Gaza Economic Update and Potential Outlook«, http://www.worldbank.org/we. Ein neuer Bericht des Hilfswerks der Vereinten Nationen (UNRWA) warnt vor einem Mangelangebot an Grundnahrungsmitteln infolge häufiger Schließungen der Grenzübergänge, die verhindern, dass Güter aus Ägypten Gaza erreichen. Vgl. http://www.un.org/unrwa/news/index.html. Nach den verheerenden Angriffen auf den Gazastreifen 2008/09 und bei der weiterhin bestehenden drakonischen Absperrung der Gebiete haben sich alle diese Indikatoren zu denen einer humanitären Katastrophe entwickelt.

27 Amira Hass, »Israeli restrictions create isolated enclaves in West Bank«, *Ha'aretz*, März 2006 (24).

28 Alice Rothchild, »Pitching in for health on the West Bank«, *Boston Globe*, 6. März 2004. Zit. n. Neve Gordon, *Israel's Occupation: Sovereignty, Discipline and Control*, Berkeley, CA, (Kapitel 6).
29 Zygmunt Bauman, *Society Under Siege*, London 2002.
30 Raviv Drucker und Ofer Shelah, *Boomerang, The Israeli Leadership Failures during the Second Intifadah*, Jerusalem 2005, S. 330.
31 www.machsomwatch.org.
32 Azmi Bishara, *Checkpoints: Fragments of a Story*, Tel Aviv 2006 [Hebräisch], S. 10.
33 Ebd., S. 17.
34 Eyal Weizman, »The Subversion of Jerusalem's Sacred Vernaculars«, in: Michael Sorkin, *The New Jerusalem*, New York 2003, S. 120-145.
35 Bishara, *Checkpoints*, S. 231.
36 Amos Harel und Avi Isacharoff, *The Seventh War*, Tel Aviv 2004, S. 343.
37 Baruch Spiegel, »Issues of the Wall, presentation at the Van Leer Institute, Jerusalem«, 17. Februar 2006. Der Entwurf wurde auf Englisch veröffentlicht, da er u.a. die amerikanische Administration beruhigen und offiziell von der Regierung übernommen werden sollte.
38 Presseerklärung des Verteidigungsministeriums: »Defence Minister Mofaz appoints Brig.-Gen. (Res.) Baruch Spiegel to head team dealing with civilian and humanitarian issues vis-a-vis security fence«, 27. Januar 2004, http://www.israelmfa.gov.il/MFA/Government/Communiques/2004; Drucker und Shelah, *Boomerang*, S. 331.
39 Glenn Kessler, »US aid to Palestinians goes to checkpoints, Zionist organization«, *Washington Post*, 5. Mai 2005.
40 http://www.securityfence.mod.gov.il/Pages/ENG/Humanitarian.htm.
41 Presseerklärung des Verteidigungsministeriums: Statement, 15. Januar 2006, http://www.mod.gov.il/WordFiles/n32301062.doc.
42 Baruch Spiegel, »Balancing Rights – The Security Fence and the Palestinian Civilian Population«, Präsentationsabschrift, 18. März 2006, Jerusalem Centre for Public Affairs, http://www.ngomonitor.org/issues/Balancing%20RightsTheSecurityFenceandthePalestinianCivilianPopulationText.htm.
43 OCHA, West Bank, »Closure Count«, Anmerkung 27.
44 Arbel, »Mobility Regimes and the King's Head«. Vgl. auch Machsom Watch, *A Counterview, Checkpoints 2004*, www.machsomwatch.org.
45 Machsom Watch, *Checkpoints 2004*.
46 Amira Hass, »The humanitarian lie«, 28. Dezember 2005, www.counterpunch.org.
47 Aluf Benn, Arnon Regular und Akiva Eldar, »Rice: Israel and PA Clinch Deal on Gaza-Egypt Border Crossing«, *Ha'aretz*, 15. November 2005; Jamie Chosak, »Opening Gaza to the Wider World: The Israeli–Palestinian Agreement on Movement and Access«, Washington: The Washington Institute, 30. November 2005, http://www.washingtoninstitute.org/templateC05.php?CID=2412.
48 Die Grundsätze am Rafah-Übergang sind im »Agreement on Movement and Access« zusammengefasst, http://www.usembassy.it/viewer/article.asp?article=/file2005_11/alia/a5111510.htm.
49 Israel kontrolliert den Zugang der Beobachter zum Übergang: Die europäischen Beobachter wohnen (2007) in Israel. Um zur Arbeit zu gelangen, müssen sie einen Militärübergang passieren, den Israel oft mit der Begründung schließt, dass Hinweise über geplante Terrorangriffe eingegangen seien. Ohne die Beobachter bleibt der Übergang in Rafah geschlossen. B'Tselem an den Verteidigungsminister: »Stop using Rafah Crossing to pressure Gaza civilians«, www.btselem.org, 30. August 2006.
50 Durch das Genehmigungssystem kontrolliert Israel weiterhin das Meldeverfahren der Bevölkerung im Westjordanland und in Gaza. Fast jede Änderung, die von der Palästinenserbehörde in der Registrierung vorgenommen wird, erfordert die vorherige Zustimmung von Israel. Indem es die Meldeverfahren kontrolliert, kann Israel bestimmen, wer »palästinensischer Bewohner« und wer »Ausländer« ist. Nur »Bewohner« erhalten die Erlaubnis, die Übergänge in Rafah oder über die Allenby-Brücke zu passieren.
51 Vgl. auf welche Weise in Jerusalem mit dieser Politik verfahren wurde in Kapitel 1, S. 57-61.
52 Das Gesetz zur Staatsbürgerschaft und zum Zugang nach Israel, 2003/544, verweigert den aus Gaza oder dem Westjordanland stammenden Ehepartnern israelischer Bürger die Aufenthaltsgenehmigung für Israel.

53 Vgl. für eine eingehende Analyse Eyal Benvenisti, *The International Law of Occupation*, Princeton 1993, S. 7-25 und S. 107-148. Obwohl die israelischen Regierungen seit 1967 auf dem Standpunkt stehen, dass die Genfer Konventionen auf die Westbank und Gaza nicht anwendbar sind (was damit begründet wird, dass dort vor der Besetzung keine international anerkannte Staatshoheit existierte), haben sie sich dazu bequemt, die von ihnen als »humanitär« bezeichneten Paragrafen der Konvention einhalten zu wollen.

54 James Ron, *Frontiers and Ghettos: State Violence in Serbia and Israel*, Berkeley, CA 2003, S. 262. Vgl. die Besprechung dieses Buches in: Neve Gordon, »Theorizing Israel's Occupation«, *HAGAR, Studies in Culture, Polity and Identities*, 6 (2) 2006, S. 115-135.

55 »Sharon Defends pro-peace Stance«, *New York Times*, 28. Mai 2003.

56 Leila Farsakh, »The Economics of Israeli Occupation«. Nach Oslo begann Israel, seine palästinensischen Niedriglohnarbeiter durch Gastarbeiter, überwiegend aus Afrika und Osteuropa, zu ersetzen.

57 Das reale BIP im Westjordanland und im Gazastreifen wuchs zwischen 1994 und 1999 um 2,3 % jährlich, was im Hinblick auf die Bevölkerungswachstumsrate von 4 %, einen Rückgang im Pro-Kopf-Einkommen bedeutete. Das BIP pro Kopf fiel zwischen 1995 und 1996 (Jahre mit häufigen Grenzschließungen) um 18 %. Zwischen 2000 und 2005 fiel es um weitere 35 %. Während der 32 Monate, in denen die Arbeitspartei an der Regierung war (September 1993–Juni 1996), wuchs Israels reales BIP pro Kopf um eine jährliche Durchschnittsrate von ca. 3,4 %, verglichen mit vorherigen Raten von nur um 1,3 % jährlich. Zwischen 1995 und 2000 stieg Israels BIP von 270 Mrd. Schekel auf 470 Mrd. (in den Preisen von 2004 gerechnet). Die Exporte stiegen von einem jährlichen Stand von 14,8 Mrd. US-Dollar in 1993 auf ca. 20 Mrd. US-Dollar in 1996 an – eine ca. 11-%ige jährliche Wachstumsrate seit Oslo, also höher als die 7 %-Export-Wachstumsrate während der vergleichbaren Vor-Oslo-Jahre. Leila Farsakh, »The Economics of Israeli Occupation«. Auch: Sara Roy, »Decline and Disfigurement: The Palestinian Economy after Oslo«, in: Carey, *The New Intifada*, London und NY 2001, S. 91-110.

58 OCHA, West Bank, »Closure Count«.

59 Die Weltbank, der IWF und das Ad Hoc Liaison Committee (AHLC) haben die Aufsicht über das palästinensische Finanzministerium erhalten, um bei der Lenkung der Wirtschaftspolitik zu helfen. Die Weltbank ist gewissermaßen zum Manager der Spendenfonds geworden.

60 Eine Demonstration israelischer Kontrolle über humanitäre Aktivitäten erfolgte im April 2006, als örtliche palästinensische Angestellte der UNRWA, verantwortlich für Nahrung und medizinische Hilfe, sich weigerten, sich mit Verwaltungskräften der Hamas abzustimmen, weil sie befürchteten, von Israel und den Vereinigten Staaten auf die schwarze Liste gesetzt zu werden. Diese mangelnde Kooperation wurde als einer der wahrscheinlichen Gründe für die rapide Verbreitung der Vogelgrippe in Gaza im Frühjahr 2006 genannt. Akiva Eldar, »Coming Soon: Kosovo in Gaza? Aid Organizations in Gaza Paralyzed Fearing Ties with Hamas-led Government«, *Ha'aretz*, 4. April 2006.

61 Diese Situation bildet den Kern dessen, was Rony Brauman, David Rieff und andere das »humanitäre Paradox« genannt haben; das Dilemma, mit dem humanitäre und NGOs, die in Kriegszonen operieren, konfrontiert sind. Es besagt, dass sie bei ihrem Agieren auf der rein humanitären Ebene (der Philanthrop hofft, leichteren Zugang zu Krisenschauplätzen zu erhalten, wenn er den humanitären Bereich als einen apolitischen, neutralen darstellt) politische Instrumentalisierungen nicht vermeiden können und folglich möglicherweise der Macht selbst in die Hände arbeiten. Des Weiteren laufen Philanthropen Gefahr, selbst Hilfeleistungen zu politisieren (Rieff), indem sie versuchen, sich aus Situationen, in denen sie möglicherweise instrumentalisiert werden und als »Zeugen« fungieren (Braumans Auffassung), zurückzuziehen. Vgl. Rony Brauman, »From Philanthropy to Humanitarianism«, *South Atlantic Quarterly*, Frühjahr 2004 (2/3), S. 397-417; und David Rieff, *A Bed for the Night: Humanitarianism in Crisis*, New York 2002. David Shearer, Leiter der OCHA, behauptet, dass die Situation in Gaza der Kosovo-Krise 1999 immer ähnlicher wird und ähnliche Maßnahmen, die im Anschluss ergriffen wurden, erforderlich machen; sprich: ein internationales UN-Mandat für das Gebiet. OCHA, *Gaza Strip Situation Report*, 29. März 2006, http://www.humanitarianinfo.org/opt/docs/UN/OCHA/ochaSR_Gaza290306.pdf.

62 Ariella Azoulay, »Hunger in Palestine: The Event That Never Was«, in: Anselm Franke, Rafi Segal und

Eyal Weizman (Hrsg.), *Territories, Islands, Camps and Other States of Utopia*, Köln 2003, S. 154-157. Dem Leiter des militärischen Nachrichtendienstes Amos Gilead zufolge, »ist Hunger, wenn Menschen mit geschwollenen Bäuchen herumlaufen, kollabieren und sterben. Es gibt keinen Hunger in den palästinensischen Gebieten.« Drucker und Shelah, *Boomerang*, S. 329. Azoulay, »Hunger«, S. 154-157. Seit die Hamas im Januar 2006 durch Wahlen an die Macht kam, benutzt Israel die Waffe wirtschaftlicher Strangulierung als politisches Druckmittel, indem es alle palästinensischen Steuergelder – ungefähr 60 Mio. US-Dollar im Monat – einbehält, die Israel eigentlich gesetzlich verpflichtet wäre, an die Palästinenserbehörde zu überweisen. Israel hat auch die Internationale Gemeinschaft aufgefordert, ihre Hilfe auszusetzen, bis die Hamas »Israels Existenzrecht« anerkennt und in den politischen Prozess eintritt.

63 Elia Zureik, »Surveillance Practices«, S. 227.
64 Barghouti, *I Saw Ramallah*, S. 10.

6. Kapitel Die Mauer: Grenzarchipele und die unmögliche Politik der Trennung

1 Nadav Sharagai, »Same Sharon, same Temple Mount, same potential for explosion«, *Ha'aretz*, 28. Mai 2003.
2 Alle Zitate dieses Absatzes aus: Dana Gilerman, »Trying to make the Wall transparent«, *Ha'aretz*, 1. April 2004, und Esther Zandberg, »The Israeli Architectural Association does not want to face reality«, *Ha'aretz*, 18. November 2003.
3 Die Barriere besteht aus einer Reihe von Befestigungsanlagen, die in der Breite zwischen 35 und 100 m messen. Die Hauptkomponente der Barriere ist ein 3 m hoher *smart fence*, ein Zaun, der auf Berührung hin reagiert. Er steht auf einem 150 cm tiefen Betonfundament (um ein Untergraben zu verhindern) und ist mit Stacheldraht bewehrt (um das Hinüberklettern zu verhindern). Der Zaun ist außerdem mit Tag- und Nachtsichtkameras und kleinen Radaranlagen ausgestattet. Ungefähr 60 km massiver Mauer sind (2007) durch oder um palästinensische Städte gebaut, oder der Bau ist in Planung.
4 Im Juni 2002 ermittelte eine von *Ma'ariv* und »Market Watch« in Israel durchgeführte Umfrage eine Unterstützung von 60 % der Befragten für die Mauer und 25 % dagegen. Der *Peace-Index*-Umfrage zufolge unterstützten Ende 2004 83 % der Israelis die Mauer.
5 Raviv Drucker und Ofer Shelah, *Boomerang, The Israeli Leadership Failures during the Second Intifadah*, Jerusalem 2005, S. 255-266.
6 Zum H-Plan vgl. Kapitel 2, S. 93-95.
7 Um zu entscheiden, welche Art von Souveränität den Palästinensern auf den ihnen zugewiesenen isolierten Teil-Territorien eventuell gewährt werden könnte, hat die Armee (nicht die Regierung) ein Spezialteam innerhalb der Völkerrechtseinheit des militärischen Generalanwaltsbüros zusammengestellt, um bestehende Modelle limitierter oder »weicher« Staatshoheit zu prüfen. Untersuchte Fallbeispiele reichten vom heutigen Puerto Rico bis zu Deutschland unter den Besatzungsmächten in der Dekade nach dem Zweiten Weltkrieg.
8 Die Ariel-»Schlinge« bildet einen besonders weit vorgeschobenen Grenzverlauf, der sich tief in das Herz des Westjordanlandes erstreckt, um die Siedlungsstadt Ariel mit einzuschließen (Bevölkerungszahl 17 000). Die Schlinge wurde im Juli 2003 angekündigt und sorgte sofort für diplomatische Empörung auf dem internationalen Parkett. Die Region um Ariel weist die dichteste Siedlerpopulation auf. In dieser Gegend ballen sich recht wohlhabende Vorstadtsiedlungen in unmittelbarer Nähe von verarmten palästinensischen Dörfern und Städten. Mit einem israelischen Pro-Kopf-BIP, das 20-mal höher ist als das palästinensische, ist die wirtschaftliche Ungleichheit zwischen den benachbarten Gemeinden (die durch den Mauerverlauf anschauliche Form angenommen hat) weltweit eine der höchsten zwischen benachbarten Populationen.
9 Danny Tirza, »The Strategic Logic of Israel's Security Barrier«, *The Jerusalem Institute for Contemporary Affairs*, 5 (18), 8. März 2006, http://www.jcpa.org/brief/brief005–18.htm.

10 Diese Praxis wurde erst im Januar 2006, nachdem sie durch eine Petition aufgedeckt worden war, vom israelischen Obersten Gerichtshof ausdrücklich verboten. Vgl. HCJ 143/06.
11 Yehezkel Lein, *Behind the Barrier, Human Rights Violations as a Result of Israel's Separation Barrier*, Jerusalem: B'Tselem, April 2003, www.btselem.org.
12 »Under the Guise of Security: Routing the Separation Barrier to Enable Israeli Settlement Expansion in the West Bank«, gemeinsamer Bericht von Bimkom, *Planners for Planning Rights*, und B'Tselem, Dezember 2005. Vgl. http://www.btselem.org/english/Publications/summaries/200512_Under_the_Guise_of_Security.asp.
13 Der Hauptunternehmer Lev Leviev, der an der Expansion einiger Siedlungen entlang dem Mauerverlauf beteiligt ist – u.a. Tzufin und Modi'in Illit –, war ursprünglich Diamantenmagnat und ist einer der mächtigsten und am besten vernetzten Geschäftsleute Israels. (Er agierte auch als Vermittler zwischen Ariel Scharon und dem kasachischen und dem usbekischen Präsidenten.) Eine der Siedlungen, die auf dem Land gebaut werden, das den armen palästinensischen Bauern von Bil'in geraubt wurde, ist ein gewaltiges 230-Millionen-US-Dollar-Projekt mit 5800 geplanten Wohnungen. Vgl. Gadi Algazi, »Offshore Zionism«, *New Left Review*, 40, Juli–August 2006, S. 31-33.
14 Arik Meirovski, »The Separation Fence reduced the price of flats in the Occupied Territories by 10 to 15 per cent«, *Ha'aretz* 28. März 2006.
15 Algazi, »Offshore Zionism«, S. 30.
16 Protokolle der Anhörung vor dem Amtsgericht in Tel Aviv am 20. November 2002. Zit. n. Lein, *Behind the Barrier*.
17 Die Palästinensische Autonomiebehörde behauptet, dass durch den derzeitigen Verlauf der Barriere 466 bedeutende archäologische Stätten Israel angegliedert würden, hauptsächlich in der Gegend um Ostjerusalem. Den palästinensischen Forschern Mohammad Jaradat und Jamal Barghouth zufolge beläuft sich die Gesamtzahl der Stätten auf 1084. Vgl. Mohammad Jaradat und Jamal Barghouth, *Review of Culture and Heritage; Multi-sector Review of East Jerusalem*, auf www.multi-sector.org/review/culture/; Mazal Mualem, »Route Restraints cause Movement of Fence based on Past Communities«, *Ha'aretz*, 17. Oktober 2003.
18 Tirza: »Aufgrund der Witterungsverhältnisse müssen nach Israel ein- und ausfliegende Flugzeuge an 70 Tagen im Jahr über das Westjordanland fliegen. Wir wollten in der flughafennahen Gegend einen Doppelzaun bauen, um ihn vor Raketen zu schützen, aber in dem Gebiet wohnen 19 000 Palästinenser (und) Außenministerin Condoleezza Rice sagte, dass Israel die Menschen nicht in Enklaven wohnen lassen könne.« Vgl. Tirza, »The Strategic Logic«.
19 http://isala.judysenglish.co.il/paper.htm (nicht mehr verfügbar).
20 Rory McCarth, »Supreme court vindicates weekly protests and forces Israel to re-route security fences and roads«, *The Guardian*, 5. September 2007.
21 Akiva Eldar, »Bil'in residents slam proposed route for West Bank fence«, *Ha'aretz*, 10. Juli 2008.
22 Bezüglich der auf das Projekt bezogenen Terminologie ergibt sich die Problematik einer multiperspektivischen Semantik: Israel bevorzugt es, den Begriff »Zaun«, wie in »Trennungszaun« oder »Antiterrorzaun«, zu benutzen, in der Hoffnung, das offensichtliche Ausmaß der Barriere zu minimieren und sie gutartig, fast anheimelnd erscheinen zu lassen – gemäß dem Ausspruch »Liebe deinen Nachbarn, reiß aber den Zaun nicht ein«. Die israelische und palästinensische Opposition bevorzugt den Begriff »Mauer«, der auf die städtischen Gegenden abhebt, in denen die Barriere eine Mauer ist. Sie hoffen, mit ihrer Kampagne in der westlichen Vorstellung eine Gleichsetzung der Barriere mit der Berliner Mauer zu erreichen – die ebenfalls über weite Strecken aus einem Zaunsystem bestand. Als George W. Bush mit dem ehemaligen palästinensischen Präsidenten Mahmoud Abbas sprach, nannte er die Barriere »eine Mauer«, im Gespräch mit Scharon jedoch »einen Zaun«. Der Internationale Gerichtshof hat den Begriff »Mauer« als allgemeine Bezeichnung akzeptiert, ungeachtet der jeweils in Frage stehenden Beschaffenheit eines Abschnitts.
23 Lindsay Bremner, »Border/Skin«, in: Michael Sorkin (Hrsg.), *Against the Wall; Israel's Barrier to Peace*, New York: The New Press, 2005, S. 122-137.
24 HCJ 2056/04, *Beit Sourik Village Council vs. The Government of Israel, Commander of the IDF Forces in the West Bank*, 30. Juni 2004.

Anmerkungen

25 Im Februar 2004, also vor der Mauerdebatte vor dem Internationalen Gerichtshofs in Den Haag, beschloss die Regierung bereits erstmals, Veränderungen an bereits errichteten Mauerabschnitten vorzunehmen und kündigte dies auch öffentlich an. Das Verteidigungsministerium begann, den Mauerverlauf im Norden zu verändern, wo er das Baqa-al-Sharqiya-Gebiet vollständig umschloss.
26 Daten werden regelmäßig auf der Website von B'Tselem aktualisiert. www.btselem.org.
27 www.securitybarrier.mfa.gov.il. Dies erinnert an die DDR-Bezeichnung der Berliner Mauer – »Der Antifaschistische Schutzwall«. Vgl. Ines Weizman, »Talking Walls«, in Kyong Park (Hrsg.), *Urban Ecologies*, Hong Kong 2005, S. 97-99.
28 Vgl. zum Problem der Vorläufigkeit Kapitel 3, insbesondere S. 116-119.
29 Adi Ophir, »A Time of Occupation«, in: Roane Carey und Jonathan Shainin (Hrsg), *The Other Israel*, New York 2003, S. 60. Vgl. auch Ariella Azoulay und Adi Ophir, *Bad Days*, Tel Aviv 2002 [Hebräisch].
30 Wie AbdouMaliq Simon bemerkt hat, werden Sicherheitsmaßnahmen unter Bedingungen durchgeführt, die der Logik von Aktienderivaten gleichen. Der Preis von Derivaten wird von der Marktvolatilität bestimmt. Hohe Volatilität deutet auf hohes Profitpotenzial hin. In ähnlicher Weise spekulieren Sicherheitsagenturen auf zukünftige Risiken, die auf Informationen über die aktuellen Kurse basieren. Insofern ist es nicht weiter verwunderlich, dass Sicherheitskräfte dazu neigen, Volatilität zu erzeugen. AbdouMaliq Simon, »Assembling Douala«, in: Alev Cinar und Thomas Bender (Hrsg.), *Urban Imaginaries: Locating the Modern City*, Minneapolis 2007.
31 Shlomo Swirski, *The Price of Occupation*, Tel Aviv 2005, S. 93 [Hebäisch].
32 Aeyal M. Gross, »The Construction of a Wall between The Hague and Jerusalem: The Enforcement and Limits of Humanitarian Law and the Structure of Occupation«, i.E., *Leiden Journal of International Law*.
33 Alan Dershowitz, »Israel follows its own law, not bigoted Hague decision«, *Jerusalem Post*, 11. Juli 2004. Der Internationale Gerichtshof weigerte sich, Israels Argument der »taktischen Notwendigkeit« bezüglich der Routenführung um Siedlungen herum vorbehaltlos stattzugeben. In ihrem Urteil notierten die internationalen Richter: »Die Verletzung palästinensischer Menschenrechte kann nicht durch militärische Erfordernisse oder durch Ansprüche nationaler Sicherheit oder öffentlicher Ordnung gerechtfertigt werden«, da die palästinensischen Gebiete, auf denen Israel die Barriere errichtete, enteignet wurden, um Siedlungen zu sichern, die aber, dem internationalen Recht zufolge, selbst illegal waren. Die Richter forderten die israelische Regierung auf, den Bau einzustellen, die bereits gebauten Abschnitte der Barriere abzureißen, und die direkt betroffenen Palästinenser zu entschädigen. Außerdem rieten sie dem UN-Sicherheitsrat mit einer Mehrheit von 13 zu 2, seine Möglichkeiten für »weitere Aktionen« – dem diplomatischen Code für eine Vielzahl möglicher Sanktionen – zu prüfen, um der Aufforderung Nachdruck zu verleihen. Vgl. Webseite des ICJ: http://www.icj-cij.org/icjwww/idocket/imwp/imwpframe.htm.
Die Generalversammlung der UN folgte dem Beschluss und verabschiedete eine die Mauer verurteilende Resolution. 150 Nationen stimmten für den Entwurf, 10 enthielten sich und 6 – darunter die Vereinigten Staaten, Mikronesien, die Marshall-Inseln und Australien – stimmten dagegen.
34 David Kennedy, *The Dark Side of Virtue: Reassessing International Humanitarianism*, Princeton, NJ 2004, S. 235-323 (vgl. insbesondere das Kapitel »Humanitarianism and Force«, vornehmlich S. 295). Vgl. auch die Erörterung dieses Problems und von Kennedys Ideen in einem Artikel seines ehemaligen Studenten Aeyal M. Gross, »The Construction of a Wall«.
35 Akiva Eldar, »Because of Route Change: Israel lost 700 million shekels«, *Ha'aretz*, 21. Dezember 2006.
36 Tirza, »The Strategic Logic«. Auf der Webseite des Verteidigungsministeriums steht unter der Sparte *Humanitarian Concerns:* »Die israelische Regierung erkennt an und bereut, dass die Errichtung eines Sicherheitszauns Härten für das Leben unschuldiger Palästinenser mit sich bringen kann. Alle Versuche, solche Probleme zu minimieren, wurden und werden weiterhin unternommen. Die Matrix ziviler Verbindung und Verknüpfung – wirtschaftlich, pädagogisch, medizinisch etc. – zwischen palästinensischen Dörfern und Städten, wie auch der Einfluss durch den Bau des Sicherheitszauns auf sie wurde gründlich untersucht.« http://www.securityfence.mod.gov.il/Pages/ENG/Humanitarian.htm.
37 Nadav Shragai, »Settlers plan mass court petitions over revised fence route«, *Ha'aretz*, 26. August 2004.

38 Aluf Benn, »New fence route to be presented to U.S. first, then cabinet«, *Ha'aretz*, 7. September 2004.
39 Im Januar 2004 bat mich Yehezkel Lein von B'Tselem, eine »Expertenmeinung« über eine dieses Problem betreffende Fallstudie abzugeben. Entgegen Behauptungen des Verteidigungsministeriums ist die militärische Logik, den Barriereverlauf gemäß der Topografie zu zeichnen, zu Kompromissen bereit, wenn der Staat beabsichtigt, Gegenden, die für die weitere Expansion von Siedlungen vorgemerkt sind, mit einzuschließen. Im Fall der Siedlung Tzufin im Norden von Kalkilia wurde die Route 2 km östlich der Siedlung skizziert, um einige Parzellen in den Verwaltungsbereich der Siedlung einzugliedern. Dadurch wurden palästinensische Bewohner von Jayyous von ihren Weinbergen abgeschnitten. Mit anderen Worten: Der Barrierenverlauf hat die militärische Logik zu Kompromissen gezwungen, indem er die Interessen des Siedlungsrats und der Immobilienunternehmer unterstützte, die in die Landerschließung investieren wollten.
40 Auf Druck des Siedlungsrats hat die Armee bisher (2007) 17 »spezielle Sicherheitszonen« bewilligt (vom Pressesprecher der IDF als »Tiefen-« oder »Minibarrieren« bezeichnet) und bereits drei davon im nördlichen Teil des Westjordanlandes errichtet. Vgl. Nadav Shragai und Nathan Guttman, »IDF proposes 400-metre security zone around Settlements«, *Ha'aretz*, 3. Oktober 2003.
41 Palästinenser haben nur beschränkten Zugang zu mehr als 700 km Fahrbahnen auf 41 »sterilen« Straßen, die für den ausschließlichen Gebrauch durch Juden reserviert sind. Yehezkel Lein, *Forbidden Roads: The Discriminatory West Bank Road Regime*, Jerusalem: B'Tselem, August 2004. www.btselem.org.
42 Premierminister Olmerts unilateraler »Angleichungsplan« zielte nicht darauf ab, die Prinzipien der Archipelgeografie in der Westbank zu verändern. Der Plan forderte die Evakuierung von nur etwa 20 isolierten Siedlungen und die Eingliederung anderer in größere Siedlungsblöcke.
43 Dies war Präsident Bushs »Belohnung« für Scharons Verkündung seines Plans der einseitigen Evakuierung der Siedlungen und Militärstützpunkte von Gaza, die unbewusst die Evakuierung Gazas mit Annektierungsplänen im Westjordanland verknüpfte: »Es ist unrealistisch zu erwarten, dass Verhandlungen über den Endstatus im Ergebnis auf eine vollständige Rückkehr zu den Waffenstillstandslinien von 1949 hinauslaufen werden, und alle bisherigen Bemühungen, eine Zwei-Staaten-Lösung auszuhandeln, sind zum selben Schluss gekommen. Vgl. US International Information Programs auf usinfo.state.gov/mena/archive/2004/apr/14–125421.html.
44 Das Verteidigungsministerium veröffentlicht einige Details auf seiner Webseite: Mehr als 10 Mio. m^2 Erde wurden bewegt und 3000 km Stacheldraht wurden ausgelegt. Der Bau der Barriere kostet pro Kilometer geschätzte 2 Mio. US-Dollar und ist das größte nationale Infrastrukturprojekt (bezüglich Größe und Kosten), das je in Israel durchgeführt wurde. Vgl. http://www.securityfence.mod.gov.il/Pages/ ENG/execution.htm.
45 Aluf Benn, »PM says would allow contiguous Palestinian territory in W. Bank«, *Ha'aretz*, 5. Dezember 2002.
46 Meron Benvenisti, »An Engineering Wonder«, *Ha'aretz*, 5. Juni 1996. Dieser Leitartikel erschien später auf Französisch in: *Pré/occupations d'espace / Jérusalem au Pluriel*, Marseille 2001, S. 171-173.
47 Ende 2006 wurde die südliche Fortführung der »Tunnel-Straße« auf zwei parallele Ebenen ausgeweitet: Die ursprüngliche, ebenerdige Straße führt zum Flüchtlingscamp El-Arub, während die obere Straße (durch Pfeiler gestützt über die andere geführt) eine exklusiv jüdische Straße ist, die zum Siedlungsblock Etzion führt.
48 OCHA, »Closure Count and Analysis«, Januar 2006. Vgl. www.ochaonline.un.org.
49 Der ungenannte israelische Beamte, der im folgenden Artikel zitiert wird, ist Danny Tirza: Amira Hass, »Israel asks PA donors to fund new, upgraded West Bank roads«, *Ha'aretz*, 5. September 2004.
50 Ebd.
51 Ebenso wird die neue Eisenbahnverbindung zwischen Tel Aviv und Jerusalem durch Tunnel führen, wenn sie durch das Westjordanland läuft.
52 Eyal Shahar, »Bi-national road«, *Ma'ariv*, 19. März 2005.
53 Eines der frühsten Beispiele solch einer Souveränitätsteilung wurde kurz vor Ausbruch des Zweiten Weltkriegs vorgeschlagen. Im März 1939 forderte der Außenminister der Nazis, Joachim von Ribbentrop, von der polnischen Regierung die Rückgabe Danzigs an das Reich und schlug die Erbauung

einer extra-territorialen Autobahn vor, die Deutschland mit seinen Stadt-Enklaven verbinden sollte. Die deutsche Autobahn hätte jedoch polnisches Territorium geteilt. Eine Lösung dieses Problems sollte durch den Bau diverser Brücken erreicht werden, die über die Autobahn führen sollten, und auf denen polnische Souveränität herrschen würde. Am 26. März 1939 lehnte die polnische Regierung alle derartigen Pläne ab. Vgl. Deborah Dwork und Robert Jan van Pelt, *Auschwitz*, New York 2002, S. 109.

54 Eyal Weizman, »The Politics of Verticality«, auf http://www.opendemocracy.net/debates/article.jsp?id=2&debateId=45&articleId=801, Erstveröffentlichung am 24. März 2002.

7. Kapitel Urbane Kriegführung: Durch Wände gehen

1 Walter Benjamin, *Berliner Chronik*, Frankfurt 1970, S. 12.
2 Georges Perec, *Species of Space and Other Pieces* [*Träume von Räumen*], hrsg. u. übers. v. John Sturrock, London 1999.
3 Nuha Khoury, »One Fine Curfew Day«, Jerusalem: Miftah (www.miftah.org).
4 Ich habe einige dieser Konferenzen miterlebt. Im Januar 2003 überließ mir Stephen Graham die Hälfte seines Tickets (im Wert von £ 1000), um am zweiten Tag der jährlichen »Urban Warfare Conference« teilzunehmen, die von einem Institut für Sicherheitsfragen, dem SMI in London, organisiert wird. Es war ein unwirkliches Event, bei dem sich Militärs, Waffenhändler und Wissenschaftler der NATO, aus dem Vereinigten Königreich, den USA und Israel, sowie Vertreter der RAND Corporation im Konferenzsaal und beim Abendessen über praktische und theoretische Überlegungen zu urbanen Militäreinsätzen austauschten. Zu einer weiteren solchen Militärkonferenz, die 2002 vom Geschichtsinstitut der Universität Haifa organisiert wurde, vgl. Stephen Graham, »Remember Falluja: Demonizing Place, Constructing Atrocity«, *Society and Space*, 2005, 23, S. 1-10, und Stephen Graham, »Cities and the ›War on Terror‹«, *International Journal of Urban and Regional Research*, 30, 2. Juni 2006, S. 255-276.
5 Simon Marvin, »Military Urban Research Programs: Normalising the Remote Control of Cities«, bei der Konferenz vorgetragener Artikel, »Cities as Strategic Sites: Militarisation Anti-Globalization & Warfare«, Centre for Sustainable Urban and Regional Futures, Manchester, November 2002.
6 Eine der Leselisten des *Operational Theory Research Institute* führte u.a. folgende Titel auf: Christopher Alexander, *The Endless Way of Building: Patterns of Events, Patterns of Space, Patterns of Language*; Gregory Bateson, *Steps to An Ecology of Mind* [*Ökologie des Geistes*] und *Mind and Nature: A Necessary Unity* [*Geist und Natur*]; Beatriz Colomina (Gastherausgeberin), *Architecture Production*; Gilles Deleuze und Félix Guattari, *A Thousand Plateaus* [*Tausend Plateaus*] und *What is Philosophy* [*Was ist Philosophie*]; Clifford Geertz, *After the Fact – Two Countries, Four Decades, One Anthropologist*; Catherine Ingraham, *Architecture and the Burdens of Linearity*; Rob Krier, *Architectural Composition*; J.F. Lyotard, *The Post-Modern Condition: A Report on Knowledge* [*Das postmoderne Wissen*]; Marshall McLuhan und Quentin Fiore, *The Medium is the Massage: An Inventory of Effects* [*Das Medium ist Massage*]; W.J. Mitchell, *The Logic of Architecture*; Lewis Mumford, *The Myth of the Machine*; Gordon Pask, *Cybernetics of Human Learning*; Ilya Prigogine, *Is Future Given? The End of Certainty* und *Exploring Complexity*; John Rajchman, *The Deleuze Connections*; Bernard Tschumi, *Questions on Space, Architecture* und *Disjunction and Event-Cities 2*; und Paul Virilio, *The Lost Dimension*.
7 Zit. n. Caroline Glick, »Halutz's Stalinist moment: Why were Dovik Tamari and Shimon Naveh Fired?«, *Jerusalem Post*, 17. Juni 2006.
8 »U.S. Marines uses Israeli Tactics in Falluja Baghdad«, *Middle East Newsline*, 6 (418), 10. November 2004; Justin Huggler, »Israelis trained US troops in Jenin-style urban warfare«, *The Independent*, 29. März 2003; Yagil Henkin, »The Best Way Into Baghdad«, *New York Times*, 3. April 2003.
9 Die Interviews wurden mit Schimon Naveh geführt: am 15. September 2005 (telefonisch), am 7. März 2006 (telefonisch), am 11. April 2006 und am 22./23. Mai 2006 (auf einem Stützpunkt des militärischen Nachrichtendienstes in Gilot bei Tel Aviv). Alle Übersetzungen ins Englische und Abschriften der Interviews wurden Naveh zur Autorisierung geschickt. Sofern nicht anders vermerkt, beziehen sich alle folgenden Interviewreferenzen auf diese.

SPERRZONEN

10 Nicht-lineare- und Netzwerk-Terminologie stammen aus dem Militärdiskurs seit Ende des Zweiten Weltkriegs und waren 1982 maßgeblich an der Konzeption der US-Militärdoktrin der »Vorne-Verteidigung« beteiligt, die besonderen Nachdruck auf die Zusammenarbeit zwischen Truppenteilen legt und darauf, den Feind an seinen systematischen Engpässen – Brücken, Hauptquartieren und Nachschublinien – ins Visier zu nehmen, um sein Gleichgewicht zu stören. Die »Vorne-Verteidigung« wurde konzipiert, um die sowjetische Invasion Zentraleuropas zu kontrollieren und erstmals im Golfkrieg von 1991 angewandt. Die Weiterentwicklung dieser Teilstrategie führte im Zusammenhang mit der »Revolution in Military Affairs« (RMA) nach dem Ende des Kalten Kriegs zur »Network Centric Doktrine«.

11 John Arquilla und David Ronfeldt (Hrsg.), *Networks and Netwars: The Future of Terror, Crime, and Militancy*, Santa Monica, CA 2001, S. 15; vgl. auch David Ronfeldt, John Arquilla, Graham Fuller und Melissa Fuller, *The Zapatista »Social Netwar« in Mexico*, Santa Monica, CA 1998. Im letztgenannten Buch erklären die Autoren, dass die »Schwarmintelligenz« historisch gesehen in der Kriegführung nomadischer Stämme verwendet wurde und gegenwärtig von verschiedenen Organisationen einer ganzen Bandbreite gesellschaftlich-politischer Konflikte angewandt wird – von Terror- und Guerillaorganisationen über Mafiastrukturen bis hin zu friedlichen Aktivisten sozialer Bewegungen.

12 Eric Bonabeau, Marco Dorigo und Guy Theraulaz, *Swarm Intelligence: From Natural to Artificial Systems*, Oxford 1999; Sean J. A. Edwards, *Swarming on the Battlefield: Past, Present and Future*, Santa Monica, CA 2000; Arquilla und Ronfeldt, *Networks and Netwars*.

13 Friktion bezeichnet Ungewissheiten, Fehler, Unfälle, technische Probleme, das Unvorhergesehene und ihre Auswirkungen auf Entscheidungen, Moral und Handeln. Vgl. Peter Paret, »Clausewitz«, in: Peter Paret, *Makers of Modern Strategy, From Machiavelli to the Nuclear Age*, Oxford 1986, S. 197, 202. Clausewitz: »Diese entsetzliche Friktion, die sich nicht wie in der Mechanik auf wenig Punkte konzentrieren lässt, ist deswegen überall im Kontakt mit dem Zufall und bringt dann Erscheinungen hervor, die sich gar nicht berechnen lassen (…) Das Handeln im Kriege ist eine Bewegung im erschwerenden Mittel (…), so wenig kann man im Krieg mit gewöhnlichen Kräften auch nur die Linie des Mittelmäßigen halten.« Vgl. Carl von Clausewitz, *On War*, 1832, hrsg. und übers. v. Michael Howard und Peter Paret, Princeton, NJ 1976, S. 119-121. Die Tendenz zur Dezentralisierung der Befehlsstrukturen in Schlachten war schon in Clausewitz' Beschreibung der Kriege der napoleonischen Ära erkennbar. Napoleonisches Kommando beruhte auf der Annahme, dass selbst der beste Einsatzplan nie die Wechselfälle des Kriegs antizipieren kann, und dass Befehlshaber ermutigt werden müssen, taktische Entscheidungen an Ort und Stelle zu fällen. Dies wurde vom preußischen General Moltke (19. Jahrhundert) in seiner »Auftragstaktik« zum Hauptgrundsatz gemacht. Moltke erteilte nur die allernotwendigsten Befehle: »Ein Befehl soll alles enthalten, was ein Kommandeur nicht selbst machen kann, aber nichts anderes.« Vgl. Hajo Holborn, »The Prusso-German School: Moltke and the Rise of the General Staff«, in: Paret, *Makers of Modern Strategy*, S. 281-295, bes. S. 291. Manuel De Landa zufolge ist es diese Ermutigung zu Lokalinitiative und Kommando-Dezentralisierung, die bis zu einem gewissen Maße die Selbstorganisierung einer dynamischen Schlacht erlaubt. Der »Bewegungskrieg«, von diversen Militärtheoretikern in der Zeit zwischen den beiden Weltkriegen entwickelt und sowohl von der Wehrmacht als auch den Alliierten in europäischen Schlachten des Zweiten Weltkriegs angewendet, beruht auf solchen Prinzipien erhöhter Autonomie und Initiative. Manuel De Landa, *War in the Age of Intelligent Machines*, New York 1991, S. 71, 78-79.

14 Vgl. Kapitel 2.

15 »The Generalship of Ariel Sharon«, ein Gespräch am runden Tisch im Operational Theory Research Institute (OTRI) der Academy of Staff and Command der israelischen Armee. 24.–25. Mai 2006.

16 Stephen Graham, »Constructing Urbicide by Bulldozer in the Occupied Territories«, in: Stephen Graham (Hrsg.), *Cities, War and Terrorism*, Oxford 2004, S. 332.

17 Tacitus, *The Agricola and The Germania*, London 1971.

18 Raviv Drucker und Ofer Shelah, *Boomerang*, Jerusalem 2005, S. 197, 218.

19 Zit. n. Shimon Naveh, »Between the Striated and the Smooth: Urban Enclaves and Fractal Maneuvers«, *Cabinet Magazine*, Juli 2006, S. 81-88.

20 Mindestens 80 Palästinenser wurden in Nablus zwischen dem 29. März und dem 22. April 2002 getötet. Vier israelische Soldaten wurden getötet; vgl. www.amnesty.org.

21 Amnesty International, *Shielded from Scrutiny: IDF Violations in Jenin and Nablus*, 4. November 2002; B'tselem, *Operation Defensive Shield: Soldiers' Testimonies, Palestinian Testimonies*, September 2002.
22 Adania Shibli, »Faint Hints of Tranquility«, übers. v. Anton Shammas, *Al-Adaab Magazine*, Mai/Juni 2002.
23 Sune Segal, »What Lies Beneath: Excerpts from an Invasion«, *Palestine Monitor*, November 2002; www.palestinemonitor.org.
24 Eyal Weizman Interview mit Gil Fishbein, Tel Aviv, 4. September 2002.
25 Ofer Segal-Az K'ariel, *Fighting in Jenin 2002*, Tel Aviv: Ma'arachot Publications, Ministry of Defence, 2006, S. 45 [Hebräisch].
26 Zit. n. Henkin, »The Best Way Into Baghdad«.
27 In der Untersuchung ermittelte Nurhan Abujidi, dass 19,6 % der Gebäude, die von den gewaltsam geschlagenen Routen betroffen waren, nur eine Öffnung hatten, 16,5 % hatten zwei, 4,1 % hatten vier, 2,1 % hatten fünf und 1,0 % hatten acht. Vgl. Nurhan Abujidi, »Forced To Forget: Cultural Identity and Collective Memory/Urbicide. The Case of the Palestinian Territories, During Israeli Invasions to Nablus Historic Center 2002–2005«, Abhandlung präsentiert im Workshop »Urbicide: The Killing of Cities?«, Durham Universität, November 2005.
28 In einem Interview mit der populären israelischen Tageszeitung *Ma'ariv* Anfang 2003 sinnierte Kochavi über die biblische Schönheit der Stadt, die aus den Fenstern seines Hauptquartiers zu sehen war: »Schau! Nablus ist die schönste Stadt des Westjordanlands (...), besonders hübsch ist die Kasbah, die der alten Stadt Jerusalem ähnelt und teilweise sogar schöner ist als sie.« Kochavi reihte sich in eine lange koloniale und gewiss israelische Tradition ein – der von Militäroffizieren zur Schau gestellten Neugierde auf die Kultur der Kolonisierten –, indem er vor dem Angriff Dr. Itzik Magen konsultierte, den Armeebeauftragten der Zivilverwaltung für Archäologie, bezüglich des historischen Werts einiger Gebäude, die zufällig in der von ihm vorgesehenen Manöverzone standen. Während Kochavi eine gewisse »Darf nicht zerstört werden«-Liste anerkannte (an die er sich nicht immer hielt), wurden »einfache« Häuser als »legitime Ziele« akzeptiert. Amir Rapaport, »City Without a Break«, *Ma'ariv* Samstagsbeilage 10. Januar 2003; Eyal Weizman und Mira Asseo im Interview mit Itzik Magen, 21. Juni 2002.
29 Amir Oren, »The Big Fire Ahead«, *Ha'aretz*, 25. März 2004.
30 Ofer Shelah und Yoav Limor, *Captives of Lebanon*, Tel Aviv 2007, S. 203.
31 Drucker und Shelah, *Boomerang*, S. 213.
32 Beide obigen Zitate ebd., S. 213-214, 220.
33 Von »Arabisierten« (als Araber verkleidete Soldaten) oder uniformierten Soldaten ausgeführte Tötungsoperationen finden inzwischen fast täglich im Westjordanland statt. Die gängigste Rechtsgrundlage für Tötungen während dieser Angriffe besteht in der Behauptung, das Opfer habe versucht, »sich der Verhaftung gewalttätig zu widersetzen« (eine Option, die nicht einmal existiert, wenn Tötungen aus der Luft ausgeführt werden). Laut von B'Tselem veröffentlichten Zahlen töteten allein zwischen Anfang 2004 und Mai 2006 israelische Sicherheitskräfte 157 Menschen bei Angriffen, die als »Verhaftungsoperationen« bezeichnet wurden. Vgl. »Take No Prisoners: The Fatal Shooting of Palestinians by Israeli Security Forces during ›Arrest Operations‹«, B'Tselem, Mai 2005. www.btselem.org; Al-Haq (Palästinensische Menschenrechtsorganisation), »Indiscriminate and Excessive Use of Force: Four Palestinians Killed During Arrest Raid«, 24. Mai 2006, www.alhaq.org.
34 Zit. n. Sergio Catignani, »The Strategic Impasse in Low-Intensity-Conflicts: The Gap Between Israeli Counter-Insurgency Strategy and Tactics During the Al-Aqsa Intifada«, *Journal of Strategic Studies* 28, 2005, S. 65.
35 Drucker und Shelah, *Boomerang*, S. 218.
36 Aviv Kochavi erregte im Februar 2006 die Aufmerksamkeit der Medien , als der Hauptjustiziar der Armee ihm vom geplanten Besuch einer in Großbritannien ansässigen Militärakademie abriet, weil wegen Kriegsverbrechen seine mögliche strafrechtliche Verfolgung in England zu befürchten war; für eine frühere Aussage, die Kochavi in Verbindung mit Kriegsverbrechen bringt, vgl. Neve Gordon, »Aviv Kochavi, How Did You Become a War Criminal?«, www.counterpunch.org/nevegordon1.html.

37 Chen Kotes-Bar, »Bekichuvo« (mit ihm in der Hauptrolle), *Ma'ariv*, 22. April 2005 [Hebräisch].
38 Eyal Weizman und Nadav Harel, Interview mit Aviv Kochavi, 24. September 2004, auf einem israelischen Militärstützpunkt nahe Tel Aviv [Hebräisch]; Videodokumentation von Nadav Harel und Zohar Kaniel.
39 Bernard Tschumi, *Architecture and Disjunction*, Cambridge, MA 1997. Naveh übersetzte einige Kapitel aus Tschumis Buch ins Hebräische.
40 Terminologie hauptsächlich aus Gilles Deleuze und Félix Guattari, *A Thousand Plateaus, Capitalism and Schizophrenia [Tausend Plateaus]*, übers. v. Brian Masumi, New York und London 2004, und Gilles Deleuze, *Difference and Repetition [Differenz und Wiederholung]*, New York 1995, u.a.
41 »Sedentary space is striated by walls, enclosures and roads between enclosures, while nomadic space is smooth, marked only by ›traits‹ that are effaced and displaced with the trajectory.« Gilles Deleuze und Félix Guattari, *A Thousand Plateaus [Tausend Plateaus]*, S. 420. Zum Rhizom vgl. Einleitung, S. 3-28, vgl. zur Kriegsmaschine S. 387-467, vgl. zum Glatten und Gekerbten S. 523-251. Deleuze und Guattari erkannten, dass Staaten oder ihre Vertreter sich in Kriegsmaschinen verwandeln können und dass das Konzept des »glatten Raums« dementsprechend dazu beitragen könnte, Herrschaftsinstrumente zu bilden.
42 Brian Massumi, »Potential Politics and the Primacy of Preemption«, *Theory and Event* 10, Ausg. 2, 2007.
43 Amos Harel und Avi Isacharoff, *The Seventh War*, Tel Aviv 2004, S. 254-255.
44 Interview mit Gil Fishbein.
45 Tsadok Yeheskeli, »I Made Them a Stadium in the Middle of the Camp«; *Yedioth Aharonoth*, 31. Mai 2002, aufrufbar auch unter: http://gush-shalom.org/archives/kurdi_eng.html.
46 350 Gebäude, hauptsächlich Wohnhäuser, wurden zerstört, weitere 1500 wurden beschädigt und ca. 4000 Menschen wurden obdachlos zurückgelassen. 23 israelische Soldaten wurden getötet. Amnesty International, *Shielded from Scrutiny: IDF Violations in Jenin and Nablus*, 4. November 2002; und Stephen Graham, »Constructing Urbicide by Bulldozer«.
47 Die folgende Information basiert größtenteils auf filmischer Recherche, die Nadav Harel, Anselm Franke und ich während des Wiederaufbaus des Camps im August 2004 durchführten.
48 Nadav Harel, Eyal Weizman und Anselm Franke, gefilmtes Interview, Jenin, August 2004.
49 Ein Volkskomitee ist eine Form politischer Repräsentation, die während der Ersten Intifada entstand. Es ist eine Möglichkeit der demokratischen Mitbestimmung, die sich in den besetzten Dörfern, Städten und Flüchtlingslagern entwickelte. An den meisten Orten ernannten politische Gruppierungen aus den Hauptfraktionen der PLO sowie von Hamas und Islamischem Dschihad Repräsentanten.
50 Gideon Levy, »Tank lanes built between new Jenin homes«, *Ha'aretz*, 10. Mai 2004.
51 »Wir wurden dafür angegriffen, doch wir bauten breitere Straßen für Autos und Krankenwagen – es wäre dumm, dies nicht zu tun. Wir wollten einfach eine normale Wohngegend schaffen (…) wir sehen es von einem technischen Standpunkt aus, nicht im Hinblick auf Krieg; die Israelis werden sowieso kommen.« Vgl. Justin McGuirk, »Jenin«, *Icon Magazine* 24. Juni 2005, http://www.iconmagazine.co.uk/issues/024/jenin_text.htm. Mitglieder des Volkskomitees glaubten jedoch, dass die Entscheidung, die Straßen auszubauen, von der UNRWA bewusst gefällt wurde, um die neuen Häuser zu schützen, was wiederum mit den Bedingungen zusammenhing, die eine Versicherung auferlegte.
52 Ferner gelang es ungefähr 100 Familien im Lager, finanzielle Unterstützung von Saddam Hussein zu erhalten, einige Monate bevor er gestürzt wurde: Jede Familie, die ihr Zuhause verloren hatte, bekam 25 000 US-Dollar, die in der Regel zur Renovierung und zum Kauf von Möbeln und elektronischen Geräten ausgegeben wurde. Levy, »Tank Lanes«, Harel, Weizman und Franke, gefilmte Interviews.
53 Zit. n. Levy, »Tank Lanes«. Dies ist nicht unbedingt typisch für die Haltung anderer Flüchtlinge, die mit ihren neuen Häusern zufrieden waren.
54 Zit. n. Hannan Greenberg, »The Limited Conflict, This is How you Trick Terrorists«, *Yedioth Aharonoth*, www.ynet.co.il.
55 Zuri Dar und Oded Hermoni, »Israeli Start-Up Develops Technology to See Through Walls«, *Ha'aretz*, 1. Juli 2004; Amir Golan, »The Components of the Ability to Fight in Urban Areas«, *Ma'arachot* 384, Juli 2002, S. 97; die *American Defense Advanced Research Projects Agency* (DARPA) rief das *Visi-*

Building-Programm ins Leben, um die Entwicklung von Sensortechniken, die Gebäude aus der Ferne scannen und detaillierte Aufnahmen ihrer Innenräume anfertigen können, zu fördern. Ross Stapleton-Gray, »Mobile mapping: Looking through Walls for On-site Reconnaissance«, *Journal for Net Centric Warfare*, C4ISR, 11. September 2006.

56 Brian Hatton, »The Problem of our Walls«, *The Journal of Architecture* 4, Frühjahr 1999, S. 71. Krzysztof Wodiczko, *Public Address*, Walker Art Centre, Minneapolis 1991, in Verbindung mit einer Ausstellung veröffentlicht, die im *Walker Art Center*, Minneapolis (11. Oktober 1992–3. Januar 1993) und im *Contemporary Arts Museum*, Houston (22. Mai–22. August 1993) gezeigt wurde.

57 Pamela M. Lee, *Object to Be Destroyed: The Work of Gordon Matta-Clark*, Cambridge, MA 2001.

58 Robin Evans, »The Rights of Retreat and the Rights of Exclusion: Notes Towards the Definition of the Wall«, in: *Translations from Drawing to Building and Other Essays*, London: Architectural Association, 1997, insb. S. 38; Brian Hatton, »The Problem of Our Walls«, *Journal of Architecture* 4 (71), Frühjahr 1999, S. 66-67.

59 Hannah Arendt, *The Human Condition* [*Vita activa oder Vom tätigen Leben*], Chicago 1998, S. 63-64.

60 Giorgio Agamben, *Homo Sacer: Sovereign Power and Bare Life* [*Homo Sacer. Die souveräne Macht und das nackte Leben*], Stanford, CA 1998, S. 187.

61 Robert McNamara ist in diesem Kontext von besonderem Interesse, da durch John F. Kennedys sogenannte Regierung der »Besten und Intelligentesten« etliche Akademiker und Firmenchefs in die Exekutive befördert wurden. Mit McNamara als Verteidigungsminister wurde die technokratische Managementtheorie zur universellen Sprache aller militärischen Angelegenheiten im Pentagon der 1960er Jahre. McNamaras »Wunderkinder«, die sich an theoretischen Modellen, Systemanalyse, Unternehmensforschung, Spieltheorie und zahlengeleitetem Management orientierten, glaubten, dass Krieg ein rationales Geschäft aus geschätzten Kosten, Leistungen und Tötungsquoten sei, die nur optimiert werden müssten, um einen Krieg zu gewinnen. Obwohl das Pentagon unter McNamaras Führung viel Arbeit erst in Modelle und dann in Kriege investierte, weigerte sich die vietnamesische Guerilla, sich als »effiziente Konsumenten« in der Marktwirtschaft des Pentagons diesen Modellen gemäß oder als die »rationalen Gegner« in der Spieltheorie der RAND Corporation zu verhalten – in der Tat wird von manchen angenommen, dass dieser Ansatz zur unnötigen Verlängerung des Vietnam-Kriegs führte. Paul Hendrickson, *The Living and the Dead*, New York 1997; Yehouda Shenhav, *Manufacturing Rationality*, Oxford 1999.

62 »With the growing integration of industrial society, these categories are losing their critical connotation, and tend to become descriptive, deceptive, or operational terms (...) Confronted with the total character of the achievements of advanced industrial society, critical theory is left without the rationale for transcending this society. The vacuum empties the theoretical structure itself, because the categories of a critical social theory were developed during the period in which the need for refusal and subversion was embodied in the action of effective social forces.« Herbert Marcuse, *One-Dimensional Man, Studies in the Ideology of Advanced Industrial Society* [*Der eindimensionale Mensch*], 1964, Boston 1991.

63 Alistair Horne, *A Savage War of Peace: Algeria 1954–1962*, New York 1978.

64 Marschall Thomas Bugeaud, *La Guerre des Rues et des Maisons*, Paris: J.-P. Rocher, 1997. Bugeaud verfasste das Manuskript 1849 auf seinem Anwesen in der Dordogne, nachdem er daran gescheitert war, die Ereignisse von 1848 schnell niederzuschlagen. Es gelang ihm nicht, einen Herausgeber zu finden, er verteilte aber eine kleine Auflage an Kollegen. Im Text schlug Bugeaud vor, Pariser Straßen zu erweitern und Eckgebäude an strategischen Kreuzungen abzureißen, um ein weiteres Blickfeld zu erhalten. Diese und andere Vorschläge wurden einige Jahre später von Haussmann realisiert; vgl. Sharon Rotbard, *White City, Black City*, Tel Aviv 2005, S. 181 [Hebräisch]. Vgl. auch Thomas Bugeaud, *The War of Streets and Houses*, Kapitel 3: »Offensive Against The Riot« auf http://www.cabinemagazine.org/issues/22/ bugeaud.php.

65 Auguste Blanqui, *Instructions pour une Prise d'Armes*, Paris 1972; vgl. www.marxists.org/francais/blanqui/1866/instructions.htm.

66 Rotbard, *White City, Black City*, S. 178.

67 Benjamin Runkle, »Jaffa, 1948, Urban Combat in the Israeli War of Independence«, in: Col. John Antal und Maj. Bradley Gericke (Hrsg.), *City Fights*, New York 2003, S. 297.

SPERRZONEN

68 Vgl. hierzu Ryan Bishop, »The Vertical Order Has Come to an End: The Insignia of the Military C3I and Urbanism in Global Networks«, in: Ryan Bishop, John Phillips und Wei-Wei Yeo (Hrsg.), *Beyond Description: Space Historicity Singapore*, Architext Series, London und New York 2004, S. 60-78.
69 Hannan Greenberg, »The Commander of the Gaza Division: The Palestinians are in shock«, *Ynet*, 7. Juli 2006, www.ynet.co.il.
70 Amir Rapaport, »Dan Halutz is a Bluff, Interview with Shimon Naveh«, *Ma'ariv*, Yom Kippur-Beilage, 1. Oktober 2006.
71 »Networks are generally nested in hierarchies, nomads stick to riding camels and raiding, and war machines run on coal and petrol«, Paul Hirst, *Space and Power: Politics, War and Architecture*, London 2005, S. 4.
72 Naveh erklärte es mit einer Metapher aus der Welt der jüdischen Theologie: Es ist ein »institutioneller Konflikt zwischen Hassidim und Mitnagdim (...)« *Mitnagdim*, Hebräisch für Gegner, ist ein Begriff, mit dem die orthodoxen aschkenasischen Juden bezeichnet werden, die vom späten 18. Jahrhundert an die neuen Religionspraktiken des hassidischen Judentums ablehnten. In einem jüdischen Kontext wird der Begriff häufig in Bezug auf innere Institutionskonflikte zwischen Innovatoren und Konservativen benutzt.
73 Der staatliche Rechnungsprüfer verlangte Erklärungen für die Tatsache, dass Naveh nebenberuflich auch an der Universität in Tel Aviv arbeitete, und für die hohen Zahlungen, die Forscher für Überstunden bezogen. Eine Ermittlung des stellvertretenden Kommandanten der Personalabteilung der IDF sprach OTRI später von solchen Verdächtigungen frei, doch der Generalstab ließ Informationen über die Ermittlung an die Presse durchsickern. Vgl. Caroline Glick, »Halutz's Stalinist moment: Why were Dovik Tamari and Shimon Naveh Fired?«, *Jerusalem Post*, 17. Juni 2006 und Rapaport, »Dan Halutz is a Bluff«. Derzeit (2007) ist Naveh beim *US Marine Corps Development Command* als Chefberater (Weiser) ihres operativen Experiments »*Expeditionary Warrior*« angestellt.
74 Yaakov Amidror, »There is no Remote Control Wars«, *Ha'aretz*, 4. Juli 2006.
75 Yaakov Amidror, »Catastophe to Military Thought«, Makor Rishon, www.makorrishon.co.il; http://www.makorrishon.co.il/show.asp?id=13186.
76 Rapaport, »Dan Halutz is a Bluff«.
77 In einer Pressekonferenz zum Hebron-Abkommen wurde Premierminister Benjamin Netanyahu mit den Worten zitiert: »Dringende Verfolgungsmaßnahmen sind ein Nebenthema. Sie sind ein spezifischer Fall eines grundsätzlichen Problems, und das grundsätzliche Problem ist die Freiheit Israels, handeln zu können, um seine Bürger zu beschützen, wo immer sie auch sein mögen, und sie vor jedweder Gewalt, woher sie auch ausgehen mag, zu bewahren.« Ministry of Foreign Affairs, www.mfa.gov.il.

8. Kapitel Evakuierungen: Architektur ent-kolonialisieren

1 Die Informationen, die diesem Kapitel zugrunde liegen, wurden zum größten Teil aus erster Hand gesammelt: während ich an den Evakuierungsvorbereitungen der Mitarbeiter des palästinensischen Planungsministeriums beteiligt war und bei Debatten und Planungen, die die mögliche Wiederverwendung der Siedlungen betrafen – sofern sie von israelischen Streitkräften verschont würden. Ich wurde vom Ministerium eingeladen, mich an dem Projekt zu beteiligen, und nahm an diversen Sitzungen von April bis August 2005 teil, als klar wurde, dass die Siedlungen zerstört werden sollten. Einige der Gespräche und Zitate stammen aus anderen Besprechungen, darunter auch eine Diskussionsrunde im Schaml, dem Palästinensischen Diaspora- und Flüchtlingszentrum, am 6. November 2004.
2 Esther Zandbreg, »A pile of garbage with a view to Gaza's beach«, *Ha'aretz*, 1. September 2005.
3 Ebd.
4 Natan Gutman und Shlomo Shamir, »›Rice: there is no place for the wholesale destruction of settlers' homes in the Gaza Strip during evacuation‹«, *Ha'aretz*, 7. April 2005; Erica Silverman, »Getting closer, Settlers gone, Gazans look forward to the Withdrawal of Israeli military forces«, Al-Ahram, 1.–7. September 2005.

5 Yuval Yoaz und Aluf Ben, »Sharon: Ideally I would have left the homes standing«, *Ha'aretz*, 3. Mai 2005.
6 »Arab Billionaire Offers to Buy Evacuated Gaza Settlements«, *Ha'aretz*, 18. Februar 2005.
7 Zit. n. Greg Myre, »Homes of Israeli Settlers Pose a New Set of Anxieties«, *The New York Times*, 23. Januar 2005.
8 Ebd.
9 Anthony Vidler, *The Architectural Uncanny [unHEIMlich. Über das Unbehagen in der modernen Architektur]*, Cambridge, MA, S. 3-62.
10 Myre, »Homes«.
11 Der Textentwurf, der den mir gezeigten Planungsunterlagen beilag, besagte: »Die Siedlungsblöcke auf den Sanddünen im Norden und Süden sollen nicht zur Stadtentwicklung benutzt werden und müssen von allen Siedlungselementen bereinigt werden (...) es sind die schönsten Landschaften; Gebiete von seltener und außergewöhnlicher Naturschönheit und besonderem Wert.«
12 Abbas unterschrieb zwar einen Regierungserlass, der besagte, dass das Land an die palästinensische Regierung zurückfällt, doch die Entscheidung stieß auf Widerstand. Einige palästinensische Landbesitzer wiesen nach, dass ihnen vor Errichtung der Siedlungen Teile des Landes gehört hatten; einige von ihnen sicherten sich die Unterstützung von örtlichen Milizen, um ihren Ansprüchen Nachdruck zu verleihen. Die Hamas beanspruchte, bevor sie in die Regierung gewählt wurde, einen Teil des Landes als Belohnung für die Vertreibung der Israelis aus Gaza.
13 Aluf Ben, »Pullout Still Poses Rubble Trouble«, *Ha'aretz* 13. Juli 2005.
14 The Foundation for Middle East Peace, »Settlement Database and Suitability Assessment«, http://www.fmep.org/settlement_info/settlement_database.html oder http://asp.fmep.org/app/settlement/ShowSettlementTablePage.aspx; Palestinian Ministry of Planning, »Regional Plan of the Southern Governorates 2005–2015«, http://withdraw.sis.gov.ps/english/RP.html.
15 Dies könnte erklären, weshalb 12 000 Menschen als Bewohner in Flüchtlingslagern, z. B in Daheisha im Westjordanland, registriert sind, dort aber tatsächlich nur 8000 leben.
16 Vgl. diese Diskussion im spezifischen Kontext des Wiederaufbaus des Flüchtlingslagers Djenin in Kapitel 7, S. 222
17 Marxistische Revolutionäre des 19. Jahrhunderts waren die ersten, die sich mit dieser Strategie beschäftigten. Sie glaubten, dass die Geschwindigkeit der Veränderung durch willkürliche Gewalthandlungen beschleunigt werden könnte: Sie sollten die regierende Macht dazu provozieren, die Maske der Rechtsstaatlichkeit abzuwerfen und sich den Bauern und Arbeitern in all ihrer Brutalität zu offenbaren. Die *politique du pire* war auch während des gesamten Prozesses der Dekolonialisierung und Revolution von Vietnam bis Algerien und Südafrika offensichtlich, wo die Guerilla oft die Verbesserung der Lebensbedingungen verhinderte und manchmal sogar die Strukturen und Leistungen zerstörte, auf die die Bevölkerung angewiesen war. Die Politisierung der Bevölkerung erwies sich als ziemlich erfolgreich, da sie der regierenden Macht, deren Aufgabe es ist, diese Strukturen und Leistungen bereitzustellen, die Schuld gab. Vgl. Michael Ignatieff, *The Lesser Evil*, Princeton, NJ 2004, S. 61, 67-68, 102.
18 Norma Masriyeh Hazboun, »Israeli Resettlement Schemes for Palestinian Refugees in the West Bank and Gaza Strip since 1967«, *Shaml, the Palestinian Diaspora and Refugee Centre*, http://www.shaml.org/publications/monos/mono4.htm#Introduction. Vgl. offizielle UNRWA-Zahlen bezüglich des Problems der Neu-Unterbringung von Flüchtlingen, in: *UNRWA 1950–1990, Serving Palestine Refugees*, Wien: UNRWA, Public Information Office, 1990. Ebenso United Nations, *Annual Report of the Commissioner General of the UNRWA*, Offizielle Datenerhebungen: 1. Juli 1973 – 30. Juni 1974; 1. Juli 1975 – 30. Juni 1976; 1. Juli 1980 – 30. Juni 1981; 1. Juli 1982 – 30. Juni 1983; 1. Juli 1985 – 30. Juni 1986; und das Israelische Verteidigungsministerium, *Judea-Samaria and the Gaza District: A Sixteen-Year Survey (1967–1983)*, Jerusalem: Ministry of Defence Publishing, 1983.
19 Knesset-Protokolle, 4.–6. Dezember 1967 [Hebräisch].
20 Vgl. Kapitel 2, S. 66f.
21 Joseph Weitz, *My Diary and Letters to the Children*, Ramat Gan 1973, S. 292 [Hebräisch]; Rana'an Weitz, *An Overview of the History of the Settlement in Israel*, Jerusalem 2003, S. 95-98 [Hebräisch]; Yigal Allon, *In Search of Peace*, Tel Aviv 1989, S. 16 [Hebräisch].

22 Yemima Rosenthal (Hrsg.), »Levy Eshkol, the third Israeli Prime Minister, Jerusalem. State Archive, the series for the commemoration of Israel's presidents and Prime Ministers«, Jerusalem 2002, S. 582.
23 Vgl. Kapitel 2, S. 79ff.
24 Ariel Sharon mit David Chanoff, *Warrior, the Autobiography of Ariel Sharon*, New York 2001, S. 259.
25 Zit. n. Hazboun, »Resettlement Schemes«.
26 Sharon, *Warrior,* S. 258-260.
27 Zit. n. Hazboun, »Resettlement Schemes«.
28 Als der Likud 1977 an die Macht kam, wurde die Größe der Baugrundstücke auf 125 m² verkleinert. Die Verkleinerung wurde als Reaktion auf einen Mangel an geeignetem Land begründet, muss aber auch vor dem Hintergrund der steigenden Nachfrage nach Land für die Expansion jüdischer Siedlungen im Gazastreifen verstanden werden.
29 Diese Politik wurde 1976 unter der Regierung Rabin wieder stark gefördert, als der damalige Verteidigungsminister Schimon Peres den Versuch unternahm, um internationale Spenden zum Häuserbau für Flüchtlinge in Gaza zu bitten. Da ihm bewusst war, dass eine offene Finanzierung in diesem Zusammenhang politisch heikel wäre, gründete er den geheimen »Trust Fund for the Economic Development and Rehabilitation of Refugees«, der die Spenden von privaten ausländischen Gebern verwaltete, und stellte weiterhin Baugrundstücke für Flüchtlinge bereit. Hazboun, »Resettlement Schemes«.
30 Wohnsiedlungen, die für Flüchtlinge in Gaza gebaut wurden: Das Kanada-Projekt, 1972 – 891 Familien (5370 Menschen) in 488 Häusern; das Shuqairi-Projekt in Khan Younis, 1973 – 135 Familien (848 Menschen) in 128 Häusern; das Brasilien-Projekt in Khan Younis, 1973 – 436 Familien (2820 Menschen) in 422 Häusern; das Scheich-Radwan-Projekt in Gaza-Stadt, 1974 – 790 Familien (5029 Menschen) in 809 Häusern; das Al-Amal-Projekt in Khan Younis, 1979 – 802 Familien (4853 Menschen) in 842 Häusern. Baugrundstücke und finanzielle Unterstützung wurden bereitgestellt u.a. für: das Nasr-Bauland in Gaza-Stadt, 1974 – 36 Häuser auf 36 Grundstücken für 36 Familien (186 Menschen); das Scheich-Radwan-Projekt, Juli 1976, bei dem 1000 Baugrundstücke verteilt und 1186 Familien (7190 Menschen) untergebracht wurden; das Beit-Lahia-Projekt in Djebalia, Oktober 1977 – 472 gebaute Häuser, 832 Familien (5280 Menschen); das Tal-al-Sultan-Projekt in Rafah, April 1978 – 943 Häuser, 1041 Familien (6399 Menschen); das Al-Amal-Projekt in Khan Younis, Juli 1979 – 184 Häuser, 343 Familien (2084 Menschen); das Rafah-Brasilien-Projekt, Juli 1979 – 109 Häuser, 161 Familien (1038 Menschen); Nazleh in Gaza-Stadt, April 1981 – 168 Häuser, 163 Familien (1195 Menschen). Diese Angaben sind von UNRWA, *Accomodation Office*, Gaza, Juni 1989, 1991, zit. n. Hazboun, »Resettlement Schemes«.
31 Hazboun zufolge glauben 95,6 % der umgesiedelten Flüchtlinge im Scheich-Radwan-Siedlungsprojekt, dass ihre Auffassung vom nationalen Kampf und ihre Beteiligung daran genauso stark ist wie vor der Umsiedlung. Vgl. Hazboun, »Resettlement Schemes«.
32 Frantz Fanon, *The Wretched of the Earth* [*Die Verdammten dieser Erde*], London 2003, S. 27.
33 Ein Stützpunkt, Al-Muqata in Ramallah, wurde ursprünglich von den Briten als Polizeihauptquartier gebaut, dann zwischen 1948 und 1967 als Stützpunkt und Gefängnis der jordanischen Armee und nach 1967 zum gleichen Zweck von der israelischen Armee benutzt. 1993 wurde der Stützpunkt Arafats Hauptquartier, bis der Gebäudekomplex im Frühjahr 2002 vom israelischen Militär fast vollständig zerstört wurde.
34 Sharon, *Warrior*. S. 400.
35 Tägliches Pressebriefing der UN, des Pressesprechers des Generalsekretärs und des Pressesprechers des Präsidenten der Generalversammlung, http://www.un.org/News/briefings/docs/2005/db051222.doc.htm; Aluf Benn, »Debris from Gaza homes razed in pullout may be sent to Sinai«, *Ha'aretz*, 14. Juli 2005.

9. Kapitel Gezielte Tötungen: Luftgestützte Besatzung

1 Die Angriffe sind folgendermaßen bezeichnet worden: »gezielte Tötungen«, »Ermordungen«, »gezielte Ermordungen«, »Liquidierungen«, »außergerichtliche Exekutionen« und »gezielte Prävention«. Die

Wahl der Terminologie hat Konsequenzen für diejenigen, die für oder gegen die Rechtmäßigkeit der Tat argumentieren. Ich habe mich entschieden, den Terminus »gezielte Tötungen« zu verwenden, da er Einsatzlogik und illegale Handlung verbindet.

2 Yedidia Ya'ari und Haim Assa, *Diffused Warfare: War in the 21st Century*, Tel Aviv: Miskal-Yediot Aharonot Books und Chemed Books, 2005 [Hebräisch], S. 9-13. Das Buch fasst die Positionen, die im »Alternativen Team« und unter dem Einfluss von OTRI entwickelt wurden, zusammen. Yedidia Ya'ari, der frühere Kommandant der israelischen Marine und Haim Asa, ehemaliges Mitglied eines vergleichbaren Luftwaffen-Thinktanks, leiteten das Team, dem auch der Luftwaffenpilot Dror Ben David, Brigadegeneral Gadi Eisenkott und Brigadegeneral Aviv Kochavi angegliedert waren. General Benni Gantz wurde die Aufgabe übertragen, diese Studie innerhalb der Streitkräfte umzusetzen. Das »Alternative Team« operierte in Kooperation mit der US-»Transformationsgruppe« unter US-Verteidigungsminister Donald Rumsfeld. 2006 löste Stabschef Dan Halutz das »Alternative Team« auf. Es gab auch eine ganze Reihe parallel arbeitender und kleinerer Teams mit ähnlichen Zielen, z.B. das *Military Research Centre for the Study of the Tactical Environment* unter der Leitung von Gabrial Siboni. Vgl. zu Letzterem Gabrial Siboni, »The Importance of Activity«, *Bamahane (In The Camp*. offizielles Journal der IDF), 31. Dezember 2004, S. 14-18 [Hebräisch].

3 Der letztgenannte Begriff wurde in einem gemeinsamen Programm durch den früheren Jagdstaffelkommandanten Dror Ben David und von Forschern von OTRI geprägt. Vgl. Kapitel 7, S. 232

4 Halutz verteidigte stets die Technologie hinter seinen luftgestützten Tötungen, sogar wenn sie regelmäßig das Leben vieler Unbeteiligter forderte. Als er nach seiner Reaktion angesichts der vielen zivilen Todesopfer bei einer gezielten Tötungsoperation gefragt wurde, erwiderte er bekanntlich: »Wenn Sie wissen wollen, was ich fühle, wenn ich eine Bombe abwerfe, sage ich es Ihnen: Ich fühle als Folge des Bombenabwurfs einen leichten Ruck im Flugzeug. Eine Sekunde später ist die Bombe weg, und das ist alles. Das ist es, was ich fühle.« Vgl. Vered Levy-Barzilai, »Halutz: the high and the mighty«, *Ha'aretz*, 21. August 2002.

5 Israel Harel, »The IDF protects itself«, *Ha'aretz*, 29. August 2006. Zu einem anderen Zeitpunkt, als er noch der Luftwaffe vorstand, soll Halutz Berichten zufolge behauptet haben: »Warum müsst ihr Infanteriesoldaten gefährden (…) Ich kann die gesamte Libanon-Situation in 3 bis 5 Tagen, maximal einer Woche, aus der Luft klären.« Vgl. Amir Rapaport, »Dan Halutz is a bluff, interview with Shimon Naveh«, *Ma'ariv*, Yom Kippur Beilage, 1. Oktober 2006.

6 Interview mit Ephraim Segoli, Tel Aviv, 22. Mai 2006.

7 Diese Tötungen sind entweder aus Rache (wie die Tötungen derer, die am Massaker bei den olympischen Spielen in München beteiligt waren), als Versuch, Angriffe zu verhindern (wie die Tötung des wichtigsten palästinensischen Bombenbauers Yehiya Ayash 1996 in Gaza) oder als »Enthauptung« feindlicher Organisationen vorgenommen worden. Khalil al-Wazir (oder Abu-Jihad), stellvertretender Kommandant der PLO, wurde aus diesem Grund 1988 in Tunis getötet; der Generalsekretär der Hisbollah, Scheich Abbas Mussawi, wurde 1992 durch einen israelischen Luftangriff getötet; der Leiter des Islamischen Dschihad, Fathi Shakaki, wurde 1995 von Agenten des Mossad auf Malta getötet. Jassir Arafat ist angeblich mehr als einem halben Dutzend Attentaten entkommen.

8 B'Tselem: »683 people killed in the conflict in 2006«, 28. Dezember 2006, http://www.btselem.org/english/Press_Releases/20061228.asp.

9 Sven Linqvist, *A History of Bombing,* übers. v. Linda Haverty Rugg, New York 2000, Eintrag 101.

10 Philip Anthony Towle, *Pilots and Rebels: The Use of Aircraft in Unconventional Warfare, 1918–1988*, London: Brassey's, Defence Publishers, 1989, S. 17; David Willard Parsons, »British air control: a model for the application of air power in low-intensity conflict?«, *Airpower Journal*, Sommer 1994, auf http://www.airpower.maxwell.af.mil/airchronicles/apj/apj94/parsons.html.

11 Zit. n. Lt. Colonel David J. Dean, USAF, »Air power in small wars. The British air control Experience«, *Air University Review* 34 (5), Juli/August 1985.

12 Ebd.; David Omissi, *Air Power and Colonial Control: The Royal Air Force 1919–1939*, Manchester 1990; David MacIsaac, »Voices from the Central Blue, the Air Power Theorists«, in: Peter Paret (Hrsg.), *Makers of Modern Strategy, From Machiavelli to the Nuclear Age*, Oxford 1986, S. 624-647, insb. S. 633.

13 Linqvist, *A History of Bombing*, Eintrag 102.
14 Darryl Li, »Gaza Consultancy – Research Findings, 20 to 27 August 2006« (Manuskript B'Tselem vorgelegt), 10. September 2006. Zeugenaussage Nr. 3287. Unveröffentlicht.
15 Orna Ben-Naftali und Keren Michaeli, »›We must not make a scarecrow of the Law.‹ A legal analysis of the Israeli policy of targeted killings«, *Cornell International Law Journal*, Frühjahr 2003, S. 234, Fußnote 22.
16 Das Zitat ist aus einem Interview mit Segoli. Im November 2002 wurde ein Auto, das in einem abgelegenen Gebiet des Jemen unterwegs war, von einer Rakete zerstört, die von einer unbemannten Predator-Drohne abgefeuert worden war. Sechs als Al-Qaida-Mitglieder verdächtigte Personen wurden getötet. Während die US-Administration die Verantwortung für den Angriff öffentlich nicht übernahm, ließen Offizielle verlauten, dass er von der CIA durchgeführt worden war. Die Tötung Abu Musab al-Zarqawis im Juni 2006 und der Versuch vom Januar 2006, Ayman al-Zawahiri zu töten, wurden aus der Luft vorgenommen. Vorherige Anschläge trafen Mohammed Atef, den militärischen Führer von Al-Qaida und das Führungsmitglied Hamza Rabia in Pakistan. Derzeit plant das US-Militär, die Anzahl von Predator- und Global-Hawk-Drohnen, die zur Überwachung und Zielerkundung benutzt werden, zu verdoppeln. Vgl. Anthony Dworkin, »The Yemen Strike. The war on terrorism goes global«, Crimes of War Project, 14. November 2002, abrufbar auf: http://www.crimesofwar.org/onnews/news-yemen.html; Chris Downes, »›Targeted killing‹ in an age of terror. The legality of the Yemen Strike«, *Journal of Conflict and Security Law* 9 (2), 2004, S. 277-279.
17 Segoli im Interview.
18 Aharon Yoffe, »Focus preemption, chances and dangers«, *Nativ* 109 (2), März 2006 [Hebräisch]. Vgl. auch Ya'ari und Assa, *Diffused Warfare*, S. 37.
19 Interview mit einem Luftwaffenpilot, 10. April 2006.
20 David A. Fulghum und Robert Wall, »Israel starts reexamining military missions and technology«, *Aviation Week*, 20. August 2006.
21 Interview mit einem ehemaligem Mitglied der Einheit 504, Mai 2006.
22 Ariel Meyerstein, »Case Study: The Israeli strike against Hamas leader Salah Shehadeh«, Crimes of War Project, http://www.crimesofwar.org/onnews/news-shehadeh.html, 19. September 2002.
23 Ludwig von Bertalanffy definiert ein System als einen Komplex interaktiver Elemente. Deshalb sind ihm zufolge die Probleme eines Systems Probleme der Wechselbeziehungen zwischen einer beträchtlichen Anzahl von Variablen, die in den Bereichen der Politik, Wirtschaft, Industrie, des Handels und der Militärführung auftreten. Vgl. Ludwig von Bertalanffy, *General System Theory: Foundations, Development, Applications*, New York 1976.
24 Diese Logik lag auch einer Präsentation durch Avi Dichter, den früheren Chef des israelischen Allgemeinen Geheimdienstes (GSS), vor US-Sicherheitskräften am Washington DC Brookings Institute im März 2006 zugrunde. Dichter, die treibende Kraft hinter dem taktischen Erfolg und häufigen Einsatz der gezielten Tötungen, stellte fest, dass »durch die Eliminierung (…) von Terroristen anhand von Verhaftungen (die vorzuziehende Methode) oder gezielten Tötungen (wenn unvermeidlich), ein Staat die Tätigkeiten von Terrororganisationen in hohem Maße stören kann.« Vgl. Avi Dichter und Daniel Byman, *Israel's Lessons for Fighting Terrorists and Their Implications for the United States* (Analysis Paper Nr. 8), März 2006, Saban Centre for Middle East Policy at the Brookings Institute, Washington, DC.
25 Die Interviews mit Schimon Naveh wurden am 15. September 2005 (telefonisch), am 7. März 2006 (telefonisch), am 11. April 2006 und am 22./23. Mai 2006 (auf einem Stützpunkt des militärischen Nachrichtendienstes in Gilot bei Tel Aviv) geführt. Alle Übersetzungen ins Englische und Abschriften der Interviews wurden Naveh zur Autorisierung geschickt. Alle folgenden Bezugnahmen auf Interviews beziehen sich auf diese, sofern nicht anders vermerkt.
26 B'Tselem, »IDF helicopter missile-fire kills four Palestinian civilians and wounds dozens«, August 2002, http://www.btselem.org/English/Testimonies/20020831_Tubas_Killing_Witness_Aref_Daraghmeh.asp.
27 Giulio Douhet, *Command of the Air*, 1921, London 1942.
28 Neve Gordon, »Rationalizing extra-judicial executions: The Israeli press and the legitimization of

Abuse«, *International Journal of Human Rights*, 8 (3), Herbst 2004, S. 305. 2005 begann *Ha'aretz*, Israels liberale Tageszeitung, die Namen von getöteten Palästinensern als politische Nachricht zu veröffentlichen.

29 Der Öffentlichkeit wurden während des Golfkriegs von 1991 als Beweis für die technologische Überlegenheit und die »chirurgischen« Fähigkeiten des US-Militärs tatsächlich Bilder von »Kamikaze-Bomben« präsentiert. Harun Farocki, »War from a Distance«, Vortrag an der Akademie der bildenden Künste Wien, 13. Januar 2005.

30 Eine *Ma'ariv*-Meinungsumfrage vom 10. August 2001 offenbarte, dass 76 % der Befragten die Tötungen unterstützten. In späteren Jahren, und vor allen Dingen infolge der vielen Tötungen Unbeteiligter, sank die Unterstützung in der Öffentlichkeit beträchtlich. Im Juni 2003, zu Beginn der Tötungsaktion gegen die Hamasführer, ergab eine von der Tageszeitung *Yedioth Ahronoth* durchgeführte Meinungsumfrage, dass 58 % der befragten Israelis eine wenigstens vorübergehende Einstellung der vom Militär durchgeführten gezielten Tötungen forderten. Vgl. Raviv Drucker und Ofer Shelah, *Boomerang, The Israeli Leadership Failures during the Second Intifadah*, Jerusalem 2005, S. 216.

31 Dieses Argument wurde angeführt, nachdem Siham Thabet, die Frau des getöteten Sekretärs der Fatah-Bewegung in Tulkarem, Thabet Thabet, im Januar 2001 den ersten von mehreren Anträgen an das Oberste Zivilgericht stellte, der das gesetzliche Verbot von außergerichtlichen Exekutionen forderte. Thabet Thabet wurde am letzten Tag des Jahres 2000 von israelischen Scharfschützen getötet. Vgl. Ben-Naftali und Michaeli, »›We must not make a scarecrow of the law‹«.

32 Brigadegeneral Yair Golan in einer Diskussion mit der Forschungsgruppe zur Untersuchung der »Katastrophisierung in den Besetzten Gebieten« am Van Leer Jerusalem Institut, 20. April 2007.

33 Ronan Shnayderman, »Take no prisoners: The Fatal Shooting of Palestinians by Israeli Security Forces during ›Arrest Operations‹«, *B'Tselem*, Mai 2005.

34 David Kretzmer, »Targeted killing of suspected terrorists: extra-judicial executions or legitimate means of defense?«, *The European Journal of International Law*, 16 (2), 2005, S. 196, 207.

35 Pressebriefing von Oberst Daniel Reisner, Direktor der Internationalen Rechtsabteilung des IDF-Rechtsbereichs, israelisches Außenministerium, www.mfa.gov.il, 15. November 2000.

36 Der israelische Rechtswissenschaftler Eyal Benvenisti behauptete, dass nur die Fakten vor Ort das richtige Maß seien, um zu beurteilen, ob Israel weiterhin an die Pflichten einer Besatzungsmacht gebunden sei: »Wenn es Gebiete unter palästinensischer Kontrolle gab, standen sie nicht unter israelischer Besatzung.« Eyal Benvenisti, »Israel and the Palestinians: what laws were broken«, Crimes of War Project http://www.crimesofwar.org/expert/me-intro.html. Charles Shamas, ein Rechtsexperte aus Ramallah, behauptet, dass aufgrund von Israels immer noch ausgeübter Kontrolle von Bewegungen zwischen Örtlichkeiten, von Warenlieferungen und des Zugangs zu natürlichen Ressourcen Israel eigentlich Autorität über die Inkraftsetzung des palästinensischen Rechts hat und folglich weiterhin an die Pflichten einer Besatzungsmacht gebunden ist.

37 Seit der Evakuierung Gazas neigen die Streitkräfte tatsächlich noch stärker dazu, Gewalt gegen Palästinenser auszuüben. Allein 2006 töteten die israelischen Streitkräfte in Gaza 405 Palästinenser, die Hälfte von ihnen waren Zivilisten, darunter 88 Minderjährige. B'Tselem, »683 people killed in the conflict in 2006.« Im Juni 2006 bombardierte Israel das elektrische Versorgungsnetz in Gaza und kappte die Elektrizitätsversorgung von 700 000 Menschen. 2006 tötete Israel 22 Palästinenser durch gezielte Tötungen.

38 In »Necropolitics« folgt Achille Mbembe Michel Foucault, indem er argumentiert, dass Souveränität nicht nur in den Institutionen des geografisch definierten Nationalstaats angesiedelt ist und auch nicht, wie postmoderne Denker annehmen, im operationalen Netzwerk übernationaler Institutionen, sondern in der Fähigkeit von Macht, Entscheidungen über Leben und Tod zu fällen. Nach Foucault ist die andere Seite der Politik, die sich auf die Verwaltung des Lebens bezieht (Biopolitik), die Verwaltung des Todes (Thanatos-Politik). Vgl. Michel Foucault, *Society Must Be Defended* [*Zur Verteidigung der Gesellschaft*], Vorlesungen am Collège de France, 1975–1976; ebd. Mauro Bertani, Alessandro Fontana und Francois Ewald, New York 2003, S.25, und Achille Mbembe, »Necropolitics«, *Public Culture*, 15, Nr. 1 (Winter 2003), S. 11-40.

39 Vgl. Kapitel 2, S. 72ff.

SPERRZONEN

40 Drucker und Shelah, *Boomerang*, S. 161.
41 »The IDF published a list of seven ›assassination candidates‹«, *Ha'aretz*, 6. Juli 2001.
42 In diesem Kontext stützen sich die Einsatzplaner der israelischen Streitkräfte auf die Prinzipien der Spieltheorie – ein Teilgebiet der angewandten Mathematik, das ein Instrumentarium zur Nachbildung von Umwelten bereitstellt, in denen verschiedene rationale Spieler interagieren. Die Spieltheorie wurde nach dem Zweiten Weltkrieg als strategische Logik von Thomas Schelling und anderen in der RAND Corporation, dem Thinktank der US-Luftwaffe, entwickelt – um alternative nukleare Strategien zu evaluieren, später um den Vietnamkrieg zu »managen«. John von Neumann und Oskar Morgenstern, *Theory of Games and Economic Behavior*, 1944, (Gedenkausg.), Princeton, NJ 2004; Thomas Schelling, *The Strategy of Conflict*, 1960, Cambridge, MA 2006. In einem Umfeld niedriger Intensität wird die »Spieltheorie« manchmal eingesetzt, um das Verhalten von Guerilla- und Terrororganisationen, von den sie unterstützenden Regierungen sowie der Internationalen Gemeinschaft modellhaft durchzuspielen. Der Einfluss der Theorie auf die israelische Militärstrategie rührt daher, dass sich seit den 1960er Jahren die Mathematikfakultät der Jerusalemer Hebrew University zu einem der weltweit führenden Zentren der Spieltheorie entwickelt hat. Robert Aumann wurde 2005, zusammen mit Thomas Schelling, der Wirtschaftsnobelpreis für seinen Beitrag zur Spieltheorie verliehen.
43 Zit. n. Amos Harel und Arnon Regular, »IAF probe: Civilians spotted too late to divert missiles in Gaza strike«, *Ha'aretz*, 7. März 2006. Vgl. auch Soha Abdelaty, »Intifada timeline«, *Al-Ahram*, 30. September–6. Oktober, 2004, http://weekly.ahram.org.eg/2004/710/fo5.htm; Vincent Cannistraro, »Assassination is wrong – and dumb«, *The Washington Post*, 30. August 2001.
44 Ya'ari und Assa, *Diffused Warfare*, S. 147. Einer Aussage des damaligen Stabschefs Ya'alon vom Juni 2003 zufolge haben gezielte Tötungen die Politik gänzlich ersetzt. »Liquidierungen«, behauptete er, »haben den verschiedenen politischen Ebenen ein Instrument verschafft, um einen Richtungswechsel zu erzeugen.« Drucker und Shelah, *Boomerang*, S. 162 und Anmerkung 96.
45 Viele Jahre lang blieb Jassir Arafat an der Spitze der Liste der von Israel meistgesuchten Personen. Als der die israelischen Sicherheitskräfte verfolgende *Dibbuk* wurde Arafats »irrationaler Charakter« für fast jeden politischen Stillstand oder Gewaltausbruch verantwortlich gemacht. Der Leiter des militärischen Nachrichtendiensts, Amos Gilead, der eine regelrechte persönliche Obsession in Bezug auf Arafat entwickelte, beschrieb ihn als »psychologisch bestenfalls in einem Konfliktzustand, in Flammen, Leid und Blut«. Nur ein explizites Versprechen, das Bush Scharon abrang, hielt die Streitkräfte davon ab, das zu tun, was sie wirklich tun wollten. Gil Eyal, *The Disenchantment of the Orient: Expertise in Arab Affairs and the Israeli State*, Palo Alto, CA 2006, S. 189.
46 Ebd., S. 183.
47 Einige Beispiele: Die Tötung am 31. Juli 2001 in Nablus führte zum Selbstmordattentat der Hamas am 9. August in einer Pizzeria in Jerusalem. Das Selbstmordattentat am 4. August war die Antwort auf die Tötung von Salah Shehada durch Israel am 23. Juli 2002. Am 10. Juni 2003 führte Israels Attentat auf einen wichtigen Hamaspolitiker, Abd al-Aziz Rantissi in Gaza, das ihn verletzte und vier palästinensische Zivilisten tötete, zum Bombenanschlag auf einen Bus am 11. Juni in Jerusalem, der 16 Israelis tötete.
48 B'Tselem, »Palestinians killed by the Israeli security forces during the course of an assassination«; http://www.btselem.org/English/Statistics/Palestinians_killed_during_the_course_of_an_assasination.asp.
49 Acht Menschen fielen im Juli 2005 Tötungen zum Opfer, sechs von ihnen waren Zielobjekte. In den zehn Monaten vor der Evakuierung des Gazastreifens im August 2005 töteten israelische Streitkräfte dort 563 Palästinenser, während in den vorausgegangenen zehn Monaten 264 getötet worden waren. B'Tselem: »Palestinians killed by the Israeli security forces«.
50 Ebd.
51 Amos Harel und Arnon Regular, »IAF probe: Civilians spotted too late to divert missiles in Gaza strike«, *Ha'aretz*, 7. März 2006.
52 Harel, »Nothing ›surgical‹«. B'Tselem-Zahlen auf: http://www.btselem.org/English/Statistics/Casualties.asp.
53 Chris McGreal, »We're Air Force pilots, not mafia. We don't take revenge«, *Guardian*, 3. Dezember 2003.

54 »Die Prinzipien der militärischen Ethik im Kampf gegen den Terror« wurden von einem Team des Israeli Defence Force College of National Defense unter der Leitung von Generalmajor Amos Yadlin entwickelt, damals Kommandeur des Instituts. Zu dem Team zählten andere Offiziere mit einschlägigen militärischen Erfahrungen sowie Fachleute für internationales Recht und für Ethik. Das von Yadlin und Asa Kasher erstellte Abschlussdokument wurde dem IDF-Generalstab sowie Generälen präsentiert, die mit dem Kampf gegen den Terror befasst waren. Das Dokument fand Zustimmung, und abgesehen davon, dass es auf verschiedenen Ebenen der Offiziersausbildung eingesetzt wird, fließt es auch in die Erstellung erläuternder Richtlinien für eine ganze Reihe von Situationen und Operationen unterschiedlicher Art ein. Asa Kasher und Amos Yadlin, »The Military Ethics of Fighting Terror: An Israeli Perspective«, *Journal of Military Ethics* 4 (2005). Vgl. auch Asa Kasher und Amos Yaslin, »Assassination and Preventive Killing«, *SAIS Review* 25, Nr. 1, S. 41-57)

55 Interview mit einem Angehörigen der israelischen Luftwaffe, der unbemannte Drohnen einsetzt, April 2005.

56 Zit. n. Meron Rapoport, »Italian TV: Israel used new weapon prototype in Gaza Strip«, *Ha'aretz*, 12. Oktober 2006. DIME-Geschosse bestehen aus einer Carbonfaserkapsel, die mit Wolframpulver gefüllt ist – einem Metall, dass imstande ist, sehr hohe Temperaturen zu erzeugen. Bei der Explosion werden die Wolframpartikel in einer zwar relativ kleinen (ca. 4 m Durchmesser), dafür aber tödlichen Wolke herausgetrieben, die schwere Verbrennungen, Verlust von Gliedmaßen und innere Verbrennungen verursacht. Air Force Research Laboratory, *2005 Accomplishment*, http://www.afrl.af.mil/accomprpt/may05/accompmay05.asp.

57 HCJ 769/02. *The Public Committee against Torture in Israel* vs. *The Government of Israel*. Vorherige an das Oberste Zivilgericht gestellte Anträge gegen gezielte Tötungen (z. B. HCJ 5872/2002, *M.K. Muhammed Barake* vs. *Prime Minister and Minister of Defence*) wurden abgelehnt.

58 »Übel« ist, in Anlehnung an Adi Ophir, in diesem Kontext als eine vom Bereich des Göttlichen oder Diabolischen losgelöste Kategorie zu sehen, die in einen gesellschaftlichen Kontext verschoben wurde, in der Leid und Schmerz hätten aufgehalten werden können – aber nicht aufgehalten wurden. Vgl. Adi Ophir, *The Order of Evils: Toward an Ontology of Morals*, übers. v. Rela Mazali und Havi Care, New York 2005, Kapitel 7.100: »Evils can only be justified by appealing to more grave hypothetical evils that could have been caused if the prevention or disengagement actions would have taken place (3432). The justification displaces the discussion from one order of exchange, in which the one harmed tries to create a link between damage or suffering and compensation, to another order of exchange, in which the defendant tries to create a link between evils that occurred to possible evils that might have occurred.«

59 Michael Ignatieff, *The Lesser Evil: Political Ethics in an Age of Terror*, Princeton, NJ 2004.

60 Diese Bedingungen beinhalten: »(they are) applied to the smallest number of people, used as a last resort, and kept under the adversarial scrutiny of an open democratic system...« Außerdem: »... assassination can be justified only if (...) less violent alternatives, like arrest and capture, endanger (...) personnel or civilians (...) (are not possible, and) where all reasonable precautions are taken to minimize collateral damage and civilian harm.« Ignatieff, *The Lesser Evil*, S. 8, 129-133.

61 Alan M. Dershowitz, *The Case for Israel*, Hoboken, NJ 2003, S.173.

62 Zit. n. Amos Harel und Avi Isacharoff, *The Seventh War*, Tel Aviv 2004, S. 343.

63 Ophir, *The Order of Evils*, Kapitel 7.100.

64 B'Tselem, »A death foretold: Firing of ›rubber‹ bullets to disperse demonstrations in the Occupied Territories«, November 1998. http://www.btselem.org/english/publications/summaries/199805_a_death_foretold.asp.

65 Hannah Arendt, *Responsibility and Judgement*, New York 2005, S. 36.

66 Harel, »Nothing ›surgical‹«.

67 B'tselem: 683 getötete Menschen im Konflikt von 2006, www.btselem.org, 27. Dezember 2006.

68 Derzeit schließt sich die Lücke zwischen der *möglichen* und der *tatsächlichen* Gewaltanwendung; Krieg ist keine Sprache mehr, Gewalt ist bar aller Semiotik und zielt schlicht darauf ab, den Feind als Subjekt verschwinden zu lassen. »Totale Kriege« – die, über ihre Bedeutung der totalen Gesellschaftsmobilisierung hinaus, das andere Extrem des Begriffsspektrums ausmachen – sind die Kriege, die keine

Art von Kommunikation mehr zulassen. Kolonialkriege waren oft totale Kriege, da die »Eingeborenen« von den Kolonisatoren nicht als an der gleichen »Humanität« teilhabend wahrgenommen wurden und folglich nicht als eine zu rationalem Verhalten und Diskurs fähige Partei angesehen werden konnten. Terror ist auch »total«, da er meistens der Gewalt keine rechtlichen oder moralischen Grenzen auferlegt und keine Unterscheidung zwischen Unschuld und Schuld vornimmt. Außerdem handelt er, um die bloße Möglichkeit eines Diskurses anzugreifen. Ausmaß und Unterscheidungen sind genau das, was Krieg weniger als total sein lässt.

69 Vgl. zum israelischen Militarismus Uri Ben-Eliezer, »Post-modern armies and the question of peace and war. The Israeli Defense Forces in the ›New Times‹«, *International Journal of Middle East Studies* 36, 2004, S. 49-70, auf S. 50. Vgl. auch Ben-Eliezer, *Making of Israeli Militarism*, Bloomington, IN 1998, S. 1-18; Baruch Kimmerling, *Invention and Decline of Israeliness: Society, Culture and the Military*, Berkeley, CA 2001, S. 209. Weiteres zum Konzept des Militarismus, vgl. Michael Mann, »The roots and contradictions of modern militarism«, *New Left Review*, I–162, 1987.
70 Robert Pirsig, *Zen and the Art of Motorcycle Maintenance*, New York 1974.
71 Die Halutz-Zitate sind aus Amir Oren, »The tenth round«, *Ha'aretz* Wochenendbeilage, 14. Januar 2006; Dayans Zitat ist aus: Foundation for Middle East Peace, »Sharon's Enduring Agenda. Consolidate Territorial Control, Manage the Conflict«, *Settlement Report*, 14 (1), Januar/Februar 2004, http://www.fmep.org/reports/vol14/no1/01 sharons_enduring_agenda.html.
72 Stephen Graham, »Vertical geopolitics: Baghdad and after«, *Antipode*, 36, S. 12-23, insb. S. 18; Shaul Shai, »Subterranean warfare«, *Ma'arachot* 389, Mai 2003, S. 36-43 [Hebräisch].
73 Obwohl Englands »Common Law« des 13. Jahrhunderts Eigentumsrechte von der Tiefe der Erde bis zum Firmament ausweitete (»Cuius est solum, eius est usque ad coelum et ad *inferos*«), führten Flugreisen über Privatbesitz zu einer Abschwächung der vertikalen Besitzgrenze. Paul Fauchille, ein französischer Rechtsgelehrter, schlug das »Freiheit der Luft«-Konzept *(»freedom of the skies«)* vor. Paul Fauchille, »Le domaine aérien et le régime juridique des aérostats«, *Revue Générale de Droit International Public* 8, 1901, vgl. http://www.ppl.nl/100years/topics/airandspacelaw/ (12. Januar 2005). Der Vorschlag in Anlehnung an Hugo Grotius' »Meeresfreiheit« *(»freedom of the seas«)* wurde allerdings abgelehnt, nachdem die nach dem Ersten Weltkrieg abgehaltene Versailler Friedenskonferenz von 1919 das verheerende Potenzial von Luftmacht deutlich machte. Während des Zweiten Weltkriegs bestätigte das »Chicagoer Abkommen über die internationale Zivilluftfahrt« die staatliche Souveränität über den Luftraum über dem jeweiligen Staatsgebiet. Danach umfasste das nationale Hoheitsgebiet auch eine Dimension des Luftraums, die durch die vertikale Ausdehnung der den Staat umschließenden Grenzen bestimmt wurde und durch eine konische Form (deren konvergierender Punkt das Zentrum der Erde ist) mit einer Begrenzung da, wo der nationale Luftraum endet und der freie Weltraum beginnt – eine bis jetzt undefinierte und höchst umstrittene rechtliche Grenze. Wie ein häufig zitiertes Beispiel zeigt, bedeutet diese Ausweitung des Hoheitsgebiets, dass beim Überfliegen des saudiarabischen Luftraums durch kommerzielle Fluglinien kein Alkohol serviert werden darf. Vgl. David Pascoe, *Airspaces*, London 2001, S. 9; vgl. zur Souveränität im Luftraum P.P.C. Haanappel, »The Transformation of Sovereignty in the Air«, in: Chia-Jui Cheng (Hrsg.), *The Use of Air and Outer Space, Cooperation and Competition*, Den Haag 1998, S. 13. In Absätzen, die die Sicherheit des Luftraums betreffen, legt das erste Osloer Abkommen von 1993 fest, dass »jegliche Luftfahrtaktivität oder Benutzung des Luftraums (…) der vorherigen Bewilligung durch Israel bedürfen soll«. Gaza-Jericho-Vertragsartikel [Oslo I], Artikel XII, Sicherheit des Luftraums.
74 Gilead Sher, *Just Beyond Reach, The Israeli-Palestinian Peace Negotiation 1999–2001*, Tel Aviv 2001, S. 424 [Hebräisch]. Auch nach übergreifender Kontrolle über das elektromagnetische Spektrum wurde gestrebt. Da die Territorialisierung des elektromagnetischen Spektrums nicht räumlich, sondern funktional ist, manifestierten sich Vorschläge für »territoriale Kompromisse« in der Zuweisung von Energien und Wellenlängen. Während der Jahre des Oslo-Prozesses teilte Israel der Palästinensischen Autonomiebehörde Radiofrequenzen zu, die jedoch meistens »übrig gebliebene Frequenzen« von schlechter Qualität waren und auf eine gewisse Weise die Fragmentierung des Landes widerspiegelten. Da palästinensische Rundfunkanstalten diese Frequenzen jedoch nicht effizient nutzen konnten, drangen sie regelmäßig in die der Israelis ein. Diese Situation eröffnete sofort einen neuen »Krieg um den Äther«

mit Überfällen, zeitweiligen Besetzungen und Kontrollen von »Schwingungsgebieten«, und damit einhergehend dem völligen Zusammenbruch der öffentlichen (oder bilateralen) Ordnung im gesamten Spektrum.

75 Avraham Shay zufolge »ist es unmöglich, den Luftraum (über Israel und Palästina) zu teilen, da er – bedenkt man die Geschwindigkeit der durch ihn passierenden Objekte – einfach zu klein ist (...) aus dem Grund muss der Luftraum über der Region funktional zusammengeschlossen und zentral reguliert werden«. Avraham Shay im Interview mit Eyal Weizman und Mira Asseo, 21. November 2002.

76 Die Nutzung des Weltraums durch das israelische Militär wurde durch den 2002 ins All geschossenen Ofek-5-Spionagesatelliten zur Erdbeobachtung und durch die Weiterentwicklung dreier hochmoderner Militärsatelliten zur Informationsbeschaffung verstärkt. Vgl. Amnon Barzilai, »Israel successfully sends Ofek 5 spy satellite into orbit«, *Ha'aretz*, 28. Mai 2002.

77 In Übereinstimmung mit dieser Strategie der Luftvorherrschaft schloss Israels Abzug aus Gaza die Luftstreitkräfte nicht mit ein. Vor der Evakuierung erklärte die Regierung, dass nach der Evakuierung »der israelische Staat die äußere Umgebung des Landes überwachen und beaufsichtigen, exklusive Kontrolle über den Luftraum von Gaza behalten, und seine militärischen Aktionen entlang der Küstenlinie des Gazastreifens fortsetzen wird«. Zit. n. »Prime Minister Ariel Sharon's four-stage disengagement Plan«, *Ha'aretz*, 28. Mai 2004; Arnon Regular, »PA: Gaza will remain occupied territory«, *Ha'aretz*, 10. Dezember 2004.

78 Ein Tunnel könnte auch, abhängig von seiner Länge und Qualität, für einige 10 000 US-Dollar verkauft werden. Human Rights Watch, »Razing Rafah: Mass home demolitions in the Gaza Strip«, Oktober 2004. Nachdem die IDF 2004 etliche Tunnel aufdeckte, schoss der Preis eines einzelnen AK47 7.62 mm-Projektils auf 7 US-Dollar hoch.

79 Einem Pressesprecher der Armee zufolge fanden ähnliche Anschläge am 29. September 2002, am 17. Dezember 2003 und am 25. Juni 2004 statt.

80 B'Tselem, »Destruction of houses and property on the Rafah-Egyptian border«, http://www.btselem.org/english/Razing/Rafah_Egyptian_Border.asp.

81 Human Rights Watch, »Razing Rafah«. Israeli Ministry of Foreign Affairs, »Weapon smuggling tunnels in Rafah – Operation Rainbow«, 17. Mai 2004.

82 Um einen Tunnel zum Einsturz zu bringen, setzt die Armee wahllos hoch explosive Sprengladungen ein. Dadurch soll der ausgehöhlte Boden destabilisiert werden. Zeitweise wurde sogar erwogen, einen tiefen Kanal an den Grenzen Gazas entlangzuziehen, und ihn mit Meerwasser oder ungeklärtem Abwasser zu füllen. Diese Idee wurde erst verworfen, als Geologen vor einer Kontaminierung des verbleibenden Grundwassers an der Küste warnten. Dies könne internationale Forderungen, dass Israel Gaza mehr Wasser bereitstellen solle, nach sich ziehen. Conal Urquhart und Ewen MacAskill, »Two-mile Gaza moat to foil tunnels to Egypt«, *Guardian*, 18. Juni 2004.

83 Arel Segal, »Subterranean Corps«, *Ma'arachot*, 389, Mai 2003, S. 34-45 [Hebräisch].

10. Kapitel Rechtskrieg in Gaza: Der gesetzgebende Angriff

1 Walter Benjamin, *Zur Kritik der Gewalt*, 1920–1921; in: Walter Benjamin, *Gesammelte Schriften*, Bd. 2, Hrsg. R. Tiedemann, H. Schweppenhäuser, Frankfurt a.M., 1999, S. 186.

2 Vgl. »ICC starts analysis of Gaza war crimes allegations«, 3. Februar 2009, 03-02-2009 http://www.rnw.nl/internationaljustice/icc/theicc/090203-ICC-Gaza.

3 Vgl. Herb Keinon: »Israel readies to deal with legal challenges to Gaza op«, 16. Februar 2009, http://www.jpost.com/servlet/Satellite?cid=1233304800383&pagename=JPost%2FJPArticle%2FShowFull.

4 Vgl. »What is international humanitarian law?«, http://www.icrc.org/Eng/ihl.

5 Vgl. »Information on International Humanitarian Law (IHL)«, http://opt.ihlresearch.org/index.cfm?fuseaction=Page.viewpage&pageid=868.

6 Vgl. »Biographies: Major General Charles J. Dunlap Jr.«, Stand: August 2008, http://www.af.mil/bios/bio.asp?bioID=5293.

SPERRZONEN

7   Charles J. Dunlap Jr., »Lawfare amid warfare«, *Washington Times*, 3. August 2007, http://www.washingtontimes.com/news/2007/aug/03/lawfare-amid-warfare/
8   Vgl. Synopsis »Of War and Law by David Kennedy, Princeton University Press, Princeton, 2006«, http://press.princeton.edu/titles/8263.html.
9   Vgl. Uri Blau, Yotam Feldman, »How IDF legal experts legitimized strikes involving Gaza civilians«, *Ha'aretz*, 31. Januar 2009, http://www.haaretz.com/hasen/spages/1057648.html.
10 Uri Blau, Yotam Feldman, »Consent and advise«, *Ha'aretz*, 5. Februar 2009, http://www.haaretz.com/hasen/spages/1059925.html.
11 Vgl. »Curriculum Vitae of Isaac Herzog«, http://www.mfa.gov.il/MFA/Government/Personalities/From+A-Z/Isaac+Herzog.htm.
12 Vgl. http://opt.ihlresearch.org/.
13 Vgl. ebd.
14 Vgl. http://www.inss.org.il/.
15 Amos Harel, »Analysis: IDF plans to use disproportionate force in next war«, *Ha'aretz*, 28. Februar 2009, http://www.haaretz.com/hasen/spages/1026539.html.
16 Vgl. ebd.
17 Ebd.
18 Vgl. ebd.
19 Uri Blau, Yotam Feldman, »Consent and advise«.
20 Vgl. »Treaties and customary international humanitarian law«, http://www.icrc.org/Web/Eng/siteeng0.nsf/htmlall/section_ihl_treaties_and_customary_law?OpenDocument (aufgerufen am 25. April 2009).
21 Vgl. »Curriculum Vitae Col. Daniel Reiser«, http://www.ict.org.il/Biographies/ColResAdvDanielReisner/tabid/138/Default.aspx.
22 Vgl. Paul Rogers, »Gaza: the war after the war«, http://www.opendemocracy.net/article/gaza-the-war-after-the-war.

Nachwort

1   Die erste *Architektur ohne Architekten*-Ausstellung 1964 im MoMa/NYC wurde zu einem der wichtigsten Einflüsse für eine Generation von Architekten, die danach trachteten, die moderne Architektur zu beleben. Bernard Rudofsky, *Architecture Without Architects. A Short Introduction to Non-Pedigreed Architecture*, 1964, Albuquerque, NM 1987. Die Architektur-Theoretikerin Felicity Scott zeigte, indem sie die formale Dimension der Vernakular-Architektur beleuchtete, wie Rudofskys romantische (und zuweilen orientalistische) Einstellung die komplexeren politischen und historischen Prozesse mancher, deren Architektur gefeiert wurde, ausblendete. Vgl. Felicity Scott, »Bernard Rudofsky: Allegories of nomadism and dwelling«, in: Sarah Goldhagen und Réjean Legault (Hrsg.), *Anxious Modernisms: Experimentation in Postwar Architectural Culture*, Cambridge, MA: Canadian Center for Architecture, 2000, S. 215-237; Felicity Scott, »Underneath aesthetics and utility: The untransposable fetish of Bernard Rudofsky«, *Assemblage* 38 (April) 1999, S. 58-89; Felicity Scott, »Revisiting Architecture without Architects«, *Harvard Design Magazine*, Herbst 1998, S. 69-72.
2   Robert Venturi, Denise Scott Brown und Steven Izenour, *Learning from Las Vegas: The Forgotten Symbolism of Architectural Form*, Cambridge, MA 1977.
3   http://www.arij.org/back_/back-index.htm.
4   http://www.bimkom.org/aboutEng.asp.
5   Das Problem wurde in diversen Kapiteln dieses Buchs dargelegt. In Kapitel 3 zeigt es sich im Pyrrhussieg der Palästinenser, die am israelischen Obersten Gerichtshof Beschwerde gegen die Requirierung ihres Landes einlegten. In Kapitel 5 wird es anhand der offensichtlichen Komplizenschaft von humanitär Agierenden und Militär bei der Optimierung des Checkpoint-Systems in der gesamten Westbank demonstriert (S. 162-167). In Kapitel 7 wird das Problem anhand der Wiederaufbaulogik des Flüchtlingslagers Djenin verdeutlicht (S. 119-122).
6   Dies ist einer der Gründe dafür, dass humanitäre Helfer »eine geheime Solidarität mit den Mächten,

die sie bekämpfen sollten, beibehalten«, wie Giorgio Agamben feststellte. Er ist der Auffassung, dass sich beide eher auf den »humanen« als auf den »politischen« Aspekt konzentrieren. Agamben weist außerdem darauf hin, dass »es keine humanitären Lösungen für humanitäre Probleme gibt«. Vgl. Giorgio Agamben, *Homo Sacer: Sovereign Power and Bare Life* [*Homo Sacer. Die souveräne Macht und das nackte Leben*], Stanford, CA 1998, S. 133 (für obiges Zitat).

7 »Durch die Gewährung humanitärer Hilfe (...) treten die MSF zugleich als Zeugen auf und erheben entweder im privaten Rahmen oder in der Öffentlichkeit über die Notlage bedrohter Bevölkerungen, für die MSF arbeiten, die Stimme.« Vgl. www.msf.org »About MSF«. Es gibt verschiedene Arten humanitärer Interventionen in den Besetzten Palästinensischen Gebieten: neutrale Interventionen (Internationales Komitee vom Roten Kreuz, UNRWA), humanitäre Einsätze, die Interventionen mit Zeugenschaft verbinden (MSF, Oxfam), und die neue Form des Aktivismus von unten zum Schutz der besetzten Bevölkerung (zivile Missionen, International Solidarity Movement, Ta'ayush). Im Rahmen ihrer Arbeit in palästinensischen Gebieten hat MSF überraschenderweise einen eher neutralen Standpunkt eingenommen als den eines Zeugen. Vgl. Sari Hanafi und Linda Tabar, »The Intifada and the aid industry: The impact of the new liberal agenda on the Palestinian NGOs«, *Comparative Studies of South Asia, Africa and the Middle East* 23 (1–2), 2003, S. 205-214.

8 Des Weiteren muss der humanitäre Helfer oder die Helferin die Möglichkeit berücksichtigen, dass er/sie sich unter Umständen aus einer Situation zurückziehen muss, wenn die Konsequenzen aus der Zusammenarbeit mit der Macht kontraproduktiv werden könnten. Es gibt keine Regeln, die festlegen, wann Zusammenarbeit sich gegen Opferinteressen wenden könnte; ein gewisses Maß an Zusammenarbeit mit der Macht ist fast immer unvermeidbar und muss in jeder Situation aufs Neue definiert werden. Brauman unterstreicht jedenfalls, dass die Gefahr der politischen Instrumentalisierung eingegrenzt werden kann, wenn man »mit Macht in einer Spannungsbeziehung verbleibt«, Rony Brauman, »From philanthropy to humanitarianism«, *South Atlantic Quarterly* 2/3, Frühjahr 2004, S. 397-417, insb. S. 399, 406.

9 Das Israelische Komitee gegen Häuserzerstörungen (ICAHD) ist eine Gruppe, die mittels gewaltloser direkter Aktion Widerstand gegen die Zerstörung palästinensischer Häuser durch Israel in den Besetzten Gebieten leistet und zu diesem Zweck gegründet wurde. ICAHD-Aktivitäten umfassen mittlerweile diverse miteinander verknüpfte Bereiche: Widerstands- und Protestaktionen in den Besetzten Gebieten; Wiederaufbau zerstörter palästinensischer Häuser (der als Widerstand gesehen wird); Bemühungen, der israelischen Gesellschaft die Realität der Besatzung nahe zu bringen; und Mobilisierung der Internationalen Gemeinschaft für einen gerechten Frieden. Vgl. www.icahd.org/eng/.

10 »ICAHD hilft Palästinensern, bei der Polizei Anzeige zu erstatten, im Umgang mit den israelischen Behörden, beim Organisieren und Finanzieren von rechtlichem Beistand (...) Auf diese Weise lernen wir die internen Abläufe der Besatzung kennen, die wir dann der breiteren Öffentlichkeit vermitteln«. Vgl. www.icahd.org/eng/about.asp?menu=2&submenu=1.

11 Das Militär begreift einige seiner eigenen »Tätigkeiten« als Formen der Recherche. Schimon Naveh behauptete, dass auf Grund der sehr spärlichen »Informationen«, die über Guerilla- und Terrorgruppen gesammelt werden können, bevor militärische Operationen tatsächlich stattfinden (oft ist es schwierig, wenn nicht unmöglich für das Militär, diese Organisationen zu unterwandern), einer der wenigen Wege, Erkenntnisse über die organisatorische Logik der Gruppen zu gewinnen, darin besteht, sie anzugreifen. Dabei wird davon ausgegangen, dass der Feind durch einen in seiner Art unvorhersehbaren Angriff, der ihn irgendwie provoziert, an die Oberfläche gelockt wird, sich zeigt und Form annimmt, und wenn er in seiner Form sichtbar wird, mit größerer Präzision angegriffen werden kann. Diese Vorgehensweise definierte der Philosoph Brian Massumi unlängst als »Anstiftungsoperation«: Militärs tragen bewusst zum tatsächlichen Zustandekommen der Gefahr bei, die sie durch ihre Anwesenheit eigentlich verhindern sollten. Brian Massumi, *Potential Politics and the Primacy of Preemption* (im Druck). Naveh zufolge, »sind Angriffe ein Rechercheinstrument (...) sie provozieren den Feind, seine Organisation zu enthüllen (...) Die relevantesten Informationen werden nicht als Grundlage für die Konzeption von Angriffen gesammelt, sondern Angriffe selbst werden zur Methode, um Wissen über das feindliche System zu sammeln«.

12 Auf der Karte markierten wir die gebaute Struktur der Siedlungen und der palästinensischen Gemeinden, die kommunalen Grenzen der Siedlungen und das Ausmaß des von Israel annektierten »Staats-

lands«, das mittlerweile in die Verwaltungsbezirke der Siedlungen eingegliedert worden war, um als Reserve für ihre zukünftige Entwicklung und Expansion zu dienen. Mit einer weiteren Analyse der Karte versuchten wir das territoriale Paradox zu begreifen, wie die Siedlungen es geschafft hatten, mit einer gebauten Struktur von weniger als 2 % des Gesamtterrains des Westjordanlandes in solchem Maß Kontrolle zu erlangen und solch eine territoriale Fragmentierung herbeizuführen.

13 Zur Karte vgl. Eyal Weizman und B'Tselem, *West Bank Settlement Map*, Jerusalem 2002. Online veröffentlicht auf www.btselem.org/Downloads/settlements_map_eng.pdf. Zum Bericht vgl. Yehezkel Lein und Eyal Weizman, *Land Grab: Israel's Settlement Policy in the West Bank*, Jerusalem 2002. Online veröffentlicht auf www.btselem.org.

14 Der Bericht und die Karte wurden von den palästinensischen Anwälten als Beweismaterial vor dem Internationalen Gerichtshof in Den Haag erstellt, als dieser im Winter 2003 sein Gutachten über die Mauer herausbrachte. Obwohl sie den Status »evidence in action« gegen die Regierung errangen, waren Lein und ich später beunruhigt, weil wir herausfanden, dass Planer des israelischen Verteidigungsministeriums selber das Material zu ihren eigenen Zwecken benutzt hatten.

15 www.btselem.org/Downloads/separation_barrier_map_eng.pdf. Diese Karte wird alle paar Monate aktualisiert.

16 »Die Palästinenser hatten in Oslo weder eigene detaillierte Karten; noch gab es – was unglaublich ist – im Verhandlungsteam Personen, die mit der Geografie der Besetzten Gebiete vertraut genug waren, um Entscheidungen anfechten oder alternative Pläne vorlegen zu können.« Dass man der Geografie so wenig Aufmerksamkeit schenkte, schlug sich Said zufolge auch darin nieder, dass »keine der vielen Dutzend veröffentlichten oder gesendeten Reportagen seit Beginn der aktuellen Krise eine Karte zeigte, um zu erklären, weshalb der Konflikt derart eskaliert ist«. Edward Said, »Palestinians under Siege«, *London Review of Books*, S. 22; www.lrb.co.uk, 24. Dezember 2000.

17 Anfang 2005 entschied der israelische Architektenverband, auf die fortwährende Debatte um »*A Civilian Occupation* zu reagieren, indem er seine jährliche Konferenz der Beziehung zwischen Architektur und Politik widmete. Der Verband lud den stellvertretenden Premierminister Schimon Peres und den Bildungsminister Schimon Shitrit ein, jeweils einen Tag innerhalb der zweitägigen Konferenz Archi-Politics zu eröffnen, zu der sie die Mitwirkenden an der Sammlung eingeladen hatten. Am Ende der Konferenz hob der neue Leiter der AIUA, Yitzhak Lir, das Verbot öffentlich auf und entschuldigte sich. Die Verbotsaufhebung hatte eine starke Wirkung auf die israelische Architektengemeinde und führte zu einer weiteren Serie von Debatten. Der Katalog wurde 2003 veröffentlicht. Vgl. Rafi Segal und Eyal Weizman, *A Civilian Occupation. The Politics of Israeli Architecture*, Tel Aviv und London 2003.

18 http://roundtable.kein.org/node/146.

19 Eyal Weizman, »The Politics of Verticality«, www.openDemocracy.net, 24. März 2002.

20 Das London Consortium ist eine akademische Kooperation zwischen vier Institutionen: der Architectual Association; Birkbeck, University of London; dem Institute of Contemporary Arts und den Tate Galleries.

21 Zvi Efrat war Kurator der Ausstellung *The Israeli Project*, die im Oktober 2000 im Tel Aviv-Museum eröffnet wurde. Es war die erste kritische Analyse der Räumlichkeit von Israels Gründerjahren und des dieser zugrunde liegenden Staatsprojekts. Zum Katalog vgl. Zvi Efrat, *The Israeli Project, Building and Architecture 1948–1973*, Tel Aviv 2005. Vgl. auch Zvi Efrat, »The Plan«, in: Segal und Weizman (Hrsg.), *A Civilian Occupation*, S. 59-78.

22 Sharon Rotbard hat die *Architectures*-Reihe bei Babel (Tel Aviv) gegründet, und wirkte am *White City, Black City*-Band mit – eine wegweisende Untersuchung der Geschichte Tel Avivs und Jaffas. Das Buch löst große Teile der konstruierten zionistischen Mythologie auf, die Tel Aviv als eine Weiße Stadt, gebaut auf der Tabula rasa seiner Strände, versteht. Sharon Rotbard, *White City, Black City*, Tel Aviv 2005. Vgl. auch Sharon Rotbard, »Wall and Tower. The Mould of Israeli Architecture«, in: Segal und Weizman (Hrsg.), *A Civilian Occupation*, S. 39-58.

Inhalt

Einleitung: Architektur der Grenzen	7
Intermezzo – 1967	25
1. Kapitel Jerusalem: Die Versteinerung der Heiligen Stadt	31
2. Kapitel Grenzbefestigungen: Die Architektur Ariel Scharons	65
3. Kapitel Die Siedlungen: Der Kampf um die Anhöhen	99
4. Kapitel Die Siedlungen: optischer Urbanismus	125
5. Kapitel Checkpoints: Der gespaltene Souverän vor und hinter dem Spiegel	151
6. Kapitel Die Mauer: Grenzarchipele und die unmögliche Politik der Trennung	175
7. Kapitel Urbane Kriegführung: Durch Wände gehen	201
8. Kapitel Evakuierungen: Architektur ent-kolonialisieren	237
9. Kapitel Gezielte Tötungen: Luftgestützte Besatzung	253
10. Kapitel Rechtskrieg in Gaza: Der gesetzgebende Angriff	285
Nachwort	293
Anmerkungen	303

Aus unserem Programm

Yehudit Kirstein Keshet
CHECKPOINT WATCH. Zeugnisse israelischer Frauen aus dem besetzten Palästina
Mit einem Vorwort von Amira Hass
Broschur / 256 Seiten / mit vielen Fotos / ISBN 978-3-89401-555-8
Checkpoint Watch ist eine Organisation israelischer Frauen, die die Vorgänge an den Kontrollposten innerhalb der Palästinensergebiete und nach Israel beobachtet. Das Buch kombiniert Augenzeugenberichte mit der Analyse einer absurden Bürokratie, die den Palästinensern unter der Militärbesatzung ein menschenwürdiges Leben unmöglich macht.

Michael Warschawski
AN DER GRENZE
Mit einem Vorwort von Moshe Zuckermann
Broschur / 256 Seiten / 25 S-W-Fotos / ISBN 978-3-89401-431-5
Der Lebensweg eines jüdisch-israelischen Aktivisten, der seit 35 Jahren für die Anerkennung der Rechte der Palästinenser und für Gerechtigkeit und Frieden im Nahen Osten kämpft. Ein bewegendes Zeugnis des unermüdlichen Widerstands eines Grenzgängers.

Gilbert Achcar / Michael Warschawski
DER 33-TAGE-KRIEG
Israels Krieg gegen die Hisbollah im Libanon und seine Folgen
Broschur / 96 Seiten / ISBN 978-3-89401-539-8
Das Buch schließt eine Lücke im spärlich vorhandenen Wissen über den Libanon und die Hisbollah. Innerlibanesische Zusammenhänge werden fundiert erklärt und der Politik der USA und Israels gegenübergestellt: »... ein ungewöhnliches Verständnis für die Fakten der internationalen Politik.« *Le Monde Diplomatique* über G. Achcar

Eric Hazan
REISE NACH PALÄSTINA. Notizen aus Nablus, Kalkilia und Hebron
Broschur / 96 Seiten / ISBN 978-3-89401-570-1
Der durch sein Buch *Die Erfindung von Paris* bekannt gewordene Autor erfährt auf seiner Reise, dass der Widerstand gegen die Besatzung nicht vom Hass diktiert wird, sondern aus einem ungläubigen Erstaunen gegenüber den Schikanen der Kollektivbestrafung eines ganzen Volkes entsteht.

Anthony Vidler
UnHEIMlich. Über das Unbehagen in der modernen Architektur
Hardcover / 320 Seiten / 978-3-89401-389-9
Der Frage nach dem »Un-Heimlichen« der modernen Lebenswelt und seiner Verkörperung in architektonischen Formen geht der Architekturhistoriker Anthony Vidler nach. »Diese Essays eröffnen ein neues Kapitel im Denken über Körper, Gebäude und den Raum...« Richard Sennett, *The Times Literary Supplement*
»Dieses brillante und beunruhigende Buch handelt von Metaphern, und sein Thema ist Entfremdung.« *New York Times*

www.edition-nautilus.de